Schriftenreihe Europäisches Recht, Politik und Wirtschaft

Herausgegeben von

Prof. Dr. Dres. h.c. Jürgen Schwarze,
Direktor des Europa-Instituts Freiburg e.V.,
Universität Freiburg

Prof. Dr. Armin Hatje, Universität Hamburg

Band 403

Matti Gurreck

Informelle Administrativnormen im Unionsrecht

Nomos

Onlineversion
Nomos eLibrary

Die Deutsche Nationalbibliothek verzeichnet diese Publikation in der Deutschen Nationalbibliografie; detaillierte bibliografische Daten sind im Internet über http://dnb.d-nb.de abrufbar.

Zugl.: Hannover, Univ., Diss., 2023

ISBN 978-3-7560-1180-3 (Print)
ISBN 978-3-7489-1772-4 (ePDF)

1. Auflage 2023

Vorwort

Diese Arbeit lag der Leibniz Universität Hannover im Sommersemester 2023 als Dissertationsschrift vor. Sie ist auf dem Stand vom 01. Oktober 2021, dem Tag der Einreichung im Prüfungsamt der Juristischen Fakultät. Entstanden ist sie im Wesentlichen zwischen den Jahren 2015 und 2020 während meiner Tätigkeit als Wissenschaftlicher Mitarbeiter am Lehrstuhl für Öffentliches Recht, insbesondere Europarecht von Prof. Dr. Claas Friedrich Germelmann, dem ich für die Erstellung des Erstgutachtens danke. Prof. Dr. Margrit Seckelmann danke ich für die Erstellung des Zweitgutachtens. Ferner gebührt mein Dank Prof. Dr. Armin Hatje und Prof. Dr. Jürgen Schwarze für die Aufnahme in die Schriftenreihe Europäisches Recht, Politik und Wirtschaft.

Profitiert hat die Arbeit unter anderem von Gesprächen mit Prof. Dr. Veerle Heyvaert während eines Masterstudiums 2017/18 in London, der ich hiermit ebenfalls danke. Auch die Einsichten in die praktische Arbeit der Europäischen Union, die ich während des Referendariats in der Generaldirektion Umwelt der Europäischen Kommission sammeln durfte, haben diese Arbeit bereichert. Hierfür danke ich Dørte Pardo López und Bojan Grlaš.

In den vergangenen Jahren wurde ich auf vielfältige Weise von Freunden und Kollegen unterstützt, wofür ich mich überaus glücklich schätze. Durch wissenschaftlichen und privaten Austausch beförderten insbesondere Frederik Becker, Dr. Maxim Bönnemann, Dr. Katharina Leimbach, Josseline Sery, Dr. Christoph Sorge, Max Wall, Joris Wendorf und Vincent Widdig den Entstehungsprozess dieser Arbeit.

Aus tiefstem Herzen danke ich meiner Mutter Regina Gurreck für ihre Liebe und dafür, dass sie mir immer Mut gemacht hat.

Greifswald, November 2023 *Matti Gurreck*

Inhaltsverzeichnis

1. Kapitel: Grundlagen

I. Einleitung

1. Regulierung durch unverbindliche Instrumente

Rechtlich unverbindliche Instrumente finden sich auf allen Ebenen des unionsrechtlichen *acquis comunautaire.* Vor Inkrafttreten des Vertrages von Lissabon war die Charta der Grundrechte der Europäischen Union (GRCh) ein prominentes Beispiel für primärrechtliches „Soft Law“[1]: Am Beginn der Entwicklung zu der heutigen primärrechtlichen normativen Verankerung der Grundrechte stand die unverbindliche gemeinsame Erklärung des Europäischen Parlaments, des Rates und der Kommission betreffend die Achtung der Grundrechte sowie der Europäischen Konvention zum Schutz der Menschenrechte und Grundfreiheiten vom 05.04.1977.[2] Erst später erlangte die GRCh verbindlichen Status. Auch die Arbeit des Europäischen Rates fand zunächst ohne vertragliche Regelung auf informeller Basis statt und wurde erst im Laufe der Zeit durch Vorgaben in den Verträgen geregelt.[3]

Insgesamt steigt die Zahl der Instrumente ohne Rechtsverbindlichkeit.[4] Zugleich wird ein teilweiser Bedeutungsverlust der klassischen staatlichen Regelungsinstrumente wie Gesetze und Verordnungen beobachtet.[5]

---

1 Hierzu *W. Hummer*, Der Status der EU-Grundrechtecharta, S. 60; *M. Knauff*, Legitimität und Legitimation des europäischen Soft Law, in: Iliopoulos-Strangas/Flauss (Hrsg.), Das Soft Law der europäischen Organisationen, S. 373 (378 f.). Zum Begriff Soft Law siehe unten II. 3. c).

2 ABl. 1977, C 103, S. 1.

3 *C. Möllers*, CMLRev 2006, S. 313 (334); *D. Dinan*, Europe Recast, 2. Aufl. S. 196 ff.

4 In einer Studie aus dem Jahr 2002 wird angenommen, dass unverbindliche Instrumente in der Unionsrechtsordnung etwa 11% des gesamten geltenden Rechts ausmachen, vgl. *A. von Bogdandy/J. Bast/P. Arndt*, ZaöRV 62 (2002), S. 77 (115); *A. von Bogdandy/J. Bast/P. Arndt*, YEL 2004, S. 91 (112). Bereits 1970 wurde eine zukünftig steigende Bedeutung unverbindlicher Instrumente prognostiziert, vgl. *C.-A. Morand*, CDE 1970, S. 623 (624); aus politikwissenschaftlicher Perspektive *M. Cini*, JEPP 2001, S. 192 (192 f.). Auch innerhalb der Mitgliedstaaten scheint der Trend zum vermehrten Einsatz informeller Instrumente zu gehen, vgl. *L. Senden*, ELJ 2013, S. 57 (61).

5 *A. Bouveresse*, RDUE N°588 (2015), S. 291.

Dass rechtliche Unverbindlichkeit dabei keineswegs rechtliche Unbeachtlichkeit bedeutet, lässt sich schon an dem hohen Grad an Präzision erkennen, den manche informelle Handlungen aufweisen, sowie an der Tatsache, dass über Inhalt und Formulierungen mitunter so intensiv verhandelt wird, wie über verbindliche Rechtsakte.[6] Auch werden sie zum Teil vom EuGH zur Auslegung verbindlichen Rechts herangezogen und können somit konkret für den Ausgang von Gerichtsentscheidungen relevant werden.[7]

Die Bedeutung unverbindlicher Handlungsformen wurde auch vom deutschen Gesetzgeber erkannt, der im Gesetz über die Zusammenarbeit von Bund und Ländern in Angelegenheiten der Europäischen Union (EUZBLG)[8] klarstellt, dass sich die Informations- und Mitwirkungsrechte der Länder nicht auf die rechtsverbindlichen Handlungsinstrumente der Europäischen Union beschränken, sondern sich „auch auf Grünbücher, Weißbücher, Aktionsprogramme, Mitteilungen und Empfehlungen" erstrecken (Anlage zu § 9 EUZBLG, Punkt I. 2.).

Die Bedeutung unverbindlicher Instrumente, aber auch die Unklarheiten, die mit ihrem Gebrauch verbunden sein können, verdeutlicht das Vorabentscheidungsersuchen des slowenischen Verfassungsgerichts zu einer Mitteilung der Kommission im Bereich des Bankenrechts.[9] Das vorlegende Gericht wollte zunächst wissen, welchen rechtlichen Status die Handlungsform der Mitteilung überhaupt hat: Ist sie verbindlich oder unverbindlich? Falls sie nicht verbindlich ist, wie sollen mitgliedstaatliche Gerichte damit umgehen? Dass ein mitgliedstaatliches Höchstgericht derart elementare Frage bezüglich eines Instruments vorlegt, weist zum einen auf die praktische Bedeutung formal unverbindlicher Handlungsformen hin. Zum anderen verdeutlicht es eine Leerestelle in der europarechtlichen Dogmatik: Trotz einiger Beiträge zu diesem Thema scheinen Fragen, die durch die unverbindlichen Instrumente aufgeworfen werden noch nicht hinreichend geklärt zu sein.

---

6 *D. Thym*, Auswärtige Gewalt, in: von Bogdandy/Bast (Hrsg.), Europäisches Verfassungsrecht, 2. Aufl., S. 441 (474), dort Fn. 152, mit einem persönlichen Bericht aus dem Ausschuss der Ständigen Vertreter der Mitgliedstaaten.

7 Siehe etwa EuGH, Rs. C-349/17, *Eesti Pagar*, Rn. 73; EuGH, Rs. C-360/09, *Pfleiderer*, Rn. 25. Dazu unten V. 2. b) dd).

8 Vom 12.03.1993 (BGBl. I S. 313); zuletzt geändert durch das Gesetz vom 22.09.2009 (BGBl. I S. 3031).

9 EuGH, Rs. C-526/14, *Kotnik u.a.*, Rn. 30, erste Vorlagefrage.

2. Eingrenzung des Untersuchungsgegenstands

Die große Anzahl der in allen Bereichen des Unionsrechts verwendeten unverbindlichen Instrumente[10] und die Vielzahl der Fragen, die nicht nur in dogmatischer Hinsicht durch sie aufgeworfen werden, zwingen zu einer Eingrenzung des Untersuchungsgegenstands.

Diese erfolgt zunächst mit Blick auf die Instrumente selbst: Im Fokus stehen abstrakt-generell formulierte unverbindliche Instrumente, mit anderen Worten also formal-rechtlich nicht bindende „quasi-Legislativakte“[11]. Unverbindliche Handlungen bezogen auf Einzelfälle, etwa Aufforderungen der Kommission an ein bestimmtes Unternehmen, sein Verhalten zu ändern, sind hier nur insoweit interessant, als sie für die untersuchte „weiche Gesetzgebung“ Erkenntnisse liefern können. Grund für die Beschränkung ist, dass diese Art informeller Instrumente in erheblich größerem Maß eine Steuerungswirkung beansprucht[12] und die damit verbundenen rechtsstaatlichen Probleme informeller Steuerung entsprechend ebenfalls deutlicher zutage treten.

Eine weitere Eingrenzung erfolgt hinsichtlich der Erlassorgane unverbindlicher Instrumente. In erster Linie werden Handlungen der Unionsorgane, insbesondere der Europäischen Kommission sowie der Agenturen untersucht. Das schließt zunächst Handlungen nichtstaatlicher Akteure[13]

10 Wegen der hohen Anzahl und der Unübersichtlichkeit wird zum Teil von einem „Wildwuchs von Namen für Handlungen“ gesprochen, vgl *I. Härtel*, Handbuch Europäische Rechtsetzung, § 13, Rn. 22. Ähnlich im Völkerrecht, siehe *H. Thirlway*, The Sources of International Law, S. 164: „It is thus a hazardous enterprise to venture on to this battlefield...”

11 Wobei von einem materiellen Legislativbegriff ausgegangen wird, der die Eigenschaften des Rechtsakts als allgemeingültig in den Mittelpunkt stellt und nicht das Verfahren, in dem dieser erlassen wurde, *R. Schütze*, European Constitutional Law, 3. Aufl., S. 152. Näher zu formellen und materiellen Legislativbegriffen *H. Schneider*, Gesetzgebung, 3. Aufl., S. 17 f. Gleichwohl wird die Verwaltung durch Rechtsetzung freilich nicht zur Legislative, vgl. dazu *V. Mehde*, VVDStRL 2012, S. 419. Zur Angemessenheit der Bezeichnung als „legislation“ bzw. „quasi-legislation“ auch *M. Cini*, JLS 2002, S. 14.

12 *E. Schmidt-Aßmann*, Verwaltungsrechtliche Dogmatik, S. 57 f.

13 Zu denken ist hier etwa an Corporate Social Responsibility-Standards, denen sich private Unternehmen mitunter freiwillig unterwerfen. Siehe dazu etwa *J. Ennals*, Soft Law, in: Idowu/Capaldi/Gupta (Hrsg.), Encyclopedia of Corporate Social Responsibility, S. 2270 ff.; *C. Windbichler*, Bindungswirkungen von Standards im Bereich Corporate Governance, in: T.M.J. Möllers (Hrsg.), Geltung und Faktizität von Standards, S. 19; *K. Hailbronner*, Völkerrechtliche und staatsrechtliche Überlegungen für Verhaltenskodizes für transnationale Unternehmen, in: FS Schlochauer, S. 329.

und Handlungen der Mitgliedstaaten[14] aus. Das Handeln nichtstaatlicher Akteure interessiert jedoch im Zusammenhang der Tätigkeit der Kommission, die insbesondere im Energierecht mit Privaten in formellen und informellen Rahmen unverbindliche Instrumente erarbeitet. Die Fokussierung auf diesen exekutiven bzw. administrativen Bereich scheint auch deshalb sinnvoll, da die Kommission mit ihren weitreichenden Befugnissen als Exekutivorgan eine Besonderheit im internationalen Vergleich darstellt. Zudem ist innerhalb der EU die Kommission für den Erlass der meisten unverbindlichen Handlungsformen verantwortlich.[15]

Inhaltlich dienen in erster Linie unverbindliche Handlungsformen in den Bereichen Energie und Beihilfen, sowie in geringerem Maße im Wettbewerbs- und Umweltrecht als Untersuchungsgegenstände. Hier kommt eine Vielzahl von Leitlinien, Mitteilungen, Auslegungshinweisen, Bekanntmachungen, Leitfäden, Memoranda of Understanding, Unionsrahmen – und einigen weiteren – zum Einsatz. Diese Bereiche scheinen für die Untersuchung besonders geeignet, weil sich hier mittelbare (Energie und Umwelt) und unmittelbare (Beihilfen und Wettbewerb) Unionsverwaltung überlappen. Der Kommission als Erlassorgan kommen hier also unterschiedliche Aufgaben zu, wofür die Verträge ihr unterschiedliche Befugnisse erteilen. Dies ist für die Beurteilung der Wirkungen und der rechtsstaatlichen Grenzen des Einsatzes unverbindlicher Handlungsformen relevant. Im Energierecht kommt hinzu, das dieser Bereich besonders dynamisch ist[16] und hier neue Kooperationsformen zum Einsatz kommen, die in anderen infrastrukturgebundenen Wirtschaftsbereichen noch nicht eingesetzt werden, ihnen womöglich aber als Vorbild dienen kann.[17]

---

14 Ausführlich mit einem Fokus auf informelles Verwaltungshandeln in Deutschland *M. Schramm*, Einseitiges informelles Verwaltungshandeln im Regulierungsrecht.

15 *H. Cosma/R. Whish*, EBLR 2003, S. 25 (37). In letzter Zeit setzen auch andere Akteure zunehmend unverbindliche Instrumente ein, vgl. *E. Korkea-Aho*, YEL 2018, S. 470 (471).

16 *C. Franzius*, KJ 2009, S. 25.

17 *H. Weyer*, Europäische Netzkodizes Strom und Gas – zwischen Selbstregulierung und Normsetzung, in: Bien/Ludwigs (Hrsg.), Das europäische Kartell- und Regulierungsrecht der Netzindustrien, S. 123 (124), in Bezug auf die Netzkodizes und Leitlinien nach dem 3. Binnenmarktpaket.

3. Erkenntnisinteresse und Vorgehen

Das Erkenntnisinteresse dieser Studie richtet sich in dogmatischer Hinsicht darauf, Wirkungen und rechtliche Grenzen unverbindlicher Normen zu bestimmten. Dabei sollen Vor- und Nachteile der Steuerung durch unverbindliche Instrumente analysiert und Reformvorschläge formuliert werden.

Hierfür wird wie folgt vorgegangen: Nach der Kontextualisierung unverbindlicher Instrumente innerhalb des Völkerrechts und innerhalb von Governance, werden die terminologischen Grundlagen für die weitere Untersuchung erarbeitet. Danach wird eine Bestandsaufnahme und Typisierung der vorgefundenen unverbindlichen Instrumente unternommen. Hierfür wird mit Hilfe der Handlungsformenlehre versucht, die vielgestaltigen Instrumente zu systematisieren. Anschließend wird untersucht, welche rechtlichen und tatsächlichen Wirkungen informelle Normen entfalten.

Hiernach wird gezeigt, welche Beschränkungen für die Steuerung mittels unverbindlicher Instrumente aus dem Kompetenz- und dem Transparenzregime folgen. Schließlich werden Rechtsschutzmöglichkeiten gegen diese Instrumente aufgezeigt.

II. Kontexte, Begriffsklärungen und Abgrenzungen

Die Vielzahl der Instrumente spiegelt sich in unterschiedlichen Bezeichnungen hierfür im Schrifttum wider. Zunächst gilt es daher, die damit verbundenen terminologischen Schwierigkeiten der rechtlichen Analyse zu erfassen und zwei wichtige Kontexte zu erläutern, in denen unverbindliche Instrumente wirken. Dafür wird zunächst ein Blick auf das Völkerrecht und die Diskussion um sogenanntes Soft Law geworfen (1.). Danach gilt es, Informalität als einen Aspekt von Governance zu beleuchten (2.), bevor ein Überblick zu unverbindlichen Instrumenten im Unionsrecht folgt (3.).

1. Kontext 1: Soft Law im Völkerrecht

Wenngleich diese Studie unverbindliche Handlungsformen im Unionsrecht untersucht, bietet sich ein Blick auf das Völkerrecht aus mehreren Gründen an.[18] Zum einen ist die Debatte um unverbindliche Handlungsformen hier

18 So auch früh *K. Wellens/G. Borchard*, ELRev 1989, S. 267 (285).

schon wesentlich älter und kann somit grundlegende Erkenntnisse liefern, die – unabhängig von den Besonderheiten des Unionsrechts – die Untersuchung bereichern können.[19] Zum anderen dürfen trotz des Ausnahmecharakters der Europäischen Union mit ihrer im internationalen Vergleich weit vorangeschrittenen Integration nicht deren völkerrechtliche Anfänge vergessen werden.[20] Aufgrund des Fokus dieser Studie auf dogmatischen Fragen zu atypischen Instrumenten der EU Kommission und aufgrund der beachtlichen Anzahl von Beiträgen in der völkerrechtlichen Literatur, wird der Überblick jedoch skizzenhaft bleiben. Einige problematische Fragen, die im Zusammenhang mit völkerrechtlichem Soft Law diskutiert werden, stellen sich zudem nicht oder nicht in derselben Weise innerhalb des Unionsrechts. Sie werden daher nicht oder nur am Rande angesprochen.

a) Ursprung und Praxis

Soweit ersichtlich hat sich Soft Law als gebräuchlichster Oberbegriff für rechtlich unverbindliche Handlungen durchgesetzt.[21] Andere Begriffe wie etwa „Gentlemen's Agreement“[22], „de facto agreements“[23], „informal international instruments“[24] oder „non-binding international agreements“[25]

---

19 *M. Brohm*, Die „Mitteilungen“ der Kommission im Europäischen Verwaltungs- und Wirtschaftsraum, S. 54.

20 Auch innerhalb des Unionsrechts sind die Besonderheiten der supranationalen Ordnung verschieden stark ausgeprägt. Die offene Methode der Koordinierung etwa weist intergouvernementale Merkmale des Völkerrechts auf, wohingegen die dominante Position der Kommission im Wettbewerbs- und Beihilfenrecht eine Ausnahme im internationalen Vergleich darstellt.

21 Wobei gleichwohl erhebliche Unterschiede in seiner Verwendung bestehen, sowohl in der Rechtswissenschaft als auch in der Praxis, siehe *M. Knauff*, Der Regelungsverbund, S. 214. Deutlich *J. Ellis*, 25 LeidenJIL (2012), S. 313 (333): „For international legal scholars, the term simply means too many different things to different people.“ Ähnlich *H. Thirlway*, The Sources of International Law, S. 164: „Unfortunately, however, there is great disagreement as to what exactly is covered by the term, whether what the term denotes has a real existence, or whether it ought to be permitted to have a real existence.“ Von einer “misleading simplification” durch den Soft Law-Begriff spricht *C.M. Chinkin*, ICLQ 1989, S. 850; dazu auch *I. Venzke*, How Interpretation Makes International Law, S. 226.

22 *M. Eisemann*, JDI 1979, S. 326; *S.H. Nasser*, Sources and Norms in International Law, S. 134.

23 *F. Roessler*, GYIL 1978, S. 27 (41).

24 *A. Aust*, ICLQ 1986, S. 787.

25 *O. Schachter*, AJIL 1977, S. 296.

können als vertragsähnliche Unterfälle von Soft Law angesehen werden, welches auch einseitige Handlungen wie etwa Erklärungen mitumfasst.[26] Eine Übersetzung ins Deutsche, etwa als „weiches Völkerrecht", findet sich seltener.[27]

Die Einführung des Begriffs in den völkerrechtlichen Diskurs wird im Allgemeinen dem ehemaligen IGH-Richter *McNair* zugeschrieben, der damit ursprünglich Normen in Form allgemeiner Prinzipien beschrieb, deren Justiziabilität sich erst noch durch nachfolgende richterliche Praxis erweisen muss.[28] In den Fokus rückten unverbindliche Instrumente in Form von Resolutionen der UN Generalversammlung im Zusammenhang mit Debatten um die New International Economic Order (NIEO) in den 1970er Jahren.[29]

In den nachfolgenden Jahrzenten konnte ein vermehrter Gebrauch von Soft Law-Instrumenten – insbesondere durch Internationale Organisationen[30] – beobachtet werden. Ab etwa den 1980er Jahren verlagerte sich der Focus in der wissenschaftlichen Diskussion von der NIEO-spezifischen Interessenlage zu rechtstheoretischen Fragen.[31] Ein wichtiger Aspekt ist dabei die Rechtsquelleneigenschaft von Soft Law. Seit etwa den 1990er Jahren scheint sich ein funktionaler Ansatz zur Analyse unverbindlicher Instrumente durchzusetzen, der in erster Linie nach Grund und Möglichkeit der Effektivität von Soft Law fragt.[32] Die starke Zunahme an Soft Law-Instrumenten wird mitunter als ein Aspekt der Entwicklung des Völkerrechts von *International Legislation* zu *Governance* angesehen und ist Teil einer auf Technisierung setzenden Bewegung hin zu einem *Managerial*

---

26 *P. Gautier*, Non-Binding Agreements, in: MPEPIL (Stand: 12/2006), Rn. 4.

27 Monographisch insofern eine Einzelheit: *W. Heusel*, »Weiches« Völkerrecht. Daneben sind vereinzelte Verwendungen auszumachen, etwa *W. Wengler*, JZ 1976, S. 193 (195).

28 *G. Abi-Saab*, RdC 207 (1987 VII), S. 132; *R.-J. Dupuy*, Declaratory Law and Programmatory Law: From Revolutionary Custom to "Soft Law", in: FS Röling, S. 247 (252); *W. Wengler*, JZ 1976, S. 193 (195), dort Fn. 19; *R.-J. Dupuy*, Droit Déclaratoire et Droit Programmatoire, in: SFDI (Hrsg.), L'Élaboration du Droit International Public, S. 132 (139 f.); *A. Mazuelos Bellido*, 8 Revista Electrónica de Estudios Internacionales (2004), S. 1.

29 *C. Chinkin*, ICLQ 1989, S. 850 (852); *K. Wellens/G. Borchard*, ELRev 1989, S. 267 f.

30 *J. Alvarez*, 100 AJIL (2006), S. 324 (328); *C. Redgwell*, International Soft Law and Globalization, in: Barton/ Barrera-Hernández/Lucas/Rønne (Hrsg.), Regulating Energy and Natural Resources, S. 89 (98).

31 *K. Wellens/G. Borchard*, ELRev 1989, S. 267 (268).

32 *I. Venzke*, How Interpretation Makes International Law, S. 225.

Approach,[33] der insgesamt zu einer Schwächung des Völkerrechts führen kann,[34] da weniger auf die Schaffung verbindlicher Regeln und mehr auf unverbindliche Koordinierungsinstrumente gesetzt wird.

Die Phänomene, die unter dem Begriff Soft Law zusammengefasst werden, sind überaus vielfältig.[35] Die häufigsten Anwendungsfälle betreffen geschriebene[36] Dokumente wie z.B. Beschlüsse und Resolutionen von Staatenkonferenzen oder Abschlusspapiere Internationaler Organisationen,[37] wobei manche Autoren auch ungeschriebene völkerrechtliche Prinzipien wie Völkerrechtscourtoisie (comity) und Treu und Glauben (good faith) unter den Begriff Soft Law fassen.[38] Mitunter wird in völkerrechtlichen Verträgen auf unverbindliche Instrumente wie Standards Bezug genommen. Ein Beispiel ist Art. 3 Abs. 2 SPS Agreement,[39] nach dem handelsbeschränkende Maßnahmen als „erforderlich" zum Schutz menschlichen, tierischen oder pflanzlichen Lebens oder deren Gesundheit gelten, sofern dies internationalen Standards, Leitlinien oder Empfehlungen entspricht. Ein weiteres aktuelles Beispiel bietet der sogenannte UN Migrationspakt[40], der ein rechtlich nicht bindendes Instrument darstellt. Die Tatsache, dass er

---

33 *M. Koskenniemi*, Wisconsin ILJ 2005, S. 61 (74).

34 *M. Koskenniemi*, EJIL 2009, S. 7 (15).

35 Überblick bei *C. Chinkin*, Normative Development in the International Legal System, in: Shelton (Hrsg.), Commitment and Compliance: The Role of Non-Binding Norms in the International Legal System, S. 21 (25-30).

36 Was aber nicht immer der Fall sein muss, siehe *T. Gruchalla-Wesierski*, McGillLJ 1984, S. 37 (48).

37 *H. Thirlway*, The Sources of International Law, S. 168.

38 *C. Chinkin*, Normative Development in the International Legal System, in: Shelton (Hrsg.), Commitment and Compliance: The Role of Non-Binding Norms in the International Legal System, S. 21 (25). Ähnlich Dupuy, der auch völkerrechtliche Prinzipien und vage Zielbestimmungen in völkerrechtlichen Verträgen unter den Begriff des Soft Law fasst, *R.-J. Dupuy*, Droit Déclaratoire et Droit Programmatoire, in: SFDI (Hrsg.), L'Élaboration du Droit International Public, S. 132 (146); dazu auch *H. Thirlway*, The Sources of International Law, S. 168, mit dem Beispiel einer nicht näher bestimmten völkervertragsrechlichen Kooperations- und Berücksichtgungspflicht. Courtoisie ausdrücklich nicht dem Soft Law zuordnend *M. Knauff*, Der Regelungsverbund, S. 238; *H. Hillgenberg*, EJIL 1999, S. 499 (510).

39 Agreement on the Application of Sanitary and Phytosanitary Measures (SPS Agreement). Art. 3 Abs. 2 bestimmt: „Sanitary or phytosanitary measures which *conform to international standards, guidelines or recommendations shall be deemed to be necessary* to protect human, animal or plant life or health, and presumed to be consistent with the relevant provisions of this Agreement and of GATT 1994." (Hervorhebungen hinzugefügt).

40 Globaler Pakt für eine sichere, geordnete und reguläre Migration, A/CONF.231/3.

kontrovers diskutiert wurde, verdeutlicht gleichsam, dass rechtliche Unverbindlichkeit nicht mit rechtlicher Irrelevanz gleichgesetzt werden kann.

Kritik am Einsatz von Soft Law in der Praxis konnte sich nicht durchsetzen: So wurde in pragmatischer Hinsicht gemahnt vor einer normativen Aufweichung des Völkerrechts und einer möglichen Abnahme der Bereitschaft der Staaten zur Setzung verbindlichen Rechts.[41] Der Versuch, politische Instrumente mit Mitteln des Rechts zu erfassen, stellt zudem für manche Autoren eine unzulässige Bestrebung hin zur Verrechtlichung internationaler Beziehungen dar.[42] Aus Gründen der Rechtssicherheit solle zudem die Grauzone zwischen Recht und Nichtrecht möglichst klein gehalten werden.[43]

b) Das Konzept Soft Law

Mitunter wird in der Rechtswissenschaft die Sinnhaftigkeit des Konzepts des Soft Law bestritten. So bezieht *Weil* den Begriff Soft Law nur auf rechtlich verbindliche Normen, deren Inhalt aber nicht hinreichend präzise bestimmt ist. Andernfalls, wenn also keine Rechtsverbindlichkeit vorliegt, könne man überhaupt nicht von „Law“ sprechen, auch nicht von „Soft Law“.[44] Dieser positivistische und binäre Ansatz liegt auch anderen Einschätzungen zugrunde: Könne eine Norm einer der Rechtsquellen des Völkerrechts zugeordnet werden, handele es sich um Hard Law; sei dies nicht der Fall, handele es sich um eine „Soft *Norm*“, die außerhalb des Völkerrechts liege. Nach dieser Ansicht liegt entweder eine – rechtverbindliche – Völker*rechts*norm des Hard Law vor oder eine unverbindliche *Norm*, für die das Attribut „Law“ unpassend sei.[45] „Soft *Law*“ sei danach ein Wider-

41 *A. Peters*, Völkerrecht. Allgemeiner Teil, 4. Aufl., S. 94; *W.M. Reisman*, ASIL Proceedings 1988, S. 373 (377).

42 *K. Wellens/G. Borchard*, ELRev 1989, S. 267 (268).

43 *G. van Hoof*, Rethinking the Sources of International Law, S. 190; *C. Inglese*, 20 PolishYbkIL (1993), S. 75 (90); kritisch bezüglich der Anwendung von Soft Law durch Gerichte *W.M. Reisman*, Journal of International Dispute Settlement 2011, S. 25. Bezüglich der geringeren Legitimation von informell erlassenen (Staatenkonsens zum Teil umgehenden) Instrumenten kritisch ist auch *I. Venzke*, How Interpretation Makes International Law, S. 230. Näher dazu unten II. 1. c), im Zusammenhang mit der Wirkung von Soft Law.

44 *P. Weil*, 77 AJIL (1983), S. 413 (414), dort Fn. 7.

45 *J.L. Charney*, Compliance with International Soft Law, in: Shelton (Hrsg.), Commitment and Compliance: The Role of Non-Binding Norms in the International Legal System, S. 115. Ähnlich *A. von Arnauld*, Völkerrecht, 4. Aufl., S. 120, Rn. 278, der die

spruch in sich[46] und Ausdruck einer wenig sinnvollen Selbstbeschäftigung von Rechtswissenschaftlern, die sich auf der Suche nach der Relevanz ihres Betätigungsfelds neue Beobachtungsgegenstände schaffen würden.[47]

Wenig problematisch innerhalb der Diskussion um die Rechtseigenschaft von Soft Law ist die Verwendung des Begriffs als *lex ferenda*: Stellt ein informelles Instrument eine Vorstufe zu rechtlich verbindlichen Normen dar – etwa als Grundlage für einen späteren völkerrechtlichen Vertrag –, handelt es sich jedenfalls noch nicht um Recht.[48]

Die Kontroversen um das Konzept Soft Law sind zumindest teilweise dadurch zu erklären, dass nicht immer die selben Phänomene damit bezeichnet werden:[49] Teils bezieht sich der Begriff auf rein moralisch oder politisch verbindliche Instrumente,[50] teils nur auf verbindliche vertragsähnliche Abmachungen, deren Missachtung keine rechtlichen Konsequenzen im klassischen Sinn zeitigen,[51] während andere allgemeine Prinzipien meinen, deren genauer normativer Gehalt (noch) nicht (richterlich) geklärt ist.[52] *Abi-Saab* verweist in diesem Zusammenhang auf den Unterschied zwischen einem weichen (da nicht hinreichend präzisen) Norminhalt (*negotium*) und einer weichen Form (*instrumentum*) hin: Ersteres sei häufig in völkerrechtlichen Instrumenten zu finden; letzteres erfordere einen „Blick auf die Form" um die Frage nach der rechtlichen Verbindlichkeit zu klären, insbesondere um

---

Bezeichnung für „irreführend" hält, „da es sich nicht um Recht handelt". Auch Bothe hält den Begriff für „nicht glücklich", vgl. *M. Bothe*, "Soft Law" in den Europäischen Gemeinschaften?, in: FS Schlochauer, S. 761 (769); im Ergebnis auch *J. Ellis*, 25 LeidenJIL (2012), S. 313 (318). Eine binäre Sichtweise vertritt auch *J. Klabbers*, NordicJIL 1996, S. 167. Ablehnend auch *C. Inglese*, 20 PolishYbkIL (1993), S. 75 (89).

46 *C. Inglese*, 20 PolishYbkIL (1993), S. 75 (89), bezeichnet es sogar als „nonsense". *J. Klabbers*, The Concept of Treaty in International Law, S. 157 ff. Aus der Perspektive des Legal Realism *J. Goldsmith/E. Posner*, The Limits of International Law, S. 81 f.; *J. Schwarze*, EuR 2011, S. 4.

47 *J. d'Aspremont*, EJIL 2008, S. 1075.

48 *S. Besson*, Theorizing the Sources of International Law, in: Besson/Tasioulas (Hrsg.), The Philosophy of International Law, S. 163 (170); *H. Thirlway*, The Sources of International Law, S. 165.

49 *G. Abi-Saab*, RdC 207 (1987 VII), S. 207.

50 In dieser Weise verwendet bei *W. Heusel*, »Weiches« Völkerrecht.

51 *J. Marquier*, Soft Law: Das Beispiel des OSZE-Prozesses, S. 28.

52 *W. Wengler*, JZ 1976, S. 193 (195), dort Fn. 19; *R.-J. Dupuy*, Declaratory Law and Programmatory Law: From Revolutionary Custom to "Soft Law", in: FS Röling, S. 247 (252); *G. Abi-Saab*, RdC 207 (1987 VII), S. 132; *R.-J. Dupuy*, Droit Déclaratoire et Droit Programmatoire, in: SFDI (Hrsg.), L'Élaboration du Droit International Public, S. 132 (139 f.); *A. Mazuelos Bellido*, 8 Revista Electrónica de Estudios Internacionales (2004), S. 1.

einen eventuell vorliegenden Rechtsbindungswillen der Staaten zu klären.[53] Freilich können *instrumentum* und *negotium* auch zugleich soft sein.

Die binäre Sichtweise und grundlegende Ablehnung des Konzepts des Soft Law kann heute jedoch kaum noch überzeugen in Anbetracht der Tatsache, dass unverbindliche Dokumente regelmäßig von Staaten, Internationalen Organisationen, Gerichten und weiteren Akteuren genutzt werden, etwa als Auslegungshilfe für verbindliches Recht;[54] sie wird daher im Schrifttum überwiegend abgelehnt.[55] Wenngleich Soft Law im Völkerrecht überwiegend die Rechtseigenschaft abgesprochen wird[56] (da sich Staaten durch Unterzeichnung von Soft Law-Dokumenten gerade nicht *rechtlich* binden wollen), wird doch das Konzept des Soft Law als rechtlich relevante „besondere Normenkategorie“[57] mit gewissen rechtlich relevanten Wirkungen[58] akzeptiert. Indem die Möglichkeit geringerer Grade rechtlicher Verbindlichkeit akzeptiert wird,[59] kann zum einen der prozesshafte Charakter

---

53 *G. Abi-Saab*, RdC 207 (1987 VII), S. 207. Als ein Beispiel dieser Unterscheidung im Unionsrecht werden von manchen Autoren die Regeln im Stabilitäts- und Wachstumspakt angesehen, vgl. *F. Terpan*, ELJ 2015, S. 68 (79); *J. d'Aspremont*, EJIL 2008, S. 1075 (1081 ff.).

54 Für das Investitionsschutzrecht siehe *S.W. Schill*, Multilateralization, Arbitral Precedent, Comparativism, Soft Law, in: d'Aspremont/Besson (Hrsg.), The Oxford Handbook on the Sources of International Law, S. 1095 (1110-1114); siehe auch *A. Peters*, Typology, Utility and Legitimacy of European Soft Law, in: FS Bieber, S. 405 (408).

55 Statt vieler *J. Alvarez*, 100 AJIL (2006), S. 324 (329). Zudem ist auch eine positivistische Grundhaltung mit der Anerkennung von Abstufungen hinsichtlich der rechtlichen Verbindlichkeit vereinbar, wie *U. Fastenrath*, EJIL 1992, S. 305 (315), gezeigt hat. *C. Chinkin*, Normative Development in the International Legal System, in: Shelton (Hrsg.), Commitment and Compliance: The Role of Non-Binding Norms in the International Legal System, S. 21 (32, 41); *W. Riphagen*, VictoriaUWellingtonLRev 1987, S. 81; *K.W. Abbott/D. Snidal*, IO 2000, S. 421 (422).

56 *A. Boyle*, Soft Law in International Law-Making, in: Evans (Hrsg.), International Law, 5. Aufl. S. 121 f. mit weiteren Nachweisen. *K. Reiling*, ZaöRV 2018, S. 311 (320); *H. Hillgenberg*, EJIL 1999, S. 499 (515): „...rules of international law presently take account of such agreements [soft law] only as a factor, not as a source, of law". Differenziert zu den Herausforderungen, die Soft Law an den Rechtsbegriff stellen *M. Goldmann*, Internationale Öffentliche Gewalt, S. 169 ff.

57 *A. Peters*, Völkerrecht. Allgemeiner Teil, 4. Aufl., S. 91.

58 Früh bereits *O. Schachter*, 71 AJIL (1977), S. 296 (301):"The conclusion that nonbinding agreements are not governed by international law does not however remove them entirely from having legal implications."

59 *K. Wellens/G. Borchard*, ELRev 1989, S. 267 (272); deutlich *W.M. Reisman*, ASIL Proceedings 1988, S. 373 (375): "We have, in other words, a *sliding scale of hardness or softness* in all norms." (Hervorhebungen hinzugefügt). Siehe auch *F. Terpan*, ELJ 2015, S. 68 (72).

des Völkerrechts verdeutlicht werden; eine (mitunter künstlich wirkende) strikte Unterscheidung zwischen Recht und Nichtrecht vermag dies nicht ohne Weiteres.[60] Zum anderen werden die verschiedenen Soft Law-Phänomene der Analyse durch die Rechtswissenschaft zugänglich gemacht.[61]

c) Wirkung und Funktionen

Die Gründe für den Einsatz von Soft Law ergeben sich aus seinen Funktionen und Wirkungsweisen: Offenkundig ist zunächst, dass weiche Regeln nicht von Hard Law-Normen abweichen, diese insbesondere nicht abändern können. Zwar werden normative Erwartung an die Einhaltung der weichen Normen begründet,[62] einklagbare Rechte und Pflichten können damit aber nicht begründet und bestehende nicht abgeändert werden;[63] der Grundsatz *pacta sunt servanda* ist nicht anwendbar.[64]

Des Weiteren wird ein Regelungsgegenstand durch die Behandlung in Soft Law-Dokumenten „internationalisiert“, d.h. aus der *domaine réservé* in den Bereich des Völkerrechts überführt.[65] Staaten, die Soft Law-Instrumente verabschieden, bringen dadurch zum Ausdruck, ein Thema nicht im – vor Einmischung durch andere Staaten geschützten – Bereich der innerstaatlichen Angelegenheiten zu verorten. Gleichzeitig bleibt mangels rechtlicher Verbindlichkeit eine für politische Prozesse eventuell erforderliche Flexibilität erhalten.[66]

---

60 *G. Abi-Saab*, RdC 207 (1987 VII), S. 208; *W. Weiß*, AVR 2015, S. 220 (244).

61 *C. Walter*, ZaöRV 2016 S. 363 (379). *H. Hillgenberg*, EJIL 1999, S. 499 (515). Zustimmend *M. Payandeh*, Internationales Gemeinschaftsrecht, S. 310. Früh bemerkten schon *Jessup* und *Reisman* die Notwendgkeit der Rechtswissenschaft, sich auch mit den Instrumenten zu beschäftigen, die nicht von den typischen Rechtquellen erfasst werden, vgl. *P.C. Jessup*, Transnational Law, S. 2; *W.M. Reisman*, ASIL Proceedings 1988, S. 373; *M. Knauff*, Der Regelungsverbund, S. 18; *J. Trachtman*, EJIL 1999, S. 655 (656); *W. Wengler*, AVR 1984, S. 306 (311); *J. Marquier*, Soft Law: Das Beispiel des OSZE-Prozesses, S. 193; für das deutsche Verwaltungsrecht *E. Schmidt-Aßmann*, Verwaltungsrechtliche Dogmatik, S. 54 f.

62 *R. Baxter*, ICLQ 1980, S. 549 (565).

63 *K. Wellens/G. Borchard*, ELRev 1989, S. 267 (274).

64 Statt vieler *H. Hillgenberg*, EJIL 1999, S. 499 (515).

65 *R. Baxter*, ICLQ 1980, S. 549 (554, 565); *G. Abi-Saab*, RdC 207 (1987 VII), S. 210.

66 *C. Chinkin*, Normative Development in the International Legal System, in: Shelton (Hrsg.), Commitment and Compliance: The Role of Non-Binding Norms in the International Legal System, S. 21 (41).

Wie mit sonstigen völkerrechtlichen Normen, können auch weiche Regeln eine legitimierende Wirkung haben, etwa wenn auf nationaler Ebene Umsetzungsmaßnahmen beschlossen werden. Zudem werden Entwicklungslinien vorgezeichnet und der Regelungsgegenstand eingerahmt.[67]

Besonders hervorzuheben ist die sogenannte Wegbereiterfunktion.[68] Soft Law kann ein erster Schritt zu einer späteren Kodifizierung in rechtlich verbindlichen Verträgen sein. *Ex post* betrachtet handelt es sich um *lex ferenda*.[69] Ein Beispiel hierfür ist etwa die Stockholm Declaration von 1972, deren Bestimmungen nachfolgend Eingang in Völkerrechtsverträge gefunden haben[70] bzw. mittlerweile aufgrund nachfolgender Praxis und einer herausgebildeten *opinio juris* als Völkergewohnheitsrecht gelten.[71] Als Indiz für eine *opinio juris* zur Begründung einer bereits gegenwärtig bestehenden völkergewohnheitsrechtlichen Norm kann Soft Law hingegen nicht ohne Weiteres herangezogen werden, da der Wille der beteiligten Staaten zum Zeitpunkt des Soft Law-Erlasses ausdrücklich dahin geht, rechtlich nicht gebunden zu sein.[72] Mit Blick auf zukünftige Entwicklungen hin zu Völkergewohnheitsrecht kann aber mitunter von einem Katalysator-Effekt durch Soft Law gesprochen werden.[73]

Gerade wenn eine Einigung auf verbindliche Normen nicht möglich ist, wird eine Behandlung in einem Soft Law-Dokument als sinnvoll angesehen,[74] kann doch auf diese Weise zumindest eine – wenn auch lediglich

67 *R. Baxter*, ICLQ 1980, S. 549 (565).

68 *D. Thürer*, Revue de Droit Suisse (1985), S. 429 (449 f.).

69 *W. Heintschel von Heinegg*, in: Ipsen (Hrsg.), Völkerrecht, 7. Aufl., § 21, Rn. 22; auch unter Autoren, die das Konzept und den Begriff des Soft Law ablehnen, ist die Funktion weicher Instrumente als *lex ferenda* akzeptiert, auch wenn genau genommen die als unpassend wahrgenommene Terminologie („*lex*") ebenfalls eine Nähe zum Rechtbegriff aufweist, vgl. *C. Inglese*, 20 PolishYbkIL (1993), S. 75 (89).

70 *C. Chinkin*, Normative Development in the International Legal System, in: Shelton (Hrsg.), Commitment and Compliance: The Role of Non-Binding Norms in the International Legal System, S. 21 (30).

71 So etwa Prinzip 21, *M. Fitzmaurice*, The History of Article 38 of the Statute of the International Court of Justice: The Journey from the Past to the Present, in: d'Aspremont/Besson (Hrsg.), The Oxford Handbook on the Sources of International Law, S. 179 (197).

72 *A. Peters*, Völkerrecht. Allgemeiner Teil, 4. Aufl., S. 93.

73 *P.-M. Dupuy*, ASIL Proceedings 1988, S. 381 (388). *G. Abi-Saab*, RdC 207 (1987 VII), S. 210; mit Betonung des prozesshaften Charakters der Entstehung von Völkergewohnheitsrecht *J. Marquier*, Soft Law: Das Beispiel des OSZE-Prozesses, S. 130.

74 *M. Virally*, La distinction entre des textes internationaux ayant une portée juridique dans les relations mutuelles entre leurs auteurs et des textes qui en sont dépourvus, Ann.IDI 1983, S. 328 (331); *I. Seidl-Hohenveldern*, RdC 163 (1979 II), S. 169 (193).

weiche – Regelung eingeführt werden.[75] Spiegelbildlich dazu können nationale Umsetzungsmaßnahmen in manchen Staaten einfacher beschlossen werden, wenn sie völkerrechtliches Soft Law betreffen, etwa weil sie dann nach innerstaatlichem Recht in den Aufgabenbereich der Exekutive und nicht der Legislative fallen.[76] Die rechtliche Unverbindlichkeit kann dabei dazu führen, dass inhaltlich wesentlich konkretere und detaillierte Regeln formuliert werden als bei verbindlichen Normen.[77]

Die Umgehung von Verfahrensvorschriften bei der Erstellung von Soft Law-Instrumenten kann zugleich eine negative Kehrseite darstellen: Häufig bestehen keine Regeln, die bei der Ausarbeitung der Instrumente Beteiligungsmöglichkeiten und Transparenz sicherstellen. Der zum Teil hohe Grad an Compliance mit Soft Law, den auch Kritiker des Konzepts anerkennen, kann *de facto* zur Überstimmung von Staaten führen, die sich im Erstellungsprozess nicht durchsetzen können; Effektivität ersetzt dann Konsens als Geltungsgrund.[78] Somit kann Soft Law ein Legitimationsproblem darstellen.

Werden Verhaltensstandards von Internationalen Organisationen in Form von Soft Law erlassen, werden sie selbst an diese Standards gebunden.[79] In ähnlicher Weise kann es zu rechtlichen Wirkungen für Staaten kommen, etwa durch das *Estoppel*-Prinzip: Einem Staat kann es untersagt sein, sich im Widerspruch zu zuvor in Soft Law-Instrumenten gemachten Zusicherungen zu verhalten, wenn diese berechtigte Erwartungen begründet haben.[80]

Die Attraktivität aus politischen Zweckmäßigkeitsüberlegungen in den Vordergrund stellend *G. Palmer*, AJIL 1992, S. 259 (269).

75 Deutlich *J. Gold*, AJIL 1983, S. 443 (444): Soft Law als „the only alternative to anarchy". Für den soft law-Ansatz im Biodiversitätsschutz siehe *S. Harrop*, Biodiversity and Conservation, in: Falkner (Hrsg.), The Handbook of Global Climate and Environment Policy, S. 37 (46); *S. Harrop/D. Pritchard*, 21 Global Environmental Change (2011), S. 474.

76 So etwa in den Vereinigten Staaten, siehe dazu *J. Galbraith/D. Zaring*, 99 Cornell Law Review (2015), S. 735 (749); die Umgehungsmöglichkeit nach innerstaatlichem Recht betonend *W. Heusel*, »Weiches« Völkerrecht, S. 302.

77 *L.R. Helfer*, 102 Columbia Law Review (2002), S. 1832 (1840 f.) mit dem Beispiel der Bestimmungen in der KSZE-Schlussakte.

78 *I. Venzke*, How Interpretation Makes International Law, S. 229.

79 *I. Seidl-Hohenveldern*, RdC 163 (1979 II), S. 169 (195).

80 *F. Münch*, ZaöRV 1969, S. 1 (11). *G. Abi-Saab*, RdC 207 (1987 VII), S. 213. In diese Richtung auch *K. Wellens/G. Borchard*, ELRev 1989, S. 267 (282), die von einem „stand still effect" sprechen.

Schließlich kann Soft Law als Auslegungshilfe für Hard Law verwendet werden.[81] Das BVerfG spricht völkerrechtlichem Soft Law in Form von Berichten internationaler Menschenrechtsausschüsse im Bereich des Strafvollzugs eine Indizwirkung bei der Prüfung von Grundrechtsverletzungen zu. Dogmatischer Anknüpfungspunkt ist die Völkerrechtsfreundlichkeit des Grundgesetzes.[82]

Diese Wirkungen werden auch über verschiedene (weiche) Durchsetzungsmechanismen ermöglicht. Dafür stehen insbesondere Berichtspflichten, Anfragen, Retorsion[83] und eventuell Konsultationen zur Verfügung oder andere Streitbeilegungsmechanismen zur Klärung der Auslegung von Soft Law-Normen.[84] Dies führt dazu, dass Soft Law teils häufiger befolgt wird als Hard Law.[85]

d) Definition

Diese Charakteristika des Soft Law finden sich in den im Schrifttum gebräuchlichen Definitionen wieder. Ein allgemeines Problem bei Definitionsversuchen folgt aus der Heterogenität der Phänomene, die häufig unter dem Begriff des Soft Law zusammengefasst werden. Es besteht darin, einerseits aussagekräftige Kriterien zur Unterscheidung von anderen Instrumenten zu finden (zu Hard Law und auch zu Nichtrecht), ohne aber andererseits die Definition übermäßig eng zu wählen, sodass insbesondere neue informelle Instrumente sinnvoll erfasst werden können.[86]

---

81 *C. Schreuer*, Österreichische Zeitschrift für Öffentliches Recht und Völkerrecht 1983, S. 243 (254), mit dem Beispiel der Allgemeinen Erklärung der Menschenrechte, die zur Auslegung von nationalen Grundrechtsnormen verwendet wird. Dazu auch *J. Friedrich*, International Environmental "Soft Law", S. 171; *J. Alvarez*, 100 AJIL (2006), S. 324 (329); *G. Abi-Saab*, RdC 207 (1987 VII), S. 211.

82 Hierzu und insbesondere zu den Legitimationsproblemen, die dies mit sich bringt *K. Reiling*, ZaöRV 2017, S. 311.

83 Repressalien sind hingegen nicht zulässig, vgl. *D. Thürer*, Revue de Droit Suisse (1985) 429 (443).

84 *A. Tammes*, Soft Law, in: FS Erades (1983), S. 187 (195).

85 *A.-M. Slaughter*, A New World Order, S. 178 f.; *C. Chinkin*, Normative Development in the International Legal System, in: Shelton (Hrsg.), Commitment and Compliance: The Role of Non-Binding Norms in the International Legal System, S. 21 (41); von einer nicht zu unterschätzenden Wirksamkeit spricht auch *M. Eisemann*, JDI 1979, S. 326 (347), Rn. 25.

86 *K. Wellens/G. Borchard*, ELRev 1989, S. 267 (273).

Definitionen von Soft Law beinhalten einheitlich das Element der rechtlichen Unverbindlichkeit (die *Softness*): Es betrifft "norms in written form [with] different legal impact, falling short of obligation in the strict sense"[87], wobei gleichwohl die Freiheit und der Wille von Staaten beeinflusst und beschränkt wird.[88] Zur Feststellung der Rechtsverbindlichkeit wird auf den Rechtsbindungswillen der Staaten abgestellt.[89] Indiz für einen fehlenden Bindungswillen, und damit einen Grad an Verbindlichkeit unterhalb des Rechts, können auch unpräzise Formulierung sein, die den Adressaten viel Spielraum lassen.[90]

Nach der einflussreichen Definition *Thürers* handelt es sich bei Soft Law um staatengeschaffene Normen, „denen zwar keine Rechtsverbindlichkeit zukommt, die aber trotzdem gewisse Rechtswirkungen erzeugen oder eine besondere Rechtsnähe aufweisen“[91], womit das zweite Element der Definition (der *Law*-Aspekt) angesprochen ist. Soft Law erzeugt, anders als rein politische Stellungnahmen, eine rechtlich relevante Erwartung der Befolgung.[92] Es hat eine „force juridique atténuée", die unter anderem in einer besonderen "légitimité internationale difficilement récusable" zum Ausdruck kommt.[93] Diese "rechtliche Relevanz" wird von *Wellens* und *Borchard* weiter unterteilt in eine subjektive Komponente (Regelungsabsicht) und eine objektive (die tatsächliche Beeinflussung des Verhaltens von Völkerrechtssubjekten):

---

87 *R. Baxter*, ICLQ 1980, S. 549.

88 *A. Tammes*, Soft Law, in: FS Erades, S. 187, der deshalb von einer "soft obligation“ spricht.

89 Siehe etwa *C.F. Germelmann*, 52 AVR (2014), S. 325 (361); siehe aber *J. Klabbers*, 65 NordicJIL (1996), S. 167 (172), mit einem nominalistischen Verständnis des völkerrechtlichen Vertrags, wonach es den Vertragsstaaten nicht freistehe, über die Rechtsverbindlichkeit zu verfügen. Kritisch dazu *H. Thirlway*, The Sources of International Law, S. 166.

90 *M. Virally*, La distinction entre des textes internationaux ayant une portée juridique dans les relations mutuelles entre leurs auteurs et des textes qui en sont dépourvus, Ann.IDI 1983, S. 328 (331), der solche Dokumente als „dépourvues de toute rigeur grammaticale et sémantique“ bezeichnet.

91 *D. Thürer*, Revue de Droit Suisse (1985) 429 (434); *ders.*, Soft Law, in: MPEPIL online (Stand: März 2009): „...instruments and arrangements used in international relations to express commitments which are more than just policy statements but less than law in its strict sense. These instruments and norms all share a certain proximity to law and have a certain legal relevance, but at the same time they are not legally binding per se as a matter of law."

92 So etwa *H. Thirlway*, The Sources of International Law, S. 166.

93 *G. Feuer*, JDI 1982, S. 5 (8 f.).

> „Soft law therefore concerns rules of conduct that find themselves on the legally non-binding level (in the sense of enforceable and sanctionable through international responsibility) but which in accordance with the intention of its authors indeed do possess a legal scope, which has to be defined further in each case. Such rules do not have in common a uniform standard of intensity as far as their legal scope is concerned, but they do have in common that they *are directed at (intention of the authors)* and do have as effect (through international law) that conduct of States, international organisations and individuals is influenced by these rules, however without containing international legal rights and obligations."[94]

Die hierin enthaltenen Elemente finden sich in den meisten Definitionen (mit z.T. leichten Abwandlungen) wieder.[95]

e) Abgrenzungen

Die Abgrenzung zu Hard Law ist nicht immer trennscharf möglich.[96] Dabei geht es im Kern um die Frage, wodurch eine völkerrechtliche Verpflichtung begründet wird.[97] In erster Linie ist hierbei nach den Willen der beteiligten Staaten zu fragen.[98] Die Durchsetzbarkeit hingegen stellt kein konstitutives

94 *K. Wellens/G. Borchard*, ELRev 1989, S. 267 (274), Hervorhebungen hinzugefügt.

95 Vgl. etwa die Definition von *M. Knauff*, Der Regelungsverbund, S. 228, der hervorhebt, dass die Wirkungen auf außerrechtlichem Weg herbeigeführt werden. Ähnlich auch *L. Senden*, Soft Law in European Community Law, S. 112; *F. Roessler*, GYIL 1978, S. 27 (41); *J. Karl*, JZ 1991, S. 593 (594); *G. Harnier*, Die Bedeutung von rechtsaktbegleitenden Erklärungen im sekundären Gemeinschaftsrecht, S. 179; *M. Bothe*, NYIL 1980, S. 65; *U. Ehricke*, NJW 1989, S. 1906 (1907); *H. Ballreich*, GRUR Int 1989, S. 383.

96 *R. Baxter*, ICLQ 1980, S. 549 (564 f.); *A. Aust*, ICLQ 1986, S. 787 (811): „The distinction between a treaty which contains legal rights and obligations, and an informal instrument which can give rise to legal consequences, is admittedly rather fine."; *T. Kleinlein*, Konstitutionalisierung im Völkerrecht, S. 662.

97 Eine Frage, die *Schachter* als „as old as international law itself" bezeichnet, *O. Schachter*, Towards a theory of international obligation, in: Schwebel (Hrsg.), The effectiveness of International Decisions, S. 9; ähnlich *H. Triepel*, Völkerrecht und Landesrecht, S. 104, für den die Frage nach der Erforderlichkeit der Erzwingbarkeit des Rechts die „schwierigste aller Fragen der Rechtsphilosophie" darstellt.

98 Des Weiteren wird eine positivistische Antwort auf diese Frage auf folgende Aspekte abstellen, die kumulativ vorliegen müssen, damit eine Norm den Charakter einer (harten) völkerrechtlichen Verpflichtung hat: die Norm fordert ein präzise bestimmtes Verhalten von ihren Adressaten; sie wird durch entsprechend ermächtigte Rechtssubjekte nach einem zuvor bestimmten Verfahren gesetzt; die Adressaten der Norm

Merkmal (harter) rechtlicher Normen dar,[99] und ist im Völkerrecht mit seiner generellen Durchsetzungsschwäche im Vergleich zu nationalem Recht ohnehin kein verlässliches Kriterium.[100]

Ein nicht unerheblicher Teil der wissenschaftlichen Debatte konzentriert sich auf die Abgrenzung von Soft Law zu Hard Law. Häufig werden dafür verschiedene Ansätze als Alternativen zu dem klassischen positivistisch-formalistischen Verständnis der Völkerrechtsquellen angeführt. Stellen Dokumente von Internationalen Organisationen, privaten Verbänden, Standardisierungsstellen, etc. Recht oder Soft Law dar?[101] Sind unklare, vage formulierte (Ziel-)Bestimmungen in unstreitig verbindlichen Völkerrechtsverträgen noch Recht oder bereits Soft Law?[102] Können Parallelen zur Debatte um die Rechtsquelleneigenschaft von Richterrecht gezogen werden?[103]

---

sind willens und fähig, die Norm zu befolgen; im Fall der Nichtbefolgung stehen völkerrechtliche Sanktionsmöglichkeiten zur Verfügung. Sind diese Bedingungen erfüllt, liegt der Grund der Verpflichtung im Völkervertrags- oder gewohnheitsrecht. Mangels einer obligatorischen Zuständigkeit des IGH, ist die gerichtliche Überprüfbarkeit kein taugliches Kriterium. Siehe hierzu *O. Schachter*, Towards a theory of international obligation, in: Schwebel (Hrsg.), The effectiveness of International Decisions, S. 9 (17).

99 Für die IGH-Rechtsprechung siehe IGH, Urt. vom 18.07.1966, *South West Africa Cases* (second phase), S. 44, Rn. 86: „In the international field, the existence of obligations that cannot in the last resort be enforced by any legal process, has always been the rule rather than the exception,[...]". Auf die Möglichkeit der tatsächlichen Erzwingung einer Norm kann es nicht ankommen. Dies wird auch im nationalstaatlichen Kontext mit Blick z.B. auf Ausschlussregeln deutlich, die die Durchsetzbarkeit eines zivilrechtlichen Anspruches dauerhaft verhindern können (Verjährung), jedoch keinesfalls Anlass zum Zweifel an der Rechtsqualität der anspruchsbegründenen Norm geben; eine Rechtsnorm als eine solche zu bezeichnen, die erzwingbar ist, wäre eine Tautologie, vgl. *F. von Alemann*, Der Staat 45 (2006), S. 383 (388); *H. Triepel*, Völkerrecht und Landesrecht, S. 104.

100 *A. Peters*, Völkerrecht. Allgemeiner Teil, 4. Aufl., S. 94. Anders *A. D'Amato*, EJIL 2009, S. 897 (899): „The essence of any soft-law rule is that it is not enforceable."

101 Zur Frage, ob die erlassende Stelle ein Hoheitsträger sein muss *M. Knauff*, Der Regelungsverbund, S. 217-220. *J. Ellis*, 25 LeidenJIL (2012), S. 313 (315) fasst auch Normen, die von nichtstaatlichen Stellen wie NGOs erlassen werden als eine Kategorie des Soft Law auf. Zu denken ist hier etwa an die von Experten erarbeiteten Oslo Principles on Global Obligations to Reduce Climate Change, abrufbar unter: https://globaljustice.yale.edu/oslo-principles-global-climate-change-obligations.

102 Hierzu *T. Gruchalla-Wesierski*, McGillLJ 1984, S. 37 (44); *C.M. Chinkin*, ICLQ 1989, S. 850 (851) bezeichnet dies als "legal soft law"; *S.H. Nasser*, Sources and Norms in International Law, S. 108; *W. Heusel*, »Weiches« Völkerrecht, S. 43.

103 Hierzu *A. Frank*, Die Rechtswirkungen der Leitlinien und Empfehlungen der Europäischen Wertpapier- und Markaufsichtsbehörde, S. 100 ff. Zur Debatte um die

Derartige Fragen sind zum Teil in die übergeordneten Debatten um eine Konstitutionalisierung des Völkerrechts eingebettet.[104]

Interessanter für die vorliegende Studie ist jedoch die Frage nach der Abgrenzung von Soft Law zu nichtrechtlichen Normen, die gänzlich außerhalb des Bereichs des Rechts liegen, also nach der obigen Definition keine „gewissen Rechtswirkungen“ erzeugen und keine „besondere Rechtsnähe“ oder rechtliche Relevanz[105] aufweisen. Im dritten Kapitel dieser Studie wird nach rechtlichen Anforderungen an informelle Instrumente gefragt. Dies betrifft jedoch grundsätzlich nur rechtlich relevante Handlungen, d.h. solche, die – im Gegensatz zu Nichtrecht wie Informationen und Statistiken – normative Erwartungen adressieren, und nicht lediglich sonstige Verhaltenserwartungen.[106] Der Begriff des Rechts würde bedeutungslos, wenn auch eindeutiges Nichtrecht, das keine normativen Erwartungen weckt, wie Recht behandelt würde.[107] Die Bestimmung der Schwelle, deren Überschreitung rechtliche Kontrolle erfordert, ist daher wichtig. Die Zuordnung atypischer Instrumente im Unionsrecht zu Rechtsquellen ist hingegen weniger relevant, da mit Empfehlungen und Stellungnahmen (Art. 288 Abs. 5 AEUV) bereits formal unverbindliche Handlungsformen zu den Rechtsquellen gehören und der EuGH seit langem eine inhaltliche Prüfung zur Feststellung der rechtlichen Bindungswirkungen von Instrumenten anstellt.[108] Die Legitimitätsprobleme, die eine Erweiterung der Rechtsquellendogmatik – z.T. über Staatenkonsens als rechtlichen Geltungsgrund hinaus – im Völkerrecht mit sich bringt, stellen sich nicht in dieser Weise im unionsrechtlichen Kontext. Der besondere Charakter der Unionsrechtsordnung, insbesondere die weitreichende Übertragung von Kompetenzen unter teilweiser Einschränkung mitgliedstaatlicher Souveränität, verlagern diese Problematik auf bestimmte institutionelle Aspekte. Die Abgrenzung zu Nichtrecht wird daher nachfolgend beleuchtet.

Rechtsquelleneigenschaft des Richterrechts *B. Rüthers/C. Fischer/A. Birk*, Rechtstheorie, 11. Aufl., S. 155-158.

104 Überblick bei *T. Kleinlein*, Konstitutionalisierung im Völkerrecht, S. 82-85, 319-322.

105 Diesen Begriff verwendet *C. Bumke*, in: Schuppert/Pernice/Haltern (Hrsg.), Europawissenschaft, S. 643 (660).

106 *M. Goldmann*, 25 LeidenJIL 2012, S. 335 (337).

107 Wie dies zum Teil bei soziologischen Ansätzen geschieht. Hierzu kritisch *M. Goldmann*, 25 LeidenJIL 2012, S. 335 (337).

108 Siehe unten, VIII. 1. a).

Einige Autoren stellen zur Abgrenzung auf den Regelungscharakter ab. Als Normen drücken Soft Law-Instrumente Verhaltenserwartungen aus,[109] was sie von reinen Informationen wie etwa Statistiken unterscheidet, die keinerlei (unverbindliche) Handlungsempfehlung beinhalten.[110] Im Einzelfall ist insbesondere anhand der verwendeten Formulierungen zu beurteilen, ob ein bestimmtes Verhalten gefordert wird, oder ob eine Äußerung im Rahmen allgemeiner Politikgestaltung getätigt wird.[111] Insofern kann danach gefragt werden, ob die verabschiedenden Staaten einen *Rechts*bindungswillen haben.[112] Auch bei Soft Law liegt ein Bindungswille vor, es sollen aber die typischen völkerrechtlichen Unrechtsfolgen im Falle der Nichtbefolgung vermieden werden. Nichtsdestoweniger sind Soft Law-Verträge schließende Staaten sich einig, dass eine Bindung gewollt ist; „politisch" sind diese Verträge nur bezüglich der Rechtfolgenseite.[113] Außerhalb des völkerrechtlichen Bereichs, einschließlich Soft Law, liegen danach gänzlich unverbindliche Absichts- oder Prinzipienerklärungen.

Kritisch ist hierzu anzumerken, dass dieser Ansatz zwar im Fall bi- oder multilateraler vertragsähnlicher Soft Law-Instrumente zu brauchbaren Ergebnissen führen kann. Bei nicht einstimmig verabschiedeten unverbindlichen Instrumenten, etwa von Internationalen Organisationen, überzeugt dieser Ansatz hingegen nicht ohne weiteres, da der Staatenwille als Anknüpfungspunkt hier nicht dienen kann.[114]

Auch im Übrigen muss die Absicht der Staaten oder Organisationen im Einzelfall ermittelt werden und ist nicht immer eindeutig zu bestimmen. Als Anhaltspunkte können das Erlassverfahren und die Form, insbesondere Formulierungen dienen.

Aufschluss über die Abgrenzungsfrage könnte ein Modell zur Bestimmung des rechtlichen „Härtegrads" bringen – also der Verortung von Instrumenten auf einer Skala von Nichtrecht bis Hard Law. Ein solches

---

109 *J. Marquier*, Soft Law: Das Beispiel des OSZE-Prozesses, S. 98; *T. Gruchalla-Wesierski*, McGillLJ 1984, S. 37 (44); *M. Knauff*, Der Regelungsverbund, S. 216.

110 Siehe aber *G. Majone*, New Agencies in the EC: Regulation by Information, in: Kreher (Hrsg.), The European Agencies Conference Report, S. 5, der auch bloße Informationen als Regelungsinstrument einordnet.

111 *M. Knauff*, Der Regelungsverbund, S. 216.

112 *J. Klabbers*, The Concept of Treaty in International Law, S. 259; *J. Marquier*, Soft Law: Das Beispiel des OSZE-Prozesses, S. 194.

113 *J. Marquier*, Soft Law: Das Beispiel des OSZE-Prozesses, S. 194.

114 Der Soft Law-Begriff wird von *J. Marquier*, Soft Law: Das Beispiel des OSZE-Prozesses, S. 196, daher auch nur für informelle vertragsähnliche Abmachungen verwendet.

wurde im Rahmen einer Untersuchung zur Institutionalisierung internationaler Beziehungen vorgeschlagen. Um deren Grad der Verrechtlichung (*legalization*) zu ermitteln, bedient es sich der drei Aspekte Verpflichtung (*obligation*), Präzision (*precision*) und Aufgabenübertragung (*delegation*). Diese Aspekte können in einem Instrument unabhängig voneinander mehr oder weniger stark ausgeprägt und somit mehr oder weniger „hart" sein.[115] Eine unstreitig bestehende (harte) Verpflichtung kann zum Beispiel unklar oder vage formuliert sein; rechtlich unverbindliche Regelungen können sehr detailliert sein, ohne dass eine Streitschlichtungsaufgabe an eine dritte Stelle (etwa ein internationales Gericht oder ein Compliance-Gremium) übertragen wird. Dies ist etwa bei der KSZE-Schlussakte von Helsinki der Fall. Am oberen Ende der Skala stehen Rechtsregime wie die WTO oder die EU mit ihrer vergleichsweise weit vorangeschrittenen Integration.[116] Der geringste Grad an Verrechtlichung ist im Rahmen von Interessensphären während des Kalten Krieges zu beobachten, die überwiegend ohne völkerrechtliche Verpflichtungen, nur mit unpräzisen Regeln und mit einem losen institutionellen Rahmen operierten.[117]

Es ist nicht vollends deutlich, welcher Punkt das Ende der Verrechtlichungs-Skala markiert. Zwar ist laut den Autoren auch die geringste Form von Verrechtlichung konzeptionell noch deutlich verschieden von einem Zustand gänzlich ohne Normen und Institutionen,[118] jedoch bleibt unklar, ob damit (weiche) *Rechts*normen gemeint sind.[119] Scheinbar gibt es nach diesem Konzept eine Mindestschwelle – eine *de facto*-Relevanz von (weichen) rechtlichen Regeln als soziale Tatsache –, die erforderlich ist, damit noch von „Soft Law" gesprochen werden kann.[120]

Somit lässt sich nach dem Verrechtlichungs-Ansatz zwar eine Abgrenzung des weit gefassten Soft Law zu Hard Law vornehmen: „The realm of ‚soft law' begins once legal arrangements are weakened along one or more

---

115 *W. Abbott/R.O. Keohane/A. Moravcsik/A.-M. Slaughter/D. Snidal*, IO 2000, S. 401 (402).

116 *Ibid.* (405).

117 *Ibid.* (407).

118 *Ibid.* (408).

119 Dies scheint eine Konsequenz daraus zu sein, dass die Autoren keine vertiefte Auseinandersetzung mit dem Rechtsbegriff beabsichtigen.

120 So *V. Heyvaert*, Philanthropic Law, S. 8 (Entwurf 2018, dem Verfasser vorliegend), über den dasselbe Konzept benutzende Ansatz von *W. Abbott/D. Snidal*, IO 2000, S. 421. *Abbot* und *Snidal* deuten dies an, wenn sie die Ausprägung der einzelnen Parameter als mindestens gering, aber nicht gänzlich abwesend bewerten, *Ibid.* (424), dort Fn. 9.

of the dimensions of obligation, precision, and delegation."[121] Eine klare Abgrenzung zu Nichtrecht ist hingegen weniger deutlich.[122]

Auf den Verrechtlichungsansatz aufbauend, nimmt *Terpan* eine Abgrenzung von Soft Law-Normen zu Nichtrecht anhand der Kriterien Verpflichtung und Durchsetzung sowie mit Blick auf die von Soft Law erfüllten Funktionen vor.[123] Zum einen ähnele Soft Law in seiner äußeren Form häufig Recht, indem letzteres entweder ergänzt werde oder in sonstiger Weise bezogen auf dieses das Verhalten der betroffenen Adressaten beeinflusst werden soll – etwa durch Auslegungshinweise.[124] Zudem seien Soft Law-Normen auf der Durchsetzungsebene mit einer Art weichem Durchsetzungsmechanismus bewährt, etwa Monitoring oder Berichtspflichten, wenngleich keine harten Sanktionen vorgesehen seien.[125] Im Wege einer Negativabgrenzung liegt danach also eine nichtrechtliche Norm vor, die auch nicht als Soft Law angesehen werden kann, wenn schon keine äußere Ähnlichkeit zu rechtlichen Regeln vorliegt und weder die o.g. Funktionen wahrgenommen werden, noch irgendein weicher Durchsetzungsmechanismus existiert.[126]

Dieser Ansatz eignet sich als Arbeitsgrundlage für die nachfolgenden Untersuchungen, wenngleich im Einzelfall die Abgrenzung auch hiernach schwierig sein kann.

f) Zusammenfassung

Dieser erste Kontext verdeutlicht die Bedeutung und zunehmend häufige Verwendung unverbindlicher Instrumente im Völkerrecht. Als Ertrag für die vorliegende Studie bleibt ein Überblick über die Funktionen und Wirkungen von Soft Law und Elemente einer Definition, die eine Abgrenzung von Soft Law zu verbindlichem Recht und insbesondere zu Nichtrecht ermöglicht, was letztlich der Eingrenzung des Untersuchungsgegenstandes dient.

---

121 *W. Abbott/D. Snidal*, IO 2000, S. 421 (422).

122 Kritisch insgesamt zu diesem Ansatz *M. Finnemore/S.J. Toope*, IO 2001, S. 743.

123 *F. Terpan*, ELJ 2015, S. 68 (74 f.).

124 Ein Beispiel hierfür ist die Resolution der UN-Generalversammlung vom 13.09.2007, Declaration on the Rights of Indigenous Peoples (A/RES/61/295).

125 *F. Terpan*, ELJ 2015, S. 68 (75).

126 *Ibid.*, (75).

2. Kontext 2: Informalisierung als Governance-Phänomen

Die Verwendung unverbindlicher Instrumente wird auch als Teil einer Bewegung innerhalb des Völkerrechts von *International Legislation* zu *Governance* konzeptualisiert.[127] Sie ist insgesamt Teil einer Entwicklung hin zu einem Ansatz, der Effizienzgedanken in den Vordergrund stellt und zu Informalisierung neigt. Unverbindliche Instrumente außerhalb des „klassischen" Formenkanons werden insbesondere in der Politikwissenschaft – aber nicht nur dort – unter dem Stichwort Governance untersucht. Ebenso wie in der völkerrechtlichen Debatte, werden die Legitimationsbedenken auch in der Governance-Literatur diskutiert, wie nachfolgend überblicksartig dargestellt wird.

a) Recht und Governance

Ähnlich wie der Soft Law-Begriff, ist der Begriff Governance nicht selten durch eine gewisse Unschärfe charakterisiert.[128] Je nach Kontext werden dem ursprünglich im Zusammenhang von Entwicklungszusammenarbeit verwendeten[129] Governance-Begriff Bezeichnungen wie „Good", „New", „European" oder „Multilevel" vorangestellt.[130] Allgemeinen wird er als Oberbegriff verwendet für Steuerung durch Verfahren und Instrumente, die außerhalb formaler, tradierter Ansätze stehen. Anstelle von top-down-Regulierung durch verbindliche Instrumente, die aus (formalen)[131] hierarchischen Strukturen hervorgehen, wird mit dem Begriff Governance eine

---

127 *M. Koskenniemi*, Wisconsin ILJ 2005, S. 61 (74).

128 Überblick bei *T.A. Börzel*, European Governance – nicht neu, aber anders, in: Schuppert (Hrsg.), Governance-Forschung, S. 72 (74 f.).

129 Dort ursprünglich als „the exercise of political power to manage a nation's affairs" definiert, vgl. *C. Theobald*, Zur Ökonomik des Staates, S. 91 f.

130 Eine Grenzziehung ist nicht immer sicher möglich. Good Governance stellt den administrativen Bereich in den Fokus; zentral ist dabei die Frage nach der Verbesserung des Verhältnisses von Staat und Bürger, vgl. *H. Goerhlich*, DÖV 2006, S. 313 ff.; *K. Bourquain*, DVBl 2008, S. 1224 (1226).

131 *C. Möllers*, CMLRev 2006, S. 313 (317, 331), weist darauf hin, dass gleichwohl regelmäßig eine informelle Hierarchie als Ausdruck asymetrischer Machtverteilung zwischen den Akteuren besteht (dort: im Verhältnis der Weltbank zu Entwicklungsländern). Siehe auch *T.A. Börzel*, European Governance – nicht neu, aber anders, in: Schuppert (Hrsg.), Governance-Forschung, S. 72 (77), die auch hierarchische Handlungskoordination unter den Governance-Begriff fasst. Hierzu auch *M. Dawson*, New Governance and the Transformation of European Law, S. 117.

Steuerung bezeichnet, die eher auf Überzeugung als auf Befehl setzt und dafür rechtsunverbindliche Instrumente einsetzt.[132] Diese resultieren nicht aus einer typischerweise in Nationalstaaten anzufindenden top-down-Regulierung, sondern gehen auch aus horizontal agierenden Netzwerken unter Einbeziehung nicht-staatlicher Akteure hervor.[133] Teilweise wird in der Governance-Literatur eine Gegenüberstellung zwischen harten und weichen Steuerungsinstrumenten vorgenommen,[134] was einer grundsätzlichen Gegenüberstellung von Government und Governance entspricht: Der durch Globalisierung und Europäisierung bedingte Bedeutungsverlust der Nationalstaaten (Government) verlangt nach einem Gegenkonzept in Gestalt von Governance.[135] Informelle Instrumente sind danach – als Ausdruck von Governance – außerrechtliche Instrumente und werden entsprechend eher im Bereich der (und als Untersuchungsgegenstand von) Politikwissenschaft verortet, während Untersuchungsgegenstand der Rechtswissenschaft typischerweise harte rechtliche Instrumente sind.[136] Die Legitimationsprobleme, die mit der Informalisierung einhergehen (siehe oben II. 1. c)) werden hier ebenso diskutiert. Dabei scheint Informalität als Teil von Governance ein größeres Interesse innerhalb der Politikwissenschaft gefunden zu haben als in der Rechtswissenschaft.[137] Hierbei darf jedoch nicht übersehen werden, dass es zahlreiche Verbindungen zu rechtli-

132 Zum Teil wird der Governance-Begriff auch nur für Formen der Steuerung benutzt, die durch Interaktion zwischen Hoheitsträgern und Privaten geprägt sind. Anschaulicher Überblick bei *H.C.H. Hofmann/A.H. Türk*, An introduction to EU administrative governance, in: Hofmann/Türk (Hrsg.), EU Administrative Governance, S. 1 (4 f.); siehe auch *M. Cini*, JEPP 2001, S. 192 (192 f.).

133 Zur Regulierung durch internationale Netzwerke *A.-M. Slaughter*, A New World Order, S. 131 ff.

134 *A. Zehavi*, New Governance and Policy Instruments: are Governments Going "Soft"?, in: Levi-Faur (Hrsg.), The Oxford Handbook of Governance, S. 242; im EU-Kontext *S. Simsmans*, JEPP 2011, S. 504. Für die Gegenüberstellung von Governance und der Gemeinschaftsmethode *B. Eberlein/D. Kerwer*, EioP 2002, abrufbar unter: http://eiop.or.at/eiop/pdf/2002-005.pdf.

135 Dazu *C. Möllers*, CMLRev 2006, S. 313.

136 *M. Dawson*, New Governance and the Transformation of European Law, S. 17 f. Nach *G. de Búrca/J. Scott*, Introduction: New Governance, Law and Constitutionalism, in: de Búrca/Scott (Hrsg.), Law and New Governance in the EU and the US, S. 1 (4), sind rechtlichen Aspekte von New Governance nicht hinreichend diskutiert.

137 Vgl. *C. Möllers*, CMLRev 2006, S. 313 (318): „...questions of law in general are also of only limited importance for this approach."; *K. Ruschitschka*, Die Offene Methode der Koordinierung, S. 57, dort Fn. 218.

chen Instrumenten gibt, die entsprechend einer dogmatischen Bewertung zugänglich sind.[138]

Aus der Governance-Perspektive hat Recht zudem nur einen instrumentellen Charakter. Anstatt als Ausdruck demokratischer Herrschaft, interessiert Recht aus dieser Perspektive weil es, dem Primat der Effizienz untergeordnet, ein Mittel von mehreren zur Erreichung zuvor definierter Ziele ist;[139] Governance ist daher kein rechtliches Konzept.[140]

b) European Governance

Auf EU-Ebene wurde der Begriff „European Governance" von der Kommission in einem Weißbuch im Jahr 2001 eingeführt[141] (in der deutschen Sprachfassung: Europäisches Regieren).[142] Den Begriff definiert die Kommission recht weit, nämlich als „die Regeln, Verfahren und Verhaltensweisen, die die Art und Weise, wie auf europäischer Ebene Befugnisse ausgeübt werden, kennzeichnen, und zwar insbesondere in Bezug auf Offenheit, Partizipation, Verantwortlichkeit, Wirksamkeit und Kohärenz."[143] Als Reaktion auf das Scheitern und den Rücktritt der *Santer*-Kommission[144] sollten einige Änderungen in der Arbeitsweise der Union eingeführt werden. Wenngleich das Weißbuch bekundet, in erster Linie an die Mitgliedstaaten gerichtet zu sein[145], erscheint die Rückgewinnung des Vertrauens der allge-

---

138 *N. Walker/G. de Búrca*, 13 ColJEL (2006), S. 519.

139 *C. Möllers*, CMLRev 2006, S. 313 (318).

140 *Ibid.*, (322).

141 *M. Brohm*, Die „Mitteilungen" der Kommission im Europäischen Verwaltungs- und Wirtschaftsraum, S. 79, sieht die vom Europäischen Rat 1992 angestoßenen Überlegungen zur Bedeutung von (potenziell souveränitätsschonenderen) unverbindlichen Instrumenten für das Subsidiaritäts- und Verhältnismäßigkeitsprinzip als Vorstufe zur Informalisierung, die im Weißbuch weitergedacht wird. Der im Kontext der europäischen Integration häufig verwendete Begriff der Multilevel Governance kam in den frühen 1990er Jahren im Zusammenhang mit der Kohäsionspolitik auf, vgl. *I. Bache*, Multi-Level Governance in the European Union, in: Levi-Faur (Hrsg.), The Oxford Handbook of Governance, S. 628 (628 f.).

142 Eine Übersetzung mit „Regieren im Europäischen Mehrebenensystem" schlägt *T.A. Börzel*, European Governance – nicht neu, aber anders, in: Schuppert (Hrsg.), Governance-Forschung, S. 72 (79), vor.

143 Europäische Kommission, Europäisches Regieren – Ein Weißbuch, KOM(2001) 428 endg., S. 10, dort Fn. 1.

144 Hierzu *V. Mehde*, CMLRev 2003, S. 423.

145 Europäische Kommission, Europäisches Regieren – Ein Weißbuch, KOM(2001) 428 endg., S. 4.

meinen Öffentlichkeit als ein Hauptzweck.[146] Zur Umsetzung der ergebnisorientierten Agenda wird auf dezentrale, durch Expertise geprägte Prozesse als Alternative zu einem top-down-Ansatz gesetzt.

Die Kommission bezeichnet diesen Ansatz in dem Weißbuch als die „Art und Weise, wie die Union die ihr von den Bürgern übertragenen Befugnisse ausübt".[147] Er ist ergebnisorientiert und bezüglich der einzusetzenden Handlungsformen nicht festgelegt.[148] Danach sind „Rechtsvorschriften oft nur Teil einer umfassenderen Lösung, die förmliche Bestimmungen mit anderen *nicht bindenden Instrumenten* wie Empfehlungen, Leitlinien oder auch Selbstverpflichtungen innerhalb eines gemeinsam festgelegten Rahmens verknüpft."[149] Es geht mithin um technische Regulierung, die mithilfe von Expertenwissen in einem entpolitisierten Modus Problemlösungsstrategien entwickelt.[150]

Teil eines Aktionsplans für eine bessere Rechtsetzung ist laut dem Weißbuch auch, „eine verstärkte Inanspruchnahme verschiedener Politikinstrumente (Verordnungen, "Rahmenrichtlinien", Leitlinien und Empfehlungen, Koregulierungsmechanismen) [zu] fördern. Sie können gegebenenfalls durch die offene Koordinierungsmethode ergänzt werden."[151] Daher sei laut Kommission auch die Kombination mehrerer Politikinstrumente sinnvoll.[152]

Das von der Kommission vorgeschlagene Konzept der European Governance sieht eine Ergänzung zur klassischen Gemeinschaftsmethode vor: Nach der Gemeinschaftsmethode werden Regelungen in der von den Verträgen vorgesehenen Weise durch Zusammenwirken der zuständigen

---

146 *U. Haltern*, Europarecht Bd. I, 3. Aufl., S. 445, Rn. 960.

147 Europäische Kommission, Europäisches Regieren – Ein Weißbuch, KOM(2001) 428 endg., S. 4.

148 *D. Chalmers/G. Davies/G. Monti*, European Union Law, 3. Aufl., S. 384; dies ist ein allgemeiner Aspekt von Governance, vgl. *C. Möllers*, CMLRev 2006, S. 313 (316 f.).

149 Europäische Kommission, Europäisches Regieren – Ein Weißbuch, KOM(2001) 428 endg., S. 27 (Hervorhebungen hinzugefügt).

150 *T.A. Börzel*, European Governance – nicht neu, aber anders, in: Schuppert (Hrsg.), Governance-Forschung, S. 72 (80).

151 Europäische Kommission, Europäisches Regieren – Ein Weißbuch, KOM(2001) 428 endg., S. 30.

152 *Ibid.*, S. 5. Auch nach außen hin, als Teil ihrer Global Governance-Strategie, will die Kommission informelle Instrumente einsetzen und „die weltweite Verwendung neuer Instrumente als Ergänzung zu "harten" internationalen Rechtsvorschriften fördern." Hierzu *F. Schimmelpfennig*, EU External Governance and Europeanization Beyond the EU, in: Levi-Faur (Hrsg.), The Oxford Handbook of Governance, S. 656.

Organe (in erster Linie Rat, Europäisches Parlament und Kommission) in zumeist verbindlicher Form erlassen (Verordnung, Richtlinie oder Beschluss).[153] Diese „Eingriffe ‚von oben'" mit ihren „klassischen Politikinstrumente[n]" sollen nun „durch *nichtgesetzgeberische Maßnahmen*" ergänzt werden.[154] European Governance arbeitet daher mit anderen Methoden, wie etwa der durch intergouvernementale Aspekte geprägten Offenen Methode der Koordinierung (OMK),[155] Sozialdialoge,[156] Regulierungsagenturen und auch der (schon davor eingesetzten) Komitologie. Mit anderen Worten kommt es zu einer Dezentralisierung und Enthierarchisierung durch Einbindung verschiedener Akteure sowie einer Informalisierung durch Regulierung außerhalb des verbindlichen Rechts.[157] Die weichen Regelungsinstrumente sind zudem reversibel sowie flexibel und können vergleichsweise schnell an neue Gegebenheiten und Erkenntnisse angepasst werden.[158] Gleichzeitig wird den Mitgliedstaaten mehr Ermessensspielraum bei der Umsetzung der Ziele gewährt, wobei sie jedoch in größerem Maße durch verfahrensrechtliche Regelungen eingerahmt sind, wie etwa Konsultations- und Berichtspflichten sowie Transparenzanforderungen.[159] Eine Regionalisierung lässt sich mit Blick auf die Einbeziehung weiterer Akteure unterhalb der Ebene der Zentralregierung sowie von privaten Interessengruppen beobachten, weshalb auch von „multilevel Governance" gesprochen wird, was mit dem Begriff des sog. Europäischen Verwaltungsverbunds eine Entsprechung im Deutschen gefunden hat.[160]

Dies verdeutlicht ein Blick auf die OMK, der in der wissenschaftlichen Diskussion besonders viel Aufmerksamkeit gewidmet wurde.[161] Die Mit-

---

153 Hierzu auch statt vieler *O. Ştefan*, Soft Law in Court, S. 2.

154 Europäische Kommission, Europäisches Regieren – Ein Weißbuch, KOM(2001) 428 endg., S. 5 (Hervorhebungen hinzugefügt).

155 Hierzu *K. Ruschitschka*, Die Offene Methode der Koordinierung.

156 Hierzu *S. Pitz*, ZEuS 2017, S. 235.

157 *J. Scott/D. Trubek*, ELJ 2002, S. 1 (2), die die Flexibilisierung als einen Aspekt von „new, old governance" beschreiben; *T.A. Börzel*, European Governance – nicht neu, aber anders, in: Schuppert (Hrsg.), Governance-Forschung, S. 72 (80).

158 *J. Scott/D. Trubek*, ELJ 2002, S. 1 (6).

159 *Ibid.*, (2).

160 *U. Haltern*, Europarecht Bd. I, 3. Aufl., S. 432, Rn. 937.

161 Monographisch *R. Ruschitschka*, Die Offene Methode der Koordinierung; auch bei *M. Dawson*, New Governance and the Transformation of European Law, ist der Hauptuntersuchungsgegenstand die im Rahmen der OMK koordinierte Sozialpolitik. Siehe auch *J. Lang/K. Bergfeld*, EuR 2005, S. 381; *V. Hatzopoulos*, ELJ 2007, S. 309; *K. Armstrong/C. Kilpatrick*, 13 Columbia Journal of European Law (2007), S. 649; *D. Hodson/I. Maher*, JCMS 2001, S. 719; *C. de la Porte*, ELJ 2002,

gliedstaaten einigen sich hierbei im Rahmen des Europäischen Rates in den jeweiligen Politikbereichen auf gemeinsame Ziele. Die Mittel der Zielerreichung sind jedoch den Mitgliedstaaten überlassen, deren Kompetenzen in diesem Bereich nicht angetastet werden. Von Unionsseite gibt es lediglich rechtlich unverbindliche – insbesondere nicht justiziable – Leitlinien, auf die sich die Mitgliedstaaten einigen, sowie Berichtspflichten und benchmarking.[162] Insofern handelt es sich „nur" um eine Koordinierung. Das Europäische Parlament ist hierbei nicht beteiligt. Ein Ziel dieses Vorgehens ist, gemeinsames Lernen von unterschiedlichen Ansätzen der Mitgliedstaaten zu ermöglichen und eine auf Freiwilligkeit beruhende Konvergenz der Politiken zu erreichen.[163] Anfänglich wurde befürchtet, dass unverbindliche Regelungen nur geringe Wirkung haben könnten, da sie weiterhin den Beschränkungen des verbindlichen Rechts unterliegen würden. Daher wurde vermutet, dass informelle Normen (etwa im Bereich der Sozialpolitik) mit Durchsetzungsschwächen verbunden sein würden, fehlt den Mitgliedstaaten doch der Anreiz zur Befolgung dieser Regeln.[164] Anders formuliert, kann ein Nachteil unverbindlicher Instrumente darin bestehen, dass die kognitiven Erwartungen, die sie begründen, enttäuscht werden.[165]

Da die informellen Instrumente in Governance-Ansätzen häufig mit verbindlichem Recht zusammen eingesetzt werden, wird auch von Hybridität gesprochen: Danach koexistieren verbindliches Recht und Governance-Methoden wie der Einsatz unverbindlicher Instrumente in einer Weise, die zur Effektivitätssteigerung gegenüber der „klassischen" Regulierung

---

S. 238; *S. de la Rosa*, ELJ 2005, S. 618; *J. Scott/D. Trubek*, ELJ 2002, S. 1 (4 f.); *M. López-Santana*, Soft Europeanisation? How the Soft Pressure from Above Affects the Bottom (Differently), EUI Working Papers MWP 207/10; eine Sonderausgabe der Zeitschrift Journal of European Public Policy 2004, S. 2 ff., widmet sich der OMK; *C.M. Radaelli*, The Code of Conduct against Harmful Tax Competition: Open Method of Coordination in Disguise, EUI Working Papers RSC No. 2002/43; *S. Simsmans*, JEPP 2011, S. 504.

162 Statt vieler *J. Lang/K. Bergfeld*, EuR 2005, S. 381.

163 *J. Scott/D. Trubek*, ELJ 2002, S. 1 (4 f.).

164 So *F. Scharpf*, JCMS 2002, S. 645 (654–656); *A. Héritier*, New Modes of Governance in Europe: Policy-Making without Legislating?, in: Héritier (Hrsg.), Common Goods: Reinventing European and International Governance, S. 185–206. Zu dieser Debatte auch *M. Dawson*, New Governance and the Transformation of European Law, S. 6, dort Fn. 14, der hier von 'paper tiger' thesis spricht. Ähnlich *U. Haltern*, Europarecht Bd. I, 3. Aufl., S. 420 f., Rn. 912.

165 *U. Haltern*, Europarecht Bd. I, 3. Aufl., S. 420 f., Rn. 912.

führt.[166] Durch die Interdependenz der beiden Ansätze kann insgesamt eine Verbesserung der Compliance erreicht werden.[167]

Zusammenfassend lässt sich damit zur European Governance festhalten: „Flexibilisierung, Regionalisierung, Dezentralisierung, Informalisierung, Enthierarchisierung und experimentelles Vergleichen und Lernen sind damit die Elemente, die New Governance im Gegensatz zur sog. „klassischen Gemeinschaftsmethode" ausmachen: von *Government* zu *Governance*."[168]

c) Probleme

Dieses Vorgehen wirft mehrere (Legitimations-)Probleme auf: Es stellt potentiell eine Gefahr für das institutionelle Gleichgewicht dar.[169] Insbesondere die Position des Europäischen Parlaments wird beschnitten, da die Koordinierung weitgehend ohne seine Beteiligung stattfindet.[170] Dem soll freilich mit dem Umstand begegnet werden, dass es sich lediglich um weiche, unverbindliche Instrumente handele.[171] Der Einfluss der Rechtsprechung ist ebenfalls gering. Im Gegensatz zu kontradiktorischem, gerichtlichem

---

166 *G. de Búrca/J. Scott*, Introduction: New Governance, Law and Constitutionalism, in: de Búrca/Scott (Hrsg.), Law and New Governance in the EU and the US, S. 1 (6-9); *O. Ştefan*, Soft Law in Court, S. 29.

167 Siehe etwa im Bereich des Umweltrechts *D.M. Trubek/L.G. Trubek*, 13 ColumbJEL (2007), S. 539 (543, 557); *G. de Búrca/J. Scott*, Introduction: New Governance, Law and Constitutionalism, in: de Búrca/Scott (Hrsg.), Law and New Governance in the EU and the US, S. 1 (6).

168 *U. Haltern*, Europarecht Bd. I, 3. Aufl., S. 436, Rn. 943 (Hervorhebungen im Original). Mit Recht kann man an der „newness" der New Governance zweifeln, vgl. *C. Kilpatrick*, New EU Employment Governance and Constitutionalism, in: de Búrca/Scott (Hrsg.), Law and New Governance in the EU and the US, S. 121 (124 ff.); *C. Möllers*, CMLRev 2006, S. 313 (318-320). Nach *T.A. Börzel*, European Governance – nicht neu, aber anders, in: Schuppert (Hrsg.), Governance-Forschung, S. 72 (78), ist eine Unterscheidung zwischen „neuen" und „alten" Formen von Governance nicht sinnvoll. Andere sprechen dem Zusatz dennoch die Tauglichkeit zur Abgrenzung von traditionelleren „top down" Regelungsmethoden zu; danach hat der Zusatz zumindest noch einen heuristischen Wert, vgl. *K. Ruschitschka*, Die Offene Methode der Koordinierung, S. 54.

169 Dazu ausführlich unten Abschnitt VI. 2. Deutlich European Parliament resolution of 4 September 2007 on institutional and legal implications of the use of "soft law" instruments (2007/2028(INI)), Punkt E.

170 *J. Scott/D. Trubek*, ELJ 2002, S. 1 (17); *C. Möllers*, CMLRev 2006, S. 313 (336).

171 *M. Dawson*, New Governance and the Transformation of European Law, S. 5.

Rechtsschutz soll in Governance-Modellen kooperativ-präventiv gehandelt werden.[172]

Auch ist es unwahrscheinlich, dass das nach dem Scheitern der *Santer*-Kommission beschädigte Vertrauen der Unionsbürger in die EU-Institutionen durch die genannten Aspekte von European Governance verbessert werden kann. Offensichtlich ist die fehlende Beteiligung des EuGH und des Europäischen Parlaments – dem einzigen direkt gewählten Unionsorgan – einer Verbesserung der Bürgernähe nicht zuträglich.[173]

Konzeptionell ist problematisch, dass Legitimität ausschließlich durch sachgerechte Lösungen als Output erreicht werden soll. Durch den technokratischen und entpolitisierten Problemlösungsansatz lässt sich Bürgernähe nur schwer erzeugen, was aber gerade das Ziel der Kommission als nur schwach demokratisch legitimiertes Unionsorgan ist.[174]

Diese Verantwortungproblematik stellt daher eine Herausforderung insbesondere in institutioneller Hinsicht dar: Wurden Administrativhandlungen traditionell durch parlamentarische Aufsicht und durch gerichtliche Überprüfung kontrolliert, sind *cheks and balances* nunmehr zusätzlich auf anderen Wegen, etwa durch entsprechende Ausgestaltung der Kooperationsmechanismen oder durch benchmarking herzustellen.[175] Die Beteiligung von Agenturen, Privaten und anderen demokratisch nicht legitimierten Akteuren an der informellen Normsetzung weist auf ein generelles Problem hin, das sich als Spannungsverhältnis von Expertise und demokratischer Legitimation umreißen lässt. Zu klären ist des Weiteren, wie die enge Verflechtung der Akteure – die sich der Dichotomie von unionseige-

---

172 Mit Blick auf die Beziehung zwischen Behörden und Bürgern *K. Bourquain*, DVBl 2008, S. 1224 (1228).

173 Deutlich bezüglich der Verwendung von „Soft Law“ in diesem Zusammenhang European Parliament resolution of 4 September 2007 on institutional and legal implications of the use of “soft law” instruments (2007/2028(INI)), Punkt U: “[…] soft law also tends to create a public perception of a “superbureaucracy” without democratic legitimacy, not just remote from citizens but actually hostile to them […]”. Die OMK wird daher auch als „legally dubious“ bezeichnet (Punkt AA. 4.). Zum durch Soft Law-Einsatz vergrößerten Problem der mangelnden Bürgernähe auch Punkt AA. 18 im selben Dokument.

174 *U. Haltern*, Europarecht Bd. I, 3. Aufl., S. 445, Rn. 960 ff. Ähnliche Kritik auch bei *J. Scott/D. Trubek*, ELJ 2002, S. 1 (18).

175 *H.C.H. Hofmann/A.H. Türk*, An introduction to EU administrative governance, in: Hofmann/Türk (Hrsg.), EU Administrative Governance, S. 1 (5).

nem (direktem) und mitgliedstaatlichem (indirektem) Vollzug entzieht[176] – auf die rechtlichen und tatsächlichen Wirkungen der atypischen Normen auswirkt.

Die inhaltliche Überprüfung von Normen, die aus diesem technokratischen und expertendominierten Prozess hervorgehen, kann zudem die praktischen Funktionsgrenzen gerichtlicher Überprüfung überschreiten.[177] Die Ausgestaltung von Kontrollregimen muss dabei auch der Dynamik der Verflechtungsstrukturen Rechnung tragen, da die Wirkungen in einem hohen Maß kontextabhängig sind.[178] Dies ist auch bei der Übertragbarkeit der Ergebnisse auf informelle Normen in anderen Bereichen zu beachten.

Zudem ist die Governance-Perspektive grundsätzlich eine Außenperspektive, die politische Vorgänge aus Sicht eines Nichtbeteiligten beobachtet.[179] Dies ist zum einen notwendig, da somit politische Prozesse analysiert und sodann effektiv koordiniert werden können, erzeugt aber zum anderen eine Distanz und drückt fehlende Verantwortung aus: Da „nur" von außen beobachtet und mit weichen Instrumenten koordiniert wird, kann diese Art der Steuerung keinem der Akteure in Governance-Strukturen eindeutig zugeordnet werden.[180] Dies wird mit Blick auf die Kommission deutlich – sie kann nicht von den Bürgern abgewählt werden im Falle von Fehlverhalten, hat aber eine zentrale Rolle in der Koordinierung, Normsetzung und dem Vollzug.[181] Mit zunehmender Anzahl der beteiligten Akteure, deren Handeln durch informelle Instrumente koordiniert wird, und deren Verflechtungsgrad, nimmt dieses Problem zu.

d) Zusammenfassung

Rechtsunverbindliche Instrumente können auch als Ausdruck von Informalisierung im Rahmen von Governance verstanden werden. Unverbindliche Normen werden dabei wegen ihrer Flexibilität und Reversibilität als Vorteil gegenüber klassischer top-down-Regulierung durch verbindliche Ins-

176 *M. Brohm*, Die „Mitteilungen" der Kommission im Europäischen Verwaltungs- und Wirtschaftsraum, S. 138 f.

177 Siehe unten VIII. 4. b).

178 *H.C.H. Hofmann/A.H. Türk*, An introduction to EU administrative governance, in: Hofmann/Türk (Hrsg.), EU Administrative Governance, S. 1 (6).

179 *C. Franzius*, KJ 2009, S. 25 (26).

180 *C. Möllers*, CMLRev 2006, S. 313 (315). Zu diesem Problem in Netzwerkstrukturen zusammenfassend *N. Simantiras*, Netzwerke im Europäischen Verwaltungsverbund, S. 246.

181 *U. Haltern*, Europarecht Bd. I, 3. Aufl., S. 446, Rn. 964.

trumente angesehen. Zudem verbieten sich rechtsverbindliche Instrumente zum Teil schon aus formalen Gründen, etwa wenn Normen von nicht zur Rechtsetzung befugten Akteuren ausgearbeitet werden. Governance ist somit ein weiterer Kontext, der bei der rechtlichen Bewertung atypischer Instrumente zu berücksichtigen ist. Insbesondere wurde hier umrissen, dass informelle Normen innerhalb des institutionellen Gefüges der Union zu Legitimitätsproblemen führen können. Diese ergeben sich, wenn Herrschaftsausübung durch unverbindliche Instrumente in dezentraler Weise in einem technokratischen Management-Ethos von Seiten einer Exekutive geschieht, deren demokratische Legitimation nicht unumstritten ist. Hierbei können sich Verwerfungen ergeben, die sich auf dogmatischer Ebene äußern in Unklarheiten über die (oder den Grad der) Verbindlichkeit von Instrumenten und die Vereinbarkeit mit der Kompetenzordnung der Verträge sowie Transparenz und Rechtsschutz. Hierauf wird im dritten Kapitel zurückzukommen sein.

3. Unverbindliche Instrumente im Unionsrecht im Überblick

Wie auch im Völkerrecht, lassen sich anhand des Merkmals der Unverbindlichkeit im Unionsrecht viele verschiedene Erscheinungsformen ausmachen. Um die hier im Fokus stehenden informellen Instrumente besser einordnen zu können, wird nachfolgend ein Überblick über rechtsunverbindliche abstrakt-generelle Handlungsformen im sonstigen Unionsrecht gegeben (a), bevor die mit unverbindlichen Instrumenten verbundenen Vor- und Nachteile erläutert werden (b) und die Terminologie geklärt wird (c).

a) Zunahme unverbindlicher Instrumente

Mit Blick auf die Entwicklung ist eine klare Tendenz zur vermehrten Verwendung rechtsunverbindlicher Instrumente zu beobachten:[182] Zwar wurden unverbindliche Mitteilungen der Kommission schon seit den 1960er Jahren eingesetzt.[183] Gleichwohl waren sie bis Mitte der 1980er Jahre

182 *F. Terpan*, ELJ 2015, S. 68 (87 f.).

183 Ungeregelte Instrumente des Rates hingegen sorgten schon 1969 beim Europäischen Parlament für Besorgnis hinsichtlich der Auswirkungen auf das institutionelle Gleichgewicht, vgl. Entschließung über die Rechtsakte der Gesamtheit der Mitglied-

eine Ausnahme; erst danach wurde eine Vielzahl solcher Akte erlassen.[184] Das einflussreiche Weißbuch der Kommission zur Vollendung des Binnenmarkts von 1985 sah den vermehrten Einsatz von Mitteilungen im Zusammenhang mit den Vorschriften zur Warenverkehrsfreiheit als „Richtschnur" für Bürger und mitgliedstaatliche Behörden ausdrücklich vor.[185] Für den Bereich der Sozialpolitik wurde eine stetige Zunahme seit den 1970er Jahren empirisch nachgewiesen.[186]

Ein Grund für den – auch im Vergleich mit anderen Internationalen Organisationen – häufigen Einsatz rechtsunverbindlicher Instrumente wird in der starken Position der Judikative gesehen, welche durch die Bezugnahme auf Soft Law diese in Hard Law umwandelt;[187] die an sich unverbindlichen Instrumente erlangen hierdurch eine größere praktische Bedeutung.

Die nach dem EU-Gipfel in Lissabon 2000 benannte Lissabon-Strategie beinhaltete ein Modell der „soft policy coordination" in den Bereichen Beschäftigung und Sozialpolitik, das den Einsatz unverbindlicher (Koordinations-)Instrumente im Rahmen der OMK vorsah.[188] Für die Beschäftigungspolitik legt Art. 148 AEUV hierfür ein Verfahren fest, in dem zunächst der Europäische Rat Schlussfolgerungen zur Beschäftigungspolitik erlässt. Diese bilden die Grundlage für Leitlinien, die vom Rat auf Vorschlag der Kommission erlassen werden. Die Leitlinien sind unverbindlich; die Mitgliedstaaten müssen sie lediglich „berücksichtigen" und Berichte über die Beschäftigungspolitik vorlegen, vgl. Art. 148 Abs. 2 S. 1. AEUV. Diese Leitlinien wiederrum können zu – ebenfalls unverbindlichen – Empfehlungen

---

staaten der Gemeinschaft und die in den Verträgen nicht vorgesehenen Rechtsakte des Rates, enthalten in Protokoll der Sitzung vom 08.05.1969, ABl. 1969, C 63, S. 18. Dazu näher unten VI. 2. b). Siehe auch *E. Korkea-Aho*, YEL 2018, S. 470 (494): "Although no definitive numbers can be provided, as the EU does not compile statistics on soft law acts, it seems undisputed that soft law making has both intensified and diversified."

184 *S. Leclerc*, CDE 1998, S. 161 (163), der allein zwischen 1986 und 1996 den Erlass von 756 Mitteilungen zählt.

185 Vollendung des Binnenmarktes – Weißbuch der Kommission an den Rat, KOM(85) 310 endg., vom 14.06.1985, Rn. 155.

186 *G. Falkner/O. Treib/M. Hartlapp/S. Leiber*, Complying with Europe, S. 49 f. Siehe in diesem Bereich speziell zu rechtlich unverbindlichen Sozialpartnerverträgen mit Blick auf die Effektivität der Regelungen *T. Prosser*, BJIR 2015, S. 254.

187 *K. Wellens/G. Borchard*, ELRev 1989, S. 267 (291 f.). Zur Frage des „Erhärtens" von Soft Law durch Bezugnahme durch Gerichte *I. Österdahl*, The ECJ and Soft Law: Who's Afraid of the EU Fundamental Rights Charter?, in: Mörth (Hrsg.), Soft Law in Governance and Regulation, S. 37.

188 Zusammenfassend dazu *O. Ştefan*, Soft Law in Court, S. 12.

des Rates an den betreffenden Mitgliedstaat führen, vgl. Abs. 4. Die Leitlinien im Rahmen der OMK sind damit eher Instrumente zur intergouvernementalen Koordination und keine Administrativakte, die im Mittelpunkt dieser Studie stehen.

Auch die übrigen Organe bedienen sich verschiedener informeller Instrumente. Vertraglich geregelt ist die rechtlich unverbindliche Aufforderung des Europäischen Parlaments an die Kommission, „geeignete Vorschläge zu Fragen zu unterbreiten", die in den Augen des Europäischen Parlaments die „Ausarbeitung eines Unionsakts zur Durchführung der Verträge erfordern", Art. 225 AEUV.[189]

Daneben erlässt das Europäische Parlament Berichte zu verschiedenen Sachthemen, die Entschließungen mit Vorschlägen enthalten. Ein für diese Arbeit inhaltlich interessantes Beispiel ist der „Report on institutional and legal implications of the use of 'soft law' instruments".[190] Er enthält Vorschläge insbesondere an die Kommission zum künftigen Einsatz von rechtsunverbindlichen, in den Verträgen nicht vorgesehenen Instrumenten, auf die im weiteren Verlauf dieser Studie eingegangen wird.[191]

Als unverbindliche Maßnahmen der Kommission erwähnen die Verträge in Art. 258 AEUV Stellungnahmen, die Teil des Vorverfahrens im Rahmen eines Vertragsverletzungsverfahrens sind. Sie beziehen sich immer auf konkrete Einzelfälle und sind daher für die hiesige Untersuchung mangels abstrakt-genereller Regelung, mithin mangels Normcharakter, nicht von Interesse.

Die Mitgliedstaaten, der Rat und die Kommission geben mitunter Protokollerklärungen zu Sekundärrechtsakten ab. Sie sind rechtlich nicht bindend und auch nicht Teil des Rechtsakts, auf den sie sich beziehen.[192] Erklärungen der Mitgliedstaaten kommen laut EuGH als Auslegungshilfe nicht in Betracht, „da die allgemeine Geltung der von den Gemeinschaftsorganen erlassenen Normen nicht durch Vorbehalte oder Einwendungen der Mitgliedstaaten bei ihrer Ausarbeitung relativiert werden kann."[193] Anders

189 Siehe etwa Entschließung des Europäischen Parlaments vom 25.10.2016 mit Empfehlungen an die Kommission zur Einrichtung eines EU-Mechanismus für Demokratie, Rechtsstaatlichkeit und die Grundrechte (2015/2254(INL)).

190 (2007/2028(INI)), vom 28.06.2007.

191 Siehe dazu VI 2. b).

192 *A. Haratsch/C. Koenig/M. Pechstein*, Europarecht, 12. Aufl., S. 196, Rn. 432. Ihnen kommt keine Rechtsqualiät zu, *M. Pechstein*, EuR 1990, S. 249 (250).

193 EuGH, Rs. 143/83, *Kommission/Dänemark*, Rn. 13.

bewertet er die Erklärungen der Kommission[194] beziehungsweise des Rates. Letztere können in begrenztem Umfang berücksichtigt werden, „soweit sie der Klarstellung eines allgemeinen Begriffes" dienen, der sich in dem betreffenden Rechtsakt findet.[195]

Trotz dieses weit verbreiteten Einsatzes und des Trends zur Zunahme unverbindlicher Instrumente blieb, anders als im Völkerrecht, eine umfangreiche grundsätzliche Debatte um das Konzept formal rechtsunverbindlicher Normen - also der *Law*-Teil des Soft Law-Begriffs - im Unionsrecht aus. Die Existenz verschiedener Grade von Rechtsverbindlichkeit ist ganz überwiegend akzeptiert.[196] Die genaue Abgrenzung von informellen Instrumenten zu „echtem" Hard Law mag auch aus diesem Grund nicht die Stellung einnehmen, die sie im Völkerrecht hat. Zudem stellt das Unionsrecht geregelte Verfahren zur verbindlichen Rechtsetzung bereit und muss sich nicht wie das Völkerrecht zu einem nicht unerheblichen Teil auf Gewohnheitsrecht verlassen, das zunächst identifiziert werden muss, oder auf völkerrechtliche Verträge, deren genauer Inhalt aus oft offenen und vagen Formulierungen gewonnen werden muss.

Das Ausbleiben einer derartigen Debatte kann jedenfalls nicht darauf zurückgeführt werden, die Abgrenzung zwischen Recht und Soft Law würde im Unionsrecht wegen der im Vergleich zum Völkerrecht effektiveren Sanktionsmöglichkeiten und der besonderen Rolle der Rule of Law leichter fiele.[197] Im Gegenteil: Gerade aufgrund der im Unionsrecht gesteigerten Durchsetzbarkeit lässt sich nicht ausschließen, dass auch rechtsunverbindliche Instrumente wie verbindliches Recht befolgt werden. Die Kommissionspraxis der Steuerung mittels unverbindlicher Leitlinien im Beihilfenrecht (siehe unten Abschnitt IV.) lässt gerade dies vermuten. Das aus dem Völkerrecht bekannte Problem der Unzulässigkeit des Schlusses von der

---

194 Hier deutete der EuGH an, dass Erklärungen der Kommission zur Auslegung des Sekundärrechts Berücksichtigung im Rahmen der Auslegung finden könnten, sofern der Wortlaut der auszulegenden Bestimmung nicht entgegensteht, vgl. Rs. C-363/01, *Bodenabfertigungsdienste*, Rn. 51. Kritisch hierzu *M. Pechstein*, EuR 1990, S. 249 (253); *A. Haratsch/C. Koenig/M. Pechstein*, Europarecht, 12. Aufl., S. 196, Rn. 432.

195 EuGH, C-368/98, *Generics Ltd.*, Rn. 27.

196 Siehe etwa *F. Terpan*, ELJ 2015, S. 68 (89); *H. Adam*, Die Mitteilungen der Kommission, S. 84; *T. von Danwitz*, B. II. Rechtsetzung und Rechtsangleichung, in: Dauses/Ludwigs (Hrsg.), Handbuch des EU-Wirtschaftsrechts, 48. EL, Rn. 62; *M.A. Steger*, Verselbstständigung von Unionsagenturen, S. 523.

197 So aber *K. Ruschitschka*, Die Offene Methode der Koordinierung, S. 61.

Durchsetzbarkeit einer Norm auf ihre Rechtsqualität[198] lässt sich im Europarecht daher unter umgekehrten Vorzeichen beobachten: Nur weil eine Norm *de facto* durchsetzbar ist, kann nicht zugleich von ihrer Rechtsverbindlichkeit ausgegangen werden.

b) Gründe und Grenzen des Einsatzes unverbindlicher Instrumente

Wie im völkerrechtlichen Kontext erfüllen informelle Instrumente verschiedene Funktionen und werden aus unterschiedlichen Gründen eingesetzt. Dies ist mit Vorteilen, aber auch mit Problemen verbunden. Die Probleme umreißen zugleich die Grenzen des Einsatzes informeller Normen.

aa) Gründe

Einen Vorteil gegenüber verbindlicher Rechtsetzung stellt die Flexibilität informeller Instrumente dar.[199] Insbesondere gegenüber einer näheren sekundärrechtlichen Ausgestaltung und dem Abwarten einer Klärung von Auslegungsfragen durch den EuGH haben informelle Normen den Vorteil, schnell erlassen und geändert werden zu können. Insbesondere ist die Kommission nicht auf eine (z.T. unmögliche) Konsensfindung der Mitgliedstaaten im Rat angewiesen.[200] Gerichtsentscheidungen des EuGH können laut Kommission nicht das gleiche Maß an Rechtssicherheit gewährleisten, da unklar sein könnte, ob die Auslegungsergebnisse in einem bestimmten Fall auch außerhalb des Kontextes der jeweiligen Entscheidung zutreffend sind.[201] Die unverbindlichen Instrumente der Kommission bil-

---

198 Dazu *M. Bothe*, NYIL 1980, S. 65 (66 und passim); *A. Peters*, Völkerrecht. Allgemeiner Teil, 4. Aufl., S. 94; *C. Chinkin*, Normative Development in the International Legal System, in: Shelton (Hrsg.), Commitment and Compliance: The Role of Non-Binding Norms in the International Legal System, S. 21 (40); *M. Knauff*, Der Regelungsverbund, S. 222.

199 *H. Cosma/R. Whish*, EBLR 2003, S. 25 (33); *K. Bourquain*, DVBl 2008, S. 1224 (1233); bezüglich Empfehlungen *I. Härtel*, Handbuch Europäische Rechtsetzung, § 13, Rn. 10; *O. Ştefan*, Soft Law in Court, S. 8; *D. Hodson/I. Maher*, JEPP 2004, S. 798 und passim.

200 *M. Cini*, JEPP 2001, S. 192 (194).

201 Mitteilung der Kommission an den Rat und das Europäische Parlament zur Mitteilung zu Auslegungsfragen betreffend Abfall und Nebenprodukte, KOM (2007) 59 endg., S. 5.

den dagegen „ein flexibles Instrument, das sich an neue Erkenntnisse und Technologien anpassen lässt."[202]

Dies ist insbesondere bei unklarer Tatsachenlage und hoher Komplexität des Regelungsgegenstandes und bei der Regulierung neuer Phänomene ein Vorteil, da so Regelungen zunächst erprobt werden können und ein Lernprozess stattfinden kann, dessen Erkenntnisse schnell durch eine Änderung bestehender informeller Instrumente umgesetzt werden können.[203]

Zudem erfüllen unverbindliche Handlungsformen mitunter eine „Wegbereiterfunktion".[204] Mit ihnen kann eine Regelung zunächst auf unverbindliche Weise erprobt und deren Akzeptanz und Tauglichkeit getestet werden.[205] Insofern bietet es sich an, nicht von der Unterscheidung zwischen Recht und Nichtrecht auszugehen, sondern zwischen *lex lata* und *lex ferenda*:[206] Für den Fall, dass der unverbindliche Sollenssatz später in einem formalisierten Verfahren zu einem „echten" Rechtssatz, also einer verpflichtenden und justiziablen Sollensnorm erwächst, kann man im Nachhinein von

202 *Ibid. W. Weiß*, Der Europäische Verwaltungsverbund, S. 78 f., sieht in der Möglichkeit, auf sich ändernde Umstände (etwa neues Wissen) schnell mit detaillierten Regeln zu reagieren, einen Legitimationsgrund der abstrakt-generellen Steuerung durch die Kommission.

203 *R. Henke*, Die Leitlinien der Kommission, in: FS Udo Steiner, S. 274 (284); *U. Haltern*, Europarecht Bd. I, 3. Aufl., S. 421, Rn. 913; *K. Sisson/P. Marginson*, 'Soft Regulation' – Travesty of the Real Thing or New Dimension?, Working Paper 32/01, S. 15.

204 Vgl. dazu etwa Erwägungsgrund 46 der VO Nr. 800/2008: „Aufgrund der ausreichenden Erfahrungen, die bei der Anwendung der Leitlinien der Gemeinschaft für staatliche Umweltschutzbeihilfen gesammelt wurden, sollten die folgenden Beihilfen von der Anmeldepflicht freigestellt werden: ...". Von einer „Einigungsfunktion" spricht *M. Knauff*, Legitimität und Legitimation des europäischen Soft Law, in: Iliopoulos-Strangas/Flauss (Hrsg.), Das Soft Law der europäischen Organisationen, S. 373 (382).

205 So ausdrücklich die Begründung für das Ausbleiben eines Legislativvorschlags im Bereich Öffentlich-Private-Partnerschaften; an dessen Stelle erging eine Mitteilung. Mit den dort enthaltenen unverbindlichen Regeln sollten zunächst Erfahrungen gesammelt werden, vgl. Mitteilung der Kommission an das Europäische Parlament, den Rat, den WSA und den AdR zu öffentlich-privaten Partnerschaften und den gemeinschaftlichen Rechtsvorschriften für das öffentliche Beschaffungswesen und Konzessionen, KOM (2005) 569 endg., Abschnitt 2.4., S. 6 f. Dazu auch *M. Brohm*, Die „Mitteilungen" der Kommission im Europäischen Verwaltungs- und Wirtschaftsraum, S. 46 f. Mit Beispielen aus dem Lebensmittelrecht *I. Schübel-Pfister*, ZLR 2004, S. 403 (420). Im völkerrechtlichen Kontext *M. Goldmann*, 25 LeidenJIL 2012, S. 335 (343).

206 *R.Y. Jennings*, ICLQ 1990, S. 513 (516); *A. Mazuelos Bellido*, 8 Revista Electrónica de Estudios Internacionales (2004), S. 1 (2).

lex ferenda sprechen.[207] Ein Beispiel hierfür ist die Grundrechtecharta, die bis zum Vertrag von Lissabon nichtverbindlichen Status hatte. Informelle Normen können auf diese Weise Impulse für vertiefte Integration geben.[208]

Jedoch kann die ausschließliche Behandlung als *lex ferenda* das Phänomen der unverbindlichen Handlungsformen jedenfalls im Unionsrecht nicht umfänglich erklären.[209] Das zeigt sich schon daran, dass sie nicht selten als Substitut für eine verbindliche Regelung eingesetzt werden und nie mit formaler Rechtsverbindlichkeit ausgestattet werden sollen.[210]

Ein weiterer Vorteil unverbindlicher Instrumente kann darin bestehen, dass die Rechtssicherheit – insbesondere für betroffene Unternehmen – erhöht wird. Dies ist insbesondere in Bereichen der Fall, in denen das verbindliche Primär- oder Sekundärrecht (z.B. wegen unmöglicher Konsensfindung im Rat) keine oder nur sehr wenige konkrete Vorgaben enthält.[211] Hier kann trotz fehlenden Sekundärrechts Regelungsbedarf bestehen. Eine unverbindliche Regelung kann in solchen Fällen dem völligen Fehlen einer Regelung vorzugswürdig sein.[212] Existieren zwar verbindliche Regelungen, können unverbindliche Handlungsformen, die dieses Recht lediglich wiederholen, trotzdem eine positive Wirkung haben. Ihnen kann für die Betroffenen eine Klärungsfunktion zukommen und die genauen Verhaltensanforderungen des Rechts können verdeutlicht werden.[213] Gerade bei immer komplexer werdenden Regelungsmaterien kann eine solche Klärung sinnvoll sein.[214]

Das Ziel der Steigerung der Rechtssicherheit wurde auch mit einer der bekanntesten Mitteilungen der Kommission verfolgt. Nach dem Urteil in

207 In diese Richtung R. *Dehousse/J.H.H. Weiler*, EPC and the Single Act: From Soft Law to Hard Law?, EUI Working Paper EPU No. 90/1, S. 6.

208 Am Beispiel der Europäischen Sozialcharta *J. Kenner*, EU Employment Law: From Rome to Amsterdam and Beyond, S. 128.

209 *K. Sisson/P. Marginson*, 'Soft Regulation' – Travesty of the Real Thing or New Dimension?, Working Paper 32/01, S. 25.

210 So etwa Leitlinien im Beihilfenrecht.

211 *J. Laitenberger/T. Lieflaender*, EuZW 2017, S. 281 (283); *L. Senden*, ELJ 2013, S. 57 (60 f.).

212 *M. Knauff*, Legitimität und Legitimation des europäischen Soft Law, in: Iliopoulos-Strangas/Flauss (Hrsg.), Das Soft Law der europäischen Organisationen, S. 373 (387); *N. Braun Binder*, Rechtsangleichung in der EU im Bereich der direkten Steuern, S. 123. Zu diesem Aspekt im Völkerrecht *J. Gold*, 77 AJIL 1983, S. 443 (444).

213 *K. Bourquain*, DVBl 2008, S. 1224 (1230); *M. Gardeñes Santiago*, Revista de Instituciones Europeas 1992, S. 933 (939 f.); *B. Herz*, EWS 2010, S. 261 (262).

214 *J. Scott*, CMLRev 2011, S. 329 (330).

der Rechtssache *Cassis de Dijon*[215] erließ die Kommission eine Mitteilung, die über die Auswirkungen des Urteils informierte.[216] Dies sollte auch der einheitlichen Anwendung des Europarechts dienen, indem die Neuerungen des Urteils von den mitgliedstaatlichen Stellen auf gleiche Weise berücksichtigt werden.[217] Danach besteht durchaus ein Bedarf, da die Verträge im Übrigen nur unzureichende gerichtliche Mittel zur Erreichung des Ziels der einheitlichen Anwendung bereitstellen: Die Überprüfung mitgliedstaatlichen Verhaltens im Rahmen des Vertragsverletzungsverfahrens erfolgt nur nachträglich und ist von der Verfahrenseinleitung durch die Kommission abhängig; das Vorabentscheidungsverfahren steht nur mitgliedstaatlichen Gerichten offen und nicht den Verwaltungsbehörden, die täglich mit der Anwendung von Europarecht befasst sind. Beide Verfahren sind zudem zeitaufwendig.[218]

Insbesondere im Wettbewerbsrecht können unverbindliche Instrumente die Einzelfallentscheidungen der Kommission vorhersehbarer und transparenter machen, indem eine „Vorstrukturierung" in Mitteilungen und Leitlinien erfolgt.[219] Da die Kommission an ihre Leitlinien und Mitteilungen gebunden ist,[220] können sich die betroffenen Unternehmen somit darauf einstellen, wie die Kommission künftig von ihrem Ermessen Gebrauch

---

215 EuGH, Rs. 120/78, *Cassis de Dijon*. Zu dieser Mitteilung *L. Gormley*, CMLRev 1981, S. 454; *I. Schübel-Pfister*, ZLR 2004, S. 403 (414).

216 Mitteilung der Kommission über die Auswirkungen des Urteils des Europäischen Gerichtshofes vom 20. Februar 1979 in der Rechtssache 120/78 („Cassis de Dijon"), ABl. 1980, C 256, S. 2; vgl. auch die Mitteilung zum *Gaston Schul*-Urteil, die ganz ähnliche Ziele verfolgt: Mitteilung der Kommission der Europäischen Gemeinschaften über die Entscheidungen des Europäischen Gerichtshofes vom 5. Mai 1982 und 21. Mai 1985 (Rechtssachen Gaston Schul) über die Einfuhr von in einem anderen Mitgliedstaat von einer Privatperson gekauften Gebrauchtwaren durch eine Privatperson, ABl. 1986, C 13, S. 2.

217 Früh zu der Funktion der Sicherung der einheitlichen Anwendung des Europarechts durch Mitteilungen *H. Adam/G. Winter*, Commission guidance addressed to member state agencies, in: Winter (Hrsg.), Sources and Categories of European Union Law, S. 629 ff.; *M. Gardeñes Santiago*, Revista de Instituciones Europeas 1992, S. 933 (939 f.); *M. Knauff/R. Schwensfeier*, EuZW 2010, S. 611 (612); *A. Glaser*, Die Entwicklung des Europäischen Verwaltungsrechts aus der Perspektive der Handlungsformenlehre, S. 387.

218 Hierzu *H. Adam/G. Winter*, in: Winter (Hrsg.), Sources and Categories of European Union Law, S. 629 (630).

219 Z.T. wird daher auch von einer „Erläuterungsfunktion" gesprochen, vgl. *M. Knauff*, Legitimität und Legitimation des europäischen Soft Law, in: Iliopoulos-Strangas/Flauss (Hrsg.), Das Soft Law der europäischen Organisationen, S. 373 (383).

220 Siehe unten V. 1. a).

machen wird. Wie im nachfolgenden Abschnitt gezeigt wird, bringt dies im Wettbewerbs- und Beihilfenrecht auch eine Arbeitserleichterung für die Kommission mit sich, da davon auszugehen ist, dass Mitgliedstaaten und Unternehmen sich auf die informellen Normen einstellen werden und – zumindest zu einem gewissen Teil[221] – diese einhalten werden.[222] Die Anzahl der von der Kommission zu prüfenden Einzelfälle verringert sich somit. In der Folge sinkt auch die Anzahl der Einzelfallentscheidungen der Kommission, die vor den europäischen Gerichten angefochten werden.[223]

Des Weiteren ist in bestimmten Situationen eine „harte" und einheitliche Regelung nicht angemessen, etwa wenn eine Regulierung Umstände betrifft, die in den Mitgliedstaaten sehr unterschiedlich ausgeprägt sind,[224] oder die EU nicht die Kompetenz zur Harmonisierung besitzt. Hier kann eine Steuerung gleichwohl über rechtsunverbindliche Instrumente erfolgen,[225] die somit auf die Diversität unter den Mitgliedstaaten und deren nationale Identitäten Rücksicht nimmt.[226] Zugleich wird dadurch die Souveränität der Mitgliedstaaten geschont im Vergleich zu einer formal rechtsverbindlichen Regulierung, die mit einer Befolgungspflicht einhergeht.[227]

Wie im Völkerrecht, kommt unverbindlichen Instrumenten auch im Unionsrecht die Funktion zu, Themen aus dem Bereich rein mitgliedstaatlicher Interessen herauszuholen und somit zunächst auf die europäische Agenda zu setzen.[228] Ebenso wie völkerrechtliches Soft Law können freilich auch

---

221 Belastbare Erkenntnisse zur tatsächlichen Wirkung der informellen Administrativnormen in den mitgliedstaatlichen Gerichten und Behörden können nur empirische Studien bringen. Dies unternehmen *M. Eliantonio/E. Korkea-aho/O. Ştefan* (Hrsg.), EU Soft Law in the Member States, für ausgewählte Mitgliedstaaten. Die von *J. Bornkamm/M. Becker*, ZWeR 2005, S. 213 (230), geäußerte Vermutung – „In der Regel werden die nationalen Gerichte dankbar der Meinungsäußerung der Kommission folgen" – scheint jedoch nicht fernliegend.

222 *A. Glaser*, Die Entwicklung des Europäischen Verwaltungsrechts aus der Perspektive der Handlungsformenlehre, S. 388.

223 Für die ähnlich gelagerten Konstellationen in Kontext der Wasserrahmenrichtlinie *E. Korkea-aho*, ELJ 2014, S. 649 (666).

224 *U. Haltern*, Europarecht Bd. I, 3. Aufl., S. 421, Rn. 913.

225 *P. Craig/G. de Búrca*, EU Law. Text, Cases, and Materials, 7. Aufl., S. 117.

226 Zu dieser autonomieschonenden Eigenschaft bezogen auf Empfehlungen *A. von Bogdandy/J. Bast/F. Arndt*, ZaöRV 2002, S. 77 (117); *I. Härtel*, Handbuch Europäische Rechtsetzung, § 13, Rn. 10.

227 *A. Schäfer*, JEPP 2006, S. 70 (83 f.) bezogen auf die informellen Steuerungsinstrumente der OMK.

228 *F. Snyder*, Interinstitutional agreements: form and constitutional limitations, in: Winter (Hrsg.), Sources and Categories of European Union Law, S. 453 (463).

unionsrechtliche informelle Normen Grundlage für mitgliedstaatliche Umsetzungsakte sein.[229]

bb) Grenzen

Gleichwohl gehen von unverbindlichen Instrumenten auch verschiedene Gefahren aus. Zum einen können sie die Rechtssicherheit nicht nur erhöhen, sondern im Gegenteil sogar verringern: Sollten sich verschiedene informelle Normen widersprechen, kann dies bei den Normadressaten eher für Unklarheiten sorgen und schließlich auch die Akzeptanz verbindlicher Regeln abnehmen.[230] Dies gilt insbesondere, wenn sie den Anschein der Rechtsverbindlichkeit erwecken, etwa wenn sie dem äußeren Erscheinungsbild verbindlicher Gesetzgebungsakte ähneln.[231]

Die Gefahren dieser Verwischung der Grenzen zwischen formellen und informellen Instrumenten verdeutlicht *Klabbers*: Unsicherheiten über den normativen Gehalt von Recht und Soft Law können zur Gefahr für das gesamte Rechtssystem werden. In der Konsequenz könne Soft Law nicht mehr sein, als eine rechtsstaatlich bedenkliche Art einseitiger Durchsetzung der Interessen der Kommission (die zudem nicht genau bekannt sind).[232] Dies ähnelt den Bedenken um die Verantwortungsprobleme von Informalisierung, die im Rahmen der Governance-Debatten aufgezeigt wurden.[233]

Mit Blick auf den Grundsatz der begrenzten Einzelermächtigung ist zu bedenken, dass eine allumfassende Zuständigkeit der EU gerade nicht gewollt ist. Ob dieser auch auf unverbindliche Instrumente Anwendung findet, wird zwar nicht einheitlich beantwortet (siehe näher dazu unter VI.). Ein Risiko der „weichen" Normierung besteht jedoch darin, dass dadurch *de facto* Gegenstände geregelt werden, für die die EU an sich kei-

229 *R. Dehousse/J.H.H. Weiler*, EPC and the Single Act: From Soft Law to Hard Law, EUI WP EPU No. 90/1; *O. Ştefan*, Soft Law in Court, S. 17. Zudem können mitgliedstaatliche Gerichte informellen Normen eine stärkere Wirkung verleihen, indem sie die Parteien in Gerichtsverfahren zu ihrer Einhaltung auffordern oder sie zur Auslegung heranziehen, wie *F. Beveridge/S. Nott*, A hard look at soft law, in: Craig/ Harlow (Hrsg.), Lawmaking in the European Union, S. 285 (309), zeigen.

230 *K. Wellens/G. Borchard*, ELRev 1989, S. 267 (268); *P. Craig/G. de Búrca*, EU Law. Text, Cases, and Materials, 7. Aufl., S. 140.

231 Zum dem Problem der Verwischung der Grenzen zwischen Hard Law und Soft Law *F. Snyder*, 56 MLRev (1993), S. 19 (36).

232 *J. Klabbers*, 67 NordicJIL (1998), S. 381 (391).

233 Siehe Abschnitt II. 2. c).

ne Zuständigkeit besitzt,[234] beziehungsweise für die eine Harmonisierung durch verbindliche Rechtsakte ausdrücklich untersagt ist. Dies ist etwa in den Bereichen der Fall, in denen die Union nur eine Unterstützungs-, Koordinierungs- oder Ergänzungskompetenz besitzt, Art. 2 Abs. 5 UAbs. 2 AEUV.[235] Gerade in diesem Bereich werden häufig unverbindliche Instrumente eingesetzt, zum Teil mit hohen Compliance-Werten; es besteht somit die Gefahr der Umgehung dieser Kompetenznorm durch die Hintertür der „weichen" Harmonisierung und der Anmaßung von Kompetenzen.[236] Die als Vorteil beschriebene mögliche Souveränitätsschonung kann sich also auch in das Gegenteil umkehren und die Souveränität der Mitgliedstaaten beschneiden.

Besitzt die EU eine Zuständigkeit, kann der einseitige Erlass unverbindlicher Handlungsformen den formalen, vertraglich vorgesehenen, demokratischen Prozess der Gesetzgebung umgehen. Wenn Konsensfindung unmöglich ist, kann hierin somit eine unkomplizierte Alternative zum Erlass verbindlicher Regeln durch Parlamente liegen.[237] Im Unionsrechts droht der einseitige Erlass von informellen Normen dadurch das institutionelle Gleichgewicht zu verletzen.[238]

Darüber hinaus könnten Transparenzvorschriften umgangen werden, die ein demokratischer Rechtsetzungprozess wahren würde. Dieses Problem ist zum einen mit dem oben genannten Problem der Umgehung formaler Gesetzgebung verbunden: Wenn die Kommission etwa einseitig und ohne rechtliche Vorgaben unverbindliche Normen erlässt, ist unklar, wie sie dabei verfährt, insbesondere welche Interessen aus welchen Gründen wie gewichtet werden. Zum anderen kann die hohe Anzahl formal rechtsunverbindlicher Instrumente, deren genauer rechtlicher Status nicht geklärt ist, der Transparenz schaden. Schließlich können die Grundsätze der Normenpublizität und Normenklarheit berührt sein.

---

234 Siehe *M. Knauff*, Legitimität und Legitimation des europäischen Soft Law, in: Iliopoulos-Strangas/Flauss (Hrsg.), Das Soft Law der europäischen Organisationen, S. 373 (383), der von einer „Regelungsermöglichungsfunktion" spricht.

235 Verbindliche Rechtsakte der Union, die aufgrund der diese Bereiche betreffenden Bestimmungen der Verträge erlassen werden, dürfen keine Harmonisierung der Rechtsvorschriften der Mitgliedstaaten beinhalten.

236 *U. Haltern*, Europarecht Bd. I, 3. Aufl., S. 420, Rn. 911 f.

237 *L. Senden*, Soft Law in European Community Law, S. 482 f. Das gilt im Grunde auch im völkerrechtlichen Kontext, *M. Footer*, MelbJIL 2010, S. 1 (35); *J. Ellis*, 25 LeidenJIL (2012), S. 313 (320).

238 Siehe etwa *L. Senden/A. van den Brink*, Checks and Balances of Soft EU Rule-Making. Study for the EP's Directorate General for Internal Policies 2012.

Ein weiterer rechtsstaatlicher Mangel kann sich ergeben, wenn die einseitig erlassenen unverbindlichen Normen keiner gerichtlichen Überprüfung unterliegen, aber – aus verschiedenen Gründen – *de facto* befolgt werden wie verbindliche Regeln. Trotz vereinzelter empirischer Untersuchungen zur tatsächlichen Befolgung der unverbindlichen Instrumente durch die mitgliedstaatlichen Stellen, ist dieser Aspekt bisher wenig beleuchtet.[239] Gleichwohl wird überwiegend und überzeugend angenommen, dass zumindest in bestimmten Bereichen der Grad an Befolgung durch die Mitgliedstaaten hoch ist. Mit zunehmender Befolgung wird auch die Frage des Rechtsschutzes gegen unverbindliche Handlungsformen bedeutsamer.

Diese potentiell problematischen Aspekte sind voneinander nicht unabhängig, sondern miteinander verbunden. Die rechtsstaatliche Forderung nach gerichtlicher Überprüfung informeller Normen etwa wird umso stärker, desto intransparenter der Erlassprozess ist. Wirken an diesem bereits betroffene Interessenträger und die im formalen Rechtsetzungsverfahren beteiligten Organe mit (ist also die Input- oder Verfahrenslegitimität größer), nimmt die Wichtigkeit gerichtlicher Überprüfung ab.[240]

c) Terminologie

Der bisher verwendete Begriff des „Instruments" ist weit und neutral,[241] trägt aber dem abstrakt-generellen Charakter der hier interessierenden Phänomene nicht Rechnung. Zur Abgrenzung von Handlungen zur Steuerung in Einzelfällen bietet sich daher ein spezifischerer Begriff an. Hierfür wird im Folgenden das Begriffsangebot in der Literatur in den Blick genommen.

aa) Der Soft Law-Begriff im Unionsrecht

Da sich der Soft Law-Begriff trotz seiner Unschärfen (siehe oben) im Völkerrecht durchgesetzt hat, ist zunächst zu überlegen, ob seine Verwen-

239 Empirische Untersuchungen bei *O. Ştefan*, Soft Law in Court; *M. Eliantonio/E. Korkea-aho/O. Ştefan* (Hrsg.), EU Soft Law in the Member States.

240 Zu den Auswirkungen verschiedener institutioneller Rahmen auf die Output- und Verfahrenslegitimität internationaler Organisationen *M. Thatcher/A. Stone Sweet*, 25 WEP (2002), S. 1 (18 f.).

241 So auch *M. Knauff*, Der Regelungsverbund, S. 22.

dung auch im Unionsrecht zu befürworten ist. Gerade frühe Beiträge zu unverbindlichen Instrumenten im Europarecht übernahmen den Soft Law-Begriff, was wegen der zeitlich weiter zurückreichenden Verwendung im Völkerrecht naheliegend war.[242] Da diese Studie in die normähnlichen, also abstrakt-generellen Instrumente untersucht, ist der zweite Teil des Begriffs (Law) jedenfalls passend.[243]

Weiterhin verwendet wird er in Beiträgen, die bezüglich der Untersuchungsgegenstände umfangreich sind, deren Erkenntnisinteresse also weniger eine sektorspezifische dogmatische Untersuchung bestimmter rechtsunverbindlicher Instrumente ist, sondern eine allgemeine Verortung ihrer Rechtsnatur innerhalb des Unionsrechts.[244] In der Lehrbuchliteratur und Überblickswerken geschieht dies zum Teil, um den Unterschied insbesondere zu den in Art. 288 AEUV genannten verbindlichen Handlungsformen zu unterstreichen und hervorzuheben, dass „Soft Law" rechtlich unverbindlich ist und nicht an den unionsrechtlichen Besonderheiten des Anwendungsvorrangs und der unmittelbaren Anwendbarkeit teilnimmt.[245] In

---

242 Siehe etwa *M. Bothe*, „Soft Law" in den Europäischen Gemeinschaften?, in: FS Schlochauer, S. 761; *K. Wellens/G. Borchard*, ELRev 1989, S. 267; *F. Snyder*, MLRev 1993, S. 19 (31 ff.); *F. Snyder*, Soft Law and Institutional Practice in the European Community, in: FS Noël, S. 197.

243 Studien, die auch informelle Instrumente zur Regelung von Einzelfällen untersuchen, verwenden entsprechend umfassendere Begriffe wie „Verwaltungshandeln" oder „Realhandeln", siehe *M. Schramm*, Einseitiges informelles Verwaltungshandeln im Regulierungsrecht, S. 38 f.; *T. Rademacher*, Realakte im Rechtsschutzssystem der EU.

244 So bei *L. Senden*, Soft Law in the European Communities, insbesondere S. 113; *A. Mazuelos*, Non-binding Acts in the Community Legal Order: Soft Law?, S. 123-136.

245 *U. Haltern*, Europarecht Bd. I, 3. Aufl., S. 417, Rn. 905 ff. Bezogen auf rechtsunverbindliche Handlungsformen der Kommission im Beihilfenrecht *A. Haratsch/C. Koenig/M. Pechstein*, Europarecht, 12. Aufl., S. 692, Rn. 1306; *S. Magiera*, § 7 Rechtsakte und Rechtsetzung der Union, in: Niedobitek (Hrsg.), Europarecht – Grundlagen und Politiken der Union, 2. Aufl., S. 525 (562), Rn. 57; *S. Jungheim/W. Weiß*, § 14 Wettbewerbsregeln des Unionsrechts, in: Niedobitek (Hrsg.), Europarecht – Grundlagen und Politiken der Union, 2. Aufl., S. 1115 (1205, 1208), Rn. 245, 256, 318 (Bezeichnung als „soft-law-Texte" bzw. „soft-law-Instrumente"); *M. Rossi*, § 16 Die Kohäsionspolitik der Union, in: Niedobitek (Hrsg.), Europarecht – Grundlagen und Politiken der Union, 2. Aufl., S. 1333 (1355), Rn. 63; *P. Craig/G. de Búrca*, EU Law. Text, Cases, and Materials, 7. Aufl., S. 140, verwenden den Begriff Soft Law synonym mit „informal law", womit auch die in den Verträgen genannten Empfehlungen und Stellungnahmen gemeint sind; ähnlich *D. Chalmers/G. Davies/G. Monti*, European Union Law, 4. Aufl., S. 116-11; *M. Haag/M. Kotzur*, § 6 Rechtsquellen, in: Bieber/Epiney/Haag/Kotzur (Hrsg.), Die Europäische Union, 14. Aufl. S. 213, Rn. 40

der Literatur werden auch Sammelbezeichnungen verwendet wie „ungekennzeichnete Rechtsakte“[246], „ungekennzeichnete Rechtsakte oder Rechtsakte sui generis“[247], „sonstige Rechtshandlungen“[248], „sonstige Rechtshandlungen, die keine Rechtsakte sind“[249], „atypische Rechtsakte“[250], „weiche Formen der Steuerung“[251] und „atypische Rechtsaktformen“[252]. Zum Teil werden die „atypische[n] Handlungen“ beziehungsweise „atypische Handlungsformen“[253] und „atypische[n] Rechtakte“[254] von solchen „Handlungen, die keine Rechtswirkungen entfalten“ abgegrenzt.[255]

(„soft law“); in diesem allgemeinen Sinn zur Abgrenzung von Hard Law über die Kommissionsinstrumente im Wettbewerbsrecht auch *A. Dashwood/M. Dougan/B. Rodger/E. Spaventa/D. Wyatt*, Wyatt and Dashwood's European Union Law, 6. Aufl. S. 708; *U. Stelkens*, VVDStRL 71 (2012), S. 369 (408). Ähnliche Verwendung findet der Soft Law-Begriff in der Kommentarliteratur innerhalb der Rechtsquellen, vgl. zur Verwendung als Oberbegriff für unverbindliche Instrumente *J. Gundel*, in: Pechstein/Nowak/Häde (Hrsg.), Frankfurter Kommentar EUV/GRC/AEUV, Art. 288, Rn. 98; *M. Ruffert*, in: Calliess/Ruffert (Hrsg.), EUV/AEUV, 5. Aufl., Art. 288 AEUV, Rn. 102; *W. Schroeder*, in: Streinz (Hrsg.), EUV/AEUV, 3. Aufl., Art. 288 AEUV, Rn. 29.

246 *M. Schweitzer/W. Hummer/W. Obwexer*, Europarecht, 2007, S. 90, Rn. 316.

247 *M. Ruffert*, in: Calliess/Ruffert (Hrsg.), EUV/AEUV, 5. Aufl., Art. 288 AEUV, Rn. 98; *A. Bleckmann*, Europarecht, 6. Aufl., Rn. 470, 473; *G. Pampel*, EuZW 2005, S. 11 (12); *T. Oppermann*, Europarecht, 2. Aufl., Rn. 577.

248 *D. Ehlers*, in: Ehlers/Pünder (Hrsg.), Allgemeines Verwaltungsrecht, 15. Aufl., § 5, Rn. 25.

249 *K.-D. Borchardt*, Die rechtlichen Grundlagen der Europäischen Union, 7. Aufl., S. 274-276. Unter diesem Oberbegriff sind Entschließungen, Erklärungen, Mitteilungen der Kommission, Aktionsprogramme, Grünbücher und Weißbücher versammelt.

250 *C. Bluman/L. Dubouis*, Droit institutionnel de l'Union europeénne, 5. Aufl., S. 564, Rn. 726: „actes atypiques ou hors nomenclature”; im Energierecht *C. Bluman*, Rapport introductif général, in: Bluman (Hrsg.), Vers une politique européenne de l'énergie, S. 1 (5), der daneben aber auch von „instruments juridiques souples” spricht.

251 *T. Oppermann/D. Classen/M. Nettesheim*, Europarecht, 9. Aufl., S. 140, Rn. 130.

252 *S. Magiera*, § 7 Rechtsakte und Rechtsetzung der Union, in: Niedobitek (Hrsg.), Europarecht – Grundlagen und Politiken der Union, 2. Aufl., S. 525 (560 f.), Rn. 56, als Oberbegriff für nicht in Art. 288 AEUV genannte Instrumente wie Programme, Erklärungen, Schlussfolgerungen, Aktionen.

253 *M. Geismann*, in: von der Groeben/Schwarze/Hatje, Europäisches Unionsrecht, 7. Aufl., Art. 288 AEUV, Rn. 22, die als Synonyme des Weiteren „nichtgekennzeichnete Rechtsakte oder Rechtsakte sui generis“ nennt. Auch *I. Schübel-Pfister*, ZLR 2004, S. 403 (404), die jedoch auch von „Mitteilungen“ und „Soft Law“ bzw. „Verlautbarungen“ spricht.

254 *W. Schroeder*, Grundkurs Europarecht, 6. Aufl. S. 88, Rn. 21.

Vereinzelt wird auch von „semi-hard law“ gesprochen, etwa bezüglich interinstitutioneller Vereinbarungen, die eine Bindungswirkung zwischen den vereinbarenden Institutionen entfalten, aber nicht im Außenverhältnis.[256] Das Europäische Parlament lehnt aus diesem Grund – Verbindlichkeit nur im Innenverhältnis – den Soft Law-Begriff für interinstitutionelle Vereinbarungen ab, da es nach seinem Verständnis gerade auf das Außenverhältnis ankommt.[257] Die „gewissen rechtlichen Wirkungen“ im Sinne von *Snyder*[258] müssen nach dem Europäischen Parlament also gegenüber Dritten auftreten.

Für die rechtsunverbindlichen Instrumente der Kommission in einzelnen Bereichen des Unionsrechts wird der Soft Law-Begriff teilweise verwendet,[259] während andere den Begriff „unverbindliche Verwaltungs-

255 So auch *U. Fastenrath/T. Groh*, Europarecht, 4. Aufl. 2016, S. 354, Rn. 590: unverbindliche Handlungen sind keine „Rechtsakte“. Anders bezogen auf die in Art. 288 AEUV genannten Empfehlungen und Stellungnahmen *M. Nettesheim*, in: Grabitz/Hilf/Nettesheim, Das Recht der Europäischen Union, 73. EL, Art. 288 AEUV, Rn. 206, der aufgrund der indirekten rechtlichen Wirkungen die Bezeichnung als „Rechtshandlung“ verwendet; so auch *T. von Danwitz*, B. II. Rechtsetzung und Rechtsangleichung, in: Dauses/Ludwigs (Hrsg.), Handbuch des EU-Wirtschaftsrechts, 48. EL, Rn. 60.

256 *I. Österdahl*, The ECJ and Soft Law: Who's Afraid of the EU Fundamental Rights Charter?, in: Mörth (Hrsg.), Soft Law in Governance and Regulation, S. 37 (39). Zu betonen ist hierbei, dass der Vertrag von Lissabon erstmals ausdrücklich vorsieht, dass interinstitutionelle Vereinbarungen auch rechtsverbindlich sein können, vgl. Art. 295 S. 2 AEUV.

257 European Parliament resolution of 4 September 2007 on institutional and legal implications of the use of "soft law" instruments (2007/2028(INI)), Punkt AA, 15: „interinstitutional agreements can produce legal effects only on relationships between EU institutions and [...] therefore do not constitute soft law defined in terms of a legal effect in relation to third parties“.

258 Zu der Definition *Synders* siehe oben II. 1. d).

259 Zum Wettbewerbs- und Beihilfenrecht etwa *A. von Graevenitz*, EuZW 2013, S. 169; *A. Dashwood/M. Dougan/B. Rodger/E. Spaventa/D. Wyatt*, Wyatt's and Dashwood's European Union Law, 6. Aufl. S. 708; *J. Heithecker*, in: Birnstiel/Bungenberg/Heinrich (Hrsg.), Europäisches Beihilfenrecht, Kapitel 1, Überblick Art. 107 Abs. 3 AEUV, Rn. 1061 f.; *D. Guinard*, RUE n° 573, décembre 2013, S. 609; *T. Müller*, Wettbewerb und Unionsverfassung, insb. S. 289, 575; *M. Bungenberg*, Europäisches Subventionsverwaltungsrecht, in: Terhechte (Hrsg.), Verwaltungsrecht der Europäischen Union, Rn. 31; *J. Bracker*, CDE 2018, S. 371. Zu Protokollerklärungen *J. Karl*, JZ 1991, S. 593 (595).

empfehlungen"[260], „abgeleitete Regeln"[261], „Leitlinien"[262], „Bekanntmachungen"[263] oder „Mitteilungen" als Oberbegriff bevorzugen, womit auch Leitlinien, Rahmen, Bekanntmachungen und sonstige Bezeichnungen tragende Instrumente erfasst werden sollen.[264] Für manche Autoren ist der Begriff „Mitteilung" eine Sammelbezeichnung für ungeregelte Instrumente der Kommission, die ihrerseits spezielle Formen des „Soft Law" oder der „Verlautbarungen" sind, was in Art. 288 AEUV nicht genannte Handlungsformen aller Unionsorgane meint.[265]

Vonseiten der Rechtsprechung wird der Soft Law-Begriff nicht oder nur selten verwendet.[266]

Die Verwendung des Soft Law-Begriffs in einem allgemeinen Sinn als Oberbegriff[267], (lediglich) zur Betonung der Rechtsunverbindlichkeit ohne darüber hinaus ein Aussage zu treffen,[268] hat daher – im entsprechenden Kontext verwendet – im Unionsrecht zumindest einen heuristischen Wert.

---

260 *M. Schweitzer/W. Hummer/W. Obwexer*, Europarecht, 2007, S. 506, Rn. 1748.

261 *P. Schütterle*, EuZW 1995, S. 391 (393) für Kodizes, Mitteilungen, Leitlinien und Rahmen im Beihilfenrecht.

262 So *S. Thomas*, EuR 2009, S. 423; *G. della Cananea*, Administration by Guidelines: The Policy Guidelines of the Commission in the Field of State Aid, in: Harden (Hrsg.), State Aid: Community Law and Policy, S. 61, verwendet den Begriff "guidelines" als Oberbegriff im Beihilfenrecht.

263 *P. Pohlmann*, WuW 2005, S. 1005, dort Fn. 1.

264 Dies schlägt *I. Härtel*, Handbuch Europäische Rechtsetzung, § 13, Rn. 23, vor. Titelgebend etwa bei *M. Brohm*, Die „Mitteilungen" der Kommission im Europäischen Verwaltungs- und Wirtschaftsraum. Als Arbeitsgrundlage sieht auch Adam den Begriff „Mitteilungen" als sinnvoll für ihre Untersuchung zu Kommissionsinstrumenten an, *H. Adam*, Die Mitteilungen der Kommission: Verwaltungsvorschriften des Europäischen Gemeinschaftsrechts? Gleichwohl werden Vorbehalte wegen der Unschärfe des Begriffs ausgedrückt (S. 3 f., 154 f.). Siehe auch *J. Gundel*, in: Pechstein/Nowak/Häde (Hrsg.), Frankfurter Kommentar EUV/GRC/AEUV, Art. 288, Rn. 98, der allerdings die Leitlinien aus dieser Gruppe ausklammert. Aus dem französischen Schrifttum (*communications*) *A.-M. Tournepiche*, RMC, n° 454, janvier 2002, S. 55.

265 *I. Schübel-Pfister*, ZLR 2004, S. 403 (404), die allerdings Vorsicht bei dieser terminologischen Zuordnung für angeraten hält.

266 Die europäischen Richter scheinen den Begriff nicht zu verwenden. In Schlussanträgen hingegen kommt er mitunter vor, vgl. etwa Schlussanträge GA *Wahl* zu EuGH, Rs. C-526/14, *Kotnik u.a.*, Rn. 25; Schlussanträge GA *Colomer* zu EuGH, Rs. C-415/07, *Lodato Gennaro*, Rn. 3 und 34.

267 *L. Senden*, Soft Law in European Community Law, S. 236, spricht insofern von einem „umbrella concept".

268 Zu dieser allgemeinen Begriffsverwendung siehe *E. Schmmidt-Aßmann*, Verwaltungsrechtliche Dogmatik, S. 57.

bb) Kritik am Soft Law-Begriff

Gleichwohl ist der Begriff Soft Law für die hier untersuchten Instrumente nicht der passendste. Das liegt insbesondere an dem institutionellen Rahmen, in dem die rechtsunverbindlichen Normen eingesetzt werden: Mit der im Mitteilpunkt stehenden Kommission wird ein originär supranationaler Akteur in den Blick genommen, der im Vergleich mit anderen Exekutivorganen Internationaler Organisationen mit weitreichenden Befugnissen ausgestattet ist. Zudem soll unter anderem untersucht werden, inwiefern deren Handlungen von den Unionsgerichten überprüft werden können, die wiederum ebenfalls im internationalen Vergleich Ausnahmecharakter besitzen. Des Weiteren stellen sich die Fragen nach den Auswirkungen der Verwendung der Instrumente auf das institutionelle Gleichgewicht der EU in dieser Form offensichtlich nur im EU-Kontext.

Auch ist ein Unterschied zwischen Unionsrecht und Völkerrecht zu bedenken. Dieser betrifft die wichtigste Funktion von Soft Law im völkerrechtlichen Kontext – die Wegbereiterfunktion in einer Gemeinschaft souveräner Staaten, die sich häufig trotz der Notwendigkeit einer Regelung nicht auf verbindliche Instrumente einigen können (siehe oben II. 1. c)). Diesbezüglich stellt sich der kompetenzielle und institutionelle Kontext der Union anders dar als im Völkerrecht.[269] Das Unionsrecht ist durch die Grundsätze der unmittelbaren Anwendbarkeit und des Anwendungsvorrangs rechtsverbindlicher Instrumente geprägt, die durch Organe der Union mitunter auch gegen den Willen einzelner Staaten erlassen werden können. Die Wegbereiterfunktion ist im Unionsrecht damit selbstverständlich nicht hinfällig, jedoch ist zu bedenken, dass (wenn auch nicht in allen Politikbereich) Institutionen und Verfahren zur Rechtsetzung bereitstehen. Um dies zu verdeutlichen, sollte auf den Soft Law-Begriff in spezifischen Kontexten verzichtet werden.

In Kontexten, in denen die genannten Aspekte hingegen weniger ausgeprägt sind, wird der Soft Law-Begriff auch weiterhin für sinnvoll gehalten. So wird im Bereich der OMK mitunter die völkerrechtliche Debatte um

269 Siehe etwa *S. Magiera*, § 7 Rechtsakte und Rechtsetzung der Union, in: Niedobitek (Hrsg.), Europarecht – Grundlagen und Politiken der Union, 2. Aufl., S. 525 (561), Rn. 57, der den Soft Law-Begriff ebenfalls für Instrumente mit „politische[r] oder rechtsinitiirender[r] Wirkung“ verwendet.

Soft Law als grundsätzlich beachtlich angesehen und kein Bedarf für einen eigenständigen unionsrechtlichen Begriff erkannt.[270]

Für die rechtsunverbindlichen Instrumente der OMK mag dies naheliegender sein als beispielsweise für beihilferechtliche Kommissionsleitlinien, berührt die OMK doch Aspekte, die außerhalb des Institutionengefüges des Unionsrechts im engeren Sinne stehen und sich im intergouvernementalen Bereich abspielen.[271] Die Interessen sind damit ähnlich gelagert wie im Völkerrecht. Auch für die OMK sprechen jedoch Gründe gegen die Verwendung des Soft Law-Begriff. So geht damit implizit eine Dichotomie einher (Recht auf der einen Seite und Soft Law oder Politik auf der anderen), was in Anbetracht der vielseitigen Verflechtungen und der dynamischen Koordinierungsprozesse nicht angemessen erscheint.[272] Um diese Verflechtung und das Prozesshafte der OMK zu betonen – in dem Soft Law nur ein Element von vielen ist[273] – bevorzugen manche Autoren zudem den Begriff Soft *Governance* statt Soft *Law*.[274]

Aus ähnlichen Gründen wird der Soft Law-Begriff im Unionsrecht von manchen Autoren für generell unangebracht angesehen,[275] da die Dichotomie Recht/Nichtrecht die verschiedenen Funktionen informeller Handlungen nicht abbilden könne[276] und schon im Völkerrecht keine leistungsfähi-

270 *K. Ruschitschka*, Die Offene Methode der Koordinierung, S. 59.

271 *K. von der Decken*, § 20 Bildung, Kultur, Forschung und technologische Entwicklung, in: Niedobitek (Hrsg.), Europarecht – Grundlagen und Politiken der Union, 2. Aufl., S. 1649 (1665), Rn. 42, verwendet den Soft Law-Begriff hingegen auch im Umfeld der OMK nur für Handlungsformen, die formal außerhalb des Rahmens des Unionsrechts liegen, konkret: den Bologna und Kopenhagen-Prozess als völkerrechtliche Abstimmungsverfahren. Anders für rechtsunverbindliche Instrumente der OMK *M. Rossi*, § 16 Die Kohäsionspolitik der Union, in: Niedobitek (Hrsg.), Europarecht – Grundlagen und Politiken der Union, 2. Aufl., S. 1333 (1355), Rn. 63, der von Soft Law spricht.

272 *K. Armstrong/C. Kilpatrick*, Columbia Journal of European Law (2007), S. 649.

273 Siehe oben II. 2. a).

274 *K. Jacobsson*, Between Deliberation and Discipline: Soft Governance in EU Employment Policy, in: Mörth, (Hrsg.), Soft Law in Governance and Regulation, S. 81; *D.M. Trubek/L.G. Trubek*, ELJ 2005, S. 343.

275 *F. von Alemann*, Der Staat 45 (2006), S. 383 (392); *W. Hoffmann-Riem*, Rechtsformen, Handlungsformen Bewirkungsformen, in: Hoffmann-Riem/Schmidt-Aßmann/Voßkuhle (Hrsg.), Grundlagen des Verwaltungsrechts, Bd. II, 2. Aufl., Rn. 78; *T. Oppermann/D. Classen/M. Nettesheim*, Europarecht, 9. Aufl., S. 140, Rn. 131.

276 *M. Brohm*, Die „Mitteilungen" der Kommission im Europäischen Verwaltungs- und Wirtschaftsraum, S. 85; ähnlich *A. von Bogdandy/J. Bast/P. Arndt*, YEL 2004, S. 91 (111); die Zuordnung von unverbindlichen Protokollerklärungen zum „Soft Law" hält auch *G. Harnier*, Die Bedeutung von rechtsaktbegleitenden Erklärungen im

ge Kategorie sei.[277] Dies liegt an der bereits erwähnten sehr unterschiedlichen Verwendung des Begriffs in der Literatur,[278] unter dem sehr verschiedenartige Phänomene gefasst werden; zum Teil wird aus diesem Grund der Begriff „Handlungsform" vorgezogen, „weil dadurch weniger die allgemeine Unterscheidung „Recht" und „soft law" im Mittelpunkt steht, sondern die konkrete Einordnung als eine Handlungsform mit ihren formspezifischen Merkmalen."[279] Hinzu kommt der bereits erwähnte spezielle institutionelle und kompetenzielle Kontext der Verträge, die mit dem Europäischen Parlament und dem Rat klar einen Gesetzgeber benennen, und zur Ausübung der verschiedenen Gesetzgebungskompetenzen bestimmte Verfahren vorsehen. Dieses im Völkerrecht so nicht zu findende Maß an Formalisierung und Übertragung hoheitlicher Aufgaben spricht ebenfalls gegen die Verwendung des Soft Law-Begriffs im Unionsrechtskontext.[280]

Im Ergebnis ist dem gerade auch mit Blick auf das Erkenntnisinteresse dieser Studie zuzustimmen, da das zweite Kapitel unter anderem den Versuch einer Kategorisierung der vorgefundenen Instrumente mithilfe der Handlungsformenlehre unternimmt.[281]

Dies findet Bestätigung in einem weiteren Unterschied zwischen Unions- und Völkerrecht: Anders als im Völkerrecht wurde der Frage nach dem Rechtsbegriff des Unionsrechts im Allgemeinen und der Rechtsqualität unverbindlicher Handlungsformen im Besonderen bislang keine große Aufmerksamkeit geschenkt.[282] Obwohl einige Arbeiten zu speziellen Soft Law-

---

sekundären Gemeinschaftsrecht, S. 181 f. und passim, nicht für erkenntnisfördernd; ähnlich für unverbindliche Interinstitutionelle Vereinbarungen *C. Bobbert*, Interinstitutionelle Vereinbarungen im europäischen Gemeinschaftsrecht, S. 118, 125.

277 *J. Bast*, Handlungsformen und Rechtsschutz, in: von Bogdandy/Bast (Hrsg.), Europäisches Verfassungsrecht, 2. Aufl., S. 489 (515 f.); *E. Schmidt-Aßmann*, Verwaltungsrechtliche Dogmatik, S. 57. Auch *B. Schöndorf-Haubold*, Die Strukturfonds der Europäischen Gemeinschaft, S. 399, dort Fn. 182 und S. 382, dort Fn. 123, hält den Soft Law-Begriff nicht für sinnvoll, da bereits dessen Existenz im Unionsrecht umstritten sei. Als „misleading term" bezeichnen *H.C.H. Hofmann/G.C. Rowe/A.H. Türk*, Administrative Law and Policy of the European Union, S. 536, den Soft Law-Begriff im hier interessierenden Bereich der administrativen Normsetzung im europäischen Verwaltungsrecht.

278 *J. Ellis*, 25 LeidenJIL (2012), S. 313 (333). Siehe auch Nachweise in Fn. 21 oben.

279 *J.E. Dickschen*, Empfehlungen und Leitlinien der Europäischen Finanzaufsichtsbehörden, S. 56, dort Fn. 240.

280 *F. Beveridge/S. Nott*, A hard look at soft law, in: Craig/Harlow (Hrsg.), Lawmaking in the European Union, S. 285 (289 f.).

281 Siehe unten IV. 2.

282 *F. von Alemann*, Der Staat 45 (2006), S. 383.

Instrumenten existieren, ist eine umfangreiche Debatte ausgeblieben;[283] auch in der Praxis konnte sich keine Systematik der hier interessierenden Instrumente ausbilden.[284] Dies ist erstaunlich, da die Verwendung von vertraglich nicht geregelten Instrumenten durch die Kommission mindestens bis in die frühen 1960er Jahre zurückverfolgt werden kann.[285] Zudem stellt die Unionsrechtsordnung insofern eine Herausforderung für den Rechtsbegriff dar, als dass von einem Gewaltmonopol zur Durchsetzung vom staatlich gesetztem Recht hier nicht die Rede sein kann; im nationalstaatlichen Kontext verliert die Frage nach dem Rechtsbegriff durch das Vorhandensein dieser Merkmale zumindest ihre Relevanz für die Praxis.[286] Anders ist dies bei der Unionsrechtsordnung, die zudem in Art. 288 Abs. 5 AEUV auch rechtlich unverbindliche Handlungsformen positivrechtlich anerkennt, denen nach herkömmlichem Verständnis keine Rechtsqualität zukommt.[287] So betont der EuGH etwa, dass es sich bei wettbewerbsrechtlichen Leitlinien der Kommission[288] einerseits nicht um „Rechtsnormen"[289], sondern um „Verhaltensnormen"[290] handelt.[291] Andererseits handelt es sich laut EuGH (in Anlehnung an die Rechtsprechung des EGMR) um „Recht": „Insbesondere aufgrund ihrer Rechtswirkungen und ihrer allgemeinen Geltung [...] fallen derartige Verhaltensnormen nämlich grundsätzlich unter den Begriff

---

283 Monographisch kommt den rechtsunverbindlichen abstrakt-generellen Instrumenten seit etwa 20 Jahren vereinzelt Aufmerksamkeit zu. Einen frühen Beitrag leistete *H. Adam*, Die Mitteilungen der Kommission: Verwaltungsvorschriften des Europäischen Gemeinschaftsrechts?

284 *M. Knauff*, Der Regelungsverbund, S. 341.

285 Siehe etwa die Bekanntmachung der Kommission über Alleinvertriebsverträge mit Handelsvertretern, ABl. 1962, S. 2921, die aufgrund des Veröffentlichungsdatums (24.12.1962) auch „Weihnachtsbekanntmachung" genannt wird.

286 *F. von Alemann*, Der Staat 45 (2006), S. 383 (385).

287 *A. von Bogdandy/J. Bast/P. Arndt*, ZaöRV 62 (2002), S. 77 (114); *G. Sydow*, Verwaltungskooperation in der Europäischen Union, S. 54.

288 Z.B. die Mitteilung der Kommission, Leitlinien für das Verfahren zur Festsetzung von Geldbußen, die gemäß Artikel 15 Absatz 2 der Verordnung Nr. 17 und gemäß Artikel 65 Absatz 5 EGKS-Vertrag festgesetzt werden, ABl. 1998, C 9, S. 3.

289 Englisch: *rules of law*; Französisch: *règle de droit.*

290 Englisch: *rules of practice*; Französisch: *règle de conduite.*

291 Ständige Rechtsprechung, siehe nur EuGH, verb. Rs. C-189/02 P, C-202/02 P, C-205/02 P bis C-208/02 P und C-213/02 P, *Dansk Rørindustri u.a.*, Rn. 209; weitere Nachweise bei *V. Götz*, H. III. Staatliche Beihilfen, in: Dauses/Ludwigs (Hrsg.), Handbuch des EU-Wirtschaftsrechts, 43. EL, Rn. 27, dort Fn. 87.

Recht[292] im Sinne von Artikel 7 Absatz 1 EMRK."[293] Sie sind daher durchaus Teil des „rechtlichen Rahmens"[294].

Als Erkenntnis festzuhalten bleibt, dass einerseits der Rechtsbegriff des Unionsrechts weiter ist als der aus der nationalstaatlichen Konstellation bekannte;[295] des Weiteren ist die Annahme, dass es auch verschiedene Grade der Verbindlichkeit geben kann, nicht derart umstritten wie im Völkerrecht.[296] Auch dies spricht gegen die Verwendung des Soft Law-Begriffs.[297]

cc) Tertiärrecht?

An diesen Befund zum Rechtsbegriff im Unionsrecht schließt sich die Überlegung an, die formal unverbindlichen Instrumente mit einem entsprechenden Attribut („Recht") zu versehen. Mit Blick auf die Bedeutung formal unverbindlicher Kommissionsdokumente im Wettbewerbsrecht wird zum Teil von „Tertiärrecht" gesprochen.[298] Wenngleich dadurch

292 Englisch: *law*; Französisch: *droit.*

293 EuGH, verb. Rs. C-189/02 P, C-202/02 P, C-205/02 P bis C-208/02 P und C-213/02 P, *Dansk Rørindustri u.a.*, Rn. 223.

294 Englisch: *legal framework*; Französisch: *cadre juridique*. Diese nicht gänzlich klare Begriffsverwendung durch den EuGH erklärt sich aus der Bedeutung der Selbstbindung der erlassenden Stelle an diese Normen (näher dazu unten V. 1. a)), der besonderes Gewicht zukommt.

295 *A. von Bogdandy/J. Bast/P. Arndt*, ZaöRV 62 (2002), S. 77 (114); *G. Sydow*, Verwaltungskooperation in der EU, S. 55; *W. Schroeder*, in: Streinz (Hrsg.), EUV/AEUV, 3. Aufl., Art. 288 AEUV, Rn. 7, 128.

296 *T. von Danwitz*, B. II. Rechtsetzung und Rechtsangleichung, in: Dauses/Ludwigs (Hrsg.), Handbuch des EU-Wirtschaftsrechts, 48. EL, Rn. 62; *H. Adam*, Die Mitteilungen der Kommission, S. 84.

297 Da auch unverbindliche Instrumente zu den unionsrechtlichen Rechtsquellen gehören, sind sie laut *W. Schroeder*, in: Streinz (Hrsg.), EUV/AEUV, 3. Aufl., Art. 288, Rn. 128, auch „nicht mit dem völkerrechtlichen soft law vergleichbar". Die Charakterisierung von Beihilfeleitlinien als Soft Law auch ablehnend *V. Götz*, H. III. Staatliche Beihilfen, in: Dauses/Ludwigs (Hrsg.), Handbuch des EU-Wirtschaftsrechts, 43. EL, Rn. 27.

298 Titelgebend bei *T. Groß*, DÖV 2004, S. 20; *T. Siegel*, NVwZ 2008, S. 620. Siehe auch *A. Birnstiel*, in: Birnstiel/Bungenberg/Heinrich (Hrsg.), Europäisches Beihilfenrecht, Einleitung, Rn. 5; *A. von Graevenitz*, EuZW 2013, S. 169. ähnlich *L. Senden*, Soft Law in European Community Law, S. 55, 59 („tertiary sources"). Dabei folgt die Platzierung am untersten Ende der Normenhierarchie laut *Senden* aus dem rechtlich unverbindlichen Wirkmodus. *M.A. Steger*, Verselbstständigung von Unionsagenturen, S. 523, will den Begriff den unverbindlichen Instrumenten vorbehalten, die aufgrund sekundärrechtlicher Ermächtigung erlassen werden.

die hohe praktische Relevanz dieser Instrumente insbesondere im Wettbewerbsrecht zum Ausdruck kommt, erscheint es vorzugswürdig, den Begriff des Tertiärrechts den vertraglich vorgesehenen Instrumenten der delegierten Rechtsetzung (Art. 290 AEUV) und der Durchfühungsrechtsetzung (Art. 291 AEUV) vorzubehalten.[299] Diese sind bezüglich ihres Erlassverfahrens formalisiert und hinsichtlich ihrer Rechtsfolgen bekannt.[300] Eine Erstreckung des Begriffs Tertiärrecht auch auf die zahlreichen und recht verschiedenartigen formal unverbindlichen Instrumente, suggeriert fälschlicherweise dies sei hier ebenso der Fall.[301] Zudem sind verbindliche Tertiärrechtsakte von einem ermächtigenden Sekundärrechtsakt abhängig – eine Eigenschaft, die die hier interessierenden rechtsunverbindlichen Akte nicht ohne weiteres aufweisen.[302] Der Begriff Tertiärrecht wird daher im Folgenden nicht verwendet.

dd) Die wichtigsten Begriffsmerkmale

Als Grundlage für die weiteren Untersuchungen ist daher ein anderer Begriff vorzuziehen. Dieser sollte die Rechtsunverbindlichkeit (1) der Instrumente, ihren abstrakt-generellen Charakter (2) und die Autorenschaft (3) zum Ausdruck bringen. Mit Blick auf das Sprachenregime der EU ist zudem ein international anschlussfähiger Begriff wünschenswert; die Verträge bestimmten die Maßgeblichkeit aller 24 Amtssprachen der Union (Art. 55 Abs. 1 EUV, Art. 358 AEUV). Die Verfügbarkeit von Entsprechungen eines

---

299 Den Begriff Tertiärrecht ablehnend *J. Gundel*, in: Pechstein/Nowak/Häde (Hrsg.), Frankfurter Kommentar EUV/GRC/AEUV, Art. 288, Rn. 2, dort Fn. 5; *A. Glaser*, Die Entwicklung des Europäischen Verwaltungsrechts aus der Perspektive der Handlungsformen, S. 389. So auch bereits vor Einführung der Art. 290 f. AEUV *I. Härtel*, Handbuch Europäische Rechtsetzung, § 15, Rn. 9.

300 Zudem werden sie anders als die hier interessierenden informellen Instrumente (mit Ausnahme der Empfehlungen) nicht im Amtsblatt-Reihe L veröffentlicht. Dazu auch *M. Brohm*, Die „Mitteilungen" der Kommission im Europäischen Verwaltungs- und Wirtschaftsraum, S. 59.

301 Ähnlich *V. Götz*, H. III. Staatliche Beihilfen, in: Dauses/Ludwigs (Hrsg.), Handbuch des EU-Wirtschaftsrechts, 43. EL, Rn. 27, für den die Bezeichnung „nur in einem nicht-technischen Sinne korrekt" ist.

302 Den Begriff wegen mangelnder normhierarchischer Unterordnung unter das Sekundärrecht auch für verbindliche Durchführungsrechtsakte ablehnend *M. Nettesheim*, EuR 2006, S. 736 (765). Als „nicht immer eindeutig" bezeichnet *W. Weiß*, Der Europäische Verwaltungsverbund, S. 77, die Zuordnung von Leitlinien und Stellungnahmen der Kommission in normhierarchischer Hinsicht.

deutschen Begriffs im Englischen und Französischen ist daher angemessen. Die Beschränkung auf diese drei Amtssprachen scheint hinnehmbar, da Arbeitssprache der Kommission, deren unverbindliche Instrumente hier im Fokus stehen, Englisch ist und in diesen drei Sprachen der Großteil des Schrifttums existiert.[303]

Ohne auf die im weiteren Verlauf der Studie vorzunehmende Systematisierung der einzelnen Phänomene vorzugreifen, ist das Begriffsangebot in der Literatur hieraufhin zu untersuchen.

(1) Rechtsunverbindlichkeit

Dem ersten Begriffsteil wird mit dem Attribut „informell"[304] Rechnung getragen, womit auch die primärrechtlich geregelten Instrumente der Empfehlung und Stellungnahme gemeint sind.[305] Die Informalität ist dabei nicht gleichzusetzen mit „ungeregelt"[306], sondern zeichnet sich durch rechtliche Unverbindlichkeit aus. Das Attribut „ungeregelt" ist für die hiesige Untersuchung weniger geeignet, da bestimmte Instrumente, etwa die „Leitlinie", vertraglich geregelt sind, diese Bezeichnung aber uneinheitlich verwendet wird, insbesondere sowohl für verbindliche (etwa im Bereich der Transeuropäischen Netze, Art. 170-172 AEUV) als auch für unverbindliche

303 Die Entwicklung im europarechtlichen Schrifttum von einem Nebeneinander insbesondere von deutsch-, französisch- und englischsprachigen Veröffentlichungen, hin zu einer klaren Dominanz des Englischen zeichnet *D. Thym*, EuR 2015, S. 671 (insb. 675 f.), anschaulich nach.

304 Bei dem Begriff inform*al* handelt es sich um ein Synonym, vgl. *M. Fehling*, § 38 Informelles Verwaltungshandeln, in: Hoffmann-Riem/Schmidt-Aßmann/Voßkuhle (Hrsg.), Grundlagen des Verwaltungsrechts Bd. II, 2. Aufl., S. 1457 (1459), Rn. 1.

305 *H.C.H. Hofmann*, Normenhierarchien im Europäischen Gemeinschaftsrecht, S. 219 bezogen auf die Mitteilungen, Leitlinien, Vademekums und Rahmen im Europarecht; *B. Schöndorf-Haubold*, Die Strukturfonds der Europäischen Gemeinschaft, S. 399 ff. Titelgebend bei *M. Schramm*, Einseitiges informelles Verwaltungshandeln im Regulierungsrecht. Anders *M. Knauff*, Der Regelungsverbund, S. 240, der den Begriff des informellen Verwaltungshandelns nur für Handlungen zur Regelung konkret-individueller Sachverhalte verwendet, mit anderen Worten als konkret-individuelles Äquivalent zu Soft Law. Früh bereits *H.P. Ipsen*, Europäisches Gemeinschaftsrecht, S. 483, 22/32 („informelle Organhandlungen") etwa für Entschließungen des Rates.

306 Diesen Begriff verwendet *D. Walzel*, Bindungswirkungen ungeregelter Vollzugsinstrumente der EU-Kommission.

Instrumente (z.B. im Beihilfenrecht).[307] Nach dem Verständnis, das hier zugrunde gelegt wird, sind auch unverbindliche aber vertraglich vorgesehene Instrumente wie etwa die Empfehlung „informell".[308] Unverbindlichkeit bezieht sich zudem auf das Außenverhältnis – gegenüber den Mitgliedstaaten[309] oder Individuen – unabhängig davon, ob die Maßnahme eine Selbstbindung im Innenverhältnis der erlassenden Stelle zeitigt. Wie oben im Rahmen der Definition von Soft Law im Völkerrecht erläutert, muss zudem in Abgrenzung zu Nichtrecht wie politischen Stellungnahmen eine rechtliche Relevanz vorliegen.

(2) Abstrakt-generell

Die abstrakt-generelle Natur der Instrumente kommt in der Bezeichnung als „Normen" zum Ausdruck und dient der Abgrenzung zu Einzelfallregelungen. Letztere umfassen etwa unverbindliche Vorschläge an eine Behörde, in einem bestimmten Fall eine Entscheidung zu treffen.[310] Um solche Konstellationen mit zu erfassen, wird in der Literatur der insofern weitere Begriff der Handlung verwendet.[311]

---

307 Ähnlich verhält es sich mit dem Attribut „atypisch", da bestimmte unverbindliche Handlungsformen geregelt und damit typisiert sind.

308 So auch *M. Schramm*, Einseitiges informelles Verwaltungshandeln im Regulierungsrecht, S. 15, 195. Anders mit einem der Organisations- und Verwaltungswissenschaft entnommenen Begriffsverständnis *E. Bohne*, Der informale Rechtsstaat, S. 42 ff., insb. 45, wonach informale Verhaltensweisen solche sind, die durch die Ordnungsstruktur einer Organisation nicht erfasst werden. Aufgrund des im Vergleich zu nationalem Recht weiteren Rechtsbegriffs des Unionsrechts, der auch rechtsunverbindliche Handlungsformen umfasst, wird hier aber ein anderes Verständnis zugrunde gelegt.

309 Insofern anders *M. Schramm*, Einseitiges informelles Verwaltungshandeln im Regulierungsrecht, S. 22, der nur die Verbindlichkeit gegenüber Individuen als maßgeblich ansieht.

310 So auch *M. Knauff*, Der Regelungsverbund, S. 240 f.

311 So etwa *M. Schramm*, Einseitiges informelles Verwaltungshandeln im Regulierungsrecht, S. 38 f.: Soft Law und einseitiges informelles Verwaltungshandeln seien „gleichrangige Begriffe, die sich eine Schnittmenge teilen."

(3) Autor

Das Erkenntnisinteresse dieser Studie an durch die Kommission und Agenturen gesetzten rechtsunverbindlichen Normen kommt in der Bezeichnung als *Administrativ*normen zum Ausdruck. Als Alternativen bieten sich die Bezeichnungen Exekutiv- oder Goubernativnormen an. Beide sind im unionsrechtlichen Kontext jedoch nicht ganz treffend, nimmt doch auch der Rat teilweise Exekutivfunktionen wahr. Zudem ist die Unionsrechtsordnung nicht durch eine strikte Gewaltenteilung geprägt, sondern eher durch eine Verschränkung der verschiedenen Organe, die Funktionen wahrnehmen, die nicht immer nur einer der drei Gewalten zuzuordnen sind.[312]

Eine zu starke Eingrenzung könnte mit dem Begriff administrativ einhergehen, da im zweiten Teil auch die Handlungen von Agenturen und anderen Akteuren untersucht werden. Letzteres umfasst auch Private wie etwa Energieunternehmen, die ihre Tätigkeit u.a. in Foren koordinieren. Als Private sind sie zwar keine typischen Akteure, die Verwaltungsaufgaben wahrnehmen. Jedoch sind sie in den europäischen Normsetzungsprozess gerade durch Zusammenarbeit mit der Kommission eingebunden, wodurch eine Verbindung zum administrativen Bereich gewahrt ist.

Im Schrifttum wird zudem der Begriff der „Weisung“ verwendet, etwa für bestimmte Entscheidungen der Kommission im Zollrecht.[313] Er drückt ebenfalls den Zusammenhang mit Administrativaufgaben aus. Der Weisungsbegriff scheint hier gleichwohl unpassend, da er ein Über-/Unterordnungsverhältnis wie zwischen Behörden nach deutschen Recht nahelegt. Die Weisung nach deutschem Recht ist zudem im Innenverhältnis bindend.[314] Mit Blick auf das Verhältnis der Kommission zu den Mitgliedstaaten ist dies aber nicht der Fall.[315] Auch der Begriff der „Vollzugsregelung“ findet sich teilweise für unverbindliche Normen der Kommission und kann

312 Zu denken ist etwa an das Initiativmonopol der Kommission in der Gesetzgebung. Zusammenfassend zu dem Umstand, dass die EU nicht durch eine strikte Gewaltenteilung gekennzeichnet ist *R. Schütze*, European Union Law, 3. Auf., S. 83-87.

313 *A. Hatje*, Die gemeinschaftsrechtliche Steuerung der Wirtschaftsverwaltung, S. 158 („Weisungsähnliche Instrumente“).

314 *A. Hatje*, Die gemeinschaftsrechtliche Steuerung der Wirtschaftsverwaltung, S. 156.

315 Hatje sieht daher einen Vergleich zu einem mehrstufigen Verwaltungsakt als passender und lehnt den Weisungsbegriff ab, vgl. *A. Hatje*, Die gemeinschaftsrechtliche Steuerung der Wirtschaftsverwaltung, S. 161 f.

die Nähe zum Administrativbereich ausdrücken,[316] erscheint jedoch zu eng für das hiesige Erkenntnisinteresse, werden doch dadurch zum Beispiel Vorbereitungshandlungen nicht erfasst.

ee) Zwischenergebnis

Mit Blick auf die verschiedenen Kontexte, innerhalb derer unverbindliche Instrumente in der Praxis verwendet werden, verwundert die Begriffsvielfalt in der Literatur nicht. Auch dies verdeutlicht die im Rahmen der Probleme des European Governance-Ansatzes angesprochene Kontextabhängigkeit, die durch die Neigung zu Informalisierung und Dezentralisierung bedingt ist.[317] Der Soft Law-Begriff sollte deshalb allenfalls als sehr weit verstandener Oberbegriff verwendet werden.[318] In konkreten Zusammenhängen wird im weiteren Verlauf daher die Bezeichnung *informelle Administrativnormen* verwendet. Dieser Begriff ist auch unter dem Gesichtspunkt der internationalen Anschlussfähigkeit für die weitere Untersuchung geeignet (als *informal administrative norms* bzw. *normes administatives informelles*) und knüpft nicht, wie etwa der Begriff der Verwaltungsvorschrift,[319] an Besonderheiten des deutschen Verwaltungsrechts an, die eventuell keine Entsprechung in anderen Rechtsordnungen haben; der Begriff ist daher weni-

316 *T. Groß*, DÖV 2004, S. 20; *G. Sydow*, Verwaltungskooperation in der EU, S. 52; *T. von Danwitz*, B. II. Rechtsetzung und Rechtsangleichung, in: Dauses/Ludwigs (Hrsg.), Handbuch des EU-Wirtschaftsrechts, 48. EL, Rn. 60.

317 Siehe oben Abschnitt II. c).

318 So etwa bei *D. Chalmers/G. Davies/G. Monti*, European Union Law, 4. Aufl., insbesondere S. 116-119, 384; *U. Haltern*, Europarecht Bd. I, 3. Aufl., S. 417 ff.

319 Mit diesem Begriff *D. Triantafyllou*, Vom Vertrags- zum Gesetzesvorbehalt, S. 282 ff.; *A. von Bogdandy/J. Bast/F. Arndt*, ZaöRV 2002, S. 77 (130); von europäischen Verwaltungsvorschriften spricht *M. Ruffert*, in: Calliess/Ruffert (Hrsg.), EUV/AEUV, 5. Aufl., Art. 288 AEUV, Rn. 102; siehe auch *T. von Danwitz*, B. II. Rechtsetzung und Rechtsangleichung, in: Dauses/Ludwigs (Hrsg.), Handbuch des EU-Wirtschaftsrechts, 48. EL, Rn. 60, dort Fn. 220. Den Begriff der Verwaltungsvorschrift ablehnend *T. Groß*, DÖV 2004, S. 20 (24); *G. Sydow*, Verwaltungskooperation in der EU, S. 52. Unter „Mitteilungen und andere Verwaltungsvorschriften" fasst auch *W. Schroeder*, Grundkurs Europarecht, 4. Aufl. S. 89, Rn. 25 f., die einseitig von der Kommission (insbesondere im Wettbewerbsrecht) erlassenen Dokumente. Titelgeben *H. Adam*, Die Mitteilungen der Kommission: Verwaltungsvorschriften des Europäischen Gemeinschaftsrechts?; zuvor bereits *dies./G. Winter*, Commission guidance addressed to member state agencies, in: Winter (Hrsg.), Sources and Categories of European Union Law, S. 629 ff.

ger voraussetzungsreich als jener der Verwaltungsvorschrift. Im Gegensatz zum Soft Law-Begriff hat der Begriff der informellen Administrativnorm den Vorteil, dass keine Einheitlichkeit der verschiedenen Erscheinungsformen suggeriert wird. Er kann zudem im Rahmen einer Kategorisierung durch Zusätze wie etwa „rechtsersetzende", „rechtsbegleitende", „rechtsvorbereitende", u.a. entsprechend qualifiziert werden.[320]

4. Zwischenbetrachtung

Dieses Kapitel hat Steuerung durch rechtsunverbindliche Instrumente in verschiedenen Kontexten dargestellt. Die Erkenntnisinteressen in den verschiedenen Kontexten sind unterschiedlich gelagert: Die Debatten um das Konzept Soft Law und die genaue Abgrenzung zum Recht wurden insbesondere im völkerrechtlichen Rahmen geführt, finden sich im Kontext von Governance jedoch nicht. Dies liegt daran, dass aus der primär politikwissenschaftlichen Governance-Perspektive die Frage nach der Rechtsqualität weniger interessant ist und Informalität als einer von mehreren Aspekten von Governance erscheint. Im unionsrechtlichen Kontext werden diese Aspekte ebenfalls weniger beleuchtet.

Der Wegbereiter- bzw. Regelungsermöglichungsfunktion des Soft Law kommt im Völkerrecht eine wichtigere Rolle zu als informellen Administrativnormen im Unionsrecht. Dies, und der andere institutionelle Rahmen in der Union, sind Gründe dafür, dass im Folgenden von „informellen Administrativnormen" gesprochen wird anstatt von Soft Law.

Der Blick auf European Governance hat verdeutlicht, dass der Aspekt der Informalisierung in eine allgemeine Entwicklung hin zu einer neuen Art der Steuerung eingebettet ist. Diese Entwicklung stellt eine Herausforderung insbesondere für die Kompetenzordnung, die institutionelle Struktur der Union und das Transparenz- und Rechtsschutzregime dar. Auf diese rechtsstaatlichen Herausforderungen müssen angemessene Maßstäbe für die Bewertung von informellen Instrumenten gefunden werden.

Die unter II. 3. b) bb) überblicksartig betrachteten möglichen Probleme informeller Administrativnormen geben die Struktur der weiteren Untersuchung vor: Zunächst wird das Untersuchungsfeld beleuchtet (III.) und sodann eine Bestandsaufnahme der verwendeten Instrumente durchgeführt (IV. 1.). Nach einer Systematisierung der vorgefundenen Instrumente (IV.

---

320 Zur Systematisierung der Instrumente siehe unten IV. 2.

2.) werden deren Wirkungen untersucht (V.). Die weiteren Abschnitte sollen Einschlägigkeit und Reichweite der kompetenzrechtlichen Vorgaben klären (VI.) und untersuchen, welche Vorgaben sich für informelle Administrativnormen aus dem Transparenzregime der Union ergeben (VII.) und inwiefern sie der Überprüfung durch Gerichte zugänglich sind (VIII.).

2. Kapitel: Informelle Administrativnormen in ausgewählten Rechtsgebieten

Wurden im ersten Teil die theoretischen Grundlagen erarbeitet, blickt die vorliegende Studie nun auf das europäische Energierecht und das Beihilfenrecht. Nach einem Überblick über die Entwicklung der Rechtsetzung (III.), wird in diesem Kapitel erörtert, welche unverbindlichen Handlungsformen von der Kommission eingesetzt werden, wie sie systematisiert werden können und wie sie wirken (IV. und V.).

III. Energie- und Beihilfenrecht als Referenzgebiete

Im folgenden Abschnitt wird ein Überblick über die Entwicklung der Rechtsetzung im Energie- und Beihilfenrecht gegeben, die als Referenzgebiete dienen. Dabei soll gezeigt werden, welcher Stellenwert der Regulierung durch formelle und informelle Instrumente zu unterschiedlichen Zeitpunkten der europäischen Integration zukam.

Zugleich soll Klarheit über die institutionelle Struktur der europäischen Regulierung des Beihilfen- und Energierechts geschaffen werden; m.a.W. soll also verdeutlicht werden, welche Akteure in diesem Bereich auf informelle Administrativnormen zurückgreifen. Dies bietet sich auch deshalb an, weil die Stellung der Akteure und deren Verflechtungen miteinander Auswirkungen auf die Wirkungen der Instrumente haben sowie auf die Anforderungen an das rechtliche Kontrollregime.

1. Beihilfen

a) Anfangsphase: wenige formelle Instrumente

Für das Beihilfenrecht enthalten die Verträge nur wenige Vorgaben. Die primärrechtlichen Bestimmungen haben sich seit den Römischen Verträgen kaum geändert und sind heute in den Art. 107 bis 109 AEUV enthalten. Art. 107 AEUV verbietet, vorbehaltlich anderer Vertragsbestimmungen, Beihilfen gleich welcher Art, die geeignet sind, den Wettbewerb zu verfälschen

(Abs. 1). Abgesehen von den weiteren Absätzen des Art. 107 AEUV, welche die Vereinbarkeit von Beihilfen mit dem Binnenmarkt (Abs. 2: in der Regel, Abs. 3: ausnahmsweise) regeln, bestehen keine primärrechtlichen Vorgaben zu materiellrechtlichen Fragen des Beihilfenverbots. In Art. 108 AEUV sind die verfahrensrechtlichen Grundzüge der Beihilfenaufsicht durch die Kommission geregelt. Art. 109 AEUV und – darauf aufbauend – Art. 108 Abs. 4 AEUV enthalten Ermächtigungen für den Rat bzw. die Kommission zur formellen Rechtsetzung. Spiegelbildlich zur geringen Regelungsdichte im Primärrecht, sind der Kommission vergleichsweise viele Befugnisse übertragen worden, was für das Wettbewerbsrecht insgesamt charakteristisch ist. In erster Linie hat die Kommission dafür Sorge zu tragen, dass Wettbewerbsverfälschungen vermieden werden.

Auch im Sekundärrecht ist eine geringe Regelungsdichte zu verzeichnen. Gestützt u.a. auf Art. 94 EWG (jetzt Art. 109 AEUV) wurden zunächst für einzelne Teilbereiche, wie den Schiffsbau[321], Landwirtschaft und Fischerei, das Transportwesen[322] sowie den Verkehr[323] Durchführungsverordnungen erlassen.[324] Mit der VO 994/98[325] erfolgte dann schließlich die erste umfassende sekundärrechtliche Regelung für das Beihilfenrecht, kurz darauf die zweite[326]. Dieses lange Schweigen des Sekundärrechts ist erstaunlich mit Blick auf den Bereich der Wettbewerbsvorschriften für Unternehmen (Kartellverbot, Marktmachtmissbrauchsverbot und Fusionskontrolle).[327] Wie

321 Verordnung (EG) Nr. 3094/95 des Rates vom 22. Dezember 1995 über Beihilfen für den Schiffbau, ABl. 1995, L 332, S. 1.

322 *F. Rawlinson*, The Role of Policy Frameworks, Codes and Guidelines in the Control of State Aid, in: Harden (Hrsg.), State Aid: Community Law and Policy, S. 52 (59).

323 Z.B. Verordnung (EWG) Nr. 1191/69 des Rates vom 26.06.1969 über das Vorgehen der Mitgliedstaaten bei mit dem Begriff des öffentlichen Dienstes verbundenen Verpflichtungen auf dem Gebiet des Eisenbahn-, Straßen- und Binnenschiffsverkehrs, ABl. 1969, L 156, S. 1.

324 *A. Evans*, European Community Law of State Aid, S. 407; *M. Aldestam*, Soft Law and the State Aid Policy Area, in: Mörth (Hrsg.), Soft Law in Governance and Regulation, S. 11 (12).

325 Verordnung (EG) Nr. 994/98 des Rates vom 7. Mai 1998 über die Anwendung der Artikel 92 und 93 des Vertrags zur Gründung der Europäischen Gemeinschaft auf bestimmte Gruppen horizontaler Beihilfen, ABl. 1998, L 142, S. 1.

326 Verordnung (EG) Nr. 659/1999 des Rates vom 22. März 1999 über besondere Vorschriften für die Anwendung von Artikel 93 des EG-Vertrags, ABl. 1999 L 83, S. 1 (Beihilfenverfahrens-VO).

327 *T. Kleiner*, Modernization of State Aid Policy, in: Szyszczak (Hrsg.), Research Handbook on European State Aid Law, S. 6; *C.-D. Ehlermann*, 18 Fordham Int'l L.J. (1994-1995), S. 1212 (1215).

auch die beihilferechtlichen Vorschriften, sollen die Art. 101 bis 103 AEUV den unverfälschten Wettbewerb im Binnenmarkt gewährleisten. Hier erfolgte eine sekundärrechtliche Normierung bereits früh.[328]

Die Kommission verfolgt die Beihilfenaufsicht insgesamt erst seit dem Jahr 1970[329] bzw. seit der Vollendung der Zollunion ernsthaft[330]. Dies liegt nicht zuletzt daran, dass die Kontrolle staatlicher Subventionen im Staatenverbund Neuland war; das internationale Wirtschaftsrecht stellte schlicht kein Erfahrungswissen bereit, auf das zurückgegriffen werden konnte.[331] Es galt daher zunächst, Grundfragen der Beihilfenkontrolle zu klären.[332] Die Kommission war bis in die 1980er Jahre recht tolerant im Hinblick auf die Subventionspolitik der Mitgliedstaaten und pflegte einen konsensnahen Verhandlungsstil.[333] In den Anfangsjahren beschränkte sie sich im Wesentlichen darauf, die bestehenden Beihilfen zu erfassen und zu bewerten.[334] Die Bedeutung der Beihilfenkontrolle für das europäische Projekt war in dieser Phase gering.

b) Versuche sekundärrechtlicher Regulierung

Was die sekundärrechtliche Ausgestaltung anbelangt, war die Kommission zunächst um Rechtsetzung bemüht. Bereits 1966 und 1972 schlug sie, gestützt auf Art. 94 EWG (Art. 109 AEUV), den Erlass von Durchführungs-

328 Dort etwa Verordnung Nr. 17: Erste Durchführungsverordnung zu den Artikeln 85 und 86 des Vertrages, ABl. 1962, Nr. 204, S. 62. Vgl. *A. Sinnaeve/P. Slot*, CMLRev. 1999, S. 1153; bereits früh befürwortete *K. Hellingman*, CMLRev 1986, S. 111 (128) eine sekundärrechtliche Normierung anstatt des Leitlinienansatzes im Beihilfenrecht.

329 *M. Melchior*, Les Communications de la Commission, in: FS Dehousse, S. 243 (246).

330 *M. Rosenstock*, Die Kontrolle und Harmonisierung nationaler Beihilfen durch die Kommission der Europäischen Gemeinschaften, S. 355 f. Mit statistischen Daten *G. Färber*, Binnenmarktgerechte Subventionspolitik in der Europäischen Gemeinschaft, S. 247.

331 *C.-D. Ehlermann*, 18 Fordham Int'l L.J. (1994-1995), 1212, 1213 f.; *M. Schweda*, Administrative Normsetzung, S. 105; *E. Kruse*, EuR 1999, 119; *E. Kruse*, NVwZ 1999, S. 1049.

332 *M. Rosenstock*, Die Kontrolle und Harmonisierung nationaler Beihilfen durch die Kommission der Europäischen Gemeinschaften, S. 80 f.

333 *M. Schweda*, Administrative Normsetzung, S. 106; *M. Rosenstock*, Die Kontrolle und Harmonisierung nationaler Beihilfen durch die Kommission der Europäischen Gemeinschaften, S. 356.

334 *G. Färber*, Binnenmarktgerechte Subventionspolitik in der Europäischen Gemeinschaft, S. 247.

verordnungen vor.[335] Der Vorschlag von 1966 sollte bestimmte Beihilfen von der Notifizierungspflicht des Art. 93 Abs. 3 EWG (Art. 108 Abs. 3 AEUV) ausnehmen. Der Vorschlag von 1972 betraf die Beihilfenaufsicht im Bereich der allgemeinen Beihilfenregelungen mit regionaler Zweckbestimmung.[336] Letztlich fand der Vorschlag jedoch keinen Anklang im Rat.[337] Eine Konsensfindung im politisch sensiblen Bereich staatlicher Subventionen war lange Zeit unmöglich. Dies lag auch daran, dass dabei oft Fragen der Industriepolitik, und damit ein Kernbereich mitgliedstaatlicher Souveränität betroffen sind.[338]

Von den anfänglichen Bemühungen, das Beihilfenrecht umfassend durch formelle Handlungsformen zu regulieren, nahm die Kommission darauf hin zunächst Abstand, was z.T. darauf zurückgeführt wird, dass eine formelle Regelung für unnötig erachtet wurde.[339] Andere sehen als Ursache eine allgemein veränderte Herangehensweise der Kommission im Beihilfenrecht, die sich entschloss, vermehrt auf einen Dialog mit den Mitgliedstaaten zu setzen.[340] Mitunter wird auch vermutet, dass die Kommission eine Einschränkung ihrer Befugnisse durch eine auf Art. 109 AEUV fußende sekundärrechtliche Normierung fürchtete und aus diesem Grund keine Legislativvorschläge mehr unterbreitete.[341]

Ein differenzierteres Bild über den lange Zeit bestehenden Mangel an Sekundärrecht ergibt die Unterscheidung nach verschiedenen Zeitpunkten: Die Kommission scheint ihre Einstellung zur Notwendigkeit sekundärrechtlicher Regulierung unter Art. 109 AEUV seit Mitte der 1980er Jahre geändert zu haben:[342] 1985 antwortete der der damalige Wettbewerbskom-

---

335 First General Report on the Activities of the Communities 1967, Rn. 64. Die Rechtsetzungsbemühungen 1972 betrafen Regionalbeihilfen. Dazu auch *M. Cini*, JEPP 2001, 192 (199); *W. Mederer*, Competition Policy Newsletter 3/1996, S. 12 (14).

336 Vgl. Antwort des Rats auf eine schriftliche Anfrage (Nr. 53/78) vom 30.03.1978, ABl. 1978, C 150, S. 21.

337 *A. Evans*, European Community Law of State Aid, S. 406; *M. Aldestam*, Soft Law and the State Aid Policy Area, in: Mörth (Hrsg.), Soft Law in Governance and Regulation, S. 11 (14), dort Fn. 4; *A. Sinnaeve/P. Slot*, CMLRev. 1999, S. 1153.

338 *C.-D. Ehlermann*, CMLRev 29 (1992), S. 257 (274).

339 *P. Slot*, CMLRev 1990, S. 741 (742 f.).

340 *A. Evans*, European Community Law of State Aid, S. 407.

341 *A. Sinnaeve/P. Slot*, CMLRev. 1999, S. 1153 (1153); *T. Kleiner*, Modernization of State Aid Policy, in: Szyszczak (Hrsg.), Research Handbook on European State Aid Law, S. 6; *H. Heinrich*, in: Birnstiel/Bungenberg/Heinrich (Hrsg.), Europäisches Beihilfenrecht, Einleitung, Rn. 54.

342 *R. D´Sa*, European Community Law on State Aid, S. 35, Rn. 1-57.

missar *Peter Sutherland* auf eine schriftliche Frage nach der Sinnhaftigkeit eines Verordnungsvorschlags unter Art. 94 EWG (109 AEUV) mit Blick auf die dadurch ermöglichte Steigerung der Rechtssicherheit und Transparenz der Beihilfenaufsicht. Unter Verweis auf die bestehenden Leitlinien der Kommission lehnte er den Vorschlag einer Durchführungsverordnung damals noch ab.[343] Auf dieser Linie liegt auch die Erklärung von *Sutherlands* Amtsnachfolger *Leon Brittan* aus dem Jahr 1990, eine formelle Regulierung des Beihilfenrechts sei nicht nötig. Die Leitlinien und Gemeinschaftsrahmen der Kommission – zusammen mit der bindenden Rechtsprechung des EuGH – würden bereits ausreichend Rechtssicherheit und Transparenz vermitteln.[344] Zudem klingt an, dass die Kommission eine Beschränkung ihrer Befugnisse durch eine formelle Regelung fürchtet.[345] Außerdem wurde aus den Reihen der Kommission zum Teil angemerkt, dass die Form der Regulierung (formelle VO/RL oder informelle Leitlinien/Mitteilungen) keinen Unterschied für die Kommission bei ihrer praktischen Tätigkeit mache; auch die informellen Rechtsakte wie Leitlinien würden von der Kommission wie bindendes Recht behandelt.[346] Die Folgen seien also in beiden Fällen gleich für die betroffenen Mitgliedstaaten und Unternehmen, insbesondere werde eine Regelung nicht effektiver durchgesetzt weil sie in sekundärrechtlicher Form erlassen wird.[347] Hinzu kommt die schlechte Erfahrung mit den Verordnungsvorschlägen von 1966 und 1972 und die darin zum Ausdruck kommende Unfähigkeit des Rates, in dem politisch sensiblen Bereich der staatlichen Beihilfen zu Kompromissen zu gelangen.[348] Auch wird das durch den Erfolg des Binnenmarktprogramms verbesserte

343 ABl. 1985, C 269, S. 11.

344 Agence Europe n° 5350, 15./16.10.1990, S. 6.

345 Deutlich *C.-D. Ehlermann*, CMLRev 29 (1992), S. 257 (275): „Proposals to the Council would no doubt have led to responsibility for the control of state aid being transferred to the Council, which would have been unacceptable to the Commission"; *P. Slot*, CMLRev 1990, 741 (742 f.).

346 *F. Rawlinson*, The Role of Policy Frameworks, Codes and Guidelines in the Control of State Aid, in: Harden (Hrsg.), State Aid: Community Law and Policy, S. 52 (59); *M. Cini*, JEPP 2001, 192 (200).

347 Dies verdeutlicht die wenig erfolgreiche Geschichte der Richtlinien über Beihilfen für den Schiffbau; mit diesem Hinweis *F. Rawlinson*, The Role of Policy Frameworks, Codes and Guidelines in the Control of State Aid, in: Harden (Hrsg.), State Aid: Community Law and Policy, S. 52 (59).

348 *C.-D. Ehlermann*, 18 Fordham Int'l L.J. (1994-1995), 1212, 1215; *W. Mederer*, Competition Policy Newsletter 3/1996, S. 12 (14); *A. Sinnaeve/P. Slot*, CMLRev. 1999, S. 1153 (1153).

politische Klima innerhalb der EG zu einem selbstbewussteren Auftreten der Kommission beigetragen haben.[349]

c) Binnenmarktprogramm ab Mitte der 1980er Jahre

Im Rahmen des Binnenmarktprogramms rückte auch die Beihilfenkontrolle in den Fokus der Unionspolitiken.[350] Es wurde erkannt, dass umfangreiche Subventionen der Mitgliedstaaten den Wettbewerb in der Gemeinschaft verzerren und eine Bedrohung für den Binnenmarkt darstellen. Die Kommission veröffentlichte nun vermehrt Gemeinschaftsrahmen, Leitlinien und Mitteilungen.[351] Dies führte zu einem starken Anstieg der Arbeitsbelastung für die Kommission, deren für Beihilfen zuständige Generaldirektion Wettbewerb (früher DG IV) schon von Beginn an mit unzureichenden Verwaltungskapazitäten zu kämpfen hatte.[352]

Insbesondere die generelle Notifizierungspflicht aus Art. 108 Abs. 3 AEUV bindet viele Ressourcen, da die Kommission alle Eingaben der Mitgliedstaaten prüfen muss. Dabei sind die meisten der notifizierten Beihilfen nicht zu beanstanden und werden in einem Vorprüfverfahren routinemäßig bearbeitet und für vertragsgemäß befunden.[353] Überschreiten die Beihilfen eine gewisse Höhe nicht, kann nicht von einer Beeinträchtigung des Handels zwischen den Mitgliedstaaten ausgegangen werden. Um zu erreichen, dass solche *de minimis*-Beihilfen schneller bearbeitet werden können, veröffentlichte die Kommission daher 1992 eine Mitteilung, die Beihilfen von geringer Bedeutung für grundsätzlich unbedenklich erklärte und die mit einem kurzen Formblatt zur Anmeldung neuer Beihilfen versehen war.[354] Da dies aber keine Besserung mit Blick auf die Arbeitsbelastung

349 Hierzu *D. Dinan*, Europe Recast, 2. Aufl. 2014, S. 7.

350 *M. Cini*, JEPP 2001, S. 192 (196); *M. Schweda*, Administrative Normsetzung, S. 105.

351 *C.-D. Ehlermann*, CMLRev 29 (1992), S. 257 (274 f.); *M. Schweda*, Administrative Normsetzung, S. 106.

352 *G. Färber*, Binnenmarktgerechte Subventionspolitik in der Europäischen Gemeinschaft, S. 246; *M. Schweda*, Administrative Normsetzung, S. 106.

353 *M. Cini*, From Soft Law to Hard Law? Discretion and Rule-making in the Commission's State Aid Regime, EUI WP 2000/35, S. 11; *A. Sinnaeve*, EuZW 1999, S. 270; *C. Koenig*/*J. Kühling*, EuZW 1999, S. 517 (521).

354 Mitteilung der Kommission über das beschleunigte Genehmigungsverfahren für Beihilferegelungen für KMU und von Änderungen bestehender Beihilferegelungen, ABl. 1992, C 213, S. 10. Dort wurde eine Grenze von 200.000 ECU festgelegt. Später wurde die Mitteilung geändert durch die Mitteilung der Kommission über „de minimis"-Beihilfen, ABl., 1996, C 68, S. 9.

brachte, dachte die Kommission 1994 über eine Durchführungsverordnung auf Grundlage von Art. 94 EG (Art. 109 AEUV) nach.[355] Die Probleme, die die lange Zeit des sekundärrechtlichen Schweigens im Beihilfenrecht verursachte, manifestierten sich insbesondere in Form von Ineffizienz und mangelnder Transparenz.[356]

Im Jahr 1997 machte die Kommission schließlich einen Vorschlag[357] zur sekundärrechtlichen Normierung unter Art. 94 EG (Art. 109 AEUV), was später zum Erlass der Durchführungsverordnung 994/98 führte. Darin wird die Kommission ermächtigt, selbst (‚hartes' untergesetzliches) Sekundärrecht zu setzen (deshalb auch die Bezeichnung als Ermächtigungs-VO). In einzelnen Bereichen machte sie auch bald darauf von der Möglichkeit Gebrauch, bestimmte Arten von Beihilfen aus der Notifizierungspflicht herauszunehmen durch den Erlass von sogenannten Gruppenfreistellungsverordnungen (GVOen).[358] Kurz darauf erließ der Rat auf Vorschlag der Kommission eine weitere Verordnung, die im Wesentlichen die Kommissionspraxis und die Rechtsprechung der europäischen Gerichte kodifizierte. In ihr sind verfahrensrechtliche Regelungen enthalten. So finden sich darin Bestimmungen über die Anmeldung von Beihilfen, Fristen und die Rechte Dritter.[359]

---

355 XXIV. Wettbewerbsbericht 1994, Rn. 395; vgl. auch *W. Mederer*, Competition Policy Newsletter 3/1996, S. 12 (13); *E.G. Stuart*, ECLR 1996, S. 226 (228).

356 *T. Müller-Ibold*, EuZW 1996, S. 677 (678). Im Jahr 1996 wurde als Reaktion auf diese Probleme ein VO-Vorschlag für das Verwaltungsverfahren im Beihilfenrecht von der Association Européenne des Avocats (AEA), also einer privaten Vereinigung vorgelegt. Dieser ist abgedruckt (in englischer Sprache) in EuZW 1996, S. 688-694. Auch dies unterstreicht noch einmal wie gravierend die Probleme bei der Durchführung des Beihilfenrechts waren.

357 Vorschlag für eine Verordnung (EG) des Rates über die Anwendung von Artikel 92 und 93 des EG-Vertrages auf bestimmte Gruppen horizontaler Beihilfen, KOM(97) 396 endg; dazu *A. Sinnaeve*, EuZW 1998, S. 268.

358 Vgl. Verordnung (EG) Nr. 68/2001 der Kommission vom 12. Januar 2001 über die Anwendung der Artikel 87 und 88 EG-Vertrag auf Ausbildungsbeihilfen, ABl. 2011, L 10, S. 20; Verordnung (EG) Nr. 2204/2002 der Kommission vom 12. Dezember 2002 über die Anwendung der Artikel 87 und 88 EG-Vertrag auf Beschäftigungsbeihilfen, ABl. 2002, L 337, S. 3; Verordnung (EG) Nr. 70/2001 der Kommission vom 12. Januar 2001 über die Anwendung der Artikel 87 und 88 EG-Vertrag auf staatliche Beihilfen an kleine und mittlere Unternehmen, ABl. 2001, L 10, S. 33; Verordnung (EG) Nr. 1628/2006 der Kommission vom 24. Oktober 2006 über die Anwendung der Artikel 87 und 88 EG-Vertrag auf regionale Investitionsbeihilfen der Mitgliedstaaten, ABl. 2006, L 302, S. 29.

359 Verordnung (EG) Nr. 659/1999 des Rates vom 22. März 1999 über besondere Vorschriften für die Anwendung von Artikel 93 des EG-Vertrags, ABl. 1999 L 83, S. 1.

Nach Jahrzehnten ohne praktischen Anwendungsfall[360] kam es nun zum Erlass von Sekundärrecht unter Art. 94 EG (109 AEUV). Dieser Kurswechsel hin zu einer formellen Regelung erklärt sich vor dem Hintergrund veränderter institutioneller Rahmenbedingungen:[361] Die Rechtsprechung verlangte umfangreichere Prüfpflichten von der Kommission und bemängelte z.T. das Fehlen formeller Regeln im Beihilfenrecht.[362] Insbesondere das 1989 gegründete Gericht Erster Instanz überprüfte die Kommissionspraxis genauer als der EuGH in den Jahrzehnten zuvor und verengte damit Freiräume der Kommission.[363] Die Verfahrensgrundsätze der VO 659/99 wurden maßgeblich von der Rechtsprechung entwickelt, die sich dabei auch an den Regelungen orientierte, die sich die Kommission selbst in informellen Instrumenten auferlegte.[364]

Die Folge war ein erhöhter Arbeitsaufwand bei der Bearbeitung der Fälle. Man kann behaupten, dass die Kommission in dieser Phase Opfer des eigenen Erfolges geworden ist: Zunächst machte ihr die nachlässige Haltung der Mitgliedstaaten zur Anmeldungspflicht neuer Beihilfen zu schaffen.[365] Um überhaupt Kenntnis von Beihilfeprogrammen zu erhalten, war sie deshalb oft auf dritte Quellen angewiesen. Hierfür ermutigte sie private Unternehmen, mitgliedstaatliche Subventionen an Konkurrenzunternehmen zu melden[366] – mit einigem Erfolg. Die Zahl der zu prüfenden

---

Die Verpflichtung der Kommission, bei Bedenken hinsichtlich der Rechtmäßigkeit einer Beihilfe das förmliche Prüfverfahren einzuleiten (Art. 4 Abs. 4), wurde zuvor von EuGH formuliert, vgl. Rs. 84/82, *Deutschland/Kommission*, Rn. 13. Vgl. allgemein dazu *A. Sinnaeve*, EuZW 1999, S. 270; *A. Sinnaeve/P. Slot*, CMLRev. 1999, S. 1153; *E. Kruse*, NVwZ 1999, S. 1049; *J. Gundel*, in: Schulze/Zuleeg/Kadelbach (Hrsg.), Handbuch Europarecht, § 4, Rn. 100.

360 Zwar wurde Art. 94 EWG (Art. 109 AEUV) für einzelne sektorale Beihilfenregelungen (Schiffbau und Verkehr) als zusätzliche Rechtsgrundlage herangezogen, jedoch gab es bis dato keine umfassende Regelung, *A. Sinnaeve/P. Slot*, CMLRev. 1999, S. 1153 (1154).

361 *M. Cini*, JEPP 2001, S. 192 (203).

362 EuGH, Rs. 84/82, *Deutschland/Kommission*, Rn. 10; EuGH, Rs. C-301/87, *Boussac*, Rn. 14. Zuvor schon Schlüssanträge GA *Reischl* zu EuGH, Rs. 120/73, *Lorenz*, Slg. 1973, S. 1471 (1491).

363 *C.-D. Ehlermann*, 18 Fordham Int'l L.J. (1994-1995), 1212 (1218); *M. Cini*, JEPP 2001, 192 (203).

364 Vgl. *Heidenhain*, in: Heidenhain (Hrsg.), European State Aid Law, § 2 Rn. 5.

365 *M. Smith*, WEP 1996, S. 563 (567 f.); *T. Kleiner*, Modernization of State Aid Policy, in: Szyszczak (Hrsg.), Research Handbook on European State Aid Law, S. 1 (6).

366 Zur Rolle von Privaten zur Steigerung der Effektivität und Transparenz *C.-D. Ehlermann*, 18 Fordham Int'l L.J. (1994-1995), S. 1212 (1219).

Beihilfen wuchs jedoch so stark,[367] dass Unternehmen sich bald über die Kommission selbst beschwerten, da sie den Arbeitsaufwand nicht mehr in einer vertretbaren Zeit bewältigen konnte.[368] Der Erlass von Gruppenfreistellungsverordnungen versprach hier Abhilfe.

Im Fall der VO 659/99 kommt hinzu, dass der Mangel an Transparenz und Rechtssicherheit im Verfahren nach Art. 108 AEUV im Schrifttum und insbesondere auch vom Gericht Erster Instanz bemängelt wurde. Um zu verhindern, dass ihr seitens der Rechtsprechung noch weitere Regeln auferlegt werden, ohne über diese mitbestimmen zu können, schlug die Kommission schließlich den Erlass einer VO zum Verfahren nach Art. 108 AEUV vor.[369]

Nicht zu unterschätzen ist in beiden Fällen das persönliche Engagement des damaligen Wettbewerbskommissars *Karel van Miert*.[370]

d) Veränderung der informellen Administrativnormen am Beispiel Umweltschutzbeihilfen

Trotz der nunmehr teilweise erfolgten sekundärrechtlichen Normierung des Beihilfenrechts, sind die informelle Administrativnormen weiterhin die wichtigsten Regulierungswerkzeuge. Zum einen überwiegen sie zahlenmäßig deutlich. Zum anderen betreffen die Verordnungen hauptsächlich verfahrensrechtliche Aspekte. Materiell-rechtliche Reglungen – etwa bezüglich einer Mindesthöhe oder der Möglichkeit einer Rechtfertigung – finden sich lediglich in bestimmten Sektoren. Gleichwohl bestand in diesen Bereichen natürlich ebenfalls ein Interesse seitens der Mitgliedstaaten und der betroffenen Unternehmen an Rechtssicherheit zumal die Begriffe des Art. 107 AEUV in hohem Maße auslegungsbedürftig sind.[371] Um dem mate-

---

367 *W. Mederer*, Competition Policy Newsletter 3/1996, S. 12 (13): Verdreifachung der zu bearbeitenden Fälle von 1988 zu 1995 und zugleich Zunahme der Komplexität der Fälle.

368 *M. Cini*, JEPP 2001, S. 192 (203); *C.-D. Ehlermann*, 18 Fordham Int'l L.J. (1994-1995), 1212 (1218). Neben der Effektivität der Kommissionspraxis wurde in dieser Zeit insbesondere die fehlende Transparenz bemängelt, vgl. *T. Müller-Ibold*, EuZW 1996, S. 677 (678).

369 *A. Sinnaeve/P. Slot*, CMLRev. 1999, S. 1153 (1154), mit dem Hinweis auf die Bedeutung der Entscheidung EuG, Rs. T-95/94, *Sytraval*; *M. Cini*, JEPP 2001, S. 192 (203).

370 *M. Cini*, JEPP 2001, S. 192 (203).

371 Etwa die Begriffe „Begünstigung" (Abs. 1) oder „Beihilfen sozialer Art" (Abs. 2); *M. Melchior*, Les Communications de la Commission, in: FS Dehousse, S. 243 (245); *U. Soltész/ F. Schatz*, JEEPL 6.2 (2009), S. 141 (150).

riell-rechtlichen Regelungsbedarf nachzukommen, erließ die Kommission bereits 1971 die ersten informelle Administrativnormen in Form einer Mitteilung an die Mitgliedstaaten.[372]

Das Beispiel der Umweltschutzbeihilfen verdeutlicht, wie sich informelle Beihilfenormen bezüglich Art und Umfang im Laufe der Zeit verändern.

Auch Aspekte des Umweltschutzes wurden schon in einer frühen Phase der Entwicklung des Beihilfenrechts berücksichtigt. In einem als Mitteilung bezeichneten und als „Gemeinschaftsrahmen für staatliche Umweltschutzbeihilfen" betitelten Schreiben wandte sich die Kommission 1974 an die Mitgliedstaaten, um diese über die Art und Weise der künftigen Anwendung des Beihilfenrechts auf Beihilfen im Zusammenhang mit Umweltschutz zu informieren.[373] Konkret ging es um die Berücksichtigung des Verursacherprinzips bei der Anwendung bestehender und der Schaffung neuer Beihilfenprogramme. Dieses im Umweltrecht zentrale Prinzip wurde zu damaliger Zeit in den Mitgliedstaaten kaum berücksichtigt, weshalb umfangreiche Gesetzesänderungen notwendig waren. Um den Unternehmen eine Anpassung an neue Vorgaben innerhalb einer Übergangszeit zu ermöglichen, legen die in dem Memorandum enthaltenen Leitlinien im Detail fest, unter welchen Bedingungen in diesem Zusammenhang geleistete Beihilfen als mit dem gemeinsamen Markt vereinbar angesehen werden im Sinne von Art. 92 Abs. 3 lit. b EWG (heute Art. 107 Abs. 3 lit. b AEUV).[374]

Vor dem Hintergrund allgemeinen wirtschaftlichen Abschwungs in den 1970er Jahren verzögerte sich die Umsetzung des Verursacherprinzips, sodass die in den Leitlinien vorgesehene Übergangszeit mehrmals verlängert wurde.[375] Schließlich wurden diese Leitlinien 1994 durch den „Gemeinschaftsrahmen für staatliche Umweltschutzbeihilfen" abgelöst, welcher im

---

372 Mitteilung der Kommission an die Mitgliedstaaten betreffend den Gemeinschaftsrahmen für die Beihilfen zugunsten der Textilindustrie, SEK(71) 363 endg.; *M. Aldestam*, Soft Law and the State Aid Policy Area, in: Mörth (Hrsg.), Soft Law in Governance and Regulation, S. 11 (14); *M. Cini*, JEPP 2001, S. 192 (199); vgl. auch I. Bericht über die Wettbewerbspolitik 1972, Rn. 172 f.

373 SEC(74) 4264 vom 07.11.1974; Zusammengefasst in IV. Wettbewerbsbericht, Rn. 175 – 183. In dem Dokument SEC(74) 4264 vom 07.11.1974 wird auch der Begriff „Leitlinien" für die Erörterung des Vorgehens der Kommission verwendet.

374 IV. Wettbewerbsbericht, Rn. 181-183; vgl. auch X. Wettbewerbsbericht, Rn. 223.

375 Schreiben an die Mitgliedstaaten SG(80) D/8287 vom 07.07.1980 – Verlängerung bis zum 31.12.1986; Schreiben an die Mitgliedstaaten SG(87) D/3795 vom 23.03.1987 – Verlängerung für die Laufzeit des 4. Umweltaktionsprogramms bis zum Jahr 1992; vgl. auch X. Wettbewerbsbericht, Rn. 224 sowie XVI. Wettbewerbsbericht, Rn. 259. Zur Entwicklung auch *U. Soltész/ F. Schatz*, JEEPL 2009, S. 141 (142), dort Fn. 4.

Amtsblatt veröffentlicht wurde.[376] Im Jahr 2001 und 2008 wurden diese Voraussetzungen als „Gemeinschaftsrahmen“ (2001)[377] bzw. „Leitlinien“[378] (2008) neu formuliert. 2014 erfolgte schließlich eine umfassende Revision. Die Kommissionsvorschriften zu Umweltschutzbeihilfen finden sich nun zusammen mit den Energieleitlinien in den „Leitlinien für staatliche Umweltschutz- und Energiebeihilfen 2014-2020“.[379] Diese Entwicklung ging mit einem Zuwachs an Umfang und Komplexität der Rechtsakte einher; die aktuelle Regelung umfasst in der deutschen Fassung 44 Seiten (55 mit Anhang) und ist damit wesentlich umfangreicher als die meisten Verordnungen und Richtlinien, nicht nur aus derselben Regelungsmaterie.[380] Aktuell werden die Leitlinien überarbeitet.[381] Hintergrund ist eine Evaluierung aller Beihilfenregelungen (verbindliche Verordnungen wie auch informelle Leitlinien) mit Blick auf ihre Geeignetheit zur Förderung der Ziele des European Green Deal. Die überarbeiteten Leitlinien sollen bis Ende 2021 erlassen werden.[382]

Neben der Betitelung änderte sich auch die Veröffentlichungsform und der Umfang: Das anfangs als Mitteilung bezeichnete Instrument wurde nur als Schreiben an die Mitgliedstaaten versandt und nachfolgend als Rahmen und schließlich als Leitlinie im Amtsblatt veröffentlicht; vor dem Erlass wurden offene Konsultationen durchgeführt. Das zunächst sehr übersichtliche Dokument wurde zu 55 Seiten umfassenden Leitlinien, die mit vielen Details umfangreich darlegen, welche staatlichen Maßnahmen in den Augen der Kommission mit dem Beihilfenrecht vereinbar sind.

---

376 ABl. 1994, C 72, S. 3. Später wurden diese zweimal verlängert: ABl. 2000, C 14, S. 8 und ABl. 2000, C 184, S. 25; vgl. auch *U. Soltész/ F. Schatz*, JEEPL 2009, S. 141 (142), dort Fn. 4

377 Gemeinschaftsrahmen für staatliche Umweltschutzbeihilfen, ABl. 2001, C 37, S. 3.

378 Leitlinien der Gemeinschaft für staatliche Umweltschutzbeihilfen, ABl. 2008, C 82, S. 1. Hierzu *A. Winterstein/B. Tranholm Schwarz*, Competition Policy Newsletter 2/2008, S. 12.

379 Mitteilung der Kommission, Leitlinien für staatliche Umweltschutz- und Energiebeihilfen 2014-2020, ABl. 2014, C 200, S. 1.

380 Die Vorgängerregelungen (nur zu Beihilfen im Bereich Umweltschutz) umfassten ohne Anhang 7 (1994), 13 (2001) und 33 (2008) Seiten. Vgl. auch *J. Gundel*, RdE 2016, S. 234, nach dem die Umwelt- und Energiebeihilfeleitlinien mit Blick auf Umfang und Genauigkeit der Regelung „den Eindruck eines eigenen Gesetzbuches hinterlassen“.

381 Entwurf abrufbar unter: https://ec.europa.eu/competition-policy/system/files/2021-06/CEEAG_Draft_communication_EN.pdf.

382 https://ec.europa.eu/germany/news/20210607-konsultation-klima-umwelt-energie_de.

e) Zwischenergebnis

Dieser Überblick über die Entwicklung zeigt, dass der Steuerung durch informelle Administrativnormen im Beihilfenrecht wegen des anfänglichen Scheiterns sekundärrechtlicher Ausgestaltung der vertraglichen Ziele eine Kompensationsfunktion[383] zukam: Da auf rechtsverbindliche Vorgaben nicht zurückgegriffen werden konnte, entwickelte die Kommission diesen Politikbereich maßgeblich mithilfe von Mitteilungen und Leitlinien.

2. Energie

Ähnlich wie die Beihilfenpolitik blieb auch die Energiepolitik zunächst hinter den Vorgaben der Verträge zurück.[384] Bis in die späten 80er Jahre war eine europäische Energiepolitik kaum existent.[385] Die Märkte für Strom und Gas wurden in den einzelnen Mitgliedstaaten von Monopolisten beherrscht, ohne dass ein grenzüberschreitender Handel in nennenswertem Umfang stattfand.[386] Da das Ziel der Versorgungssicherheit auf diese Weise vermeintlich am effektivsten erreicht werden konnte, nahmen die Mitgliedstaaten die aus der Monopolwirtschaft resultierenden Nachteile in Kauf, inklusive der Nichtrealisierung des Binnenmarktziels.[387]

Anders als im Bereich der Beihilfenpolitik findet sich zwar erst seit dem Vertrag von Lissabon eine Kompetenznorm für Energiepolitik im AEUV.[388]

---

383 Von einer Kompensationsfunktion spricht auch *J.E. Dickschen*, Empfehlungen und Leitlinien der Europäischen Finanzaufsichtsbehörden, S. 70, bezüglich der Leitlinien und Empfehlungen im Finanzaufsichtsrecht im Zusammenhang mit einem durch die Finanzkrise bedingten kurzfristigen Regelungsbedarf.

384 *J. Gundel*, Europäisches Energieverwaltungsrecht, in: Terhechte (Hrsg.), Verwaltungsrecht der Europäischen Union, Rn. 1 ff.

385 *K. Talus*, European Energy Law and Policy, S. 21.

386 *D. Helm*, European Energy Policy, in: Jones/Menon/Weatherhill (Hrsg.), The Oxford Handbook of the European Union, S. 556.

387 *K. Talus*, European Energy Law and Policy, S. 18.

388 Art. 4 Abs. 2 lit. i AEUV, Art. 194 AEUV. Nach dem Vertrag von Maastricht nannte der EGV Energie als Gegenstand, der in die Zuständigkeit der Gemeinschaft fällt. Jedoch fehlte eine mit Art. 194 AEUV vergleichbare Kompetenznorm zum Erlass von Rechtsetzungsakten zur Erreichung des Energiebinnenmarktes. Lediglich im Bereich des Ausbaus Transeuropäischer Netze und des Katastrophenschutzes wurde Energie erwähnt.

Trotzdem ist die lange Zeit des Stillstands verwunderlich:[389] Zum einen kam der Kohleindustrie sowie der Atomenergie mit dem EGKS-Vertrag und dem EURATOM-Vertrag gleich zu Beginn der europäischen Integration eine zentrale Rolle zu.[390] Zum anderen ist nicht ersichtlich, warum Strom und Gas vom Projekt des europäischen Binnenmarkts ausgeschlossen werden sollten.[391] Die Notwendigkeit eines gemeinsamen Energiemarktes wurde auch bereits 1964 vom Rat ausdrücklich bekundet,[392] jedoch ohne den Erlass von Rechtsakten zu dessen Erreichung folgen zu lassen.[393] Eine spürbare Veränderung dieses Stillstands ist erst seit der Einheitlichen Europäischen Akte zu verzeichnen, die durch die Einführung des Mehrheitsabstimmungsprinzips im Rat den Erlass von Rechtsangleichungsvorschriften auch im Bereich Energie praktisch erst ermöglichte.[394]

Da es bis zum Vertrag von Lissabon an einer mit dem heutigen Art. 194 AEUV vergleichbaren Vorschrift fehlte, wurden die frühen Maßnahmen der Energieregulierung, wie die meisten anderen Verordnungen im Energiebereich[395] auf die allgemeine Binnenmarktkompetenz und (seit der Einheitlichen Europäischen Akte) die Umweltkompetenz gestützt.[396] Zum Teil wird daher von einer langen Phase der Unterordnung der Energiepolitik unter

---

389 Zu den Gründen für das lange Schweigen des Europarechts in wichtigen Fragen des Energierechts *C. Bluman*, Rapport introductif général, in: Bluman (Hrsg.), Vers une politique européenne de l'énergie, S. 1 (3 f.).

390 Hierzu auch Mitteilung der Kommission an den Europäischen Rat und das Europäische Parlament - Eine Energiepolitik für Europa, vom 10.01.2007, COM(2007) 1 endg., S. 3.

391 *T. Dainith/L. Hancher*, YEL 1984, S. 123 (128).

392 Siehe das Protokoll eines Abkommens betreffend Energiefragen, ABl. 1964, Nr. 69, S. 1099.

393 *J. Grunwald*, Das Energierecht der Europäischen Gemeinschaften, S. 43; *A. Johnston/G. Block*, EU Energy Law, S. 29.

394 *K. Talus*, European Energy Law and Policy, S. 22. Zu den Gründen dieser Entwicklung *Ibid.*, S. 17 ff.

395 Vgl. z.B. Richtlinie 96/92/EG des Europäischen Parlaments und des Rates vom 19.10.1996 betreffend gemeinsame Vorschriften für den Elektrizitätsbinnenmarkt, ABl. 1997, L 27, S. 20; Richtlinie 98/30/EG des Europäischen Parlaments und des Rates vom 22.06.1998 betreffend gemeinsame Vorschriften für den Gasbinnenmarkt, ABl. 1998, L 204, S. 1; Richtlinie 2003/54/EG des Europäischen Parlaments und des Rates vom 26.06.2003 über gemeinsame Vorschriften für den Elektrizitätsbinnenmarkt und zur Aufhebung der Richtlinie 96/92/EG, ABl. 2003, L 176, S. 37; Richtlinie 2003/55/EG des Europäischen Parlaments und des Rates vom 26.06.2003 über gemeinsame Vorschriften für den Erdgasbinnenmarkt und zur Aufhebung der Richtlinie 98/30/EG, ABl. 2003, L 176, S. 57.

396 *A. Johnston/G. Block*, EU Energy Law, S. 4.

die anderen Binnenmarktpolitiken gesprochen.[397] Ein Grund für die erst spät einsetzende Liberalisierung ist der Umstand, dass Energie als politisch sensibler Bereich wahrgenommen wird, in dem Souveränitätseinbußen für die Mitgliedstaaten nur schwer hinnehmbar sind.[398]

a) Informelle Instrumente insbesondere als Wegbereiter

Frühe Versuche der Kommission, durch unverbindliche Instrumente eine Steuerungswirkung zu erzielen, mussten sich entsprechend zunächst auf die Feststellung der Defizite im Bereich der Energiepolitik beschränken.[399]

Im ersten Jahrzehnt der EWG widmete sich die Kommission mit „Berichten" und „Untersuchungen" der Energiepolitik, in denen sie konkret den Regelungsbedarf aufzeigte.[400] Früh wurde dabei auch die Verbindung zu Umweltproblemen in den informellen Instrumenten erkannt.[401] Jedoch wurde zunächst nur punktuell Recht gesetzt, etwa als Reaktion auf die Ölkrisen der 1970er Jahre[402] – Ziel war insbesondere nicht die Liberalisierung der Energiemärkte. Das Problem der Versorgungsengpässe ergab sich durch die steigende Nachfrage nach Mineralöl, das hauptsächlich von Drittstaaten

---

397 *C. Bluman*, Rapport introductif général, in: Bluman (Hrsg.), Vers une politique européenne de l'énergie, S. 1 (11, 18). Von einer „Annexmaterie" spricht auch *J. Grunwald*, Das Energierecht der Europäischen Gemeinschaften, S. 52.

398 *Johnston/G. Block*, EU Energy Law, S. 10; *J. Gundel*, Europäisches Energieverwaltungsrecht, in: Terhechte (Hrsg.), Verwaltungsrecht der Europäischen Union, Rn. 5.

399 Dazu *J. Grunwald*, Das Energierecht der Europäischen Gemeinschaften, S. 435 ff.

400 Der Erste Gesamtbericht über die Tätigkeit der Gemeinschaft, vom 17.09.1958, S. 48 f., enthält eine kurze Bestandsaufnahme zu „Energieproblemen"; es folgte eine Untersuchung von 1962 über die langfristigen energiewirtschaftlichen Aussichten der Europäischen Gemeinschaft, abgedruckt in Bulletin der EGKS, Dezember 1962. Die Untersuchung ist im Ton sehr zurückhaltend und will keine Empfehlungen zur Energiepolitik geben, sondern lediglich objektiv über die Gegebenheiten des Energiemarktes informieren, vgl. S. 4. Dabei wird jedoch im Rahmen der Schlussfolgerungen eine gemeinsame Erdölversorgungspolitik nahegelegt. Siehe auch die Mitteilung der Kommission an den Rat, Erste Orientierung für eine gemeinschaftliche Energiepolitik, vom 18.12.1968, KOM(69) 1040.

401 Siehe etwa die Mitteilung KOM(72) 1200, Necessary progress in community energy policy, vom 04.10.1972, insb. Punkt II.1.; sowie Mitteilung der Kommission an den Rat KOM(74) 1950, A Community action programme and a draft Council Resolution in the rational utilization of energy, vom 27.11.1974.

402 Beispiele für eine frühe und seltene Gesetzgebung der Gemeinschaft sind: Richtlinie 68/414/EWG des Rates vom 20.12.1968 zur Verpflichtung der Mitgliedstaaten der EWG, Mindestvorräte an Erdöl und/oder Erdölerzeugnissen zu halten, ABl. 1968, L 308, S. 14. Hierzu *J. Gundel*, Europäisches Energieverwaltungsrecht, in: Terhechte (Hrsg.), Verwaltungsrecht der Europäischen Union, Rn. 6 f.

importiert werden muss. Die beiden Ölkrisen in den 1970er Jahren machten die Verwundbarkeit der damaligen EWG auf diesem Gebiet offenkundig.

Die in den frühen informellen Instrumenten ausgesprochenen Empfehlungen sind insgesamt in einem zurückhaltendem Ton formuliert. Beispielhaft für die informellen Instrumente in dieser Phase ist die Mitteilung der Kommission an den Rat „The Development of an Energy Strategy for the Community“:[403] Sie stellte eine Reaktion auf die Ölkrisen dar und ist überwiegend mit diesem Energieträger befasst. Die Kommission stellt einen Rahmen vor, mit dessen Hilfe sich künftige Probleme aus der Importabhängigkeit vermeiden lassen sollen. Danach werden u.a. fünf prioritär zu behandelnde Aspekte identifiziert.[404] Die Mitteilung will selbst keine Verpflichtungen begründen, also selbst keine direkte Steuerungswirkung erzielen oder Auslegungshinweise geben. Stattdessen soll zunächst ein gemeinsames Vorgehen der Mitgliedstaaten im Rat angeregt werden und eine europäische Strategie auf den Weg gebracht werden. Das in allen Amtssprachen verfügbare Dokument ist ausdrücklich an den Rat adressiert, der aufgefordert wird, sich zu den genannten Initiativen zu äußern und Maßnahmen im Energiebereich zu ergreifen.[405]

In ähnlicher Weise analysiert das Dokument „Der Binnenmarkt für Energie“[406] aus dem Jahr 1988 die Defizite im Bereich der Energiepolitik.[407] Es diente nachfolgend als Grundlage für Legislativvorschläge der Kommission[408] und war die erste wichtige Mitteilung, da sie die Erreichung des Binnenmarktes für Energie umfangreich adressierte und bereits viele der heutigen Ansätze der Energieregulierung erkennen lässt.[409] Hierfür wurde

403 The Development of an Energy Strategy for the Community – Communication from the Commission to the Council, COM(81) 540, vom 02.10.1981. Hierzu *T. Daintith/L. Hancher*, YEL 1984, S. 123.

404 COM(81) 540, S. 11: (1) Investitionen in alternative Energien und rationaleren Energieverbrauch, (2) Entwicklung eines gemeinsamen Ansatzes für Energiepreise und -besteuerung, (3) Maßnahmen zur Solidarität unter den Mitgliedstaaten, (4) Forschung und Entwicklung und (5) gemeinsame Ansätze und Initiativen im Bereich Außenbeziehungen und Energieversorgung.

405 COM(81) 540, S. 17.

406 KOM(88) 238 endg., Der Binnenmarkt für Energie (Arbeitsdokument der Kommission), vom 02.05.1988.

407 Hierzu ausführlicher *A. Johnston/G. Block*, EU Energy Law, S. 13 f.

408 *J. Grunwald*, Das Energierecht der Europäischen Gemeinschaften, S. 54.

409 Vgl. *C. Bluman*, Rapport introductif général, in: Bluman (Hrsg.), Vers une politique européenne de l'énergie, S. 1 (5). Siehe bereits 20 Jahre zuvor Mitteilung der Kom-

zum einen Transparenz gefordert und zum anderen verschiedene Schritte vorgeschlagen, die das Projekt befördern sollten.[410]

Dem Erlass der drei Binnenmarktpakete gingen jeweils derartige rechtsvorbereitende Instrumente voran. Die Richtlinien von 1996 und 1998[411] wurden von der letztgenannten Mitteilung aus dem Jahr 1988 maßgeblich geprägt; das dort vorgeschlagene Konzept findet sich in den Regelungen des ersten Paketes wieder.[412] Im Laufe des Gesetzgebungsprozesses veröffentlichte die Kommission zudem Working Paper zu speziellen Fragen der Richtlinienvorschläge.[413] Ähnlich gestaltete sich der Prozess vor dem Erlass des sogenannten Beschleunigungspakets.[414]

Auch vor dem Erlass des 3. Binnenmarktpakets nutzte die Kommission informelle Instrumente zur Politikentwicklung. Nach dem Beschleunigungspaket veröffentlichte sie zum einen eine Mitteilung, die noch bestehende Defizite bei der Erreichung eines europäischen Energiebinnenmarktes analysierte[415] und zum anderen eine Mitteilung, die die positiven Effek-

---

mission an den Rat, Erste Orientierung für eine gemeinschaftliche Energiepolitik, vom 18.12.1968, KOM (69) 1040.

410 KOM(88) 238 endg., Rn. 34 ff. Dazu zählen insbesondere die Anwendung der Wettbewerbsvorschriften und der vermehrte Erlass von Sekundärrecht gestützt auf die durch die Einheitliche Europäische Akte eingefügten Umweltkompetenzen.

411 Richtlinie 96/92/EG des Europäischen Parlaments und des Rates vom 19.12.1996 betreffend gemeinsame Vorschriften für den Elektrizitätsbinnenmarkt, ABl. 1997, L 27, S. 20; Richtlinie 98/30/EG des Europäischen Parlaments und des Rates vom 22.06.1998 betreffend gemeinsame Vorschriften für den Erdgasbinnenmarkt, ABl. 1998, L 204, S. 1.

412 *A. Johnston/G. Block*, EU Energy Law, Rn. 2.17 f.

413 Siehe zu Fragen des Alleinabnehmersystems und des verhandelten Netzzugangs im Elektrizitätsmarkt das Working Paper of the Commission on the organisation of the internal electricity market, SEC(95) 464 final, vom 22.03.1995.

414 Hierzu zählen die Richtlinie 2003/54/EG des Europäischen Parlaments und des Rates vom 26. Juni 2003 über gemeinsame Vorschriften für den Elektrizitätsbinnenmarkt und zur Aufhebung der Richtlinie 96/92/EG, ABl. 2003, L 176, S. 37; Richtlinie 2003/55/EG des Europäischen Parlaments und des Rates vom 26. Juni 2003 über gemeinsame Vorschriften für den Erdgasbinnenmarkt und zur Aufhebung der Richtlinie 98/30/EG, ABl. 2003, L 176, S. 57; Verordnung (EG) Nr. 1228/2003 des Europäischen Parlaments und des Rates vom 26. Juni 2003 über die Netzzugangsbedingungen für den grenzüberschreitenden Stromhandel, ABl. 2003, L 176, S. 1; Verordnung (EG) Nr. 1775/2005 des Europäischen Parlaments und des Rates vom 28. September 2005 über die Bedingungen für den Zugang zu den Erdgasfernleitungsnetzen, ABl. 2005, L 289, S. 1.

415 Mitteilung der Kommission, Untersuchung der europäischen Gas- und Elektrizitätssektoren gemäß Artikel 17 der Verordnung (EG) Nr. 1/2003 (Abschlußbericht), KOM(2006) 851 endg., vom 10.01.2007.

te eines weiter liberalisierten Energiemarktes beschrieb.[416] Erstere wurde auf die Befugnisse aus der wettbewerbsrechtlichen Verordnung 1/2003[417] gestützt, welche zur Durchführung von Untersuchungen zur wettbewerblichen Situation in einzelnen Wirtschaftszweigen ermächtigt. Die somit erlangten Erkenntnisse ließ die Kommission in der zweiten Mitteilung in mögliche Maßnahmen zur Beseitigung der Defizite einfließen, konkret auf den Gebieten Investitionen, Koordinierung zwischen den Netzbetreibern, Transparenz, Netzzugang und Entflechtung.[418] Zusammen stellten diese Mitteilungen treibende Kräfte hinter dem 3. Binnenmarktpaket dar.[419]

Neben dieser Wegbereiterfunktion spricht *Bluman* den informellen Instrumenten im Energiebereich zwei weitere Funktionen zu: Zum einen sollen sie das Fehlen echter Befugnisse überspielen, zum anderen sollen private Interessenträger in der Energiewirtschaft sensibilisiert werden.[420] Letzterer Punkt kann als Ausprägung des Gebots der Rechtssicherheit verstanden werden. Die hohen Investitionen, die im Bereich der Energiewirtschaft etwa in die Infrastruktur nötig sind und die sich nur ab einer gewissen Dauer amortisieren, machen eine solche Sensibilisierung für künftige Regulierungsvorhaben notwendig.

Die Wegbereiterfunktion, war insbesondere in der Anfangsphase wichtiger als im Beihilfenrecht, da die Kommission im Energierecht als Bereich des indirekten Vollzugs keine vergleichbaren Befugnisse wie die als Beihilfenaufsichtsbehörde besitzt. Die Vorstrukturierung des Ermessens der Kommission – wie im unionseigenen Vollzug im Beihilfenrecht – als wichtige Funktion informeller Administrativnormen entfällt daher. In der Folge wird die Wegbereiterfunktion umso wichtiger, zumal es an energiepolitischen Zielbestimmungen in den Verträgen fehlte. Wenngleich das allgemeine Ziel der Errichtung des Binnenmarkts sich, wie gesehen, auch auf

---

416 Mitteilung der Kommission an den Rat und das Europäische Parlament, Aussichten für den Erdgas- und den Elektrizitätsbinnenmarkt, KOM(2006) 841 endg., vom 10.01.2007.

417 Verordnung (EG) Nr. 1/2003 des Rates vom 16. Dezember 2002 zur Durchführung der in den Artikeln 81 und 82 des Vertrags niedergelegten Wettbewerbsregeln, ABl. 2003, L 1, S. 1.

418 KOM(2006) 841 endg., Punkte 2.1. bis 2.6.

419 Hinzu kamen EuGH-Urteile zu Liberalisierungsaspekten im Energiebereich, vgl. *Johnston/G. Block*, EU Energy Law, S. 10; *J. Gundel*, Europäisches Energieverwaltungsrecht, in: Terhechte (Hrsg.), Verwaltungsrecht der Europäischen Union, Rn. 2.44.

420 *C. Bluman*, Rapport introductif général, in: Bluman (Hrsg.), Vers une politique européenne de l'énergie, S. 1 (5).

den Energiebereich bezog, mussten zunächst konkrete Zielbestimmungen festgelegt werden, anfänglich insbesondere in Entschließungen des Rates,[421] später vermehrt durch Grün- und Weißbücher der Kommission.[422] Letztere nehmen eine umfangreiche Analyse der aktuellen Defizite des Energiesektors vor und zeigen Handlungsoptionen auf.

Im Bereich des Energieumweltrechts kam es zu einer ähnlichen Entwicklung wie in Teilen des Beihilfenrechts: Die zunächst eingesetzte Regulierung mittels unverbindlicher Instrumente wurde ersetzt durch „hartes" Recht.[423] Dies betrifft etwa CO_2-Emissionen von Kfz, die zunächst durch Abkommen mit der Automobilindustrie geregelt werden sollten, in denen sich die Hersteller selbst zu einer Emissionsreduktion verpflichten.[424] Später erfolgte meist eine verbindliche Gesetzgebung.[425] Insofern ist es hier zu einer „Verrechtlichung", also einer Überführung von informellen Regeln in rechtsverbindliche Formen gekommen.

b) Informelle Gremien

Die Ausarbeitung informeller Administrativnormen im Bereich der Energieregulierung geschieht unter Mitwirkung der Agentur ACER und informeller Gremien, die sowohl mitgliedstaatliche und europäische Hoheitsträger als auch Private miteinander verbinden.[426] Die im Beihilfenrecht teils beobachtete Entwicklung hin zu mehr Formalität, findet sich im Energierecht auf institutioneller Ebene.

---

421 Erst die Entschließung des Rates vom 16. September 1986 über neue energiepolitische Ziele der Gemeinschaft für 1995 und die Konvergenz der Politik der Mitgliedstaaten, ABl. 1986, C 241, S. 1, deutet das Konzept eines Energiebinnenmarktes an.

422 Siehe insbesondere das Grünbuch „Eine Energiepolitk für die Europäische Union", KOM(94) 682; später dann das Weißbuch mit dem gleichen Titel, KOM(95) 682; Grünbuch „Hin zu einer europäischen Strategie für Energieversorgungssicherheit", KOM(2000) 769 endg. Zu diesem Wechseln von Entschließungen zu Grün- und Weißbüchern *J. Grunwald*, Das Energierecht der Europäischen Gemeinschaften, S. 440.

423 *K. Talus*, European Energy Law and Policy, S. 188, 190.

424 Siehe etwa die Mitteilung der Kommission an den Rat und das Europäische Parlament COM(1999) 446 final, Implementing the Community Strategy to reduce CO_2-Emissions from cars: Outcome of the negotiations with the Japanese and Korean automobile industries, vom 14.09.1999.

425 *K. Talus*, European Energy Law and Policy, S. 190, für weitere Beispiele.

426 *B. Eberlein/E. Grande*, JEPP 2005, S. 89 (100); *O. Ştefan/M. Petri*, YEL 2018, S. 525 (527).

Zunächst wurden die Foren von Florenz[427] (1998) und Madrid[428] (1999) gegründet, wobei ersteres sich mit der Elektrizitäts- und letzteres mit der Gaswirtschaft befasst.[429] Einen formellen Einsetzungsbeschluss gab es nicht.[430] Ihre Arbeit widmet sich dem grenzüberschreitenden Elektrizitäts- bzw. Gashandel.[431] Nachdem die durch das erste Energiebinnenmarktpaket erhoffte Marktöffnung nicht in dem von der Kommission erhofften Maße eintrat, gründete sie die Foren, die helfen sollen, bestehende Probleme zu identifizieren und Lösungen zu erarbeiten.[432] Der Mangel an Exekutivrechtsetzungsbefugnissen der Kommission im Bereich des Energiebinnenmarktes führte dazu, dass die Defizite – insbesondere bei der Umsetzung und weiteren Ausgestaltung im Detail der Richtlinien des 1. Binnenmarktpaketes – nicht ausreichend auf diesem Wege adressiert werden konnten. Die informellen Administrativnormen der Foren waren eine Antwort auf dieses Problem.[433] In den Foren wirken die Kommission, Vertreter der nationalen Regulierungsbehörden sowie Netzbetreiber und Verbände von Energiehändlern und Energieverbrauchern mit. Ihre wichtigste Aufgabe ist neben dem Informationsaustausch das Ausarbeiten von sogenannten „Guidelines on Good Practice".[434] Diese unverbindlichen Handlungsempfehlungen sind in der Regel an die Marktteilnehmer gerichtet. Ihre Einhaltung wird von den Foren überprüft und in sogenannten compliance reports festgehalten,[435] ist also mit einem weichen Durchsetzungsmechanismus verbunden. Die Bedeutung der Guidelines on Good Practice liegt darin,

427 European Electricity Regulatory Forum.

428 European Gas Regulatory Forum.

429 Mitteilung der Kommission an den Rat und das Europäische Parlament. Vollendung des Energiebinnenmarktes – Vorschlag für eine Richtlinie des Europäischen Parlaments und des Rates zur Änderung der Richtlinien 96/92/EG und 98/30/EG über gemeinsame Vorschriften für den Elektrizitätsbinnenmarkt und den Erdgasbinnenmarkt – Vorschlag für eine Verordnung des Europäischen Parlaments und Rates über die Netzzugangsbedingungen für den grenzüberschreitenden Stromhandel, KOM(2001) 125 endg., S. 12.

430 *K. Herzmann*, ZNER 2005, S. 216.

431 *A. Johnston/G. Block*, EU Energy Law, Rn. 5.53.

432 *L. Hancher/I. del Guayo*, The European Electricity and Gas Regulatory Forums, in: Barton/Barrera-Hernández/Lucas/Rønne (Hrsg.), Regulating Energy and Natural Resources, S. 243 (246).

433 *B. Eberlein/E. Grande*, JEPP 2005, S. 89 (100 ff.); *L. Hancher/I. del Guayo*, The European Electricity and Gas Regulatory Forums, in: Barton/Barrera-Hernández/Lucas/Rønne (Hrsg.), Regulating Energy and Natural Resources, S. 243 (245, 248).

434 *C. Held/J. Prat*, IR 2004, S. 194; *F. Arndt*, DV 39 (2006), S. 100 (105 f.).

435 *K. Herzmann*, ZNER 2005, S. 216.

dass sie von einem Konsens der Hauptakteure der Energiewirtschaft getragen werden.[436] Verweist die Kommission also in Gesetzgebungsvorschlägen auf diese Guidelines, kann sie auf größere Akzeptanz hierfür hoffen.[437] Die Guidelines haben damit eine Wegbereiterfunktion.[438] Das zeigt sich darin, dass ihre Regelungen zum Teil Eingang in den Anhang der Stromhandels-VO 2003[439] fanden und damit verbindlich wurden.[440] Sie sind zugleich ein Beispiel der oben im Zusammenhang mit European Governance beschriebenen Entwicklung zu einer Informalisierung und Enthierarchisierung, die das Erarbeiten von sachgerechten Lösungen in einem technokratischen Expertenmodus bevorzugt.[441] Private Interessenträger erstellen zusammen mit Vertretern der Kommission unverbindliche Normen, anstelle einer verbindlichen top-down-Regulierung.

Beispielhaft sei hier der Einfluss des Madrid-Forums auf das Beschleunigungspaket und die eingeführten Verschärfungen der Regeln des Netzzugangs Dritter genannt. Während das 1. Binnenmarktpaket hierfür nur den objektiven, transparenten und nichtdiskriminierenden Zugang regelte, fügt das Beschleunigungspaket hinzu, dass Netzzugang auf Grundlage veröffent-

436 *L. Hancher/I. del Guayo*, The European Electricity and Gas Regulatory Forums, in: Barton/Barrera-Hernández/Lucas/Rønne (Hrsg.), Regulating Energy and Natural Resources, S. 243 (245): "The forums could be useful instruments [...] to give authoritative backing to the proposals the Commission probably already had in mind to be submitted to Parliament and to the Council".

437 Vgl. etwa die Verweise auf informelle Normen der Foren in KOM (2001) 125, S. 14 f. (Bezugnahme auf die Leitlinien des Florenz-Forums zum Engpassmanagement, die im November 2000 angenommen wurden); KOM (2002) 304, S. 10 (Bezugnahme auf Leitlinien beider Foren zum Netzzugang); KOM (2003) 741, S. 3 f. (Bezugnahme auf die Leitlinien des Madrid-Forums zum Netzzugang vom Februar 2002); vgl. auch die Verordnung (EG) Nr. 1775/2005 des Europäischen Parlaments und des Rates vom 28. September 2005 über die Bedingungen für den Zugang zu den Erdgasfernleitungsnetzen, ABl. 2005, L 289, S. 1, die in Erwägungsgrund 2 ebenfalls auf die Ergebnisse des Madrid-Forums Bezug nehmen. Siehe ferner *F. Arndt*, DV 39 (2006), S. 100 (105 f.).

438 *C. Held/J. Prat*, IR 2004, S. 194 (196); *F. Arndt*, DV 39 (2006), S. 100 (106).

439 Verordnung (EG) Nr. 1228/2003 des Europäischen Parlaments und des Rates vom 26. Juni 2003 über die Netzzugangsbedingungen für den grenzüberschreitenden Stromhandel, ABl. 2003, L 176, S. 1.

440 *C. Held/J. Prat*, IR 2004, S. 194; *F. Arndt*, DV 39 (2006), S. 100 (106); *S. Lavrijssen/L. Hancher*, LIEI 2008, S. 23 (40). Für Gundel deutet die Verrechtlichung der Leitlinien auf die Grenzen der Regulierung durch unverbindliche Instrumente hin, vgl. *J. Gundel*, Europäisches Energierecht, in: Theobald/Kühling (Hrsg.), Energierecht, EL 101, Rn. 36; siehe auch *K. Herzmann*, ZNER 2005, S. 216.

441 Siehe oben Abschnitt II. 2.

lichter Tarife ermöglicht werden muss, und dass die mitgliedstaatlichen Regulierungsbehörden diese Tarife auf Vereinbarkeit mit den Kriterien prüfen müssen.[442] Dies wird maßgeblich dem Madrid-Forum zugeschrieben.[443]

Auch nach der teilweisen Formalisierung der institutionellen Strukturen (dazu sogleich) behalten die Foren ihre Wichtigkeit, indem sie insbesondere die Treffen der ACER und der ENTSO vorbereiten.[444] Daneben steht die Befassung der Foren mit Rechtsetzungsvorschlägen weiterhin am Anfang des formellen Regulierungsprozesses.[445]

Ein drittes, jedoch in der Praxis weniger bedeutsames Forum existiert seit 2008 mit dem *Citizens' Energy Forum*. Sein Fokus liegt auf den Interessen der Stromverbraucher.[446] In jährlich stattfindenden Treffen sollen die für Stromverbraucher relevanten Aspekte des Energiebereichs strukturiert und ihre Interessen kanalisiert werden. Dabei verabschiedete „conclusions“ sind allgemeiner Natur und enthalten (ähnlich wie Resolutionen des Europäischen Parlaments) Vorschläge an die Regelungsgeber.[447]

Ein Jahr nach der Gründung der Foren in Madrid und Florenz trat der *Rat der Europäischen Energieregulierungsbehörden* (Council of European Energy Regulators, CEER) erstmalig zusammen.[448] Auch hier lag kein formeller Einsetzungsbeschluss von Unionsseite vor; vielmehr handelt es

---

442 Vgl. Art. 18 Abs. 1 der Richtlinie 2003/55/EG des Europäischen Parlaments und des Rates vom 26.06.2003 über gemeinsame Vorschriften für den Erdgasbinnenmarkt und zur Aufhebung der Richtlinie 98/30/EG, ABl. 2003, L 176, S. 57; siehe zudem Art. 25 Abs. 1 lit. d der Richtlinie, der die mitgliedstaatlichen Regulierungsbehörden verpflichtet, bestimmte Informationen zur Verfügung zu stellen, die den Netzzugang Dritter vereinfachen sollen.

443 *L. Hancher/I. del Guayo*, The European Electricity and Gas Regulatory Forums, in: Barton/Barrera-Hernández/Lucas/Rønne (Hrsg.), Regulating Energy and Natural Resources, S. 243 (252).

444 *A. Johnston/G. Block*, EU Energy Law, Rn. 5.56.

445 *J. Herrmann*, Europäische Vorgaben zur Regulierung der Energienetze, S. 315; *W. Weiß*, Der Europäische Verwaltungsverbund, S. 138.

446 https://ec.europa.eu/energy/topics/markets-and-consumers/energy-consumer-righ ts/citizens-energy-forums_en.

447 Beispiel: https://ec.europa.eu/info/sites/default/files/energy_climate_change_envir onment/events/documents/11th_citizen_energy_forum_consolidated_final_conclus ions.pdf.

448 Die CEER entstand durch den Entschluss der Regulierungsbehörden von 10 Staaten, die ihren Entschluss zu Koordinierung ihrer Tätigkeiten in einem “Memorandum of Understanding for the establishment of the Council of European Energy Regulators” festhielten. Neben den Mitgliedern gibt es zurzeit drei Staaten mit Beobachterstatus (Schweiz, Montenegro und Mazedonien). Vgl. dazu: http://www.c eer.eu/portal/page/portal/EER_HOME/EER_ABOUT.

sich bei dem CEER, im Gegensatz zum ERGEG (dazu sogleich) um einen freiwilligen Zusammenschluss der mitgliedstaatlichen Energieregulierungsbehörden.[449] Auch seine Aufgaben bestehen im Informationsaustausch und in der Erstellung unverbindlicher „good practice guidelines". Anders als die Foren, sind hier jedoch nur Vertreter der Regulierungsbehörden der Mitgliedstaaten sowie Islands und Norwegens beteiligt; private Interessenträger hingegen nicht.[450]

Diese Gremien wurden zu einem gewissen Umfang in formellere Strukturen überführt. Zwar bestehen die Foren von Madrid und Florenz sowie die CEER weiter fort. Jedoch richtete die Kommission mit einem Beschluss 2003 die *Gruppe der europäischen Regulierungsbehörden für Elektrizität und Gas* (European Regulators' Group for Electricity and Gas, ERGEG) ein, deren Aufgabe die Unterstützung der Kommission war.[451] Ausweislich der Erwägungsgründe erkennt die Kommission den positiven Beitrag der Foren für ein gemeinsames Vorgehen in Fragen des grenzüberschreitenden Gas- und Stromhandels an, hält aber eine Formalisierung insbesondere mit Blick auf die damals bevorstehende Erweiterung um 10 Mitgliedstaaten für angezeigt,[452] begrenzt eine hohe Teilnehmerzahl doch die Funktionsfähigkeit eines informellen Austausches.[453] Es steht zu vermuten, dass diese Erhöhung des Grades an formeller Institutionalisierung durch die positiven Erfahrungen im Zusammenhang mit der Arbeit in den Foren erleichtert wurde.[454] Auch die von der Kommission zusammen mit ERGEG ausgearbeitet good practice guidelines waren rechtlich nicht verbindlich,[455]

---

449 *W. Weiß*, Der Europäische Verwaltungsverbund, S. 138 f.

450 *M.A. Steger*, Zur Verselbstständigung von Unionsagenturen, 2015, S. 22, dort Fn. 3; *J. Gundel*, Europäisches Energieverwaltungsrecht, in: Terhechte (Hrsg.), Verwaltungsrecht der Europäischen Union, Rn. 8.

451 Vgl. Art. 1 des Beschlusses 2003/796/EG der Kommission vom 11.11.2003 zur Einsetzung der Gruppe der europäischen Regulierungsbehörden für Elektrizität und Erdgas (ERGEG-Beschluss), ABl. 2003, L 296, S. 24. Als Vorbild diente hier ein im Telekommunikationssektor geschaffenes Gremium, vgl. *K. Herzmann*, ZNER 2005, S. 216 (218); *W. Weiß*, Der Europäische Verwaltungsverbund, S. 136.

452 Erwägungsgrund 5 des ERGEG-Beschlusses.

453 Vgl. zu diesem Aspekt *C. Held/J. Prat*, IR 2004, S. 194 (196), die eine „gewisse Schwerfälligkeit" durch die Erhöhung der Teilnehmerzahl des Madrid-Forums bemerken. Siehe auch *K. Wallnöfer*, wbl 2008, S. 163 (166).

454 *F. Arndt*, DV 39 (2006), S. 100 (109).

455 *S. Fischerauer*, ZNER 2012, S. 453.

gleichwohl aber von großer praktischer Bedeutung, da sie von den Energieregulierern formuliert wurden und somit ihre Befolgung erwartet wird.[456]

Dass die Foren trotz der Gründung der ERGEG weiterhin erheblichen Einfluss auf die Gesetzgebung haben, zeigt sich beispielhaft darin, dass die Kommission nach Erlass der Stromhandels-VO 2003[457] zunächst nicht von der nunmehr bestehenden Möglichkeit des Erlasses verbindlicher Leitlinien zur Konkretisierung der Vorschriften zu Ausgleichsmechanismen Gebrauch machte (Art. 8 der VO). Diese Untätigkeit kann dem Umstand zugeschrieben werden, dass eine Einigung im Florenz-Forum zu diesen Aspekten nicht erreicht werden konnte.[458] Zudem kommt den Leitlinien der Foren weiterhin eine rechtsergänzende Funktion bei der Auslegung der sekundärrechtlichen Vorschriften zu.[459]

Aus den Arbeiten des Forums in Florenz ging zudem die *Vereinigung Europäischer Übertragungsnetzbetreiber* (European Transmission System Operators, ETSO) hervor, eine Vereinigung privater Wirtschaftsteilnehmer.[460]

Mit dem 01.07.2009 wurde die ETSO und andere Zusammenschlüsse aufgelöst und alle Aufgaben auf die Vereinigung *European Network of Transmission System Operators* (ENTSO-E für Strom bzw. ENTSO-G für Gas) übertragen.[461] Im Rahmen der ENTSO sollen die Betreiber von Stromübertragungsnetzen bzw. Erdgasfernleitungsnetzen „die Vollendung und das Funktionieren des [Energiebinnenmarktes] und des grenzüberschreitenden Handels“ fördern und die „optimale Verwaltung, den koordinierten Betrieb und die sachgerechte technische Weiterentwicklung“ des Energiebinnenmarktes gewährleisten.“[462] Ihnen kommt insbesondere die

---

456 *W. Weiß*, Der Europäische Verwaltungsverbund, S. 139.

457 Verordnung (EG) Nr. 1228/2003 des Europäischen Parlaments und des Rates vom 26. Juni 2003 über die Netzzugangsbedingungen für den grenzüberschreitenden Stromhandel, ABl. 2003, L 176, S. 1.

458 *F. Arndt*, DV 39 (2006), S. 100 (107).

459 Vgl. die Einschätzung von *K. Talus*, European Energy Law and Policy, S. 64 zu dem Einfluss der Foren auf die Gesetzesauslegung: „In all likelihood, interpretation will benefit most from [...] incorporation of evolving majority attitudes and subsequent negotiations, such as the Madrid and Florence process of regulators' coordination and consultation with industry.“

460 Vgl. *H. Lecheler/J. Gundel*, EuZW 2003, S. 621 (627); *K. Wallnöfer*, wbl 2008, S. 163 (165).

461 Vgl. *M.A. Steger*, Zur Verselbstständigung von Unionsagenturen, S. 29, Fn. 31 und 32, für weitere Zusammenschlüsse.

462 Art. 28 der Verordnung (EU) 2019/943 des Europäischen Parlaments und des Rates vom 5. Juni 2019 über den Elektrizitätsbinnenmarkt (Neufassung), ABl. 2019, L 158, S. 54 (nachfolgend: Elektrizitätsbinnenmarkt-VO) bzw. Verordnung (EG)

Aufgabe zu, Netzkodizes zu verschiedenen Fragen der leitungsgebundenen Energiewirtschaft zu erarbeiten.[463] Daneben erarbeiten die ENTSO alle zwei Jahre einen nicht bindenden unionsweiten zehnjährigen Netzentwicklungsplan[464] sowie jeweils nationale Netzentwicklungspläne.

Die Einsetzung der ENTSO wird zum Teil als Schritt zu einer weitergehenden Formalisierung gesehen, da die Leistungsgrenzen der informellen Regulierung durch die Foren sich abzeichneten.[465]

Mit der Gründung der *europäischen Agentur für die Zusammenarbeit der Energieregulierungsbehörden* (Agency for the Cooperation of Energy Regulators, ACER) und nach einer Übergangsperiode zur Beendigung bereits begonnener Projekte, hob die Kommission den Beschluss zur Gründung der ERGEG auf, womit diese ab dem 01.07.2011 aufhörte zu existieren.[466] Ausweislich der Erwägungsgründe der ACER-VO soll die Agentur die Zusammenarbeit der Betreiber von Stromübertragungs- bzw. Erdgasfernleitungsnetzen koordinieren.[467] Eine stärkere Formalisierung dieser Aufgabe gegenüber der ERGEG, insbesondere zur verbindlichen Regelung von Einzelfällen wurde als sinnvoll erachtet.[468] Nach den sekundärrechtlichen

---

Nr. 715/2009 des Europäischen Parlaments und des Rates vom 13. Juli 2009 über die Bedingungen für den Zugang zu den Erdgasfernleitungsnetzen und zur Aufhebung der Verordnung (EG) Nr. 1775/2005, ABl. 2009, L 211, S. 36 (nachfolgend: Gasfernleitungs-VO).

463 Das Verfahren zu deren Erstellung ist in der Elektrizitätsbinnenmarkt-VO bzw. Gasfernleitungs-VO genau geregelt, was auch eine Reaktion auf das Ausbleiben von Harmonisierung durch die unverbindlichen good practice guidelines der ERGEG war, vgl. *S. Fischerauer*, ZNER 2012, S. 453 (453 f.). Näher zu Netzkodizes unten Abschnitt IV. 1. n).

464 Art. 8 Abs. 3 lit. b und Abs. 10 der Gasfernleitungs-VO bzw. Art. 30 Abs. 1 lit. b Elektrizitätsbinnenmarkt-VO.

465 *J. Gundel*, Europäisches Energieverwaltungsrecht, in: Terhechte (Hrsg.), Verwaltungsrecht der Europäischen Union, Rn. 48.

466 Kommission, Beschluss vom 16.05.2011 zur Aufhebung des Beschlusses 2003/796/EG der Kommission zur Einsetzung der Gruppe der europäischen Regulierungsbehörden für Elektrizität und Erdgas, 2011/280/EU, ABl. 2011, L 129, S. 14.

467 Erwägungsgrund Nr. 12 der Verordnung (EU) 2019/942 des Europäischen Parlaments und des Rates vom 5. Juni 2019 zur Gründung einer Agentur der Europäischen Union für die Zusammenarbeit der Energieregulierungsbehörden (Neufassung), ABl. 2019, L 158, S. 22 (nachfolgend: ACER-VO); vgl. auch *G. Hermes*, in: Schulze/Zuleeg/Kadelbach (Hrsg.), Handbuch Europarecht, 4. Aufl., § 36, Rn. 128.

468 Siehe Erwägungsgrund Nr. 3 der ACER-VO in der ursprünglichen Fassung: Verordnung (EG) Nr. 713/2009 des Europäischen Parlaments und des Rates vom 13. Juli 2009 zur Gründung einer Agentur für die Zusammenarbeit der Energieregulierungsbehörden, ABl. 2009, L 211, S. 1 (nachfolgend: ACER-VO 2009). Siehe zuvor auch KOM(2007) 1 endg., Mitteilung der Kommission an den Europäischen Rat

Grundlagen stehen ACER dafür verschiedene informelle Instrumente zur Verfügung:

Sie ist befugt, unverbindliche Stellungnahmen und Empfehlungen an die mitgliedstaatlichen Regulierungsbehörden sowie Marktteilnehmer und die Kommission, den Rat und das Europäische Parlament zu richten.[469] Nach Art. 16 Abs. 1 UAbs. 2 REMIT-VO[470] kann ACER „unverbindliche Leitlinien zur Anwendung der Begriffsbestimmungen in Artikel 2" veröffentlichen.[471] Dies entspricht den auch im sonstigen Unionsrecht verbreiteten Auslegungsmitteilungen. ACER überprüft die von den ENTSO vorgelegten nationalen Netzentwicklungspläne auf Vereinbarkeit mit den unionsweiten Netzentwicklungsplänen und richtet im Falle der Unvereinbarkeit Empfehlungen an die ENTSO.[472] Die Agentur gibt zudem Empfehlungen an die Kommission bezüglich der Notwendigkeit verbindlicher Regeln für die Zusammenarbeit der mitgliedstaatlichen Regulierungsbehörden,[473] hat also eine rechtsvorbereitende Rolle.

In begrenztem Umfang hat ACER auch die Befugnis, verbindliche Regelungen in Einzelfällen zu treffen.[474] Belastende verbindliche Entscheidungen können vor dem Beschwerdeausschuss beanstandet werden[475]; dessen Entscheidungen können wiederum Gegenstand einer Nichtigkeitsklage vor dem EuGH sein.[476]

---

und das Europäische Parlament „Eine Energiepolitik für Europa", vom 10.01.2007, in der bemängelt wird, dass die Einsetzung der ERGEG „nicht die gewünschte Steuerungswirkung erzielt" haben (S. 9).

469 Art. 2 lit. a-c, Art. 3 Abs. 1, Art. 4 Abs. 5, Art. 6 Abs. 2 ACER-VO.

470 Verordnung (EU) Nr. 1227/2011 des Europäischen Parlaments und des Rates vom 25. Oktober 2011 über die Integrität und Transparenz des Energiegroßhandelsmarkts, ABl. 2011, L 326, S. 1.

471 Siehe auch Erwägungsgrund 27 der Verordnung (EU) Nr. 1227/2011dazu.

472 Art. 8 Abs. 11 der Gasfernleitungs-VO bzw. Art. 32 Abs. 2 UAbs. 2 der Elektrizitätsbinnenmarkt-VO.

473 Art. 6 Abs. 4 ACER-VO.

474 Vgl. Art. 2 lit. b ACER-VO. Für ein Beispiel – noch nach der ACER-VO 2009 – siehe ACER, Decision of the Agency for the Cooperation of Energy Regulators No 01/2014 of 11 August 2014 on the investment request including cross-border cost allocation for the gas interconnection Poland–Lithuania project of common interest No 8.5, abrufbar unter: https://www.acer.europa.eu/Official_documents/Acts_of_the_Agency/Individual%20decisions/ACER%20Individual%20Decision%2001-2014%20on%20GIPL.pdf.

475 Art. 28 ACER-VO.

476 Art. 29 ACER-VO.

2012 wurde zudem ein weiterer Verbund im Bereich Strom gegründet, die *Koordinierungsgruppe Strom*, bestehend aus Vertretern des ENTSO-E, der ACER, sowie der Mitgliedstaaten auf Ministerebene und mitgliedstaatlichen Energieregulierungsbehörden.[477] Diese Koordinierungsgruppe steht der Kommission für Konsultationen zur Verfügung und hat keine weitreichenden Befugnisse.

Schließlich wurde durch die Neufassung der Elektrizitätsbinnenmarkt-VO die *Europäische Organisation der Verteilernetzbetreiber* (EU-VNBO) geschaffen.[478] Ihr Zweck ist die Förderung der Vollendung und des Funktionierens des Elektrizitätsbinnenmarkts sowie die Optimierung der Verwaltung. Auch die Koordinierung des Betriebs der Verteiler- und Übertragungsnetze soll hierdurch befördert werden. Es handelt sich ausweislich Art. 52 Abs. 2 Elektrizitätsbinnenmarkt-VO um eine Sachverständigenorganisation, die nicht Partikularinteressen, sondern das Interesse der Union vertritt.[479] Die Mitgliedschaft ist für die Verteilernetzbetreiber freiwillig.[480] Zu ihren Befugnissen gehört insbesondere die Mitwirkung an der Ausarbeitung von Netzkodizes.[481]

3. Zwischenbetrachtung

Nach dieser Übersicht kann ein Zwischenfazit gezogen werden. Bezüglich der Frage nach der Entwicklung zum vermehrten Einsatz informeller oder formeller Instrumente ergibt sich für das Beihilfen- und Energierecht kein einheitliches Bild.

---

477 Beschluss der Kommission vom 15.11.2012 zur Einsetzung der Koordinierungsgruppe „Strom“, ABl. 2012, C 353, S. 2.

478 Art. 52-57 Elektrizitätsbinnenmarkt-VO.

479 Überblick zu den Neuerungen durch die Neufassung der Elektrizitätsbinnenmarkt-VO bei *C.F. Germelmann*, Die Akteursstruktur im Elektrizitätsbinnenmarkrecht der europäischen Energieunion – Neuausrichtung von Rollen und Verantwortlichkeiten, in: FS Säcker, S. 433 ff.

480 Art. 52 Abs. 1 UAbs. 1 S. 2 und Abs. 2 S. 1 Elektrizitätsbinnenmarkt-VO.

481 Art. 55 Abs. 1 lit. f, Art. 59 Elektrizitätsbinnenmarkt-VO. Zu Netzkodizes siehe unten Abschnitt IV. 1. n).

a) Beihilfenrecht

Mit Blick auf das Beihilfenrecht ist zu differenzieren zwischen informellen Normen, die Verfahrensregeln aufstellen und solchen, die materielle Vorgaben für die Vereinbarkeit von Beihilfen mit dem Binnenmarkt enthalten.[482] Der weitaus größte Teil ist der zweiten Kategorie zuzuordnen; Verfahrensregelungen sind wesentlich seltener. Im Bereich der Verfahrensregelungen ist ein Trend zum vermehrten Gebrauch formeller Regelungen zu verzeichnen, wie der Erlass der VO 659/99[483] einerseits, und der VO 994/98[484] einschließlich der Gruppenfreistellungsverordnungen der Kommission andererseits verdeutlichen:[485] In Abwesenheit von näheren rechtlicher Regelungen, veröffentlichte die Kommission eine Reihe von Mitteilungen, die Vorgaben zu ihren Prioritäten im Bereich des Beihilfenrechts enthielten und nach denen bestimmte Beihilfen für grundsätzlich unbedenklich erklärt wurden. Dies diente der Arbeitsentlastung und – im Zusammenspiel mit der Rechtsprechung des EuGH – in der ersten Phase der Entwicklung des Beihilfenrechts der normativen Strukturierung im Detail. Nach Erlass der VO 994/98 nutzte die Kommission diese sekundärrechtliche Grundlage zum Erlass von Gruppenfreistellungsverordnungen;[486] hier kam es zu einer Verrechtlichung. Viele der dort getroffenen Bestimmungen fanden schließlich Einzug in die Allgemeine Gruppenfreistellungsverordnung (AGVO) im Jahr 2008.[487] Die Verrechtlichung war zum einen der Ineffektivität informeller Normen geschuldet und zum anderen dem Druck durch die Rechtsprechung, die das Fehlen von Sekundärrecht bemängelte.

---

482 *M. Cini*, JEPP 2001, S. 192 (204); *M. Aldestam*, Soft Law and the State Aid Policy Area, in: Mörth (Hrsg.), Soft Law in Governance and Regulation, S. 11 (32).

483 Verordnung (EG) Nr. 659/1999 des Rates vom 22. März 1999 über besondere Vorschriften für die Anwendung von Artikel 93 des EG-Vertrags, ABl. 1999, L 83, S. 1.

484 Verordnung (EG) Nr. 994/98 des Rates vom 7. Mai 1998 über die Anwendung der Artikel 92 und 93 des Vertrags zur Gründung der Europäischen Gemeinschaft auf bestimmte Gruppen horizontaler Beihilfen, ABl. 1998, L 142, S. 1.

485 *M. Cini*, JEPP 2001, S. 192 (204); *M. Aldestam*, Soft Law and the State Aid Policy Area, in: Mörth (Hrsg.), Soft Law in Governance and Regulation, S. 11 (32).

486 *H. Heinrich*, in: Birnstiel/Bungenberg/Heinrich (Hrsg.), Europäisches Beihilfenrecht, Einleitung, Rn. 67.

487 Verordnung (EG) Nr. 800/2008 der Kommission vom 6. August 2008 zur Erklärung der Vereinbarkeit bestimmter Gruppen von Beihilfen mit dem Gemeinsamen Markt in Anwendung der Artikel 87 und 88 EG-Vertrag, ABl. 2008, L 214, S. 3. *H. Heinrich*, in: Birnstiel/Bungenberg/Heinrich (Hrsg.), Europäisches Beihilfenrecht, Einleitung, Rn. 67; *Heidenhain*, in: Heidenhain (Hrsg.), European State Aid Law, § 2, Rn. 4; *C. Quigley*, European State Aid Law and Policy, S. 266.

Zwar enthalten diese sekundärrechtlichen Ausnahmen von der Anmeldeverpflichtung auch materiell-rechtliche Aspekte, jedoch überwiegen im materiell-rechtlichen Bereich die informellen Handlungsformen wie Mitteilungen, Gemeinschaftsrahmen und Leitlinien deutlich.

Insgesamt ist zu verzeichnen, dass die Rolle der Kommission sich geändert hat: Nahm sie ihre Aufgaben im Beihilfenrecht zunächst im Sinne einer einzelfallbasierten Überwachung wahr, wurde sie insbesondere seit Mitte der 1980er Jahre auch abstrakt-generell regelnd tätig durch den Erlass von Mitteilungen und Leitlinien.[488] Es lässt sich insofern auch von einem Wandel von negativer Integration zu positiver Integration sprechen:[489] Überprüfte die Kommission zunächst nur die bestehenden oder geplanten Beihilfen der Mitgliedsstaaten, stellte sie allmählich selbst Regeln auf und wurde somit aktiv gestaltend tätig.[490]

b) Energierecht

Im Energierecht ist Informalität insbesondere auf institutioneller Ebene zu beobachten, wenngleich die Strukturen teilweise formalisiert wurden. Informelle Gremien wie die Foren in Florenz und Madrid erstellen informelle Administrativnormen, die auch nach der Gründung der ACER und dem Zuwachs von Befugnissen auf Seiten der Kommission bedeutsam sind. Dies entspricht Beobachtungen, die im Zusammenhang mit der Vergemeinschaftung der ehemals „dritten Säule" gemacht wurden, wo informelle Normen weiterhin einen wichtigen Platz einnehmen.[491] In den Gremien wird in dem oben beschriebenen Governance-Modus ohne strikte Hierarchien un-

488 *G. della Cananea*, Administration by Guidelines: The Policy Guidelines of the Commission in the Field of State Aid, in: Harden (Hrsg.), State Aid: Community Law and Policy, S. 61 (74), der auf den Unterschied zwischen "regulation" und "adjudication" hinweist. Wurde zunächst nur adjudication betrieben, also die Anwendung von Regeln, ging die Kommission dann zum Aufstellen von neuen Regeln über – regulation; *M. Schweda*, Administrative Normsetzung, S. 107; *C.-D. Ehlermann*, CMLRev 29 (1992), S. 257 (274).

489 *G. della Cananea*, Administration by Guidelines: The Policy Guidelines of the Commission in the Field of State Aid, in: Harden (Hrsg.), State Aid: Community Law and Policy, S. 61 (68); so auch *M. Blauberger*, WEP 2009, S. 719.

490 *F. Rawlinson*, The Role of Policy Frameworks, Codes and Guidelines in the Control of State Aid, in: Harden (Hrsg.), State Aid: Community Law and Policy, S. 52 (53); *M. Rosenstock*, Die Kontrolle und Harmonisierung nationaler Beihilfen durch die Kommission der Europäischen Gemeinschaften, S. 369.

491 Zu dieser Entwicklung *F. Terpan*, ELJ 2015, S. 68 (85).

ter Experten verhandelt und mit rechtlich unverbindlichen Instrumenten reguliert. Zum Teil werden diese Normen verrechtlicht, entweder im Wege „klassischer“ Gesetzgebung oder im Wege der Komitologie. Hierin liegt eine weitere Parallele zur im Beihilfenrecht beobachteten Formalisierung der Normsetzung wegen unbefriedigender Erfahrungen mit unverbindlichen Normen: Auch zu den ersten beiden Binnenmarktpaketen existierten unverbindliche Leitlinien, deren Wirkung aber hinter den Erwartungen der Kommission zurückblieb. Mit dem 3. Binnenmarktpaket entschied man sich daher für ein stark formalisiertes Verfahren, an dessen Ende die Netzkodizes und Leitlinien mittels des Komitologieverfahrens in Rechtsverbindlichkeit erwachsen können.[492]

Die Möglichkeit der Verrechtlichung kann in gewissem Umfang als Druckmittel eingesetz werden und die Befolgung der informellen Normen wahrscheinlicher machen. Bezüglich dieses Aspektes ergeben sich Gemeinsamkeiten mit dem Beihilfenrecht. Daneben besteht mit den compliance reports ein weicher Durchsetzungsmechanismus.[493]

Es ist für beide Bereiche zu vermuten, dass hartes Recht in Kombination mit informellen Normen für die Mitgliedstaaten und die Kommission einen Kompromiss darstellt. Die Mitgliedstaaten bevorzugen unverbindliche Normen wegen ihrer Flexibilität. Für die Mitgliedstaaten kann dies ein Vorteil sein, da im Einzelfall ein gewisser Verhandlungsspielraum mit der Kommission besteht. Die Kommission wiederrum kann unter Umständen den Erlass verbindlicher Normen als Druckmittel einsetzen.[494] Insgesamt kann ein Trend zum Einsatz unverbindlicher Instrumente beobachtet werden.[495]

Im Vergleich zum Beihilfenrecht ist die Ermessensstrukturierung durch informelle Administrativnormen im Energierecht weniger wichtig, was daran liegt, dass der Kommission hier keine vergleichbar weitreichenden Befugnisse zustehen, deren Ausübung mit einem entsprechend großen Ermessen einhergeht. Im Energiesektor erfüllten informelle Instrumente daher lange Zeit hauptsächlich eine Wegbereiterfunktion.

---

492 Zu diesem Hintergrund der detaillierten Regulierung *S. Fischerauer*, ZNER 2012, S. 453 (453 f.).

493 *K. Herzmann*, ZNER 2005, S. 216.

494 Für das Beihilfenrecht spricht *M. Cini*, From Soft Law to Hard Law? Discretion and Rule-making in the Commission’s State Aid Regime, EUI WP 2000/35, S. 24, daher von einem “shadow of hierarchy”, der über der informellen Normsetzung liegt. So auch *S. Lavrijssen/L. Hancher*, LIEI 2008, S. 23 (40). Ähnlich *S. Simsmans*, JPP 2008, S. 161, bezüglich in Sozialdialogen zwischen Privaten ausgehandelten informellen Normen.

495 *J. Grunwald*, Das Energierecht der Europäischen Gemeinschaften, S. 10.

Der nachfolgende Abschnitt nimmt eine Bestandsaufnahme der informellen Administrativnormen vor, bevor die dogmatischen Probleme untersucht werden, die diese Art der „Gesetzgebung durch die Hintertür"[496] aufwerfen.

IV. Ausgangsuntersuchung

Der folgende Abschnitt untersucht informelle Administrativnormen im Bereich des Energie- und Beihilfenrechts. Dafür wird in einer Ausgangsuntersuchung zunächst aufgezeigt, welche Instrumente eingesetzt werden und wie sie systematisiert werden können.

1. Verwendete Instrumente

Die folgende Bestandsaufnahme muss wegen der großen Anzahl existierender Instrumente trotz der vorgenommenen Eingrenzung selektiv bleiben und erhebt daher keinen Anspruch auf Vollständigkeit. Stattdessen wird versucht, das Spektrum der Erscheinungsformen des untersuchten Phänomens darzustellen. Mit Blick auf die danach vorgenommene Systematisierung (IV. 2.) interessiert insbesondere der Inhalt der informellen Normen, ihr Erlassverfahren, Veröffentlichungsort und -sprachen, wer die Adressaten sind sowie der Gesamteindruck.

a) Leitlinien für Umweltschutz- und Energiebeihilfen

Die 2014 erlassenen Leitlinien für staatliche Umweltschutz- und Energiebeihilfen 2014-2020 vereinen aufgrund der Sachnähe die beiden im Titel geführten Bereiche des Beihilfenrechts. Die oben dargestellte Entwicklung der Leitliniensetzung im Umweltbeihilfenrecht ging stets mit einem Zuwachs an Umfang und Komplexität der Rechtsakte einher; die aktuelle Regelung umfasst in der deutschen Fassung 44 Seiten (55 mit Anhang)

---

496 Den Ausdruck "*backdoor legislation*" verwendet *G. Ganz*, Quasi-legislation: recent developments in secondary legislation, S. 14 und 24, für informelle Normen im englischen Recht. Ähnlich Schlussanträge GA *Bobek* zu EuGH, Rs. C-911/19, *EBA Leitlinien*, Rn. 85: „Krypto-Gesetzgebung".

und ist damit wesentlich umfangreicher als die meisten Verordnungen und Richtlinien, nicht nur aus derselben Regelungsmaterie.[497]

Den materiell-rechtlichen Bestimmungen vorangestellt ist eine Einleitung, die die Wichtigkeit der verfolgten Ziele betont und deutlich macht, dass die Leitlinie in Fortführung der bisher unternommenen Bestrebungen steht. Dabei wird auf unverbindliche Kommissionsdokumente wie verbindliche Akte des Rates und des Europäischen Parlaments Bezug genommen.[498] Der einleitende Teil der Leitlinien ist kurz gehalten verglichen mit den häufig allgemeinen Ausführungen in anderen Mitteilungen.[499] Das Hauptanliegen scheint zu sein, die Einbettung der Leitlinien in die bisherigen Aktivitäten der Union zu verdeutlichen. Hierdurch soll auch Legitimation gewonnen werden, was insgesamt der freiwilligen Befolgung durch die Mitgliedstaaten förderlich sein dürfte.

Der Hauptteil beginnt mit der Bestimmung des Anwendungsbereichs und von Begriffen, die in den Leitlinien verwendet werden.[500] Sodann werden Ausnahmen von der allgemeinen beihilferechtlichen Anmeldepflicht aus Art. 108 Abs. 3 AEUV für Einzelbeihilfen formuliert, wobei auf das Überschreiten von bestimmten Anmeldeschwellen abgestellt wird.[501] Es

---

497 Die Vorgängerregelungen (nur zu Beihilfen im Bereich Umweltschutz) umfassten ohne Anhang 7 (1994), 13 (2001) und 33 (2008) Seiten. Vgl. auch *J. Gundel*, nach dem die Umwelt- und Energiebeihilfeleitlinien mit Blick auf Umfang und Genauigkeit der Regelung „den Eindruck eines eigenen Gesetzbuches hinterlassen", *J. Gundel*, RdE 2016, S. 234.

498 Leitlinien für staatliche Umweltschutz- und Energiebeihilfen 2014-2020, ABl. 2014, C 200, S. 2-3. Unverbindlich: „Strategie Europa 2020", KOM(2010) 2020 endg. vom 3.3.2010; Mitteilung der Kommission an das EP, den Rat, den WSA und den AdR – „Ein Rahmen für die Klima- und Energiepolitik im Zeitraum 2020-2030", KOM(2014) 15 final vom 22.1.2014; Ressourcenschonendes Europa – eine Leitinitiative innerhalb der Strategie Europa 2020, KOM (2011) 21 endg. vom 26.01.2011; Fahrplan für ein ressourcenschonendes Europa, KOM (2011) 571 endg. vom 20.09.2011; Mitteilung „Energie 2020 – Eine Strategie für wettbewerbsfähige, nahhaltige und sichere Energie", KOM (2010) 639 vom 10.11.2010; Mitteilung zur Modernisierung des Beihilfenrechts: KOM (2012) 209 endg.. Verbindlich: Entscheidung Nr. 406/2009/EG vom 23.04.2009, ABl. 2009, L 140, S. 136; Richtlinie 2009/28/EG vom 23.04.2009, ABl. 2009, L 140, S. 16.

499 Z.B. Mitteilung „Vollendung des Elektrizitätsbinnenmarktes und optimale Nutzung staatlicher Interventionen", C(2013) 7243 final.

500 Leitlinien für staatliche Umweltschutz- und Energiebeihilfen 2014-2020, ABl. 2014, C 200, S. 1, Rn. 13-19.

501 *Ibid.*, Rn. 20-22. Man kann hier von einer *lex specialis*-Vorschrift zu den allgemeinen *de minimis*-Mitteilung sprechen, vgl. Mitteilung der Kommission über „de minimis"-Beihilfen, ABl. 1996, C 68, S. 9.

folgt ein „allgemeiner Teil" zur Prüfung der Vereinbarkeit staatlicher Maßnahmen mit Art. 107 Abs. 3 lit. c AEUV.[502] Hier werden Grundsätze der Überprüfung durch die Kommission erörtert, wie auch die allgemeinen Voraussetzungen, die Beihilfen u.a. mit Blick auf Geeignetheit, Erforderlichkeit und Angemessenheit erfüllen müssen. Hiernach werden bestimmte Beihilfen behandelt, etwa Beihilfen zur Förderung von erneuerbaren Energien, zur Förderung von Ressourceneffizienz und Beihilfen für CO_2-Abscheidung und -Speicherung (CCS).[503] Wie schon der allgemeine Teil, sind die Vorschriften sehr detailliert. Nach abschließenden Bestimmungen[504] folgen zwei Anhänge, die jeweils die maximale Beihilfenintensitäten in Abhängigkeit vom empfangenden Unternehmen und der Art der Gewährung sowie Art der Beihilfe bestimmen und Beispiele von Bereichen geben, in denen die Mitgliedstaaten typischerweise Beihilfen zur Verbesserung des Umweltschutzes und der Stärkung des Energiebinnenmarkts gewähren. Auch im Hauptteil wird häufig auf andere Rechtsakte verwiesen, wobei kein Unterschied zwischen rechtlich bindenden und nichtbindenden Rechtakten vorgenommen wird.[505]

Das Erlassverfahren begann am 18.12.2013, als ein Leilinien-Entwurf auf der Internetseite der Kommission in allen offiziellen Amtssprachen veröffentlicht und alle Interessierten zur Eingabe von Stellungnahmen binnen drei Monaten aufgerufen wurden.[506] In diesem Konsultationsverfahren konnten Mitgliedstaaten, Unternehmen, Interessensverbände und Bürger formlos ihre Ansicht zu dem Entwurf kundgeben. Dem Aufruf sind 1114 Mitgliedstaaten, Unternehmen, Interessensverbände und Bürger nachgekommen. Verglichen mit anderen Konsultationsverfahren ist dies eine recht hohe Zahl. Der Entwurf der künftigen Rahmenregelung für staatliche Beihilfen im Agrar- und Forstsektor und in ländlichen Gebieten

---

502 Leitlinien für staatliche Umweltschutz- und Energiebeihilfen 2014-2020, ABl. 2014, C 200, S. 1, Rn. 26-106.

503 *Ibid.*, Rn. 107-241.

504 Zur eventuellen erneuten Evaluierung von bereits genehmigten Beihilfen, dem Zeitpunkt der Anwendung der Leitlinien, sowie Berichterstattung und Monitoring und zur Überarbeitung der Leitlinien, *Ibid.*, Rn. 242-254.

505 Vgl. etwa Leitlinien für staatliche Umweltschutz- und Energiebeihilfen 2014-2020, ABl. 2014, C 200, S. 1, Rn. 44, dort Fn. 40 (Bezug auf die Umwelthaftungsrichtlinie 2004/35/EG); Rn. 29, dort Fn. 35, wo auf EuGH, Rs. C-206/06, *Essent*, Bezug genommen wird; Rn. 27, dort Fn. 33 (Bezug auf die Mitteilung zur Modernisierung des Beihilfenrechts KOM(2012) 209 final.

506 Pressemitteilung IP/13/1282.

2014-2020[507] etwa war noch umfangreicher und sah einen kürzeren Zeitraum zur Stellungnahme vor. Hier erfolgten lediglich 57 Eingaben.

Dieses Verfahren wurde auch bei der aktuellen Überarbeitung der Leitlinien angewandt.[508] Neben einem Konsultationsverfahren auf Grundlage eines Entwurfes[509] veröffentlichte die Kommission auch eine Erläuterung zu dem Entwurf.[510] Zudem ist die Überarbeitung der Leitlinien in eine generelle Reform der (formellen wie informellen) Beihilfenvorschriften eingebettet, die das Beihilfenrecht stärker an den Zielen des European Green Deal[511] orientieren soll. Hierfür wurde zuvor eine Eignungsprüfung („Fitness-Check") durchgeführt.[512] Für die Überarbeitung der Leitlinien wurde auch ein externes Gutachten in Auftrag gegeben.[513] Die neuen Leitlinien sollen Ende 2021 von der Kommission angenommen werden.

Die Leitlinien wurden in der ABl.-Reihe C, Abschnitt II unter „Mitteilungen" in allen Amtssprachen veröffentlicht.

Die Adressaten der Leitlinien sind nicht genau bezeichnet. Die Vorschriften können sich aber direkt nur an die Mitgliedstaaten richten. So etwa die Ausnahmen von der Anmeldepflicht des Art. 108 Abs. 3 AEUV.[514] Auch die materiell-rechtlichen Bestimmungen enthalten Vorgaben, deren Einhaltung den Mitgliedstaaten obliegt. Die Beihilfe empfangenden Unternehmen bzw. deren Konkurrenten sind indirekt angesprochen, da sie offenkundig ein großes Interesse an den Vorschriften haben. Auch die Bürger werden ein Interesse an der Verwendung öffentlicher Mittel für Beihilfemaßnahen haben; sie sind aber wesentlich mittelbarer betroffen als die Beihilfeempfänger und deren Konkurrenten und somit nicht als Adressaten der Leitlinien anzusehen. Eine Rechtsgrundlage wird nicht genannt.

---

507 C(2014) 663 final.

508 Überblick unter: https://ec.europa.eu/germany/news/20210607-konsultation-klima-umwelt-energie_de.

509 Abrufbar unter: https://ec.europa.eu/competition-policy/public-consultations/2021-ceeag_de.

510 *Ibid.*

511 Mitteilung der Kommission an das Europäische Parlament, den Europäischen Rat, den Rat, den Europäischen Wirtschafts- und Sozialausschuss und den Ausschuss der Regionen - Der europäische Grüne Deal vom 11.12.2019, COM(2019) 640 final.

512 Commission Staff Working Document – Fitness Check of the 2012 State aid modernisation package, railways guidelines and short-term export credit insurance, SWD(2020) 257 endg.

513 EEAG revision support study – Final report. Abrufbar unter: https://ec.europa.eu/competition-policy/system/files/2021-06/kd0521173enn_EEAG_revision_2021_0.pdf.

514 Leitlinien für staatliche Umweltschutz- und Energiebeihilfen 2014-2020, ABl. 2014, C 200, S. 1, Rn. 20-22.

b) Mitteilung Vollendung des Elektrizitätsbinnenmarktes

Im Jahr 2013 erließ die Kommission die Mitteilung „Vollendung des Elektrizitätsbinnenmarktes und optimale Nutzung staatlicher Interventionen".[515] In ihr führt die Kommission aus, wie staatliche Maßnahmen wie etwa Subventionen und bestimmte Abgaben eingesetzt werden sollten, um die Klimaschutzziele der Union und das Binnenmarktziel im Strombereich zu erreichen. Die Wortwahl wirkt eher unverbindlich. Die Kommission schlägt in der Mitteilung und in den umfangreichen Begleitdokumenten[516] laut eigenen Angaben lediglich Leitlinien dafür vor, „wie die Behörden neue staatliche Interventionen konzipieren und bereits vorhandene anpassen können, um dafür zu sorgen, dass der Elektrizitätsbinnenmarkt zum Nutzen aller reibungslos funktioniert."[517] Zudem werden die Grundsätze staatlicher Interventionen im öffentlichen Sektor "zur Diskussion gestellt".[518] Die vorgestellten Maßnahmen erwecken insgesamt weniger den Eindruck eines verbindlichen Gesetzestextes, sondern scheinen eine Art Übergangslösung zu sein. Dafür spricht auch der wiederholte Verweis auf die Leitlinien für Beihilfen im Umwelt- und Energiebereich, die zur Zeit der Veröffentlichung der Mitteilung überarbeitet wurden (und später als Umwelt- und Energiebeihilfeleitlinien ergingen, dazu oben IV. 1. a)).[519] Ungewöhnlich scheint daher, dass die Kommission an anderer Stelle ausdrücklich auf die Möglichkeit eines Vertragsverletzungsverfahrens neben dem Beihilfeverfahren verweist.[520] In einer Pressemitteilung, die die Mitteilung C(2013) 7243 final begleitet, wird zudem darauf hingewiesen, dass die Kommission über den Vorschlag eines rechtlich verbindlichen Instruments nachdenkt, „damit

---

515 C(2013) 7243 final.

516 SWD(2013) 438 final, Commission Staff Working Document - Generation Adequacy in the internal electricity market - guidance on public interventions; SWD(2013) 439 final, [...] European Commission guidance for the design of renewables support schemes - Accompanying the document Communication from the Commission "Delivering the internal market in electricity and making the most of public intervention"; SWD(2013) 440 final, [...] Guidance on the use of renewable energy cooperation mechanism; dazu wurde als Anhang das SWD(2013) 441 final, [...] Annexes to the Commission Staff Working Document Guidance on the use of renewable energy cooperation mechanisms veröffentlicht; SWD(2013) 442 final, [...] Incorporating demand side flexibility, in particular demand response, in electricity markets.

517 C(2013) 7243 final, S. 5.

518 *Ibid.*

519 *Ibid.*, S. 5, 22, 23.

520 *Ibid.*, S. 14 f.

[die in der Mitteilung vorgeschlagenen] Grundsätze in vollem Umfang angewandt werden."[521] Die Begleitdokumente enthalten technische Details zu den Aspekten angemessene Stromerzeugung, Förderung von Strom aus erneuerbaren Quellen, Förderung der Zusammenarbeit im Bereich erneuerbare Energien und Erhöhung der Flexibilität der Energienetze aufgrund von verändertem Nachfrageverhalten.

Ein Konsultationsverfahren ging dem Erlass nicht voraus. Veröffentlicht wurde die Mitteilung als C-Dokument und ist über die Internetseite der Kommission in allen Amtssprachen abrufbar. Die fünf Begleitdokumente hingegen existieren nur in englischer Sprache und sind ebenfalls im Internet abrufbar.

Adressaten der Mitteilung sind in erster Linie die Mitgliedstaaten. Sie werden an mehreren Stellen direkt angesprochen.[522] Dafür spricht auch, dass die Begleitdokumente nur in englischer Sprache verfügbar sind. Indirekt sind auch die Beihilfe empfangenden Unternehmen und deren Konkurrenten betroffen. Eine Rechtsgrundlage für den Erlass der Mitteilung und der Begleitdokumente wird nicht angegeben.

c) Vereinfachungspaket Beihilfeverfahren

Zur Erreichung des im „Aktionsplan staatliche Beihilfen"[523] vorgesehenen Ziels der Vereinfachung des Beihilfeverfahrens, erging 2009 ein Paket aus drei informellen Administrativnormen.[524]

521 Pressemitteilung IP/13/1021.

522 Z.B. C(2013) 7243 final, S. 17: "Mitgliedstaaten, die staatliche Interventionen in Betracht ziehen, um eine angemessene Stromerzeugung sicherzustellen, werden aufgefordert, mit den Mitgliedstaaten in ihrer Region in einem frühen Stadium zusammenzuarbeiten, um das Potenzial einer Umsetzung grenzübergreifender Mechanismen zu prüfen."

523 COM(2005) 107 endg., Aktionsplan Staatliche Beihilfen: Weniger und besser ausgerichtete staatliche Beihilfen – Roadmap zur Reform des Beihilferechts 2005-2009. Siehe dazu sogleich IV. 1. d).

524 ABl. 2009, C 136, S. 13. Zu diesem Paket gehören zudem die „Mitteilung der Kommission über ein vereinfachtes Verfahren für die Würdigung bestimmter Kategorien staatlicher Beihilfen", ABl. 2009, C 136, S. 3, das insbesondere auf Beihilfen im Bankensektor betrifft, und die „Bekanntmachung der Kommission über die Durchsetzung des Beihilfenrechts durch die einzelstaatlichen Gerichte", ABl. vom 9.4.2009, C 85, S. 1.

Als Ergänzung der Beihilfenverfahrens-VO (659/1999)[525] erließ die Kommission im Jahr 2009 den „Verhaltenskodex für die Durchführung von Beihilfeverfahren".[526] Der Verhaltenskodex soll insbesondere die Kommunikation zwischen den Mitgliedstaaten und der Kommission verbessern. Dies soll erreicht werden, indem die Mitgliedstaaten bereits vor der von Art. 2 der Beihilfenverfahrens-VO geforderten Anmeldung von Beihilfen mit der Kommission in Kontakt treten, sodass relevante Aspekte informell erörtert werden können. Dies soll auch helfen, die von Art. 4 Abs. 5 S. 1 der Beihilfenverfahrens-VO vorgesehene Entscheidungsfrist von zwei Monaten einzuhalten.[527] Für besonders komplexe, sensible oder dringliche Fälle wird eine einvernehmliche Planung als besondere Form der Zusammenarbeit mit der Kommission vorgeschlagen.[528] Zudem enthält der Verhaltenskodex Vorschläge für die Durchführung des vorläufigen und des förmlichen Prüfverfahrens, wie auch zur effizienten und transparenten Bearbeitung von Beschwerden über Entscheidungen der Kommission.[529] Für letzteres ist unter anderem vorgesehen, dass die Kommission die eingehenden Beschwerden priorisieren darf[530] und versucht, den Beschwerdeführern grundsätzlich innerhalb von zwei Monaten zu antworten. Schließlich wird angekündigt, dass die Kommission auch ihre internen Entscheidungsfindungsprozesse optimieren wird und dass dieser Kodex gegebenenfalls geändert wird, wenn dies notwendig erscheint.[531]

Zu einer solchen Änderung sah sich die Kommission unter anderem veranlasst durch die Änderung der Beihilfenverfahrens-VO im Jahr 2015.[532] Die Kommission eröffnete hier ähnlich wie im Fall der Umwelt- und Energiebeihilfeleitlinien[533] ein Konsultationsverfahren, in dem sie zur Eingabe von Erfahrungsberichten mit dem bisherigen Verhaltenskodex aufrief.[534]

---

525 Verordnung (EG) Nr. 659/1999 des Rates vom 22.03.1999 über besondere Vorschriften für die Anwendung von Artikel 93 des EG-Vertrags, ABl. 1999, L 83, S. 1.

526 ABl. 2009, C 136, S. 13. Englisch: *Code of Best Practice*; Französisch: *code de bonnes pratiques.*

527 *Ibid.*, Rn. 10.

528 *Ibid.*, Rn. 19 ff.

529 *Ibid.*, Rn. 25 ff. und 29 ff.; 46 ff.

530 Wobei auf die Rechtsprechung des EuGH verwiesen wird, *Ibid.*, Rn. 48.

531 *Ibid.*, Rn. 52 ff.

532 Jetzt: Verordnung (EU) 2015/1589 des Rates vom 13.07.2015 über besondere Vorschriften für die Anwendung von Artikel 108 AEUV (kodifizierter Text).

533 Siehe oben IV. 1. a).

534 http://ec.europa.eu/competition/consultations/2016_cbp/index_en.html. Vgl. dazu das Konsultationspapier „Überprüfung des Verhaltenskodex für die Durchführung

Die Ende 2016 angekündigte Änderung des Verhaltenskodex wurde 2018 vorgenommen.[535] Der neue Verhaltenskodex ersetzt nunmehr ausdrücklich die ursprüngliche Version.[536] Er ist in allen Amtssprachen verfügbar und wesentlich umfangreicher als das ursprüngliche Dokument aus dem Jahr 2009.

Die Veröffentlichung des Verhaltenskodex von 2009 wurde von einer auf der Internetseite der Kommission abrufbaren „Bürgerinfo“[537] begleitet, die in einfacher Sprache die Reglungen des Kodex zusammenfasst.

Zu Beginn des Kodex findet sich unter der Überschrift „Beziehung zum EU-Recht“ der ausdrückliche Hinweis auf seine informelle Natur; es sollen „weder neue Rechte begründet“ noch geltende Rechte geändert werden.[538]

Der Verhaltenskodex richtet sich in erster Linie an die Mitgliedstaaten sowie Beihilfe empfangende Unternehmen und deren Konkurrenten. Er ist in allen Amtssprachen verfügbar und wurde in der ABl.-Reihe C, Abschnitt IV unter „Informationen“ veröffentlicht.[539] Eine Rechtsgrundlage wird nicht angegeben.

Daneben gehört die „Mitteilung der Kommission über die Behandlung wertgeminderter Aktiva im Bankensektor der Gemeinschaft“[540] zu dem Vereinfachungspaket. Anders als der Titel (in der deutschen Fassung[541]) vermuten lässt, behandelt die Mitteilung nicht lediglich spezielle beihilferechtliche Fragen der staatlichen Unterstützung von Banken, sondern das sogenannte vereinfachte Verfahren, das die Kommission in bestimmten Fällen bei der Prüfung von Beihilfen – sektorübergreifend – anwenden wird. Da laut Kommission bei „bestimmten Kategorien angemeldeter Beihilfen

---

von Beihilfeverfahren“ vom 25.11.2016. Im Vergleich mit dem Konsultationsverfahren der Umwelt- und Energiebeihilfeleitlinien fiel die Beteiligung wesentlich weniger aus: Von den insgesamt 21 Eingaben stammten die meisten von Mitgliedstaaten, daneben von Verbänden wie dem Bundesverband der Deutschen Industrie.

535 Hierzu auch *T. Lübbig*, JECLP 2019, S. 3.

536 Verhaltenskodex für die Durchführung von Beihilfeverfahren, ABl. 2018, C 253, S. 14.

537 Englisch: *citizen summary*; Französisch: *résumé à l'intention des citoyens*.

538 Verhaltenskodex für die Durchführung von Beihilfeverfahren, ABl. 2018, C 253, S. 14, Rn. 8.

539 Verhaltenskodex für die Durchführung von Beihilfeverfahren, ABl. 2018, C 253, S. 14. Zuvor erfolgte bereits eine Veröffentlichung auf der Internetseite der Kommission als Dokument C(2018) 4412 final vom 16.07.2018.

540 ABl. 2009, C 136, S. 3.

541 In der englischen und französischen Fassung fehlt der Bezug zum Bankensektor im Titel der Mitteilung.

von vornherein keine Zweifel an der Vereinbarkeit" mit den Binnenmarktregeln bestehe, stelle sie lediglich fest, dass eine Maßnahme einer der Kategorien zugeordnet werden könne, ohne ihr Ermessen auszuüben.[542] Eine dieser Kategorien umfasst Maßnahmen, die in anderen informellen Administrativnormen, wie etwa die Leitlinien für staatliche Umweltbeihilfen, einer Grundprüfung unterliegen. Im Jahr 2014 wurden einige dieser Maßnahmen auch in die rechtsverbindliche Verfahrensverordnung 651/2014 der Kommission übernommen. Die Verfahrensbestimmungen selbst regeln den Ablauf des vereinfachten Verfahrens und sind in einem weiteren Abschnitt enthalten.

Wie der Verhaltenskodex ist die Mitteilung in der ABl.-Reihe C, Abschnitt IV unter „Informationen" veröffentlicht.

Zudem zählt die „Bekanntmachung der Kommission über die Durchsetzung des Beihilfenrechts durch die einzelstaatlichen Gerichte" zum Vereinfachungspaket.[543] Sie soll mitgliedstaatlichen Gerichten die Kooperationsmöglichkeiten mit der Kommission in Beihilfefällen aufzeigen.[544] Sie unterschiedet sich daher von ermessensstrukturierenden und von der Kommission wie verbindliches Recht angewendeten Mitteilungen wie den Umwelt- und Energiebeihilfeleitlinie. Die Bekanntmachung soll „den einzelstaatlichen Gerichten und Dritten die bei Verstößen gegen die Beihilfevorschriften zur Verfügung stehenden Rechtsschutzinstrumente [...] erläutern und ihnen Hinweise zur praktischen Anwendung der Vorschriften" geben.[545] Sie soll also eine Art Hilfestellung für mitgliedstaatliche Gerichte sein und nicht die Ankündigung der künftigen Vorgehensweise der Kommission im Beihilfenrecht, deren Missachtung zu Beihilfeprüf- oder Vertragsverletzungsverfahren führen wird. Dabei wird den Gerichten auch eine kurze allgemeine Einführung in das EU-Beihilfenrecht gegeben und auf relevante Rechtsprechung, die Verfahrensverordnung sowie andere informelle Normen verwiesen. Mit ihren vielen Verweisen auf die Rechtsprechung wirken die Ausführungen teilweise wie eine Kommentierung des Beihilfenrechts.

Wie die Mitteilung und der Verhaltenskodex wurde die Bekanntmachung in der ABl.-Reihe C veröffentlicht, findet sich aber im Gegensatz zu diesen beiden Instrumenten nicht im Abschnitt IV unter „Informationen", sondern in Abschnitt II unter „Mitteilungen".

542 ABl. 2009, C 136, S. 3, Rn. 1.
543 ABl. 2009, C 85, S. 1.
544 http://ec.europa.eu/competition/court/state_aid.html.
545 ABl. 2009, C 85, S. 2, Rn. 6.

d) Aktionsplan staatliche Beihilfen

Im Aktionsplan staatliche Beihilfen[546] werden die nach Ansicht der Kommission reformbedürftigen Aspekte der Beihilfenpolitik beschrieben und auf ein (nur auf Anfrage verfügbares) Dokument verwiesen, das eine Folgenabschätzung (impact assessment) enthält.[547] Der Aktionsplan soll als Konsultationspapier dienen.[548] Im Übrigen werden verschiedene Maßnahmen, wie insbesondere der Erlass oder die Überarbeitung informeller Administrativnormen vorgeschlagen.[549] Die in dem Aktionsplan u.a. vorgesehenen Maßnahmen zur Vereinfachung des Beihilfeverfahrens wurden später im sogenannten Vereinfachungspaket (siehe oben IV. 1. c)) durch einen Verhaltenskodex, eine Mitteilung und eine Bekanntmachung umgesetzt. Der Aktionsplan kann somit als eine Art Vorstufe zur informellen Ausgestaltung gesehen werden; als *lex ferenda* – jedoch nur für unverbindliche Normen.

Adressat ist somit der Gesetzgeber. Ein bestimmtes Erlassverfahren wurde nicht durchgeführt. Der Aktionsplan ist in allen Amtssprachen auf EUR-Lex verfügbar.

e) Bekanntmachung zum Begriff der Beihilfe

Bei der im Juli 2016 veröffentlichten Bekanntmachung zum Begriff der Beihilfe[550] handelt es sich um die erste Mitteilung, die sich mit dem Begriff der Beihilfe beschäftigt.[551] Anders als im Rahmen von Art. 107 Abs. 3 AEUV,

---

546 Aktionsplan staatliche Beihilfen. Weniger und besser ausgerichtete staatliche Beihilfen - Roadmap zur Reform des Beihilferechts 2005-2009 (Konsultationspapier), KOM(2005) 107 endg. vom 07.06.2005. Englisch: *state aid action plan*; Französisch: *Plan d'action Dans le Domaine des Aides d'État.*

547 Siehe SEK(2005) 795 final, Commission Staff Working Paper – Annex to the: State aid action plan – Less and better targeted state aid: a road map for the state aid reform 2005-2009 (Consultation document). Impact Assessment, vom 07.06.2005.

548 KOM(2005) 107 endg., S. 3, Rn. 2.

549 Zum Beispiel der Beihilferahmen für Forschung und Entwicklung und Innovation oder die Mitteilung zum Risikokapital, vgl. KOM(2005) 107 endg., S. 9 f.

550 Bekanntmachung der Kommission zum Begriff der staatlichen Beihilfe im Sinne des Artikels 107 Absatz 1 AEUV (Bekanntmachung zum Begriff der Beihilfe), ABl. 2016, C 262, S. 1.

551 Im Gegensatz zu den Kriterien bei der Anwendung des Art. 107 Abs. 3 AEUV. *P. Stöbener de Mora*, EuZW 2016, S. 685 (686).

hat die Kommission in diesem Bereich kein Ermessen.[552] In der Bekanntmachung gibt die Kommission ihre Ansicht zur Auslegung des Begriffs der staatlichen Beihilfe bekannt, wobei es sich laut Kommission um eine Zusammenfassung der Rechtsprechung handelt.[553] Nur dort, wo eine Frage noch nicht von den Unionsgerichten entschieden wurde, will die Kommission ihre eigene Ansicht zur richtigen Auslegung darlegen.[554] In dem Dokument werden die einzelnen Merkmale des Art. 107 Abs. 1 AEUV nacheinander behandelt: Begriff des Unternehmens und der wirtschaftlichen Tätigkeit; Finanzierung aus staatlichen Mitteln; Bewirkung eines Vorteils, Selektivität der Mittel; Auswirkungen auf den Handel und Wettbewerb; schließlich ein Abschnitt zu Infrastruktur.[555]

Kritik erfuhr die Bekanntmachung zum einen wegen der erst späten Verfügbarkeit des Entwurfs in anderen Sprachfassungen als der englischen, wodurch die Frist zur Stellungnahme aus der Sicht vieler Interessierter verkürzt wurde.[556] Vor allem aber wurde bemängelt, dass die Auslegung der Kommission zu weit gehe und der Beihilfenbegriff über das von den Unionsgerichten vorgegebene Maß hinaus ausgedehnt werde.[557]

Zunächst widmet sich die Kommission dem Begriff des Unternehmens und der wirtschaftlichen Tätigkeit aus Art. 107 Abs. 1 AEUV.[558] Hier wird unter anderem auf die Rechtsprechung zur Frage eingegangen, wann mehrere getrennte rechtliche Einheiten als eine wirtschaftliche Einheit angesehen werden können (Rn. 11). Dafür komme es auf funktionelle, wirtschaftliche oder institutionelle Verbindungen zwischen den einzelnen Einheiten an, etwa einer Kontrollbeteiligung. Zum Teil wurde diese Wiedergabe

---

552 *Ibid.*, S. 3.: „Die Kommission ist an diesen objektiven Begriff gebunden und verfügt bei dessen Anwendung nur insoweit über begrenztes Ermessen, als sie Bewertungen technischer oder komplexer Art vornimmt, was insbesondere in Situationen der Fall ist, die komplexe wirtschaftliche Beurteilungen erfordern." Allgemein *W. Mederer*, in: von der Groeben/Schwarze/Hatje (Hrsg.), Europäisches Unionsrecht, 7. Aufl., Art. 107 AEUV, Rn. 4.

553 Vgl. auch Pressemitteilung der Kommission vom 19.05.2016, IP/16/1782.

554 Bekanntmachung zum Begriff der Beihilfe, ABl. 2016, C 262, S. 3.

555 Zu den Punkten jeweils *P. Stöbener de Mora*, EuZW 2016, S. 685 (687 ff.).

556 Siehe etwa die Stellungnahme der Bundesregierung im Konsultationsverfahren, abrufbar unter http://ec.europa.eu/competition/consultations/2014_state_aid_notion/index_en.html. Dazu auch *P. Stöbener de Mora*, EuZW 2016, S. 685.

557 Zum Entwurf *U. Soltész*, NJW 2014, S. 3128 (3129); Stellungnahme der Bundesregierung im Konsultationsverfahren, abrufbar unter http://ec.europa.eu/competition/consultations/2014_state_aid_notion/index_en.html.

558 Bekanntmachung zum Begriff der Beihilfe, ABl. 2016, C 262, S. 1, Abschnitt 2.

der Rechtsprechung als unzutreffend eingestuft, da nach Darstellung der Kommission stets von einer wirtschaftlichen Einheit ausgegangen werden müsse, wenn ein Unternehmen ein anderes kontrolliere. [559] Diese Kritik übersieht jedoch, dass die Bekanntmachung lediglich davon spricht, dass die Rechtsprechung die Art der Kontrolle über ein anderes Unternehmen als beachtlich ansieht.[560] Dies ist durchaus zutreffend. In den zitierten Urteilen untersucht der EuGH den jeweiligen Sachverhalt unter ebendiesem Gesichtspunkt.[561] Die Bekanntmachung lässt sich auch nicht zwingen so verstehen, dass grundsätzlich bei Vorliegen (irgend-)einer Kontrollbeteiligung eines Unternehmens eine wirtschaftliche Einheit zwischen diesem und dem kontrollierten Unternehmen anzunehmen sei. Es werden lediglich nicht die möglichen Aspekte aufgezählt, die trotz einer Kontrollbeteiligung zu einer anderen Bewertung führen.[562]

Vor dem Erlass wurden Konsultationen durchgeführt auf Grundlage eine Entwurfs.[563] Nach einigen kritischen Eingaben[564] ruhte das Vorhaben der Bekanntmachung vorübergehend und wurde schließlich in der ABl.-Reihe C, Abschnitt IV „Informationen"[565] in allen Amtssprachen veröffentlicht. Sowohl in der Bezeichnung (als Bekanntmachung und nicht als Mitteilung), als auch mit Blick auf den Veröffentlichungsort (Abschnitt IV und

559 *P. Stöbener de Mora*, EuZW 2016, S. 685 (687).

560 Bekanntmachung zum Begriff der Beihilfe, ABl. 2016, C 262, S. 1, Rn. 11: „In dieser Hinsicht sieht der Gerichtshof das Bestehen von Kontrollbeteiligungen und anderer funktioneller, wirtschaftlicher und institutioneller Verbindungen als erheblich an."

561 EuGH, Rs. C-480/09 P, *AceaElectrabel Produzione SpA/Kommission*, Rn. 47-55; EuGH, Rs. C-222/04, *Cassa di Risparmio di Firenze SpA u. a.*, Rn. 112.

562 Eine solche Aufzählung könnte auch nicht vollständig sein. *P. Stöbener de Mora*, EuZW 2016, S. 685 (687) meint zudem, das Urteil *Niederlande/Kommission* (EuGH, Rs. C-382/99, Rn. 37-39) stütze die Ansicht der Kommission nicht, da der Sachverhalt eine Ausnahmekonstellation betraf. Das Urteil wird jedoch in der Bekanntmachung nicht im Zusammenhang mit dem Begriff des Unternehmens zitiert, sondern erst bei der Frage, wann ein „Vorteil" durch eine staatliche Maßnahme bewirkt wird, vgl. Bekanntmachung zum Begriff der Beihilfe, ABl. 2016, C 262, S. 1, Rn. 115, dort Fn. 178.

563 Hierzu *U. Soltész*, NJW 2014, 3128 (3129).

564 Auf Regierungsebene beteiligten sich 17 Mitgliedstaaten an der Konsultation. Unterhalb der Regierungsebene wurden vereinzelt weitere Eingaben getätigt – aus Deutschland etwa vom baden-württembergischen Ministerium für Verkehr und Infrastruktur und von den bayerischen, baden-württembergischen und sächsischen Kommunen. Abrufbar sind die Eingaben unter: http://ec.europa.eu/competition/consultations/2014_state_aid_notion/index_en.html.

565 Englisch: *notices*; Französisch: *informations*.

nicht II „Mitteilungen“) unterscheidet sich die Bekanntmachung somit von ähnlichen Dokumenten im Beihilfenrecht.

Adressaten sind in erster Linie die Beihilfen gewährenden Mitgliedstaaten und darüber hinaus die betroffenen Unternehmen. Eine Rechtsgrundlage für den Erlass wird nicht angegeben. Stattdessen erfolgt der ausdrückliche Hinweis darauf, dass die Kommission hier kein eigenes Ermessen genießt, das sie ausüben könnte.

f) Mitteilung gestrandete Kosten

Im Zusammenhang mit der Öffnung der Märkte für Wettbewerber aus der EU, erließ die Kommission die Mitteilung „über die Methode für die Analyse staatlicher Beihilfen in Verbindung mit verlorenen Kosten“.[566] Inhaltlich widmet sich die Mitteilung dem Problem der verlorenen Kosten. Damit werden Kosten bezeichnet, die ein Unternehmen getragen hat und nun nicht mehr amortisieren kann. Im Energiebereich stellt sich dieses Problem in besonderer Weise, da Investitionen in Energieinfrastruktur erhebliche Beträge erreichen können. Vor der Marktöffnung schrieben viele Mitgliedstaaten Mindestpreise für den Strom vor, um zu gewährleisten, dass die Energieversorgungsunternehmen rentabel bleiben. Durch die mit der Marktöffnung hergestellte Konkurrenz auf den Energiemärkten können gestrandeten Kosten erzeugt werden, indem die ehemals vor Konkurrenz geschützten Unternehmen ihre Preise senken müssen und folglich Umsatzeinbußen erleiden.[567] Um die Unternehmen vor dem Bankrott zu bewahren und z.B. Arbeitsplätze in strukturschwachen Regionen zu erhalten, haben die Mitgliedstaaten hier einen besonderen Anreiz, Beihilfen zu gewähren. Um der speziellen Interessenlage der Mitgliedstaaten bei der Gewährung von Beihilfen einen Leitfaden zu geben, wurde die Mitteilung erlassen.[568] Zunächst wird der Begriff der verlorenen Kosten definiert, sodann erörtert unter welchen Bedingungen diese ausnahmsweise als mit dem Binnenmarkt vereinbar angesehen werden können.[569] Danach kann staatliche Intervention kurzzeitig geboten sein, um langfristig die Vollendung des Elektrizitätsbinnenmarktes zu ermöglichen; die Liberalisie-

566 http://ec.europa.eu/competition/state_aid/legislation/specific_rules.html.

567 Pressemitteilung IP/01/1077.

568 Mitteilung über die Methode für die Analyse staatlicher Beihilfen in Verbindung mit verlorenen Kosten, S. 3.

569 *Ibid.*, S. 6.

rung des Elektrizitätsmarkts als Interesse der Gemeinschaft kann somit die Gefahr der Wettbewerbsverfälschung überwiegen. Beihilfen können daher unter Art. 107 Abs. 3 lit. c AEUV fallen. Sodann wird beschrieben, wie die Beihilfen ausgestaltet sein müssen.[570]

Das Dokument ist in allen Amtssprachen der zum Erlasszeitpunkt 15 Mitgliedstaaten verfügbar und kann über die Internetseite der Generaldirektion Wettbewerb der Kommission abgerufen werden.[571] Auf den ersten Blick erschließt sich nicht, welchen Status dieses Dokument hat, da weder Datum noch Dokumentenbezeichnung (C-, COM- oder SWD-Dokument) zu finden sind und auch der Veröffentlichungsort (nicht im Amtsblatt, wie sonst bei das Beihilfenrecht betreffenden informellen Administrativnormen üblich) keine Anhaltspunkte gibt. Einem kurzen Hinweis auf der Internetseite der Generaldirektion Wettbewerb ist zu entnehmen, dass das Dokument als Schreiben SG(2001) D/290869, also als Schreiben des Generalsekretariats, am 06.08.2001 an die Mitgliedstaaten versendet wurde.

Eine Rechtsgrundlage zum Erlass wird nicht angegeben. Adressaten sind auch hier wieder in erster Linie die Beihilfe gewährenden Mitgliedstaaten und indirekt die betroffenen Unternehmen. Dies kommt auch in der Veröffentlichungspraxis zum Ausdruck: Zum einen erging die Mitteilung als Schreiben an die Mitgliedstaaten, zum anderen ist sie auch allgemein im Internet abrufbar. Darauf weist auch eine Pressemitteilung der Kommission hin.[572]

g) Mitteilung zur Energieeffizienzrichtlinie und Auslegungshinweise (Interpretative Notes)

Ein Beispiel für das Zusammenspiel von formellen mit informellen Instrumenten bietet die Energieeffizienzrichtlinie.[573] Auf die am 25.10.2012 erlassene Richtlinie folgten ein gutes Jahr später zum einen eine Mitteilung der

570 *Ibid.*, S. 7-8.

571 http://ec.europa.eu/competition/state_aid/legislation/specific_rules.html.

572 Pressemitteilung IP/01/1077.

573 Richtlinie 2012/27/EU des Europäischen Parlaments und des Rates vom 25. Oktober 2012 zur Energieeffizienz, zur Änderung der Richtlinien 2009/125/EG und 2010/30/EU und zur Aufhebung der Richtlinien 2004/8/EG und 2006/32/EG, ABl. 2012, L 315, S. 1.

Kommission[574], und zum anderen sieben mit „Commission Staff Working Document" überschriebene „Guidance Notes".[575] Die Regelungstechnik besteht hier darin, dass die Mitteilung und die Guidance Notes Leitlinien der Kommission zu den einzelnen Bestimmungen der Richtlinie enthalten und erläutern, „wie bestimmte Vorschriften der Richtlinie ausgelegt und angewandt werden sollten".[576] Dabei fasst die Mitteilung die in den wesentlich umfangreicheren Guidance Notes enthaltenen Ausführungen zusammen und verweist auf diese.[577] Aufgrund der hohen Komplexität der umzusetzenden Richtlinienbestimmungen, die oft technischer Natur sind, ist die Kommission bestrebt, möglichen Umsetzungsproblemen vorzubeugen, weshalb die Guidance Notes auch recht genaue Ausführungen zu den einzelnen Richtlinienbestimmungen enthalten. So verlangt Art. 5 der Energieeffizienzrichtlinie die Renovierung von jährlich 3% der Gebäude im Eigentum der Zentralregierungen zur Energieeffizienzsteigerung. Die Guidance Note SWD(2013) 445 final gibt für die Berechnung der zu renovierenden Fläche konkrete Rechenbeispiele auf Grundlage der Gesamtfläche eines Gebäudes. Ein weiteres Beispiel ist Art. 8 der Energieeffizienzrichtlinie, welcher vorsieht, dass die Mitgliedstaaten Unternehmen zur regelmäßigen Durchführung von Energieaudits verpflichten. Die Guidance Note SWD(2013) 447 final erörtert hierzu Detailfragen, etwa wie Kleinstunternehmen sowie kleine und mittlere Unternehmen (KMU) zu definieren sind, die nach der Energieeffizienzrichtlinie von der Verpflichtung ausgenommen werden sollen.[578]

---

574 Mitteilung der Kommission an das Europäischen Parlament und den Rat – Durchführung der Energieeffizienzrichtlinie – Leitlinien der Kommission, COM(2013) 762 final vom 06.11.2013.

575 SWD(2013) 445 final vom 06.11.2013, Guidance note on Directive 2012/27/EU on energy efficiency, amending Directives 2009/125/EC and 2010/30/EC, and repealing Directives 2004/8/EC and 2006/32/EC – Article 5: Exemplary role of public bodies' buildings; SWD(2013) 446 final vom 06.11.2013 – Article 6: Purchasing by public bodies; SWD(2013) 447 final vom 06.11.2013 – Article 8: Energy audits and energy management systems; SWD(2013) 448 final vom 06.11.2013 – Articles 9 - 11: Metering; billing information; cost of access to metering and billing information; SWD(2013) 449 final vom 06.11.2013 – Article 14: Promotion of efficiency in heating and cooling; SWD(2013) 450 final vom 06.11.2013 – Article 15: Energy transformation, transmission and distribution; SWD(2013) 450 final vom 06.11.2013 – Article 7: Energy efficiency obligation schemes.

576 COM(2013) 762 final, S. 5.

577 Vgl. COM(2013) 762 final, S. 5.

578 SWD(2013) 447 final, Rn. 19-28.

In der Mitteilung und jeder Guidance Note wird die rechtliche Unverbindlichkeit betont;[579] die Kommission will lediglich erläutern, wie die Richtlinienbestimmungen ihrer Ansicht nach zu verstehen sind und die Mitgliedstaaten bei der Umsetzung unterstützen.

Weder die Mitteilung noch die diese ergänzenden Guidance Notes sind im Amtsblatt veröffentlicht. Die Mitteilung als Hauptdokument wurde als COM-Dokument erlassen. Während sie in allen Amtssprachen verfügbar ist, existiert von den Guidance Notes nur eine Fassung in englischer Sprache.[580]

Die Adressaten sind in beiden Fällen die zur Umsetzung der Richtlinie verpflichteten Mitgliedstaaten; dafür spricht schon die Regelungstechnik, mit ihren Verweisen auf die technisch detaillierten SWD-Dokumente. Unternehmen sind von bestimmten Vorschriften der Mitteilung und der Begleitdokumente indirekt betroffen, wie etwa von den Vorschriften, die eine Definition für KMU vorschlagen und damit erheblichen Einfluss auf den Umfang der Verpflichtungen für Unternehmen haben können. Indirekt ist diese Betroffenheit freilich wegen der Umsetzungsbedürftigkeit der Richtlinie; die Verpflichtung wird erst durch den mitgliedstaatlichen Umsetzungsakt begründet. Jedenfalls scheint die Kommission somit indirekt betroffenen Unternehmen nicht als Adressaten der Mitteilung anzusehen. Zu vermuten ist jedoch, dass die Mitteilung auch die oben angesprochene[581] Funktion der Sensibilisierung privater Interessenträger in der Energiewirtschaft durch die informellen Administrativnormen wahrnimmmt. Eine Rechtsgrundlage wird in keinem der Dokumente angegeben.

h) Auslegungshinweise (Interpretative Notes) zum 3. Binnenmarktpaket

Im Zusammenhang des 3. Binnenmarktpakets ergingen Auslegungshinweise.[582] Die Elektrizitätsbinnenmarkt-RL 2009 und die Gasbinnenmarkt-

579 *Ibid.*: „Die Rechtswirkung der Richtlinie wird durch diese Arbeitsunterlagen nicht verändert, und auch die rechtsverbindliche Auslegung der Richtlinie durch den Gerichtshof bleibt unberührt."

580 In der deutschen Version der Mitteilung werden die Guidance Notes als Arbeitsunterlagen bezeichnet, dazu sogleich.

581 Oben III. 2. a).

582 Ähnlich bereits zuvor zum sogenannten Beschleunigungspaket, zu dem folgende Auslegungshinweise erlassen wurden: Note of the DG Energy & Transport on Directives 2003/54/EC and 2003/55/EC on the internal market in electricity and natural gas - the unbundling regime vom 16.01.2004. Daneben ergingen weitere "Notes"

RL wurden begleitet von als „Commission Staff Working Paper“ betitelten und mit „Interpretative Note“ untertitelten Dokumenten, die Auslegungshinweise zu den Themen Einzelhandel, Regulierungsbehörden, Zugang zu Speichermöglichkeiten für Dritte und Entflechtung enthalten.[583] Sie sollen laut ausdrücklichem Hinweis die Rechtssicherheit erhöhen und dadurch eine – nach Auffassung der Kommission – korrekte Umsetzung der Richtlinien erleichtern, ohne neue Verpflichtungen zu begründen.[584]

Eine Rechtsgrundlage zum Erlass wird in keinem der Dokumente angegeben. Ein Konsultationsverfahren vor dem Erlass wurde nicht durchgeführt. Die Auslegungshinweise sind ausschließlich in englischer Sprache verfügbar und nicht im Amtsblatt veröffentlicht. Sie erschienen auch nicht als COM- oder C-Dokumente. Die Dokumente, die 2010 erlassen wurden, beziehen sich dabei schon im Titel auf die Richtlinien des 3. Binnenmarktpakets, sind aber nicht als SWD-Dokument erschienen.

Anders ist dies bei einem weiteren Commission Staff Working Document vom 08.05.2013, welches sich ausschließlich mit der Entflechtung befasst.[585] Die zentrale Bedeutung dieses Aspekts für die Verwirklichung des Binnenmarkts[586] spiegelt sich somit auch in der Tätigkeit der Kommission wieder, die insgesamt drei Auslegungshinweise hierzu erließ.

---

der GD Energie und Verkehr, die jedoch nicht veröffentlicht sind, vgl. hierzu *C. Koenig/A. Haratsch/W. Rasbach*, ZNER 2004, S. 10 (11 ff.).

583 Vgl. die Dokumente Commission Staff Working Paper Interpretative Note on Directive 2009/72/EC concerning common rules for the internal market in electricity and directive 2009/73/EC concerning common rules for the internal market in natural gas – the unbundling regime; – retail markets; – third party access to storage facilities; – the regulatory authorities.

584 So das Commission Staff Working Paper – Interpretative note on directive 2009/72/EC concerning common rules for the internal market in electricity and directive 2009/73/EC concerning common rules for the internal market in natural gas – The unbundling regime, S. 4.

585 Commission Staff Working Document – Ownership Unbundling – Commission's practice in assessing the presence of a conflict of interest including in case of financial investors, SWD(2013) 177 final vom 08.05.2013.

586 Vgl. dazu *J. Gundel/C.F. Germelmann*, EuZW 2009, S. 763 (765 f.).

i) Klima- und Energiepaket 2020 und Rahmen für die Klima- und Energiepolitik bis 2030

Die Mitteilung „Energie 2020"[587] verfolgt in erster Linie Informationszwecke. Es werden die Probleme der europäischen Energiepolitik aufgezeigt und es wird angeregt, den politischen und rechtlichen Rahmen entsprechend zu ändern. Unter anderem wird Verbesserungsbedarf bei der Sanierung und dem Ausbau von Elektrizitätsnetzen und der Effizienzsteigerung gesehen. Die Mitteilung ist ihrerseits Teil der „Strategie Europa 2020"[588], die neben der Energiepolitik noch weitere Bereiche aufführt, in denen besonderer Reformbedarf gesehen wird.[589]

Inhaltlich werden dabei drei Ziele angestrebt: (1) eine Verringerung der Treibhausgasemissionen in der Union um 20 % gegenüber dem Stand von 1990, (2) eine Erhöhung des Anteils erneuerbarer Energien am Energieverbrauch der Union auf 20 % sowie (3) eine Steigerung der Energieeffizienz der Union um 20 % gegenüber dem Stand von 1990. Die Ziele eins und zwei wurden bereits als Teil des Klima- und Energiepaketes[590] als verbindlich formuliert. Konkrete Verpflichtungen oder Auslegungen des geltenden Rechts sind in den Mitteilungen nicht enthalten. Wie schon der Titel „Strategie" andeutet, haben die Mitteilungen einen wegweisenden Charakter, der sich somit von den ermessensstrukturierenden Instrumenten im Beihilfenrecht unterscheidet.

Die Mitteilung Energie 2020 wurde von umfangreichen und detaillierten technischen „Staff Working Documents" begleitet, die den wissenschaftlichen Hintergrund zu den vorgeschlagenen Maßnahmen bilden und im Gegensatz zu den Mitteilungen nur in englischer Sprache verfügbar sind.[591] Gleiches gilt für die Mitteilung KOM(2010) 265 endg.,[592] die sich mit dem Aspekt der Verringerung der Treibhausgasemissionen befasst und ebenfalls

---

587 Mitteilung der Kommission an das Europäische Parlament, den Rat, den WSA und den AdR, Energie 2020, KOM(2010) 639 endg., vom 10.11.2010. Dazu *O. Beynet*, La stratègie de la Commission dans le domaine de l'énergie, in: Bluman (Hrsg.), Vers une politique européenne de l'énergie, S. 131.

588 Mitteilung der Kommission, Europa 2020 – Eine Strategie für intelligentes, nachhaltiges und integratives Wachstum, KOM(2010) 2020 endg., vom 03.03.2010.

589 Dies betrifft die Bereiche Beschäftigung, Forschung und Innovation, Bildung und Armutsbekämpfung, vgl. KOM(2010) 2020 endg., S. 3.

590 Genauer: in der Entscheidung Nr. 406/2009/EG vom 23.04.2009, ABl. 2009, L 140, S. 136, und Richtlinie 2009/28/EG (Erneuerbare-Energien-RL) vom 23.04.2009, ABl. 2009, L 140, S. 16.

eher informativer Natur ist und Handlungsbedarf der Union aufzeigt, ohne selbst eine direkte Steuerungswirkung erzielen zu wollen.[593]

Die Mitteilungen sind über das Register der Kommissionsdokumente[594] abrufbar und finden sich auch in einer Zusammenstellung von „nützlichen Dokumenten“ auf der Internetseite der Generaldirektion Klima und Energie.[595]

Dieses „Paket“ wurde später durch einen „Rahmen“ – den Rahmen für die Klima- und Energiepolitik bis 2030 – ergänzt, der ausdrücklich auf ersterem aufbaut.[596] Auch hier liegt der Schwerpunkt auf dem Investitionsbedarf im Bereich der Energieinfrastruktur, der Verbesserung der Energieeffizienz und der Reform der Emissionshandels-Regeln. Neben Folgenabschätzungen, Mitteilungen und verschiedenen technisch detaillierten Berichten[597] wurde in diesem Rahmen auch ein Grünbuch erlassen.[598]

---

591 Siehe etwa die Dokumente SEC(2010) 1346, Commission Staff Working Document, State of play in the EU energy policy. Accompanying document to the Communication from the Commission to the Council, the European Parliament, the European Economic and Social Committee and the Committee of the Regions, Energy 2020 – A strategy for competitive, sustainable and secure energy, vom 10.11.2010; SEC(2010) 650.

592 KOM(2010) 265 endg., Mitteilung der Kommission an das EP, den Rat, den WSA und den AdR – Analyse der Optionen zur Verringerung der Treibhausgasemissionen um mehr als 20 % und Bewertung des Risikos der Verlagerung von CO2-Emissionen, vom 26.05.2010.

593 Vgl. die technischen Begleitdokumente hierzu SEC(2010) 650, Commission Staff Working Document accompanying the Communication from the Commission to the Council, the European Parliament, the European Economic and Social Committee and the Committee of the Regions – Analysis of options to move beyond 20% greenhouse gas emission reductions and assessing the risk of carbon leakage. Background information and analysis Part I and II, vom 26.05.2010.

594 http://ec.europa.eu/transparency/regdoc/?fuseaction=search.

595 https://ec.europa.eu/clima/policies/strategies/2020_en#tab-0-1. Hier finden sich auch noch zahlreiche weitere technische Berichte und Studien zu den vorgeschlagenen Maßnahmen.

596 https://ec.europa.eu/clima/policies/strategies/2030_de.

597 Abrufbar unter https://ec.europa.eu/clima/policies/strategies/2030_en#tab-0-1. Vgl. etwa COM(2014) 21 final, Mitteilung der Kommission an das Europäische Parlament, den Rat, den Europäischen Wirtschafts- und Sozialausschuss und den Ausschuss der Regionen, Energiepreise und -kosten in Europa, vom 22.01.2014. Diese Mitteilung enthält wie die oben genannten Mitteilungen, die unter dem Paket und dem Rahmen ergangen sind technisch detaillierte Analysen, verbunden mit allgemeinen Aufforderungen an die anderen Unionsorgane, in Aktion zu treten.

598 Grünbuch – Ein Rahmen für die Klima- und Energiepolitik bis 2030, COM(2013) 169 final vom 27.03.2013.

Es verfolgt unter anderem den Zweck, Stellungnahmen von Interessenträgern zu deren Erfahrungen mit dem bisherigen Vorgehen der Union im Energiebereich einzuholen und auf dieser Grundlage konkrete Gesetzgebungsvorschläge auszuarbeiten.[599] Dafür enthält es einen Fragenkatalog zur künftigen Ausgestaltung des energierechtlichen Rahmens der Union.[600]

Versteht man die Dokumente als *lex ferenda*, stehen sie am Anfang eines Gesetzgebungsvorhabens und reagieren zunächst auf Entschließungen des Europäischen Rates oder gehen diesen voraus.[601] Auf einer Skala von quasirechtlichen bis zu rein politischen Instrumenten ohne konkreten normativen Gehalt, sind sie eher letzterem zuzuordnen. Das Grünbuch rückt dabei am ehesten in die Richtung eines konkreten Gesetzgebungsvorschlages.

j) Paket zur Energieunion

Unter dem Titel „Paket zur Energieunion" wurden 2015 drei Mitteilungen veröffentlicht. Die Mitteilung „Rahmenstrategie für eine krisenfeste Energieunion mit einer zukunftsorientierten Klimaschutzstrategie" behandelt dabei den Bereich Energie am umfassendsten; die anderen beiden Dokumente befassen sich mit Teilaspekten. Nachdem in einer kurzen Einleitung die Defizite der gegenwärtigen Energiepolitik angesprochen werden, werden die „fünf Dimensionen" der Strategie der Energieunion vorgestellt: (1) Sicherheit der Energieversorgung, Solidarität und Vertrauen, (2) ein vollständig integrierter europäischer Energiemarkt, (3) Energieeffizienz als Beitrag zur Senkung der Nachfrage, (4) Verringerung der CO_2-Emissionen der Wirtschaft, (5) Forschung, Innovation und Wettbewerbsfähigkeit.[602] Die Mitteilung behandelt also nicht einzelne Teilaspekte des Bereichs Energie, sondern will einen umfassenden Reformansatz vorstellen.[603] Im Folgenden

599 COM(2013) 169 final, S. 3.

600 COM(2013) 169 final, S. 16 f.

601 Siehe etwa die Entschließungen des Europäischen Rates zum Rahmen für die Klima- und Energiepolitik bis 2030: Conclusions 23/24 October 2014, S. 1-10, indem der Europäische Rat die Kommission auffordert, Gesetzgebungsvorschläge zur Umsetzung des beschlossenen politischen Rahmens vorzulegen; Conclusions 26/27 June 2014, S. 9 f.; Conclusions – 20/21 March 2014, S. 7-11.

602 COM(2015) 80 final, S. 4. Zum fact sheet: https://ec.europa.eu/energy/sites/default/files/documents/necp_factsheet_de_final.pdf.

603 *C.F. Germelmann*, EuR 2016, S. 3 (4). Die Verwendung des Begriffs „Union" lässt zudem den Wunsch nach einer deutlich vertieften Integration erkennen, vgl. *M. Rodi/A. Behm*, ZEuS 2016, S. 177 (193) mit Blick auf die Wirtschaftsunion.

werden sodann die fünf Dimensionen im Einzelnen behandelt, wobei die gegenwärtigen Probleme identifiziert und Handlungsvorschläge sowie das weitere Vorgehen der Kommission genannt werden. Dabei bleiben die Vorschläge für die Mitgliedstaaten, Organe der Union oder Einzelne vage[604], sodass nicht von der Formulierung einer Rechtspflicht von Seiten der Kommission gesprochen werden kann.[605] Insgesamt dient dieser Abschnitt eher dem Aufzeigen von Problemen und Verbesserungsmöglichkeiten, die in der Zukunft durch konkrete Gesetzgebungsvorschläge[606] oder durch ein geändertes Vorgehen der Kommission[607] umgesetzt werden sollen. Insofern unterscheidet sich die Mitteilung deutlich von den Umwelt- und Energiebeihilfeleitlinien, die präzise Vorgaben zur Beihilfengewährung formulieren, bei deren Nichteinhaltung die Mitgliedstaaten mit der Einleitung eines Behilfeprüfverfahrens rechnen müssen.[608] Der letzte Abschnitt der Mitteilung fasst die Befunde zusammen und schlägt 15 Maßnahmen zur Umsetzung der Strategie zur Energieunion vor. Dabei werden ausschließlich weitere Schritte der Kommission benannt, wie die Ausarbeitung konkreter Gesetzgebungsvorschläge, die Verbesserung der Kooperation mit anderen Organen oder die Gründung eines Energieinfrastruktur-Forums.[609] Ziel ist in erster Linie, die anderen Organe über die weiteren Schritte der Kommission zu informieren.

Unter dem Paket zur Energieunion wurde auch die Mitteilung „Das Paris-Protokoll – Ein Blueprint zur Bekämpfung des globalen Klimawandels

604 Die Bereiche Versorgungssicherheit und Fortentwicklung des Binnenmarkts werden von den fünf Dimensionen am weitesten ausgeführt. Im einzelnen *C.F. Germelmann*, EuR 2016, S. 3 (8 ff.).

605 Vgl. etwa zum Punkt Versorgungssicherheit: „Mitgliedstaaten, Übertragungsnetzbetreiber, die Industrie und alle anderen Beteiligten müssen eng zusammenarbeiten, damit ein hohes Maß an Energieversorgungssicherheit für die europäischen Bürger und Unternehmen gewährleistet ist. […] Die Solidarität zwischen den Mitgliedstaaten, insbesondere bei Versorgungskrisen, muss gestärkt werden.", COM(2015) 80 final, S. 6.

606 Siehe etwa den Vorschlag, die Befugnisse der ACER auszuweiten, COM(2015) 80 final, S. 11. Dies kann nur durch einen Gesetzgebungsvorschlag der Kommission erreicht werden, der hier nur angekündigt wird.

607 So bei der Ankündigung, die Entwicklung und Bildung der Energiepreise im Rahmen der Wettbewerbsaufsicht zu bewerten, COM(2015) 80 final, S. 11.

608 Deutlich: „Der Erfolg der Durchführung [der Strategie zur Energieunion] hängt ab vom politischen Engagement aller betroffenen Akteure […]", COM(2015) 80 final, S. 21.

609 COM(2015) 80 final, S. 22.

nach 2020" veröffentlicht.[610] Zu diesem wiederum wurde ein Arbeitsdokument der Generaldirektion Klimapolitik veröffentlicht.[611] Die Mitteilung erging mit Blick auf die UN-Klimakonferenz in Paris, die im Dezember des Jahres 2015 stattfand. Sie soll die EU hierauf vorbereiten und gemeinsame Positionen sowie den im Vorfeld der Konferenz einzureichenden angestrebten nationalen Beitrag (INDC)[612] festlegen, den die EU zur Verringerung der Treibhausgasemissionen leisten will.[613] Im Aufbau ähnelt die Mitteilung der ersten Mitteilung „Rahmenstrategie für eine krisenfeste Energieunion mit einer zukunftsorientierten Klimaschutzstrategie". Auch hier sind keine konkreten Verpflichtungen enthalten; es werden Empfehlungen zum Auftreten bei der Konferenz in Paris gegeben und Erwartungen an deren Ausgang formuliert.[614] Auch diese Mitteilung endet mit einem Ausblick auf die nächsten Schritte, die von der Kommission unternommen werden sollen.[615] Zum Schluss führt ein Anhang in tabellarischer Form die INDC für die EU auf.

Das Arbeitsdokument SWD(2015) 17 liefert statistische Erhebungen und auf wissenschaftlichen Erkenntnissen aufbauende Prognosen zu weltweiten CO_2-Emissionen und deren Kosten, sowie der Kosten der Nichtreduktion. Dabei wird auf verschiedene Daten zurückgegriffen, unter anderem von der Weltbank und vom UNEP und es wird das Emissionseinsparpotential aufgezeigt.[616] Mit Blick auf die Klimakonferenz in Paris in demselben Jahr, werden einige für wichtig erachteten Eckpunkte skizziert.

Die Mitteilung „Erreichung des Stromverbundziels von 10 % – Vorbereitung des europäischen Stromnetzes auf 2020" wurde als dritte Maßnahme unter dem Paket zur Energieunion erlassen.[617] Sie konkretisiert das in der Mitteilung COM(2015) 80 skizzierte Vorhaben der Energieunion für

610 COM(2015) 81 final.
611 SWD(2015) 17 final.
612 Intended Nationally Determined Contribution.
613 COM(2015) 81 final, S. 4.
614 Die Wortwahl lässt zwar zum Teil auf eine echte rechtliche Verpflichtung schließen (vgl. *Ibid.*, S. 14 *„Die EU muss…"*, gefolgt von neun Punkten). Aus dem Kontext und anderen Sprachfassungen wird jedoch klar, dass eher (vermeintliche) Sachzwänge gemeint sind, als durchsetzbare Normen: *The EU needs to* bzw. *L'UE doit* im Englischen bzw. Französischen. Die im Folgenden aufgezählten Punkte sind entsprechend weit formuliert, etwa Drängen auf die Liberalisierung des Handels mit Umweltgütern und Umweltdienstleistungen.
615 COM(2015) 81 final, S. 15.
616 SWD(2015) 17 final, S. 3-10.
617 COM(2015) 82 final.

den Bereich der Stromwirtschaft und erläutert detailliert, wie die vom Europäischen Rat geforderte[618] Erhöhung des Verbundgrades der Stromerzeugungskapazitäten der Mitgliedstaaten erreicht werden kann.[619] Ähnlich wie in der Mitteilung COM(2015) 81 werden zunächst defizitäre Elemente des Status Quo identifiziert und anschließend Maßnahmen zu deren Behebung erläutert (etwa verstärkte Zusammenarbeit auf allen Ebenen, Finanzierungsinstrumente, Umsetzung der bestehenden Regelungen). Zwei Anhänge zu der Mitteilung informieren über im Rahmen des Europäischen Energieprogramms zur Konjunkturbelebung finanzierte Projekte und Vorhaben von gemeinsamem Interesse, die die Zielerreichung ermöglichen sollen.

Veröffentlicht wurden alle drei Mitteilungen nicht im Amtsblatt, sondern sind im Internet verfügbar über die Datenbank EUR-Lex und die Internetauftritte der verschiedenen Generaldirektionen und Agenturen.[620] Während die drei Mitteilung in allen Amtssprachen verfügbar sind, existiert von dem Begleitdokument SWD(2015) 17 zu COM(2015) 81 nur eine englische Version, die im Internet abrufbar ist.

Adressaten der Mitteilung COM(2015) 80 sind ausweislich der Betitelung das Europäische Parlament, der Rat, der Wirtschafts- und Sozialausschuss, der Ausschuss der Regionen und die Europäische Investitionsbank. Die Mitteilungen COM(2015) 81 und COM(2015) 82 sowie das Begleitdokument SWD(2015) 17 hingegen sind nur an das Europäische Parlament und den Rat gerichtet. Eine Rechtsgrundlage zum Erlass wird in keinem der Dokumente angegeben.

618 Schlussfolgerungen des Europäischen Rates vom 24.10.2014, EUCO 169/14, S. 6 f.

619 COM(2015) 82 final, S. 2.

620 Etwa COM(2015) 80 bei der Generaldirektion Energie: https://ec.europa.eu/energy/sites/ener/files/publication/FOR%20WEB%20energyunion_with%20_annex_en.pdf, wobei die Mitteilung hier nur auf Englisch verfügbar ist und nicht sofort als Mitteilung der Kommission an andere Organe erkennbar ist, sondern ein mit einem farbigen Deckblatt den Eindruck erweckt, zur Außendarstellung gegenüber den Bürgern bezweckt zu sein. Auch die Europäische Umweltagentur hat das Dokument in englischer Sprache verlinkt: http://www.eea.europa.eu/policy-documents/com-2015-80-final.

k) Empfehlungen in der Governance-Verordnung

Die Governance-VO[621] sieht den Erlass von Empfehlungen durch die Kommission mit Rechnungstragungspflicht der Mitgliedstaaten vor. Nach Art. 3 Abs. 1 haben die Mitgliedstaaten der Kommission integrierte nationale Energie- und Klimapläne zu übermitteln. Die Pläne, deren Inhalt in Abs. 2 geregelt ist, sollen die Erreichung der Ziele der Energieunion unterstützen, u.a. durch eine verbesserte Koordination der Bemühungen der Mitgliedstaaten. Die Entwürfe der Pläne sind der Kommission nach Art. 9 Abs. 1 der Governance-VO vorzulegen, die sie daraufhin nach Abs. 2 bewertet und Empfehlungen aussprechen kann. Diesen Empfehlungen haben die Mitgliedstaaten nach Abs. 3 bei der Erarbeitung ihrer endgültigen Energie- und Klimapläne „gebührend Rechnung zu tragen“. Schließlich erfolgt eine Bewertung der endgültigen Energie- und Klimapläne durch die Kommission, Art. 13.

Eine Konsultation erfolgte beim Erlass der soeben genannten Dokumente durch die Kommission nicht. Anzumerken ist aber, dass die Mitgliedstaaten nach Art. 10 bei der Erarbeitung der Entwürfe der integrierten nationalen Energie- und Klimapläne zur Konsultation der Öffentlichkeit verpflichtet sind.

Alle Dokumente sind auf einer Internetseite der Kommission verlinkt.[622] Die Bewertung der Entwürfe der Pläne insgesamt erfolgte dabei in allen Amtssprachen in Form einer Mitteilung[623], die von SWD-Dokumenten begleitet wurden.[624] Letztere sind nur auf Englisch verfügbar und erläutern

---

621 Verordnung (EU) 2018/1999 des Europäischen Parlaments und des Rates vom 11. Dezember 2018 über das Governance-System für die Energieunion und für den Klimaschutz, zur Änderung der Verordnungen (EG) Nr. 663/2009 und (EG) Nr. 715/2009 des Europäischen Parlaments und des Rates, der Richtlinien 94/22/EG, 98/70/EG, 2009/31/EG, 2009/73,/EG, 2010/31/EU, 2012/27/EU und 2013/30/EU des Europäischen Parlaments und des Rates, der Richtlinien 2009/119/EG und (EU) 2015/652 des Rates und zur Aufhebung der Verordnung (EU) Nr. 525/2013 des Europäischen Parlaments und des Rates, ABl. 2018, L 328, S. 1.

622 https://ec.europa.eu/energy/topics/energy-strategy/national-energy-climate-plans_en.

623 Mitteilung der Kommission an das Europäische Parlament, den Rat, den Europäischen Wirtschafts- und Sozialausschuss und den Ausschuss der Regionen. Vereint für Energieunion und Klimaschutz – die Grundlage für eine erfolgreiche Energiewende schaffen, COM(2019) 285 final, vom 18.06.2019.

624 Commission Staff Working Document Accompanying the document Communication from the Commission to the European Parliament, the Council, the European

technische Fragen zu Methodik der Bewertung. Die einzelnen Entwürfe wurden durch Empfehlungen in allen Amtssprachen bewertet, die zusätzlich in der ABl.-Reihe C, Abschnitt I („Entschließungen, Empfehlungen und Stellungnahmen") veröffentlicht wurden[625] und ebenfalls von englischsprachigen SWD-Dokumenten und fact sheets begleitet wurden.[626]

Die Bewertung der jeweiligen endgültigen Pläne erfolgte durch SWD-Dokumente auf Englisch sowie in der jeweiligen Landessprache.[627]

l) Hinweis zur Auslegung von Art. 3 und 8 der Richtlinie 2004/8/EG

Aufgrund mehrerer Anfragen von Seiten der Mitgliedstaaten, sah sich die Kommission 2012 veranlasst, eine Klärung bezüglich Begriffsdefinitionen in einigen Richtlinien zu erlassen.[628] Zu Unklarheiten kam es, weil die Richtlinie 2004/8/EG in ihren Art. 3 und 8 Abs. 1 auf Art. 2 und 7 der Richtlinie 2001/77/EG verweist. Ersterer enthält Definitionen, letzterer Bestimmungen zur Übertragung und Verteilung von Strom aus hocheffizienter Kraft-Wärme-Kopplung. Mit dem Erlass der Energieeffizenzrichtlinie 2009 wurde letztere Vorschrift jedoch gelöscht, weshalb die Verweise in der Richtlinie 2004/8/EG keinen Sinn mehr machten. Der Hinweis der Kommission soll nun diese Lücke füllen und stellt die Ansicht der Kommission

Economic and Social Committee and the Committee of the Regions United in delivering the Energy Union and Climate Action - Setting the foundations for a successful clean energy transition, SWD(2019) 212 final vom 18.6.2019; Commission Staff Working Document - Assessment of the National Forestry Accounting Plans, SWD(2019) 213 final vom 18.6.2019.

625 Siehe exemplarisch: Empfehlung der Kommission vom 18. Juni 2019 zum Entwurf des integrierten nationalen Energie- und Klimaplans Deutschlands für den Zeitraum 2021–2030, ABl. 2019, C 297, S. 17.

626 Commission Staff Working Document - Assessment of the draft National Energy and Climate Plan of Germany. Accompanying the document Commission Recommendation on the draft integrated National Energy and Climate Plan of Germany covering the period 2021-2030, SWD(2019) 229 final vom 18.06.2019.

627 Exemplarisch: Commission Staff Working Document – Assessment of the final national energy and climate plan of Germany, SWD(2020) 904 final vom 14.10.2020.

628 Diese trägt den etwas sperrigen Namen "Commission Staff Working Paper – Note on the references to directive 2001/77/EC of the European Parliament and the Council of 27 September 2001 on the promotion of electricity produced from renewable energy sources in the internal electricity market in directive 2004/8/EC of the European Parliament and the Council of 11 February 2004 on the promotion of cogeneration based on a useful heat demand in the internal energy market", SWD(2012) 13 final.

zum richtigen Verständnis der Begriffe in Richtlinie 2004/8/EG vor, wobei auch hier ein ausdrücklicher Hinweis darauf erfolgt, dass keine neuen Verpflichtungen begründet werden sollen und die verbindliche Auslegung dem EuGH vorbehalten ist.[629]

Der Auslegungshinweis wurde als SWD-Dokument veröffentlicht und ist nur über das Register der Kommission im Internet in englischer Sprache verfügbar. Er richtet sich an die Rechtsanwender der betroffenen Richtlinien, d.h. in erster Linie an die zur Umsetzung verpflichteten Mitgliedstaaten. Eine Rechtsgrundlage zum Erlass wird nicht angegeben.

m) Mitteilung Energieverbrauchercharta

Als erster Schritt zu einer unverbindlichen[630] Normierung war die Mitteilung zu einer Charta der Rechte der Energieverbraucher gedacht.[631] Die Mitteilung baut zum Teil auf der Mitteilung „Eine Energiepolitik für Europa"[632] auf und verfolgt das Ziel, alle Verbraucherschutzvorschriften im Energiebereich in einem Dokument zu vereinen. Die Kommission will insbesondere die ökonomisch Schwächsten vor Energiearmut schützen, das Informationsangebot verbessern und Bürokratie abbauen.[633] Die Mitteilung ruft dabei zunächst die Mitgliedstaaten sowie die Energiewirtschaft und Verbrauchervertreter auf, Beiträge zur Erreichung der Verbraucherschutzziele zu machen.[634] Insofern ähnelt die Mitteilung anderen Mitteilungen, die ein Konsultationsverfahren eröffnen. Ein Konsultationspapier sowie die eingereichten Eingaben und die ausgearbeitete Charta sollen dann veröffentlicht werden.

Dass die Kommission nicht plant, die Charta als verbindliches Instrument zu erlassen, erklärt sich daraus, dass als Hauptproblem nicht fehlende

629 SWD(2012) 13 final, S. 2.

630 Die Kommission wollte jedoch nicht ausschließen, dass auch ein verbindlicher Gesetzgebungsakt erlassen wird, sollte dies sinnvoll sein, vgl. COM(2007) 386 final, S. 8.

631 Mitteilung der Kommission – Auf dem Weg zu einer Charta der Rechte der Energieverbraucher, COM(2007) 386 final vom 05.07.2007. Dieses Projekt scheint mittlerweile nicht mehr verfolgt zu werden. Hierzu *J. Gundel/C.F. Germelmann*, EuZW 2009, S. 763 (769); vgl. auch *J. Falke*, ZUR 2007, S. 161 (162).

632 COM(2007) 1 endg. In dieser Mitteilung wird unter anderem die Ausarbeitung einer Energieverbrauchercharta angekündigt, S. 11 f.

633 COM(2007) 386 final, S. 5 f. Diese Ziele wurden bereits in der Mitteilung COM(2007) 1 endg, S. 11 f. identifiziert.

634 COM(2007) 386 final, S. 8.

Rechtsdurchsetzung angesehen wird, sondern unzureichende Informationen der Verbraucher über ihre Rechte, was einem Wechsel des Strom- oder Gasanbieters entgegensteht. Die Charta sollte also in erster Linie über die bereits vorhandenen Verbraucherschutzinstrumente informieren.[635] Zudem sollte sie das bestehende Recht um Leitlinien ergänzen, die eine einheitliche Umsetzung verbessern.[636] Ein Anhang zur Mitteilung enthält schließlich die „Elemente einer künftigen Charta der Rechte der Energieverbraucher".[637]

Veröffentlicht wurde die Mitteilung als COM-Dokument in allen Amtssprachen.

n) Netzkodizes und Leitlinien im 3. Binnenmarktpaket

Nachdem sich die Maßnahmen des Beschleunigungspaketes als nicht ausreichend zur Herstellung des Energiebinnenmarktes erwiesen hatten,[638] wurde 2009 ein weiteres Maßnahmenpaket aus drei Verordnungen und zwei Richtlinien erlassen, das die bestehenden Defizite beheben sollte.[639] Unter den Neuerungen, die das sogenannte 3. Binnenmarktpaket brachte, finden sich auch Vorschriften bezüglich informeller Normen, mit denen die Ziele erreicht werden sollen.

Eine zentrale Rolle kommt dabei sogenannten Netzkodizes zu.[640] Die Gasfernleitungs-VO bestimmt in Art. 8 Abs. 6, auf welche Bereiche sie sich beziehen können. Ihre Erstellung läuft in mehreren Etappen ab und ist im Wesentlichen in Art. 6 Gasfernleitungs-VO geregelt: Zunächst legt die Kommission – nach Anhörung der ACER, des ENTSO-G und der anderen betroffenen Akteure[641] – jeweils für das Folgejahr eine Prioritätenliste

635 Deutlich COM(2007) 386 final, S. 8.

636 *Ibid.*

637 *Ibid.*, S. 9-18.

638 Vgl. Erwägungsgrund 4 der Elektrizitätsbinnenmarkt-VO 2009; Erwägungsgrund 13 der Gasfernleitungs-VO.

639 Zu diesen Rechtsakten *J. Gundel/C.F. Germelmann*, EuZW 2009, S. 763.

640 Englisch: *network codes*; Französisch: *codes de réseau*.

641 Siehe hierzu den Aufruf der Kommission zum Konsultationsprozess für die Prioritätenliste im Gas- und im Elektrizitätsbereich für das Jahr 2017: http://ec.europa.eu/energy/en/consultations/consultation-establishment-annual-priority-lists-development-network-codes-and-0. Dieser Aufruf ist nur im Internet in englischer Sprache verfügbar und richtet sich an mitgliedstaatliche Behörden, private Organisationen, Industrieverbände, KMU, Beratungsfirmen, sonstige betroffene Akteure und Bürger (innerhalb und außerhalb der EU).

fest (Abs. 1), in der sie vorgibt, für welche der in Art. 8 Abs. 6 genannten Bereiche Netzkodizes erstellt werden sollen.[642] Hierfür wurde bisher die Handlungsform des Beschlusses gewählt.[643] Auf Antrag der Kommission hat die ACER dann die Aufgabe, auf Grundlage dieser Prioritätenliste – und nach Anhörung des ENTSO-G und weiterer betroffener Akteure – innerhalb von sechs Monaten eine Rahmenleitlinie[644] mit Grundsätzen zu erstellen, die bei der Erstellung der Netzkodizes zu beachten sind (Abs. 2 und 3). Abs. 2 stellt ausdrücklich klar, dass die Rahmenleitlinie rechtlich nicht bindend ist. Sie ist Grundlage für die Erstellung von Netzkodizes, wozu die Kommission das ENTSO-G auffordert (Abs. 6).[645] Ist dies geschehen, nimmt die ACER zu dem jeweiligen Netzkodex Stellung, wobei die betroffenen Akteure angehört werden können; ENTSO-G kann daraufhin den betreffenden Netzkodex ändern und der ACER erneut vorlegen (Abs. 7 und 8). Kommt die ACER schließlich zu der Überzeugung, dass die ausgearbeiteten Netzkodizes der Rahmenleitlinie entsprechen, kann sie der Kommission deren Annahme empfehlen (Abs. 9).

Dieses Verfahren kann als das grundsätzlich durchzuführende Verfahren bezeichnet werden.[646] Daneben bestehen für die Kommission und die ACER an verschiedenen Stellen Eintritts- oder Selbstvornahmerechte:[647] Legt ACER der Kommission nicht fristgemäß eine Rahmenleitlinie (Abs. 2) bzw. eine überarbeitete Rahmenleitlinie (Abs. 4) vor, kann die Kommission diese selbst ausarbeiten, Abs. 5. Sollte ENTSO-G innerhalb der gesetzten Frist keine Netzkodizes erstellen, kann die Kommission ACER auffordern, diese selbst auszuarbeiten, Abs. 10. Schließlich kann die Kommission auch die Netzkodizes von sich aus erlassen, sollten weder ENTSO-G, noch die

642 Englisch: *annual priority list*; Französisch: *liste annuelle des priorités*. Dazu *S. Fischerauer*, ZNER 2012, S. 453 (456).

643 Vgl. z.B. die Prioritätenliste für das Jahr 2015: Beschluss der Kommission vom 13.10.2014 zur Erstellung jährlicher Prioritätenlisten für die Ausarbeitung von Netzkodizes und Leitlinien für 2015, ABl. 2014, L 296, S. 28.

644 Englisch: *framework guideline*; Französisch: *orientation-cadre*.

645 Da das ENTSO-G sich bei der Erstellung der Netzkodizes im Rahmen der Rahmenleitlinie halten müssen, bezeichnet *M.A. Steger*, Zur Verselbstständigung von Unionsagenturen, S. 528, sie als „eine Art streng überwachter ‚Verwaltungshelfer' im Regulierungsverbund".

646 *C. Thole*, IR 2011, S. 218 (219) spricht von dem Netzkodexverfahren als dem „Standardverfahren".

647 *S. Fischerauer*, ZNER 2012, S. 453 (456) spricht von einer „Auffangkompetenz".

ACER diese ausgearbeitet haben, Abs. 11 UAbs. 1.[648] Zu dem Entwurf so erstellter Netzkodizes sind wieder die Konsultationen durchzuführen, die auch Abs. 1 vorsieht, vgl. Abs. 11 UAbs. 2.

Zudem besteht nach Art. 8 Abs. 2 die Möglichkeit der eigeninitiativen Erstellung von Netzkodizes durch ENTSO-G, sofern diese sich auf einen Bereich beziehen, der von der Kommission noch nicht auf die Prioritätenliste gesetzt wurde; in diesem Fall wird ENTSO-G erst auf Aufforderung der Kommission tätig und muss sich an die Rahmenleitlinie halten.

Für den Elektrizitätsbereich brachte die Neufassung der Elektrizitätsbinnenmarkt-VO keine grundlegende oder für diese Studie relevante Änderungen. Das in den Art. 58 bis 62 der Elektrizitätsbinnenmarkt-VO geregelte Verfahren entspricht im Wesentlichen dem soeben erläuterten. Gegenüber der Gasfernleitungs-VO wird ausdrücklich der Erlass der Netzkodizes und Leitlinien als Durchführungs- oder delegierte Rechtsakte bestimmt.[649] Zudem besteht die Möglichkeit, in der Prioritätenliste die Ausarbeitung der Netzkodizes durch ENTSO-E zusammen mit der EU-VNBO Netzkodizes festzulegen.[650] Die Elektrizitätsbinnenmarkt-VO enthält präzisere Bestimmungen zu Konsultationen und Transparenz.[651]

Nicht eindeutig ist die Frage nach der Rechtsverbindlichkeit der Netzkodizes beantwortet worden, die nach Art. 6 der Gasfernleitungs-VO erstellt wurden.[652] Grund dafür ist insbesondere die systematische Stellung der Verweisungsnorm, die die Anwendung des Komitologieverfahrens bestimmt. Diese findet sich nur in Art. 6 Abs. 11 UAbs. 2 S. 2 der Gasfernleitungs-VO, also nur in dem Absatz, der die eigeninitiative Netzkodexerstellung und deren „Erlass" durch die Kommission regelt und nicht etwa im Zusammenhang mit der „Annahme" von Netzkodizes im Sinne des Abs. 9, also derjenigen, die von ACER und ENTSO-G ausgearbeitet werden. [653]

---

648 Diese Option scheint aber angesichts des fehlenden Wissens innerhalb der Kommission wenig praxisrelevant, vgl. *M. Groenleer*, Redundancy in multilevel energy governance, TARN Working Paper 6/2016, S. 13.

649 Art. 58 Abs. 1 Elektrizitätsbinnenmarkt-VO. Art. 59 Elektrizitätsbinnenmarkt-VO bestimmt die Bereiche, in denen Durchführungsrechtsakte (Abs. 1) bzw. delegierte Rechtsakte (Abs. 2) erlassen werden können.

650 Art. 58 Abs. 1, Art. 59 Abs. 3 UAbs. 2 Elektrizitätsbinnenmarkt-VO.

651 Art. 56, Art. 59 Abs. 5 Elektrizitätsbinnenmarkt-VO.

652 Vor der Neufassung der Elektrizitätsbinnenmarkt-VO galt dies auch für die Elektrizitätsbinnenmarkt-VO 2009.

653 Die französische und die englische Fassung sprechen hier einheitlich von *adoption* und differenzieren nicht zwischen „Annahme" und „Erlass", vgl. dazu auch *M.A. Steger*, Zur Verselbstständigung von Unionsagenturen, S. 516, dort Fn. 1631.

Das könnte darauf schließen lassen, nur die von der Kommission selbst erarbeiteten Netzkodizes erwüchsen durch das Komitologieverfahren in Rechtsverbindlichkeit.[654] Diesen Befund scheinen die Formulierung in den Erwägungsgründen der Gasfernleitungs-VO zu bestätigen,[655] die lediglich davon sprechen, dass die Übertragungs- bzw. Fernleitungsnetzbetreiber ihre Netze nach den Netzkodizes betreiben *sollten*.[656] Diesem Punkt ist richtigerweise aber nicht allzu viel Bedeutung beizumessen, entsprechen doch auch andere Formulierungen der Erwägungsgründe einer rechtlich nicht verbindlichen Ausgestaltung, auch wenn die Verordnungsvorschriften zweifellos eine solche beabsichtigen; diese Formulierungsweise in den Erwägungsgründen entspricht ständiger Praxis. Ein Beispiel ist der 16. Erwägungsgrund der Gasfernleitungs-VO, nach dem das ENTSO-G gegründet werden *sollte*, obwohl unzweifelhaft die Gründung in Art. 4 und 5 der Gasfernleitungs-VO verbindlich vorgeschrieben und nicht nur empfohlen wird.

Gegen ein Komitologieverfahren nur bei von der Kommission selbst ausgearbeiteten Kodizes sprich zudem, dass nicht ersichtlich ist, warum das oben geschilderte und genau geregelte[657] Standardverfahren von Art. 6 Abs. 1 bis 6 Gasfernleitungs-VO zu einem unverbindlichen Rechtsakt führen sollte, hingegen die von der Kommission selbst erstellten Netzkodizes rechtsverbindlich werden. Die Beteiligung der Agentur und des ENTSO-G als wichtige Akteure der Netzregulierung sprechen für ein gegenteiliges Ergebnis. Ist der Erstellungsprozess derart detailliert formalisiert, ist es naheliegend, die Netzkodizes als Ergebnis dieses Prozesses formal rechtsverbindlich auszugestalten. Auch der Entstehungsprozess der Gasfernleitungs-VO und die als unzureichend empfundene Regulierung durch unverbindliche Leitlinien der ERGEG und der Foren[658] sprechen dafür, dass

---

654 *S. Fischerauer*, ZNER 2012, S. 453 (455).

655 *J. Gundel/C.F. Germelmann*, EuZW 2009, S. 763 (767), dort Fn. 50.

656 Erwägungsgrund Nr. 6 der Elektrizitätsbinnenmarkt-VO 2009 bzw. Nr. 15 der Gasfernleitungs-VO. Die englische und die französische Sprachfassung legen mit „*should*" und „*devraient*" ähnliche Deutungen nahe. Vgl. *M. Ludwigs*, in: Baur/Salje/Schimidt-Preuß (Hrsg.), Regulierung in der Energiewirtschaft, 2. Aufl. 2016, Kap. 31, Rn. 41; *J. Gundel/C.F. Germelmann*, EuZW 2009, S. 763 (767), dort Fn. 50.

657 Dieser Detailreichtum war auch eine Reaktion auf das Ausbleiben von Harmonisierung durch die unverbindlichen Good Practice Guidelines, vgl. *S. Fischerauer*, ZNER 2012, S. 453 (453 f.).

658 Vorschlag für eine Verordnung des Europäischen Parlaments und des Rates zur Gründung einer Agentur für die Zusammenarbeit der Energieregulierungsbehörden (Vorschlag ACER-VO), KOM (2007) 530 endg., S. 11: „Die Arbeiten der ERGEG

sich der Verweis auf das Komitologieverfahren auch auf von ACER und ENTSO-G erstellte Kodizes beziehen soll.[659] Dieses Ergebnis wird auch durch die Neufassung der Elektrizitätsbinnenmarkt-VO bestätigt, da hier für die Netzkodizes nur noch einheitlich von Durchführungsrechtsakten und delegierten Rechtsakten gesprochen wird (Art. 58 Abs. 1 Elektrizitätsbinnenmarkt-VO) und nicht ersichtlich ist, dass für Netzkodizes nach der Gasfernleitungs-VO etwas anderes gelten sollte.

Überzeugender ist daher die Möglichkeit der Durchführung des Komitologieverfahrens auch bei der Erstellung der Kodizes durch die ACER und ENTSO-G; folglich werden auch die so erstellten und von der Kommission „angenommenen" Kodizes durch das Komitologieverfahren rechtsverbindlich.[660] Jedenfalls kann über eine analoge Anwendung von Art. 6 Abs. 11 UAbs. 2 S. 2 der Gasfernleitungs-VO auf die durch ACER und ENTSO-G ausgearbeiteten und angenommenen Netzkodizes nachgedacht werden.

Ungeachtet dessen sind Netzkodizes unverbindlich, wenn sie von einem der ENTSO eigeninitiativ erstellt wurden (wofür die Stellungnahme der ACER gebührend zu berücksichtigen ist),[661] oder wenn Netzkodizes nicht im Rahmen des Komitologieverfahrens angenommen werden (zum Beispiel wenn die Kommission ihnen nicht zustimmt) – wenngleich dies, wie gesehen, möglich ist.

---

haben zu einer Reihe nicht verbindlicher Kodizes geführt und zu Bemühungen, eine Einigung über gemeinsame Ansätze im Wege einer „schrittweisen Konvergenz" zu erzielen, doch ist es nicht gelungen, wirkliche Entscheidungen in schwierigen Fragen herbeizuführen, die jetzt aber getroffen werden müssen." Entsprechend soll die ACER nach Ansicht der Kommission „ die Möglichkeit haben, der Kommission zu empfehlen, den Kodizes Rechtsverbindlichkeit zu verleihen, wenn sich eine freiwillige Umsetzung durch die Übertragungs-/Fernleitungsnetzbetreiber als unzureichend oder in bestimmten Fragen als nicht angemessen erweist."; *Ibid.*, S. 13.

659 Ausführlich *H. Weyer*, Europäische Netzkodizes Strom und Gas, in: Bien/Ludwigs (Hrsg.), Das europäische Kartell- und Regulierungsrecht der Netzindustrien, S. 123 (139 f.). Andere Ansicht *S. Fischerauer*, ZNER 2012, S. 453 (455).

660 Vgl. *H. Weyer*, Europäische Netzkodizes Strom und Gas, in: Bien/Ludwigs (Hrsg.), Das europäische Kartell- und Regulierungsrecht der Netzindustrien, S. 123 (140), der von einem Redaktionsversehen bezüglich der Verweisungsnorm ausgeht. Auch die Kommission unterscheidet bei der Rechtsverbindlichkeit nicht zwischen selbst ausgearbeiteten Netzkodizes und solchen, die im Standardverfahren entwickelt wurden, vgl. https://ec.europa.eu/energy/en/topics/wholesale-market/electricity-network-codes.

661 Art. 8 Abs. 2 Gasfernleitungs-VO.

Daneben kann die Kommission Leitlinien erlassen.[662] Sowohl die angenommenen Netzkodizes, als auch die Leitlinien sind rechtsverbindlich. Für den Bereich Gas folgt dies daraus, dass sie im Komitologieverfahren nach Art. 5a des Komitologiebeschlusses[663] (Regelungsverfahren mit Kontrolle) erlassen werden, vgl. Art. 23 Abs. 2 UAbs. 2 S. 2 iVm Art. 28 Abs. 2 Gasfernleitungs-VO iVm Art. 5 lit. a Abs. 1 bis 4 und Art. 7 des Komitologiebeschlusses 1999/468/EG. Für des Bereich Elektrizität folgt die Rechtsverbindlichkeit aus Art. 59 Abs. 1 S. 2, 61 Abs. 5 UAbs. 2, 67 Elektrizitätsbinnenmarkt-VO iVm Art. 5 der Komitologie-VO[664], sofern die Netzkodizes bzw. Leitlinien als Durchführungsrechtsakte erlassen werden. Werden sie als delegierte Rechtsakte erlassen nach Art. 59 Abs. 2 oder Art. 61 Abs. 3 Elektrizitätsbinnenmarkt-VO, sind sie durch die Wahl dieser in Art. 290 AEUV geregelten Rechtsform rechtsverbindlich.

Dass hier eine Bezeichnung gewählt wurde, die im Übrigen für rechtlich nicht verbindliche Instrumente verwendet wird[665], scheint wenig glücklich – zumal die von der Kommission nach Art. 6 Abs. 11 der Gasfernleitungs-VO eigeninitiativ erstellten Netzkodizes an anderer Stelle ebenfalls als Leitlinien bezeichnet werden.[666]

Die verschiedenen Rechtsakte werden an unterschiedlichen Orten veröffentlicht. Die jährlichen Prioritätenlisten der Kommission werden in der ABl.-Reihe L, Abschnitt II unter „Beschlüsse" veröffentlicht. Rahmenleitlinien sind im Internet abrufbar.[667] Gleiches gilt für die Netzkodizes und

---

662 Englisch: *guidelines*; Französisch: *orientations*. Art. 61 der Elektrizitätsbinnenmarkt-VO und Art. 23 Abs. 1 S. 1 Gasfernleitungs-VO.

663 Beschluss des Rates vom 28. Juni 1999 zur Festlegung der Modalitäten für die Ausübung der der Kommission übertragenen Durchführungsbefugnisse (1999/468/EG) ABl. 1999, L 184, S. 23.

664 Verordnung (EU) Nr. 182/2011 des Europäischen Parlaments und des Rates vom 16. Februar 2011 zur Festlegung der allgemeinen Regeln und Grundsätze, nach denen die Mitgliedstaaten die Wahrnehmung der Durchführungsbefugnisse durch die Kommission kontrollieren, ABl. 2011, L 55, S. 13.

665 Etwa die verbindlichen Leitlinien im Bereich der transeuropäischen Netze, Art. 170-172 AEUV.

666 Vgl. Art. 9 Abs. 1 UAbs. 3 Gasfernleitungs-VO. Dies gilt auch für die englische und die französische Sprachfassung, die von *guidelines* bzw. *orientations* sprechen.

667 http://acer.europa.eu/documents/official-documents/framework-guidelines.

Leitlinien der ENTSO[668], die aber, sofern sie im Komitologieverfahren verrechtlicht wurden, auch in der ABl.-Reihe L veröffentlicht sind.[669]

Die auf den verschiedenen Stufen des Erzeugungsprozesses erstellten Normen richten sich an verschiedene Adressaten.

Die Prioritätenlisten der Kommission, die am Anfang des Normerzeugungsprozesses stehen, bestimmen ausdrücklich keine Adressaten.[670] Aus der Elektrizitätsbinnenmarkt-VO bzw. der Gasfernleitungs-VO ergibt sich jedoch, dass Prioritätenlisten hauptsächlich für die ACER, die ENTSO und die EU-VNBO relevant sind. Erstere hat auf Antrag der Kommission Rahmenleitlinien zu den in den Prioritätenlisten enthaltenen Bereichen zu erstellen. Die ENTSO dürfen nur in den Bereichen eigeninitiativ Netzkodizes erstellen, die noch nicht von der Prioritätenliste erfasst sind.

Adressaten der unverbindlichen Rahmenleitlinien sind die im nachfolgenden Schritt am Normerzeugungsprozess beteiligten ENTSO. Für die Erstellung der Netzkodizes bilden die Rahmenleitlinien einzuhaltende Vorgaben – ihnen gegenüber sind sie nicht unverbindlich, wohl aber nach außen.

Die Netzkodizes und Leitlinien wenden sich an alle, die in ihrem Anwendungsbereich tätig sind, also die Übertragungs-, Verteiler- und die Fernleitungsnetzbetreiber.

o) Sonstige informelle Instrumente der ACER, des CEER und der ENTSO

Sowohl die ACER als auch die beiden ENTSO veröffentlichen ihre Standpunkte zu Vorhaben im Energiebereich zudem außerhalb der gesetzlich vorgesehenen Verfahren zur Erstellung von Netzkodizes.[671] Ein Beispiel hierfür ist das Dokument „Energy Regulation: A Bridge to 2025 – Conclu-

---

668 https://www.entsoe.eu/network_codes/; https://entsog.eu/network-codes-and-guidelines.

669 Siehe etwa Verordnung (EU) 2016/631 der Kommission vom 14. April 2016 zur Festlegung eines Netzkodex mit Netzanschlussbestimmungen für Stromerzeuger, ABl. 2016, L 112, S. 1.

670 Ausnahmsweise sprechen manche Bestimmungen des Beschlusses mit der Prioritätenliste die ACER ausdrücklich an, siehe Prioritätenliste 2015, ABl. 2014, L 296, S. 28, Art. 1, 6. Spiegelstr.: Im Bereich der Regeln für harmonisierte Übertragungsentgeltstrukturen soll die ACER den Anwendungsbereich festlegen.

671 Vgl. etwa ein Dokument, das von ACERs Vorgängerorganisation ERGEG erstellt wurde: ERGEG, 3rd Legislative Package Input Paper 1: Unbundling, Ref: C07-SER-13-06-1-PD, vom 5.06.2007.

sions Paper", welche als Anhang zu einer Empfehlung[672] der ACER veröffentlicht wurde. Darin werden, ähnlich den Mitteilungen der Kommission in Rahmen des Pakets zur Energieunion, die bestehenden Probleme auf dem Weg zu einem funktionierenden Energiebinnenmarkt erörtert und anschließend Vorschläge zu deren Lösung unterbreitet. Derartige Dokumente sind oft wenig konkret und erreichen nicht den hohen Grad an Präzision, wie dies etwa bei beihilferechtlichen Leitlinien der Fall ist.[673] Konkrete Verpflichtungen können und sollen dadurch nicht begründet werden. Dafür spricht auch die Breite, in der sich die Empfehlung den Problemen des Energiebereichs widmet: Das Projekt des Energiebinnenmarkts wird insgesamt bewertet anstatt einen Bereich wie etwa Engpassmanagement im Detail zu behandeln. Die Empfehlungen stellen somit einen Schritt dar, der sekundär- und tertiärrechtlicher Regulierung vorgelagert ist. Adressaten sind entsprechend auch der Rat und das Europäische Parlament als Gesetzgeber sowie die Kommission.[674] Neben Einzelaspekten zu den Bereichen Strom und Gas, behandelt die Empfehlung auch horizontale Fragestellungen im Energiebereich wie Konsumenten und Einzelhandel, Verteilernetzbetreiber und Governance. Die Vorschläge sind dabei meist auf das Handeln der ACER selbst und das des CEER gerichtet.[675]

Verfügbar ist das Dokument über die Internetseite der ACER in englischer Sprache. Wie die Leitlinien im Beihilfenrecht, ging der Empfehlung ein Konsultationsprozess voraus, in dem sich Interessenvertreter zu zwei Entwürfen der Empfehlungen[676] äußern konnten. Auch die eingegangenen Eingaben sind online verfügbar, sodass das Erlassverfahren insgesamt

---

672 Recommendation of the Agency for the Cooperation of Energy Regulators No 05/2014 of 19 September 2014 on the regulatory response to the future challenges emerging from developments in the internal energy market.

673 Vgl. etwa zum Ausbau von erneuerbaren Energien ACER, Energy Regulation: A Bridge to 2025 – Conclusions Paper, S. 9, Rn. 22: „CEER will continue to monitor developments in support schemes across the EU, building on the Commission's State Aid Guidelines and its Public Interventions Package, and will help to facilitate renewable trading, including through identifying and exchanging good regulatory practices."

674 Empfehlung der ACER No 05/14, S. 2.

675 Vgl. ACER, Energy Regulation: A Bridge to 2025 – Conclusions Paper, S. 9, Rn. 21-24.

676 Ein erster Entwurf wurde zudem in einer „Vor-Konsultationsphase" (pre-consultation phase) veröffentlicht, um zunächst Kenntnis über alle Interessenvertreter zu bekommen. Vgl. ACER, Energy Regulation: A Bridge to 2025 – The Overarching Paper, vom 06.11.2013; ACER, Energy Regulation: A Bridge to 2025 – Public Consultation Paper, vom 29.04.2014.

transparent erscheint. Als Rechtsgrundlage für die Empfehlung wird Art. 5 der ACER-VO genannt, wonach die ACER von sich aus Empfehlungen an den Rat, das Europäische Parlament und die Kommission richten kann.

Diese allgemeine Empfehlungskompetenz der ACER ist nach der Neufassung der Gründungsverordnung nun in Art. 3 Abs. 1 enthalten und umfasst Empfehlungen „zu allen Fragen im Zusammenhang mit den Aufgaben“ der Agentur, die an die Kommission, den Rat oder das Europäische Parlament gerichtet werden.[677]

Eine solche Empfehlung, die zugleich die Mehraktigkeit des Entstehungsprozesses verdeutlicht, ist die Empfehlung 02/2019 im Bereich des Gasmarktes.[678] Vor dem Hintergrund neuer Herausforderungen für den Gashandel in der EU, wie die Forderung nach der Dekarbonisierung des Gases, Power to Gas-Technologie oder (in bestimmten Märkten) Problemen bei der Kapazitätszuweisung, werden Empfehlungen zur Änderung des Regelungsrahmens gemacht. Diese wurden nicht einseitig von der Agentur erarbeitet, sondern zusammen mit dem CEER. Die Agentur und CEER führten jeweils öffentliche Konsultationen durch[679], woran sich die Veröffentlichung von Schlussfolgerungen (conclusions) anschlossen.[680] Auf Grundlage dieser Schlussfolgerungen wurde schließlich die Empfehlungen erlassen. Inhaltlich sieht sie detaillierte Vorschläge zur Anpassung der Rechtvorschriften in verschiedenen Bereichen vor, etwa Marktzugang und -monitoring, Übertragungstarife und grenzüberschreitende Kapazitätszuweisungen. Da somit neue Gesetzgebung vorgeschlagen wird, richtet sich

677 Verordnung (EU) 2019/942 des Europäischen Parlaments und des Rates vom 5. Juni 2019 zur Gründung einer Agentur der Europäischen Union für die Zusammenarbeit der Energieregulierungsbehörden (Neufassung), ABl. 2019, L 158, S. 22.

678 Recommendation No 02/2019 of the European Union Agency for the Cooperation of Energy Regulators of 19.11.2019 on the regulatory response to the future challenges emerging from developments in the internal gas market, abrufbar unter: http://www.acer.europa.eu/Official_documents/Acts_of_the_Agency/Recommendations/ACER%20Recommendation%2002-2019.pdf.

679 Für Konsultationen der ACER: Public Consultation on “The Bridge beyond 2025”, PC_2019_G_06, abrufbar unter: https://www.acer.europa.eu/Official_documents/Public_consultations/PC_2019_G_06/The%20Bridge%20beyond%202025%20-%20PC_2019_G_06.pdf; das Konsultationspapier der CEER ist abrufbar unter: https://www.ceer.eu/documents/104400/-/-/274b3146-afb5-8c96-436e-4056f3636b31.

680 ACER, The Bridge Beyond 2025. Conclusions Paper, 19.11.2019, abrufbar unter: https://www.acer.europa.eu/Official_documents/Acts_of_the_Agency/SD_The%20Bridge%20beyond%202025/The%20Bridge%20Beyond%202025_Conclusion%20Paper.pdf.

die Empfehlung entsprechend an den Rat, das Europäische Parlament und die Kommission.

Empfehlungen dieser Art werden zum Teil auch auf die Art. 6 Abs. 2 und 7 Abs. 2 der ACER-VO gestützt, wenn die dort genannten Aufgabenbereiche betroffen sind, nämlich die Unterstützung der mitgliedstaatlichen Regulierungsbehörden bzw. die Zusammenarbeit der regionalen Koordinierungszentren. Sie sind in englischer Sprache auf der Internetseite der ACER abrufbar.[681]

Daneben kann die ACER nach Art. 16 der Verordnung über die Integrität und Transparenz des Energiegroßhandelsmarkts (REMIT-VO) an die mitgliedstaatlichen Regulierungsbehörden gerichtete unverbindliche Leitlinien erlassen.[682] Diese betreffen die Anwendung der Definitionen aus der REMIT-VO, was insbesondere dem Ziel der VO – der Verhinderung von Marktmanipulationen – dienen soll.[683] Die Leitlinien enthalten eine Reihe von Hinweisen, die den mitgliedstaatlichen Regulierungsbehörden bei der Feststellung marktmanipulativer Praktiken helfen sollen. Sie sind in englischer Sprache auf einer Internetseite der ACER veröffentlicht.[684]

Auch die ENTSO veröffentlichen außerhalb der oben beschriebenen Vorgänge in regelmäßigen Abständen Positionspapiere und Empfehlungen zu künftigen Gesetzgebungsänderungen in englischer Sprache auf ihren Internetseiten.[685] Sie befassen sich mit verschieden Themen der Energiewirtschaft und geben die Auffassungen der Übertragungsnetz- und Fernleitungsnetzbetreiber zum Stand des Energiebinnemarkts wieder.

p) Leitlinien der Foren

Als weitere unverbindliche Instrumente können die Leitlinien (Guidelines on Good Practice) der Foren in Madrid und Florenz ausgemacht werden. In beiden Bereichen erarbeitet und veröffentlicht zudem seit 2007 das

681 http://www.acer.europa.eu/Official_documents/Acts_of_the_Agency/Pages/Recommendations.aspx.

682 Dazu auch *O. Ştefan/M. Petri*, YEL 2018, S. 525 (547), die die Leitlinien als „particularly weak form of soft law“ bezeichnen.

683 Siehe auch Erwägungsgrund 27 der Verordnungen (EU) Nr. 1227/2011 des Europäischen Parlaments und des Rates vom 25.10.2011 über die Integrität und Transparenz des Energiegroßhandelsmarkts, ABl. 2011, L 326, S. 1.

684 https://documents.acer-remit.eu/category/all-documents/.

685 https://www.entsoe.eu/publications/position-papers/; https://entsog.eu/positions-and-consultation-responses#entsog-positions-and-view-points.

Citizens' Energy Forum Leitlinien, die die Verbraucherinteressen in den Mittelpunkt stellen.

Das Citizens' Energy Forum hat eine Arbeitsgruppe zum Thema gefährdete Energieverbraucher gegründet, welche eine Leitlinie veröffentlichte.[686] In dem Dokument wird das Problem hoher Energiepreise als Armutsrisiko behandelt. Zunächst werden die rechtlichen Grundlagen für den Verbraucherschutz im Energierecht vorgestellt. Hierfür wurden verschiedene Interessensgruppen und mitgliedstaatliche Stellen zu Eingaben zu dem Thema aufgerufen. Die Leitlinien stellen im Wesentlichen die Ergebnisse dieser Konsultationen zusammen. Ziel ist es, eine Definition für den Begriff „gefährdete Verbraucher" zu entwickeln und Empfehlungen für die Lösung der damit verbundenen Probleme zu entwickeln. Der Einfluss auf die Gesetzgebung scheint zum jetzigen Zeitpunkt noch gering. Da auch keine verbindliche Regelung angestrebt wird,[687] kann das Vorhaben des Citizens' Energy Forums als Tätigkeit bezeichnet werden, die informelle Administrativnormen vorbereitet.

Einen größeren und direkteren Einfluss haben die Leitlinien der Foren in Madrid und Florenz, die zum Teil Eingang in die Anhänge zu den Verordnungen des Beschleunigungspakets fanden und somit Teil des verbindlichen Rechts wurden.[688]

Ein Beispiel für Leitlinien, die maßgeblich durch die Foren ausgearbeitet wurden, sind die „Leitlinien für die gute Praxis", die vom Madrid-Forum im Februar 2002 angenommen und im September 2003 in überarbeiteter Form erneut veröffentlicht wurden.[689] Inhaltlich befassen sie sich mit Regeln für den Netzzugang, wobei recht detaillierte Verhaltensanforderungen für Netzbetreiber und Nutzer formuliert werden, um insbesondere diskriminierungsfreien Wettbewerb zu ermöglichen. Die geregelten Bereiche um-

686 Vulnerable Consumer Working Group Guidance Document on Vulnerable Consumers, November 2013. Abrufbar unter: https://ec.europa.eu/energy/content/meetings-and-documents-related-vulnerable-consumer-working-group-2012-%E2%80%93-2016_en?redir=1.

687 Laut dem Vulnerable Consumer Working Group Guidance Document on Vulnerable Consumers, S. 9, hat die Arbeitsgruppe u.a. den Auftrag "highlight good (national) practices and appropriate *non-policy solutions* with long-term potential to better target vulnerability". zu erarbeiten. Zudem sollen zunächst Empfehlungen abgebeben werden.

688 *P. Cameron*, ELRev 2005, S. 632 (641).

689 Eine Überarbeitung der Leitlinien wurde als nötig erachtet, weil ein erster Monitoring Bericht eine ungenügende Einhaltung der feststellte, vgl. Schlusserklärungen des siebenten Treffens des Forums S. 6.

fassen notwendige Drittzugangsdienstleistungen, Kapazitätsmechanismen und Engpassmanagement, Transparenz, Tarifstruktur und -ableitung, Mengenausgleich, Ausgleichsentgelte und Sekundärmärkte für den Handel mit Kapazitätsrechten. Im Anschluss daran enthalten die Leitlinien Definitionen.[690] Später verabschiedete die ERGEG unverbindliche Leitlinien für den Zugang zu Gasspeichern, die im Wesentlichen auf den Leitlinien des Forums basierten.[691] Schließlich dienten die Leitlinien als Grundlage für verbindliche Regelungen der Gasfernleitungs-VO.[692]

Die Leitlinien des Madrid Forums sehen zudem Regelungen in Bereichen vor, die in der Gasfernleitungs-VO des Beschleunigungspakets nicht geregelt wurden wie etwa Berechnungsmethoden für Kapazitäten im Gasnetz und Speicherungsanlagen.[693]

Je nach Datum der Annahme dieser Leitlinien sind die Dokumente nur schwer zugänglich.[694] Sie sind einerseits an die Marktteilnehmer gerichtet, die zu deren Einhaltung angehalten werden, was über Compliance Reports sichtbar wird. Zum anderen sind die Kommission und der Unionsgesetzgeber Adressaten der Guidelines.[695] Dieser bezieht sich in Gesetzgebungsakten mitunter direkt auf die Arbeiten der Foren.[696]

---

690 Die Leitlinien sind als Anhang in den Schlusserklärungen des siebenten Treffens des Forums enthalten (S. 6-19), vgl. Conclusions of the 7th meeting of the European Gas Regulatory Forum Madrid, 24-25 September 2003, abrufbar unter: http://www.eesc.europa.eu/resources/docs/103-private-act.pdf.

691 ERGEG, Guidelines for Good TPA Practice for Storage System Operators (GGPSSO) 23 March 2005.

692 Vgl. Erwägungsgrund 4 der Gasfernleitungs-VO.

693 *L. Hancher/I. del Guayo*, The European Electricity and Gas Regulatory Forums, in: Barton/Barrera-Hernández/Lucas/Rønne (Hrsg.), Regulating Energy and Natural Resources, S. 243 (253).

694 Siehe etwa Recommendations on Guidelines for Good Practice in Relation to TPS Services, Tarification, Balancing, etc. – Annex II to the Conclusions of the 5th meeting of the European Gas Regulatory Forum Madrid, 7-8 February 2002. Dieses Dokument ist nicht über die Internetseite des Forums verfügbar, sondern u.a. über die Internetseite des WSA: http://www.eesc.europa.eu/self-and-coregulation/full.asp?ID=101.

695 Die Gründung erfolgte im Kontext der ersten Gasbinnenmarkt-RL, deren Umsetzung durch die Arbeit des Madrid-Forums erleichtert werden sollte, vgl. *C. Held/J. Prat*, IR 2004, S. 194.

696 Verordnung (EG) Nr. 1775/2005 des Europäischen Parlaments und des Rates vom 28. September 2005 über die Bedingungen für den Zugang zu den Erdgasfernleitungsnetzen, ABl. 2005, L 289, S. 1, Erwägungsgrund 2. Hierzu auch *S. Lavrijssen/L. Hancher*, LIEI 2008, S. 23 (40).

Die in englischer Sprache veröffentlichten Schlussfolgerungen (conclusions) sprechen Empfehlungen aus. Sie fordern etwa die Mitgliedstaaten auf, Richtlinien umzusetzen oder andere Rechtsakte durchzuführen, und fordern die Kommission oder andere Stellen der Union auf, bestimmte Initiativen zu starten.[697] Konkrete inhaltliche Vorgaben zu Detailfragen enthalten sie nicht.

q) Empfehlung und Mitteilung zum Hydrofracking

Neben diesen nicht geregelten Handlungsformen bedient sich die Kommission auch der vertraglich vorgesehenen unverbindlichen Instrumente. Ein Beispiel ist die Empfehlung zum Hydrofracking.[698] In ihr werden den Mitgliedstaaten verschiedene Maßnahmen vorgeschlagen, durch die den Bedenken hinsichtlich Gesundheits- und Umweltrisiken im Zusammenhang mit der noch unzureichend erforschten und sekundärrechtlich noch ungeregelten Materie des Hydrofracking Rechnung getragen werden soll. Die Empfehlung ähnelt im Aufbau einer Richtlinie – einleitenden Erwägungsgründen folgt ein Abschnitt, der den Zweck der Empfehlung erörtert, danach Definitionen und schließlich konkrete Empfehlungen zu den verschiedenen Aspekten des Hydrofracking (Planung und Umweltverträglichkeitsprüfungen, Genehmigungen, Anforderungen an Design und Betrieb von Anlagen, Verwendung von chemischen Stoffen, Überwachung und weitere). Die verwendeten Formulierungen lassen vermuten, dass die Kommission ein verbindliches Regelwerk vorgezogen hätte,[699] dies aber als nicht mehrheitsfähig im Rat angesehen wurde.[700] Der Erlass als informelles

---

697 Siehe etwa die Schlussfolgerungen des Gasforums in Madrid vom April 2015 bezogen auf die Mitteilung der Kommission zur Energieunion: „The Forum calls upon the Commission to swiftly provide policy guidance by operationalizing its strategy based on broad consultations of stakeholders."

698 Empfehlung der Kommission vom 22.01.2014 mit Mindestgrundsätzen für die Exploration und Förderung von Kohlenwasserstoffen (z.B. Schiefergas) durch Hochvolumen-Hydrofracking, ABl. 2014, L 39, S. 72.

699 Siehe etwa Erwägungsgrund 9: „Infolgedessen *müssen Mindestgrundsätze festgelegt werden*, die die Mitgliedstaaten beachten sollten, wenn sie ihre Vorschriften für Tätigkeiten im Zusammenhang mit dem Hochvolumen-Hydrofracking anwenden oder anpassen." (eigene Hervorhebungen). Vgl. auch Erwägungsgrund 11, nach dem die Mitgliedstaaten aufgefordert werden, die Empfehlung innerhalb von sechs Monaten umzusetzen.

700 *F. Aldson*, Environmental Liability 2014, S. 67.

Instrument erscheint daher als Kompromiss zwischen Regelungsbedürfnis und Konsensfähigkeit im Gesetzgebungsverfahren.

Die Empfehlung ist in allen Amtssprachen in der ABl.-Reihe C unter „Empfehlungen" veröffentlicht. Als Rechtsgrundlage wird Art. 292 AEUV angegeben.

Diese Empfehlung wurde von einer Mitteilung zum Hydrofracking begleitet.[701] Die Mitteilung enthält eine Reihe technischer Informationen und fasst dafür Studien zum Potenzial und Risko der Förderung von Schiefergas zusammen. Daneben verweist es auf die anwendbaren Rechtsvorschriften der Union. Es ist insgesamt informatorischer Natur und enthält keine normativen Vorgaben wie die Empfehlung. Die Mitteilung wurde begleitet von einem impact assessment in vier Teilen[702], das in englischer Sprache über EUR-Lex abrufbar ist. Eine wesentlich kürzere Zusammenfassung ist, wie auch die Mitteilung selbst, in allen Amtssprachen über EUR-Lex verfügbar.[703]

r) Mitteilung mitgliedstaatliche ETS-Pläne

Im Emissionsrechtehandel wirkt die Kommission durch Auslegungsmitteilungen auf die Nationalen Allokationspläne (NAP) der Mitgliedstaaten ein – diese müssen den in Anhang III der Emissionshandelsrichtlinie genannten Kriterien entsprechen. In Auslegungsmitteilungen erläutert die Kommission diese Kriterien, um die Mitgliedstaaten bei der Erstellung ihrer NAP zu unterstützen.[704] Hiermit kommt die Kommission ihrer Verpflichtung aus Art. 9 Abs. 1 der Emissionshandelsrichtlinie nach, wonach die

701 Mitteilung der Kommission an das Europäische Parlament, den Rat, den Europäischen Wirtschafts- und Sozialausschuss und den Ausschuss der Regionen über die Exploration und Förderung von Kohlenwasserstoffen (z.B. Schiefergas) durch Hochvolumen-Hydrofracking in der EU, COM(2014) 23 final/2, vom 17.03.2014, S. 4.

702 Commission Staff Working Document – Impact Assessment Accompanying the document 'Communication from the Commission to the European Parliament, the Council, the European Economic and Social Committee and the Committee of the Regions – Exploration and production of hydrocarbons (such as shale gas) using high volume hydraulic fracturing in the EU', SWD(2014) 21 final, vom 22.01.2014.

703 SWD(2014) 21 final, vom 22.01.2014.

704 Mitteilung der Kommission über Hinweise zur Unterstützung der Mitgliedstaaten bei der Anwendung der in Anhang III der Richtlinie 2003/87/EG über ein System für den Handel mit Treibhausgasemissionszertifikaten in der Gemeinschaft und zur Änderung der Richtlinie 96/61/EG des Rates aufgelisteten Kriterien sowie über

Kommission eine „Anleitung" zur Anwendung der Kriterien des Anhangs III erstellen soll.

Zudem hat die Kommission hier ein Kontrollrecht bezüglich der NAP. Sie bewertet nach Art. 9 der Richtlinie die von den mitgliedstaatlichen Behörden mitgeteilten Pläne über die Zuteilung von Emissionszertifikaten auf Vereinbarkeit mit den in Anhang III genannten Kriterien. Ein Beispiel ist die Mitteilung mit dem sperrigen Titel „zu den Entscheidungen der Kommission vom 7. Juli 2004 über die nationalen Pläne für die Zuteilung von Zertifikaten für Treibhausgasemissionen, die von Dänemark, Deutschland, Irland, den Niederlanden, Österreich, Slowenien, Schweden und dem Vereinigten Königreich gemäß der Richtlinie 2003/87/EG mitgeteilt wurden".[705]

Die Bewertung der Kommission ist somit der späteren Entscheidung der mitgliedstaatlichen Behörde vorgelagert.[706] Erst diese Entscheidung der Genehmigung oder Nichtgenehmigung der NAP kann jedoch im Rahmen einer Nichtigkeitsklage angefochten werden.[707] Der Wirkmodus ist insofern ähnlich wie im Beihilfenrecht, als die Kommission hier informelle Administrativnormen erlässt, deren Einhaltung sie aufgrund ihrer Entscheidungsbefugnis im Einzelfall selbst durchsetzen kann. Den Auslegungsmitteilungen kommt daher ein größeres Gewicht zu als in anderen Bereichen.

s) Grün- und Weißbücher

Grün- und Weißbücher bilden teils die Vorstufe zu Gesetzgebungsverfahren. Für Grünbücher sind die bereits im Zusammenhang mit dem Klima- und Energiepaket gemachten Ausführungen zum Grünbuch „Ein Rahmen

---

die Bedingungen für den Nachweis höherer Gewalt, KOM(2003) 830 endg. vom 07.01.2004.

705 KOM(2004) 500 endg., vom 07.07.2004.

706 Siehe Art. 9 der Richtlinie 2003/87/EG des Europäischen Parlaments und des Rates vom 13. Oktober 2003 über ein System für den Handel mit Treibhausgasemissionszertifikaten in der Gemeinschaft und zur Änderung der Richtlinie 96/61/EG des Rates, ABl. 2003, L 275, S. 32. Für den ursprünglich von der Kommission beanstandeten deutschen Zuteilungsplan für die erste Zuteilungsperiode 2005 bis 2007 siehe *D. Weinreich/S. Marr*, NJW 2005, S. 1078 (1080 f.).

707 *J. Gundel*, Europäisches Energieverwaltungsrecht, in: Terhechte (Hrsg.), Verwaltungsrecht der Europäischen Union, Rn. 54, dort Fn. 267.

für die Klima- und Energiepolitik 2030“[708] verallgemeinerungsfähig: Wie klargestellt wird, verfolgt es das Ziel, „die Interessenträger zu konsultieren, um Erkenntnisse zu erhalten und Ansichten einzuholen, die bei der Ausarbeitung“ weiterer, konkreterer Schritte erforderlich sind.[709] Dies soll in diesem Fall in einem neuen „Rahmen für die Klima- und Energiepolitik“ münden, was sowohl verbindliche als auch informelle Instrumente umfassen kann. Dementsprechend gibt das Grünbuch zunächst einen Überblick über den jetzigen Rahmen und das bislang erreichte in den drei Hauptzielen der Energiepolitik (Nachhaltigkeit, Wettbewerbsfähigkeit und Versorgungssicherheit),[710] bevor die aktuellen Herausforderungen für die Zwecke der Konsultation dargestellt werden.[711] Hieran schließt sich ein Katalog an, der die Interessenträger zu verschiedenen Aspekten befragt.

Das Grünbuch ist in allen Amtssprachen auf der Internetseite der Kommission veröffentlicht. Ihrer Zwecksetzung als Konsultationsdokumente entsprechend ist das Grünbuch – und Grünbücher im Allgemeinen – an die anderen Unionsorgane sowie Interessenträger in der breiteren Öffentlichkeit gerichtet. Eine Rechtsgrundlage wird nicht angegeben, jedoch kann die Veröffentlichung von Grünbüchern zu Konsultationszwecken im Lichte von Art. 11 EUV gesehen werden, dessen Auftrag damit nachgekommen wird.[712] Danach ist die Öffentlichkeit „in geeigneter Weise die Möglichkeit, ihre Ansichten in allen Bereichen des Handelns der Union öffentlich bekannt zu geben und auszutauschen“ zu geben (Abs. 1). Abs. 3, der speziell an die Kommission gerichtet ist, sieht schließlich explizit die Durchführung von Anhörungen der von ihrem Handeln Betroffenen vor, um Kohärenz und Transparenz zu gewährleisten.

Grünbücher sind allgemeiner formuliert als Weißbücher und enthalten weniger konkrete Maßnahmen. In ihnen soll zunächst ein Thema vorgestellt und eine Debatte darüber angestoßen werden. Weißbücher bauen häufig auf Grünbücher auf und stellen ein neues Regelwerk mit spezifischen Vorschriften vor.[713] Auch sie werden meist in allen Amtssprachen als COM-Dokumente veröffentlicht.

---

708 Englisch: *green paper*; Französisch: *livre vert*. Siehe oben IV. 1. i).
709 COM(2013) 169 final, Grünbuch – Ein Rahmen für die Klima- und Energiepolitik bis 2030, vom 27.03.2013, S. 3.
710 COM(2013) 169 final, S. 4-8.
711 COM(2013) 169 final, S. 8-15.
712 *P. Nemitz*, in: Schwarze/Becker/Hatje/Schoo (Hrsg.), EU-Kommentar, 4. Aufl., Art. 17 EUV, Rn. 5.
713 *U. Haltern*, Europarecht Bd. I, 3. Aufl., S. 236 f., Rn. 511.

t) Pressemitteilungen

Die Kommission veröffentlicht in regemäßigen Abständen Pressemitteilungen auf ihrer Internetseite. In der Regel existieren diese in deutscher, englischer und französischer Sprache; manchmal auch in weiteren Übersetzungen. Darin wird allgemein über die Tätigkeit der Kommission unterrichtet. Werden etwa besonders große Fälle entschieden[714] oder Leitlinien der Kommission im Amtsblatt veröffentlicht[715], wird häufig eine begleitende Pressemitteilung herausgegeben. Diese Pressemitteilungen sind an die allgemeine Öffentlichkeit adressiert. Ein Regelungsgehalt ist ihnen zumeist nicht zu entnehmen. Vielmehr handelt es sich in der Regel um informatorische Handlungen, die ihrerseits auf Akte mit Steuerungswirkung verweisen können und diese nur kurz zusammenfassen.

Bemerkenswert ist die teilweise zu beobachtende Verschmelzung der Gehalte der Pressemitteilungen. Beschränken sich manche auf die „Verkündung" von Gerichts- oder Kommissionsentscheidungen, drücken andere eine Rechtsauffassung der Kommission aus. Ein Beispiel hierfür ist die Mitteilung IP/16/3141.[716] Die Kommission spricht hier von einer „Bekanntgabe von Orientierungshilfen" zur Zulässigkeit der Gewährung lokaler staatlicher Fördermaßnahmen. Die Orientierungshilfe hat hier aber nicht die Form der im Beihilfenrecht verbreiteten Kommissionsleitlinie. Stattdessen generalisiert die Kommission fünf Einzelfallentscheidungen, die sie im Rahmen der Beihilfenaufsicht erließ.[717] In der Pressemitteilung werden die aus diesen Entscheidungen gezogenen Erkenntnisse in kurzer Form resümiert. Demnach sind gewisse lokale Maßnahmen der Mitgliedstaaten nicht als Beihilfen im Sinne des Art. 107 Abs. 1 AEUV anzusehen, da sie nicht geeignet sind, den Handel im Binnenmarkt zu beeinträchtigen. Nach Angaben der Kommission stellen die Beschlüsse eine Klarstellung darüber dar, welche Fördermaßnahmen zulässig sind, und welche der Kommission

---

714 Etwa der Beschluss über die Rechtswidrigkeit der Steuervergünstigungen für Apple, Pressemitteilung der Kommission vom 30.08.2016 „Staatliche Beihilfen: Irland gewährte Apple unzulässige Steuervergünstigungen von bis zu 13 Mrd. EUR", IP/16/2923.

715 Zu den unter IV. 1. a) genannten Umwelt- und Energiebeihilfeleitlinien: Pressemitteilung der Kommission vom 09.04.2014 „Staatliche Beihilfen: Kommission verabschiedet neue Regeln für staatliche Umweltschutz- und Energiebeihilfen, IP/14/400.

716 Pressemitteilung der Kommission vom 21.09.2016 „Staatliche Beihilfen: Europäische Kommission gibt Orientierungshilfen zu lokalen öffentlichen Fördermaßnahmen, die keine staatlichen Beihilfen darstellen, IP/16/3141.

717 *Ibid.*

zuvor zur Überprüfung mitgeteilt werden müssen.[718] Ziel ist dabei offenkundig auch, die Arbeitsbelastung der Kommission zu mindern; insofern ist eine Ähnlichkeit zur *de minimis*-Mitteilung[719] erkennbar.

Verwiesen wird zudem auf eine Pressemitteilung aus dem Vorjahr, die ebenfalls (in diesem Fall sieben) Kommissionsentscheidungen zusammenfasst und eine Orientierungshilfe zum Begriff der Beihilfe darstellen soll.[720]

Die Pressemitteilung verweist somit auf rechtsverbindliche Einzelakte (der Kommission selbst) und stellt gleichzeitig ihrerseits eine weitere – diesmal unverbindliche – Handlung dar, da die Kommission hier aus den Regelungsgehalten der Einzelakte generelle Grundsätze darlegt, also zu abstrakt-generellen Regeln erhebt.[721]

u) Berichte (Reports)

Die Kommission veröffentlicht regelmäßig Berichte. Diese treten in der Regel nicht mit dem Anspruch auf, eine Auslegungshilfe zu sein, sondern wollen – quasi als vorgelagerter Schritt – zunächst die nötigen Informationen bereitstellen. Ein Beispiel hierfür ist die „Mitteilung" COM(2006) final.[722] Ähnlich wie die Auslegungshinweise (oben, IV. 1. i)), werden sie zusammen mit Begleitdokumenten veröffentlicht: Neben einem COM oder C Dokument („Mitteilung"), das die wichtigsten Ergebnisse zusammenfasst und in allen Amtssprachen verfügbar ist, existiert ein recht umfangreiches und detailliertes SWD-Dokument in englischer Sprache, das Einzelheiten wie etwa statistische Erhebungen und ähnliche Daten enthält.[723] Wie sonstige Mitteilungen, enthalten diese Berichte einen Vorschlag zum weiteren

---

718 IP/16/3141, S. 1: „Mit den fünf heute bekanntgegebenen Beschlüssen wird klargestellt, welche öffentlichen Fördermaßnahmen die Mitgliedstaaten ohne beihilferechtliche Prüfung durch die Kommission durchführen können [...]".

719 Siehe dazu oben III. 1 c).

720 Pressemitteilung der Kommission vom 29.04.2015 „Staatliche Beihilfen: Kommission gibt Orientierungshilfe zur Zulässigkeit der Gewährung lokaler staatlicher Fördermaßnahmen ohne vorherige Genehmigung der Kommission", IP/15/4889.

721 Vgl. auch – primär zum deutschen Recht – *M. Schramm*, Einseitiges informelles Verwaltungshandeln im Regulierungsrecht, S. 83.

722 COM(2006) 851 final – Communication from the Commission. Inquiry pursuant to Article 17 of Regulation (EC) No 1/2003 into the European gas and electricity sectors (Final Report).

723 Commission Staff Working Document Accompanying the Communication from the Commission – Inquiry pursuant to Article 17 of Regulation (EC) No 1/2003 into the European gas and electricity sectors (Final Report), SEC(2006) 1724, vom 10.1.2007.

Vorgehen. Begleitet werden die Berichte zudem von Pressemitteilungen, Fact Sheets und Frage-Antwort-Sitzungen.

Zum Teil geht dem Bericht eine ausdrückliche und offiziell angekündigte Untersuchung voraus, zum Teil wird auf solch einen Bericht aufgebaut und die seitdem gemachte Entwicklung bewertet.[724]

Die Kommission verweist häufig in Gesetzgebungsvorschlägen und Auslegungshinweisen auf solche Berichte, um zusätzlich Legitimität aus objektiven wissenschaftlichen Daten zu schöpfen und die Sinnhaftigkeit des Gesetzgebungsvorschlags zu unterstreichen. Die Berichte richten sich in erster Linie an die Mitgliedstaaten; Factsheets sind hingegen an ein größeres und nicht unbedingt fachkundiges Publikum adressiert.

v) Handbücher

In regelmäßigen Abständen veröffentlichen die einzelnen Generaldirektionen der Kommission sowie die Kommission als Kollegium Handbücher. Ein Beispiel ist hier das Dokument „Overview of the European energy system", das von der Europäischen Umweltagentur (EEA) 2015 veröffentlicht wurde.[725] Im Bereich Emissionshandel wurde etwa das „EU ETS Handbook" veröffentlicht.[726]

Beiden Dokumenten gemein ist, dass sie auch für Laien geschrieben sind und mit dem Anspruch antreten, eine allgemeinverständliche Erläuterung der Rechtslage zu präsentieren. Die Handbücher sind auch ein Teil der Öffentlichkeitsarbeit der Kommission, durch die auch einem Personenkreis außerhalb des Fachpublikums die Grundlagen der Kommissionstätigkeit vermittelt werden soll. Daneben sollen die mitgliedstaatlichen Verwaltungsbehörden informiert werden über die rechtlichen Grundlagen in dem jeweiligen Politikbereich. Letztlich dient dies auch der einheitlichen Anwendung des Unionsrechts durch die Mitgliedstaaten in Bereich des mittelbaren Vollzugs.

---

724 Siehe etwa KOM(2008) 192 endg., Bericht der Kommission an das Europäische Parlament und den Rat – Die Fortschritte bei der Verwirklichung des Erdgas- und Elektrizitätsbinnenmarktes, vom 15.4.2008, der eine Art Folgeuntersuchung darstellt, die den Fortschrittsbericht der Kommission 2006/07 und den Bericht über die sektorspezifische Untersuchung zu den Elektrizitäts- und Erdgasmärkten der EU aufgreift und die seitdem gemachten Fortschritte bewertet.

725 EEA, Overview of the European energy system, 2015.

726 Commission, EU ETS Handbook.

w) Veröffentlichte Reden

Daneben werden auch Reden von Kommissionsmitarbeitern - meist den Generaldirektoren - auf der Internetseite der Kommission bzw. der einzelnen Generaldirektionen veröffentlicht.

Für sie gilt das gleiche wie für die Handbücher. Rechtlich sind sie nicht erheblich, sondern sollen in erster Linie Bürgernähe vermitteln und die Allgemeinheit über die Tätigkeit der Kommission informieren. Adressaten sind entsprechend alle, die Interesse an den aktuellen politischen Vorhaben der Kommission haben.[727] Trotz mangelnder Rechtverbindlichkeit kann durchaus eine Steuerungswirkung beabsichtigt sein. Die Reden sind in erster Linie an das Fachpublikum adressiert, im Energiebereich also etwa an Übertragungs- und Fernleitungsnetzbetreiber sowie an sonstige Energieunternehmen. An sie richtet die Kommission zum Teil Aufforderungen. Diesen kommt schon kraft Amtes der Redner ein gewisses Gewicht zu.

2. Systematisierung

Nach diesem tatsächlichen Befund kann der Versuch einer Systematisierung unternommen werden. Die informellen Administrativnormen werden dafür auf Gemeinsamkeiten und Unterschiede untersucht. Dabei gilt es einerseits, rechtlich erhebliche von rechtlich unerheblichen Instrumenten zu trennen, da im weiteren Verlauf untersucht wird, ob und welche rechtsstaatlichen Anforderungen an informelle Administrativnormen zu stellen sind; Anforderungen werden nur an rechtlich erhebliche Instrumente gestellt. Daneben sollen mit Hilfe der im vorigen Abschnitt beschriebenen Merkmale verschiedene Kategorien informeller Administrativnormen identifiziert werden. Ausgangspunkt ist dafür die aus dem deutschen Verwaltungsrecht bekannte Handlungsformenlehre (a). Für die Kategorisierung kann hinsichtlich der Funktionen informeller Normen unterschieden werden (b). Eine weitere Unterscheidung betrifft den Regelungsinhalt und die Frage, ob verfahrensrechtliche oder materiell-rechtliche Aspekte erfasst sind (c). Zudem spielt der Gesamteindruck informeller Administrativnormen eine Rolle (d), also das Erlassverfahren, die Adressierung, die Betitelung, die Veröffentlichungspraxis die verwendete Sprache, das Zusammenspiel

727 Vgl. auch die Untersuchung von *M. Schramm*, Einseitiges informelles Verwaltungshandeln im Regulierungsrecht, S. 64, zu Aufforderungen der Bundesnetzagentur in Reden.

mit anderen Instrumenten und die zum Ausdruck kommende Selbstwahrnehmung des Erlassorgans.

Dabei ist zu beachten, dass aufgrund der großen Anzahl und Heterogenität der Instrumente, die unter dem Begriff der informellen Administrativnormen zusammengefasst werden, eine umfassende Kategorisierung schwierig ist. Weiter erschwert wird sie durch die Tatsache, dass die Instrumente auf verschiedenste Weisen mit anderen (formellen und informellen) Instrumenten kombiniert werden[728] und verschiedene Akteure beteiligt sind. Eine alle denkbaren Ausprägungen informeller Administrativnormen beinhaltende Kategorisierung wird daher weder angestrebt, noch erscheint sie möglich.[729] Auch wäre dieses Unterfangen wenig gewinnbringend, da es in der Natur informeller Instrumente liegt, dass in Zukunft verschiedene weitere Instrumente erlassen werden können. Für diese würde dann im Einzelfall erneut festgestellt werden können, dass „ihre Einordnung in das System der Handlungsformen nicht so eindeutig" ist, wie für die bislang kategorisierten Instrumente.[730]

Stattdessen stellen die Ordnungskriterien Anhaltspunkte dar, die es ermöglichen sollen, informelle Administrativnormen auf einem Spektrum zu verorten, mithilfe dessen sich adäquate Anforderungen an die Gültigkeits- und Kontrollregime formulieren lassen.[731] Einige der Kriterien sind entsprechend nur für manche Instrumente aussagekräftig und können für andere Instrumente keine Ordnungsleistung erbringen.

a) Handlungsformenlehre

Die Ausgangsuntersuchung hat bislang vor allem eins zu Tage gefördert: Das Feld informeller Instrumente im Energie- und Beihilfenrecht ist durch ein hohes Maß an Diversität und Komplexität gekennzeichnet. Für ihre Systematisierung kann auf die Handlungsformenlehre zurückgegriffen werden. Dieses Konzept entstammt dem kontinentaleuropäischen Rechtsden-

728 *O. Ştefan*, Soft Law in Court, S. 13 f., für das Wettbewerbs- und Behilfenrecht.

729 *I. Schübel-Pfister*, ZLR 2004, S. 403 (405).

730 So *I. Härtel*, Handbuch Europäische Rechtsetzung, § 12, Rn. 4, über die Mitteilungen, Leitlinien und Erklärungen der Kommission.

731 Ähnlich *J.E. Dickschen*, Empfehlungen und Leitlinien der Europäischen Finanzaufsichtsbehörden, S. 77.

ken und gilt als Kernstück der Verwaltungsrechtswissenschaft.[732] Trotz des Ursprungs im nationalstaatlichen Kontext, lassen sich die Erkenntnisse der Handlungsformenlehre auf die Unionsebene übertragen.[733]

Sinn und Zweck der Handlungsformenlehre lässt sich folgendermaßen beschreiben: Alle Handlungen, die rechtlich relevante Auswirkungen zeitigen, müssen einem bestimmten Rechtsregime unterworfen werden. Dies gebietet der Grundsatz der Rechtssicherheit.[734] Aus der verwendeten Handlungsform sollen sich die Rechtsfolgen ergeben, sodass das Verhalten der Verwaltung vorhersehbarer wird. Ebenso soll Gewissheit über die zur Verfügung stehenden Rechtsschutzmöglichkeiten herrschen. Letzterer Punkt ist zwar für Handlungen der Unionsorgane von untergeordneter Bedeutung, da der EuGH früh die Gewährung von Rechtsschutz vom Vorliegen einer bestimmten Rechtsform loslöste;[735] nach der *AETR*-Rechtsprechung kommt es lediglich darauf an, ob die fragliche Handlung dazu bestimmt ist, Rechtswirkungen zu entfalten.[736] Gleichwohl kann eine europäische Handlungsformenlehre einen wichtigen Beitrag zur Systematisierung informeller Handlungsformen leisten, indem diese bestimmten Rechtsfolgen zugeordnet werden, was letztlich den Zielen der Rechtssicherheit und Transparenz förderlich ist.[737] Es werden damit „Zuordnungsmuster" bereitgestellt, „die das Auffinden konkreter Lösungen erleichtern"[738], wobei bestimmte Rechtsfolgen auf bestimmte, typisierte Handlungen konzentriert bleiben und somit gleichsam ein Abstand zwischen verschiedenen Handlungen geschaffen wird.[739] Da, wie im Abschnitt VIII. noch erläutert wird, die Unionsgerichte bezüglich der Anfechtbarkeit informeller Administrativnormen grundsätzlich darauf abstellen, ob diese neue Pflichten begründen sollen, haben

732 *F. Schoch*, Der Verwaltungsakt zwischen Flexibilität und Stabilität, in: Hoffmann-Riem/Schmidt-Aßmann (Hrsg.), Innovation und Flexibilität des Verwaltungshandelns, S. 199 (208); *E. Schmidt-Aßmann*, DVBl 1989, S. 533.

733 *E. Schmidt-Aßmann*, Verwaltungsrechtliche Dogmatik, S. 66; *B. Schöndorf-Haubold*, Die Strukturfonds der Europäischen Gemeinschaft, S. 355, dort Fn. 17.

734 *B. Schöndorf-Haubold*, Die Strukturfonds der Europäischen Gemeinschaft, S. 352.

735 *J. Bast*, Handlungsformen und Rechtsschutz, in: von Bogdandy/Bast (Hrsg.), Europäisches Verfassungsrecht, 2. Aufl., S. 489 (495, 518 ff.).

736 EuGH, Rs. 22/70, *AETR*, Rn. 38/42; dies gilt auch für Handlungen von Agenturen, vgl. EuG, Rs. T-411/06, *Sogelma*, Rn. 37. Näher zum Rechtsschutz unten VIII. 1. a).

737 *B. Schöndorf-Haubold*, Die Strukturfonds der Europäischen Gemeinschaft, S. 355.

738 *E. Schmidt-Aßmann*, Das allgemeine Verwaltungsrecht als Ordnungsidee, 2. Aufl., S. 298, der insofern von einer „Speicherfunktion" spricht.

739 *C. Bumke*, in: Schuppert/Pernice/Haltern (Hrsg.), Europawissenschaft, S. 643 (660); *E. Schmidt-Aßmann*, Das allgemeine Verwaltungsrecht als Ordnungsidee, 2. Aufl., S. 298.

die Erkenntnisse der Handlungsformenlehre unmittelbare Relevanz für die Frage nach dem Rechtsschutz gegen bestimmte Handlungsformen. Sofern diesen die Rechtsfolge „Rechtsverbindlichkeit beabsichtigt" zugeordnet ist, ist Rechtsschutz hiergegen möglich.

Die Verwaltungspraxis wird insgesamt dadurch rationalisiert, dass nicht von Einzelfall zu Einzelfall erneut grundsätzliche Erwägungen aufgeworfen werden müssen.[740] Stattdessen kann auf die den definierten Typen zugeordneten Rechtsfolgen direkt zugegriffen werden, was für die betroffenen Individuen die Rechtssicherheit erhöht[741] und zudem zu einer Arbeitsentlastung für die Verwaltung führt.[742]

Die Handlungsformenlehre verfolgt damit ein genuin rechtsstaatliches Anliegen. Für die EU, die von Beginn an als eine Rechtsgemeinschaft konstruiert war,[743] lassen sich diese Überlegungen auch für formal unverbindliche Handlungsformen nutzbar machen, da es keinen Grund zu der Annahme gibt, dass nicht auch in diesem Bereich rechtliche Vorgaben gelten sollten; dass also das Rechtsprinzip nicht auch hier hoheitliches Handeln strukturieren kann.[744]

Begrifflich wird häufig zwischen *Rechts*formen und *Handlungs*formen differenziert:[745] Während der Begriff Rechtsformen nur rechtlich verbindliche Akte erfasst, soll letzterer weiter gefasst sein und auch informelle Handlungen einschließen.[746] Auf EU-Ebene spricht die ausdrückliche Mit-

740 *F. Ossenbühl*, JuS 1979, S. 681.

741 Bereits *Otto Mayer* bemerkte, dass dem Einzelnen, der sich „einer flutenden Masse" von Verwaltungstätigkeit ausgesetzt sieht, mithilfe der Formenlehre „mitten drin fort und fort feste Punkte auftauchen", die ihm „Halt gewähren und ihn darüber sicherstellen, wohin es geht", *O. Mayer*, Verwaltungsrecht, Bd. 1, 3. Aufl., S. 92 f.

742 *W. Pauly*, Grundlagen einer Handlungsformenlehre, in: Becker-Schwarze/Köck/Kupka/von Schwanenflügel (Hrsg.), Wandel der Handlungsformen des Öffentlichen Rechts, S. 25 (35).

743 *F.C. Mayer*, Europa als Rechtsgemeinschaft, in: Schuppert/Pernice/Haltern (Hrsg.), Europawissenschaft, S. 429.

744 *B. Schöndorf-Haubold*, Die Strukturfonds der Europäischen Gemeinschaft, S. 355, dort. insb. Fn. 17.

745 Teilweise werden die Begriffe aber auch synonym verwendet, vgl. *E. Schmidt-Aßmann*, Verwaltungsrechtliche Dogmatik, S. 67, dort Fn. 212.

746 *W. Pauly*, Grundlagen einer Handlungsformenlehre, in: Becker-Schwarze/Köck/Kupka/von Schwanenflügel (Hrsg.), Wandel der Handlungsformen des Öffentlichen Rechts, S. 25 (34); *E. Schmidt-Aßmann*, Das allgemeine Verwaltungsrecht als Ordnungsidee, 2. Aufl., S. 298; sich dem anschließend *M. Brohm*, Die „Mitteilungen" der Kommission im Europäischen Verwaltungs- und Wirtschaftsraum, S. 53 f.; *B. Schöndorf-Haubold*, Die Strukturfonds der Europäischen Gemeinschaft, S. 353.

einbeziehung der unverbindlichen Stellungnahmen und Empfehlungen in den Katalog der *Rechts*akte (Art. 288 Abs. 5 AEUV) für ein anderes Verständnis.[747] Indem die Verträge hier ausdrücklich auf Akte mit rechtlich unverbindlichem Wirkungsmodus Bezug nehmen und auch im Übrigen die Begriffe der „(Rechts-)Akte" und allgemein der „Handlungen" umfassend verstehen,[748] lässt sich vielmehr von einem weiter gefassten Rechtsbegriff ausgehen.[749] Nachfolgend wird daher ein weites Verständnis des Begriffs *Recht*sakt/-form zugrunde gelegt, das auch unverbindliche Handlungen umfasst.[750] Auch bei einem engeren Begriffsverständnis kann jedoch die Systematisierungs- und Ordnungsleistung der Formenlehre nutzbar gemacht werden, da somit nicht ausgeschlossen ist, dass an rechtlich unverbindliche Handlungen rechtliche Anforderungen als Ausfluss des Rechtsprinzips gestellt werden.[751] Gleichwohl stellen solchermaßen informale und zahlenmäßig expandierende Handlungen die – durch eine gewisse Statik geprägte und primär auf rechtsverbindliche Formen ausgerichtete – Formenlehre eine Herausforderung dar.[752] Dass eine solche Systematisierung bislang nur vereinzelt in Angriff genommen wurde, liegt auch daran, dass die erlassenden Unionsorgane, wie bereits angedeutet, kein Interesse an einer Kategorisierung haben, geht doch die Zuordnung von Rechtsfolgen und Erlassvoraussetzungen mit einem Verlust von Flexibilität einher.[753]

Im Folgenden sollen daher Aspekte untersucht werden, die als Zuordnungsmuster für die Kategorisierung informeller Administrativnormen tauglich sind.

747 *A. von Bogdandy/J. Bast/F. Arndt*, ZaöRV 2002, S. 77 (114 ff.); *J. Bast*, Handlungsformen und Rechtsschutz, in: von Bogdandy/Bast (Hrsg.), Europäisches Verfassungsrecht, 2. Aufl., S. 489 (491).

748 *J. Bast*, Handlungsformen und Rechtsschutz, in: von Bogdandy/Bast (Hrsg.), Europäisches Verfassungsrecht, 2. Aufl., S. 489 (491 f.).

749 Ähnlich *A. von Bogdandy/J. Bast/F. Arndt*, ZaöRV 2002, S. 77 (82 f.); *F. von Alemann*, Der Staat 45 (2006), S. 383 (385 f.); *W. Schroeder*, in: Streinz (Hrsg.), EUV/AEUV, 3. Aufl., Art. 288 AEUV, Rn. 7, 128.

750 Anders *B. Schöndorf-Haubold*, Die Strukturfonds der Europäischen Gemeinschaft, S. 353; *M. Brohm*, Die „Mitteilungen" der Kommission im Europäischen Verwaltungs- und Wirtschaftsraum, S. 53 f.

751 *E. Schmidt-Aßmann*, Das allgemeine Verwaltungsrecht als Ordnungsidee, 2. Aufl., S. 299, 348 ff.; *B. Schöndorf-Haubold*, Die Strukturfonds der Europäischen Gemeinschaft, S. 355.

752 *E. Schmidt-Aßmann*, Das allgemeine Verwaltungsrecht als Ordnungsidee, 2. Aufl., S. 301.

753 Hinzu kommt, dass die Rechtswissenschaft die Aufgabe der Systematisierung vernachlässigt hat, *M. Knauff*, Der Regelungsverbund, S. 341 f.

b) Funktionen

Als ein Ordnungskriterium informeller Administrativnormen sind die von ihnen erfüllten Funktionen in den Blick zu nehmen.[754] Dabei ist vorab zu bemerken, dass eine klare Grenzziehung nicht immer möglich ist. Zum einen, weil ein Instrument mehrere Funktionen erfüllen kann[755]; so kann etwa eine Mitteilung bestehendes Sekundärrecht erläutern und darüber hinaus eigene normative Anforderungen formulieren. Zum anderen kann im Einzelnen unklar sein, ob ein Instrument sich noch auf die Auslegung des bestehenden Rechts beschränkt und dieses nur erläutert, oder ob darüber hinaus eine neue, im verbindlichen Recht noch nicht enthaltene Verpflichtung begründet wird, dieses also ersetzt.[756] Dies ist etwa dann der Fall, wenn das auszulegende Recht sehr weit formuliert ist.[757]

Auch für die in der Literatur bisher vorgeschlagenen Kategorisierungen nach Funktionen, die überwiegend zwei,[758] drei[759] oder vier Gruppen bil-

754 *U. Haltern*, Europarecht Bd. I, 3. Aufl., S. 417, Rn. 905.

755 *L. Senden*, Soft Law in European Community Law, S. 118; *M. Knauff*, Der Regelungsverbund, S. 342; *N. Braun Binder*, Rechtsangleichung in der EU im Bereich der direkten Steuern, S. 117.

756 So für Empfehlungen im Finanzaufsichtsrecht *J.E. Dickschen*, Empfehlungen und Leitlinien der Europäischen Finanzaufsichtsbehörden, S. 64.

757 Dies hat auch Auswirkungen auf die Rechtsschutzmöglichkeiten, vgl. *J. Scott*, CMLRev 2011, S. 329 (346 f.).

758 Eine Zweiteilung nach funktionalen Gesichtspunkten nimmt *Meier* vor, der zwischen „Leitlinien-Mitteilungen" und „Informations-Mitteilungen" unterscheidet, vgl. *G. Meier*, Die „Mitteilungen" der Kommission: Ein Instrument der Normsetzung der Gemeinschaft?, in: FS Steindorff, S. 1303 (1306 f.). Erstere sollen der „Aufstellung allgemeiner Grundsätze" dienen und insbesondere das zukünftige Vorgehen der Kommission bei der Verfolgung von Unionsrechtsverstößen der Mitgliedstaaten behandeln, also die Frage, welches Verhalten im Wege eines Vertragsverletzungsverfahrens verfolgt werden. Letztere hingegen sollen sich primär an Private richten, und die Auswirkungen bestimmter Unionsregelungen erklären.

759 Eine Einteilung in (1) rechtsprechungsbezogene, (2) interpretative (3) und rechtskonkretisierende Mitteilungen nimmt etwa *M. Knauff*, Der Regelungsverbund, S. 325 ff., vor. Sich dem anschließend *A. Glaser*, Die Entwicklung des Europäischen Verwaltungsrechts aus der Perspektive der Handlungsformenlehre, S. 384. Ähnlich *W. Weiß*, JECLP 2011, S. 441 (443 f.). Siehe auch *S. Vaughan*, EU Chemicals Regulation, S. 228, der von ‚amplification' (über den Text der Verordnung hinausgehend, aber nicht im Widerspruch hierzu), ‚standardization' (Unterkategorie der amplification), ‚translation' (trotz Klarheit der zugrundeliegenden VO werden deren Bestimmungen in etwas anderes ‚übersetzt') und ‚extrapolation' (ein Aspekt wurde von der VO nicht geregelt, der aber für deren effektives Funktionieren erforderlich ist) spricht.

den, gelten diese Vorbehalte.[760] Gleichwohl kann eine Aufteilung in verschiedene Funktionen erkenntnisreich sein, da zumeist eindeutige Fälle bestimmten Funktionen zugeordnet werden können.

Weiter ist vorab zu bemerken, dass das im ersten Kapitel festgestellte Problem der terminologischen Unschärfen[761] sich hier fortsetzt: Zum Teil werden verschiedene Begriffe für die inhaltlich gleichen Kategorien von Instrumenten verwendet. Zum Teil werden aber auch – im Gegenteil – dieselben Begriffe benutzt, jedoch unterschiedliche Arten von Instrumenten beschrieben.[762]

Eine einflussreiche Kategorisierung stammt von *Senden*, die das „Soft Law" der EU unterteilt in (1) vorbereitende und informative, (2) auslegende und „decisional", sowie (3) formelle und informelle Steuerungsinstrumente.[763] Die erste Kategorie umfasst solche Instrumente, deren Inhalt keine Verhaltensanforderungen im Sinne von Sollenssätzen aufstellt.[764] Unter die zweite Kategorie fallen Instrumente, die die Auslegung des bestehenden Rechts erläutern (etwa die o.g. *Cassis*-Mitteilung) oder die künftige Praxis der Kommission darlegen, damit sich Betroffene darauf einstellen können (wie z.B. die Kommissionsmitteilungen im Wettbewerbs- und Beihilfenrecht). Die dritte Kategorie umfasst schließlich solche Akte, die darüber hinausgehen und neue Regeln formulieren, die im bestehenden Recht so nicht enthalten sind.[765] Nachfolgend wird an diese Kategorisierung angeknüpft.

---

760 Überblick zu den funktionalen Kategorisierungen in der Literatur bei *O. Ştefan et al.*, EU Soft Law in the EU Legal Order, SoLaR Working Paper 2018, S. 18 ff.

761 Siehe oben insbesondere Abschnitt II. 3. c).

762 So stellt etwa *I. Schübel-Pfister*, ZLR 2004, S. 403 (407), zutreffend fest, dass die Kategorie der „Leitlinien-Mitteilungen" von Meier im Wesentlichen den „erläuternden Mitteilungen" von GA *Tesauro* entspricht, siehe *G. Meier*, Die „Mitteilungen" der Kommission: Ein Instrument der Normsetzung der Gemeinschaft?, in: FS Steindorff, S. 1303 (1306) und EuGH, Rs. C-57/95, *Frankreich/Kommission (Pensionsfonds)*, Rn. 20, dort insb. Fn. 17.

763 Ähnlich zuvor bereits *G. della Cananea*, Administration by Guidelines: The Policy Guidelines of the Commission in the Field of State Aid, in: Harden (Hrsg.), State Aid: Community Law and Policy, S. 61 (62).

764 Ausgenommen sind aber Weißbücher, *L. Senden*, Soft Law in European Community Law, S. 219 f.

765 *L. Senden*, Soft Law in European Community Law, S. 140, 157.

aa) Vorbereitende Instrumente

Einige unverbindliche Instrumente erfüllen die Aufgabe, eine (zumeist[766]) verbindliche Regelung vorzubereiten.[767] Informelle Administrativnormen können zum Beispiel eine Regelung ausdrücklich nur vorschlagen, die dann später die Form eines verbindlichen Instruments annehmen soll. Diese Instrumente sollen als *lex ferenda* zum Erlasszeitpunkt noch keine Regelung (auch nicht unverbindlich) setzen. Typischerweise erfüllen die Grün- und Weißbücher diese Aufgabe,[768] jedoch finden sich auch Instrumente mit den Bezeichnungen Mitteilung[769], Rahmen und Paket[770] unter den vorbereitenden Instrumenten. Für den Prozess der Erarbeitung von Netzkodizes bestimmen die Elektrizitätsbinnenmarkt-VO und die Gasfernleitungs-VO ausdrücklich eine vorbereitende Rolle für die Prioritätenliste der Kommission und die Rahmenleitlinien der ACER.[771] Sie sollen als Grundlagen für die Ausarbeitung der Netzkodizes durch das jeweilige ENTSO dienen.

Die anderen Organe beziehen sich mitunter ausdrücklich auf die vorbereitenden Instrumente der Kommission. So ist den Erwägungsgründen der Gasfernleitungs-VO zu entnehmen, dass ein Grund für den Erlass der Richtlinie die Defizite auf dem Weg zu einem funktionierenden Energiebinnenmarkt waren. Als Beleg für diese Defizite verweisen die Erwägungsgründe auf Kommissionsmitteilungen.[772] Auch im Vorfeld von Legislativ-

766 Siehe aber etwa die Mitteilung COM(2007) 386 final vom 05.07.2007, Mitteilung der Kommission – Auf dem Weg zu einer Charta der Rechte der Energieverbraucher, die zu einer – ebenfalls unverbindlichen – Energieverbrauchercharta führen sollte.

767 *L. Senden*, Soft Law in European Community Law, S. 123; *J.E. Dickschen*, Empfehlungen und Leitlinien der Europäischen Finanzaufsichtsbehörden, S. 62; Schlussanträge GA *Bobek* zu EuGH, C-16/16, *Belgien/Kommission*, Rn. 95.

768 Siehe oben Abschnitt IV. 1. s). *K.-D. Borchardt*, Die rechtlichen Grundlagen der Europäischen Union, 7. Aufl., S. 275 f., Rn. 543 f.

769 Etwa die Mitteilung Vollendung des Elektrizitätsbinnenmarktes und optimale Nutzung staatlicher Interventionen, C(2013) 7243 final, oben IV. 1. b); siehe auch die Mitteilung „Eine Energiepolitik für Europa", vom 10.01.2007, COM(2007) 1 endg.

770 Siehe die Instrumente, die vom Klima- und Energiepaket 2020 und vom Rahmen für die Klima- und Energiepolitik bis 2030 erfasst sind, oben IV. 1. i). Letzteres beinhaltet auch das Grünbuch COM(2013) 169 final, Grünbuch – Ein Rahmen für die Klima- und Energiepolitik bis 2030, vom 27.03.2013. Siehe auch das Paket zur Energieunion COM(2015) 80 final.

771 Näher dazu oben Abschnitt IV. 1. n).

772 Verordnung (EG) Nr. 715/2009, Erwägungsgrund 13. Verwiesen wird hier auf die Mitteilungen „Eine Energiepolitik für Europa", COM(2007) final, sowie „Aussichten für den Erdgas- und den Elektrizitätsbinnenmarkt", COM(2006) 841 final, und

maßnahmen werden sie zum Teil ausdrücklich gebilligt.[773] Insoweit ist hier auf der Ebene des Sekundärrechts zu beobachten, was bereits für die Arbeiten der Foren von Madrid und Florenz beobachtet wurde:[774] Den unverbindlichen Rechtsakten (hier Mitteilungen) kommt eine legitimierende und vorbereitende Funktion für spätere Rechtsetzungsvorhaben zu. Sekundärrecht wird unter anderem auf Erkenntnisse des Forumsprozesses und auf die Mitteilungen der Kommission gestützt.

Weniger positiv bezieht sich das Europäische Parlament auf Grün- und Weißbüchern der Kommission. In einer Resolution zu "Soft Law" ist es bemüht darum, zu betonen, dass Grün- und Weißbücher keine rechtlichen Verpflichtungen begründen.[775] Diese an sich unnötigen Ausführungen erklären sich vor dem Hintergrund, dass das Europäische Parlament den vermehrten Einsatz von „Soft Law" durch die Kommission als Bedrohung für das institutionelle Gleichgewicht wahrnimmt.[776]

Innerhalb der Instrumente mit einer vorbereitenden Funktion kann differenziert werden zwischen konkreten Vorschlägen in einzelnen Bereichen und umfassenderen Reformvorschlägen, die als Impuls der Neuregelung mehrerer Bereiche dienen. Letztere sind entsprechend allgemeiner gehalten als erstere; ihnen können weitere informelle und ebenfalls vorbereitende Instrumente folgen.[777] Aus der im ersten Kapitel vorgestellten Governance-Perspektive[778] stellen sich vorbereitende informelle Normen als Elemente des gegenseitigen Lernens und als „gesetzgeberisches Labor" dar, die das flexible Erproben neuer Regeln erlauben.[779]

„Untersuchung der europäischen Gas- und Elektrizitätssektoren gemäß Artikel 17 der Verordnung (EG) Nr. 1/2003 (Abschlussbericht)", COM(2006) 851 final.

773 Siehe etwa das Vorhaben der Kommission zur Schaffung einer Charta der Rechte von Energieverbrauchern, die vom Rat und vom Europäischen Rat begrüßt wurden. Für den Rat: Schlussfolgerungen des Rates vom 15.02.2007, Ratsdokument 6271/07, S. 10; für den Europäischen Rat: Schlussfolgerungen des Vorsitzes, 08./09. März 2007, Ratsdokument 7224/1/07, S. 17.

774 Oben III. 2. b); IV. 1. p).

775 European Parliament resolution of 4 September 2007 on institutional and legal implications of the use of "soft law" instruments (2007/2028(INI)), Punkt AA, 9. (Hervorhebungen hinzugefügt).

776 Dazu näher unten Abschnitt VI. 2.

777 Hier kann auch von einer *vor*-vorbereitenden Funktion gesprochen werden, vgl. *D. Dero-Bugny*, RTDE 2005, S. 81 bezogen auf Grünbücher.

778 Siehe oben II. 2.

779 Dazu auch Schlussanträge GA *Bobek* zu EuGH, Rs. C-16/16, *Belgien/Kommission*, Rn. 155.

Die vorbereitende Funktion wird auch im Primärrecht angesprochen: Das Protokoll Nr. 1 zum AEUV bezeichnet „Mitteilungen“[780] als rechtsvorbereitende Instrumente. Diese werden als Konsultationsdokumente genannt, die im Zusammenhang mit Gesetzgebungsakten der Union eingesetzt werden.[781] „Mitteilungen“ finden sich hier in einer Aufzählung zusammen mit Grünbüchern und Weißbüchern, was den Eindruck bestätigt, dass die Betitelung eines unverbindlichen Rechtsakts durch die Kommission keinen strikten Regeln folgt. Die Nennung von Mitteilungen im Protokoll Nr. 1 verdeutlicht auch eine weitere Funktion informeller Instrumente, die als Teil des vorbereitenden Charakters angesehen werden kann: die Kommunikations- und Koordinationsfunktion. Das in der Präambel des Protokolls erklärte Ziel der stärkeren Beteiligung der nationalen Parlamente an der Tätigkeit der EU soll insbesondere dadurch erreicht werden, dass diese so früh wie möglich über Gesetzgebungsvorhaben informiert werden. Dass den nationalen Parlamenten auch die rechtsvorbereitenden „Mitteilungen“ weitergeleitet werden – unabhängig von ihrer Bezeichnung – ist daher nur konsequent. Als Mittel zur Kommunikation und Koordination können die informellen Instrumente auch Teil eines Prozesses sein, der in der Übertragung von Kompetenzen auf die Unionsebene endet.

bb) Ersetzungs-/Umgehungsfunktion

Andere informelle Administrativnormen erfüllen die Funktion, anstelle von verbindlichem Recht eine Regelung zu treffen, sollen dieses also ersetzen. Wie gezeigt,[782] kann ein Motiv hierfür die Umgehung des Verfahrens zur Setzung verbindlichen Rechts oder die Kompensation von nicht existierenden (oder als unzureichend empfundenen) Kompetenzen sein.[783]

---

780 Englisch: *communications*; Französisch: *communications.*

781 Vgl. Art. 1 Protokoll Nr. 1 über die Rolle der nationalen Parlamente in der Europäischen Union.

782 Siehe oben zur Entwicklung des Beihilfenrechts III. 1.

783 Von „Kompensationsinstrumenten“ spricht daher *W. Kahl*, Der Staat 2011, S. 353 (372); ähnlich *J.E. Dickschen*, Empfehlungen und Leitlinien der Europäischen Finanzaufsichtsbehörden, S. 61; *C. Bluman*, Rapport introductif général, in: Bluman (Hrsg.), Vers une politique européenne de l'énergie, S. 1 (5); zu der damit verbundenen Umgehungsgefahr Schlussanträge GA *Bobek* zu EuGH, Rs. C-16/16, *Belgien/Kommission*, Rn. 93.

Dies ist etwa mit Blick auf Normen im Beihilfenrecht, zum Beispiel die Umwelt- und Energiebeihilfeleitlinien der Fall.[784] Sie stellen aufgrund der Befugnisse der Kommission als Beihilfenaufsichtsbehörde *de facto* Rechtsnormen dar[785] und ersetzen damit Sekundärrecht, das an dessen Stelle erlassen werden könnte.[786] Die Kommission strukturiert ihr sehr weites Ermessen bei der Anwendung von Art. 107 Abs. 3 AEUV, genauer: bei der Frage, wann eine mitgliedstaatliche Maßnahme mit dem Binnenmarkt vereinbar ist.[787] Die Regelungen zeichnen sich durch einen hohen Grad an Präzision aus, die oft genau benennen, wie mitgliedstaatliche Regelungen ausgestaltet sein müssen, um mit dem Binnenmarkt vereinbar zu sein. Auch die gewählte Terminologie, das Erlassverfahren und die Veröffentlichungspraxis ähneln rechtverbindlichen Verordnungen zum Teil sehr.[788] Eine Steuerungswirkung soll im Beihilfenrecht dadurch erzielt werden, dass die Kommission Beihilfeprüfverfahren und Vertragsverletzungsverfahren gar nicht erst einzuleiten braucht, da die Mitgliedstaaten sich an die Vorgaben der informellen Normen halten.[789] Zu Recht wurden etwa die Umwelt- und Energiebeihilfeleitlinien daher mit einem Gesetzbuch verglichen.[790] Die Kommission hat hier die Absicht, die Beihilfenpolitik aktiv zu gestalten, wie sonst der Gesetzgeber durch verbindliche Normen.[791] Auf einer Skala der rechtlichen Bedeutung unverbindlicher Handlungsformen markieren die beihilferechtlichen ermessensstrukturierenden Instrumente das obere Ende.[792]

Indem die Kommission ihr von den Verträgen eingeräumtes Ermessen strukturiert, ermöglichen diese informellen Administrativnormen eine ef-

784 Oben IV. 1. a).

785 Als „zentrale Handlungsform" des europäischen Verwaltungsverbunds bezeichnet etwa *W. Weiß*, Der Europäische Verwaltungsverbund, S. 77 f., diese informellen Administrativnormen.

786 Etwa als Verordnung nach Art. 109 Abs. 4 AEUV auf Grundlage von Art. 109 AEUV.

787 Dazu auch *I. Schübel-Pfister*, ZLR 2004, S. 403 (407).

788 In diese Richtung *F. Terpan*, ELJ 2015, S. 68 (85), der wegen der Ähnlichkeit von Beihilfeleitlinien zu verbindlichem Recht von „soft law/hard law ambiguity" spricht.

789 Hierzu *F. Snyder*, Soft Law and Institutional Practice in the EC, EUI WP Law Nr. 93/5, S. 2. Siehe auch *H.C.H.. Hofmann*, Normenhierarchien im Europäischen Gemeinschaftsrecht, S. 217.

790 *J. Gundel*, RdE 2016, S. 234; ähnlich *M. Ludwigs*, EuZW 2017, S. 41 (42): „quasi-gesetzliche" Wirkung.

791 *J. Gundel*, EuZW 2016, S. 606.

792 *P. Stöbener de Mora*, EuZW 2016, S. 685 (686); vgl. auch *J. Gundel*, EuZW 2016, S. 606 (607).

fizientere Bearbeitung, weshalb auch von einer „arbeitsökonomische[n] Funktion" gesprochen wird.[793] Somit tragen die informellen Administrativnormen zur Rechtssicherheit bei.[794]

Dies gilt im Ergebnis auch für die Bekanntmachung zum Begriff der Beihilfe.[795] Hier wird zwar nicht das Ermessen der Kommission strukturiert, das die Verträge dieser gewähren; es handelt sich um die Auslegung eines Begriffs in Art. 107 Abs. 1 AEUV, nicht um die Ausgestaltung eines Beurteilungsspielraums. Gleichwohl ist der Begriff „Beihilfe" der Auslegung bedürftig und im Unionsrecht nicht definiert, weshalb die einseitige Definition durch die Kommission einer Ersatzgesetzgebung ebenso gleichkommt, wie die Leitlinien im Rahmen von Art. 107 Abs. 3 AEUV.[796]

Auch die Mitteilung „Vollendung des Elektrizitätsbinnenmarktes und optimale Nutzung staatlicher Interventionen"[797] und die Mitteilung „über die Methode für die Analyse staatlicher Beihilfen in Verbindung mit verlorenen Kosten"[798] fallen in die Kategorie der Rechtsersetzung, wobei bei ersterer die Besonderheit besteht, dass sie nur als Übergangslösung gedacht ist.

Neben Regelungen, die sich auf die zukünftige Beihilfengewährung auswirken, sehen informelle Administrativnormen auch Bestimmungen für bestehende Beihilfen vor (die „zweckdienlichen Maßnahmen" i.S.v. Art. 108 Abs. 1 S. 2 AEUV), weshalb *Gundel* von einer „Doppelfunktion" der Beihilfeleitlinien spricht.[799] Anders als die Bestimmungen in den früher verwendeten Gemeinschafts- und Unionsrahmen, stimmen die Mitgliedstaaten den in den Leitlinien enthaltenen Regelungen nicht zu. Ihnen kann daher auch nicht dieselbe rechtliche Verbindlichkeit zukommen.[800]

Eine spezielle Ausprägung der Rechtsersetzungsfunktion kann in der Ersetzung von Richtlinien durch unverbindliche Instrumente gesehen werden. So werden Empfehlungen zum Teil als weiche Harmonisierungsinstrumente eingeordnet und entsprechend als „unverbindliche Richtlinien" bezeichnet, wenn sie als eine Art freiwillige Rechtsangleichung ausgestaltet

---

793 *V. Götz*, H. III. Staatliche Beihilfen, in: Dauses/Ludwigs (Hrsg.), Handbuch des EU-Wirtschaftsrechts, 43. EL, Rn. 27.
794 *W. Frenz*, WRP 2010, S. 224 (225).
795 ABl. 2016, C 262, S. 1, oben IV. 1. e).
796 *P. Stöbener de Mora*, EuZW 2016, S. 685 (686), hält ermessensstrukturierende Leitlinien jedoch für praktisch bedeutsamer.
797 C(2013) 7243 final; oben IV. 1. b).
798 Oben IV. 1. f).
799 *J. Gundel*, EuZW 2016, S. 606 (607 f.).
800 Siehe unten Abschnitt V. 2. a) aa) (4).

sind.[801] Diese Instrumente ähneln insofern den Mustergesetzen (z.B. Musterpolizeigesetz, Musterentwürfe der Umweltministerkonferenz) im deutschen Recht.[802] Sie können als Angebote an die Mitgliedstaaten verstanden werden, bestimmte Gesetze zu erlassen, oder ihre Verwaltungspraxis zu ändern.

Zugleich zeigt sich an diesen Beispielen das Problem der Grenzziehung zu den vorbereitenden Instrumenten der ersten Kategorie: Einerseits sind diese „unverbindlichen Richtlinien" Vorstufen für eine mitgliedstaatliche Regelung. Andererseits kann man von der Ersetzung von Richtlinien sprechen, da die Funktion eines (bezüglich des Ziels) verbindlichen Instruments wahrgenommen wird und das informelle Instrument anstelle eines verbindlichen ergeht. Zudem bereiten sie verbindliche Einzelfallentscheidungen der Kommission vor.

cc) Ergänzung/Auslegungshilfe

Andere informelle Administrativnormen erfüllen die Funktion, das bestehende Recht zu ergänzen. Sie treten dann als normauslegende Instrumente in Erscheinung, die bestehende Sekundärrechtsakte begleiten und erörtern.[803]

Die Kommission setzt diese Instrumente unter anderem mit dem Zweck ein, eine einheitliche Anwendung des Unionsrechts durch die mitgliedstaatlichen Behörden im indirekten Vollzug zu befördern.[804] Hierzu zählt etwa der Hinweis zur Auslegung von Art. 3 und 8 der RL 2004/8/EG,[805] die

---

801 *A. von Bogdandy/J. Bast/P. Arndt*, ZaöRV 62 (2002), S. 77 (115); *W. Schroeder*, in: Streinz (Hrsg.), EUV/AEUV, 3. Aufl., Art. 288, Rn. 130.

802 So *I. Härtel*, Handbuch Europäische Rechtsetzung, § 13, Rn. 9. Zuvor bereits *A. von Bogdandy/J. Bast/P. Arndt*, ZaöRV 62 (2002), S. 77 (115). Anders war dies noch Mitte der 1980er Jahre, vgl. *G. Gaja/P. Hay/R.D. Rotunda*, Instruments for Legal Integration in the EC – A Review, in: Cappelletti/Seccombe/Weiler (Hrsg.), Integration through Law, Bd. 1, Buch 2, S. 113 (153).

803 *L. Senden*, Soft Law in European Community Law, S. 143.

804 *H. Adam/G. Winter*, Commission guidance addressed to member state agencies, in: Winter (Hrsg.), Sources and Categories of European Union Law, S. 629 (634). Ähnlich *S. Thomas*, EuR 2009, S. 423; vgl. auch *J.E. Dickschen*, Empfehlungen und Leitlinien der Europäischen Finanzaufsichtsbehörden, S. 59, die diesen Aspekt als externe Komponente der informellen Instrumente bezeichnet, in Abgrenzung zu der internen Komponente der Optimierung der Verwaltungspraxis (S. 61).

805 SWD(2012) 13 final; oben IV. 1. l).

Mitteilung zur Energieeffizienzrichtlinie mit ihren Auslegungshinweisen[806] sowie die Auslegungshinweise zum 3. Binnenmarktpaket.[807] Anders als mit den rechtsersetzenden Instrumenten, will Kommission hiermit nicht ihr eigenes Ermessen strukturieren oder neue Regeln setzen, sondern die Mitgliedstaaten bei der Umsetzung von Richtlinien unterstützen. Eine Steuerungswirkung soll dadurch erreicht werden, dass die mitgliedstaatlichen Stellen bei der Anwendung von Unionsrecht der Auslegung der Kommission folgen.[808]

Ein weiteres Beispiel ist der Verhaltenskodex für die Durchführung von Beihilfeverfahren.[809] Durch ihn soll insbesondere die Beihilfeverfahrensverordnung[810] ergänzt werden, indem nähere Vorschläge gemacht werden zur Kommunikation zwischen der Kommission einerseits und den Mitgliedstaaten sowie betroffenen Unternehmen andererseits zur effizienteren und transparenteren Durchführung der Beihilfeprüfverfahren.

Auf der Grenze zwischen Rechtsersetzung im obigen Sinne und der Erläuterung ist die Pressemitteilung IP/16/3141[811] einzuordnen. Hier werden laut Kommission Orientierungshilfen dafür gegeben, welche Beihilfemaßnahmen von den Mitgliedstaaten nicht mitgeteilt werden müssen.[812] Insofern wird die gleiche Funktion wahrgenommen wie von ermessensstrukturierenden Beihilfeleitlinien: Die Kommission erläutert, wie sie ihre Beihilfenaufsichtsbefugnisse ausüben wird; in diesem Fall bezüglich der Maßnahmen, die generell als nicht anmeldebedürftig angesehen werden. Andererseits betont die Kommission, dass in der Pressemitteilungen lediglich ihre bisherige Praxis erläutert wird und kürzlich entschiedene Einzelfälle verallgemeinert werden. Auch ging der Pressemitteilung keine Konsultation voraus, wie sonst bei ermessensstrukturierenden informellen Administrativnormen.

---

806 COM(2013) 762 final; oben IV. 1. g).

807 Siehe oben IV. 1. h).

808 *I. Härtel*, Handbuch Europäische Rechtsetzung, § 13, Rn. 21.

809 ABl. 2009, C 136, S. 13, Rn. 7; oben IV. 1. c).

810 Verordnung (EG) Nr. 659/1999 des Rates vom 22.03.1999 über besondere Vorschriften für die Anwendung von Artikel 93 des EG-Vertrags, ABl. 1999, L 83, S. 1.

811 Pressemitteilung der Kommission vom 21.09.2016, Staatliche Beihilfen: Europäische Kommission gibt Orientierungshilfen zu lokalen öffentlichen Fördermaßnahmen, die keine staatlichen Beihilfen darstellen, IP/16/3141.

812 Siehe dazu oben IV. 1. t).

dd) Information – Abgrenzung zu rechtlich irrelevanten Instrumenten

Einige Instrumente gehen nicht über das Informatorische hinaus, sondern wiederholen lediglich die bestehende Rechtslage.[813] Diese Instrumente sollen die Transparenz des Unionshandelns erhöhen, etwa um anderen Unionsorganen[814] und den Mitgliedstaaten, aber auch allen sonstigen Interessierten[815], einen Überblick über einen Politikbereich zu geben und über Rechte und Pflichten zu informieren.[816]

Sie unterscheiden sich von den rechtsersetzenden Regelungen insbesondere dadurch, dass sie keine konkreten Verpflichtungen für die Mitgliedstaaten oder Private enthalten. Sie haben keinen Regelungscharakter und sind rein deskriptiv. Auch für die Kommission selbst lässt sich diesen Instrumenten kein konkretes Arbeitsprogramm entnehmen, das (über den Vertrauensgrundsatz und das Gleichbehandlungsgebot, s. dazu unten V. 1. a)) zu einer rechtlichen Selbstbindung der Kommission führen könnte.[817]

Eine trennscharfe Unterscheidung zu anderen Instrumenten ist auch nicht immer möglich, da auch andere informelle Instrumente in der Regel mit – teils längeren, teils kürzeren – Einleitungen beginnen, die eine Begründung für die (informelle) Regelung enthalten, also den Regelungsbedarf erörtern.[818] Wenn sich jedoch der Inhalt des Dokuments in der Wiedergabe des bestehenden Rechts erschöpft, und auch keine Auslegungshinweise gegeben werden, wirft dies die im ersten Kapitel erörterte Frage nach der Abgrenzung von informellen Administrativnormen zu rechtlich gänzlich irrelevanten Instrumenten auf.[819] An *Snyders* einflussreiche Definition

---

813 *L. Senden*, Soft Law in European Community Law, S. 132.

814 *I. Schübel-Pfister*, ZLR 2004, S. 403 (406, 416 f.) mit Beispielen aus dem Lebensmittelrecht.

815 *G. Meier*, Die „Mitteilungen" der Kommission: Ein Instrument der Normsetzung der Gemeinschaft?, in: FS Steindorff, S. 1303 (1306).

816 *P. Nemitz*, in: Schwarze/Becker/Hatje/Schoo (Hrsg.), EU-Kommentar, 4. Aufl., Art. 17 EUV, Rn. 8; *H. Adam*, Die Mitteilungen der Kommission, S. 10; *A. Glaser*, Die Entwicklung des Europäischen Verwaltungsrechts aus der Perspektive der Handlungsformenlehre, S. 380 f.; *M. Gardeñes Santiago*, Revista de Instituciones Europeas 1992, S. 933 (939 f.).

817 *S. Thomas*, EuR 2009, S. 423 (439). Politisch kann die Kommission hingegen sehr wohl durch die Mitteilungen gebunden sein, vgl. *M. Rodi/A. Behm*, ZEuS 2016, S. 177 (195).

818 So auch *M. Schramm*, Einseitiges informelles Verwaltungshandeln im Regulierungsrecht, S. 26 f., 86.

819 Siehe oben II. 1. e). Hier handelt es sich um die Abgrenzung von Soft Law zu Nichtrecht.

von Soft Law anschließend, stellt sich die Frage nach dem Vorhandensein von „gewissen rechtlichen Wirkungen" der in der Ausgangsuntersuchung beschriebenen Instrumente.[820]

Die Betitelung ist dabei unbeachtlich. Auch Berichte, wie der jährlich erscheinende Wettbewerbsbericht der Kommission, sind grundsätzlich nur Zusammenstellungen der Tätigkeiten der Kommission und dienen der Transparenz. Jedoch können auch Berichte Abschnitte enthalten, in denen die Kommission darlegt, wie sie ihr Ermessen in diesem Politikbereich künftig ausüben wird.[821] Dies kann zu Selbstbindungen der Kommission führen, wie das EuG bereits festgestellt hat.[822]

Nach der im ersten Abschnitt vorgenommenen Negativabgrenzung nach dem Verrechtlichungsansatz,[823] haben diejenigen Instrumente keine rechtliche Relevanz, die schon keine Ähnlichkeit zu rechtlich verbindlichen Instrumenten haben, also keine Verhaltensanforderungen formulieren und keine Durchsetzungsmechanismen (auch keine „weichen") vorsehen, wie etwa Berichtspflichten, Monitoring, comply-or-explain, Berücksichtigungspflichten oder naming and shaming.[824] Rechtlich irrelevante Instrumente ergänzen das verbindliche Recht auch nicht, etwa indem sie sich auf dieses beziehen oder sonst das Verhalten der Adressaten beeinflussen wollen.[825]

Demnach liegen Instrumente wie einige Berichte außerhalb des rechtlich relevanten Bereichs. Dies gilt etwa für Fortschrittsberichte, die in regelmäßigen Abständen die Maßnahmen der Mitgliedstaaten zur Erreichung eines Ziels der Union bewerten.[826] Werden in diesen Berichten Defizite aufgezeigt – etwa eines bestimmten Mitgliedstaats bei der Erreichung eines gemeinsamen Ziels – handelt es sich hier nicht selbst um einen weichen Durchsetzungsmechanismus, sondern dieser Bericht kann als die Anwen-

820 Zweifel bezüglich der Soft Law-Eigenschaft von rein informativen Instrumenten bei *L. Senden*, Soft Law in European Community Law, S. 118; dem zustimmend *H. Gribnau*, Intertax 2007, S. 30 (33).

821 Für ein Beispiel siehe unten V. 1. a), dort Fn. 1026. Anders *M. Brohm*, Die „Mitteilungen" der Kommission im Europäischen Verwaltungs- und Wirtschaftsraum, S. 44, der dem Wettbewerbsbericht rein informatorischen Charakter beimisst.

822 EuG, Rs. T-190/00, *Regione Siciliana/Kommission*, Rn. 100. Dazu auch *H.C.H. Hofmann*, CMLRev 2006, S. 153 (170).

823 Siehe oben II. 1. e).

824 Zu diesen weichen Durchsetzungsmechanismen unten V. 2. b) cc).

825 *F. Terpan*, ELJ 2015, S. 68 (75).

826 Mitteilung der Kommission an das EP, den Rat, den WSA und den AdR – Fortschritte auf dem Weg zur Vollendung des Energiebinnenmarktes, COM(2014) 634 final vom 13.10.2014.

dung eines in einer informellen Administrativnorm enthaltenen Durchsetzungsmechanismus (in Form von Monitoring oder naming and shaming) angesehen werden.

Andere Berichte stellen nur eine Art vorgelagerten Schritt zur (weichen) Regelung dar. Beim Erlass unverbindlicher Instrumente beruft sich die Kommission häufig auf ihre Ergebnisse, die die Sinnhaftigkeit etwa von Leitlinien unterstreichen sollen.[827] Dadurch soll Legitimität erzeugt werden, indem die Ergebnisse der objektiven Berichte als (vermeintliche) Sachzwänge die Sinnhaftigkeit der unverbindlichen Instrumente bezeugen; letztlich soll dadurch die Akzeptanz der Regelungen gesteigert werden. Als informelle Administrativnormen nach dem Verständnis dieser Studie können sie nicht angesehen werden. Ebenso verhält es sich mit dem von der Kommission veröffentlichten State Aid Scoreboard, das keine Handlungsempfehlungen ausspricht, sondern lediglich statistische Informationen zu staatlichen Beihilfen enthält.[828] Gleiches gilt für veröffentlichte Reden[829] oder Dokumente, die lediglich geltendes Recht (und informelle Administrativnormen) auflisten, ohne selbst einen Sollenssatz zu enthalten. Ähnlich ist die Veröffentlichung von Handbüchern zu bewerten.[830] Sie können in der Regel keine normativen Erwartungen erwecken. Anders als die Berichte, dienen sie jedoch nicht der Vorbereitung von Gesetzgebungsakten, sondern bilden auch einen Teil der Öffentlichkeitsarbeit der Kommission. Durch die Handbücher soll die Tätigkeit der Union für die mitgliedstaatlichen Behörden und darüber hinaus für ein breites (Laien-)Publikum erklärt werden.[831] Die Kommission oder die entsprechende Agentur stellt dabei die bestehenden rechtlichen Grundlagen in einem bestimmten Bereich dar und setzt diese in Zusammenhang. Bleibt es bei einer solchen Zusammenstellung, kommt ihnen rechtliche Relevanz nicht zu.

Zwar kann auch durch das bloße Verfügbarmachen von Informationen eine Steuerungswirkung beabsichtigt sein. Ein Beispiel hierfür sind Maßnahmen wie die Vergabe von Energie- und Ökosiegeln: Durch das Ver-

---

827 Dies ist jedoch kein Alleinstellungsmerkmal der unverbindlichen Instrumente. Auch bei Vorschlägen zu verbindlichen Instrumenten im Gesetzgebungsverfahren beruft sich die Kommission häufig auf Ergebnisse von Berichten.

828 Abrufbar unter http://ec.europa.eu/competition/state_aid/scoreboard/index_en.html.

829 Oben IV. 1. w).

830 Oben IV. 1. v).

831 Ähnlich mit Blick auf Vademekums *H.C.H. Hofmann*, Normenhierarchien im Europäischen Gemeinschaftsrecht, S. 219.

fügbarmachen von Informationen durch Kennzeichnung soll das Verbraucherverhalten beeinflusst werden.[832] Einige Autoren sprechen daher von einer Regulierung bzw. Steuerung durch Informationen.[833] Jedoch werden hierbei lediglich im Informationen zu Tatsachen und nicht das bestehende Recht ausgelegt oder neue Rechtsetzung vorbereitet. Um informelle Administrativnormen handelt es sich nach dem hiesigen Verständnis nicht.[834] Nichtsdestoweniger können auch diese Instrumente faktische – wenn auch keine rechtlichen – Wirkungen haben.[835]

Selbst wenn diese Instrumente als informelle Administrativnormen eingeordnet werden sollten, wären jedoch wohl nur äußert geringe rechtsstaatliche Anforderungen an sie zu stellen, etwa dass die erlassende Stelle nicht bewusst irreführende Informationen veröffentlicht. Die Anforderungen würden sich in allgemeinen Grundsätzen des Verwaltungshandelns erschöpfen, sodass die erlassende Stelle etwa im öffentlichen Interesse handeln muss, und nicht durch selektives oder objektiv falsches Informationshandeln verdeckt die Interessen Privater fördert.

---

832 Bekanntestes Beispiel dürfte der „Blaue Umweltengel" und die Energieverbrauchsklassen an Elektrogeräten sein. *J. Gundel*, Europäisches Energieverwaltungsrecht, in: Terhechte (Hrsg.), Verwaltungsrecht der Europäischen Union, Rn. 13, 59.

833 *F. Snyder*, Soft Law and Institutional Practice in the European Community, in: FS Noël S. 197 (199-201): *Regulation by Publication*; *H.C.H. Hofmann*, CMLRev 2006, S. 153 (169 f.): *Regulation by Information.*

834 Im Ergebnis so auch *L. Senden*, Soft Law in European Community Law, S. 219 f. Ähnlich für das Steuerrecht *N. Braun Binder*, Rechtsangleichung in der EU im Bereich der direkten Steuern, S. 127. Zu dem gleichen Ergebnis führt eine im Völkerrecht vorgeschlagene Abgrenzung von rechtlich relevanten zu rechtlich irrelevanten Handlungen, die im Kontext von Politikbewertungen der OECD – konkret im Kontext der Berichte der sogenannten PISA-Studien – vorgeschlagen wurde. Hier wird auf das Erwecken normativer Erwartungen abgestellt, in Abgrenzung zu bloß tatsächlichen Erwartungen. Auch danach ergibt sich nichts anderes, vgl. zu diesem Ansatz *A. von Bogdandy/M. Goldmann*, ZaöRV 2009, S. 51; *G. Schuler*, "Politikbewertung" als Handlungsform internationaler Institutionen: das Beispiel der Korruptionsbekämpfung der OECD; *M. Goldmann*, 25 LeidenJIL 2012, S. 335 (337, 366).

835 Siehe zu faktischen Wirkungen unten V. 2. b).

c) Verfahrensrechtlicher und materiell-rechtlicher Regelungsinhalt

Zwei verschiedene Kategorien informeller Administrativnormen lassen sich im Beihilfenrecht ausmachen:[836] Zum einen kann die Kommission hierin verfahrensrechtliche Regelungen treffen. Hierzu zählen etwa Regelungen, die die Anmeldung von Beihilfemaßnahmen durch die Mitgliedstaaten betreffen und solche, die den Ablauf des Prüfverfahrens der Kommission regeln. Ein Beispiel hierfür ist der Verhaltenskodex für die Durchführung von Beihilfeverfahren.[837]

Zum anderen können informelle Administrativnormen die materiell-rechtliche Seite des Beihilfenrechts betreffen, also die Vereinbarkeit von bestimmten Beihilfen mit dem Binnenmarkt. Hierzu zählen etwa die Umwelt- und Energiebeihilfeleitlinien, die über weite Teile mit der Frage der ausnahmsweisen Vereinbarkeit bestimmter Beihilfemaßnahmen nach Art. 107 Abs. 3 AEUV mit dem Binnenmarkt befasst sind. Ein Instrument kann freilich auch beides vereinen.[838]

Die im Beihilfenrecht zahlenmäßig deutlich größere Gruppe bilden dabei die materiell-rechtlichen Regelungen.[839] Dies liegt zum einen an dem größeren Regelungsbedarf: Wie oben beschriebenen, hat die Kommission ein weites Ermessen bei der Bewertung der Frage der Binnenmarktkompatibilität mitgliedstaatlicher Beihilfemaßnahmen nach Art. 107 Abs. 3 AEUV. Daneben sind auch die Tatbestandsmerkmale des Art. 107 Abs. 1 AEUV, bei denen die Kommission an sich kein Ermessen hat, auslegungsbedürftig[840] und werden entsprechend von der Kommission in ihren informellen Instrumenten behandelt.[841] Da die Anzahl der möglichen mitgliedstaatlichen

836 *G. della Cananea*, Administration by Guidelines: The Policy Guidelines of the Commission in the Field of State Aid, in: Harden (Hrsg.), State Aid: Community Law and Policy, S. 61 (63 f.).

837 ABl. 2009, C 136, S. 13, dazu oben IV. 1. c). Siehe auch die Mitteilung der Kommission über das beschleunigte Genehmigungsverfahren für Beihilferegelungen für KMU und von Änderungen bestehender Beihilferegelungen, ABl. 1992, C 213, S. 10.

838 Siehe etwa Umwelt- und Energiebeihilfeleitlinien, ABl. 2014, C 200, S. 1, oben IV. 1. a), die in Rn. 242-245 eine Pflicht zur Vorlage eines Evaluierungsplans für bestimmte Beihilfemaßnahmen – eine Art gesonderte Notifizierungspflicht neben Art. 108 Abs. 3 AEUV – vorsehen; die übrigen Regelungen betreffen die materiell-rechtliche Seite.

839 So auch *M. Cini*, JEPP 2001, S. 192 (204).

840 *M. Melchior*, Les Communications de la Commission, in: FS Dehousse, S. 243 (245); *U. Soltész/F. Schatz*, JEEPL 6.2 (2009), S. 141 (150).

841 Siehe etwa Bekanntmachung zum Begriff der Beihilfe, ABl. 2016, C 262, S. 1.

Fördermaßnahmen von Unternehmen groß ist, stellt sich die Frage nach deren Vereinbarkeit mit Unionsrecht entsprechend häufig. Im Vergleich dazu ist der Bedarf an Regelungen der relevanten Aspekte des Beihilfeverfahrens schneller gedeckt. Auch wurde bei den Verfahrensregeln ein Trend zur Verrechtlichung beachtet, im Gegensatz zu den materiell-rechtlichen Regeln, die weiterhin in erster Linie in informellen Normen enthalten sind.[842]

Auch außerhalb des Beihilfenrechts überwiegen die Instrumente mit materiell-rechtlichem Regelungsinhalt. Die Mitteilung zur Energieeffizienzrichtlinie gibt konkrete materiell-rechtliche Anhaltspunkte zur Umsetzung der Richtlinie durch die mitgliedstaatlichen Gesetzgeber.[843] Gleiches gilt auch für die Auslegungshinweise zu den Richtlinien des 3. Binnenmarktpakets[844] und die Mitteilung über die Methode für die Analyse staatlicher Beihilfen in Verbindung mit verlorenen Kosten.[845] Der Hinweis zur Auslegung von Art. 3 und 8 der RL 2004/8/EG befasst sich ebenfalls mit materiell-rechtlichen Aspekten.[846]

d) Gesamteindruck/Formale Kriterien

Schließlich lassen sich verschiedene Aspekte unter dem Begriff „Gesamteindruck" als Ordnungskriterien identifizieren. Um die verschiedenen Phänomene bestimmten Handlungsformen zuzuordnen, werden das Erlassverfahren, die Adressaten, die Veröffentlichungspraxis, die Betitelung, sowie die Struktur in den Blick genommen.[847]

aa) Erlassverfahren

Die unverbindlichen Instrumente unterscheiden sich mit Blick auf die an der Entstehung Beteiligten. Insbesondere die vorbereitenden Instrumente beinhalten häufig Konsultationsaufrufe.[848]

---

842 *M. Cini*, JEPP 2001, S. 192 (204); siehe dazu bereits oben III. 3. a).
843 Oben IV. 1. g).
844 Oben IV. 1. h).
845 Oben IV. 1. f).
846 Oben IV. 1. l).
847 Ähnliche Kriterien bei *K. Wellens/G. Borchard*, ELRev 1989, S. 267 (298-301).
848 Siehe etwa Mitteilung der Kommission – Auf dem Weg zu einer Charta der Rechte der Energieverbraucher, COM(2007) 386 final vom 05.07.2007, S. 8; oben IV. 1. m).

(1) Uneinheitliches Verfahren bei Konsultation und Beteiligung

Ein einheitliches Erlassverfahren für alle informellen Administrativnormen kann nicht beobachtet werden. Als Gemeinsamkeit lässt sich feststellen, dass der Erlass letztlich allein in der Hand desjenigen Organs liegt, das als Autor des Dokuments genannt ist, meist also die Kommission.

Im Beihilfenrecht werden vor dem Erlass von Leitlinien und Bekanntmachungen in der Regel Konsultationen durchgeführt. Nach einer Ankündigung geplanter Regelungen, etwa in einer Pressemitteilung, wird zunächst ein Leitlinienentwurf auf der Internetseite der Kommission veröffentlicht, verbunden mit der Durchführung eines Konsultationsverfahrens. Nachdem die Eingaben überprüft wurden, wird der Entwurf eventuell geändert und erneut zur Diskussion gestellt oder in seiner endgültigen Form als Leitlinie im Amtsblatt veröffentlicht.

Mitunter wird nicht nur das Erlassverfahren von einem Konsultationsverfahren begleitet, sondern auch für nachfolgende Änderungen eines informellen Administrativakts zu Eingaben aufgerufen. So wurde in einer Mitteilung aus dem Jahr 2012[849] festgestellt, dass kurzfristige Exportkreditversicherungen durch die Mitgliedstaaten grundsätzlich verbotene Beihilfen darstellen. Ausnahmen gelten für Exportkredite für Exporte in bestimmte Länder aufgrund schlechter wirtschaftlicher Situation. Betroffene Länder werden von der Kommission in eine Liste aufgenommen. Vor der Entscheidung darüber, ob Griechenland auch ab dem Jahr 2019 (Ablauf des Zeitraums, für den die Ausnahmen für die gelisteten Ländern gelten) in dieser Liste geführt und kurzfristige Exportkredite entsprechend weiterhin vom Beihilfeverbot ausgenommen sein sollen, rief die Kommission die Interessenträger erneut zu einer Konsultation auf.[850] Der Aufruf erfolgte nur in englischer Sprache und sah eine Frist von einem Monat vor. Die schließlich erlassene Mitteilung betreffend die Verlängerung wurde im

849 Mitteilungen der Kommission an die Mitgliedstaaten zur Anwendung der Artikel 107 und 108 des Vertrags über die Arbeitsweise der Europäischen Union auf die kurzfristige Exportkreditversicherung, ABl. 2012, C 392, S. 1. Ein inhaltsgleiches Dokument wurde zudem 2013 für die EFTA-Staaten erlassen von der EFTA Surveillance Authority, vgl. Guidelines on Short-term export-credit insurance, neu erlassen 06.02.2019, abrufbar unter http://www.eftasurv.int/state-aid/legal-framework/state-aid-guidelines/.

850 http://ec.europa.eu/competition/consultations/2018_stec_greece/index_en.html.

Amtsblatt veröffentlicht und lässt nicht erkennen, inwiefern die Eingaben berücksichtigt wurden.[851]

Andere informelle Administrativnormen werden von der Kommission, ACER und den übrigen Gremien gänzlich ohne Einbindung anderer Akteure erlassen. Die Mitteilung zur Energieeffizienzrichtlinie ist ein Beispiel hierfür.[852] Eine mögliche Erklärung für diese Unterscheidung ist, das es sich bei der Mitteilung zur Energieeffizienzrichtlinie um ein auf Sekundärrecht bezogenes Instrument handelt, wohingegen die Administrativnormen im unionsunmittelbaren Vollzug im Beihilfenrecht meist auf die Auslegung des Primärrechts bzw. die Strukturierung von im Primärrecht eingeräumten Ermessensspielräumen gerichtet sind. Eine Konsultation könnte die Kommission im Fall von auf Sekundärrecht bezogenen informellen Instrumenten für nicht nötig erachtet haben, gingen doch bereits dem Vorschlag für die Energieeffizienzrichtlinie umfangreiche öffentliche Online-Konsultationen voraus,[853] sowie die Beteiligung des Rates und des Europäischen Parlaments. Auch die übrigen rechtsergänzenden Instrumente, die Auslegungshinweise zum Sekundärrecht enthalten, ergingen ohne vorheriges Konsultationsverfahren. Insofern scheint eine Gemeinsamkeit zu bestehen. Allerdings trifft dies nicht zu bezüglich des Verhaltenskodex für die Durchführung von Beihilfeverfahren,[854] der sich auf die Beihilfeverfahrensordnung bezieht; der geplanten Änderung des Kodex gingen nämlich Konsultationen voraus. Hier könnte es sich um eine Ausnahme handeln, da ein Instrument im unionseigenen Vollzug betroffen ist.

Eine formalisierte und detaillierte Ausgestaltung hat die Beteiligung anderer Akteure in den Vorschriften über die Netzkodizes und Leitlinien nach der Gasfernleitungs-VO und der Elektrizitätsbinnenmarkt-VO gefunden. Wie gezeigt, durchläuft der Normerzeugungsprozess mehrere Stufen, an denen neben der Kommission auch die Vertreter der mitgliedstaatlichen

851 Mitteilung der Kommission über die Verlängerung der Geltungsdauer der Mitteilung der Kommission an die Mitgliedstaaten zur Anwendung der Artikel 107 und 108 des Vertrags über die Arbeitsweise der Europäischen Union auf die kurzfristige Exportkreditversicherung, ABl. 2018, C 457, S. 9.

852 Mitteilung der Kommission an das Europäischen Parlament und den Rat – Durchführung der Energieeffizienzrichtlinie – Leitlinien der Kommission, COM(2013) 762 final vom 06.11.2013. Dazu oben IV. 1. g).

853 Vorschlag für Richtlinie des Europäischen Parlaments und des Rates zur Energieeffizienz und zur Aufhebung der Richtlinien 2004/8/EG und 2006/32/EG, COM(2011) 370, S. 3.

854 ABl. 2009, C 136, S. 13; oben IV. 1. c).

Regulierungsbehörden durch die Agentur ACER sowie, über die ENTSO, die Verteilungs- bzw. Fernleitungsnetzbetreiber beteiligt sind - mithin die unmittelbaren Normadressaten selbst. Aufgrund dieser Zusammenarbeit, an der auch die Rechtsunterworfenen mitwirken, wird die Rechtsetzung zum Teil als Selbstregulierung bezeichnet.[855] Zu beachten ist dabei, dass trotz der Beteiligung der Marktteilnehmer die Kommission eine sehr starke Position einnimmt. Es liegt an ihr, Leitlinien der ENTSO anzunehmen und in das Komitologieverfahren einzubringen. Zudem besteht die Möglichkeit, selbst anstelle der ENTSO oder der ACER tätig zu werden, wenn innerhalb des für die Selbstregulierung gesetzten Rahmens keine oder keine hinreichenden Regelungen getroffen werden.[856] Anders als die beihilferechtlichen informellen Administrativnormen werden die Netzkodizes in der Regel letztlich im Komitologieverfahren erlassen - am Ende des Prozesses steht damit eine rechtsverbindliche Norm.

Das Ob und Wie des Erlassverfahrens scheint sich nicht nach den oben genannten Ordnungskriterien - Verfahrensregelungen und materiell-rechtlichen Regelungen; Vollzugsverhältnisse; Funktionen - zu richten: sowohl Verfahrensregelungen[857] als auch materiell-rechtlichen Regelungen[858] gehen nicht immer Konsultationen voraus. Gleiches gilt für die Vollzugsverhältnisse.[859] Insgesamt scheint die Konsultationspraxis unsystematisch.[860]

Das Erlassverfahren ist daher nicht geeignet als Ordnungskriterium.

---

855 *J. Gundel/C.F. Germelmann*, EuZW 2009, S. 763 (768.).

856 Diese Aussicht auf ersatzweises Tätigwerden ist ein Charakteristikum von regulierter Selbstregulierung, vgl. *T.A. Börzel*, European Governance - nicht neu, aber anders, in: Schuppert (Hrsg.), Governance-Forschung, S. 72 (77).

857 Konsultationen wurden etwa durchgeführt bei dem Verhaltenskodex für die Durchführung von Beihilfeverfahren, siehe oben IV. 1. c). Keine Konsultationen gingen hingegen im Falle der Mitteilung der Kommission über das beschleunigte Genehmigungsverfahren für Beihilferegelungen für KMU und von Änderungen bestehender Beihilferegelungen, ABl. 1992, C 213, S. 10; später geändert durch die Mitteilung der Kommission über „de minimis"-Beihilfen, ABl. 1996, C 68, S. 9.

858 Keine Konsultationen gingen etwa der Mitteilung „Vollendung des Elektrizitätsbinnenmarktes und optimale Nutzung staatlicher Interventionen", C(2013) 7243 final, siehe oben IV. 1. b), voraus.

859 Siehe im unionsunmittelbaren Vollzug etwa die Umwelt- und Energiebeihilfeleitlinien, deren Erlass ein Konsultationen vorangingen; anders hingegen die Mitteilung „Vollendung des Elektrizitätsbinnenmarktes und optimale Nutzung staatlicher Interventionen", C(2013) 7243 final. Im indirekten Unionsrechtsvollzug etwa die Mitteilung der Kommission an das Europäische Parlament, den Rat, den Europäischen Wirtschafts- und Sozialausschuss und den Ausschuss der Regionen über die Exploration und Förderung von Kohlenwasserstoffen (z. B. Schiefergas) durch Hochvolumen-Hydrofracking in der EU, COM(2014) 23 final/2, vom 17.03.2014,

(2) Gewichtung der Eingaben unklar

Insbesondere wenn die Anzahl der Eingaben im Konsultationsverfahren sehr hoch ist und hohe Diversität unter den Teilnehmern herrscht, wird die Frage relevant, wie die Kommission die einzelnen Eingaben gewichtet. Das Konsultationsverfahren im Vorfeld des Erlasses der Umwelt- und Energiebeihilfeleitlinien[861] verdeutlicht dies. Die mehr als 1000 Eingaben kamen von sehr unterschiedlichen Gruppen: Neben mitgliedstaatlichen Regierungen, Vertretern der Industrie und Nichtregierungsorganisationen stammt etwa die Hälfte der Eingaben von Bürgern. Entsprechend unterschiedlich fällt auch die Qualität der Eingaben selbst aus: Von detaillierten Anmerkungen zu einzelnen Randnummern des Leitlinienentwurfes mit Verweisen auf ökonomische Studien von einigen Industrievertretern,[862] reicht die Bandbreite zu wenige Sätze umfassende Stellungnahmen einzelner Bürger, die in diesem Rahmen ihrem Unmut über die Energiepolitik ihres Mitgliedstaates Ausdruck verleihen ohne auf den Entwurf inhaltlich einzugehen.[863]

In Anbetracht dieser Vielfalt und der insgesamt hohen Zahl von Eingaben, ist offensichtlich, dass eine Gewichtung auf Seiten der Kommission vorgenommen werden muss. *De facto* dürften dabei die mit entsprechenden Ressourcen und Expertise ausgestatteten großen Unternehmen sowie Verbände und mitgliedstaatliche Behörden den stärksten Einfluss ausüben. Dies steht im Kontrast zu dem Eindruck, die eine Konsultation *aller* Interessierten vermittelt.[864] Die Feststellung des Einflusses ist jedoch nur mit empirischen Studien zu leisten. Solange bleibt unklar, wie die Eingaben in den Regelsetzungsprozess einfließen.[865]

S. 4 (keine Konsultationen); Mitteilung der Kommission – Auf dem Weg zu einer Charta der Rechte der Energieverbraucher, COM(2007) 386 final vom 05.07.2007 (Konsultaionsverfahren, das in einem unverbindlichen Instrument münden sollte).

860 So auch für das Umweltrecht *J. Scott*, CMLRev 2011, S. 329 (336).

861 Siehe oben IV. 1. a).

862 Vgl. etwa die Stellungnahme von Vattenfall zu HT 359 – Consultation on Community Guidelines on State Aid for Environmental Protection, abrufbar unter: https://ec.europa.eu/competition/consultations/2013_state_aid_environment/index_en.html.

863 Vgl. beispielhaft die Stellungnahme von Peter Goodwin zu HT 359 – Consultation on Community Guidelines on State Aid for Environmental Protection, abrufbar unter: https://ec.europa.eu/competition/consultations/2013_state_aid_environmen t/index_en.html.

864 Zu den Problemen, die dies mit sich bringt siehe unten VII. 1. a) aa).

865 *L. Senden*, UtrechtLR 2005, S. 79 (96).

bb) Adressaten

Die Adressaten informeller Administrativnormen werden nur teilweise ausdrücklich genannt. Adressaten rechtsergänzender Auslegungsmitteilungen sind zumeist die Mitgliedstaaten, insbesondere, wenn sie die – nach Ansicht der Kommission korrekte – Umsetzung von Richtlinien betreffen oder die einheitliche Anwendung von Unionsrecht durch mitgliedstaatliche Behörden. Relevant sind diese informellen Administrativnormen freilich auch für die letztlich betroffenen Einzelnen. Ein Beispiel ist die Mitteilung über die Methode für die Analyse staatlicher Beihilfen in Verbindung mit verlorenen Kosten.[866]

Vorbereitende Instrumente sind zum Teil ausdrücklich an die anderen Organe und die Mitgliedstaaten adressiert, was sich bereits im Titel des Instruments zeigt.[867] In ähnlicher Weise sind manche Auslegungsmitteilungen, die bei der Umsetzung von Unionsrecht durch die Mitgliedstaaten Orientierung geben sollen, direkt an die Mitgliedstaaten adressiert.[868]

Bezüglich des Adressatenkreises unterscheiden sich die ermessenstrukturierenden informellen Administrativnormen mit rechtsersetzender Funktion im Beihilfenrecht von solchen im Wettbewerbsrecht, wenngleich beide im unionseigenen Vollzug ergehen und daher eine hohe faktische Wirkung aufweisen. Erstere sind an die Kommission selbst adressiert und haben daher nur eine „reflexhafte" Wirkung auf die Mitgliedstaaten, die ihr Verhalten entsprechend darauf ausrichten.

In anderen Bereichen ist der Adressatenkreis als Ordnungskriterium jedoch weniger leistungsfähig als die übrigen Kriterien, da ein Adressat nicht benannt ist und ein abgeschlossener Adressatenkreis nicht immer sicher festzustellen ist.[869] Zwar ließe sich etwa für ermessensstrukturierende informelle Normen im Beihilfenrecht argumentieren, diese seien in erster Linie

---

866 Siehe IV. 1. f).

867 Siehe etwa Mitteilung der Kommission an das Europäischen Parlament und den Rat – Durchführung der Energieeffizienzrichtlinie – Leitlinien der Kommission, COM(2013) 762 final vom 06.11.2013; IV. 1. g).

868 So etwa die Auslegungshinweise (Interpretative Notes) zu den Binnenmarktpaketen: Note of the DG Energy & Transport on Directives 2003/54/EC and 2003/55/EC on the internal market in electricity and natural gas - the unbundling regime vom 16.01.2004; siehe auch die Instrumente des Klima- und Energiepaket 2020 und des Rahmens für die Klima- und Energiepolitik bis 2030, insbesondere das Grünbuch COM(2013) 169 final.

869 Ähnlich *I. Schübel-Pfister*, ZLR 2004, S. 403 (405).

an die Mitgliedstaaten adressiert, da es um unionsrechtliche Vorgaben für ihre Subventionspolitik geht. Auch bei anderen Instrumenten kann zum Teil aus der Konsultationspraxis ein Kreis von Betroffenen abgeleitet werden – mitunter wird ausdrücklich nach Eingaben bestimmter Wirtschaftsteilnehmern oder mitgliedstaatlicher Behörden gefragt. Instrumente wie die beihilferechtlichen Leitlinien sind jedoch daneben im höchsten Maße auch für Unternehmen relevant, die selbst Empfänger von Beihilfen oder Konkurrenten solcher Unternehmen sind, sodass auch diese indirekt betroffen sind und genauso als Adressaten angesehen werden können. Diese Adressaten im materiellen Sinn müssen jedoch bei der Suche nach Ordnungskriterien außer Betracht bleiben,[870] allein schon, weil eine Grenzziehung dann schwer oder unmöglich wäre; nicht zuletzt aufgrund vielgestaltiger wirtschaftlicher Verflechtungen könnten potentiell sehr viele (irgendwie) Betroffene als Adressaten angesehen werden.

cc) Veröffentlichungspraxis

Nicht ganz nachzuvollziehen ist die Praxis der Kommission mit Blick auf die Veröffentlichungsorte und die Art der Veröffentlichungen.

(1) Arten von Kommissionsdokumenten

Informelle Administrativnormen der Kommission werden als unterschiedliche Arten von Dokumenten veröffentlicht. Die Kommission erläutert diese auf einer Internetseite[871], was jedoch nur eine Orientierung gibt und die Praxis nicht abbilden kann.

Als C-Dokumente werden danach Dokumente erlassen, die „im Zusammenhang mit Beschlüssen oder Entscheidungen“ stehen und „die die Kommission in eigener Verantwortung erlässt“. Dies sind zum Beispiel Beschlüsse, die die verbindliche Regelung eines Einzelfalls im Wettbewerbs- oder Beihilfenrecht betreffen.

---

870 *J. Bast*, Grundbegriffe und Handlungsformen der EU, S. 196 f.; *J.E. Dickschen*, Empfehlungen und Leitlinien der Europäischen Finanzaufsichtsbehörden, S. 83.

871 http://ec.europa.eu/transparency/regdoc/index.cfm;jsessionid=80B604D89E518D92A0D46864955D42CB.cfusion14601?fuseaction=search.

Daneben werden in der Praxis aber auch unverbindliche abstrakt-generelle Instrumente als C-Dokumente erlassen; von den informellen Administrativnormen der Ausgangsuntersuchung etwa die Mitteilung zur Vollendung des Elektrizitätsbinnenmarktes[872] und der Verhaltenskodex für die Durchführung von Beihilfeverfahren.[873]

Als COM-Dokumente werden laut Kommission Legislativvorschläge sowie „sonstige Mitteilungen" und Dokumente an die anderen Organe „sowie die entsprechenden vorbereitenden Dokumente" erlassen. Hierfür werden beispielhaft „Legislativvorschläge, Mitteilungen, Berichte usw." genannt. Hierzu zählen von den Instrumenten der Ausgangsuntersuchung etwa das „Grünbuch – Ein Rahmen für die Klima- und Energiepolitik bis 2030"[874], die Mitteilung der Kommission „Rahmenstrategie für eine krisenfeste Energieunion mit einer zukunftsorientierten Klimaschutzstrategie"[875], die Mitteilung zur Energieeffizienzrichtlinie[876] und die Mitteilung zu einer Charta der Rechte der Energieverbraucher[877].

Als SEC-Dokumente werden laut Erläuterungen der Kommission Dokumente erlassen, die keiner der anderen Kategorien zugeordnet werden können.[878] Unklar ist hier insbesondere die Abgrenzung zu SWD-Dokumenten, die laut Kommission „Arbeitsdokumente der Kommissionsdienststellen" enthalten. Auch Arbeitspapiere der Kommission werden jedoch als SEC-Dokumente veröffentlicht.[879] Andere Auslegungshinweise werden zum Teil

---

872 C(2013) 7243 final, oben IV. 1. b)

873 C(2018) 4412 final, oben IV. 1. c). Später erfolgte zusätzlich eine Amtsblattveröffentlichung, vgl. Verhaltenskodex für die Durchführung von Beihilfeverfahren, ABl. 2018, C 253, S. 14.

874 COM(2013) 169 final, oben IV. 1. i).

875 COM(2015) 80 final, oben IV. 1. j).

876 COM(2013) 762 final, oben IV. 1. g).

877 COM(2007) 386 endg, oben IV. 1. m).

878 Als Beispiele nennt die Kommission: „Tagesvermerk zu schriftlichen Verfahren, Tagesvermerk zu Übertragungsverfahren, Tagesvermerk zu Ermächtigungsverfahren, Stellungnahme des Ausschusses für Folgenabschätzung, Voraussichtliche Tagesordnungspunkte der nächsten Kommissionssitzungen, Wichtige schriftliche Verfahren, Verwaltungs- und Haushaltsfragen, Zusammenfassung der Folgenabschätzung, Folgenabschätzung, Beihilfenkontrolle, Beschluss der Kommission, Kabinette: Zuständigkeiten, Verwaltungs-/Haushaltsfragen, Arbeitspapier der Kommissionsdienststellen..."

879 Siehe etwa die Auslegungshinweise zur Zertifizierung: Commission Staff Working Paper on certification of Transmission System Operators of networks for electricity and natural gas in the European Union, SEC(2011) 1095 vom 21.09.2011.

als SWD-Dokumente erlassen, etwa jene zum Thema Entflechtung.[880] Daneben erließ die Kommission weitere Auslegungshinweise – mitunter zum selben Thema – jedoch ohne jeden Hinweis auf den Status der Dokumente.[881] Unklar ist auch, weshalb der Hinweis zur Auslegung von Art. 3 und 8 der RL 2004/8/EG[882] als SWD erging und nicht etwa als SEC-Dokument.

Eine Korrelation zwischen der Betitelung (Rahmen, Mitteilung, Leitlinie, etc.) und der Art der Instrumente (COM, C, SWD, etc.) ist somit nicht immer gegeben.

In diesem Zusammenhang fällt auch eine beihilferechtliche Mitteilung auf. Die Mitteilung über die Methode für die Analyse staatlicher Beihilfen in Verbindung mit verlorenen Kosten ist nicht im Amtsblatt veröffentlicht, sondern nur auf der Internetseite der Generaldirektion Wettbewerb zu finden.[883] Für den Rechtsanwender ist kaum ersichtlich, welchen Status das Dokument hat. Es wurde zunächst als Schreiben SG(2001) D/290869 an die Mitgliedstaaten erlassen und schien zum damaligen Zeitpunkt nur für diese bestimmt zu sein. Es weist weder eine Dokumentenbezeichnung (COM, C, SEC, o.ä.) noch ein Datum auf. Dieser Unterschied zu der sonst im Beihilfenrecht verbreiteten Veröffentlichung im Amtsblatt ist nicht nachzuvollziehen.

Andere beihilferechtliche Leitlinien wiederrum werden ohne Dokumentenbezeichnung in der ABl.-Reihe C veröffentlicht, was, im Fall etwa der Umwelt- und Energiebeihilfeleitlinien, ihrer Ähnlichkeit zu rechtsverbindlichen Gesetzgebungsakten entspricht. Im Vergleich zu Empfehlungen, die ebenfalls rechtlich unverbindlich sind, wäre es bei manchen Beihilfeleitlinien sogar konsequent, wenn diese wie die Empfehlungen in der ABL.-Reihe L veröffentlicht würden.

Insgesamt bleibt festzuhalten, dass die Wahl der Dokumentenart somit nicht immer nachvollziehbar ist. Dies kann Auswirkungen auf die Rechtssicherheit haben. Als Ordnungskriterium eignet sich die Dokumentenart daher nur bedingt. Immerhin lässt sich eine Tendenz feststellen, wonach die in der Praxis bedeutsamen ermessensstrukturierenden Instrumente im

---

880 Siehe zum Aspekt der Entflechtung SWD(2013) 177 final vom 08.05.2013, siehe oben IV. 1. h).

881 Etwa die Auslegungshinweise (Interpretative Notes) zum 3. Binnenmarktpaket, oben IV. 1. h).

882 Oben IV. 1. l).

883 Mitteilung über die Methode für die Analyse staatlicher Beihilfen in Verbindung mit verlorenen Kosten. Abrufbar unter: http://ec.europa.eu/competition/state_aid/legis lation/specific_rules.html. Oben IV. 1. f).

unionsunmittelbaren Vollzug ohne Dokumentennummer im Amtsblatt veröffentlicht werden, was aber nicht immer zutrifft.

(2) Veröffentlichungsorte

Auch bezüglich der Veröffentlichungsorte ergeben sich Fragen. Einige informelle Administrativnormen werden im Amtsblatt veröffentlicht, andere sind über die Internetseite der Generaldirektionen der Kommission abrufbar. Wiederrum andere können nur über die Suchfunktion auf der Internetseite „Register von Kommissionsdokumenten“[884] gefunden werden oder befinden sich auf der Internetseite der ACER. Bezüglich informeller Normen anderer Unionsagenturen gestaltet sich das Auffinden der Dokumente schwierig.[885] Insbesondere ältere Dokumente sind teilweise nur auf Anfrage erhältlich.

Werden informelle Administrativnormen im Amtsblatt veröffentlicht, geschieht dies meist in der Reihe C. Eine Ausnahme bilden die Empfehlungen der Kommission, die stets in der Amtsblattreihe L veröffentlicht werden; dies gilt aber nicht für Empfehlungen der ACER. Innerhalb der Reihe C erfolgt die Veröffentlichung teils im Abschnitt I („Entschließungen, Empfehlungen und Stellungnahmen“[886]), II („Mitteilungen“[887]) oder IV („Informationen“[888]). Dies verdeutlicht das Vereinfachungspaket:[889] Zwei der Instrumente, der Verhaltenskodex und die Mitteilung, wurden im Abschnitt IV, die Bekanntmachung hingegen im Abschnitt II veröffentlicht.

Daneben veröffentlicht u.a. die Generaldirektion Wettbewerb regelmäßig Zusammenstellung der geltenden “Regeln“ auf der Internetseite. Das Dokument „Wettbewerbsregeln für staatliche Beihilfen“[890] ist ein Beispiel. Es enthält sämtliche primär- und sekundärrechtliche Normen sowie alle

884 http://ec.europa.eu/transparency/regdoc/index.cfm;jsessionid=80B604D89E518D92A0D46864955D42CB.cfusion14601?fuseaction=search.

885 S. *Vaughan*, 17 CambYELS (2015), S. 66 (84).

886 So die Empfehlungen im Rahmen der nationalen Energie- und Klimapläne nach der Governance-VO, siehe oben IV. 1. k).

887 Leitlinien für staatliche Umweltschutz- und Energiebeihilfen 2014-2020, ABl. 2014, C 200, S. 1, oben IV. 1. a).

888 Bekanntmachung zum Begriff der Beihilfe, ABl. 2016, C 262, S. 1, oben IV. 1. e).

889 Siehe oben IV. 1. c).

890 Abrufbar unter http://ec.europa.eu/competition/state_aid/legislation/compilation/state_aid_15_04_14_de.pdf.

informellen Administrativnormen des Beihilfen- und Wettbewerbsrechts und darüber hinaus auch „Fragebögen", die zum Teil zusätzlich an anderen Orten, etwa im Amtsblatt, veröffentlicht sind.[891]

Wie im Abschnitt VIII. noch gezeigt wird, messen die Unionsgerichte dem Veröffentlichungsort eine für die Anfechtbarkeit relevante Indizwirkung zu. Auch ein Versuch der Systematisierung informeller Administrativnormen hat daher die Veröffentlichungspraxis grundsätzlich zu berücksichtigen. Als Orientierung kann insofern dienen: Die im Amtsblatt veröffentlichten Instrumente haben den relativ „offiziellsten Charakter", d.h., sie ähneln allein durch diese Veröffentlichung verbindlichen Instrumenten, was nahelegt, dass auch die Kommission mit hiermit jedenfalls den Eindruck von Verbindlichkeit erwecken will um so die Befolgung wahrscheinlicher zu machen.[892] Am anderen Ende der Skala finden sich Arbeitsunterlagen, die lediglich über die Suchfunktion der Kommissionsseite abrufbar sind.[893]

dd) Betitelung

Als weiteres mögliches formidentifizierendes Merkmal sind die im Titel geführten Namen der informellen Administrativnormen in den Blick zu nehmen. Dieser Aspekt wird auch von den Unionsgerichten bei der Auslegung von Rechtsakten herangezogen.[894] Es besteht zunächst die Grundannahme, dass Rechtsakte mit gleicher Betitelung ähnlich eingeordnet werden sollten.[895] *Ipsen* bemerkte zu „informellen Organhandlungen" bereits früh, dass die Selbstqualifizierung durch die Gemeinschaftsorgane bei der Ermittlung des „objektiven Sinngehalts" einer Handlung ein „gewichtiges Indiz" ist,

891 Bemerkenswert ist Länge von mehr als 1000 Seiten, wobei der Großteil der „Regeln" den informellen Instrumenten zugeordnet werden kann.

892 Vgl. etwa zu einer vergaberechtlichen Mitteilung *B. Köster*, ZfBR 2007, S. 127 (129).

893 In ähnlicher Weise treten die nicht von der Kommission als Kollegialorgan sondern lediglich einer Generaldirektion oder einem Kommissar herausgegebenen Dokumente mit erkennbar weniger Autorität auf, vgl. *D. Walzel*, Bindungswirkungen ungeregelter Vollzugsinstrumente der EU-Kommission, S. 175 f.

894 Siehe etwa EuGH, Rs. C-255/99, *Humer*, Rn. 48.

895 *J. Bast*, Grundbegriffe und Handlungsformen der EU, S. 160; *I. Schübel-Pfister*, ZLR 2004, S. 403 (405 f.); siehe auch *J.E. Dickschen*, Empfehlungen und Leitlinien der Europäischen Finanzaufsichtsbehörden, S. 80.

jedoch immer eine „minuziöse Auslegung der fraglichen Handlung“ erforderlich ist.[896]

In der Praxis fällt jedoch die große Begriffsvielfalt auf, die keiner Systematik zu folgen scheint, wie nachfolgend gezeigt wird.[897] Es ist deshalb fraglich, ob der Name eines Instruments allzu aufschlussreich ist.

Vorab ist zu bemerken, dass manche Begriffe nicht nur informelle Normen bezeichnen. Leitlinien im Anhang der Elektrizitätsbinnenmarkt-VO 2009 etwa waren rechtlich verbindlich.[898] Auch im Primärrecht wird zum Teil von Leitlinien gesprochen.[899] Da Leitlinien im Katalog der Handlungsformen des Art. 288 AEUV nicht genannt werden und deren rechtlichen Status somit nicht klären, wird ihre Rechtsverbindlichkeit daher im Schrifttum zum Teil bestritten.[900] Für das Energierecht von Bedeutung ist insbesondere das in Titel XVI des AEUV erklärte Ziel des Auf- und Ausbaus transeuropäischer Netze in den Bereichen Verkehrs-, Telekommunikations- und Energieinfrastruktur, Art. 170-172 AEUV.[901] Um dieses Ziel zu errei-

---

896 *H.P. Ipsen*, Europäisches Gemeinschaftsrecht, S. 483, 22/32. Ähnlich *I. Schübel-Pfister*, ZLR 2004, S. 403 (405 f.).

897 So auch in anderen Bereichen, in denen informelle Administrativnormen verwendet werden *P. Szeczekalla*, Handlungsformen im europäischen Verwaltungsrecht, in: Terhechte (Hrsg.), Verwaltungsrecht der Europäischen Union, Rn. 45; *M. Brohm*, Die „Mitteilungen“ der Kommission im Europäischen Verwaltungs- und Wirtschaftsraum, S. 25, 40; *L. Senden*, Soft Law in European Community Law, S. 116; *U. Haltern*, Europarecht Bd. I, 3. Aufl., S. 417, Rn. 905; *H.C.H. Hofmann/G.C. Rowe/A.H. Türk*, Administrative Law and Policy of the European Union, S. 537; *C. Bluman/L. Dubouis*, Droit institutionnel de l'Union europeénne, 5. Aufl., S. 564, Rn. 726 ; kritisch auch *U. Immenga*, EuZW 2006, S. 481.

898 Zu deren „nachgerade inflationäre[m] Gebrauch“ im 3. Binnenmarktpaket *J. Gundel/C.F. Germelmann*, EuZW 2009, S. 763 (767 f.); zur der bereits davor verwirrenden Verwendung des Leitlinienbegriffs *F. Arndt*, DV 39 (2006), S. 100 (106).

899 Erste primärrechtliche Erwähnung fanden Leitlinien im Vertrag von Maastricht, *H. Lecheler*, DVBl 2008, S. 873 (874).

900 Vgl. dazu *I. Härtel*, Handbuch Europäische Rechtsetzung, § 13 Rn. 1.

901 Daneben wird in Art. 148 Abs. 2 S. 1 AEUV von beschäftigungspolitischen Leitlinien gesprochen, deren Rechtsverbindlichkeit zum Teil ebenfalls bestritten, aber mit ähnlichen Argumenten wie im Bereich der Transeuropäischen Netze überzeugend bejaht wird, vgl. zum Streitstand *I. Härtel*, Handbuch Europäische Rechtsetzung, § 13, Rn. 4-8. Siehe für weitere primärrechtliche Leitlinien die allgemeinen Leitlinien des Europäischen Rates innerhalb der GASP, Art. 26 Abs. 1 S. 1 EUV; die (praktisch unbedeutsamen) Leitlinien des Rates in Art. 26 Abs. 3 AEUV (Homogenitätsklausel für Binnenmarktverwirklichung); Art. 68 AEUV (strategische Leitlinien durch den Europäischen Rat auf dem Gebiet des Raumes der Freiheit, der Sicherheit und des Rechts); Art. 156 Abs. 2 S. 1 AEUV (Leitlinien der Kommission im Bereich der Sozialpolitik); Art. 173 Abs. 2 S. 2 AEUV (Leitlinien der Kommission im Bereich der

chen, steht unter anderem das Instrument der Leitlinien[902] zur Verfügung, Art. 171 AEUV.[903] Ausführungen dazu, was unter dem Begriff der „Leitlinien“ zu verstehen ist, finden sich jedoch weder im Abschnitt über Transeuropäische Netze, noch in den übrigen Bestimmungen der Verträge.[904] Entsprechend wird deren Rechtsnatur nicht einheitlich beantwortet.[905] Dieses Beispiel unterstreicht die Unsicherheiten, die selbst bei in den Verträgen genannten Instrumenten herrschen können. Für die hier untersuchten informellen Administrativnormen verstärken sich die Unsicherheiten durch die Vielzahl an Bezeichnungen.

(1) Beispiel: „Vorschriften“ und „Leitlinien“

Ein Blick auf die Verwendung der Begriffe „Vorschriften“ und „Leitlinien“ legt nahe, dass es in den Augen der Kommission durchaus einen Unterschied zwischen verschieden betitelten informellen Administrativnormen gibt. In der Mitteilung COM(2015) 80, die im Rahmen des Paketes zur Energieunion ergangen ist,[906] wird auf verschiedene andere Rechtsakte verwiesen.[907] In Bezug auf frühere Mitteilungen trifft die Kommission eine Unterscheidung zwischen „Leitlinien“[908] einerseits und „Vorschriften“[909] andererseits. Dabei wird als Nachweis für erstere die Mitteilung „Vollendung des Elektrizitätsbinnenmarktes und optimale Nutzung staatlicher Interventionen“[910] genannt, welche die Grundsätze und Überzeugungen der Kommission zur Beihilfenpolitik der Mitgliedstaaten im Bereich des Elektrizitätsbinnenmarktes enthält.[911] In ihnen führt die Kommission aus,

---

Industriepolitik); Art. 181 Abs. 2 S. 1 AEUV (Leitlinien der Kommission im Bereich der Forschung und technischen Entwicklung).

902 Englisch: *guidelines*; Französisch: *orientations*.

903 Näher *C. Calliess*, in: Calliess/Ruffert (Hrsg.), EUV/AEUV, 5. Aufl., Art. 171, Rn. 1.

904 *H. Lecheler*, DVBl 2008, S. 873 (874); *C. Calliess*, in: Calliess/Ruffert (Hrsg.), EUV/AEUV, 5. Aufl., Art. 171 AEUV, Rn. 2.

905 Zum Streitstand *Bogs*, Die Planung transeuropäischer Verkehrsnetze, S. 141-143.

906 Siehe oben IV. 1. j).

907 Z.B.: Energieeffizienz und ihr Beitrag zur Energieversorgungssicherheit und zum Rahmen für die Klima- und Energiepolitik bis 2030, als Nachweis für Berechnungen zur Energieeinsparung, COM(2014) 520.

908 Englisch: *guidance*; Französisch: *orientations*.

909 Englisch: *rules*; Französisch: *règles*.

910 C(2013) 7243 endg.; oben IV. 1. b).

911 COM(2015) 80 final, Mitteilung der Kommission „Rahmenstrategie für eine krisenfeste Energieunion mit einer zukunftsorientierten Klimaschutzstrategie“, S. 12.

wie staatliche Beihilfen ausgestaltet sein müssen, damit sie als mit dem Binnenmarkt vereinbar angesehen werden können. Als Nachweis für „Vorschriften" – in Abgrenzung zu „Leitlinien" – führt die Kommission die oben erwähnten Umwelt- und Energiebeihilfeleitlinien an.[912] Ausführungen dazu, warum hier ein Unterschied angelegt sein soll, der die unterschiedlichen Bezeichnungen bedingt, bleiben jedoch aus.

Die getroffene Unterscheidung ist nicht ganz nachvollziehbar, scheinen die beiden Dokumente doch dasselbe Ziel zu verfolgen, die gleichen Funktionen zu erfüllen und beide materiell-rechtliche Regelungen zu treffen: In beiden Fällen wird der Standpunkt der Kommission erläutert hinsichtlich der Unionsrechtsmäßigkeit von Beihilfen, was letztlich der Rechtssicherheit dient. Unterschiede sind hinsichtlich der Regelungsmaterie zu verzeichnen. Die Umwelt- und Energiebeihilfeleitlinien sind wesentlich umfangreicher als die Mitteilung zur Vollendung des Elektrizitätsbinnenmarkts. Zudem benutzt die Mitteilung im Gegensatz zu den Umwelt- und Energiebeihilfeleitlinien die Verweisungstechnik, die schon bei der Mitteilung zur Durchführung der Energieeffizienzrichtlinie[913] beobachtet wurde: Das in allen Amtssprachen verfügbare Hauptdokument enthält die Grundlagen, wohingegen in den fünf Arbeitsdokumenten der Kommission sehr genaue Fragen zumeist technischer Natur behandelt werden. Die Mitteilung zur Vollendung des Elektrizitätsbinnenmarkts vermittelt ihrer äußeren Form nach einerseits den Eindruck von geringerer Verbindlichkeit, da sie wenig untergliedert ist und mit vielen Wiederholungen arbeitet. Zudem beginnen sie mit einer fast vierzehnseitigen Einleitung, die Allgemeines zu staatlichen Interventionen und der Bedeutung des Elektrizitätsbinnenmarkts erläutert. Die Umwelt- und Energiebeihilfeleitlinien hingegen sind eher wie ein Gesetzgebungsvorschlag aufgebaut und scheinen den Anspruch zur umfassenden Regelung dieses Bereichs des Beihilfenrechts zu erheben. Sie sind stärker untergliedert und enthalten neben den einzelnen Bestimmungen eine kurze Einleitung und einen Abschnitt zum Anwendungsbereich sowie Begriffsbestimmungen. Auf dieser Linie liegen auch Unterschiede bezüglich Publikationsort und -form: Im Gegensatz zu den Umwelt- und Energiebeihilfeleitlinien, ist die Mitteilung zur Vollendung des Elektrizitätsbinnenmarkts nicht im Amtsblatt veröffentlicht und nur als C-Dokument

---

912 KOM(2015) 80 endg., S. 12.
913 COM(2013) 762 endg.; oben IV. 1. g).

(nicht als COM-Dokument) ergangen.[914] Diese Umstände machen zumindest nachvollziehbar, warum die Kommission den Umwelt- und Energiebeihilfeleitlinien mit dem verbindlicher klingenden Begriff „Vorschriften" bezeichnet und die Mitteilungen zur Vollendung des Elektrizitätsbinnenmarkts hingegen nur als „Leitlinien" und somit ersteren mehr Autorität zuschreiben zu scheint. Dies wird bestätigt von der Einleitung der Mitteilung zur Vollendung des Elektrizitätsbinnenmarkts, in der es heißt:

> „In dieser Mitteilung werden die wichtigsten Merkmale staatlicher Interventionen im Hinblick auf die Korrektur von Marktversagen bewertet. In ihr wird aufgezeigt, wie sie im Hinblick auf eine bessere Wirksamkeit konzipiert bzw. angepasst werden können. In der Mitteilung werden ferner die Grundsätze und die Richtung von Veränderungen *zur Diskussion gestellt*, die nach Auffassung der Kommission die weitere Gestaltung staatlicher Interventionen im öffentlichen Sektor bestimmen sollten."[915]

Da die Grundsätze für die geplanten Änderungen der Vorschriften für staatliche Interventionen lediglich „zur Diskussion gestellt" werden, scheint die Mitteilung nur eine Übergangslösung zu sein; eine Arbeitsgrundlage für weiteres Vorgehen.[916]

Andererseits ist die Mitteilung zur Vollendung des Elektrizitätsbinnenmarkts nicht mit „Leitlinien" überschrieben, sondern als „Mitteilung"; erst auf Seite 14 findet sich der mit „Leitlinien" betitelte Abschnitt. Hingegen tragen die Umwelt- und Energiebeihilfeleitlinien den Begriff „Leitlinien" bereits im Titel. Auch ein Vergleich mit anderen Sprachfassungen bringt keine Klärung: In der englischen Fassung der Mitteilung zur Energieunion

---

914 Zwei der Arbeitsdokumente der Mitteilung zur Vollendung des Elektrizitätsbinnenmarkts waren nicht über das Register der Kommissionsdokumente abrufbar, sondern nur auf Anfrage erhältlich. Die C-Dokumente haben einen weniger „offiziellen" Charakter als die COM-Dokumente. Letztere sind in der Regel an die anderen Unionsorgane gerichtet und sind in formellen Verfahren vorgesehen, etwa Legislativvorschläge. Ein Überblick zu den verschiedenen Arten der Kommissionsdokumente findet sich hier: https://ec.europa.eu/transparency/regdoc/?fuseaction=helpcote.

915 C(2013) 7243 final, S. 5 (Hervorhebung hinzugefügt).

916 Vgl. auch allgemeine Formulierungen wie „Die Kommission *empfiehlt*, erneuerbare Energien auf stabile, transparente, glaubwürdige, kosteneffiziente und marktintegrierende Weise zu fördern. Dies wird zu technologischen Innovationen und zur Wettbewerbsfähigkeit der erneuerbaren Energien führen." (Hervorhebung hinzugefügt), C(2013) 7243 final, S. 18.

wird von *guidance and rules* gesprochen.[917] Der Begriff *guidance* wird auch in der Mitteilung zur Vollendung des Elektrizitätsbinnenmarkts verwendet. Hingegen sprechen die Umwelt- und Energiebeihilfeleitlinien von *guidelines.*

Die französische Sprachfassung der Mitteilung zur Energieunion spricht von *orientations et règles*, in der Mitteilung zur Vollendung des Elektrizitätsbinnenmarkts ist von *orientations* die Rede. Die Umwelt- und Energiebeihilfeleitlinien verwenden den Begriff der *lignes directrices.*

Der Vergleich mit der englischen und der französischen Sprachfassung[918] ist somit wenig aufschlussreich. Auch hier wird in den beiden Mitteilungen, auf die verwiesen wird, in Bezug auf die Umwelt- und Energiebeihilfeleitlinien eine Bezeichnung gewählt, die nicht auf die verbindlichere „Vorschrift" im Gegensatz zur weniger verbindlichen „Leitlinie" hindeutet. Lediglich die Übersetzungen des Wortes „Leitlinie", wie es in der Mitteilung zu Vollendung des Elektrizitätsbinnenmarkts verwendet wird, entspricht im Englischen und Französischen nicht der Wortwahl der Umwelt- und Energiebeihilfeleitlinien (*guidance* anstatt *guideline* und *orientations* anstatt *lignes directrices*). Die Bezeichnung wirkt somit zumindest nicht konsequent und ist nicht ganz nachvollziehbar.

Hinzu kommt im Fall der Mitteilung zur Vollendung des Elektrizitätsbinnenmarkts, dass diese in ungewöhnlicher Weise auf die Möglichkeit der Einleitung eines Vertragsverletzungsverfahrens bei Nichtbeachtung der hierin mitgeteilten Auffassung der Kommission hinweist.[919] Auch dies spricht nicht dafür, dass diese Mitteilung in den Augen der Kommission weniger Autorität beanspruchen soll als die Umwelt- und Energiebeihilfeleitlinien.

Der Eindruck einer inkonsequenten Verwendung der Begriffe setzt sich fort bei einem Blick auf die Begriffsverwendung in der Mitteilung

917 COM(2015) 80 final, S. 10.

918 Ein Vergleich nur mit diesen beiden Sprachfassung scheint im Fall von Kommissionsdokumenten angemessen, da die Arbeitssprache innerhalb der Kommission Englisch ist und diese daneben Deutsch und Französisch als wichtigste Sprachen anzusehen scheint, werden doch fast alle Dokumente (z.B. Pressemitteilungen) zumindest in diese drei Sprachen übersetzt; für die weiteren 21 offiziellen Amtssprachen der Union ist dies nicht der Fall. Siehe dazu bereits oben II. 3. c) dd). Vgl. hierzu die auf Grundlage von 342 AEUV erlassene Verordnung Nr. 1 vom 15. April 1958 zur Regelung der Sprachenfrage für die Europäische Wirtschaftsgemeinschaft; zuletzt geändert durch Verordnung 920/2005/EG des Rates vom 13. Juni 2005, ABl. 2005, L 156, S. 3; dazu *A. Lopes Sabino*, RTDE 1999, S. 159 (163).

919 C(2013) 7243 final, S. 14 f.

COM(2013) 7243: In ihr wird für die beihilferechtliche Mitteilung „Leitlinien für bestimmte Beihilfemaßnahmen im Zusammenhang mit dem System für den Handel mit Treibhausgasemissionszertifikaten nach 2012“[920] die Bezeichnung „Leitlinien“[921] gewählt, nicht etwa „Regeln“ wie in der Mitteilung zur Energieunion. Dabei weisen die beiden beihilferechtlichen Leitlinien große Ähnlichkeiten auf: Beide sind ähnlich einem verbindlichen Rechtsakt aufgebaut, enthalten präzise Vorschriften und wurden im Amtsblatt veröffentlicht. Zum Teil kommt es hier inhaltlich sogar zu Überscheidungen, soweit es um Beihilfen für Treibhausgasemissionszertifikate geht. Hierfür ist in den Umwelt- und Energiebeihilfeleitlinien ein eigener Abschnitt vorgesehen.[922]

(2) Beispiel: Beihilferechtliche Pressemitteilung

Ein weiterer Fall, der hier als Beispiel dienen soll, betrifft die oben erwähnte Pressemitteilung IP/16/3141.[923]

Warum hierfür die Form der Pressemitteilung gewählt wurde, ist nicht ersichtlich, wird doch auch auch hier – wie in den beihilferechtlichen Leitlinien – die Kommissionspraxis und die Rechtsprechung zusammenfasst. Derartige Themen werden, wie gesehen, im Beihilfenrecht als Leitlinien, Rahmen, Mitteilungen oder Bekanntmachungen erlassen, zum Teil im Amtsblatt, zum Teil als C- oder COM-Dokument. Eine Erklärung könnte sein, dass es sich um eine Art Übergangsregelung handelt, die den speziellen Bereich der Beihilfen für Flughäfen und Häfen regeln soll, bis die AGVO erweitert wurde. In dem Aufruf zur zweiten Konsultationsrunde zur Überarbeitung der AGVO, wird ausdrücklich von der Stellung dieser Überarbeitung innerhalb der Beihilfenpolitik der Kommission gesprochen. Danach handelt es sich bei der Überarbeitung der AGVO um ein Schlüsselelement im Rahmen der SAM-Reform, neben dem Paket von (Einzel-)Entscheidungen, die in den Pressemitteilungen IP/16/3141 und IP/15/4889 erwähnt werden, sowie der *de minimis*-VO und der Bekanntmachung zum

920 ABl. 2012, C 158, S. 4.

921 Englisch: *guidelines*; Französisch: *orientations*.

922 Umwelt- und Energiebeihilfeleitlinien, ABl. 2014, C 200, S. 1, Abschnitt 3.10.

923 Pressemitteilung der Kommission vom 21.09.2016 „Staatliche Beihilfen: Europäische Kommission gibt Orientierungshilfen zu lokalen öffentlichen Fördermaßnahmen, die keine staatlichen Beihilfen darstellen, IP/16/3141. Siehe oben IV. 1. t).

Begriff der Beihilfe.[924] Die Kommission scheint also die Pressemitteilung selbst nicht als Steuerungsinstrument anzusehen. Gleichwohl erfüllt sie eine ähnliche Funktionen wie die übrigen informellen Administrativakte im Beihilfenrecht indem sie rechtlich unverbindlich in abstrakt-genereller Weise die Auslegung der Kommission des Beihilfenrechts darlegt und damit eine Orientierungshilfe geben soll. Die gewählte Form als Pressemitteilung wirkt trotz der bereits festgestellten Formenvielfalt ungewöhnlich.

(3) Beispiel: „Rahmen“

Unter der Bezeichnung „Rahmen“ werden informelle Administrativnormen seit einiger Zeit im Beihilfenrecht erlassen. Ein Beispiel, das bereits in Abschnitt III. 1. d) erwähnt wurde, sind die „Gemeinschaftsrahmen für staatliche Umweltschutzbeihilfen“ von 1994 und 2001.[925] Sie unterscheiden sich im Aufbau und Erscheinungsbild insgesamt nicht von anderen ermessensstrukturierenden informellen Administrativnormen im unionseigenen Vollzug: Einer Einleitung mit Erwägungsgründen folgt ein Abschnitt, der den Anwendungsbereich bestimmt und Definitionen enthält, sodann der Hauptteil mit den materiell-rechtlichen Bestimmungen über die nach Ansicht der Kommission zulässige Unterstützungen von Unternehmen durch die Mitgliedstaaten.

Hier besteht die Besonderheit, dass die Beihilferahmen, wenn die Mitgliedstaaten ihnen zustimmen, verbindlich werden, also ihre Eigenschaft als informelle Normen verlieren.[926] Als „zweckdienliche Maßnahmen“ im Sinne von Art. 108 Abs. 1 AEUV können sie kraft Zustimmung die Mitgliedstaaten binden.[927] Die Beihilfenverfahrens-VO hält dies mittlerweile in den Art. 21-23 ausdrücklich fest.[928] Erfasst sind hiervon bereits bestehende Beihilfen der Mitgliedstaaten.

---

924 http://ec.europa.eu/competition/consultations/2016_second_gber_review/index_en.html.

925 ABl. 1994, C 72, S. 3; ABl. 2001, C 37, S. 3. Französisch: *encadrement communautaire.* In der englischen Fassung wird hingegen von *community guidelines* gesprochen.

926 Nach *P. Schütterle*, EuZW 1995, S. 391 (393), kann die Zustimmung auch konkludent durch Befolgung der informellen Administrativnormen gegeben werden.

927 Näher dazu unten V. 2. a) aa) (4).

928 Verordnung (EU) 2015/1589 des Rates vom 13.07.2015 über besondere Vorschriften für die Anwendung von Artikel 108 AEUV, ABl. 2015, L 248, S. 9.

Laut *Gundel* wurden Instrumente mit dem Titel „Rahmen" hauptsächlich in der Vergangenheit für beihilferechtliche Regelungen nach Art. 108 Abs. 1 S. 2 AEUV verwendet, wohingegen sie gegenwärtig im Beihilfenrecht weniger relevant sind. Regelungen für bestehende Beihilfenprogramme sind oft schon in den „Leitlinien" enthalten.[929]

Die Ausgangsuntersuchung bestätigt diese Einschätzung nur teilweise. Denn der Rahmen-Begriff wird bzw. wurde nicht ausschließlich für bestehende Beihilfen verwendet, sondern auch – wie die Leitlinien – für zukünftige Beihilfemaßnahmen. Dies zeigen etwa die Gemeinschaftsrahmen für Umweltschutzbeihilfen von 1994 und 2001, die ausdrücklich das Ermessen der Kommission in diesem Bereich vorstrukturieren sollen und ihr Verhalten vorhersehbarer machen sollen.[930] Die Verwendung des Rahmen-Begriffs ermöglicht daher keine eindeutige Zuordnung; seine Regelungen beziehen sich nicht immer nur auf bestehende Beihilfen. Auch die zum Teil vertretene Ansicht, informelle Administrativnormen mit materiell-rechtlichen Regelungen im Beihilfenrecht würden zumeist als „Rahmen" bezeichnet,[931] findet keine Bestätigung in den für diese Studie untersuchten Instrumenten.

Gemein ist den Beihilferahmen, dass sie in allen Amtssprachen in der ABl.-Reihe C unter II „Mitteilungen" veröffentlicht werden.

Außerhalb des Beihilfenrechts wird in verschiedenen Zusammenhängen der Begriff Rahmen verwendet. So etwa in dem Grünbuch „Ein Rahmen für die Klima- und Energiepolitik".[932] „Rahmen" scheint hier eine Zielvorgabe mit wenigen oder keinen konkreten Verpflichtungen für die Mitgliedstaaten zu sein. Bereits erwähnt wurde die „Rahmenstrategie für eine krisenfeste Energieunion mit einer zukunftsorientierten Klimaschutzstrategie", die eines der Dokumente im Paket zur Energieunion darstellt.[933] Anders

929 *J. Gundel*, EuZW 2016, S. 606 (607); mit dieser Einschätzung bereits zuvor *T. Jestaedt/U. Häsemeyer*, EuZW 1995, S. 787 (788 f.); siehe auch *M. Bungenberg*, Europäisches Subventionsverwaltungsrecht, in: Terhechte (Hrsg.), Verwaltungsrecht der Europäischen Union, Rn. 32.

930 Gemeinschaftsrahmen für staatliche Umweltschutzbeihilfen, ABl. 1994, C 72, S. 3, Rn. 1.6. Ähnlich der Gemeinschaftsrahmen für staatliche Umweltschutzbeihilfen, ABl. 2001, C 37, S. 3, Rn. 7.

931 *G. della Cananea*, Administration by Guidelines: The Policy Guidelines of the Commission in the Field of State Aid, in: Harden (Hrsg.), State Aid: Community Law and Policy, S. 61 (64).

932 COM(2013) 169 final, Grünbuch – Ein Rahmen für die Klima- und Energiepolitik bis 2030, vom 27.03.2013; oben IV. 1. i) und s).

933 Siehe oben IV. 1. j).

als die Beihilferahmen wurden diese Instrumente nicht im Amtsblatt veröffentlicht, sondern sind als COM-Dokumente über die Internetseite der Kommission in allen Amtssprachen abrufbar.

(4) Weitere Verwendungen

Auch im Übrigen ist die Begriffsverwendung im Titel der informellen Administrativnormen nicht immer konsequent, wenngleich Tendenzen erkennbar sind.

Der Begriff „Mitteilung" wird zum Teil als Oberbegriff für „Leitlinien" und andere informelle Administrativnormen gewählt.[934] Die Umwelt- und Energiebeihilfeleitlinien etwa tragen den Titel „Mitteilungen" und als Untertitel die Bezeichnung „Leitlinien".[935] Die Verwendung als Oberbegriff liegt auch deshalb nahe, weil die im Amtsblatt veröffentlichten Instrumente mitunter in der ABl.-Reihe C unter II. „Mitteilungen" veröffentlicht werden. Wie gesehen, erfolgt dies aber nicht immer in nachvollziehbarer und konsequenter Weise.

„Grün- und Weißbücher" werden von manchen Autoren ebenfalls als Unterfälle der Mitteilungen eingeordnet, wobei Mitteilungen die „allgemeinste Form einer Äußerung des Kollegiums" sein sollen.[936] Andere benutzen „Mitteilungen" als Oberbegriff für Handlungsformen der Kommission außerhalb der in Art. 288 AEUV genannten unverbindlichen Handlungen; diese seien ihrerseits Unterkategorien der „Verlautbarungen", womit die unbenannten Handlungsformen der sonstigen Unionsorgane gemeint sein sollen.[937] Auch die in den Verträgen verwendete Terminologie ist nicht

934 *I. Härtel*, Handbuch Europäische Rechtsetzung, § 13, Rn. 23; titelgebend etwa bei *H. Adam*, Die Mitteilungen der Kommission;, vor. Titelgebend etwa bei *M. Brohm*, Die „Mitteilungen" der Kommission im Europäischen Verwaltungs- und Wirtschaftsraum. Anders *U. Soltész/C. von Köckritz*, EuZW 2010, S. 167 ff., die von einer synonymen Verwendung der Begriffe „Mitteilung" und „Gemeinschaftsrahmen" durch die Kommission ausgehen; sich dem anschließend *A. Glaser*, Die Entwicklung des Europäischen Verwaltungsrechts aus der Perspektive der Handlungsformenlehre, S. 380, dort Fn. 268.

935 Ein weiteres Beispiel ist der „Energiefahrplan 2050": Mitteilung der Kommission an das EP, den Rat, den WSA und den AdR – Energiefahrplan 2050, COM(2011) 885 final vom 15.12.2011.

936 *P. Nemitz*, in: Schwarze/Becker/Hatje/Schoo (Hrsg.), EU-Kommentar, 4. Aufl., Art. 17 EUV, Rn. 4.

937 *I. Schübel-Pfister*, ZLR 2004, S. 403 (404).

zuverlässig, wie zum einen die „Leitlinien“ zeigen, die im Zusammenhang der Transeuropäischen Netze sogar verbindlich sein können. Zum anderen zeigt die Verwendung des Begriffs „Mitteilung“ in Protokoll Nr. 1 der Verträge[938] als „Konsultationsdokumente der Kommission“, dass Mitteilungen hier lediglich eine Sammelbezeichnung für vorbereitende Instrumente ist, und nicht nur solche, die als „Mitteilungen“ im Titel bezeichneten gemeint sind.

Für die informellen Administrativnormen im Beihilfenrecht wird von manchen Autoren folgende Unterscheidung vorgeschlagen: ermessensbindende „Leitlinien“ und „Unionsrahmen“ sollen Regelungen zu den Ausnahmen in Art. 107 Abs. 3 AEUV enthalten, die „die Politik der Kommission bei ihrer Ermessensausübung“ im Rahmen von Art. 107 Abs. 3 AEUV wiedergeben[939]. Hingegen sollen als „Mitteilungen“ betitelte Instrumente Regelungen zu Art. 107 Abs. 1 AEUV beinhalten,[940] wobei hier die Kommissionspraxis und die Rechtsprechung des EuGH zusammengefasst werde.[941]

Diese Klassifizierung findet in den untersuchten Instrumenten jedoch nicht uneingeschränkt Bestätigung. Die „Bekanntmachung zum Begriff der Beihilfe“[942] etwa betrifft den Beihilfenbegriff in Art. 107 Abs. 1 AEUV und wurde nicht als „Mitteilung“ betitelt. Die Mitteilung „Vollendung des Elektrizitätsbinnenmarktes und optimale Nutzung staatlicher Interventionen“[943] betrifft Art. 107 Abs. 3 AEUV und wurde nicht als „Leitlinie“ oder „Rahmen“ betitelt.

Auch eine Zuordnung des Begriffs „Bekanntmachungen“ zu ermessensstrukturierenden Instrumenten – im Gegensatz zu Verfahrensregeln – kann nicht bestätigt werden. Wieder ist die „Bekanntmachung zum Begriff der Beihilfe“ ein Beispiel: Anders als die „Bekanntmachung“ zur Rückforde-

938 Dazu bereits oben IV. 2. b) aa).

939 *S. Jungheim/W. Weiß*, § 14 Wettbewerbsregeln des Unionsrechts, in: Niedobitek (Hrsg.), Europarecht – Grundlagen und Politiken der Union, 2. Aufl., S. 1115 (1207) Rn. 254.

940 *A. Haratsch/C. Koenig/M. Pechstein*, Europarecht, 12. Aufl., S. 695, Rn. 1311; *S. Jungheim/W. Weiß*, § 14 Wettbewerbsregeln des Unionsrechts, in: Niedobitek (Hrsg.), Europarecht – Grundlagen und Politiken der Union, 2. Aufl., S. 1115 (S. 1207) Rn. 254.

941 Ähnlich *M. Bungenberg*, Europäisches Subventionsverwaltungsrecht, in: Terhechte (Hrsg.), Verwaltungsrecht der Europäischen Union, Rn. 32.

942 ABl. 2016, C 262, S. 1. Siehe dazu oben IV. 1. e).

943 C(2013) 7243 final. Siehe dazu oben IV. 1. b).

rung von Beihilfen,[944] betrifft sie den Tatbestand, also materiell-rechtliche Fragen des Beihilfenrechts. Die Bekanntmachung zur Rückforderung hingegen betrifft verfahrensrechtliche Aspekte.

Als "Aktionsplan" betitelte Dokumente werden von manchen Autoren als Handlungsform mit Programmierungsfunktion eingeordnet, mit denen zukünftige Gesetzgebungsvorhaben priorisiert werden. Aktionspläne dienen damit als Basis für weitere Schritte in Form von konkreten Legislativvorschlägen,[945] etwa nachfolgenden Grün- und Weißbüchern.[946] In den Aktionsplänen nimmt die Kommission somit gewissermaßen die Vogelperspektive ein und betrachtet die künftige Agenda in größeren Zusammenhängen. Häufig geht dem ein Impuls des Europäischen Rates voraus, der in einem vorgeschalteten Schritt eine Richtungsgebungsfunktion wahrnimmt.[947] Die Ausgangsuntersuchung bestätigt diese Verwendung als vorbereitendes Instrument. Allerdings wird der Begriff Aktionsplan zum Teil auch unter der Überschrift „Grünbuch" verwendet,[948] sodass der Begriff nicht spezifisch für vorbereitende Instrumente ist.

Auch die rechtsvorbereitenden Instrumente werden jedoch nicht einheitlich bezeichnet. Zwar beschreibt die Kommission selbst die Funktion von „Fahrplänen" als Grundlage, auf der zu Konsultationen aufgerufen wird, was schließlich zur Ausarbeitung konkreter Vorschläge dienen soll.[949] Jedoch wird diese Funktion zum Teil auch von anderen, als Mitteilungen[950]

---

944 Bekanntmachung der Kommission, Rechtswidrige und mit dem Gemeinsamen Markt unvereinbare staatliche Beihilfen: Gewährleistung der Umsetzung von Rückforderungsentscheidungen der Kommission in den Mitgliedstaaten, ABl. 2007, C 272, S. 4. Englisch: *notice*; Französisch: *communication.*

945 *U. Haltern*, Europarecht Bd. I, 3. Aufl., S. 418 f., Rn. 908.

946 Siehe für die ähnlich bezeichneten Aktions*programme* *K.-D. Borchardt*, Die rechtlichen Grundlagen der Europäischen Union, 7. Aufl., S. 275, Rn. 542, nach dem diese zur konkreteren Ausgestaltung von Zielen der Union eingesetzt werden und auch zur Selbstbindung bezüglich des Planungsinhalts führen könne. Art. 192 Abs. 3 AEUV sieht Aktionsprogramme zur Festlegung der vorrangigen Ziele der Umweltpolitik vor; sie werden im ordentlichen Gesetzgebungsverfahren erlassen.

947 *U. Haltern*, Europarecht Bd. I, 3. Aufl., S. 418 f., Rn. 908.

948 COM(2013) 169 final, Grünbuch – Ein Rahmen für die Klima- und Energiepolitik bis 2030, vom 27.03.2013. Siehe oben IV. 1. i) und s).

949 Siehe https://ec.europa.eu/info/law/law-making-process/planning-and-proposing-law_en#how-their-scope-is-defined. Sowie https://ec.europa.eu/info/law/better-regulation/have-your-say, wonach in Fahrplänen „neue Ideen" dargelegt werden.

950 So etwa im Fall der Bekanntmachung zum Begriff der Beihilfe. Hier wurde zunächst eine „Mitteilung" erlassen, die den Entwurf zu der Bekanntmachung enthielt, vgl. http://ec.europa.eu/competition/consultations/2014_state_aid_notion/index_en.html.

oder Grünbücher[951] bezeichneten Dokumenten erfüllt. Auch hier erscheint die Begriffsverwendung nicht konsequent.

Unklar ist des Weiteren die zum Teil vorgenommene Wahl des Begriffs „Verhaltenskodex“[952]. Er findet sich etwa in einem der drei Instrumente des Vereinfachungspaketes Beihilfeverfahren.[953] Die Verwendung des Begriffs im Weißbuch Europäisches Regieren ist nicht aufschlussreich. Dort werden Verhaltenskodizes zwar gegen „starre Gesetzesregeln“[954] abgegrenzt:

> „Eine Konsultationskultur lässt sich nicht mit Gesetzesregeln erreichen, die allzu starr wären und die Verabschiedung bestimmter politischer Maßnahmen verzögern könnten. Vielmehr sollte sie sich auf einen Verhaltenskodex stützen, in dem Mindeststandards dafür festgelegt würden [...].“[955]

Jedoch hätte hier vermutlich auch der Leitlinienbegriff verwendet werden können, denn mehr als die formal-rechtliche Unverbindlichkeit (oder zumindest große Ermessensspielräume bei der Anwendung der Normen) kommt damit nicht zum Ausdruck. Die anderen beiden Instrumente im Vereinfachungspaket sind als „Mitteilung“[956] und „Bekanntmachung“[957] betitelt. Die englische und die französische Version hingegen verwenden für diese beiden Dokumente den selben Begriff.[958] Eine Erklärung für diese im Deutschen abweichenden Betitelungen findet sich nicht. Denkbar ist etwa, dass im Falle der Bekanntmachung der Begriff „Verhaltenskodex“ als unangemessen angesehen wurde, richtet sie sich doch an die mitgliedstaatlichen Gerichte, die in einem besonderen Maße Unabhängigkeit genießen und daher der Eindruck eines von der Kommission einseitig gesetzten Regelwerks, das von einer besonderen Autorität getragen wird, vermieden werden sollte. Die rechtliche Unverbindlichkeit wird entsprechend in der

951 Siehe etwa COM(2013) 169 final, Grünbuch – Ein Rahmen für die Klima- und Energiepolitik bis 2030, vom 27.03.2013, siehe oben IV. 1. s).

952 Englisch: *code of conduct*; Französisch: *code de conduite*.

953 Verhaltenskodex für die Durchführung von Beihilfeverfahren, ABl. 2009, C 136, S. 13, siehe oben IV. 1. c).

954 Englisch: *legal rules*; Französisch: *réglementations*.

955 Europäische Kommission, Europäisches Regieren – Ein Weißbuch, KOM(2001) 428 endg., S. 22.

956 Mitteilung der Kommission über die Behandlung wertgeminderter Aktiva im Bankensektor der Gemeinschaft, ABl. 2009, C 136, S. 3.

957 Bekanntmachung der Kommission über die Durchsetzung des Beihilfenrechts durch die einzelstaatlichen Gerichte, ABl. 2009, C 85, S. 1.

958 Englisch: *notice*; Französisch: *communication*.

Bekanntmachung besonders betont: „Ziel dieser Bekanntmachung ist es, die einzelstaatlichen Gerichte bei der Anwendung der Beihilfevorschriften zu unterstützen. Sie ist für die einzelstaatlichen Gerichte weder bindend, noch beeinträchtigt sie deren Unabhängigkeit."[959] Gerade im Vergleich mit anderen informellen Administrativnormen, die teilweise den Hinweis auf die Möglichkeit der Einleitung eines Vertragsverletzungsverfahrens bei Nichtbeachtung beinhalten,[960] ist diese Formulierung sehr zurückhaltend.

Auch die im Bereich des Finanzaufsichtsrechts vorgeschlagene Abgrenzung von „Empfehlungen" zu „Leitlinien" anhand der Adressaten kann nicht auf die Instrumente dieser Studie übertragen werden: Dort wird unterschieden zwischen Empfehlungen, die sich an Marktteilnehmer richten, und an die mitgliedstaatlichen Behörden adressierten Leitlinien.[961] Für die Instrumente der Ausgangsuntersuchung überzeugt dies nicht, wie etwa ein Blick auf die Empfehlungen zu Hydrofraking zeigt.[962] Ihre Adressaten sind die Mitgliedstaaten. Auch gibt es Leitlinien, die nicht an die mitgliedstaatlichen Behörden gerichtet sind, etwa die Rahmenleitlinien der ACER. Der Einteilung ist insofern zuzustimmen, als dass im Beihilfenrecht die „Leitlinien" stets an die Mitgliedstaaten adressiert sind. Jedoch fällt hier auf, dass an die Mitgliedstaaten adressierte Instrumente mit der gleichen Funktion auch andere Bezeichnungen tragen, wie „Bekanntmachungen", „interpretative notes" oder „Mitteilungen".

(5) Politische und rechtliche Bedeutung

Unabhängig von der Aussagekraft der Betitelung einer informellen Administrativnorm für deren dogmatische Einordnung, kommt der Bezeichnung eine politische Bedeutung zu.

Der im Titel gewählte Begriff drückt mitunter die Wichtigkeit des Instruments zur Entwicklung der Unionspolitiken in den Augen des Erlassorgans aus. Die von der Kommission gewählte Terminologie erklärt sich mitunter

---

959 Rn. 99.

960 Siehe oben IV. 1. b).

961 *T.M.J. Möllers*, ZEuP 2008, S. 480 (491). Anders mit Beispielen *J.E. Dickschen*, Empfehlungen und Leitlinien der Europäischen Finanzaufsichtsbehörden, S. 111 f.

962 ABl. 2014, L 39, S. 72. Dazu oben IV. 1. q).

vor dem Wunsch nach einer vertieften Integration[963] oder der Betonung der besonderen Wichtigkeit. Sie hat damit primär politische Bedeutung.[964]

So ist die Wahl des Begriffs Energie*union* wohl auch der hohen symbolischen Bedeutung des Begriffs „Union" zuzuschreiben und bringt das Streben nach einem Machtzuwachs auf europäischer Ebene zum Ausdruck.[965] Die unter der Kommissionspräsidentschaft von *Jean-Claude Juncker* zu beobachtende Vermehrung der Spezialunionen lässt jedenfalls den Wunsch nach verstärkter Behandlung eines Themas auf EU-Ebene erkennen: Neben der Wirtschafts- und Währungsunion existieren im Sprachgebrauch der Kommission auch die Fiskalunion, Finanzunion, Bankenunion und Kapitalmarktunion.[966]

Dass die Begriffswahl dabei durchaus wechseln kann, verdeutlicht die Bezeichnung der anderen Spezialunionen Fiskalunion, Finanzunion, Bankenunion und Kapitalmarktunion: Unter *Herman van Rompuy* wurde noch von „integrierten Finanz-/Haushalts-/wirtschaftspolitischen *Rahmen*" gesprochen.[967] Mit dem Beginn der Arbeit der Kommission unter *Jean-Claude Juncker*, wurde sodann der Begriff „Union" bevorzugt.[968] In ähn-

---

963 Unabhängig von der Terminologie wird vermutet, dass im Energierecht die Verwendung von atypischen Instrumenten auch die Abwesenheit von weitreichenden Befugnissen der Kommission überdecken soll, vgl. *C. Bluman*, Rapport introductif général, in: Bluman (Hrsg.), Vers une politique européenne de l'énergie, S. 1 (5).

964 Mit dieser Idee *J. Glöckner*, in: Hilty/Henning-Bodewig (Hrsg.), Corporate Social Responsibility. Verbindliche Standards des Wettbewerbsrechts?, S. 127 (136), bezogen auf die Mitteilung der Kommission vom 25.10.2011 „Eine neue EU-Strategie (2011–14) für die soziale Verantwortung der Unternehmen (CSR)", KOM (2011) 681 endg. Glöckner vermutet, dass die Wortwahl („Strategie") eine Nähe zum Weißbuch Vollendung des Binnenmarkts (KOM 1985 310 endg.) ausdrücken soll, welches großen Einfluss auf die Harmonisierung der Rechtsvorschriften hatte. Die CSR-Mitteilung soll damit ähnlich wichtig erscheinen. Hieran kommen in dem konkreten Beispiel jedoch aus zwei Gründen Zweifel: Bei dem Weißbuch handelt es sich zum einen nicht um eine „Mitteilung", zum anderen wird der Begriff der „Strategie" darin nicht verwendet.

965 *M. Rodi/A. Behm*, ZEuS 2016, S. 177 (193 f.). Schon in den Verhandlungen zum Vertrag von Maastricht war die Namensgebung ein Streitpunkt, da – insbesondere für das Vereinigte Königreich – der Begriff „Union" eine föderale Struktur implizierte. Zu den Hintergründen *D. Dinan*, Europe Recast, 2. Aufl., S. 233-247.

966 *M. Rodi/A. Behm*, ZEuS 2016, S. 177 (199).

967 *H. van Rompuy*, Auf dem Weg zu einer echten Wirtschafts- und Währungsunion. Bericht des Präsidenten des Europäischen Rates Herman van Rompuy, EUCO 120/12, S. 3. Mit dieser Beobachtung auch *M. Rodi/A. Behm*, ZEuS 2016, S. 177 (186).

968 *M. Rodi/A. Behm*, ZEuS 2016, S. 177 (186). Dies liegt durchaus auf einer Linie mit den ambitionierten Zielen Junckers, vgl. *J.-C. Juncker*, Ein neuer Start für Europa: Meine Agenda für Jobs, Wachstum, Fairness und demokratischen Wandel. Politi-

licher Weise wechselte die Betitelung der Entschließungen des Rates, in denen die energiepolitischen Ziele festgelegt werden:[969] Während 1974 von einer „gemeinschaftlichen Energiepolitik" gesprochen wurde[970], sprich ein Rechtsakt 1980[971] von „energiepolitischen Zielen der Gemeinschaft" und der "Konvergenz der Politik der Mitgliedstaaten".[972]

Problematisch ist hieran, dass die Verwendung des Unionsbegriffs zu einer kompetenzrechtlich bedenklichen Verwischung der Grenzen führen kann: Während die Währungs- und Wirtschaftsunion jedenfalls primärrechtlich konkretisiert (Titel VIII AEUV), also *rechtliche* Tatsache und nicht nur politisches Ziel ist, wurden andere Spezialunionen noch nicht in rechtliche Formen gegossen.[973] Dass sie aber bereits sprachlich in dieselbe Richtung gerückt werden, kann insbesondere den Rechtanwender beim Umgang mit unverbindlichen Handlungsformen zur – eventuell irrigen – Annahme verleiten, diese würden von einer besonderen Autorität getragen.[974] Unter diesem Gesichtspunkt sind Spezialunionen wie die Energieunion daher der Transparenz und demokratischen Legitimation nicht förderlich.[975]

---

sche Leitlinien für die nächste Europäische Kommission, Rede zur Eröffnung der Plenartagung des Europäischen Parlaments Straßburg, 15. Juli 2014.

969 Mit dieser Beobachtung *J. Grunwald*, Das Energierecht der Europäischen Gemeinschaften, S. 439.

970 Entschließung des Rates vom 17. Dezember 1974 betreffend Ziele der gemeinschaftlichen Energiepolitik für 1985, ABl. 1975, C 153, S. 2.

971 Entschliessung des Rates vom 9. Juni 1980 über die energiepolitischen Ziele der Gemeinschaft für 1990 und die Konvergenz der Politik der Mitgliedstaaten, ABl. 1980, C 149, S. 1.

972 Hierbei ist jedoch zu bemerken, dass diese Unterscheidung zwar auch in der französischsprachigen Fassung („*politique énergétique communautaire*" gegenüber „*les objectifs de politique énergétique de la Communauté*") zum Ausdruck kommt, nicht hingegen in der englischsprachigen (in beiden Entschließungen wird „*Community energy policy objectives*" verwendet).

973 *M. Rodi/A. Behm*, ZEuS 2016, S. 177 (197).

974 Die Gefahr der Irritation wurde bereits im Verfassungskonvent angesprochen. Mit Blick auf den Gesetzgeber (nicht die Kommission) wurde empfohlen, keine atypischen Akte zu erlassen, wenn zum gleichen Thema bereits Legislativakte geplant sind. Dies könnte „nämlich fälschlicherweise den Eindruck erwecken, dass die Union durch die Annahme dieser atypischen Rechtsakte gesetzgeberisch tätig wird." Schlussbericht Gruppe IX, CONV 424/02, WG IX 13, S. 6 f.

975 *M. Rodi/A. Behm*, ZEuS 2016, S. 177 (200). Vgl. zur Transparenz unten Abschnitt VII.

(6) Zwischenergebnis

Die von den Erlassorganen gewählte Terminologie ist nicht besonders aufschlussreich. Die Uneinheitlichkeit der Bezeichnungen mindert die Transparenz informeller Administrativnormen erheblich.[976] Zuverlässige Merkmale für eine Systematisierung der Handlungsformen ergeben sich aus den gewählten Bezeichnungen nicht.

Insgesamt ist somit jedenfalls eine gewisse Spannung zu erkennen zwischen der formal-juristischen Unverbindlichkeit der Handlungsformen und ihrer Betitelung. Schon aus Gründen der Rechtssicherheit wäre hier eine konsequente und nachvollziehbare Entscheidung für die Wahl von – auch so bezeichneten – Handlungsformen wünschenswert, die für die Adressaten den Wirkmodus erkennen lassen.[977]

Jedenfalls aber können aus der Bezeichnung Rückschlüsse auf das Selbstverständnis des Erlassorgans gezogen werden. Dies wird mit Blick auf die von der Kommission auf ihren Internetseiten verwendete Terminologie deutlich: Auf der Internetseite der Generaldirektion Wettbewerb etwa finden sich verschiedene informelle Administrativnormen ohne weitere Erläuterungen in dem Abschnitt „*Legislation*" neben den verbindlichen Instrumenten wie Verordnungen oder Entscheidungen.[978] Dies kann einerseits darauf hindeuten, dass es für die Arbeit der Kommission im Rahmen der Beihilfenaufsicht keinen Unterschied macht, ob sie verbindliche Rechtsakte durchsetzt oder ihre eigenen unverbindlichen Normen. In einem rechtstechnischen Sinn verwendet sie den Begriff „*Legislation*" zumindest nicht. Ähnlich verhält es sich mit dem Dokument „Wettbewerbsregeln für staatliche Beihilfen",[979] welches sämtliche primär- und sekundärrecht-

---

976 Mit dieser Beobachtung in anderen Bereichen des Unionsrechts auch *M. Knauff*, Der Regelungsverbund, S. 428; *M. Schramm*, Einseitiges informelles Verwaltungshandeln im Regulierungsrecht, S. 80.

977 *B. Schöndorf-Haubold*, Die Strukturfonds der Europäischen Gemeinschaft, S. 358.

978 Vgl. etwa http://ec.europa.eu/competition/state_aid/legislation/legislation.html. Mit diesem Hinweis auch *U. Soltész*, EuZW 2013, S. 881; vgl. auch *M. Schramm*, Einseitiges informelles Verwaltungshandeln im Regulierungsrecht, S. 207, der dies wegen des erwecken Anscheins als problematisch bezeichnet. Auch in dem mit dem Vereinigten Königreich ausgehandelten Austrittsabkommen erscheinen die informellen Administrativakte zum Beihilfenrecht ohne ein Differenzierung wegen der Rechtsverbindlichkeit neben den verbindlichen Regeln des Primär- und Sekundärrechts, siehe Annex 8 des Austrittsabkommens vom 14.11.2018.

979 Abrufbar unter http://ec.europa.eu/competition/state_aid/legislation/compilation/state_aid_15_04_14_de.pdf.

liche Normen auflistet sowie alle informellen Administrativnormen[980] im Beihilfenrecht, ohne rechtsverbindliche von unverbindlichen Regeln[981] zu unterscheiden.[982] Zudem sind auch Dokumente wie Fragebögen enthalten, denen keine rechtliche Relevanz im hier interessierenden Sinn zukommt.

Insgesamt scheint die Kommission jedenfalls nicht immer im gleichen Maße bemüht zu sein, die fehlende rechtliche Bindungswirkung zu betonen. Dass in den Mitteilungen von deren „Geltung" oder deren „Inkrafttreten" die Rede ist, liegt auf derselben Linie und erleichtert den Betroffenen nicht die Klärung des rechtlichen Status der jeweiligen informellen Administrativnormen. Gleiches gilt für die Bezeichnung der informellen Administrativnormen als „Rechtsgrundlage" für Einzelfallentscheidungen im Beihilfenrecht.[983]

Für das Erlassorgan kann eine derartige Begriffsverwendung von Vorteil sein, kann mit entsprechenden – Verbindlichkeit oder zumindest Autorität suggerierenden – Formulierungen doch trotz nur begrenzter formal-juristischer Befugnisse eine Handlungsform eine gesteigerte Steuerungswirkung erzielen werden, wenn sie sprachlich in die Nähe von verbindlichen Handlungen kommt.[984]

ee) Struktur

Im Aufbau unterscheiden sich die informellen Administrativnormen teilweise von verbindlichen Rechtsakten, die häufig in einen einleitenden Teil mit Erwägungsgründen und einen regelnden Teil untergliedert sind. Zwar finden sich diese Untergliederung auch bei einigen informellen Administrativnormen, jedoch betrifft dies nur manche Instrumente, etwa Empfehlun-

---

980 Diese machen den Großteil des 1000-seitigen Dokumentes aus.

981 Der Begriff „Regeln" wird übersetzt als *rules* in der englischen und als *règles* in der französischen Fassung.

982 Ebenso wird im kommissionseigenen Newsletter von „Public consultations on draft *legislation*" gesprochen, vgl. etwa State Aid Weekly e-News update - 25/10/2018.

983 Siehe nur http://ec.europa.eu/competition/elojade/isef/case_details.cfm?proc_code=3_SA_35243.

984 In diese Richtung für das Energierecht *C. Bluman*, Rapport introductif général, in: Bluman (Hrsg.), Vers une politique européenne de l'énergie, S. 1 (5).

gen[985] und Beihilfeleitlinien.[986] In anderen Fällen sind diese Abschnitte nicht klar voneinander zu trennen.[987] Insofern lässt sich eine Gemeinsamkeit unter den ermessensstrukturierenden rechtsersetzenden Instrumenten im unionseigenen Vollzug beobachten. Wie *Rademacher* beobachtet hat, lassen sich diese Instrumente in einen auslegenden und einen konstitutiven Abschnitt einteilen: Ersterer ist den übrigen Auslegungsmitteilungen auch außerhalb des Beihilfen- und Wettbewerbsrechts sehr ähnlich. In letzterem liegt aber ein Unterschied, da die Kommission hier die in verbindlichen Rechtsakten verwendeten Rechtsbegriffe „verdichtet“ und so bestehende Ermessensspielräume ausfüllt.[988]

Die bei verbindlichen Rechtsakten in der Regel verwendete Nummerierung mittels „Artikeln“, findet sich bei informellen Normen so nicht.[989] Stattdessen werden arabische[990] oder römische Ziffern[991] sowie Randnummern verwendet. Bei der Nummerierung der Instrumente ist insgesamt eine hohe Heterogenität zu verzeichnen, weshalb sich dieses Kriterium zur Formidentifizierung nicht eignet.

ff) Fazit Gesamteindruck/formale Kriterien

Insgesamt ergibt sich bei den formalen Kriterien kein einheitliches Bild. Nur vereinzelt können Gemeinsamkeiten und Regelmäßigkeiten beobachtet werden. Das Kriterium des Veröffentlichungsortes legt etwa nahe, dass die in den Augen der Kommission wichtigsten Instrumente im Amtsblatt

---

985 Dazu auch *D. Walzel*, Bindungswirkungen ungeregelter Vollzugsinstrumente der EU-Kommission, S. 31.

986 Siehe etwa die Umwelt- und Energiebeihilfeleitlinien (oben IV. 1. a)) und die Mitteilung zu mitgliedstaatlichen ETS-Plänen, KOM(2003) 830 endg. (oben IV. 1. r)).

987 Siehe etwa die Note of the DG Energy & Transport on Directives 2003/54/EC and 2003/55/EC on the internal market in electricity and natural gas - the unbundling regime vom 16.01.2004. Zwar gibt es einen Abschnitt, der mit “Introduction” überschrieben ist, die folgenden Abschnitte enthälten jedoch viele Erläuterungen, die sich im verfügenden Teil der verbindlichen Rechtsakte so typsicherweise nicht findet.

988 *T. Rademacher*, Realakte im Rechtsschutzssystem der EU, S. 43.

989 *J. Bast*, Grundbegriffe und Handlungsformen der EU, S. 154; *J.E. Dickschen*, Empfehlungen und Leitlinien der Europäischen Finanzaufsichtsbehörden, S. 89 f. vermutet, dass auf die Verwendung von „Artikeln“ bei einer Leitlinie der EBA verzichtet wurde, um den Anschein der Verbindlichkeit zu vermeiden.

990 Sehe etwa die Umwelt- und Energiebeihilfeleitlinien (oben IV. 1. a)) oder das Grünbuch COM(2013) 169 final (oben IV. 1. i) und s)).

991 Etwa das Weißbuch „Eine Energiepolitk für die Europäische Union“, KOM(95) 682.

in allen Amtssprachen veröffentlicht werden, die weniger wichtigen hingegen nur auf der Internetseite der Kommission und in englischer Sprache. Ersteres ist insbesondere bei ermessensstrukturierenden rechtsersetzenden Instrumente im unionseigenen Vollzug der Fall. Letzteres etwa bei Begleitdokumenten technischer Natur. „Aktionspläne" und „Fahrpläne" sowie „Grün- und Weißbücher" haben einen vorbereitenden Charakter, wohingegen der Begriff „Mitteilungen" oft als Oberbegriff für informelle Instrumente benutzt wird.

3. Zwischenbetrachtung

Die große Vielfalt an Erscheinungsformen und Inhalten informeller Administrativnormen macht eine Systematisierung schwierig. Eine pauschale Einordnung aller Instrumente als Akte *sui generis* ist daher denkbar. Voraussetzung dafür ist jedoch, dass die Administrativnormen keiner der existierenden Handlungsformen zugeordnet werden können. Zudem müssten sie verbindende Charakteristika aufweisen, die eine Behandlung mit derselben Rechtsfolge rechtfertigt.[992] Ist dies nicht der Fall, wäre eine Zuordnung zu den bestehenden Handlungsformen zwar nicht möglich, ebenso wenig könnte man sie aber unter einen gemeinsamen Begriff fassen, an den einheitliche Rechtsfolgen geknüpft sind. Es würde sich um eine Ansammlung verschiedener Singularia handeln.

Ausgangspunkt für eine solche Zuordnung zu anderen Handlungsformen ist Art. 288 AEUV, dessen Katalog der Handlungsformen nach ganz überwiegender Ansicht nicht abschließend ist.[993] Da die hier untersuchten Akte rechtlich nicht verbindlich sind, kommt zunächst eine Einordnung als eine der beiden Handlungsformen in Betracht, die laut Vertrag ausdrücklich nicht verbindlich sind, mithin als Empfehlung oder Stellungnahme

---

992 *M. Brohm*, Die „Mitteilungen" der Kommission im Europäischen Verwaltungs- und Wirtschaftsraum, S. 67.

993 *M. Ruffert*, in: Calliess/Ruffert (Hrsg.), EUV/AEUV, 5. Aufl., Art. 288 AEUV, Rn. 98; ausführlich *B. Biervert*, Der Mißbrauch von Handlungsformen im Gemeinschaftsrecht, S. 73; *I. Schübel-Pfister*, ZLR 2004, S. 403; *W. Frenz*, WRP 2010, S. 224; *G. Nicolaysen*, Europarecht I, 1. Aufl., S. 170; *M. Schweda*, Administrative Normsetzung, S. 278; *G. Pampel*, EuZW 2005, S. 11 (12); zur insoweit mit Art. 288 AEUV identischen Regelung des Verfassungsvertrages *K. Lenaerts/P. van Nuffel*, CDE 2005, S. 13 (84).

(Abs. 5).[994] Hiergegen lässt sich in formaler Hinsicht anbringen, dass die Kommission ihre Mitteilungen bewusst nicht als Empfehlungen oder Stellungnahmen bezeichnet.[995] Entsprechend gibt sie regelmäßig auch keine Rechtsgrundlagen für ihren Erlass an. Empfehlungen werden hingegen – falls keine speziellere Grundlage einschlägig ist – auf Art. 292 AEUV gestützt.[996] Auch die Veröffentlichungspraxis für Empfehlungen unterscheidet sich grundsätzlich von jener für sonstige informelle Administrativnormen: Erstere werden regelmäßig in der ABl.-Reihe L veröffentlicht, letztere hingegen entweder gar nicht im Amtsblatt oder in der ABl.-Reihe C.[997] Zudem ist zu beachten, dass die Kommission, insbesondere im unionseigenen Vollzug, mit den informellen Instrumenten bekundet, dass sie ihr zukünftiges Verhalten an den selbst formulierten Regeln messen lassen will. Durch die Möglichkeit der verbindlichen Einzelfallregelung, haben diese Instrumente eine starke und unmittelbarere Steuerungswirkung. Auch insofern ist ein Unterschied zu Empfehlungen zu beobachten.[998]

Eine Einordnung als Empfehlung kommt daher allenfalls für die rechtsergänzenden Instrumente im mitgliedstaatlichen Vollzug in Betracht, die bestehendes Recht auslegen und den Mitgliedstaaten eine Orientierung ge-

---

994 Als „verwaltungsvollzugsbezogene Empfehlungen“ ordnet *M. Brohm*, Die „Mitteilungen“ der Kommission im Europäischen Verwaltungs- und Wirtschaftsraum, S. 67 ff. Mitteilungen der Kommission ein.

995 *R. Henke*, Die Leitlinien der Kommission, in: FS Udo Steiner, S. 274 (287); *I. Schübel-Pfister*, ZLR 2004, S. 403 (405). *M. Bothe*, „Soft Law“ in den Europäischen Gemeinschaften?, in: FS Schlochauer, S. 761 (765), bezogen auf die (grundsätzlich) bewusste Verwendung von Begriffen durch die Unionsorgane.

996 Vor dem Vertrag von Lissabon: Art. 211 zweiter SpStr. EGV. Zur Fortschreibung der „allgemeinen Empfehlungskompetenz“ nach dem Vertrag von Lissabon siehe unten VI 1. a) bb) (2), dort Fn. 1322.

997 Vergleiche nur einerseits Empfehlung der Kommission vom 22.01.2014 mit Mindestgrundsätzen für die Exploration und Förderung von Kohlenwasserstoffen (z.B. Schiefergas) durch Hochvolumen-Hydrofracking, ABl. 2014, L 39, S. 72 (oben IV. 1. q)), mit den Umweltschutz- und Energiebeihilfeleitlinien, 2014-2020, ABl. 2014, C 200, S. 1 (oben IV. 1. a)).

998 *S. Thomas*, EuR 2009, S. 423 (424); *W. Frenz*, WRP 2010, S. 224; *A. Glaser*, Die Entwicklung des Europäischen Verwaltungsrechts aus der Perspektive der Handlungsformenlehre, S. 387; im Ergebnis auch eine Einordnung als Empfehlung ablehnend *D. Walzel*, Bindungswirkungen ungeregelter Vollzugsinstrumente der EU-Kommission, S. 31 f.

ben sollen.[999] Ein Vergleich der Mitteilung zur Energieeffizienzrichtlinie[1000] und der Empfehlung zum Hydrofracking[1001] bestärkt diese Einordnung: Beide erfüllen dieselbe Funktion; sie sollen den Mitgliedstaaten bei der Einhaltung von Unionsrecht unterstützen (Umsetzung der RL bzw. Einhaltung umweltrechtlicher Vorgaben des Unionsrechts) und die Kommission besitzt keine Vollzugsbefugnisse außer der allgemeinen Möglichkeit, ein Vertragsverletzungsverfahren einzuleiten. Funktional handelt es sich somit bei ergänzenden Auslegungshilfen um Empfehlungen, die jedoch anders betitelt und an unterschiedlichen Orten veröffentlicht werden.

Darüber hinaus können Grün- und Weißbücher als eigene Handlungsformen ausgemacht werden. Als Teil des Rechtsetzungsprozesses, der eine Vorstufe zum Erlass eines Legislativvorschlags oder auch informeller Instrumente darstellt, werden sie insbesondere seit Mitte der 1980er Jahre[1002] vermehrt eingesetzt.[1003] Im Energiebereich werden mit ihnen jedoch erst ab 1992 periodisch Zielbestimmungen festgelegt; davor geschah dies zumeist durch Entschließungen des Rates[1004] oder durch Mitteilungen wie zum Beispiel der Mitteilung KOM(89) 369.[1005] Wie oben gesehen, werden Grünbücher mittlerweile zusammen mit Folgenabschätzungen, Mitteilungen und verschiedenen technisch detaillierten Berichten erlassen; im Fall des Grünbuchs COM(2013) 169 als Teil des Rahmens für Klima- und Energiepolitik 2030. Als Mitteilungen werden zum Teil Berichte veröffentlicht, die sich auf

999 *M. Brohm*, Die „Mitteilungen" der Kommission im Europäischen Verwaltungs- und Wirtschaftsraum, S. 67 ff.; Als Empfehlungen ordnet auch *L. Senden*, Soft Law in European Community Law, S. 162, Instrumente unter den Bezeichnungen wie Leitlinien u.a. ein.

1000 COM(2013) 762 final vom 06.11.2013, Mitteilung der Kommission an das Europäischen Parlament und den Rat – Durchführung der Energieeffizienzrichtlinie – Leitlinien der Kommission.

1001 Empfehlung der Kommission vom 22.01.2014 mit Mindestgrundsätzen für die Exploration und Förderung von Kohlenwasserstoffen (z. B. Schiefergas) durch Hochvolumen-Hydrofracking, ABl. 2014, L 39, S. 72.

1002 Vgl. insbesondere das Weißbuch zur Vollendung des Binnenmarktes im Jahr 1985, KOM(85) 310 endg., vom 14.06.1985. Bedeutend, da eine Neuausrichtung darstellend, ist auch das oben bereits angesprochene Weißbuch Europäisches Regieren, KOM(2001) 428 endg., vom 25.07.2001.

1003 *P. Nemitz*, in: Schwarze/Becker/Hatje/Schoo (Hrsg.), EU-Kommentar, 4. Aufl., Art. 17 EUV, Rn. 4.

1004 *J. Grunwald*, Das Energierecht der Europäischen Gemeinschaften, S. 440.

1005 Mitteilung der Kommission an den Rat On "Energy And The Environment" vom 08.02.1990. Nach Grunwald hat es „den Charakter eines Grünbuchs", wegen dessen „eingehender Analyse" und des „programmatischen Inhalts", vgl. *J. Grunwald*, Das Energierecht der Europäischen Gemeinschaften, S. 441.

Grünbücher beziehen.[1006] Hier werden die Reaktionen auf das Grünbuch zusammengefasst und Schlussfolgerungen aus der Debatte gezogen.

Allerdings werden die von den Grün- und Weißbüchern wahrgenommenen Aufgaben auch von anderen Instrumenten wahrgenommen. Dokumente mit Bezeichnungen wie Mitteilungen,[1007] Aktionsplänen oder Strategien rufen ebenfalls zu Konsultationen über Reformvorschläge auf. Aufgrund dieser funktionalen Äquivalenz werden sie von manchen Autoren in derselben Gruppe wie Grün- und Weißbücher verortet.[1008]

Die nicht von der Kommission erlassenen Instrumente nehmen eine Sonderstellung ein. Äußerungen der ACER, CEER, ENTSO, der Foren in Madrid und Florenz treten zwar in den meisten Fällen mit dem ausdrücklichen Hinweis auf die Unverbindlichkeit ihrer Instrumente auf, jedoch ist in manchen Konstellationen nicht übersehbar, dass ihnen ein besonderes Gewicht zukommt. So wird eine Einigung mit den betroffenen Akteuren zum Teil bereits auf informeller Ebene – etwa im Rahmen der Foren – gesucht, und ohne eine solche nicht zu formellen Handlungsformen gegriffen.[1009] Diese Beobachtung passt zu der eingangs erwähnten Funktion unverbindlicher Instrumente als Governance-Instrumente des gegenseitigen Lernens und der Entwicklung von Unionspolitiken. Wenn bereits auf informellem Weg keine Akzeptanz erreicht werden kann, erübrigt sich eine formelle Rechtsetzung. Daher greift eine Einordnung nur als vorbereitende Instrumente und somit funktionale Grün- und Weißbücher zu kurz, weil darin die Verflechtung der privaten Akteure in formellen (ENTSO, ACER, CEER) und informellen (Foren) Gremien nicht zum Ausdruck kommt. Vielmehr erscheinen die von diesen Erlassorganen veröffentlichten Instrumente als eigene Handlungsformen, die gerade aufgrund ihrer Autorenschaft auch von anderen Instrumenten unterscheidbar sind.

1006 Mitteilung – Abschlussbericht über das Grünbuch „Hin zu einer europäischen Strategie für Energieversorgungssicherheit", KOM(2002) 321 endg. vom 26.06.2002.

1007 Zum Teil werde Grünbücher auch unter der Überschrift „Mitteilungen" veröffentlicht, die „Grünbuch" als Untertitel tragen, vgl. *L. Senden*, Soft Law in European Community Law, S. 126.

1008 *P. Nemitz*, in: Schwarze/Becker/Hatje/Schoo (Hrsg.), EU-Kommentar, 4. Aufl., Art. 17 EUV, Rn. 6. Zu den vorbereitenden Instrumenten kann auch die Mitteilung zur Energieverbrauchercharta gezählt werden, COM(2007) 386 final, siehe oben IV. 1. m).

1009 Siehe oben III. 2. b) und IV. 1. p).

Für die ermessenstrukturierenden rechtsersetzenden Instrumente im unionseigenen Vollzug ist festzustellen, dass diese sich insgesamt formal verfestigen.[1010] Hier scheinen Konturen einer Handlungsform klarer: In aller Regel werden diese Instrumente von der Kommission nach Konsultation im Amtsblatt in allen Amtssprachen veröffentlicht. Sie sind ermessensstrukturierend und führen zur Selbstbindung.[1011] Diese Instrumente haben besonderes Gewicht, da in ihnen zum Ausdruck kommt, dass sich die Kommission grundsätzlich bei verbindlichen Einzelfallentscheidung auf sie beruft. Auch andere Unionsorgane sowie die Mitgliedstaaten messen ihnen einen hohen Stellenwert bei. Allerdings ergeben sich bei dem wichtigen Kriterium der Betitelung Uneinheitlichkeiten. Nichtsdestoweniger lässt sich hier eine eigenständige Handlungsform identifizieren.

Im Übrigen fällt es schwer, einzelne Handlungsformen zu auszumachen. Dies liegt an den vielen Inkonsistenzen bezüglich Betitelung, Veröffentlichungsort und Erlassverfahren. Tendenziell dient der Begriff „Mitteilung" als Oberbegriff und als besonders wichtig erachtete Instrumente werden in allen Amtssprachen im Amtsblatt veröffentlicht.

V. Wirkungen

Bei der Frage, welche Wirkungen informelle Administrativnormen entfalten, ist in mehrfacher Hinsicht zu differenzieren: Zum einen zwischen Innenwirkungen (1.) und Außenwirkungen (2.). Von besonderem Interesse ist dabei, ob und unter welchen Umständen trotz des unverbindlichen Charakters von einer Bindung auszugehen ist. Zum anderen kann zwischen rechtlichen und faktischen Wirkungen unterschieden werden. Letztere umfassen Wirkungen, die eintreten, obwohl sie nicht rechtlich – etwa gerichtlich oder durch ein anderes Organ – erzwingbar sind. Rechtliche Wirkungen liegen vor, wenn die Rechtsposition eines Rechtssubjekts, also dessen Rechte oder Pflichten, verändert werden.[1012] Bedeutsam ist dabei, in welchem Bereich des europäischen Verwaltungsrechts die informellen Instrumente erlassen werden. Insbesondere die Art des Unionsrechtsvollzugs

---

1010 So zu den „Mitteilungen" der Kommission *J. Bast*, Grundbegriffe der Handlungsformen der EU, S. 48 f., wobei „Mitteilungen" als Oberbegriff verwendet wird.

1011 Dazu sogleich unter V. 1. a).

1012 *T.C. Hartley*, The Foundations of European Union Law, 8. Aufl., S. 351.

(unionseigen oder mitgliedstaatlich) bestimmt, welche Wirkungen entstehen.[1013]

1. Innenwirkungen

Zunächst werden die Innenwirkungen in den Blick genommen. Damit sind die Wirkungen innerhalb der Europäischen Verwaltung gemeint. Es umfasst zum einen Wirkungen, die beim Erlassorgan selbst eintreten. Zum anderen auch solche, die zwar von einem anderen als dem Organ erlassen werden, bei dem die Wirkung eintritt, jedoch beide Akteure sich im Innenbereich der Unionsverwaltung befinden, so etwa wenn von ACER oder den ENTSO erlassene Instrumente Wirkungen auf die Kommission haben.

a) Rechtswirkungen: Selbstbindung ermessensstrukturierender Instrumente

In ständiger Rechtsprechung sehen die Unionsgerichte die Praxis der Ermessensstrukturierung der Kommission durch informelle Administrativnormen als zulässig an,[1014] die eine Selbstbindung gegenüber der Kommission entfalten.[1015] Die Kommission muss sich gegenüber den Mitgliedstaaten und den betroffenen Einzelnen an den selbst aufgestellten Regeln der Ermessensausübung festhalten lassen. Die Grundsätze der Rechtssicherheit, der Gleichbehandlung und des Schutzes berechtigten Vertrauens

---

1013 *M. Brohm*, Die „Mitteilungen" der Kommission im Europäischen Verwaltungs- und Wirtschaftsraum, S. 87.

1014 Anders sah dies die griechische Regierung in EuGH, Rs. C-431/14 P, *Hellenische Republik/Kommission*, Rn. 69: Da die Kommission unzulässigerweise nicht die Bestimmung des Art. 107 Abs. 3 lit. b AEUV auf den Fall angewandt habe, sondern unter eine beihilferechtliche Mitteilung wie unter eine Gesetzesnorm subsumiert habe, sei der angegriffene Beihilfenbeschluss rechtswidrig. Laut EuG und EuGH war dies aber grundsätzlich nicht zu beanstanden; ähnlich das Vorbringen in EuG, Rs. T-670/14, *Milchindustrieverband/Kommission*, Rn. 23; vgl. dazu die Anmerkung von *J. Gundel*, RdE 2016, S. 234.

1015 Für das Beihilfenrecht EuG, Rs. T-380/94, *AIUFFASS*, Rn. 57; EuG, Rs. T-149/95, *Ducros*, Rn. 61; EuG, Rs. T-214/95, *Vlaams Gewest*, Rn. 79. Für das Wettbewerbsrecht EuG, Rs. T-7/89, *Hercules Chemicals/Kommission*, Rn. 53, bestätigt durch EuGH, Rs. C-51/92 P, *Hercules Chemicals/Kommission*; EuG, Rs. T-224/00, *Archer Daniels Mitland/Kommission*, Rn. 182 (kartellrechtliche Bußgeldleitlinien); zu einer innerdienstlichen Richtlinie EuGH, Rs. 148/73, *Louwage*.

zwingen die Kommission zur Anwendung der an sich unverbindlichen Regeln.[1016] Will sie im Einzelfall hiervon abweichen, muss dies besonders begründet werden.[1017]

Der EuGH bejahte die Selbstbindung zunächst im Bereich des Innenrechts der Union und weitete dies dann später aus. In der Rechtssache *Louwage* stellte er fest, dass die Kommission an eine „innerdienstliche Richtlinie“[1018] gebunden ist und von ihr nicht ohne Angabe von Gründen abweichen darf.[1019] Die Richtlinie regelte die Erstattung bestimmter Kosten der Beamten der damaligen EWG.[1020] Zu einer Selbstbindung kommt es, weil die Kommission „andernfalls den Grundsatz der Gleichbehandlung verletzen würde.“[1021]

Erst recht ist die Kommission auch an diejenigen Administrativnormen gebunden, die darauf abzielen, Außenwirkungen zu entfalten, wie in der Kartellrechtssache *Dansk Rørindustri* festgestellt wurde (dazu sogleich). Das gilt jedenfalls für die informellen Normen im Wettbewerbs- und Beihilfenrecht. Sie ändern die Rechtsposition der Kommission, weshalb von Rechtswirkungen – im Gegensatz zu faktischen Wirkungen – im oben genannten Sinn gesprochen werden kann.

1016 *M. Rodi*, Subventionsrechtsordnung, S. 464 f. Mitunter wird im Zusammenhang mit den durch wettbewerbsrechtliche informelle Administrativnormen geschaffene Vertrauenstatbeständen gegenüber Einzelnen (die zur Selbstbindung führen) auch von einer „Garantiefunktion“ gesprochen, vgl. *S. Thomas*, EuR 2009, S. 423 (426).

1017 Wegen des Vertrauensgesichtspunktes werden unverbindliche Empfehlungen und Leitlinien im Finanzmarktrecht (der englischen Terminologie entsprechend) zum Teil als *safe harbour* Regeln bezeichnet, vgl. *A. Frank*, Die Rechtswirkungen der Leitlinien und Empfehlungen der Europäischen Wertpapier- und Marktaufsichtsbehörde, S. 179 ff. über die Leitlinien der Aufsichtsbehörde ESMA. Diesen Begriff ablehnend, *J.E. Dickschen*, Empfehlungen und Leitlinien der Europäischen Finanzaufsichtsbehörden, S. 146 f.

1018 Englisch: *internal directive*; Französisch: *directive interne*.

1019 EuGH, Rs. 148/73, *Louwage*, Rn. 11/18.

1020 Die Administrativnormen im Bereich der Organisationsgewalt der Kommission, die die dienstlichen Angelegenheiten der Kommissionsbeamten betreffen sind rechtsverbindlich. Dies gilt aber nicht hinsichtlich der persönlichen Stellung der Beamten, vgl. *I. Härtel*, Handbuch Europäische Rechtsetzung, Rn. 26.

1021 EuGH, Rs. 148/73, *Louwage*, Rn. 11/18. Zum Dienstrecht auch EuGH, verb. Rs. 80 bis 83/81 und 182 bis 185/82, *Adam u.a./Kommission*, Rn. 22.

Gleichwohl betont der EuGH, dass es sich nicht um *Rechts*normen[1022], sondern um *Verhaltens*normen[1023] handelt, deren Bindungswirkung auch justiziabel ist:[1024]

> „207. Hierzu ist festzustellen, dass diese Beurteilung im Wesentlichen auf der Annahme beruht, dass die Leitlinien nicht zum rechtlichen Rahmen für die Höhe der Geldbußen gehörten, da dieser allein durch Artikel 15 der Verordnung Nr. 17 gebildet werde, so dass die Anwendung der Leitlinien auf vor deren Erlass begangene Zuwiderhandlungen nicht gegen das Rückwirkungsverbot verstoßen könne.
> 208. Diese Annahme ist falsch.
> 209. Der Gerichtshof hat in Bezug auf von der Verwaltung erlassene interne Maßnahmen bereits entschieden, dass sie zwar nicht als Rechtsnorm qualifiziert werden können, die die Verwaltung auf jeden Fall zu beachten hat, dass sie jedoch eine Verhaltensnorm darstellen, die einen Hinweis auf die zu befolgende Verwaltungspraxis enthält und von der die Verwaltung im Einzelfall nicht ohne Angabe von Gründen abweichen kann, die mit dem Grundsatz der Gleichbehandlung vereinbar sind. Solche Maßnahmen stellen somit Handlungen allgemeinen Charakters dar, deren Rechtswidrigkeit die betroffenen Beamten und Bediensteten zur Begründung einer Klage gegen auf ihrer Grundlage erlassene Einzelentscheidungen geltend machen können […].
> 210. Diese Rechtsprechung ist erst recht auf Verhaltensnormen übertragbar, die Außenwirkungen entfalten sollen, wie es bei den Leitlinien der Fall ist, die Wirtschaftsteilnehmer betreffen.
> 211. Das fragliche Organ hat dadurch, dass es derartige Verhaltensnormen erlassen und durch ihre Veröffentlichung angekündigt hat, dass es sie von nun an auf die von diesen Normen erfassten Fälle anwenden werde, die Ausübung seines Ermessens beschränkt und kann nicht von diesen Normen abweichen, ohne dass dies gegebenenfalls wegen eines Verstoßes gegen allgemeine Rechtsgrundsätze wie die der Gleichbehandlung oder des Vertrauensschutzes geahndet würde. Daher ist nicht auszuschließen, dass derartige Verhaltensnormen mit allgemeiner Geltung unter bestimmten Voraussetzungen und je nach ihrem Inhalt Rechtswirkungen entfalten können. […]

1022 Englisch: *rules of law*; Französisch: *règle de droit.*

1023 Englisch: *rules of practice*; Französisch: *règle de conduite.*

1024 Ausdrücklich zur gerichtlichen Überprüfbarkeit EuGH, Rs. C-171/10 P, *Liberos/Kommission*, Rn. 1-451, Rn. 35.

223. Insbesondere aufgrund ihrer Rechtswirkungen und ihrer allgemeinen Geltung (siehe oben, Randnr. 211) fallen derartige Verhaltensnormen nämlich grundsätzlich unter den Begriff „Recht" im Sinne von Artikel 7 Absatz 1 EMRK."[1025]

Auf die Form kommt es dabei nicht an. Das EuG bejahte etwa eine Selbstbindung der Kommission, die in ihrem 12. Wettbewerbsbericht Vorschriften zu einem Verfahren zur Akteneinsicht in Wettbewerbssachen formulierte.[1026] Aus der Formulierung des EuGH in der Rechtssache *Dansk Rørindustri* folgt jedoch, dass die informellen Administrativnormen zumindest veröffentlicht werden müssen um eine Selbstbindung der Kommission zu bewirken.[1027] Dies ist nur sinnvoll, da der Grund der Selbstbindung in der Schaffung von Vertrauenstatbeständen liegt, die vor Veröffentlichung nicht entstehen können.[1028] In ähnlicher Weise wurde auch für Protokollerklärungen zu Sekundärrechtsakten eine Selbstbindung des Erlassorgans mit dem Gedanken der Rechtssicherheit bzw. des Vertrauensschutzes begründet; die Betroffenen müssen ihr Verhalten auf diese Instrumente ausrichten können.[1029]

Die Selbstbindung der Verwaltung ist somit auch Ausdruck des Gedankens *venire contra factum proprium*,[1030] der in den meisten mitgliedstaat-

1025 EuGH, verb. Rs. C-189/02 P, C-202/02 P, C-205/02 P bis C-208/02 P und C-213/02 P, *Dansk Rørindustri u.a.*, Rn. 207 ff.; zuvor bereits EuGH, Rs. 148/73, *Louwage*, Rn. 11/18; EuGH, verb. Rs. 80 bis 83/81 und 182 bis 185/82, *Adam/Kommission*, Rn. 22; EuGH, Rs. C-167/04, *JCB Service/Kommission*, Rn. 207. Siehe auch EuGH, C-431/14 P, *Hellenische Republik/Kommission*, Rn. 69; "Recht" wird in der englischen bzw. der französischen Sprachfassung als *„law"* bzw. *„droit"* bezeichnet.

1026 EuG, Rs. T-7/89, *Hercules Chemicals*, Rn. 53. Mit Verweis auf die EuGH, Rs. 81/72, *Kommission/Rat*, Rn. 9, in der eine Selbstbindung des Rates bejaht wurde, und auf EuGH, Rs. 148/73, *Louwage*, Rn. 11/18, in der die Bindung der Kommission an eine innerdienstliche Richtlinie der festgestellt wurde.

1027 *G. della Cananea*, Administration by Guidelines: The Policy Guidelines of the Commission in the Field of State Aid, in: Harden (Hrsg.), State Aid: Community Law and Policy, S. 61 (69); *M. Schweda*, Administrative Normsetzung, S. 275; *Ders.*, WuW 2004, S. 1133 (1139).

1028 Berechtigtes Vertrauen kann auch nicht durch eine lediglich mündliche Zusage begründet werden, wenn diese einer sekundärrechtlichen Verfahrensregelung widerspricht, vgl. EuGH, Rs. 162/84, *Vlachou*, Rn. 6 (verfahrensrechtswidrige Zusage des Rechnungshofs, eine Bewerberin für eine Beamtenstelle zum Auswahlverfahren zuzulassen).

1029 *M. Pechstein*, EuR 1990, S. 249 (258).

1030 *I. Schübel-Pfister*, ZLR 2004, S. 403 (423 f.). In Zusammenhang mit beihilferechtlichen Leitlinien wird auch auf den Grundsatz *patere legem quam ipse fecisti* verwie-

lichen Rechtsordnungen bekannt ist.[1031] Nachdem der EuGH nunmehr in ständiger Rechtsprechung eine Selbstbindung der Kommission durch ermessensstrukturierende Administrativnormen bejaht, scheinen auch Ansichten, nach denen Beihilfeleitlinien bloße unverbindliche Erläuterung der Beihilfenpolitik durch die Kommission darstellen[1032] oder lediglich als Verhandlungsgrundsätze anzusehen sind,[1033] nicht mehr überzeugend und werden in jüngerer Zeit nicht mehr vertreten. Im Schrifttum wird ganz überwiegend eine Selbstbindung bejaht.[1034]

Diese Selbstbindung muss auch für Agenturen bezüglich der von ihnen erlassenen informellen Administrativnormen gelten.[1035] Sie werden wie die Kommission ebenfalls durch ihre an sich unverbindlichen Rechtssätze verwaltend tätig, weshalb auch sie sich an ermessensstrukturierenden Administrativnormen festhalten lassen müssen.[1036] Hinzu kommt, dass der Aspekt des Vertrauensschutzes auch hier greift.

---

sen, vgl. *M. Melchior*, Les Communications de la Commission, in: FS Dehousse, S. 243 (255); *K. Wellens/G. Borchard*, ELRev 1989, S. 267 (313).

1031 *G. della Cananea*, Administration by Guidelines: The Policy Guidelines of the Commission in the Field of State Aid, in: Harden (Hrsg.), State Aid: Community Law and Policy, S. 61 (70).

1032 Siehe etwa *P.-C. Müller-Graff*, ZHR 152 (1988), S. 403 (409). Siehe auch *I. Härtel*, Handbuch Europäische Rechtsetzung, § 13, Rn. 34 mwN.

1033 *A. Dickersbach*, NVwZ 1996, S. 962 (963); *A. Glaesner*, Der Grundsatz des wirtschaftlichen und sozialen Zusammenhalts im Recht der Europäischen Wirtschaftsgemeinschaft, S. 122; *P. Schütterle*, EuZW 1995, S. 391 (394). In diese Richung auch *C. Blumann*, RMC 1992, S. 721 (731 f.).

1034 *J. Schwarze*, Subventionen im Gemeinsamen Markt, in: GS Martens, S. 819 (829); *E. Steindorff*, ZHR 152 (1988), S. 474 (478); *M. Melchior*, Les Communications de la Commission, in: FS Dehousse, S. 243 (254); *K. Wellens/G. Borchard*, ELRev 1989, S. 267 (313 f.); *G. della Cananea*, Administration by Guidelines: The Policy Guidelines of the Commission in the Field of State Aid, in: Harden (Hrsg.), State Aid: Community Law and Policy, S. 61 (72); *A. Rogmann*, Die Bindungswirkung von Verwaltungsvorschriften, S, 109 f.; *F. Rawlinson*, The Role of Policy Frameworks, Codes and Guidelines in the Control of State Aid, in: Harden (Hrsg.), State Aid: Community Law and Policy, S. 52 (59); *H. Adam*, Die Mitteilungen der Kommission, S. 120 ff.; *C. Crones*, Selbstbindungen der Verwaltung im Europäischen Gemeinschaftsrecht, S. 124 ff. *T. Jestaedt/M. Schweda*, in: Heidenhain (Hrsg.), Handbuch des Europäischen Beihilfenrechts, § 14, Rn. 25 ff., 33. Weitere Nachweise bei *M. Schweda*, Administrative Normsetzung, S. 274, dort Fn. 414 f.; *ders.*, WuW 2004, S. 1133 (1135 f.); *I. Härtel*, Handbuch Europäische Rechtsetzung, § 13, Rn. 28 ff.

1035 *T. Siegel*, NVwZ 2008, 620; *M.A. Steger*, Zur Verselbstständigung von Unionsagenturen, S. 527.

1036 *J.E. Dickschen*, Empfehlungen und Leitlinien der Europäischen Finanzaufsichtsbehörden, S. 149.

aa) Reichweite der Selbstbindung

Die Bindungswirkung besteht nur „grundsätzlich", d.h. also nicht absolut. Nach ständiger Rechtsprechung ist ein Abweichen im Einzelfall zulässig, wenn dies entsprechend begründet wird.[1037] Dieser Umstand verdeutlicht, dass die Selbstbindung in ihrer Wirkung schwächer ist, als eine rechtliche Verpflichtung, die sich etwa auf Primär- oder Sekundärrecht stützt.[1038] Es kann mithin von einer „elastische[n] Bindung"[1039] oder von einer „Regelfallverbindlichkeit"[1040] gesprochen werden, die zwischen verbindlichen und unverbindlichen Wirkmodi anzusiedeln ist.[1041]

Diese Zwischenstellung informeller Administrativnormen mag auch der Grund sein, warum der EuGH in der Rechtssache *Dansk Rørindustri* die Eigenschaft der Leitlinien als Verhaltensnormen – in Abgrenzung zu Rechtsnormen – betont. Sie gehören zum „rechtlichen Rahmen" der Union und fallen unter den Begriff des „Rechts" iSv Art. 7 EMRK, weshalb der Grundsatz *nulla poena sine lege* auch für informelle Administrativnormen gilt; vor Erlass der Leitlinien erfolgtes Verhalten kann daher nicht aufgrund eines Leitlinienverstoßes als kartellrechtwidrig angesehen werden. Mit anderen Worten gilt das Rückwirkungsverbot auch für informelle Administrativnormen.

1037 EuGH, Rs. 148/73, *Louwage*, Rn. 11/18; EuGH, verb. Rs. 80 bis 83/81 und 182 bis 185/82, *Adam/Kommission*, Rn. 22; EuGH, verb. Rs. C-189/02 P, C-202/02 P, C-205/02 P bis C-208/02 P und C-213/02 P, *Dansk Rørindustri u.a.*, Rn. 209; EuGH, Rs. C-226/11, *Expedia*, Rn. 28 (der EuGH nennt die Abweichungsmöglichkeit mit entsprechender Begründung hier nicht, verweist jedoch auf die Rs. *Dansk Rørindustri*); EuGH, C-171/10 P, *Liberos/Kommission*, Rn. 35; EuG, Rs. T-63/89, *Latham/Kommission*, Rn. 25.

1038 *C. Crones*, Selbstbindungen der Verwaltung im Europäischen Gemeinschaftsrecht, S. 100 f.; *B. Schöndorf-Haubold*, Die Strukturfonds der Europäischen Gemeinschaft, S. 404.

1039 So zu Verwaltungsvorschriften im deutschen Recht *F. Ossenbühl*, in: Erichsen/Ehlers (Hrsg.), Allgemeines Verwaltungsrecht, 12. Aufl., § 6, Rdnr. 52; sich dem anschließend *J. Schwarze*, EuR 2011, S. 4 (11); *T. von Danwitz*, B. II. Rechtsetzung und Rechtsangleichung, in: Dauses/Ludwigs (Hrsg.), Handbuch des EU-Wirtschaftsrechts, 48. EL, Rn. 63.

1040 *J. Bast*, Grundbegriffe der Handlungsformen der EU, S. 183 f.

1041 Für die Leitlinien und Empfehlungen im Finanzaufsichtsrecht *J.E. Dickschen*, Empfehlungen und Leitlinien der Europäischen Finanzaufsichtsbehörden, S. 152. Von einem "Sonderfallvorbehalt" ermessensstrukturierender Administrativnormen im Beihilfenrecht sprechen *T. Jestaedt/M. Schweda*, in: Heidenhain (Hrsg.), Handbuch des Europäischen Beihilfenrechts, § 14, Rn. 34.

Zur Bestimmung der genauen Reichweite der Selbstbindung ist zum einen zu klären, in welchen Fällen die Kommission von ihren eigenen informellen Administrativnormen abweichen darf und sich Betroffene nicht auf den Grundsatz des Vertrauensschutzes berufen können.[1042] Zum anderen ist zu fragen, ob einer Selbstbindung in bestimmten Umständen rechtsstaatliche Bedenken entgegenstehen.[1043]

Mit Blick auf die erste Frage, wann die Kommission von ihren eigenen informellen Administrativnormen abweichen darf, ist eine Abwägung der Interessen der Kommission an einer flexiblen Vollzugspraxis mit dem Interesse der Betroffenen an Vertrauensschutz vorzunehmen. Wegen des hohen Gewichtes, das dem Grundsatz des Vertrauensschutzes zukommt, sind Ausnahmen restriktiv zu handhaben[1044] und etwa möglich, wenn es sich um neuartige Sachverhaltskonstellationen handelt, die wegen ihrer Neuartigkeit bei der Ausarbeitung der informellen Norm nicht berücksichtigt werden konnten.[1045] Dies muss in der Begründung der Kommission entsprechend ausgeführt werden.[1046] Die Kommission ist zudem nicht an ermessenstrukturierende Administrativnormen gebunden, wenn dies zum Erlass unionrechtswidriger Entscheidungen führen würde weil die Norm selbst inhaltlich falsch ist.[1047]

Für die Mitgliedstaaten und betroffene Einzelne folgt daraus, dass Verhalten, das mit informellen Administrativnormen konform ist, jedoch – wegen Rechtswidrigkeit dieser Norm – unvereinbar mit Unionsrecht ist, nicht sanktioniert werden kann.[1048] So entschied der EuGH in der Rechtssache *Suiker Unie* bereits früh, dass die Verhängung von Bußgeldern wegen

---

1042 Hierzu *S. Thomas*, EuR 2009, S. 423 (427 f.).

1043 Hierzu bezogen auf Selbstbindungen des Rates EuGH Rs. 81/72, *Kommission/Rat*; *M. Melchior*, Les Communications de la Commission, in: FS Dehousse, S. 243 (256).

1044 Im Beihilfenrecht geht die Kommission nach eigener Aussage davon aus, dass eine „in Stahlbeton gegossene Rechtfertigung" erforderlich ist, um im Einzelfall von den informellen Administrativnormen abzuweichen, wiedergegeben in Schlussanträge GA *Alber* zu EuGH, Rs. C-204/97, *Portugal/Kommission*, Rn. 36.

1045 *S. Thomas*, EuR 2009, S. 423 (428), der dies aber für eine „nur die theoretische Ausnahme" hält.

1046 *M. Schweda*, WuW 2004, S. 1133 (1138 f.) mit Nachweisen aus der Rechtsprechung.

1047 EuGH, Rs. C-75/05 P und C-80/05 P, *Deutschland u. a./Kronofrance*, Rn. 65; EuG, Rs. T-347/09, *Deutschland/Kommission*, Rn. 51.

1048 Dazu etwa EuGH, Rs. 344/85, *Ferriere San Carlo/Kommission*, Rn. 13; *H. Wißmann/P. Lange*, in: Leible/Terhechte (Hrsg.), Enzyklopädie Europarecht Bd. 3, 2. Aufl., § 37, Rn. 31.

kartellrechtswidriger Absprachen nicht in Betracht kommt, wenn die betroffenen Unternehmen durch eine Bekanntmachung der Kommission zu der irrigen Annahme verleitet wurden, ihr Verhalten sei kartellrechtskonform.[1049]

Im Beihilfenrecht führt dies jedoch nicht zum Ausschluss der Rückforderung einer rechtswidrigen (aber nach den Leitlinien der Kommission zulässigen) Beihilfe. Bei der Rückforderung handelt es sich zum einen nicht um eine „Sanktion", wie sie im Wettbewerbsrecht in Form von Bußgeldern existieren, sondern es wird lediglich zurückgefordert, was unter Verstoß gegen Beihilfenrecht gewährt wurde; eine zusätzliche „Bestrafung" erfolgt hingegen nicht. Zum anderen sind von den beihilferechtlichen informellen Normen in erster Linie die Mitgliedstaaten angesprochen und nicht die betroffenen Unternehmen. Hierin liegt ein weiterer Unterschied zum Wettbewerbsrecht.

Des Weiteren kann trotz grundsätzlicher Selbstbindung nicht die Weiterführung einer unionsrechtswidrigen Praxis vom Erlassorgan gefordert werden.[1050] Eine „Gleichheit im Unrecht"[1051] gibt es auch hier nicht. Ist etwa durch den EuGH geklärt, dass eine von der Kommission als für beihilferechtlich zulässig erklärte Subventionspraxis mit Art. 107 AEUV unvereinbar ist, kann sich ein Mitgliedstaat jedenfalls nicht für die Zukunft auf die Vereinbarkeit mit den Leitlinien berufen. Bedingung für die Selbstbindung ist nämlich, dass die informelle Administrativnorm nicht vom verbindlichen Recht abweicht.[1052]

Die Selbstbindung kann ferner logischerweise nicht weiter reichen als das Ermessen der Kommission reicht.[1053]

1049 EuGH, verb. Rss. 40 bis 48, 50, 54 bis 56, 111, 113 und 114/73, *Suiker Unie*, Rn. 555-557. Zu dogmatischen Begründungen dieses Ergebnisses siehe *A. Frank*, Die Rechtswirkungen der Leitlinien und Empfehlungen der Europäischen Wertpapier- und Marktaufsichtsbehörde, 2012, S. 181 f. über Leitlinien der Aufsichtsbehörde ESMA; *A. Bleckmann*, RIW 1988, S. 963 (966).

1050 *C. Crones*, Selbstbindungen der Verwaltung im Europäischen Gemeinschaftsrecht, S. 122 ff.

1051 Siehe etwa Schlussanträge GA *Capotorti* zu EuGH, Rs. 1252/79, *Lucchini*, der feststellt, dass „Verhalten der Verwaltung, bei dem diese sich außerhalb des Bereichs der normalen Anwendung des Gesetzes, dem sie selbst unterworfen ist, bewegt, kein schutzwürdiges Vertrauen des einzelnen begründen kann". Ebenso Schlussanträge GA *Jacobs* zu EuGH, Rs. C-210/98 P, *Salzgitter/Kommission*, Rn. 122.

1052 EuGH, Rs. C-382/99, *Niederlande/Kommission*, Rn. 24

1053 *M. Schweda*, WuW 2004, S. 1133 (1138).

Auch kann durch entsprechend eindeutig formulierte Vorbehalte die Entstehung von Vertrauenstatbeständen verhindert werden, weshalb folglich auch eine Selbstbindung ausscheidet.[1054] Die Mitteilung „Vollendung des Elektrizitätsbinnenmarktes“[1055] ist ein Beispiel hierfür. Der vorübergehende Charakter wird stärker betont als sonst. Dies soll u.a. die Änderbarkeit erleichtern, da auf den Fortbestand der Regeln in dieser Mitteilung für die Zukunft nur sehr begrenzt vertraut werden darf.

Die Selbstbindung kann zudem nicht so weit gehen, dass ein Automatismus zwischen informeller Administrativnorm und verbindlicher Einzelfall entsteht. Die Kommission darf nicht ohne Prüfung der Besonderheiten des Einzelfalls ihre Mitteilungen und Leitlinien anwenden und ein Abweichen gar nicht in Betracht ziehen.[1056] Im Beihilfenrecht ergibt sich die Notwendigkeit einer Einzelfallprüfung aus Art. 108 AEUV.[1057] Auch unter dem Aspekt des institutionellen Gleichgewichts scheint eine Selbstbindung bedenklich, die eine Einzelfallprüfung ausschließt, etwa mit Blick auf die o.g. *de minimis*-Mitteilung.[1058] Hier wurden Beihilfemaßnahmen, die eine bestimmte Mindestschwelle nicht überschreiten von der Kommission generell nicht mehr auf Beihilfenrechtskonformität überprüft, da ihnen die Fähigkeit abgesprochen wird, „den Handel zwischen den Mitgliedstaaten [zu] beeinträchtigen“ iSv Art. 107 Abs. 1 AEUV.[1059] Zum Teil wurde dieser pauschale Ausschluss der Einzelfallprüfung als unzulässig angesehen[1060] und gefordert, die Kommissionspraxis müsse auf eine rechtliche Grundlage gestellt werden; dies sei gerade der Zweck von Art. 109 iVm Art. 108 Abs. 4

1054 *G. Pampel*, Rechtsnatur und Rechtswirkungen horizontaler und vertikaler Leitlinien im reformierten europäischen Wettbewerbsrecht, S. 59; *J.E. Dickschen*, Empfehlungen und Leitlinien der Europäischen Finanzaufsichtsbehörden, S. 151.

1055 Mitteilung der Kommission „Vollendung des Elektrizitätsbinnenmarktes und optimale Nutzung staatlicher Interventionen“, C(2013) 7243 final, siehe oben IV. 1. b).

1056 EuGH, Rs. C-526/14, *Kotnik u.a.*, Rn. 41.

1057 So *J. Gundel*, RdE 2016, 234 (236); EuG, Rs. T-375/03, *Fachvereinigung Mineralfaserindustrie e.V./Kommission*, Rn. 141.

1058 Dazu oben III. 1. c).

1059 Grenzwertig erscheint in diesem Zusammenhang auch der Vorschlag, durch den Erlass ermessensstrukturierender informeller Normen werde die Begründungspflicht der Kommission modifiziert und der pauschale Verweis auf die Nichtvereinbarkeit einer Beihilfemaßnahme mit Kommissionsleitlinien reiche aus, so aber *M. Schweda*, Administrative Normsetzung, S. 273, dort Fn. 403 mit Nachweisen.

1060 *D. Walzel*, Bindungswirkungen ungeregelter Vollzugsinstrumente der EU-Kommission, S. 173.

AEUV.[1061] Wenn die Kommission ohne nach diesen Vorschriften geforderte Ermächtigung durch eine Verordnung des Rates bestimmte Arten pauschal einer Einzelfallprüfung entzieht, maßt sie sich daher Gesetzgebungsbefugnisse an; die Bedingungen der Art. 109 iVm Art. 108 Abs. 4 AEUV würden dadurch umgangen.

bb) Selbstbindungswirkungen der Rahmenleitlinien und Prioritätenlisten

Die Rahmenleitlinien im Prozess der Netzkodexerstellung sind zwar dem eindeutigen Wortlaut des Art. 6 Abs. 2 S. 1 Gasfernleitungs-VO bzw. Art. 59 Abs. 4 Elektrizitätsbinnenmarkt-VO nach nicht bindend.[1062] Jedoch haben die ENTSO die Netzkodizes so zu erstellen, dass sie den einschlägigen Rahmenleitlinien entsprechen; nur dann wird ACER den Netzkodex der Kommission vorlegen und zu Annahme empfehlen. Die Rahmenleitlinien sind daher insofern nicht bindend, als dass sie außerhalb des Prozesses der Netzkodexserstellung keine rechtliche Verbindlichkeit beanspruchen. Für die ENTSO bilden sie bei der Ausarbeitung der Netzkodizes hingegen verbindliche Vorgaben.

Die Rahmenleitlinien werden daher als eine „beschränkte Art von Rechtssetzung"[1063] bezeichnet und mit Vorgaben für nachgeordnete und weisungsgebundene Verwaltungsstellen im deutschen Verwaltungsrecht verglichen. Sie konkretisieren den Spielraum, der durch die Prioritätenliste der Kommission und die allgemeinen Vorschriften des Energierechts vorgegeben ist.[1064]

Fraglich ist, ob darüber hinaus eine Selbstbindung für die Kommission oder ACER eintreten kann. Bezüglich ersterer müsste dafür zunächst eine Zurechenbarkeit der von der ACER erstellten Rahmenleitlinie bejaht werden. Auch wenn man dies für zulässig hält,[1065] ist eine Selbstbindung gleichwohl abzulehnen, da die Interessen im Vergleich mit den Fällen, in

---

1061 *E.G. Stuart*, ECLR 1996, S. 226 (229); *G. della Cananea*, Administration by Guidelines: The Policy Guidelines of the Commission in the Field of State Aid, in: Harden (Hrsg.), State Aid: Community Law and Policy, S. 61, (73 f.).

1062 Dazu oben IV. 1. n).

1063 *M.A. Steger*, Zur Verselbstständigung von Unionsagenturen, S. 522.

1064 *M.A. Steger*, Zur Verselbstständigung von Unionsagenturen, S. 529 f.

1065 Davon wird zum Teil ausgegangen, da die Kommission eine herausragende Stellung im Netzkodex-Verfahren einnimmt und verschiedentlich eingreifen kann, vgl. *M.A. Steger*, Zur Verselbstständigung von Unionsagenturen, S. 530 f.

denen der EuGH von einer Selbstbindung ausgeht, verschieden sind: Die Rahmenleitlinien sind nur ein Teilabschnitt in einem mehrstufigen Verfahren und sollen ausdrücklich nur vorübergehenden Charakter haben.[1066] Damit unterscheiden sie sich beispielsweise von jenen Mitteilungen und Leitlinien der Kommission im Wettbewerbs- und Beihilfenrecht, die nicht lediglich eine Vorstufe von weiter auszuarbeitenden Regeln sind, sondern bereits den weiten primär- und sekundärrechtlichen Rahmen ausgestalten und von der Kommission angewendet werden.

Zudem fragt sich, wer sich auf eine Selbstbindung der Kommission durch die Rahmenleitlinien berufen sollte. In Betracht kämen Mitgliedstaaten, gegen die die Kommission ein Vertragsverletzungsverfahren wegen Nichteinschreitens gegen einen Netzbetreiber einleitet, der seinerseits aber die Vorgaben einer (nicht verrechtlichten) Rahmenleitlinie einhält.[1067] An diesem konstruiert wirkenden Beispiel zeigt sich bereits die geringe Praxisrelevanz dieser Art von Selbstbindung. Gleiches gilt für eine etwaige Bindungswirkung der ACER.[1068]

Ähnlich sind die jährlichen Prioritätenlisten der Kommission zu beurteilen: Für sie gibt es zwar keine Vorschrift, die ihre Unverbindlichkeit bestimmt. Jedoch muss für sie erst recht gelten, was für die Rahmenleitlinien gilt. Auch sie können außerhalb des Prozesses der Netzkodexerstellung keine Rechtwirkungen entfalten. Für ACER und auch für die ENTSO sind sie hingegen im Rahmen ihrer Tätigkeit bei der Normerzeugung beachtlich.

b) Faktische Wirkungen

Neben den rechtlichen Bindungswirkungen sind auch faktische Innenwirkungen denkbar, also solche, die die Rechtspositionen eines Rechtssubjektes nicht verändern, gleichzeitig aber Auswirkungen haben.

Bezüglich der faktischen Wirkungen wird mitunter vermutet, dass die von Experten ausgearbeiteten Vorschriften zur Regelung von technisch komplexen Sachverhalten *de facto* nur schwer einer Überprüfung zugänglich sind und sich daher die bei der Ausarbeitung nicht befassten Organe der Einschätzung in aller Regel ihnen anschließen werden.[1069]

1066 *M.A. Steger*, Zur Verselbstständigung von Unionsagenturen, S. 531 f.

1067 Beispiel bei *M.A. Steger*, Zur Verselbstständigung von Unionsagenturen, S. 532 f.

1068 Beispiel bei *M.A. Steger*, Zur Verselbstständigung von Unionsagenturen, S. 533 f.

1069 *W. Weiß*, Der Europäische Verwaltungsverbund, S. 99 f.: "Die Kommission wird jedoch üblicherweise den eingebrachten Vorschlag nicht ändern, da es sich zumeist

So kann die Kommission faktisch an die informellen Normen von Agenturen oder anderen Gremien gebunden sein, mit der Folge, dass diese ohne Hinterfragung angewendet werden. Durch den Wissensvorsprung etwa in technisch komplexen Bereichen, kann die Kommission, wenn sie informelle Normen im Wege des Komitologieverfahrens verrechtlicht, darauf angewiesen sein, sich auf die Einschätzungen der ACER oder der ENTSO und der Foren zu verlassen.[1070] Es kann sich also eine *de facto* Bindung durch Wissensvorsprung ergeben. Dies wird etwa der Fall bezüglich der Stellungnahmen der Europäischen Arzneimittelagentur EMEA vermutet.[1071]

Allerdings verbietet sich hier ein pauschales Urteil. Wie *Groenleer* gezeigt hat, ist die *de facto* Übernahme von wissenschaftlichen Stellungnahmen und technischen Normen im Bereich der Energieregulierung, anders als teilweise vertreten[1072], nicht zu beobachten.[1073] Wie oben erläutert, durchläuft die Erstellung von Netzkodizes verschiedene Phasen, unter Beteiligung mehrerer Akteure (Kommission, ACER, die ENTSO, den Komitologieausschuss sowie Interessenträger durch Konsultationen), die verschiedene Instrumente einsetzen.[1074] Durch diese Verzahnung werden Kontrollmechanismen bereitgestellt, die verhindern, dass die von den ENTSO ausgearbeiteten Netzkodizes ohne weitere Prüfung übernommen und in verbindliche Form gegossen werden.[1075] Ein Beispiel hierfür ist der Erlass eines Netzkodex im Bereich der Kapazitätszuweisung in Gasnetzen.[1076] Eine erste Version dieses vom ENTSO-G vorgeschlagenen Kodex wurde im Rahmen des Komitologieverfahrens an entscheidenden Punkten geändert, sodass auf Kritik von Interessenträgern reagiert werden konnte.[1077] Hieran zeigt

---

um Entwürfe technischen Charakters handelt und die Kommissionsentscheidung einem Ausschussverfahren unterliegt…"; dazu auch *M.A. Steger*, Zur Verselbstständigung von Unionsagenturen, S. 525.

1070 Vgl. *S. Lavrijssen/L. Hancher*, LIEI 2009, S. 23 (40).

1071 *S. Griller/A. Orator*, ELRev 2010, S. 3 (13 f.).

1072 *S. Lavrijssen/I. Bordei*, 10 Oil, Gas & Energy Law Journal (2012), S. 12.

1073 *M. Groenleer*, Redundancy in multilevel energy governance, TARN Working Paper 6/2016, S. 13 f.

1074 Siehe oben IV. 1. n).

1075 *M. Groenleer*, Redundancy in multilevel energy governance, TARN Working Paper 6/2016, S. 13 f. Dazu auch *O. Ştefan/M. Petri*, YEL 2018, S. 525 (537).

1076 Verordnung (EU) Nr. 984/2013 der Kommission vom 14.10.2013 zur Festlegung eines Netzkodex über Mechanismen für die Kapazitätszuweisung in Fernleitungsnetzen und zur Ergänzung der Verordnung (EG) Nr. 715/2009 des Europäischen Parlaments und des Rates, ABl. 2013, L 273, S. 5.

1077 *M. Groenleer*, Redundancy in multilevel energy governance, TARN Working Paper 6/2016, S. 13 f.

sich, dass weder ENTSO, noch ACER zu *de facto* Gesetzgebern werden bei der Erstellung von Netzkodizes.

2. Außenwirkungen

Auch außerhalb des Erlassorgans zeitigen informelle Administrativnormen verschiedene Wirkungen. Wie die Innenwirkungen können sie rechtlicher und tatsächlicher Natur sein.

a) Rechtswirkungen

Denkbare Rechtswirkungen reichen von einer bloßen Berücksichtigungspflicht, also der Pflicht, informelle Administrativnormen nicht völlig zu ignorieren, bis zu einer Befolgungspflicht. Zudem könnten sie unter bestimmten Umständen eine Vorlagepflicht mitgliedstaatlicher Gerichte auslösen.

aa) Befolgungspflicht

Zunächst stellt sich die Frage, ob außerhalb der europäischen Verwaltung eine rechtliche Bindung an informelle Administrativnormen auftreten kann, etwa für die Mitgliedstaaten oder die anderen EU-Organe. Insbesondere in der älteren Literatur wurde dies mit verschiedenen Begründungen vorgebracht.

(1) Keine Bindung der Mitgliedstaaten und Unionsgerichte

Den ermessensstrukturierenden informellen Administrativnormen im Wettbewerbs- und Beihilfenrecht kommt potentiell die größte Bindungswirkung zu; in diesem Bereich hat die Kommission als erlassendes Organ eigene und weitreichende Vollzugsbefugnisse und ist selbst an die Normen gebunden (siehe oben V. 1. a)). Einige mitgliedstaatliche Verwaltungen betrachten sich daher mitunter als an die informellen Administrativnormen gebunden.[1078] Auch die Kläger in der Rechtssache *Milchindustrieverband/Kommission* trugen eine entsprechende Rechtsansicht vor, bezogen auf eine vermeintliche Bindung des deutschen Gesetzgebers an die Umwelt- und Energiebeihilfeleitlinien; nach dieser Ansicht mussten die Leitlinien in das deutsche Recht umgesetzt werden, ähnlich einer Richtlinie.[1079] Die Kläger hielten daher eine Nichtigkeitsklage direkt gegen die Umwelt- und Energiebeihilfeleitlinien für zulässig, da diese die Vorschriften des Erneuerbare-Energien-Gesetzes (EEG) 2014 (nach denen ihnen eine Entlastung nicht zustand) vollständig determinierten. Auch das vorlegende slowenische Verfassungsgericht im Fall *Kotnik u.a./Kommission* fragte den EuGH, ob die sog. Bankenmitteilung (*de iure* oder *de facto*) bindend für die Mitgliedstaaten sei. Davon war offensichtlich auch der slowenische Gesetzgeber ausgegangen, als er die einfachgesetzlichen Bestimmungen im Bereich des Bankenrechts änderte. Wie ausdrücklich festgestellt wird, geschah dies, um der Bankenmitteilung der Kommission nachzukommen.[1080]

In den beiden genannten Fällen stellten die Unionsgerichte jedoch fest, dass die von der Kommission gewählten Handlungsformen nicht rechtlich bindend sind für die Mitgliedstaaten,[1081] wenngleich das EuG eine starke Vorstrukturierung der später ergehenden Einzelfallentscheidungen der Kommission durch die Leitlinien anerkennt.[1082]

In der Rechtssache *Expedia*[1083] stellte der EuGH bezüglich der kartellrechtlichen *de minimis*-Bekanntmachung der Kommission fest, dass diese die Kommission bindet, nicht jedoch die mitgliedstaatlichen Behörden. Als Argument dafür wurde auch auf die Art der Veröffentlichung abgestellt:

1078 *G. della Cananea*, Administration by Guidelines: The Policy Guidelines of the Commission in the Field of State Aid, in: Harden (Hrsg.), State Aid: Community Law and Policy, S. 61 (69). Siehe auch die beihilferechtliche Entscheidung SA.45861 (2016/N), Rn. 9, 13, 44: Bulgarien hat die Gewährung von bestimmten Entlastungen für energieintensive Unternehmen so ausgestaltet, dass die Erfüllung von bestimmten Voraussetzungen der Umwelt- und Energiebeihilfeleitlinien ausdrücklich gefordert wird; letztere sind also in das mitgliedstaatliche Recht integriert.

1079 EuG, Rs. T-670/14, *Milchindustrieverband/Kommission*, Rn. 13.

1080 Schlussanträge GA *Wahl* zu EuGH, Rs. C-526/14, *Kotnik u.a.*, Rn. 30.

1081 EuG, Rs. T-670/14, *Milchindustrieverband/Kommission*, Rn. 34; EuGH, Rs. C-526/14, *Kotnik u.a.*, Rn. 45. Vgl. auch OLG München, 01.08.2002 – U (K) 5658 (BeckRS 2002, 31151619), wonach schwerwiegende Gründe vorliegen müssen, damit eine mitgliedstaatliches Gericht von Bekanntmachungen der Kommission im Kartellrecht abweichen darf.

1082 EuG, Rs. T-670/14, *Milchindustrieverband/Kommission*, Rn. 30.

1083 EuGH, Rs. C-226/11, *Expedia*. Siehe dazu auch *J.K. Grune*, EuZW 2013, S. 116.

Die Bekanntmachung wurde nur in der ABl.-Reihe C (und nicht L) veröffentlicht.[1084] Der EuGH betont damit die mitgliedstaatliche Verfahrensautonomie, die nicht durch einseitige informelle Administrativnormen der Kommission eingeschränkt werden kann.[1085]

Im Beihilfenrecht kommt als ergänzende Überlegung noch die in Art. 108 Abs. 2 UAbs. 3 AEUV implizit enthaltene Wertung hinzu. Die Vorschrift bestimmt, dass die Mitgliedstaaten sich über die Einschätzung der Kommission, eine bestimmte Maßnahme sei eine unzulässige Beihilfe, durch einstimmigen Beschluss hinwegsetzen können. Die Vorschrift kann als Korrektiv zu der starken Position der Kommission verstanden werden[1086] und spricht zusätzlich dafür, dass eine formale rechtliche Bindungswirkung durch Mitteilungen jedenfalls nicht besteht: Wenn die Mitgliedstaaten sogar rechtlich verbindliche Einzelfallentscheidungen der Kommission überstimmen können, dann sind sie an die im Vertrag nicht genannten Handlungsformen der Leitlinien und Mitteilungen erst recht nicht gebunden. Eine Bindung der Unionsgerichte verneinte der EuGH früh.[1087]

Früher vertretene Ansichten, wonach die Mitgliedstaaten[1088] oder sogar die Unionsgerichte[1089] an die informellen Normen gebunden seien, erscheinen spätestens seit der soeben genannten Rechtsprechung nicht mehr vertretbar.[1090]

1084 EuGH, Rs. C-226/11, *Expedia*, Rn. 30. Dies wurde durch eine teleologische Auslegung bestätitgt, Rn. 27.

1085 Siehe auch EuGH, Rs. 133/79, *Sucrimex*, Rn. 16: keine Bindung der zuständigen mitgliedstaatlichen Stellen an die in einem „Fernschreiben" geäußerte Rechtsansicht der Kommission.

1086 *J. Gundel*, RdE 2016, 234 (235); dort Fn. 19; *J. Gundel*, EuZW 2016 S. 606 (607), mit Rechtsprechungsbeispielen dieser selten angewendeten Norm.

1087 EuGH, Rs. 74/69, *Krohn*, Rn. 9; aus der EuG-Rechtsprechung siehe EuG, Rs. T-712/15, *Crédit mutuel Arkéa/EZB*, Rn. 75.

1088 Siehe insbesondere *G. Meier*, Die „Mitteilungen" der Kommission: Ein Instrument der Normsetzung der Gemeinschaft?, in: FS Steindorff, S. 1303 (1308); *A. Klösters*, Kompetenzen der EG-Kommission im innerstaatlichen Vollzug von Gemeinschaftsrecht, S. 94 ff., 156. In diese Richtung wohl auch *Weitbrecht*, EuZW 2003 S. 69 (71).

1089 *A. Bleckmann*, RIW 1988, S. 963 (966); *Ders.*, in: Bieber/Ress (Hrsg.), Die Dynamik des Europäischen Gemeinschaftsrechts, S. 161 (208).

1090 Auf dieser Linie liegen auch die meisten Ansichten in der Literatur, die lediglich von einer Selbstbindung der Kommission ausgehen, siehe etwa für Leitlinien und Unionsrahmen im Beihilfenrecht *A. Haratsch/C. Koenig/M. Pechstein*, Europarecht, 11. Aufl., S. 956, Rn. 1311; *A. Hatje*, Die gemeinschaftsrechtliche Steuerung der Wirtschaftsverwaltung, S. 159; *J.K. Grune*, EuZW 2013, S. 116 (117); *J. Gundel*, EuR 2018, S. 593 (597).

(2) Grundsatz der begrenzten Einzelermächtigung als Grenze

Einer Bindung der Mitgliedstaaten oder anderer Unionsorgane an die informellen Administrativnormen steht insbesondere der Grundsatz der begrenzten Einzelermächtigung entgegen, der in Art. 5 Abs. 1 und 2 EUV normativ verankert ist. Danach setzt ein Tätigwerden der Union – in rechtsverbindlicher Form – eine entsprechende primär- oder sekundärrechtliche Ermächtigung voraus.[1091] Dass die informellen Administrativnormen nicht im Handlungsformenkatalog des Art. 288 AEUV enthalten sind, spricht dabei schon *prima facie* gegen ihre Außenverbindlichkeit.[1092]

Auch kann aus dem Umstand, dass der EuGH informelle Administrativnormen unter bestimmten Voraussetzungen für anfechtbar hält,[1093] nicht auf deren Rechtsverbindlichkeit geschlossen werden.[1094] Dies mag vielleicht naheliegen, können doch ausweislich Art. 263 Abs. 1 S. 1 AEUV unverbindliche Akte bereits keine tauglichen Klagegegenstände einer Nichtigkeitsklage sein. Hierbei handelt es sich aber um einen Fehlschluss. Wie *Schöndorf-Haubold* jedoch zutreffend feststellt, spricht dies nicht gegen die grundsätzliche Unverbindlichkeit informeller Administrativnormen – das bestehende Rechtsschutzsystem kann den Umstand, dass es eigentlich um die *Feststellung* der Rechtswidrigkeit einer an sich unverbindlichen Handlung geht, nur nicht abbilden, da eine solche Feststellungsklage derzeit noch nicht existiert.[1095]

(3) Keine Erweiterung durch Unionsrechtsgrundsätze

Auch unter Berufung auf Unionsrechtsgrundsätze können informelle Administrativnormen keinen höheren Grad an Verbindlichkeit erlangen.

1091 *M. Nettesheim*, in: Grabitz/Hilf/Nettesheim (Hrsg.), Das Recht der Europäischen Union, 73. EL, Art. 288 AEUV, Rn. 200.

1092 *A. Hatje*, Die gemeinschaftsrechtliche Steuerung der Wirtschaftsverwaltung, S. 159. Siehe auch *D. Triantafyllou*, Vom Vertrags- zum Gesetzesvorbehalt, S. 74: Nur die vertraglich vorgesehenen Handlungsformen können bindende Wirkung im Außenverhältnis entfalten. A.A. hingegen *J. Bast*, Handlungsformen und Rechtsschutz, in: von Bogdandy/Bast (Hrsg.), Europäisches Verfassungsrecht, 2. Aufl., S. 489 (527), der jedoch ebenfalls die Schaffung neuer, im Vertrag nicht vorgesehener rechtsverbindlicher Wirkungsmodi entgegen des Grundsatzes der begrenzten Einzelermächtigung verneint, S. 528.

1093 Dazu unten VIII. 1. b)-d).

1094 *B. Schöndorf-Haubold*, Die Strukturfonds der Europäischen Gemeinschaft, S. 408.

1095 *Ibid.*, S. 413 f. Siehe hierzu auch unten Abschnitt VIII., 1. e) bb).

Zunächst ist zu klären, ob sich Verhaltensanforderungen in unverbindlichen Instrumenten im Lichte des Grundsatzes der Unionstreue bzw. Loyalitätspflicht zu rechtlich verbindlichen Normen verdichten lassen. Der Grundsatz, der in Art. 4 Abs. 3 EUV Niederschlag gefunden hat, ist eine Zentralnorm des Unionsrechts. Er verpflichtet unter anderem die Mitgliedstaaten bei der Durchführung des Unionsrechts im Sinne eines *effet utile* die Erreichung des mit der jeweiligen Unionsnorm verbundenen Zieles größtmöglich zu fördern. So können etwa ungenaue Verpflichtungen im Primär- oder Sekundärrecht durch eine Auslegung im Lichte des Loyalitätsgrundsatzes konkretisiert werden.[1096]

Die genaue Reichweite des Grundsatzes der loyalen Zusammenarbeit auf die Außenwirkung informeller Administrativnormen ist noch nicht geklärt.[1097] Der EuGH bezeichnet etwa informelle Instrumente im Wettbewerbsrecht[1098] als „nützliche Instrumente", die der „wirksamen Anwendung der Art. 101 AEUV und 102 AEUV" dienen,[1099] und die „Auswirkungen auf die Praxis der nationalen Wettbewerbsbehörden haben können"[1100].

Für eine verbindliche Außenwirkung aufgrund des Loyalitätsgrundsatzes ist teilweise auf die Rechtssache 141/78 verwiesen worden,[1101] in der der EuGH feststellte, dass eine an sich unverbindliche Entschließung des Rates eine Konkretisierung von Pflichten aus Art. 5 EWG-Vertrag (Art. 4 Abs. 3 EUV) darstellen kann. Die Entschließung sah eine Mitwirkungspflicht im Rahmen der Fischereipolitik dergestalt vor, dass Mitgliedstaaten vor einseitigen Maßnahmen die Kommission konsultieren und ihre Zustimmung ersuchen sollten. Da diese Pflicht laut EuGH eine Konkretisierung der

1096 Statt vieler, *W. Obwexer*, in: von der Groeben/Schwarze/Hatje (Hrsg.), Europäisches Unionsrecht, 7. Aufl., Art. 4 EUV, Rn. 81. Für eine mögliche Verpflichtung der anderen Unionsorgane im Verhältnis zur Kommission würde nach Art. 13 Abs. 2 Satz 2 EUV ähnliches gelten, Rn. 66.

1097 *O. Ştefan et al.*, EU Soft Law in the EU Legal Order, SoLaR Working Paper 2018, S. 29; Schlussanträge GA *Bobek* zu EuGH, Rs. C-16/16, *Belgien/Kommission*, Rn. 102 ff.

1098 Im konkreten Fall: Bekanntmachung der Kommission über die Zusammenarbeit innerhalb des Netzes der Wettbewerbsbehörden, ABl. 2004, C 101, S. 43; Mitteilung der Kommission über den Erlass und die Ermäßigung von Geldbußen in Kartellsachen, ABl. 2006, C 298, S. 17.

1099 EuGH, Rs. C-360/09, *Pfleiderer*, Rn. 25.

1100 *Ibid.*, Rn. 23.

1101 *J. Temple Lang*, CMLRev 1990, S. 645 (668 f.).

allgemeinen Loyalitätspflicht darstellte, sei ihre Einhaltung zwingend gewesen.[1102]

Dies überzeugt jedoch nicht. Zum einen ging es in der Rechtssache um eine Entschließung des Rates, nicht eine einseitig gesetzte informelle Regelung;[1103] die Mitgliedstaaten haben hier also selbst über die Vertreter im Rat an der Entschließung mitgewirkt. Zum anderen betraf die Entschließung nur eine allgemeine Verfahrensregelung zur Abstimmung mit der Kommission, nicht detaillierte materiell-rechtliche Regelungen, wie dies häufig bei den hier untersuchten Instrumenten der Fall ist. Darüber hinaus lässt sich das Urteil auch so verstehen, dass nicht die Entschließung selbst bindend ist, sondern die bereits aus dem Primärrecht in Verbindung mit dem Loyalitätsgrundsatz folgenden der Mitwirkungspflichten lediglich in der Entschließung dokumentiert werden. Die Verpflichtung bestünde dann auch ohne die Entschließung.

Andere schreiben Art. 10 EGV (heute Art. 4 Abs. 3 EUV) im Kontext des Kartellrechts die Funktion als „Umschaltnorm" zu, mit der Folge dass nicht nur die Kommission selbst an die informellen Administrativnormen gebunden ist, sondern reflexhaft auch die Mitgliedstaaten.[1104] Nach der Dezentralisierung der Kartellaufsicht durch die VO 1/2003 sei die Bindung der mitgliedstaatlichen Behörden und Gerichte im Lichte des Art. 10 EGV (4 Abs. 3 EUV) notwendig, da andernfalls die einheitliche Anwendung des Kartellrechts gefährdet sei.[1105]

Auch dieser Ansicht kann jedoch nicht gefolgt werden. Für das Beihilfenrecht ist sie insbesondere wenig überzeugend, da die Verordnungsermächtigung in Art. 108 Abs. 4 iVm Art. 109 AEUV überflüssig wäre, wenn die Kommission durch einseitigen Erlass informeller Normen die Mitgliedstaaten binden könnte.[1106] Zudem folgt aus dem abstrakten Problem der

1102 EuGH, Rs. 141/78, *Frankreich/Vereinigtes Königreich*, insb. Rn. 8.

1103 Zudem war eine „notstandsähnliche Situation" im Fischereirecht betroffen. Darauf hinweisend *M. Brohm*, Die „Mitteilungen" der Kommission im Europäischen Verwaltungs- und Wirtschaftsraum, S. 115.

1104 *M. Schweda*, WuW 2004, S. 1133 (1142).

1105 *Ibid.*, (1141); ähnlich *A. Geiger*, EuZW 2000, S. 325, der davon ausgeht, dass bei Missachtung der kartellrechtlichen Horizontalleitlinien durch einen Mitgliedstaat ein Vertragsverletzungsverfahren droht. Unklar bei *W. Frenz*, WRP 2010, S. 224 (229 f.), wonach die mitgliedstaatlichen Stellen einerseits die informellen Administrativnormen zur Gewährleistung von Gleichheit und zum Schutz berechtigten Vertrauens wahren müssen, aber andererseits keine Bindung aus Art. 4 Abs. 3 EUV folgt.

1106 Ähnlich *S. Thomas*, EUR 2009, S. 423 (435).

uneinheitlichen Anwendung des Unionsrechts nicht bereits eine Befugnis der Kommission zur Rechtsetzung.[1107] Dies schon allein deshalb nicht, weil diese Argumentation sich auf nahezu alle Bereiche des Unionsrechts übertragen ließe, was zu einem enormen Machtzuwachs der Kommission unter Umgehung der Kompetenzverteilung führen würde.[1108] Im Übrigen geht auch die Kommission selbst nicht von einer rechtlichen Bindungswirkungen im Außenverhältnis aus; mithin fehlt der Wille des Erlassorgans zur rechtsverbindlichen Ausgestaltung.[1109] Auch der EuGH geht daher nur von einer Berücksichtigungspflicht aus und nicht von einer Befolgungspflicht.[1110]

Bezüglich ermessensstrukturierender beihilferechtlicher Leitlinien verneint Generalanwalt *Wahl* in der Rechtssache *Kotnik* ausdrücklich eine Bindungswirkung über Art. 4 Abs. 3 EUV:

> „Der Gerichtshof hat zwar entschieden, dass die Bestimmungen solcher Akte des „soft law“ wegen der in Art. 4 Abs. 3 EUV normierten Pflicht zur loyalen Zusammenarbeit von den Behörden der Mitgliedstaaten gebührend zu berücksichtigen sind, doch kann diese Pflicht nicht dahin verstanden werden, dass infolgedessen solche Regeln – und wenn auch nur de facto – unter Missachtung des im AEU-Vertrag vorgesehenen Gesetzgebungsverfahrens bindend werden.“[1111]

1107 So i.E. auch *G. Pampel*, EuZW 2005, S. 11 (12).

1108 *W. Frenz*, WRP 2010, S. 224 (229 f.).

1109 Das erkennt auch *M. Schweda*, WuW 2004, S. 1133 (1142), der von einer Bindungswirkung ausgeht, hält dies aber für unbeachtlich, da sich die Bindung als Rechtsreflex aus dem Loyalitätsgebot ergibt und daher indisponibel ist.

1110 Dazu sogleich unter V. 2. a) bb). So auch *M. Brohm*, Die „Mitteilungen“ der Kommission im Europäischen Verwaltungs- und Wirtschaftsraum, S. 130 und 111 ff.; *A. Glaser*, Die Entwicklung des Europäischen Verwaltungsrechts aus der Perspektive der Handlungsformenlehre, S. 385; *H.C.H. Hofmann/G.C. Rowe/A.H. Türk*, Administrative Law and Policy of the European Union, S. 575; *J.K. Grune*, EuZW 2013, S. 116 (117); *S. Thomas*, EuR 2009, S. 423 (435); *O. Ştefan*, Soft Law in Court, S. 190, die darauf hinweist, dass auch andere EuGH-Entscheidungen, in denen Art. 4 Abs. 3 EUV in diesem Zusammenhang herangezogen wurde, nur Fälle konsentierter Beihilferahmen betrafen. Zur Bindung durch Zustimmung siehe sogleich im nächsten Abschnitt.

1111 Schlussanträge GA *Wahl* zu EuGH, Rs. C-526/14, *Kotnik u.a.*, Rn. 38. (Fußnoten ausgelassen). I.E. stimmt der EuGH dem zu, vgl. EuGH, Rs. C-526/14, *Kotnik u.a.*, Rn. 43-45, jedoch ohne Bezugnahme auf Art. 4 Abs. 3 EUV. Vgl. auch OLG München, 1. 8. 2002 – U (K) 5658, BeckRS 2002, 31151619.

Zu beachten ist insbesondere, dass die Konkretisierung mithilfe des Loyalitätsgrundsatzes immer eine bereits vorhandene Verpflichtung voraussetzt und keine völlig neuen Verpflichtungen begründet werden können.[1112] Die Auslegung muss sich im Rahmen des Prinzips der begrenzten Einzelermächtigung bewegen, kann diesen aber nicht umgehen und die Befugnisse der Organe erweitern.[1113] Der Loyalitätsgrundsatz hat daher einen nur akzessorischen Charakter;[1114] aus Art. 4 Abs. 3 EUV kann die Kommission nicht das Recht ableiten, sekundärrechtlich bestehende Verpflichtungen der Mitgliedstaaten zu erweitern und somit quasi Verordnungen zu erlassen.[1115]

Für dieses Ergebnis spricht ferner, dass informelle Administrativnormen inhaltlich unzutreffende Regelungen treffen können, etwa wenn die in einer Mitteilung wiedergegebene Auslegung des Unionsrechts im Widerspruch zu der Rechtsprechung des EuGH steht. Eine reflexartige Bindung der Mitgliedstaaten würde dazu führen, dass sich diese Fehler automatisch auf die behördliche Praxis übertragen würden.[1116] Auch eine negative Verpflichtung – ähnlich wie bei der Vorwirkung von Richtlinien[1117] – dergestalt, dass das Ziel der informellen Norm nicht in Frage gestellt werden darf durch mitgliedstaatliche Maßnahmen, die dem entgegenlaufen, ist aus diesem Grund abzulehnen.[1118]

(4) Bindung durch Zustimmung im Beihilfenrecht

Als unproblematisch stellen sich beihilferechtliche Administrativnormen dar, denen die Mitgliedstaaten zugestimmt haben. Diese erlangen durch die

1112 *T. von Danwitz*, Europäisches Verwaltungsrecht, S. 251.

1113 *G. Pampel*, EuZW 2005, S. 11 (12 f.).

1114 *M. Brohm*, Die „Mitteilungen“ der Kommission im Europäischen Verwaltungs- und Wirtschaftsraum, S. 116.

1115 Schlussanträge GA *Tesauro* zu EuGH, Rs. C-303/90, *Frankreich/Kommission*, Rn. 21.

1116 *P. Pohlmann*, WuW 2005, S. 1005 (1009).

1117 EuGH, Rs. C-129/96, *Inter-Environnement Wallonie*.

1118 Im Ergebnis so auch Schlussanträge GA *Bobek* zu EuGH, Rs. C-16/16, *Belgien/Kommission*, Rn. 105, 169. Siehe zudem die interinstitutionelle Vereinbarung „Gemeinsame Leitlinien für die redaktionelle Qualität der gemeinschaftlichen Rechtsvorschriften“ des Europäischen Parlaments, des Rates und der Kommission, wonach unverbindliche Akte auch nicht dadurch verbindlich werden, dass sich andere – verbindliche – Akte auf sie beziehen, ABl. 1999, C 73, S. 1, Rn. 17.

Zustimmung Rechtsverbindlichkeit.[1119] Diese Form der Regulierung fand insbesondere früher in Gemeinschaftsrahmen der Kommission Ausdruck und bezieht sich auf bestehende Beihilfenregelungen der Mitgliedstaaten, im Unterschied zu solchen, die das Ermessen der Kommission bei der Beurteilung künftiger Beihilfemaßnahmen strukturieren sollen. Art. 19 Abs. 1 der Beihilfenverfahrens-VO bestimmt mittlerweile ausdrücklich die Bindungswirkung bei Zustimmung zu diesen „zweckdienlichen Maßnahmen" iSv Art. 108 Abs. 1 AEUV. Zuvor hatte der EuGH eine Bindungswirkung hergeleitet aus der Zustimmung eines Mitgliedstaats und zusätzlich aus der Verpflichtung zur Zusammenarbeit aus Art. 93 Abs. 1 EGV (heute Art. 108 Abs. 1 AEUV).[1120]

Mittlerweile scheint die Kommission dazu übergegangen zu sein, diese Regelungen in einem gesonderten Abschnitt ihrer Leitlinien einzuschließen, sodass bestehende und zukünftige Beihilfen in einem Dokument geregelt werden.[1121] Da die Mitgliedstaaten den Leitlinien nicht zustimmen, entfalten sie aber auch keine rechtliche Bindungswirkung bezogen auf die bestehenden Beihilfemaßnahmen.[1122]

1119 Z.B. in Mitteilung der Kommission – Leitlinien für staatliche Beihilfe für Flughäfen und Luftverkehrsgesellschaften, ABl. 2014, C 99, S. 3; *B. Linke*, NVwZ 2014, 1541 (1542). Grundlage eines solchen Übereinkommens ist Art. 108 I AEUV (zweckdienliche Maßnahmen) und Art. 19 Abs. 1 Verordnung (EG) Nr. 659/1999; dazu auch *C. Bluman/L. Dubouis*, Droit institutionnel de l'Union europeénne, 5. Aufl., S. 566, Rn. 727. *I. Härtel*, Handbuch Europäische Rechtsetzung, § 13, Rn. 30, dort Fn. 577 mit Nachweisen; *A. Thiele*, H. III. Staatliche Beihilfen, in: Dauses/Ludwigs (Hrsg.), Handbuch des EU-Wirtschaftsrechts, 44. EL, Rn. 192; *S. Thomas*, EuR 2009, 423 (433 f.); *T. von Danwitz*, Europäisches Verwaltungsrecht, S. 250 f.; *T. Jestaedt/M. Schweda*, in: Heidenhain (Hrsg.), Handbuch des Europäischen Beihilfenrechts, § 14, Rn. 44 f., 50; *W. Schroeder*, in: Streinz, EUV/AEUV, 3. Aufl., Art. 288, Rn. 33: quasi-vertraglicher Charakter.

1120 EuGH, Rs. C-311/94, *Ijssel-Vliet*, Rn. 44. Kritisch bezüglich dieser nicht eindeutigen Benennung des Bindungsgrundes *I. Härtel*, Handbuch Europäische Rechtsetzung, § 13, Rn. 30. GA *Lenz* stützte die Bindungswirkung für die Mitgliedstaaten nur auf deren Zustimmung, vgl. Schlussanträge GA *Lenz* zu EuGH, Rs. C-311/94, *Ijssel-Vliet*, Rn. 42. EuGH, Rs. C-313/90, *CIRFS*, Rn. 35.

1121 Siehe etwa die Umwelt- und Energiebeihilfeleitlinien (oben IV. 1. a)), die ihren Rn. 250 f. die Mitgliedstaaten zur Zustimmung zur Anwendung der meisten Regelungen auch auf ihre bestehenden Beihilfen auffordern; vgl. dazu *J. Gundel*, RdE 2016, S. 231 (235 f.).

1122 EuGH, Rs. C-292/95, *Spanien/Kommission*, Rn. 28 ff.

Wie die Fälle zum Kfz-Gemeinschaftsrahmen jedoch zeigen, kann die Kommission diesen Regelungen auch ohne die Zustimmung eine faktische Wirkung verleihen bzw. die Zustimmung der Mitgliedstaaten erzwingen.[1123]

(5) Zwischenergebnis

Einer rechtlichen Bindung außer der Selbstbindung des Erlassorgans steht das Prinzip der begrenzten Einzelermächtigung entgegen. Daran ändern auch Rechtsgrundsätze wie das Loyalitätsprinzip oder der Gleichheitssatz nichts. Dies gilt nicht nur für die ermessensstrukturierenden Instrumente im Beihilfenrecht, sondern erst recht auch für die übrigen untersuchten Instrumente, die in ihrer Bindungswirkung schwächer sind.

bb) Berücksichtigungspflicht

In der Rechtsprechung und im Schrifttum wird zum Teil gefordert, die mitgliedstaatlichen Gerichten und Behörden sollen informelle Administrativnormen der Kommission bei der Rechtsanwendung berücksichtigen.

(1) Berücksichtigungspflicht kraft sekundärrechtlicher Anordnung

Mitunter bestimmt das Sekundärrecht explizit, dass informelle Administrativnormen Berücksichtigung bei den Entscheidungen mitgliedstaatlicher Stellen finden müssen.[1124]

Ein Beispiel für eine solche sekundärrechtliche Anordnung im Energierecht ist Art. 9 Abs. 3 der Governance-VO. Danach haben die Mitgliedstaa-

1123 Siehe unten V. 2. b) bb) (1).

1124 Durch die Inkorporation in verbindliche Normen erreichen informelle Instrumente mitunter einen Grad an Verbindlichkeit, der manche Autoren an der Zuordnung zu „Soft Law“ zweifeln lassen, vgl. bezogen auf den Verhaltenskodex für die Unternehmensbesteuerung (ABl. 1998, C 2, S. 1) und letztlich unentschlossen bezüglich der Einordnung *J.M. Mössner*, Code of Conduct for Business Taxation vom 1.12.1997, in: Lang/Schuch/Staringer (Hrsg.), Soft Law in der Praxis, S. 136 (144); *H. Gribnau*, Intertax 2007, S. 30. Angemerkt sei jedoch, dass dieser Verhaltenskodex nicht von der Kommission, sondern vom Rat und den im Rat vereinigten Vertretern der Regierungen der Mitgliedstaaten als „Entschließung“ erlassen wurde.

ten den Empfehlungen der Kommission zu den Entwürfen der integrierten nationalen Energie- und Kimapläne „gebührend Rechnung zu tragen".[1125] Auch in anderen Sekundärrechtsakten finden derartige Berücksichtigungspflichten, teils mit leicht abweichenden Formulierungen.[1126]

Diese Ermächtigung zum Erlass von Empfehlungen mit Berücksichtigungspflicht hat gewisse Ähnlichkeiten mit der Rechtsetzungsermächtigung in den Art. 290 f. AEUV[1127], ohne dass jedoch zugleich die dort vorgesehenen oder vergleichbare Kontrollmechanismen als Korrektiv enthalten wären. Dies mag aus Perspektive des deutschen Verwaltungsrechts verwundern. Dort wird die Befugnis von Regulierungsbehörden zum Erlass von Leitfäden durch die Möglichkeit, im Rahmen der Fachaufsicht einzugreifen, ausgeglichen, um möglichen Kompetenzüberschreitungen zu begegnen.[1128] Dieser Unterschied ist jedoch gerechtfertigt, da die Empfehlungen letztlich unverbindlich bleiben, anders als die Akte der delegierten und der Durchführungsgesetzgebung. Auch das EuG beanstandete eine ähnlich ausgestaltete Berücksichtigungspflicht nicht. Seiner Auffassung nach kommt der unverbindliche Charakter in der Formulierung „berücksichtigen" hinreichend deutlich zum Ausdruck, sodass für den mitgliedstaatlichen Rechtsanwender ersichtlich ist, dass die Entscheidung in der Sache letztlich ihm, und nicht der Kommission obliegt.[1129] Andernfalls würde es sich bei dem Instrument um eine Entscheidung gem. Art. 249 EGV (heute Beschluss nach Art. 288 AEUV) handeln, die nicht nur berücksichtigt werden müsste, sondern insgesamt verbindlich wäre.[1130]

Die genaue Reichweite dieser Berücksichtigungspflicht ist indes nicht eindeutig geregelt. Klar ist nur, dass sie ihren Adressaten verbietet, die be-

---

1125 Siehe oben IV. 1. k).

1126 Siehe etwa die Forderung nach „gebührender Berücksichtigung" der Leitlinien und Empfehlungen von CEIOPS. Mit diesem und weiteren Beispielen aus dem Finanzmarktrecht *J.E. Dickschen*, Empfehlungen und Leitlinien der Europäischen Finanzaufsichtsbehörden, S. 136.

1127 Mit diesem Vergleich *L. Senden*, ELJ 2013, S. 57 (64).

1128 *M. Schramm*, Einseitiges informelles Verwaltungshandeln im Regulierungsrecht, S. 210 f.

1129 So im Telekommunikationsrecht zu Stellungnahmen der Kommission, EuG, Rs. T-109/06, *Vodafone/Kommission*, Rn. 93 f., die nach dem damaligen Art. 7 Abs. 5 der Telekommunikations-RL (2002/21/EG) „weitestgehend berücksichtigt" werden mussten. Es ist aber davon auszugehen, dass dieselbe Argumentation auch auf Empfehlungen übertragbar ist.

1130 EuG, Rs. T-109/06, *Vodafone/Kommission*, Rn. 93 f.; vgl. dazu *B. Bertrand*, RDUE 2014, 73 (80).

treffenden informellen Instrumente gänzlich außer Acht zu lassen. Darüber hinaus lässt sich festhalten, dass solche Berücksichtigungspflichten die informellen Instrumente näher in Richtung verbindliches Recht rücken.[1131] Die Bindungswirkungen sind also verstärkt.[1132] Es ist hier von einer Regelfallverbindlichkeit für die Mitgliedstaaten auszugehen, die eine Abweichung von den informellen Administrativnormen nur erlaubt, wenn die Mitgliedstaaten andernfalls gegen verbindliches Unionsrecht verstießen.[1133] Zudem muss das Abweichen begründet werden.[1134] Eine solche Pflicht ist zwar recht weitgehend. Sie scheint jedoch in diesem Fall angemessen, da die Mitgliedstaaten der Berücksichtigungspflicht durch Annahme des Sekundärrechtsakts im Rat zugestimmt haben.[1135]

(2) Grimaldi – Berücksichtigungspflicht statt empfehlungskonformer Auslegung

Auch ohne sekundärrechtliche Anordnung ergibt sich in ständiger Rechtsprechung eine Berücksichtigungspflicht.[1136] In der vielbeachteten Rechtssache *Grimaldi* stellt der EuGH eine Berücksichtigungspflicht von Empfehlungen der Kommission im Sinne von Art. 288 Abs. 5 AEUV fest.[1137] Der Fall betraf den italienischen Staatsbürger und Wanderarbeiter *Grimaldi*, der von dem belgischen *Fonds des maladies professionnelles* („Kasse für Berufskrankheiten") die Anerkennung einer Berufskrankheit verlangte. Als

---

1131 Weshalb auch vom „hardening" des „Soft Law" gesprochen, vgl. *O. Ştefan et al.*, EU Soft Law in the EU Legal Order, SoLaR Working Paper 2018, S. 29. Durch solche Berücksichtigungspflichten werden informelle Administrativnormen „[w]eitgehend verbindlich", vgl. *W. Weiß*, Der Europäische Verwaltungsverbund, S. 75.

1132 Siehe *J. Kühling*, Sektorspezifische Regulierung in den Netzwirtschaften, S. 416 zu bestimmten Empfehlungen im Telekommunikationsrecht; *T. von Danwitz*, B. II. Rechtsetzung und Rechtsangleichung, in: Dauses/Ludwigs (Hrsg.), Handbuch des EU-Wirtschaftsrechts, 48. EL, Rn. 62.

1133 *T. von Danwitz*, Europäisches Verwaltungsrecht, S. 251; zustimmend *J.E. Dickschen*, Empfehlungen und Leitlinien der Europäischen Finanzaufsichtsbehörden, S. 135 f.

1134 Siehe EuGH, Rs. C-28/15, *Koninklijke*, Rn. 37 ff. bezüglich einer Kommissionsempfehlung, der nach Art. 19 Abs. 1 der damaligen Telekommunikations-RL „weitestgehend Rechnung [zu] tragen" war.

1135 *B. Schöndorf-Haubold*, Die Strukturfonds der Europäischen Gemeinschaft, S. 97 f.

1136 Bereits zuvor befürwortete *H.P. Ipsen*, Europäisches Gemeinschaftsrecht, S. 461 eine aus dem Loylitätsgebot hergeleitete Berücksichtigungspflicht unverbindlicher Empfehlungen.

1137 EuGH, Rs. C-322/88, *Grimaldi*.

ihm dies verweigert wurde, klagte er und berief sich auf eine Empfehlung der Kommission[1138], deren Anhang u.a. seine Krankheit als Berufskrankheit auflistete. Laut EuGH ist eine Berufung auf die Empfehlung mangels Rechtsverbindlichkeit – und somit auch mangels unmittelbarer Wirkung – nicht möglich. Danach können Empfehlungen zwar keine Rechte für Einzelne begründen, jedoch sei zu beachten,

> „daß die fraglichen Maßnahmen nicht als rechtlich völlig wirkungslos angesehen werden können. Die innerstaatlichen Gerichte sind nämlich verpflichtet, bei der Entscheidung der bei ihnen anhängigen Rechtsstreitigkeiten die Empfehlungen zu berücksichtigen, insbesondere dann, wenn diese Aufschluß über die Auslegung zu ihrer Durchführung erlassener innerstaatlicher Rechtsvorschriften geben oder wenn sie verbindliche gemeinschaftliche Vorschriften ergänzen sollen."[1139]

In dieser Passage lassen sich zwei Varianten unterscheiden, deren Vorliegen eine Berücksichtigungspflicht mit sich bringt, wobei die Formulierung („insbesondere") den nicht abschließenden Charakter betont: Zum einen wenn eine mitgliedstaatliche Vorschrift zur Durchführung der Empfehlung erlassen wurde, und zum anderen, wenn die Empfehlung verbindliches Unionsrecht ergänzt. Diese beiden Varianten schließen sich freilich nicht gegenseitig aus, sondern können zugleich vorliegen. Der EuGH verzichtet auf eine nähere Begründung der Berücksichtigungspflicht. Denkbar erscheint es, den Grund der Berücksichtigungspflicht in der ersten Variante in dem Verbot widersprüchlichen Verhaltens zu sehen: Wird eine Empfehlung von einem Mitgliedstaat freiwillig umgesetzt, müsse sie auch bei der Auslegung des Umsetzungsakts beachtet werden.[1140]

Generalanwalt *Mischo* beschränkte sich in seinen Schlussanträgen auf die Verneinung der unmittelbaren Wirkung der Empfehlung. Im Rahmen der Zulässigkeit der Vorlagefrage deutet er jedoch an, dass Empfehlungen durch mitgliedstaatliche Gerichte zu berücksichtigen sein können, wenn sie innerstaatliches Recht auslegen, das „ausdrücklich zur Durchführung einer Empfehlung erlassen worden" ist.[1141] Der EuGH hingegen geht von einer

1138 Empfehlung der Kommission an die Mitgliedstaaten vom 23.07.1962 zur Annahme einer Europäischen Liste der Berufskrankheiten, ABl. 1962, S. 2188.

1139 EuGH, Rs. C-322/88, *Grimaldi*, Rn. 18.

1140 *I. Härtel*, Handbuch Europäische Rechtsetzung, § 12, Rn. 11 f.

1141 Schlussanträge GA *Mischo* zu EuGH, Rs. C-322/88, *Grimaldi*, Rn. 12. Mit Verweis auf Schlussanträge GA *Warner* zu EuGH, Rs. 113/75, *Frecassetti*, Slg. 1976, S. 995 (996 f.).

generellen Berücksichtigungspflicht aus und damit über frühere Urteile zur Wirkung von Empfehlungen hinaus.[1142] Eine nähere Begründung findet sich in dem Urteil jedoch nicht, ebenso wenig wie in der nachfolgenden Rechtsprechung.[1143]

Entsprechend ist die genaue Reichweite dieser Pflicht der mitgliedstaatlichen Gerichte umstritten, was auch daran liegen mag, dass die Entscheidung nur selten in nachfolgenden Rechtssachen zitiert wurde.[1144] Manche Stimmen in der Literatur sehen bereits in der bloßen Berücksichtigungspflicht eine zu weitgehende Rechtsfortbildung: Zwar bestehe nur eine *Berücksichtigungs*pflicht, gleichwohl aber eine *Pflicht*.[1145] Zum Teil werden den in Art. 288 AEUV genannten Empfehlungen und Stellungnahmen daher generell nur „politische und psychologische Bedeutung" beigemessen.[1146]

Andere wenden hiergegen ein, dass die Empfehlung gerade unverbindlich bezüglich der Umsetzung sei. Setzen Mitgliedstaaten Empfehlungen trotzdem freiwillig um, sei eine Auslegung des mitgliedstaatlichen Rechts im Lichte der Empfehlungen nicht zu beanstanden; die Auslegung solle

---

1142 Vgl. noch zuvor die zurückhaltendere Formulierung des EuGH in verb. Rs 253/78 und 1 bis 3/79, *Bruno Giry und Guerlain*, Rn. 13, wonach informelle Schreiben der Kommission an Unternehmen, mit denen diesen bekanntgegeben wird, dass ihr Verhalten kartellrechtlich nicht zu beanstanden sei, durch die mitgliedstaatlichen Gerichte lediglich berücksichtigt werden *können*. So auch EuGH, Rs. 99/79, *Lancôme/Etos*, Rn. 11.

1143 EuGH, Rs. C-188/91, *Deutsche Shell*, Rn. 18 (zu einer Empfehlung eines Gremiums, deren Handlungen der EU zugerechnet werden können); EuGH, Rs. C-207/01, *Altair Chimica*, Rn. 41 (zu einer Empfehlung des Rates); EuGH, Rs. C-317/08 bis C-320/08, *Alassini*, Rn. 40 (zu Empfehlungen im Bereich des Verbraucherrechts). Auch der EuGH selbst berücksichtigt Empfehlungen als Auslegungshilfe, vgl. EuGH, Rs. C-55/06, *Arcor*, Rn. 94.

1144 Laut *E. Korkea-Aho*, YEL 2018, S. 470 (472) nur insgesamt sieben Mal.

1145 *M. Ruffert*, in: Calliess/Ruffert (Hrsg.), EUV/AEUV, 5. Aufl., Art. 288 AEUV, Rn. 95. Sich dem anschließend *I. Härtel*, Handbuch Europäische Rechtsetzung, § 12, Rn. 11 f.; siehe auch Schlussanträge GA *Bobek* zu EuGH, Rs. C-16/16, *Belgien/Kommission*, Rn. 170 f.

1146 *E. Grabitz*, Quellen des Gemeinschaftsrechts: Rechtshandlungen der Gemeinschaftsorgane, in: Kommission der Europäischen Gemeinschaften (Hrsg.), Dreißig Jahre Europäisches Gemeinschaftsrecht, S. 91 (96). Von einer indirekten Wirkung geht *Grabitz* aus, sofern die Instrumente als Grundlagen für spätere verbindliche Regelungen fungieren oder aus Gründen des Vertrauensschutzes zu einer Selbstbindung des erlassenden Organs führen. Vgl. auch *K. Michel*, Institutionelles Gleichgewicht und EU-Agenturen, S. 143 f.: Empfehlungen wirken „politischen und psychischen Druck" aus. Siehe auch *B. Herz*, EWS 2010, S. 261 (262).

dann – in Parallele zur Rechtsprechung zu Richtlinien – „empfehlungskonform" erfolgen.[1147] Dieses Argument bezieht sich freilich nur auf die erste der beiden in *Grimaldi* genannten Alternativen.

Härtel meldet Bedenken bezüglich einer solchen „empfehlungskonformen Auslegung" an: weder in dem vom EuGH erstgenannten Fall (eine zur Umsetzung der Empfehlung erlassene Rechtsvorschrift) noch in dem zweiten Fall (Empfehlung ergänzt eine unionsrechtliche Vorschrift) sei eine Berücksichtigungspflicht zulässig.[1148] Die freiwillige Umsetzung einer Empfehlung könne nicht über den (scheinbar vom EuGH herangezogenen) Grundsatz des Verbotes widersprüchlichen Verhaltens zu einer Pflicht zur empfehlungskonformen Auslegung führen.[1149] Ein mitgliedstaatlicher Umsetzungsakt könne etwa aufgrund geänderter tatsächlicher Umstände unter anderen Voraussetzungen ergehen als der Empfehlung zugrunde lagen und somit inhaltlich durchaus eine andere Prägung haben, weshalb eine empfehlungskonforme Auslegung unangemessen wäre.[1150] Bei der zweiten Variante fehle zudem bereits das mitgliedstaatliche Verhalten, an das für die Anwendung des *venire contra factum proprium*-Grundsatzes angeknüpft werden könnte, da hier nur allgemein gefordert werde, dass die Empfehlung verbindliches Unionsrecht ergänze. Eine generelle Pflicht zur empfehlungskonformen Auslegung führe dazu, dass diese als eine Art – einseitig von der Kommission gesetzte – Richtlinien fungierten. Dies überzeuge bereits deshalb nicht, da Empfehlungen nicht nur das Ziel der Harmonisierung ähnlich einer Richtlinie verfolgen.[1151]

Richtigerweise ist zu beachten, dass der EuGH in *Grimaldi* lediglich von einer *Berücksichtigungs*pflicht spricht[1152], der bereits entsprochen wird, wenn ein mitgliedstaatliches Gericht der Empfehlung nicht jede Relevanz abspricht.[1153] Auf eine darüber hinausgehende Pflicht, zur empfehlungskonformen Auslegung finden sich keine Hinweise in dem Urteil. Dies wäre

---

1147 *A. von Bogdandy/J. Bast/F. Arndt*, ZaöRV 2002, S. 77 (116).

1148 *I. Härtel*, Handbuch Europäische Rechtsetzung, § 12, Rn. 11 f.

1149 So aber Schlussanträge GA *Warner* zu EuGH, Rs. 113/75, *Frecassetti*, Slg. 1976, S. 995 (997): Der unterschiedliche Wirkmodus (zielverbindliche Richtlinien einerseits, unverbindliche Empfehlungen andererseits) könne nicht entscheidend sein.

1150 *I. Härtel*, Handbuch Europäische Rechtsetzung, § 12, Rn. 11.

1151 *C. Bumke*, Rechtsetzung in der Europäischen Gemeinschaft, in: Schuppert/Pernice/Haltern (Hrsg.), Europawissenschaft, S. 643 (679 f.).

1152 Auch die englische und die französische Fassung machen dies deutlich: *take into consideration* bzw. *prendre en considération*.

1153 *L. Senden*, Soft Law in European Community Law, S. 391.

auch mit dem Wortlaut der Verträge nicht vereinbar.[1154] Die von *Härtel* beispielhaft genannten veränderten tatsächlichen Umstände können bei dieser Art der Berücksichtigungspflicht ohne weiteres zur Geltung kommen; auch das Abweichen von den der Empfehlung zugrundeliegenden Erwägungen ist dabei möglich. Aus den Formulierungen des EuGH ergibt sich nur eine Anerkennung der Empfehlung als Quelle, die für die Auslegung hinzugezogen werden muss, nicht etwa dass die Erreichung des Zieles der Empfehlung eine Maxime darstellt, die alle anderen Belange verdrängt.[1155] Denkbar ist zum Beispiel, dass eine mitgliedstaatliche Rechtsvorschrift unter anderem der Umsetzung einer Empfehlung dient, daneben aber noch weitere Ziele verfolgt, die in Einzelfällen in Konflikt mit den Zielen der Empfehlung stehen können. In diesem Fall wäre es dem auslegenden mitgliedstaatlichen Gericht unbenommen, diesen anderen Zielen Vorrang von den Empfehlungszielen einzuräumen.[1156] Insofern unterscheidet sich die Berücksichtigungspflicht von der Pflicht zur richtlinienkonformen Auslegung; dies entspricht schließlich auch dem Fehlen einer Umsetzungspflicht von Empfehlungen.[1157]

Gegen eine weitergehende Pflicht zur empfehlungskonformen Auslegung spricht auch, dass der EuGH weder in *Grimaldi*, noch in der darauf folgenden Rechtssache *Deutsche Schell* eine Grundlage für diese Rechtswirkung nannte. Dies fällt insbesondere im Vergleich zur Pflicht zur richtlinienkonformen Auslegung auf, die mit der Zielverbindlichkeit von Richtlinien und dem Grundsatz der loyalen Zusammenarbeit begründet wird.[1158] Zudem genießen Empfehlungen im Gegensatz zu Richtlinien und anderen rechtsverbindlichen Instrumenten keinen Anwendungsvorrang vor mitgliedstaat-

1154 *J. Gundel*, EuR 2018, S. 593 (597).

1155 Das Ziel einer Empfehlung ist im Gegensatz zum Ziel einer Richtlinie gerade nicht verbindlich, *W. Schroeder*, in: Streinz (Hrsg.), EUV/AEUV, 3. Aufl., Art. 288 AEUV, Rn. 131; *A. von Bogdandy/J. Bast/F. Arndt*, ZaöRV 2002, S. 77 (116).

1156 *M. Brohm*, Die „Mitteilungen" der Kommission im Europäischen Verwaltungs- und Wirtschaftsraum, S. 120 spricht daher überzeugender von einer „empfehlungs*freundlichen* Auslegung".

1157 Auch in *Grimaldi* wurde die Empfehlung nicht umgesetzt, was kein Vertragspflichtverletzung darstellte. Hierauf weisen *A. von Bogdandy/J. Bast/F. Arndt*, ZaöRV 2002, S. 77 (116) zu Recht hin.

1158 Siehe hierzu EuGH, Rs. 14/83, *von Colson und Kamann*, insb. Rn. 15: Siehe aber *A. Arnull*, ELRev 1990, S. 318 (319), der eine Ähnlichkeit zwischen von *Colson und Kamann* und *Grimaldi* sieht und daher zu einer weiterreichenden empfehlungskonformen Auslegung tendiert.

lichem Recht.[1159] Des Weiteren besteht die oben angesprochene Umgehungsgefahr: Empfehlungen werden mitunter gerade deshalb eingesetzt, weil eine verbindliche Regelung nicht gewollt ist.[1160] Durch eine Pflicht zur empfehlungskonformen Auslegung würden, quasi „durch die Hintertür“[1161], Rechte und Pflichten eingeführt, was mit dem Grundsatz der begrenzten Einzelermächtigung nicht vereinbar wäre.[1162]

Ebenso ist eine Begründungspflicht im Falle des Abweichens von der Empfehlung abzulehnen. Gegen eine solche Pflicht spricht bereits, dass diese in einigen Bereichen gesondert angeordnet wird. Im Umkehrschluss kann also nicht im Allgemeinen von einer solchen comply-or-explain-Verpflichtung[1163] ausgegangen werden.

Eine bloße Berücksichtigungspflicht erscheint gerade im Lichte der Grundsatzes der loyalen Zusammenarbeit nicht als unzulässige Rechtsfortbildung, sondern als eine „geeignete Maßnahme“ iSv Art. 4 Abs. 3 UAbs 2 EUV, die die Mitgliedstaaten zur Erfüllung ihrer unionsrechtlichen Verpflichtungen ergreifen.[1164] Auch ein Vergleich mit der zum Teil sekundärrechtlich angeordneten „weitestgehenden Berücksichtigung“ legt eine Verpflichtung von geringerer Reichweite als eine empfehlungskonforme Auslegung nahe, der mit der Berücksichtigungspflicht genüge getan wird. Nur zur Klarstellung ist zu ergänzen, dass diese Berücksichtigungspflicht freilich nicht für den EuGH gilt. Dieser *kann*, die mitgliedstaatlichen Gerichte *müssen* Empfehlungen berücksichtigen.[1165]

1159 *L. Senden*, Soft Law in European Community Law, S. 390.

1160 Siehe etwa die Empfehlung der Kommission vom 22.01.2014 mit Mindestgrundsätzen für die Exploration und Förderung von Kohlenwasserstoffen (z.B. Schiefergas) durch Hochvolumen-Hydrofracking, ABl. 2014, L 39, S. 72. Dazu näher oben IV. 1. q).

1161 Siehe *G. Ganz*, Quasi-legislation: recent developments in secondary legislation, S. 14 und 24, der bezüglich informeller Normen allgemein von “*backdoor legislation*” spricht.

1162 *L. Senden*, Soft Law in European Community Law, S. 390.

1163 Auch als *act or explain*-Mechanismus bezeichnet, vgl. *H. Hartig*, BB 2012, S. 2959 (2960); *J.E. Dickschen*, Empfehlungen und Leitlinien der Europäischen Finanzaufsichtsbehörden, S. 127. Dazu unten V. 2. b) cc).

1164 *G. Pampel*, Rechtsnatur und Rechtswirkungen horizontaler und vertikaler Leitlinien im reformierten europäischen Wettbewerbsrecht, S. 108; *M. Brohm*, Die „Mitteilungen“ der Kommission im Europäischen Verwaltungs- und Wirtschaftsraum, S. 121; *L. Senden*, Soft Law in European Community Law, S. 391.

1165 *L. Senden*, Soft Law in European Community Law, Kapitel 9, insb. S. 368; *O. Ştefan et al.*, EU Soft Law in the EU Legal Order, SoLaR Working Paper 2018, S. 27. *O. Ştefan*, Soft Law in Court, S. 165. Praktisch bedeutsam ist diese Unterscheidung

(3) Übertragbarkeit auf andere informelle Administrativnormen

Ausgehend von diesen Beobachtungen zur Berücksichtigungspflicht nach der Rechtssache *Grimaldi*, ist nun zu klären, ob sich diese Rechtsprechung auf andere informelle Instrumente übertragen lässt.

Eine Berücksichtigungspflicht wird mitunter mit dem formalen Argument abgelehnt, bei Empfehlungen handele es sich immerhin um eine vertraglich vorgesehene Handlungsform, die umfangreichere rechtliche Wirkungen zeitigen können als vertraglich nicht vorgesehene Handlungsformen.[1166] Hierfür spreche zudem, dass sich die Kommission bewusst dafür entscheidet, keine Empfehlungen, sondern Mitteilungen, Leitlinien, etc. zu erlassen. Mitteilungen im Vergaberecht wurde daher von Teilen der Literatur eine Relevanz dahingehend abgesprochen, dass die Mitgliedstaaten sich nicht einmal damit befassen müssen.[1167]

Zudem werden der Grundsatz der Rechtssicherheit und der einheitlichen Anwendung des Unionsrechts als Argumente dafür angebracht, die Berücksichtigungspflicht auf Empfehlungen zu beschränken: Wie gesehen, bedient sich die Kommission einer Vielzahl ungeregelter Handlungsformen mit unterschiedlichen Bezeichnungen. Nicht alle davon werden im Amtsblatt veröffentlicht, sodass nicht immer davon ausgegangen werden kann, dass mitgliedstaatliche Gerichte von ihnen überhaupt Kenntnis haben. Jedenfalls spreche dies dafür, eine Berücksichtigungspflicht auf die im Amtsblatt veröffentlichten ungeregelten Handlungsformen zu beschränken.[1168] Sind die vielgestaltigen informellen Administrativnormen den Rechtsanwendern im Einzelfall nicht einmal bekannt oder ihr Rechtsstatus unklar, könne dies die einheitliche Auslegung des Unionsrechts eher gefährden als fördern.

Andererseits gibt es mit Blick auf die Inhalte und Funktionen starke Ähnlichkeiten zwischen den sonstigen informellen Administrativnormen und Empfehlungen. Wie die Empfehlung in *Grimaldi*, nehmen auch ande-

---

jedoch nicht, da auch die Unionsgerichte regelmäßig Empfehlungen und andere informelle Normen zur Auslegung hinzuziehen, vgl. *E. Korkea-Aho*, YEL 2018, S. 470 (476).

1166 Eine Unterscheidung nimmt etwa *L. Senden*, Soft Law in European Community Law, S. 319 vor, und lehnt daher eine Berücksichtigungspflicht auch von allen weiteren unverbindlichen Kommissionsdokumenten ab (S. 393).

1167 *B. Herz*, EWS 2010, S. 261 (262). A.A. *S. Thomas*, EuR 2009, S. 423 (435 ff.).

1168 *M. Brohm*, Die „Mitteilungen“ der Kommission im Europäischen Verwaltungs- und Wirtschaftsraum, S. 130 f.

re, nicht als „Empfehlungen" bezeichnete informelle Administrativnormen eine rechtsergänzende Funktion als Auslegungshilfen für die mitgliedstaatlichen Rechtsanwender wahr.[1169] Dafür, dass der EuGH in *Grimaldi* der Nennung von Empfehlungen in Art. 288 Abs. 5 AEUV besondere Bedeutung beigemessen hat, ist nichts ersichtlich. Bei funktionaler Äquivalenz ist die Berücksichtigungspflicht daher auch auf informelle Administrativnormen der Agenturen auszuweiten.[1170] Stellt man somit auf die Funktion ab, ergibt sich einen Berücksichtigungspflicht für diejenigen informellen Administrativnormen, die ebenfalls eine rechtsergänzende Funktion wahrnehmen und etwa Auslegungshinweise für primär- oder sekundärrechtliche Vorschriften geben wollen sowie für rechtsersetzende, ermessensstrukturierende Instrumente.[1171]

Hierfür spricht zudem, dass die Betitelung der Instrumente nicht immer nachvollziehbar erfolgt, jedenfalls nicht stringent,[1172] weshalb die unterschiedliche Behandlung von Auslegungsmitteilungen und Empfehlungen abzulehnen ist.[1173] Auch Generalanwalt *Colomer* sprach sich für die Ausweitung der *Grimaldi*-Rechtsprechung auf andere informelle Akte (in diesem Fall: Beihilfeleitlinien) aus.[1174]

Wie in *Grimaldi*, kann zudem der Grundsatz der loyalen Zusammenarbeit herangezogen werden, um eine Berücksichtigungspflicht auch sonstiger informeller Handlungsformen zu begründen.[1175]

Außerhalb der Rechtsprechung finden sich in einigen offiziellen Dokumenten der Union ausdrückliche Bezugnahmen auf eine Berücksichtigungspflicht sonstiger informeller Administrativnormen. So nennt etwa

---

1169 Beispiele siehe oben IV. 2. b) cc). Zu diesem Argument *M. Brohm*, Die „Mitteilungen" der Kommission im Europäischen Verwaltungs- und Wirtschaftsraum, S. 121

1170 *E. Korkea-Aho*, YEL 2018, S. 470 (494).

1171 *W. Weiß*, Der Europäische Verwaltungsverbund, S. 77 zu ermessensstrukturierenden Instrumenten im Kartellrecht.

1172 Siehe oben IV. 2. d) dd).

1173 *M. Brohm*, Die „Mitteilungen" der Kommission im Europäischen Verwaltungs- und Wirtschaftsraum, S. 122, der bei funktionaler Äquivalenz von Empfehlungen und sonstigen informellen Administrativnormen letztere entsprechend als spezielle Fälle der Empfehlung einordnet.

1174 Schlussanträge GA *Colomer* zu EuGH, Rs. C-415/07, *Lodato Gennaro*, Rn. 33; so auch Schlussanträge GA *Wahl* zu EuGH, Rs. C-526/14, *Kotnik u.a.*, Rn. 38, der ebenfalls nur allgemein von „soft law" spricht.

1175 *L. Senden*, Soft Law in European Community Law, S. 391; *G. Pampel*, Rechtsnatur und Rechtswirkungen horizontaler und vertikaler Leitlinien im reformierten europäischen Wettbewerbsrecht, S. 108; *M. Brohm*, Die „Mitteilungen" der Kommission im Europäischen Verwaltungs- und Wirtschaftsraum, S. 121.

das zwischen der EU und dem Vereinigtem Königreich ausgehandelte Austrittsabkommen vom November 2018 an mehreren Stellen diejenigen Vorschriften, die während einer Übergangsphase weiterhin gelten sollen und führt hier auch informelle Administrativnormen an, wie Leitlinien und Mitteilungen im Wettbewerbs- und Beihilfenrecht.[1176]

Trotzdem wird in der Rechtsprechung des EuGH die Übertragbarkeit nicht immer eindeutig bejaht. Einige Entscheidungen, insbesondere aus dem Zollrecht deuten auf eine Berücksichtigungspflicht sonstiger informeller Normen hin.[1177]

Im Fall *Chemische Fabrik Kreussler* betreffend Kommissionsleitlinien sprach der EuGH lediglich davon, dass diese bei der Auslegung durch das mitgliedstaatliche Gericht berücksichtigt werden *können*, zum Teil mit dem ausdrücklichen Hinweis, dass dies nicht Gegenstand einer Berücksichtigungs*pflicht* ist.[1178] Ein Verweis auf *Grimaldi* erfolgte hier nicht.

In *Expedia* stellte der EuGH ausdrücklich fest, die in Rede stehende kartellrechtliche *de minimis*-Bekanntmachung sei unverbindlich und es gäbe auch keine Berücksichtigungspflicht der mitgliedstaatlichen Stellen wie das bei Empfehlungen der Fall ist.[1179] Damit folgte er nicht der Generalanwältin *Kokott*, die eine Berücksichtigungspflicht einschließlich Begründungspflicht im Falle der Abweichung bejahte und dies auf den Grundsatz der loyalen Zusammenarbeit stützte.[1180]

In der Rechtssache *Baltlanta* hingegen, die zeitlich nach diesen Entscheidungen erging, bejahte der EuGH eine Berücksichtigungspflicht im

---

1176 Siehe Annex 8 des Austrittsabkommens vom 14.11.2018, der „*Provisions*" des Beihilfenrechts nennt. Hier sind u.a. die Umwelt- und Energiebeihilfeleitlinien und die Bekanntmachung zum Begriff der Beihifle genannt, die als „*acts*", „*regulations*" oder „*rules*" bezeichnet werden.

1177 EuGH, Rs. C-405/97, *Mövenpick*, Rn. 18., wonach die Erläuterungen der Kommission ein „wichtiges, wenn auch nicht rechtsverbindliches Hilfsmittel für die Auslegung" sind. Ebenso zu einer unverbindlichen Erläuterung des Rates EuGH, Rs. C-328/97, *Glob-Sped*, Rn. 26; EuGH, Rs. C-200/84, *Daiber*, Rn. 14; EuGH, Rs. C-35/93, *Develop Dr. Eisbein*, Rn. 21; EuGH, Rs. C-106/94 und 139/94, *Colin und Dupré*, Rn. 21; EuGH, Rs. C-201/96, *LTM*, Rn. 17 (Erläuterungen der Kommission); EuGH, Rs. 69/76 und 70/76, *Dittmeyer*, Rn. 4; EuG, Rs. T-374/04, *Deutschland/Kommission*, Rn. 117.

1178 EuGH, Rs. C-308/11, *Chemische Fabrik Kreussler*, Rn. 25-27; ähnlich EuGH, Rs. C-360/09, *Pfleiderer*, Rn. 21; EuGH, Rs. C-226/11, *Expedia*, Rn. 31.

1179 EuGH, Rs. C-226/11, *Expedia*, Rn. 29. Gegen eine Begründungspflicht bei Abweichen auch Schlussanträge GA *Bobek* zu EuGH, Rs. C-16/16, *Belgien/Kommission*, Rn. 100 f.

1180 Schlussanträge GA *Kokott* zu EuGH, Rs. C-226/11, *Expedia*, Rn. 39.

Sinne der *Grimaldi*-Rechtsprechung unter ausdrückliche Bezugnahme auf diese.[1181] Die Entscheidung betraf die Auslegung von Leitlinien der Kommission im Bereich der Strukturfondsverwaltung.[1182] Dass es sich nich um in Art. 288 Abs. 5 AEUV genannte Empfehlungen und Stellungsnahmen handelte scheint hier für den EuGH unerheblich zu sein.

Jedoch bleibt ein uneindeutiges Bild in der Rechtsprechung. Ein Erklärungsversuch stellt darauf ab, ob der Erlass rechtsergänzender Orientierungshilfen in den allgemeinen Aufgabenbereich des Erlassorgans fällt oder das Primär- oder Sekundärrecht dies bestimmen; nur wenn wies der Fall ist, soll eine Berücksichtigungspflicht bestehen.[1183] Dies kann jedoch nicht erklären, wieso in *Expedia* und *Baltlanta* unterschiedlich entschieden wurde. In beiden Fällen sind Bereiche betroffen, in denen die Kommission weitreichende Befugnisse zum Erlass von Auslegungshilfen hat, jedoch wurde in *Expedia* eine Berücksichtigungspflicht verneint.

Aus den oben genannten Gründen ist jedoch eine Ausweitung der Berücksichtigungspflicht auch auf sonstige, nicht in Art. 288 Abs. 5 AEUV genannte informelle Instrumente zu befürworten. Bei funktionaler Äquivalenz mit Empfehlungen besteht daher eine Berücksichtigungspflicht für mitgliedstaatliche Gerichte. Zur Reichweite der Pflicht ergeben sich keine Unterschiede zur Empfehlung. Da die informellen Instrumente im Gegensatz zu Empfehlungen nicht immer im Amtsblatt und in allen Amtssprachen veröffentlicht sind, ist jedoch einschränkend danach zu differenzieren, wie stark die Publizitätswirkung der informellen Norm ist. Die im Amtsblatt veröffentlichten Leitlinien zum Wettbewerbs- und Beihilfenrecht entfalten eine stärkere Wirkung, als die nur über das Internet abrufbaren (und zum Teil nur auf Anfrage erhältlichen, s.o.) „Arbeitsunterlagen".[1184] Auf diese Weise wird dem Grundsatz der Transparenz und Offenheit Rechnung getragen. Je näher die Art des Normerlasses und der Veröffentlichung derjenigen verbindlicher Normen ähnelt, desto eher kann von den mitgliedstaatlichen Gerichten die Berücksichtigung erwartet werden.

1181 EuGH, Rs. C-419/13, *Baltlanta*, Rn. 64.

1182 KOM(2006) 3424 endg. vom 01.08.2006, Leitlinien für den Abschluss (2000–2006) der Strukturfondsinterventionen.

1183 Zu diesem „*'lite' competence test*" siehe *E. Korkea-Aho*, YEL 2018, S. 470 (490).

1184 So zu den SWD-Dokumenten *U. Soltész*, EuZW 2013, 881 (882).

cc) Vorlagepflicht

Fraglich ist auch, ob mitgliedstaatliche Gerichte zur Vorlage im Wege eines Vorabentscheidungsverfahrens verpflichtet sein können, wenn sie von der in einer informellen Administrativnorm geäußerten Ansicht abweichen wollen. Zu denken ist hier an die in der Rechtssache *Foto-Frost* festgestellte Vorlagepflicht auch nicht letztinstanzlicher Gerichte, die Unionsrecht mit höherrangigem Unionsrecht für unvereinbar halten. Kommt ein mitgliedstaatliches Gericht zu der Überzeugung, dass ein für das Ausgangsverfahren entscheidungserheblicher Sekundärrechtsakts des Unionsrechts rechtswidrig ist, ist es ihm nach dieser Rechtsprechung untersagt, diesen Rechtsakt nicht anzuwenden. Stattdessen ist es verpflichtet, die Frage der Rechtmäßigkeit vom EuGH im Wege des Vorabentscheidungsverfahrens klären zu lassen.[1185]

Auf die unverbindlichen Handlungsformen lässt sich diese Rechtsprechung jedoch nicht übertragen.[1186]

Eine Gültigkeitsvorlage kommt schon deshalb nicht in Betracht, weil die informellen Administrativnormen lediglich berücksichtigt werden müssen; eine Befolgungspflicht wie bei verbindlichen Instrumenten besteht gerade nicht (siehe oben V. 2. a) aa)). Deshalb ist durch die Nichtbeachtung informeller Normen, die ein mitgliedstaatliches Gericht für rechtswidrig hält, der Grundsatz der einheitlichen Anwendung des Unionsrechts nicht in gleicher Weise berührt wie das bei verbindlichen Instrumenten der Fall ist.[1187] Dieser Grundsatz ist jedoch maßgebend für die *Foto-Frost*-Rechtsprechung des EuGH.[1188]

1185 EuGH, Rs. 314/85, *Foto-Frost*, Rn. 15. Grund hierfür ist, dass in einem solchen Fall die Normverwerfungskompetenz in Rede steht. Diese weisen die Verträge jedoch dem EuGH zu, Rn. 13.

1186 *M. Brohm*, Die „Mitteilungen“ der Kommission im Europäischen Verwaltungs- und Wirtschaftsraum, S. 131; *B. Herz*, EWS 2010, S. 261 (262). Ausführlich dazu Schlussanträge GA *Bobek* zu EuGH, Rs. C-911/19, *EBA Leitlinien*, Rn. 121-133. A.A *M. Schweda*, WuW 2004, S. 1134 (1143 f.), der die wettbewerbsrechtlichen Leitlinien jedoch auch als verbindlich für die Mitgliedstaaten ansieht. Eine Vorlagepflicht bejahend für Mitteilungen und Leitlinien im Kartellrecht *W. Frenz*, WRP 2010, S. 224 (230). Auch *A. Bleckmann*, RIW 1991, S. 218 (220) hält eine Vorlagepflicht für möglich. Unentschlossen *J Scott*, CMLRev 2011, S. 329 (346), dort Fn. 85.

1187 Anders scheinbar *T. Groß*, DÖV 2004, S. 20 (25), der eine Vorlagepflicht nicht ausdrücklich bejaht, aber die Verwerfungs-/Nichtanwendungskompetenz der mitgliedstaatlichen Gerichte verneint.

1188 EuGH, Rs. 314/85, *Foto-Frost*, Rs. 314/85, Rn. 15.

Eine Pflicht zur Vorlage einer Auslegungsfrage hingegen ist denkbar, jedoch nicht bezogen auf die Auslegung der informellen Norm selbst. Sondern darauf bezogen, ob eine informelle Administrativnorm bewirken kann, dass von einer unklaren Rechtslage ausgegangen werden kann, wenn ein mitgliedstaatliches Gericht (verbindliches) Unionsrecht anwendet und von der Ansicht der Kommission abweichen will.[1189] Mit anderen Worten geht es darum, ob informelle Normen eine Frage bezüglich des bestehenden Unionsrechts aufkommen lassen können.[1190] In diesem Fall müssten letztinstanzliche mitgliedstaatliche Gerichte vorlegen.

Dabei ist zunächst davon auszugehen, dass die in einer informellen Administrativnorm geäußerte Rechtsansicht von einer gewissen Autorität getragen ist; den ermessensstrukturierenden Leitlinien der Kommission als Aufsichtsbehörde im Wettbewerbs- und Beihilfenrecht kommt ein gewisses Gewicht zu. Gelangt ein mitgliedstaatliches Gericht zu einer davon abweichenden Rechtsauffassung, wird daher regelmäßig Anlass zum Zweifel über die richtige Auslegung des Unionsrechts gegeben sein.[1191] Allerdings ist das Vorliegen eines *acte clair* dann nicht automatisch ausgeschlossen. Wenn etwa die Auslegungsfrage bereits vom EuGH geklärt ist, schadet eine davon abweichende Auslegung der Kommission, die in (vielleicht veralteten) informellen Administrativnormen Niederschlag gefunden hat nicht; gleiches gilt, wenn diese in sich widersprüchlich sein sollten.[1192]

Darüber hinaus ist jedoch zu beachten, dass deutsche Gerichte bereits dann sehr großzügig bei der Bejahung eines *acte clair* sind (und entsprechend nicht vorlegen), wenn es um die Auslegung verbindlicher Unionsrechtsnormen geht.[1193] Sind informelle Administrativnormen betroffen, ist die Bejahung daher noch wahrscheinlicher. Dieser Fall hat daher vermutlich nur geringe praktische Relevanz.

1189 Dazu *S. Thomas*, EuR 2009, S. 423 (438 f.).
1190 *A. Bleckmann*, RIW 1991, S. 218 (220).
1191 Siehe dazu *J. Bornkamm/M. Becker*, ZWeR 2005, S. 213 (230).
1192 *S. Thomas*, EuR 2009, S. 423 (439).
1193 *U. Karpenstein*, in: Grabitz/Hilf/Nettesheim (Hrsg.), Das Recht der Europäischen Union, 73. EL, Art. 267 AEUV, Rn. 57, mit Nachweisen aus der Rechtsprechung der Bundesgerichte.

b) Faktische Wirkungen

Abseits der Versuche der Konstruktion einer rechtlichen Bindungswirkung werden informellen Administrativnormen einhellig verschiedene tatsächliche Wirkungen attestiert,[1194] was sich auch darin zeigt, dass sie teilweise in Textsammlungen zusammen mit verbindlichen Regeln veröffentlicht werden.[1195] Die intendierte Steuerungswirkung trotz Unverbindlichkeit wird zum Teil ausdrücklich hervorgehoben.[1196] Im Gegensatz zu den rechtlichen Wirkungen zeichnen sich die tatsächlichen Wirkungen dadurch aus, dass sie die Rechtspositionen eines Rechtssubjekts nicht verändern.[1197] Mitunter wird im Zusammenhang mit diesen Wirkungen von „faktischen Rechtswirkungen" gesprochen.[1198] Sachgemäßer erscheint es hier jedoch, den Rechtsbegriff zu vermeiden, da diese Wirkungen mangels rechtlicher Bindungs-

---

1194 Früh bereits *H.P. Ipsen*, Europäisches Gemeinschaftsrecht, § 21/37. Bezogen auf internationale, formal rechtsunverbindliche Standards im deutschen Verwaltungsrecht *C. Möllers*, in: Hoffmann-Riem/Schmidt-Aßmann/Voßkuhle (Hrsg.), Grundlagen des Verwaltungsrechts, Bd. I, 2. Aufl., § 3, Rn. 32; von „quasi-rechtlichen Bindungen" der informellen Normen der Agenturen spricht *W. Weiß*, EuR 2016, S. 631 (636); *A. Glaser*, Die Entwicklung des Europäischen Verwaltungsrechts aus der Perspektive der Handlungsformenlehre, S. 388; *M. Knauff/R. Schwensfeier*, EuZW 2010, S. 611 (612); *J.E. Dickschen*, Empfehlungen und Leitlinien der Europäischen Finanzaufsichtsbehörden, S. 116 f.; zum Beihilfenrecht *P. Schütterle*, EuZW 1995, S. 391 (393). Bezogen auf informelle Normen von Agenturen *S. Vaughan*, 17 CambYELS (2015), S. 66 (80). Zu Agenturhandlungen auch *M.A. Steger*, Verselbstständigung von Unionsagenturen, S. 523 ff. Von "einer Art faktischer Bindungswirkung" aufgrund der Loyalitätspflicht aus Art. 10 Abs. 2 EG (Art. 4 Abs. 3 EUV) spricht *A. Geiger*, EuZW 2000, S. 325, bezüglich der wettbewerbsrechtlichen Leitlinien. Von faktisch-politischen Bindungswirkungen spricht *W. Kahl*, DV 1996, S. 341 (361 f.). Von „de-facto-Gesetzgebung" spricht *T. Siegel*, NVwZ 2008, S. 620; *K. Michel*, Institutionelles Gleichgewicht und EU-Agenturen, S. 144; *U. Immenga*, EuZW 2006, S. 481; *D. Walzel*, Bindungswirkungen ungeregelter Vollzugsinstrumente der EU-Kommission, S. 172 f.; zu Mitteilungen im Vergaberecht *M. Lutz*, WuW 2006, S. 890 (897), *B. Köster*, ZfBR 2007, S. 127 (129); zu Auslegungsvermerken im Energierecht *U. Ehricke*, EuZW 2004, S. 359.

1195 Vgl. nur die Textsammlung „Energierecht. Rechtsgrundlagen der Energiewirtschaft", 17. Aufl., des Nomos Verlags.

1196 Vgl. die auf dem 5. Treffen des Madrid-Forums angenommenen Leitlinien: „While these recommendations on guidelines for good practice are not legally binding they are intended to contribute in the short and medium term to achieving a fully operational internal market for gas." Siehe dazu auch *P. Cameron*, ELRev 2005, S. 632 (642); ähnlich *C. Held/J. Prat*, IR 2004, S. 194 (195).

1197 *T.C. Hartley*, The Foundations of European Union Law, 8. Aufl., S. 351.

1198 *H. Adam*, Die Mitteilungen der Kommission, S. 124.

wirkungen gerade von den *Rechts*wirkungen in den vorigen Abschnitten unterschieden werden sollen.[1199]

Bei den faktischen Wirkungen lassen sich verschiedene Wirkfaktoren unterscheiden.

aa) Wissensvorsprung und Autorität des Erlassorgans

Die mitgliedstaatlichen Gerichte und Behörden können zu einer weitgehenden Berücksichtigung von Auslegungshinweisen der Kommission oder der Agenturen tendieren, wenn diese die einzig verfügbare Erkenntnisquelle sind, die sie bei der Rechtsanwendung leiten können.[1200] Dies gilt umso mehr im Bereich der technischen Normen[1201] und allgemein, wenn die mitgliedstaatlichen Stellen nur geringe Kenntnisse des Europarechts besitzen.[1202]

Insbesondere von den Leitlinien der Foren sowie den informellen Instrumenten der übrigen Gremien, kann eine besondere Autorität ausgehen, da sie von dem Konsens der relevanten Akteure mit entsprechender Sachkunde getragen werden.[1203] Die Tatsache, dass sich die Regelungsadressaten bei dieser Art der Selbstregulierung auf die informellen Normen geeinigt haben, ist ein die Wirkung verstärkender Faktor. Die Wirkkraft der informellen Normen, die aus dem Forum-Prozess hervorgehen erwies sich jedoch in der Vergangenheit zum Teil als nicht ausreichend, wie sich in der

1199 So auch *B. Schöndorf-Haubold*, Die Strukturfonds der Europäischen Gemeinschaft, S. 425, dort Fn. 273.

1200 *J. Bornkamm/M. Becker*, ZWeR 2005, S. 213 (230): „In der Regel werden die nationalen Gerichte dankbar der Meinungsäußerung der Kommission folgen". Bereits *Ipsen* stellte die Relevanz von unverbindlichen Empfehlungen in „tatsächlicher, psychologischer oder politischer Hinsicht" fest, da sich die Mitgliedstaaten aus „Praktikabilität, aus Einsicht [oder] aus Opportunität" an die Empfehlungen halten, vgl. *H.P. Ipsen*, Europäisches Gemeinschaftsrecht, S. 461, 21/37.

1201 *S. Lavrijssen/L. Hancher*, LIEI 2009, S. 23 (40), bezogen auf Leitlinien von Agenturen; *M.A. Steger*, Zur Verselbstständigung von Unionsagenturen, S. 525; *S. Griller/A. Orator*, ELRev 2010, S. 3 (13 f.); *W. Weiß*, Der Europäische Verwaltungsverbund, S. 99 f.

1202 Bezogen auf Gerichte und Verwaltungsbehörden *A. Bleckmann*, RIW 1991, S. 218 (220).

1203 Ähnlich für die Agenturen der europäischen Finanzaufsicht *K. Michel*, DÖV 2011, S. 728 (732); siehe auch *J.E. Dickschen*, Empfehlungen und Leitlinien der Europäischen Finanzaufsichtsbehörden, S. 117, die in diesem Zusammenhang von „psychologisch-politische[n] Wirkungen kraft der Autorität der EU" spricht.

für notwendig erachteten rechtsverbindlichen Normierung mancher dieser unverbindlichen Instrumente zeigte; zudem kann die Notwendigkeit der Konsensfindung ein limitierender Faktor sein.[1204]

Auch die lediglich informierenden Instrumente, die keine eigenen Sollensnormen beinhalten,[1205] sondern etwa die EuGH-Rechtsprechung zusammenfassen, können „indirekte rechtliche sowie psychologische Wirkung[en]" entfalten; von ihnen geht durch die Präzisierung der bereits bestehenden Pflichten eine Wirkung in Form eines „verstärkten Befolgungsdruck[s] aus".[1206]

Als Indiz für eine faktische Bindung des mitgliedstaatlichen Gesetzgebers kann eine Entscheidung des Bundesverfassungsgerichts herangezogen werden. Im Zusammenhang mit der Frage nach der richtigen Umsetzung der Telekommunikations-RL[1207] durch den Bundestag, unterstellte das Gericht letzterem, er habe „nicht, jedenfalls nicht ohne entsprechende Begründung, im Widerspruch zu der in den Leitlinien geäußerten Auffassungen der Kommission" handeln wollen.[1208] Diese Leitlinien drücken die Ansicht der Kommission zur korrekten Umsetzung der Richtlinie aus.[1209]

Ein Grund für diese faktische Wirkung ist, dass die Kommission als Hüterin der Verträge eine besondere Autorität bezüglich der Auslegung des Unionsrechts genießt. Zur Umsetzung berufene mitgliedstaatliche Gesetz-

---

1204 Siehe *J. Gundel*, Europäisches Energieverwaltungsrecht, in: Terhechte (Hrsg.), Verwaltungsrecht der Europäischen Union, Rn. 27, 33; *C. Held/J. Prat*, IR 2004, S. 194; *F. Arndt*, DV 39 (2006), S. 100 (106). Siehe dazu auch Erwägungsgrund 2 der Verordnung (EG) Nr. 1775/2005 des Europäischen Parlaments und des Rates vom 28. September 2005 über die Bedingungen für den Zugang zu den Erdgasfernleitungsnetzen, ABl. 2005, L 289, S. 1 (Erdgasfernleitungs-VO des Beschleunigungspakets): „Die Erfahrung mit der Umsetzung und Überwachung des ersten Pakets von Leitlinien für die gute Praxis, das 2002 vom Europäischen Erdgasregulierungsforum (im Folgenden „Forum" genannt) angenommen wurde, zeigt, dass diese rechtlich durchsetzbar sein müssen, damit die vollständige Umsetzung der in den Leitlinien festgelegten Regeln in allen Mitgliedstaaten gewährleistet ist und damit in der Praxis eine Mindestgarantie für gleiche Marktzugangsbedingungen gegeben ist."

1205 Zur fehlenden Eigenschaft als informelle Administrativnormen im Sinne dieser Studie siehe oben IV. 2. b) dd).

1206 *I. Schübel-Pfister*, ZLR 2004, S. 403 (412).

1207 Richtlinie 2002/21/EG des Europäischen Parlaments und des Rates vom 07.03.2002 über einen gemeinsamen Rechtsrahmen für elektronische Kommunikationsnetze und -dienste (Rahmenrichtlinie), ABl. 2002, L 108, S. 33.

1208 BVerfG, Rs. 1 BvR 1932/08, Rn. 36 a.E.

1209 Dazu auch *T. Rademacher*, Realakte im Rechtsschutzsystem der EU, S. 40: „Beachtlichkeitsvermutung" der Leitlinien.

geber und zur Anwendung verpflichtete mitgliedstaatliche Behörden und Gerichte können daher geneigt sein, sich auf die Ansicht der Kommission zu stützen, zumal die Kommission eines der an der Rechtsetzung beteiligten Organe ist.[1210] Auch außerhalb der mitgliedstaatlichen Umsetzungsgesetzgebung besteht für informelle Normen „eine Vermutung für ihre rechtspraktische Plausibilität“ wegen der langjährigen Entscheidungspraxis, die ihnen zugrunde liegt.[1211]

Dieser Effekt wird dadurch verstärkt, dass Auslegungshinweise im indirekten Vollzug eine Art psychologischer Anker für die mitgliedstaatlichen Stellen sein können: Schlägt eine informelle Norm eine bestimmte Auslegung eines unbestimmten Begriffs vor, wird dies beim Rechtsanwender dazu führen, dass er sich unbewusst an diesem Vorschlag orientiert; die vorgeschlagene Auslegung bestimmt dann den Rahmen innerhalb dessen sich die Auslegung des Rechtsanwenders bewegen wird.[1212] Dies gilt insbesondere, wenn es um zahlenmäßig bestimmte Werte geht. Die oben erwähnten Guidance Notes zur Mitteilung zur Energieeffizienzrichtlinie sind hierfür ein Beispiel:[1213] Die dort genannten konkreten Rechenbeispiele zur Gebäuderenovierung unter Energieeffizienzgesichtspunkten oder die Definition von KMU können dem Umsetzungsgesetzgeber als psychologischer Anker dienen. Eine nähere Bestimmung dieser Art der faktischen Wirkung bedarf jedoch noch empirischer Untersuchungen.

Schließlich haben die Mitgliedstaaten ein Interesse an guten Beziehungen zur EU und werden auch aus diesem Grund regelmäßig informelle Äußerungen der Organe beachten oder zumindest nicht bewusst ignorieren.[1214]

Gleichwohl ist zu bedenken, dass eine faktische Bindung der Mitgliedstaaten an die Vorgaben der Kommission keineswegs absolut ist und von den Mitgliedstaaten unhinterfragt hingenommen wird. Es finden sich ge-

---

1210 *J. Gundel*, Europäisches Energieverwaltungsrecht, in: Terhechte (Hrsg.), Verwaltungsrecht der Europäischen Union, Rn. 27.

1211 *S. Thomas*, EuR 2009, S. 423 (438 f.). In diese Richtung auch *U. Soltész*, NJW 2014, S. 3128 (3129). Vgl. auch *M. Schramm*, Einseitiges informelles Verwaltungshandeln im Regulierungsrecht, S. 228; *P. Stöbener de Mora*, EuZW 2016, S. 685 (686).

1212 *M. Schramm*, Einseitiges informelles Verwaltungshandeln im Regulierungsrecht, S. 111 f.

1213 COM(2013) 762 final vom 06.11.2013; Guidance Notes SWD(2013) 445-450 final vom 06.11.2013; dazu oben IV. 1. g).

1214 *M. Nettesheim*, in: Grabitz/Hilf/Nettesheim (Hrsg.), Das Recht der Europäischen Union, 48. 3, Art. 288 AEUV, Rn. 208. Hierzu auch *C. Bluman*, Rapport introductif général, in: Bluman (Hrsg.), Vers une politique européenne de l’énergie, S. 1 (5).

nauso Hinweise darauf, dass die Leitlinien der Kommission durchaus auf Widerstand stoßen. So klagte Deutschland gegen eine beihilferechtliche Entscheidung der Kommission, die sich gegen das EEG 2012 richtete.[1215] Da die Kommission dabei im Wesentlichen die Umwelt- und Energiebeihilfeleitlinien anwendete, kann die Klage Deutschlands auch als Vorgehen gegen die Leitlinien gesehen werden kann.

bb) Befolgungsdruck durch Möglichkeit der Verrechtlichung

Einen erheblichen Einfluss auf die faktischen Wirkungen informeller Administrativnormen hat zudem die Möglichkeit des Erlassorgans, verbindliche Maßnahmen zur ihrer Durchsetzung zu erlassen sowie die Art des Unionsrechtsvollzugs (direkt oder indirekt).[1216]

Im Bereich des indirekten Unionsrechtsvollzugs ist zu beachten, dass die Mitgliedstaaten riskieren, im Wege des Vertragsverletzungsverfahrens von der Kommission verklagt zu werden, sollten sie deren Handlungsempfehlungen nicht nachkommen.[1217] Sollte die Kommission etwa eine bestimmte Art der Richtlinienumsetzung als zwingend geboten ansehen, kann sie dies in den Mitteilungen entsprechend erklären. Kommt ein Mitgliedstaat diesen Anforderungen nicht nach, kann sich die Kommission darauf berufen, der Mitgliedstaat sei seinen aus der Richtlinie folgenden Verpflichtungen – in der Auslegung der Kommission, die Ausdruck in einer informellen Administrativnorm gefunden hat – nicht nachgekommen und ein Vertragsverletzungsverfahren einleiten.[1218]

Ähnlich verhält es sich im Bereich des direkten Vollzugs, wo eine faktische Bindungswirkung der informellen ermessensstrukturierenden Instrumente der Kommission bezogen auf die angekündigte zukünftige Vollzugs-

---

1215 EuG, Rs. T-47/15, *Deutschland/Kommission.*

1216 *M. Brohm*, Die „Mitteilungen“ der Kommission im Europäischen Verwaltungs- und Wirtschaftsraum, S. 87 ff.; *M. Schramm*, Einseitiges informelles Verwaltungshandeln im Regulierungsrecht, S. 120; *L. Senden*, UtrechtLRev 2005, S. 79 (94).

1217 *A. Bleckmann*, RIW 1991, S. 218 (220); *N. Braun Binder*, Rechtsangleichung in der EU im Bereich der direkten Steuern, S. 133; *B. Köster*, ZfBR 2007, S. 127 (129); *H. Adam/G. Winter*, Commission guidance addressed to member state agencies, in: Winter (Hrsg.), Sources and Categories of European Union Law, S. 629 (639).

1218 *C. Koenig/A. Haratsch/W. Rasbach*, ZNER 2004, S. 10 (11); *G. Meier*, Die „Mitteilungen“ der Kommission: Ein Instrument der Normsetzung der Gemeinschaft?, in: FS Steindorff, S. 1303 (1312); *M. Lutz*, WuW 2006, S. 890 (897 f.).

praxis zu beobachten ist. Die Mitgliedstaaten müssen sich nämlich darauf einstellen, dass die Kommission bei Nichtbeachtung der ermessensstrukturierenden Normen ein Beihilfeprüfverfahren einleiten wird,[1219] weshalb sie schon aus pragmatischen Gründen geneigt sein können, die informellen Normen einzuhalten.[1220] Dies wird in den Mitteilungen und Leitlinien zum Teil sogar ausdrücklich angedroht.[1221] Gleiches gilt für den Bereich des Wettbewerbsrechts[1222] und im Vergaberecht.[1223] Die betroffenen Unternehmen werden sich daher schon aus „kaufmännischer Vorsicht“[1224] an die Leitlinien halten.[1225] In ökonomischen Kategorien ausgedrückt wirken sich formal unverbindliche Instrumente nicht grundsätzlich anders auf die Entscheidungspraxis der betroffenen Unternehmen aus als verbindliche Normen. Wie *Schramm* zeigen konnte, lassen sich die unverbindlichen Handlungsformen als Kostenfaktoren begreifen: Die Handlungsoptionen „Befolgung“ oder „Nichtbefolgung“ werden dabei verteuert, je nachdem, ob die erlassende Stelle auf den Erlass einer verbindlichen Maßnahme gleichen Inhalts zurückgreifen kann.[1226] Im Beihilfen- und Wettbewerbsrecht kann ein Prüfverfahren der Kommission zum Erlass eines nachteiligen rechtsverbindlichen Beschlusses führen. Die Nichtbefolgung ist hier also eine Handlungsoption, deren Kosten ähnlich hoch sind wie bei verbindlichen Legislativakten.

(1) Beihilfenrecht

Das Beispiel der Kfz-Gemeinschaftsrahmen im Beihilfenrecht illustriert diese faktische Wirkung: Die Kommission veröffentlichte 1989 den „Gemeinschaftsrahmen für staatliche Beihilfen an die Kfz-Industrie“, der die

1219 *H. Adam/G. Winter*, Commission guidance addressed to member state agencies, in: Winter (Hrsg.), Sources and Categories of European Union Law, S. 629 (641); *I. Härtel*, Handbuch Europäische Rechtsetzung, § 13, Rn. 33.

1220 *U. Ehricke*, EuZW 2004, S. 359 (360).

1221 Siehe die Mitteilung Vollendung des Elektrizitätsbinnenmarkts, C(2013) 7243 final, S. 14 f.; dazu oben IV. 1. b).

1222 *P. Pohlmann*, WuW 2005, S. 1005 (1009).

1223 *M. Lutz*, WuW 2006, S. 890 (897).

1224 *M. Schramm*, Einseitiges informelles Verwaltungshandeln im Regulierungsrecht, S. 288.

1225 Ähnlich *T. Rademacher*, Realakte im Rechtsschutzsystem der EU, S. 44.

1226 Ausführlich *M. Schramm*, Einseitiges informelles Verwaltungshandeln im Regulierungsrecht, S. 94-98.

in vielen Mitgliedstaaten existierenden Unterstützungsmaßnahmen für den Automobilsektor zum Gegenstand hatte. Hierbei handelte es sich um eine der oben erwähnten „zweckdienlichen Maßnahmen" iSd Art. 108 Abs. 1 AEUV, die durch Zustimmung der Mitgliedstaaten verbindlich werden.[1227] Deutschland und Spanien weigerten sich anfangs jedoch, diesem Rahmen zuzustimmen. Die Kommission eröffnete daraufhin ein Beihilfeprüfverfahren gegen die Beihilfenprogramme Deutschlands, die hierzu im Widerspruch standen. Den Einwand Deutschlands, eine Untersagung der Beihilfen müsse zumindest eine Fristenregelung enthalten, wies die Kommission unter Hinweis auf den unlängst bekannten Gemeinschaftsrahmen zurück: Dieser habe „zwar nur den Charakter einer Empfehlung"; den mitgliedstaatlichen Behörden haben „jedoch bereits vierzehn Monate zur Verfügung [ge]standen, um ihre Rechtsvorschriften diesem Rahmen anzupassen."[1228] Letztlich ließ sich somit die Zustimmung Deutschlands erreichen. Auch die Zustimmung Spaniens wurde *de facto* durch Androhung der Einleitung eines förmlichen Prüfverfahrens zu den Beihilfemaßnahmen erzwungen.[1229]

Mittlerweile hat diese Praxis Eingang in die Beihilfeverfahrens-VO gefunden: Stimmt ein Mitgliedstaat den „zweckdienlichen Maßnahmen" nicht zu, leitet die Kommission ein Prüfverfahren ein, sofern sie der Auffassung ist, dass die bestehenden Beihilfen mit dem Beihilfenrecht unvereinbar sind, Art. 23 Abs. 2.

Diese Möglichkeit, die Mitgliedstaaten zur Zustimmung zu beihilferechtlichen Maßnahmen zu zwingen, ist allerdings praktisch dadurch begrenzt, dass das Kommissionsinstrument die Zustimmung der meisten Mitgliedstaaten haben muss.[1230] Andernfalls wirkt die Drohung, Beihilfeprüfverfahren bezüglich aller Maßnahmen der betroffenen Mitgliedstaaten, die unter den Beihilferahmen fallen, nicht glaubwürdig. Dies ist insbesondere der Fall, wenn die Überprüfung aller Beihilfenprogramm einer Mehrzahl der Mitgliedstaaten die Ressourcen der Generaldirektion Wettbewerb übersteigt.

Die angekündigte Aufsichtspraxis der Kommission schafft letztlich auch Rechtssicherheit für die Mitgliedstaaten und die betroffenen Unternehmen.

1227 Dazu oben V. 2. a) aa) (4).

1228 Entscheidung der Kommission vom 21 . Februar 1990 zur Änderung der deutschen Beihilferegelung zugunsten der Kfz-Industrie, ABl. 1990, L 188, S. 55 (59).

1229 Dazu *M. Cini*, JEPP 2001, S. 192 (201 f.).

1230 *M. Blauberger*, WEP 2009, S. 719 (730).

Letztere werden von Rechtsunsicherheit abgeschreckt, die entsteht, wenn sie von Beihilfeverfahren ihres Mitgliedstaats profitieren wollen, die nicht mit den informellen Normen der Kommission konform sind: Letztlich entscheidet freilich der EuGH über die Vereinbarkeit mit dem Unionsrecht. Bis eine solche Entscheidung jedoch ergeht, kann sich der Zustand der Rechtsunsicherheit negativ auf das Unternehmen auswirken. In der Folge besteht ein Negativanreiz dergestalt, Beihilfemaßnahmen nicht zu beantragen, die nicht nach den Kommissionsinstrumenten zulässig sind.[1231] Somit ist es der Kommission möglich, durch informelle Administrativnormen die Wettbewerbspolitik zu „dirigieren".[1232]

(2) Energierecht

Im Energierecht hat besitzt die Kommission keine mit der Beihilfenaufsicht vergleichbaren Befugnisse. Hier zeigen sich daher auch gewisse Grenzen der faktischen Wirkung, wie die Verordnung (EG) Nr. 1775/2005[1233] verdeutlicht: In den Erwägungsgründen wird auf Leitlinien des Madrid-Forums aus dem Jahr 2002 verwiesen.[1234] Diese erwiesen sich als nicht ausreichend effektiv, da sie als unverbindliche Vorgaben nicht durchgesetzt werden konnten und eine freiwillige Befolgung ausblieb. Als Reaktion wurde eine rechtlich bindende Handlungsform gewählt.[1235] Aus demselben Grund wurde auch die Möglichkeit eingeführt, die Leitlinien im Wege des Komitologieverfahrens durch Aufnahme in die Anhänge der Verordnungen des 3. Binnenmarktpakets zu verrechtlichen.[1236]

1231 *Ibid.*, (729).

1232 *W. Weiß*, Der Europäische Verwaltungsverbund, S. 76.

1233 Verordnung (EG) Nr. 1775/2005 vom 28. September 2005 über die Bedingungen für den Zugang zu den Erdgasfernleitungsnetzen, ABl. 2005, L 289, S. 1.

1234 Siehe Recommendations on Guidelines for Good Practice in Relation to TPS Services, Tarification, Balancing, etc. – Annex II to the Conclusions of the 5th meeting of the European Gas Regulatory Forum Madrid, 7-8 February 2002, insbesondere Punkte 3 und 4.

1235 Verordnung (EG) Nr. 1775/2005, Erwägungsgrund 2. Dies erinnert an die oben beschriebene Entwicklung im Beihilfenrecht. Auch hier wurde beobachtet, dass es zu einer Verrechtlichung im Bereich *de minimis*-Beihilfen kam, nachdem die unverbindlichen Handlungsformen der Kommission sich als nicht effektiv erwiesen, siehe oben III. 1. b) und c).

1236 Siehe die Folgenabschätzung zu den Maßnahmen des 3. Binnenmarktpakets: SEC(2007) 1179 Commission Staff Working Document Accompanying the legislat-

Andererseits kann die Möglichkeit der Verrechtlichung – hier in Form von verbindlichen abstrakt-generellen Normen – den Befolgungsdruck erhöhen.[1237] Die Adressaten der Normen können durch die Befolgung eine verbindliche Regelung abwehren (da somit kein Bedarf hiernach besteht) und erhalten sich somit die Möglichkeit, im Einzelfall Verstößen auf informelle Art zu begegnen, etwa durch Verhandlungen mit der Kommission. Zudem hat die Möglichkeit der Verrechtlichung auch Rückwirkungen auf die Leitlinienerstellung in den Foren selbst. Wie bereits beschrieben, erschwerte insbesondere die Vergrößerung der EU – und damit auch des Teilnehmerkreises an den Foren – die Entscheidungsfindung auf freiwilliger Basis.[1238] Der Leitlinienprozess ist zudem langsamer als formale Gesetzgebung.[1239] In der Vergangenheit zeigten sich diese Nachteile etwa bei der schwierigen Kompromissfindung für Regelungen für den Zugang zu Gasspeichern und im Elektrizitätsbereich über grenzüberschreitende Tarifikation.[1240] Die Möglichkeit des Erlasses verbindlicher Regelungen durch die Kommission kann sich jedoch auf eine erhöhte Bereitschaft zur Kompromissfindung auswirken und diese wahrscheinlicher machen, um eine verbindliche Regelung zu vermeiden.[1241]

Da diese Art der Verrechtlichung jedoch üblicherweise ein Gesetzgebungsverfahren beinhaltet, ist die Position der Kommission – und in Folge die faktische Wirkung der informellen Normen – weniger stark, weil hierbei die Zustimmung des Rates und des Europäischen Parlamentes erforderlich ist. Anders als im unionsunmittelbaren Vollzug kann die Kommission die Verrechtlichung nicht einseitig herbeiführen. Ähnlich verhält es sich mit der Möglichkeit der Verrechtlichung der Leitlinien der Foren im Rahmen des Komitologieverfahrens.

In begrenztem Maße kann die Befugnis aus Art. 106 Abs. 3 AEUV zum – einseitigen – Richtlinienerlass hier eine Hebelwirkung für eine sekundärrechtliche Normierung nach Art. 194 oder 114 AEUV über den Rat und das Europäische Parlament entfalten und somit letztlich auch den Befolgungsdruck für informelle Instrumente erhöhen. Dies ist in der Entstehungsgeschichte des 1. Energiebinnenmarktpakets angedeutet: Auf Kritik vonseiten

---

ive package on the internal market for electricity and gas – Impact Assessment, S. 55 f.; siehe auch die Erwägungsgründe 3 und 4 der Gasfernleitungs-VO.

1237 *S. Lavrijssen/L. Hancher*, LIEI 2009, S. 23 (40).

1238 Oben III. 2. b).

1239 *P. Cameron*, ELRev 2005, S. 632 (641).

1240 *Ibid.*, (641).

1241 *Ibid.*, (641).

der Mitgliedstaaten an dem Vorschlag zur ersten Elektrizitätsbinnenmarkt-RL drohte die Kommission an, dass die Regelungen zum Teil auch einseitig im Rahmen der Kompetenz aus Art. 90 Abs. 3 EGV (dem heutigen Art. 106 Abs. 3 AEUV) gesetzt werden könnten.[1242] In ähnlicher Weise verfuhr die Kommission während einer Zeit des Stillstands auf der Ebene der Rechtsetzung zwischen 1999 und 2003, als sie mit der einseitigen Rechtsetzung nach dieser Vertragsvorschrift drohte, wodurch die Annahme der Verordnung 2003/1228/EG[1243] durch den Rat unter Art. 114 Abs. 1 AEUV beschleunigt wurde.[1244] In der Praxis hat die Vorschrift für den Energiesektor jedoch insgesamt keine große Relevanz entfaltet.[1245]

Auch Stellungnahmen der ACER nach Art. 6 ACER-VO, stehen, ähnlich wie die Beihilfeleitlinien, im Schatten der Sanktionierung durch die Kommission:[1246] Die Agentur unterrichtet nach Art. 6 Abs. 6 ACER-VO die Kommission über die Nichtbefolgung durch eine mitgliedstaatliche Regulierungsbehörde. Die Kommission kann dann eventuell verbindliche Entscheidungen treffen.

cc) Weiche Durchsetzungsmechanismen (peer pressure und comply or explain)

Denkbar ist auch, dass Unternehmen informelle Normen aufgrund von Eigeninteressen befolgen. Für das deutsche Recht wurde etwa beobachtet, wie staatliche Stellen mit solchen Instrumenten einen Steuerungseffekt durch Öffentlichkeitsbeeinflussung herbeiführen wollen.[1247] Für Unternehmen kann zum Beispiel ein Anreiz zur Befolgung unverbindlicher Normen bestehen, wenn dadurch die Nachfrage der Kunden steigt. Dies ist denkbar, wenn die freiwillige Einhaltung der staatlichen Vorgaben die angebotenen

---

1242 *C.-D. Ehlermann*, EuZW 1992, S. 689 (690); *H. Lecheler/J. Gundel*, RdE 1998, S. 92 (94).

1243 Verordnung (EG) Nr. 1228/2003 des Europäischen Parlaments und des Rates vom 26. Juni 2003 über die Netzzugangsbedingungen für den grenzüberschreitenden Stromhandel, ABl. 2003, L 176, S. 1.

1244 *K. Talus*, European Energy Law and Policy, S. 33.

1245 *J. Gundel*, Europäisches Energieverwaltungsrecht, in: Terhechte (Hrsg.), Verwaltungsrecht der Europäischen Union, Rn. 22.

1246 *O. Ştefan/M. Petri*, YEL 2018, S. 525 (544).

1247 *M. Schramm*, Einseitiges informelles Verwaltungshandeln im Regulierungsrecht, S. 108 f.

Waren oder Dienstleistungen besonders hochwertig erscheinen lässt.[1248] Im umgekehrten Fall kann die Nichteinhaltung das Ansehen des Unternehmens mindert.[1249]

Bezüglich der informellen Normen von Agenturen weist das Finanzrecht ein formalisiertes Modell zur Steigerung der Wirksamkeit auf. Die Agentur ESMA kann zur Förderung der Kohärenz, Effektivität und Wirksamkeit der Finanzmarktaufsichtspraktiken Leitlinien und Empfehlungen an die zuständigen mitgliedstaatlichen Behörden und die Finanzmarktteilnehmer richten. Sekundärrechtlich besteht eine Pflicht „alle erforderlichen Anstrengungen“ zu unternehmen, diesen informellen Normen nachzukommen.[1250] Zusätzlich wird ein comply-or-explain-Mechanismus etabliert, verknüpft mit einem naming and shaming-Ansatz: Die mitgliedstaatlichen Behörden müssen die informellen Normen anwenden oder erklären warum sie das nicht tun. Die Nichtbeachtung (und zum Teil auch die Gründe dafür) werden von der ESMA veröffentlicht.[1251]

Durch diese Wirkmechanismen rücken die informellen Instrumente in die Nähe rechtsverbindlicher Normen.[1252] Jedenfalls sind die Grenzen zwischen verbindlichen und freiwillig zu befolgenden Normen durch diese Mechanismen weniger klar:[1253] Einerseits sind sie unverbindlich, andererseits existieren verbindliche Verfahrensregeln, die die Befolgung wahrscheinlicher machen sollen.[1254]

1248 So etwa beim „Blauen Engel“ im Umweltrecht. Zu Qualitätszeichen siehe *T. Schomerus*, NVwZ 2009, S. 418 (421): „Für den Verbraucher wird sichtbar, dass das betreffende Produkt sich von anderen abhebt.“

1249 Mit einem Beispiel aus dem Datenschutzrecht *M. Schramm*, Einseitiges informelles Verwaltungshandeln im Regulierungsrecht, S. 132.

1250 Vgl. 16 Abs. 3 S. 1 der Verordnung (EU) Nr. 1095/2010 Des Europäischen Parlaments und des Rates vom 24.11.2010 zur Errichtung einer Europäischen Aufsichtsbehörde (Europäische Wertpapier- und Marktaufsichtsbehörde), zur Änderung des Beschlusses Nr.716/2009/EG und zur Aufhebung des Beschlusses 2009/77/EG der Kommission, ABl. 2010, L 331, S. 84. Ähnliche Regelungen finden sich auch in den Gründungsverordnungen der Aufsichtsbehörden EIOPA und der EBA.

1251 *J.E. Dickschen*, Empfehlungen und Leitlinien der Europäischen Finanzaufsichtsbehörden, S. 127 f.

1252 Weshalb einige Autoren diese Normen nicht mehr zum „Soft Law“ zählen *W. Weiß*, EuR 2016, S. 631 (635).

1253 So für das Finanzmarktrecht *N. Sasserath-Alberti/H. Hartig*, Versicherungsrecht 2012, S. 524 (530).

1254 *T. Tridimas*, Financial Supervision and Agency Power: Reflections on ESMA, in: Nic Shuibhne/Gormley (Hrsg.), From Single Market to Economic Union, 2012, S. 55 (71). Zur ähnlichen Wirkweise von Leitlinien der EBA siehe EuGH, Rs. C-911/19, *EBA Leitlinien*, Rn. 44.

Die informellen Normen der ACER weisen jedoch keine derartigen Wirkmechanismen auf und auch andere Verordnungen, die Rechtsgrundlage zur Gründung von Agenturen darstellen, enthalten keine so weitreichenden Pflichten. Daher ist davon auszugehen, dass es sich um eine finanzrechtliche Besonderheit handelt.[1255]

Bei den Leitlinien der Foren kann hingegen zumindest das Element des peer pressure beobachtet werden: Auf den Treffen der Foren werden üblicherweise Compliance Reports präsentiert und diskutiert.[1256] Mitgliedstaaten oder Energieunternehmen, die informelle Normen nicht einhalten, werden dabei aufgerufen, ihr Verhalten zu ändern.[1257] Abweichendes Verhalten wird also dadurch sanktioniert, dass es für die übrigen Teilnehmer des Forums, also die Kommission, die Vertreter der mitgliedstaatlichen Regulierungsbehörden und wichtige Interessenvertreter der Energiebranche sichtbar wird. Hierdurch kann erheblicher Druck aufgebaut werden.

Das Recht auf Zugang Dritter zu Speicheranlagen ist hierfür ein Beispiel. Dieses war nicht in der Gasbinnenmarkt-RL des Beschleunigungspakets enthalten. Stattdessen existierten Leitlinien des Madrid-Forums. Trotz des informellen Charakters überwachte die ERGEG bald nach deren Verabschiedung ihre Einhaltung, sodass peer pressure aufbaut wurde.[1258]

1255 Hierzu *S. Vaughan*, 17 CambYELS (2015), S. 66 (77).

1256 Die Wichtigkeit eines Monitoringverfahrens wird regelmäßig betont, siehe nur Schlussfolgerungen des 29. Forums in Madrid, S. 2: „The Forum encourages Member States, NRAs and all involved market participants to ensure the timely implementation of these rules and invites ACER and ENTSOG to support and monitor the implementation and report back to the Forum." Allgemein dazu *C. Held/J. Prat*, IR 2004, S. 194.

1257 Siehe etwa Europäische Kommission, Memo/02/27: „ Die Teilnehmer des Forums betonten, wie wichtig eine regelmäßige Überwachung der Einhaltung der in den Leitlinien enthaltenen hohen Standards durch die Gasfernleitungsnetzbetreiber sei und begrüßten die Absicht der Kommission, eine Benchmarking-Studie durchzuführen."

1258 *L. Hancher/I. del Guayo*, The European Electricity and Gas Regulatory Forums, in: Barton/Barrera-Hernández/Lucas/Rønne (Hrsg.), Regulating Energy and Natural Resources, S. 243 (257 f.). Das Konzept der peer pressure als Aspekt, der die Befolgung unverbindlicher Instrumente zu mehr Beachtung verhelfen kann, wird zum Teil explizit von der Kommission erwähnt, siehe für das Steuerrecht die Mitteilung der Kommission an den Rat, das Europäische Parlament und den Wirtschafts- und Sozialausschuss, Steuerpolitik in der Europäischen Union – Prioritäten für die nächsten Jahre, ABl. 2001, C 284, S. 6 (18). Dazu *N. Braun Binder*, Rechtsangleichung in der EU im Bereich der direkten Steuern, S. 124. Ein weiteres Beispiel findet sich im Glücksspielrecht. Eine Empfehlung der Kommission sieht vor, dass Mitgliedstaaten Berichte zu Umsetzungsmaßnahmen der Empfehlung einreichen,

Ein weiteres Beispiel für eine Kombination aus comply-or-explain-Mechanismus und peer-pressure findet sich in Art. 6 des Kommissionsvorschlags für ein europäisches Klimagesetz:[1259] Stellt die Kommission fest, dass mitgliedstaatliche Maßnahmen zur Erreichung der europäischen Klimaziele mit dem vom der Kommission festgelegten verbindlichen Zielpfad (Art. 3 des Vorschlags) unvereinbar sind, kann sie eine Empfehlung aussprechen, wie der Mitgliedstaat den Zielpfad einhalten kann. Dieser Empfehlung ist nach Art. 6 Abs. 3 lit. a „im Geiste der Solidarität zwischen den Mitgliedstaaten und der Union sowie zwischen den Mitgliedstaaten untereinander gebührend Rechnung" zu tragen. Dies ist zudem in einem nachfolgenden Fortschrittsbericht zu erläutern. Will ein Mitgliedstaat davon abweichen, muss er dies begründen. Die Empfehlung wird zudem veröffentlicht, Art. 6 Abs. 2 S. 2.

dd) Bezugnahme durch andere Unionsorgane und die Mitgliedstaaten

Der Druck, informelle Instrumente zu befolgen, kann zudem dadurch gesteigert werden, dass andere Organe oder die Mitgliedstaaten ihnen eine gewisse Bedeutung zumessen. Auch hierbei handelt es sich um eine Art der Verrechtlichung, wenngleich die Interessenlage anders ist als wenn das Erlassorgan selbst die Verrechtlichung bewirkt. Gleichwohl rücken die informellen Normen hierdurch näher in Richtung der rechtsverbindlichen Regelungen.

Indem die Mitgliedstaaten die informellen Normen in ihr Recht inkorporieren und somit (innerstaatliche) Rechtsverbindlichkeit verleihen, werden die Wirkungen dieser Normen gesteigert.[1260] Dies geschieht zum

---

sodass die Kommission die Umsetzung überwachen kann. Siehe Empfehlung 2014/478/EU der Kommission vom 14.07.2014 mit Grundsätzen für den Schutz von Verbrauchern und Nutzern von Online-Glücksspieldienstleistungen und für den Ausschluss Minderjähriger von Online-Glücksspielen, ABl. 2014, L 214, S. 38, Abschnitt XII.

1259 COM(2020) 80 final, Vorschlag für eine Verordnung des Europäischen Parlaments und des Rates zur Schaffung des Rahmens für die Verwirklichung der Klimaneutralität und zur Änderung der Verordnung (EU) 2018/1999 (Europäisches Klimagesetz).

1260 So bei unverbindlichen Leitlinien der EBA, die in das französische Recht integriert wurden, vgl dazu Schlussanträge GA *Bobek* zu EuGH, Rs. C-911/19, *EBA Leitlinien*, Rn. 53.

Teil ohne dass der informelle Charakter hierbei eine Rolle spielt.[1261] Die Elektrizitätsbinnenmarkt-RL 2009 sah in dieser Hinsicht vor, dass die mitgliedstaatlichen Regulierungsbehörden die zehnjährigen Netzentwicklungspläne der Übertragungsnetzbetreiber überprüfen und gegebenenfalls Änderungen verlangen können.[1262] Hierbei kann zuvor eine Empfehlung der ACER eingeholt werden. Setzt die mitgliedstaatliche Regulierungsbehörde die Empfehlung schließlich in eine Anordnung um, einen zehnjährigen Netzentwicklungsplan zu ändern, erlangt der Regelungsgehalt der Empfehlung somit Rechtsverbindlichkeit über den Umweg des mitgliedstaatlichen Rechts.[1263]

Auch andere Unionsorgane beziehen sich teilweise auf informelle Administrativnormen. Mitunter kommt es dabei zu einer Art „Verrechtlichung" im Sinne einer „Quasi-Ratifikation" durch den Rat oder die im Rat vereinigten Vertreter der Mitgliedstaaten:[1264] Diese Gremien können eine Empfehlung aussprechen, die Mitteilungen der Kommission zu beachten, da durch die einheitliche Beachtung dieser Mitteilungen das Funktionieren des Binnenmarktes verbessert wird.[1265] Mit der Wahl der Rechtsform der Empfehlung bleiben auch diese Rechtsakte rechtlich unverbindlich. Da sie jedoch von den Mitgliedstaaten erlassen werden, kommt ihnen eine besondere Autorität zu.

Der Europäische Rat nimmt mitunter ausdrücklich auf die unverbindlichen Handlungsformen der Kommission Bezug und billigt sie. So spricht sich der Europäische Rat im März 2015 für die Verfolgung der von der Kommission in ihrer Mitteilung zu Energieunion[1266] geäußerten Pläne aus.[1267] Dabei erfolgt eine ausdrückliche Bezugnahme auf die in der

1261 *G. Sydow*, Verwaltungskooperation in der EU, S. 55.

1262 Art. 22 Abs. 5 der Richtlinie 2009/72/EG des Europäischen Parlaments und des Rates vom 13. Juli 2009 über gemeinsame Vorschriften für den Elektrizitätsbinnenmarkt und zur Aufhebung der Richtlinie 2003/54/EG, ABl. 2009, L 211, S. 55.

1263 Hierzu *J. Scherer*, NVwZ 2010, S. 1321 (1326).

1264 *M. Melchior*, Les Communications de la Commission, in: FS Dehousse, S. 243 (250).

1265 Vgl. etwa die Empfehlung des Rates vom 3. März 1975 über die Kostenzurechnung und die Intervention der öffentlichen Hand bei Umweltschutzmaßnahmen, ABl. 1975, L 194, S. 1.

1266 COM(2015) 80 final, Mitteilung der Kommission „Rahmenstrategie für eine krisenfeste Energieunion mit einer zukunftsorientierten Klimaschutzstrategie".

1267 Schlussfolgerungen des Europäischen Rates vom 19. und 20. März, EUCO 11/15, S. 2-4.

Mitteilung genannten fünf Dimensionen der Energieunion.[1268] Hierdurch bekommt die Mitteilung zur Energieunion freilich keinen rechtlich bindenden Charakter. Die ausdrückliche Zustimmung der die Staats- und Regierungschefs verleiht dem Kommissionsdokument jedoch ein erheblich größeres Gewicht. Dies könnte etwa relevant werden, wenn die Kommission Legislativvorschläge zur Verwirklichung der Energieunion vorlegt und sich nun darauf berufen kann, dass der Rahmen, in dem der Vorschlag ergeht jedenfalls im Europäischen Rat von einem breiten Konsens getragen wird. In ihrem Begleitdokument zum Wettbewerbsreport 2015 stellte die Kommission bereits fest, dass der Europäische Rat die Kommissionspläne zur Energieunion befürwortet.[1269]

Dass der EuGH informelle Administrativnormen häufig zum „rechtlichen Rahmen"[1270] eines Verfahrens zählt, wurde bereits erläutert.[1271] In der beihilferechtlichen Entscheidung *Eesti Pagar* betont er, dass ermessensstrukturierende Kommissionsleitlinien nicht bindend, die in ihm enthaltenen Definitionen jedoch "sachdienlich" sind.[1272] Generalanwalt *Wathelet* bemerkte in dieser Rechtssache, dass die Leitlinien als Ausgangspunkt genommen werden sollten, „zumal die Kommission sie [...] in Art. 2 Nr. 23 ihrer neuen allgemeinen Gruppenfreistellungsverordnung Nr. 651/2014 übernommen hat [...]".[1273] Letztere war im Ausgangsverfahren noch nicht anwendbar. Die Tatsache der mittlerweile erfolgten Verrechtlichung war für den Generalanwalt und den EuGH jedoch gleichwohl relevant. Diese Bezugnahmen bewirken, dass den Leitlinien ein größeres Gewicht beigemessen werden.[1274] Im Zollrecht nannte der EuGH die Erläuterungen der Kommission (und des Rates) zum Schema des Gemeinsamen Zolltarifs schon früh ein „wichtiges Hilfsmittel" und „wertvolles Erkenntnismittel"

1268 *Ibid.*, S. 2: „Die EU tritt für die Schaffung einer Energieunion mit einer zukunftsorientierten Klimapolitik auf der Grundlage der Rahmenstrategie der Kommission ein..."

1269 Kommission SWD(2016) 198 final, Arbeitsunterlage der Kommissionsdienststellen. Begleitunterlage zum Bericht der Kommission an das EP, den Rat, den WSA und den AdR über die Wettbewerbspolitik in 2015, S. 36.

1270 Englisch: *legal context*; Französisch: *cadre juridique*.

1271 Siehe oben V. 1. a) aa).

1272 Siehe etwa EuGH, Rs. C-349/17, *Eesti Pagar*, Rn. 73.

1273 Schlussanträge GA *Wathelet* zu EuGH, Rs. C-349/17, *Eesti Pagar*, Rn. 81.

1274 Zu einem weiteren Beispiel der Bezugnahme auf informelle Normen in der Rechtssache EuG, Rs. T-13/99, *Pfizer/Rat*, Rn. 119 ff., siehe *I. Schübel-Pfister*, ZLR 2004, S. 403 (425).

für die Auslegung des gemeinsamen Zolltarifs trotz deren Unverbindlichkeit.[1275]

Durch diese Wirkmechanismen kann informellen Administrativnormen somit trotz rechtlicher Unverbindlichkeit eine mehr oder weniger starke faktische Bindungswirkung zukommen.[1276]

3. Zwischenergebnis

Die Untersuchung zeigt eine Verwischung der Grenzen zwischen Innen- und Außenwirkungen, sowie zwischen unmittelbaren und mittelbaren Wirkungen. Die Wirkungen im Innenbereich der erlassenden Stellen spiegeln sich teils im Außenbereich;[1277] obgleich eine rechtliche Außenwirkung, die über eine Berücksichtigungspflicht hinausgeht, von der Rechtsprechung nur bei sekundärrechtlicher Anordnung bejaht wird, kommt es *de facto* zu Bindungswirkungen, insbesondere im Beihilfenrecht, wo die Befugnisse der Kommission den Befolgungsdruck stark erhöht.

1275 Englisch : „*important means... valid aid to the interpretation*"; Französisch: „*des moyens importants... des moyens valables pour l'interprétation*", vgl. EuGH, Rs. C-405/97, *Mövenpick*, Rn. 18; EuGH, Rs. C-328/97, *Glob-Sped*, Rn. 26; EuGH, Rs. C-200/84, *Daiber*, Rn. 14; EuGH, Rs. C-35/93, *Develop Dr. Eisbein*, Rn. 21; EuGH, Rs. C-106/94 und 139/94, *Colin und Dupré*, Rn. 21; EuGH, Rs. C-201/96, *LTM*, Rn. 17.

1276 So auch *K. Jacobsson*, 14 Journal of European Social Policy (2004), S. 354 (359).

1277 Vgl. schon *H.C.H. Hofmann*, Normenhierarchien im Europäischen Gemeinschaftsrecht, S. 240.

3. Kapitel: Rechtsstaatliche Anforderungen an informelle Administrativnormen

Im Folgenden wird der Frage nachgegangen, welche Grenzen dem Einsatz informeller Administrativnormen gestellt sind. Dabei ist zu klären, ob für ihren Erlass eine Rechtsgrundlage erforderlich ist (VI.), sodann, welche Anforderungen aus dem Grundsatz der Transparenz folgen (VII.). Schließlich werden die Rechtsschutzmöglichkeiten gegen informelle Administrativnormen aufgezeigt (VIII.).

VI. Kompetenzrechtliche Grenzen

Die Feststellung der verschiedenen Wirkungen informeller Administrativnormen führt zu der Frage, ob ihr Erlass einer Rechtsgrundlage[1278] bedarf. Die Kompetenzfrage hat zwei Dimensionen: Zum einen das Verhältnis zwischen der Union und den Mitgliedstaaten. Dies wird nachfolgend im Rahmen des Grundsatzes der begrenzten Einzelermächtigung diskutiert (1.). Zum anderen kann das institutionelle Gleichgewicht betroffen sein (2.). Relevant wird dies freilich nur für diejenigen informellen Administrativnormen, die nicht ausdrücklich aufgrund sekundärrechtlicher Ermächtigung ergehen.[1279]

Die Frage nach der Erforderlichkeit einer Rechtsgrundlage für den Erlass informeller Administrativnormen bewegt sich in einem Spannungsverhältnis zwischen zwei Polen: Einerseits ist es der Kommission erlaubt, ihre Meinung zu äußern. Eine gewisse Informationstätigkeit, in Form von rechtlichen Erläuterungen, gehört zum Arbeitsauftrag der „Hüterin der Verträ-

1278 Hier als Synonym verstanden: Ermächtigungsgrundlage.

1279 Zum Beispiel Empfehlungen nach der Governance-VO, siehe oben IV. 1. k). Weitere Beispiele oben V. 2. a) bb) (1). Zudem enthält Art. 16 Abs. 1 UAbs. 2 der REMIT-VO eine ausdrückliche Ermächtigung zum Erlass „unverbindliche[r] Leitlinien zur Anwendung der Begriffsbestimmungen in Artikel 2", siehe Verordnung (EU) Nr. 1227/2011 des Europäischen Parlaments und des Rates vom 25. Oktober 2011 über die Integrität und Transparenz des Energiegroßhandelsmarkts, ABl. 2011, L 326, S. 1. Siehe auch Erwägungsgrund 27.

ge".[1280] Zum Teil wird daher etwa Art. 258 AEUV in der Weise ausgelegt, dass er eine Verpflichtung der Kommission beinhaltet, den Mitgliedstaaten die Umsetzung des Unionsrechts zu erleichtern, zum Beispiel durch Auslegungshinweise:[1281] Da das Vertragsverletzungsverfahren eine Beanstandung mitgliedstaatlichen Verhaltens erlaubt, müsse diesen die Möglichkeit gegeben werden, von der Rechtsauffassung der Kommission im Allgemeinen zu erfahren. Auch aus Gründen der Transparenz und zur Koordinierung der Politik mit den Mitgliedstaaten und den anderen Organen scheinen die Äußerungen der Rechtsauffassung der Kommission grundsätzlich geboten. Schließlich benötigt die Kommission zur Ausübung ihrer Befugnisse ein gewisses Maß an Flexibilität, welches durch zu strenge Anforderungen an Rechtsgrundlagen für ihr informelles Handeln unangemessen beschränkt werden könnte.

Andererseits aber darf der Erlass informeller Administrativnormen nicht zu einer Störung des Kompetenzgefüges führen, was aufgrund der im Abschnitt V. aufgezeigten rechtlichen und tatsächlichen Wirkungen nicht ausgeschlossen ist. Denn durch ihren Einsatz droht innerhalb der EU eine Verschiebung der Aufgaben zwischen den Organen (Art. 13 Abs. 2 EUV): Wenn die Kommission nämlich mitgliedstaatliches Verhalten durch einseitigen Erlass informeller Normen steuern kann, erübrigt sich eine formelle Rechtsetzung. Werden dadurch formale Gesetzgebungsverfahren teilweise überflüssig, kann der politische Gestaltungsraum des Rates und des Europäischen Parlaments faktisch beschränkt werden. Ebenso kommt den Unionsgerichten nicht die gleiche Rolle zu wie bei der Regulierung durch verbindliche Instrumente, da informelle Instrumente nur unter bestimmten Voraussetzungen für taugliche Klagegegenstände gehalten werden.[1282]

Schließlich ist vorab zu bedenken, dass die unterschiedlichen Instrumente auf verschiedende Weisen wirken. Fragen nach der Erforderlichkeit einer Rechtsgrundlage zu ihrem Erlass können daher nicht pauschal beantwortet werden, sondern müssen nach den jeweiligen Instrumenten differenzieren.

1280 *P. Nemitz*, in: Schwarze/Becker/Hatje/Schoo (Hrsg.), EU-Kommentar, 4. Aufl., Art. 17 EUV, Rn. 4, spricht sich für ein umfassendes Recht der Kommission aus, sich politisch zu äußern.

1281 *L. Senden*, ELJ 2013, S. 57 (63).

1282 Dazu unten VIII. 1.

1. Begrenzte Einzelermächtigung, Subsidiarität und Verhältnismäßigkeit

Die informellen Administrativnormen sind in kompetenzieller Hinsicht am Grundsatz der begrenzten Einzelermächtigung und an den Kompetenzausübungsschranken des Subsidiaritäts- und Verhältnismäßigkeitsprinzips zu messen.

Letztere beiden Prinzipien geben jedoch wenig Anlass an der Rechtmäßigkeit informeller Administrativnormen zu zweifeln. Wegen der geringeren Eingriffsintensität in die Regelungsautonomie der Mitgliedstaaten im Vergleich zu verbindlichen Instrumenten dürften informelle Instrumente unter diesen Gesichtspunkten gerade vorzugswürdig vor hartem Recht erscheinen.[1283] Dies hielt auch der Europäische Rat 1992 in seinen Schlussfolgerungen fest, wonach die Bedeutung unverbindlicher Instrumente wie Empfehlungen für das Subsidiaritäts- und Verhältnismäßigkeitsprinzip insbesondere darin liegt, dass sie potenziell souveränitätsschonender sind als verbindliche Instrumente.[1284]

Fraglich ist hingegen, ob der Grundsatz der begrenzten Einzelermächtigung eine Beschränkung der Praxis informeller Administrativnormen gebietet. Dieser in Art. 5 Abs. 1 S. 1, Abs. 2 EUV normativ verankerte Grundsatz bestimmt im Wesentlichen, dass Voraussetzung für ein Tätigwerden der Union deren Verbandskompetenz ist. Diese wird durch ausdrückliche Zuweisung in den Verträgen begründet; zudem müssen die vertraglich vorgesehenen Handlungsformen verwendet werden, sofern nicht allgemein zum Erlass von „Maßnahmen" ermächtigt wird.[1285] Rechtsverbindliche Handlungen der Union müssen daher auf eine primär- oder sekundärrechtlich vorgesehene Rechtsgrundlage gestützt werden können.[1286] Damit erfüllt der Grundsatz der begrenzten Einzelermächtigung die Funktion, die demokratische Legitimation des Handelns der Union sicherzustellen durch Regelung der vertikalen sowie horizontalen Gewaltenteilung, also

1283 Als schonender bezeichnet auch *W. Weiß*, Der Europäische Verwaltungsverbund, S. 78 die Empfehlungen und Leitlinien der Kommission im Wettbewerbsrecht; siehe auch *L. Senden*, UtrechtLR 2005, S. 79 (87).

1284 Dazu *M. Brohm*, Die „Mitteilungen" der Kommission im Europäischen Verwaltungs- und Wirtschaftsraum, S. 79; *M. Rossi*, ZG 2020, S. 1 (14). Zur Rolle des Subsidiaritätsprinzips auch *M. Knauff*, Legitimität und Legitimation des europäischen Soft Law, in: Iliopoulos-Strangas/Flauss (Hrsg.), Das Soft Law der europäischen Organisationen, S. 373 (397), dort Fn. 85; *ders.*, Der Regelungsverbund, S. 412 ff.

1285 Statt vieler *R. Schütze*, European Union Law, 2. Aufl., S. 228 f.

1286 *R. Streinz*, in: Streinz (Hrsg.), EUV/AEUV, 3. Aufl., Art. 5 AEUV, Rn. 9.

der Zuständigkeitsabgrenzung zwischen der Union und ihren Mitgliedstaaten sowie zwischen den Unionsorganen.[1287]

a) Relevanz des Grundsatzes der begrenzten Einzelermächtigung

Uneinigkeit herrscht bei der Frage, ob der Grundsatz der begrenzten Einzelermächtigung auf unverbindliche Handlungsformen anwendbar ist.[1288]

aa) Pro und Contra der Anwendbarkeit

Gegen die Geltung des Grundsatzes können offensichtlich die mangelnden Rechtswirkungen im Außenverhältnis angeführt werden[1289] – wenn man von der Berücksichtigungspflicht für mitgliedstaatliche Stellen absieht. Entsprechend den Funktionen des Grundsatzes scheint seine Erstreckung auf unverbindliche Instrumente im Allgemeinen nicht nötig, da in die Befugnisse der Mitgliedstaaten nicht direkt eingegriffen wird.[1290] Bei rein formaler Betrachtung ist die horizontale Gewaltenteilung zwischen den Mitgliedstaaten und der EU nicht berührt.

Gegen die Begrenzung des Erlasses informeller Normen sprach sich auch eine Arbeitsgruppe des Verfassungskonvents aus, die sich im Rahmen des Oberthemas Vereinfachung mit „atypischen Akten“ befasste. Bei der Forderung nach einer Beschränkung dieser Akte zeigte sie sich zurückhal-

---

1287 Siehe etwa *J. Bast*, in: Grabitz/Hilf/Nettesheim (Hrsg.), Das Recht der Europäischen Union, 73. EL Mai 2021, Art. 5 EUV, Rn. 14b; *I. Härtel*, in: Hatje/Müller-Graff (Hrsg.), Enzyklopädie Europarecht Bd. 1, § 11 Rn. 128 f.

1288 Zusammenfassend *D. Kiekebusch*, Der Grundsatz der begrenzten Einzelermächtigung, S. 46 ff.; *M. Rossi*, ZG 2020, S. 1 (15-17).

1289 *H.-P. Kraußer*, Das Prinzip begrenzter Ermächtigung im Gemeinschaftsrecht als Strukturprinzip des EWG-Vertrages, S. 88.

1290 *B. Biervert*, Der Mißbrauch von Handlungsformen im Gemeinschaftsrecht, S. 90. Gegen die Anwendbarleit des Grundsatzes auch *M. Kotzur*, in: Geiger/Khan/Kotzur (Hrsg.), EUV/AEUV, 6. Aufl., Art. 288, Rn. 26; *J. Gundel*, in: Pechstein/Nowak/Häde (Hrsg.), Frankfurter Kommentar EUV/GRC/AEUV, Art. 288, Rn. 101; *H.-P. Kraußer*, Das Prinzip begrenzter Ermächtigung im Gemeinschaftsrecht als Strukturprinzip des EWG-Vertrages, S. 88. Gegen die Erforderlichkeit einer Rechtsgrundlage für informelles Verwaltungshandel im deutschen Recht *M. Fehling*, § 38 Informelles Verwaltungshandeln, in: Hoffmann-Riem/Schmidt-Aßmann/Voßkuhle (Hrsg.), Grundlagen des Verwaltungsrechts Bd. II, 2. Aufl., S. 1457 (1459), Rn. 71.

tend. Zwar wurden die Gefahren der Verwendung atypischer Rechtsakte erkannt, jedoch müsse ein gewisses Maß an Flexibilität gewahrt werden. Es wurde vorgeschlagen, keine derartigen Akte seitens des Gesetzgebers anzunehmen, wenn dieser „zum gleichen Thema mit Vorschlägen oder Initiativen legislativer Art befasst ist."[1291] Zwar bezieht sich dieser Vorschlag unmittelbar nur auf den Gesetzgeber und nicht auf die Kommission oder Agenturen, jedoch wird auch eine Begrenzung der Anzahl der Rechtsakte der Union insgesamt gefordert.[1292] Dies wird als notwendig erachtet, um die demokratische Legitimation zu stärken: Um die Kontrolle der EU durch ihre Bürger zu garantieren, ist eine Voraussetzung, dass diese die Funktionsweisen der EU verstehen und insbesondere wissen, welche Instrumente welche Bedeutung haben. Eine große Anzahl an Rechtsakten[1293] mit zum Teil gleichen Wirkungen aber verschiedenen Bezeichnungen, ist diesem Ziel nicht förderlich;[1294] inhaltlich entspricht dieser Vorschlag also dem oben beschriebenen Anliegen der Handlungsformenlehre.[1295]

Befürworter der Anwendbarkeit des Grundsatzes der begrenzten Einzelermächtigung auch auf unverbindliche Rechtsakte verweisen hingegen auf den Wortlaut des Art. 5 Abs. 2 EUV, der nicht auf verbindliche Instrumente beschränkt ist, sowie auf die angesprochene Gefahr, dass der Grundsatz durch informelle Instrumente, die in ihren *de facto* Wirkungen verbindlichen Instrumenten teils ähneln, ausgehöhlt werden könnte.[1296] Andere stel-

1291 Schlussbericht Gruppe IX, CONV 424/02, WG IX 13, S. 6 f.

1292 Auf die nunmehr in Art. 288 AEUV genannten Handlungsformen, vgl. Schlussbericht Gruppe IX, CONV 424/02, WG IX 13, S. 3 f.

1293 Die Arbeitsgruppe ging von 15 verschiedenen aus, Schlussbericht Gruppe IX, CONV 424/02, WG IX 13, S. 3. Zählt man die verschieden bezeichneten Akte der Kommission mit, dürfte die Zahl deutlich höher sein.

1294 Schlussbericht Gruppe IX, CONV 424/02, WG IX 13, S. 2.

1295 Siehe dazu oben IV. 2. a).

1296 *M. Brohm*, Die „Mitteilungen" der Kommission im Europäischen Verwaltungs- und Wirtschaftsraum, S. 124. Die Anwendbarkeit bejahend auch *J. Bast*, in: Grabitz/Hilf/Nettesheim (Hrsg.), Das Recht der Europäischen Union, 73. EL, Art. 5 EUV, Rn. 26. Ebenso *A. Thieme*, Die Mitteilungen der Europäischen Kommission, S. 85; *M. Nettesheim*, in: Grabitz/Hilf/Nettesheim (Hrsg.), Das Recht der Europäischen Union, 73. EL, Art. 288 AEUV, Rn. 200; *M. Ruffert*, in: Calliess/Ruffert (Hrsg.), EUV/AEUV, 5. Aufl., Art. 288 AEUV, Rn. 97; *L. Senden*, Soft Law in European Community Law, S. 319; *W. Schroeder*, in: Streinz (Hrsg.), EUV/AEUV, 3. Aufl., Art. 288 AEUV, Rn. 129 (auf Empfehlungen bezogen); *M. Ruffert*, in: Calliess/Ruffert (Hrsg.), EUV/AEUV, 5. Aufl., Art. 288 AEUV, Rn. 95 (auf Empfehlungen bezogen). *M. Schramm*, Einseitiges informelles Verwaltungshandeln im Regulierungsrecht, S. 178: uneingeschränkte Geltung für informelle Handlungen; i.E. so auch *U. Ehricke*, EuZW 2004, S. 359 (360).

len auf Art. 52 Abs. 1 GRCh ab, der einen Gesetzesvorbehalt für Eingriffe in Chartarechte bestimmt und ebenfalls nicht auf verbindliche Maßnahmen beschränkt ist.[1297] Eine Rechtsgrundlage wird nach dieser Ansicht gefordert, sofern grundrechtsrelevante Aspekte betroffen sind.[1298] Auch für die informellen Normen des Rates wurde früh die Erforderlichkeit einer Kompetenz diskutiert.[1299] Eine Kompetenz des Europäischen Parlaments zum Erlass unverbindlicher Instrumente – etwa Entschließungen – wurde vom EuGH ausdrücklich bejaht.[1300]

Die Legitimationsbedürftigkeit hoheitlichen Handelns erstreckt sich nach diesen Ansichten auch auf rechtsunverbindliche Handlungen, weshalb die normative Anknüpfung an eine Rechtsgrundlage auch in diesem Fall zu fordern sei.[1301] Dies gelte insbesondere, da regelmäßig eine Steuerungsabsicht hinter den informellen Instrumenten stehe, die mittlerweile neben dem Zwang, der von rechtsverbindlichen Handlungen ausgehe, große Bedeutung erlangt habe; solche Instrumente können daher nicht in einem „verfassungsfreien Tätigkeitsbereich“ existieren.[1302]

bb) Differenzierung nach Wirkungen und Befugnissen des Erlassorgans

Als unproblematisch stellen sich jedenfalls Akte dar, die mit bloßer Innenwirkung, zum Beispiel innerhalb der Organisationsgewalt der Kommission, erlassen werden.[1303] In diesem Bereich ist eine Rechtsgrundlage nicht erforderlich.

1297 Ausführlich *K. F. Gärditz*, in: Grabenwarther (Hrsg.), Enzyklopädie Europarecht Bd. 2, § 4, Rn. 54 ff., 62.

1298 *J. Schwarze*, EuR 2009, S. 171 (180). Skeptisch mit Blick auf die englische Sprachfassung des Art. 52 Abs. 1 GRCh, die lediglich von einem Rechtsvorbehalt spricht, *W. Weiß*, EWS 2010, S. 257 (260), dort Fn. 42.

1299 *K. Wellens/G. Borchard*, ELRev 1989, S. 267 (299).

1300 EuGH, Rs. 230/81, *Luxemburg/Parlament*, Rn. 39. Hierzu auch *D. Kiekebusch*, Der Grundsatz der begrenzten Einzelermächtigung, S. 51.

1301 *M. Nettesheim*, Kompetenzen, in: von Bogdandy/Bast (Hrsg.), Europäisches Verfassungsrecht, 2. Aufl., S. 389 (408).

1302 *Ibid.*

1303 *H. Adam*, Die Mitteilungen der Kommission, S. 87 f. Anders *D. Kiekebusch*, Der Grundsatz der begrenzten Einzelermächtigung, S. 59, der jedoch im Ergebnis ebenfalls von der Befugnis zu internen Organisation mithilfe informeller Instrumente ausgeht, ohne dass den Verträgen eine ausdrückliche Ermächtigung hierzu zu entnehmen wäre.

Im Übrigen scheint eine Stellungnahme zu der allgemeinen Debatte für das Interesse dieser Studie nicht zwingend erforderlich, da auch bei Bejahung der Anwendbarkeit des Grundsatzes davon ausgegangen wird, dass eine Rechtsgrundlage allgemeiner Natur ausreichend sei[1304] oder aus den allgemeinen Befugnissen des Erlassorgans folge.[1305] Dies entspricht auch der ständigen Rechtsprechung der Unionsgerichte, die die Befugnis zum Erlass ermessensstrukturierender informeller Administrativnormen als von den Befugnissen der Kommission im Wettbewerbs- und Beihilfenrecht mitumfasst ansehen.[1306] Andere halten eine Ermächtigungsgrundlage zwar für erforderlich, legen dann aber einen geringeren Maßstab an informelle Instrumente an.[1307]

Da die Forderung nach einer Rechtsgrundlage für informelle Administrativnormen insbesondere in ihren faktischen Wirkungen fußt, ist mit Blick auf die beobachtete Heterogenität der Wirkungen und Erscheinungsformen eine Differenzierung geboten. Diese Differenzierung hat vor allem die Befugnisse der erlassenden Stelle und die Wirkungen der informellen Normen zu beachten. Ein solches Abstellen auf die Wirkungen der Maßnahme berücksichtigt insbesondere die mitgliedstaatliche Souveränität: Die Frage nach einem Formenmissbrauch durch informelle Instrumente sollte von der Eingriffsintensität der Unionsmaßnahme abhängig gemacht werden. Dies ist auch mit Blick auf den Grundsatz der Verhältnismäßigkeit und das Subsidiaritätsprinzip sinnvoll.[1308]

1304 Siehe etwa Schlussanträge GA *Kokott* zu EuGH, C-226/11, *Expedia*, Rn. 20 f., bezogen auf die *de minimis*-Bekanntmachung der Kommission im Wettbewerbsrecht: Art. 292 S. 4 iVm 105 AEUV ist als Rechtsgrundlage ausreichend. *L. Senden*, Soft Law in European Community Law, S. 478 ff.; *M. Brohm*, Die „Mitteilungen" der Kommission im Europäischen Verwaltungs- und Wirtschaftsraum, S. 127. A.A. *K. Michel*, Institutionelles Gleichgewicht und EU-Agenturen, S. 144 f., die eine ausdrückliche Befugnisübertragung fordert, sollen informelle Administrativnormen von Agenturen erlassen werden.

1305 *I. Härtel*, Handbuch Europäische Rechtsetzung, § 8, Rn. 36; siehe auch *M. Nettesheim*, in: Grabitz/Hilf/Nettesheim (Hrsg.), Das Recht der Europäischen Union, Art. 288, 73. EL, Rn. 200.

1306 Siehe nur EuG, Rs. T-670/14, *Milchindustrieverband/Kommission*, Rn. 23 zu ermessensstrukturierenden Beihilfeleitlinien.

1307 EuGH, Rs. C-311/94, *Ijssel-Vliet*, Rn. 34; EuGH, Rs. C-75/97, *Belgien/Kommission*, Rn. 56; EuGH, Rs. C-382/99, *Niederlande/Kommission*, Rn. 4; EuGH, verb. Rs. C-189/02 P, C-202/02 P, C-205/02 P bis C-208/02 P und C-213/02 P, *Dansk Rørindustri u.a.*, Rn. 207-214, 238-252. Dazu auch *L. Senden*, UtrechtLR 2005, S. 79 (89).

1308 *J. Bast*, Grundbegriffe der Handlungsformen der EU, S. 299.

Wie im Abschnitt V. 2. b) bb) gezeigt wurde, ist ein wesentlicher Wirkfaktor informeller Normen die Möglichkeit, diese durch verbindliches Handeln durchzusetzen. Die faktischen Wirkungen hängen maßgeblich davon ab, ob das Erlassorgan eine verbindliche Maßnahme *glaubhaft* androhen kann, was etwa der Fall ist, wenn informellen Normen durch Erlass verbindlicher Entscheidungen Geltung verliehen werden, wodurch der Befolgungsdruck erhöht wird. Hieran sollte auch bei der Frage nach der Erforderlichkeit einer rechtlichen Grundlage informeller Normen angeknüpft werden.[1309] Für informelle Handlungen im deutschen Recht wurde aus diesem Grund gefordert, die rechtsverbindliche Maßnahme – im Hintergrund der informellen Norm, die das Drohpotential ausmacht – müsse dem Vorbehalt des Gesetzes genügen. Eine Rechtsgrundlage ist daher für die rechtsverbindliche Maßnahme hinter der informellen Norm zu fordern, die an der Ermächtigung zum rechtverbindlichen Handeln teilnimmt.[1310] Dies lässt sich auf das Unionsrecht mit dem Grundsatz der begrenzten Einzelermächtigung übertragen.

(1) Unionsunmittelbarer Vollzug

Für beihilferechtliche Leitlinien gilt daher das Erstellen allgemeiner Voraussetzungen für die Ermessensausübung der Kommission als von deren vertraglich vorgesehenem Ermessen im Bereich der Beihilfenaufsicht mitumfasst.[1311] Auch in der Rechtssache *Kotnik,* betreffend eine beihilferechtliche Mitteilung der Kommission,[1312] geht der EuGH davon aus, dass Grundlage des Erlasses Art. 107 Abs. 3 lit. b Var. 2 AEUV ist.[1313] Danach können

---

1309 So auch *M. Schramm*, Einseitiges informelles Verwaltungshandeln im Regulierungsrecht, S. 207.

1310 Für das deutsche Recht *M. Schramm*, Einseitiges informelles Verwaltungshandeln im Regulierungsrecht, S. 169 f.

1311 Früh bereits *P. Bernitsas*, in: Harden (Hrsg.), State Aid: Community Law and Policy, S. 110 (112); *J. Gundel*, EuZW 2016, S. 606 (607); *J. Mendes*, Participation in EU Rule-Making, S. 430; *T. Jestaedt/M. Schweda*, in: Heidenhain (Hrsg.), Handbuch des Europäischen Beihilfenrechts, § 14, Rn. 31 f.; *I. Schübel-Pfister*, ZLR 2004, S. 403 (411 f.).

1312 Mitteilung der Kommission über die Anwendung der Vorschriften für staatliche Beihilfen ab dem 01.08.2013 auf Maßnahmen zur Stützung von Banken im Kontext der Finanzkrise („Bankenmitteilung"), ABl. 2013, C 216, S. 1.

1313 EuGH, Rs. C-526/14, *Kotnik u.a.*, Rn. 47; vgl. auch Schlussanträge GA *Wahl* zu EuGH, Rs. C-526/14, *Kotnik u.a.*, Rn. 56.

Beihilfen als mit dem Binnenmarkt vereinbar angesehen werden, wenn sie zur Behebung einer beträchtlichen Störung im Wirtschaftsleben eines Mitgliedstaats beitragen sollen. Durch das Erstellen von allgemeinen, informellen Regelungen zur Frage, wann dies der Fall ist, übt die Kommission daher laut EuGH ihr weites Ermessen im Bereich der Beihilfenaufsicht auf eine zulässige Weise aus.[1314]

Bezüglich bestehender Beihilfen stellt Art. 108 Abs. 1 S. 2 AEUV daneben ausdrücklich fest, dass die Kommission „zweckdienliche Maßnahmen" vorschlagen kann, welche „die fortschreitende Entwicklung und das Funktionieren des Binnenmarkts erfordern". Diese werden, wie bereits festgestellt, durch Zustimmung der Mitgliedstaaten verbindlich.[1315]

Gleiches gilt für das Wettbewerbsrecht: Die Zuständigkeit der Kommission erstreckt sich auf den Erlass verbindlicher Einzelmaßnahmen und folglich auch auf den Erlass informeller Normen in diesem Bereich.[1316]

Zum Teil wird vorgebracht, auch bei den übrigen unverbindlichen Instrumenten der Kommission handele es sich um solche „zweckdienlichen Maßnahmen", ohne dass dabei zwischen bestehenden und neuen Beihilfeprogrammen unterschieden wird.[1317] Eine solche Unterscheidung legt jedoch der systematische Zusammenhang von Art. 108 Abs. 1 Satz 2 AEUV mit dessen Satz 1 und Abs. 3 nahe,[1318] der keine allgemeine Regelungskompetenz durch abstrakt-generelle Instrumente erkennen lässt.[1319]

Im unionsunmittelbaren Vollzug ist also grundsätzlich keine spezielle Rechtsgrundlage erforderlich.[1320]

1314 EuGH, Rs. C-526/14, *Kotnik u.a.*, Rn. 39.

1315 Oben V. 2. a) aa) (4).

1316 *S. Thomas*, EuR 2009, S. 423 (425) ; *T. Groß*, DÖV 2004, S. 20 (24); sich dem anschließend *N. Braun Binder*, Rechtsangleichung in der EU im Bereich der direkten Steuern, S. 120. Z.T. wird auch in Art. 17 Abs. 1 S. 1 EUV eine Grundlage für den Erlass unverbindlicher Instrumente im Wettbewerbs- und Beihilfenrecht gesehen, vgl. *L. Senden*, ELJ 2013, S. 57 (63).

1317 *C.-D. Ehlermann*, CMLRev 29 (1992), S. 257 (275); so wohl auch *A. Glaser*, Die Entwicklung des Europäischen Verwaltungsrechts aus der Perspektive der Handlungsformen, S. 383.

1318 *M. Cini*, From Soft Law to Hard Law? Discretion and Rule-making in the Commission's State Aid Regime, EUI WP 2000/35.

1319 *J. Mendes*, Participation in EU Rule-Making, S. 430.

1320 *H. Adam*, Die Mitteilungen der Kommission, S. 93; *A. Glaser*, Die Entwicklung des Europäischen Verwaltungsrechts aus der Perspektive der Handlungsformenlehre, S. 382; *H.C.H. Hofmann/G.C. Rowe/A.H. Türk*, Administrative Law and Policy of the European Union, S. 542, 570.

(2) Indirekter Vollzug

Auch außerhalb des unionsunmittelbaren Vollzugs, etwa für rechtsergänzende Auslegungshilfen, kann die Kommission verbindliche Maßnahmen glaubhaft androhen, etwa der Nichtbefolgung von Auslegungsmitteilungen zur Umsetzung von Richtlinien mit der Einleitung eines Vertragsverletzungsverfahrens begegnen.[1321] Das Drohpotential ist hier jedoch geringer als im Beihilfenrecht, da eine Sanktion nur durch den EuGH ausgesprochen werden kann. Freilich können auch Einzelfallentscheidungen der Kommission im Beihilfenrecht mit einer Nichtigkeitsklage angefochten werden; auch hier hat der EuGH also das letzte Wort. Gleichwohl tritt in diesem Fall eine Belastung schon durch die nachteilige Entscheidung der Kommission rechtsverbindlich ein, nicht erst durch rechtskräftiges Urteil. Eine Rechtsgrundlage für Auslegungsmitteilungen scheint daher nicht erforderlich beziehungsweise liegt in Form der allgemeinen Ermächtigung zum Erlass von Empfehlungen (Art. 292 S. 4 AEUV) oder Art. 17 EUV[1322] vor.[1323]

Dies findet auch Bestätigung in der Rechtsprechung. Zur Berechtigung der Kommission, rechtsergänzende Auslegungshinweise als Leitlinien zu erlassen – hier: bezüglich der Auslegung eines im Sekundärrecht nicht weiter definierten Begriffes („ungewöhnlich starke Niederschläge") – bezog der EuGH unlängst in der Rechtssache C-301/10 Stellung. Im Kontext eines

1321 Oben V. 2. b) bb).

1322 Ebenso zur Rechtslage vor dem Vertrag von Lissabon (Art. 211 EGV und davor Art. 155 EWGV) *A. Klösters*, Kompetenzen der EG-Kommission im innerstaatlichen Vollzug von Gemeinschaftsrecht, S. 96-98). *A. Bleckmann*, RIW 1988, S. 963 (964 f.). Vgl. auch *H. Adam*, Die Mitteilungen der Kommission, S. 98, 102: Art. 211 EGV a.F. iVm *implied powers* der Kommission ist taugliche Rechtsgrundlage. Insbesondere Alternative 2 des zweiten Spiegelstrichs von Art. 211 EGV wurde als allgemeine Ermächtigung zum Empfehlungserlass angesehen. Danach konnte die Kommission nicht nur in den im Vertrag vorgesehen Gebieten (Alt. 1), sondern „soweit sie es für notwendig erachtet" Empfehlungen abgeben. Zur Rechtslage unter dem EGV auch *P. Nemitz*, in: Schwarze/Becker/Hatje/Schoo (Hrsg.), EU-Kommentar, 4. Aufl., Art. 17 EUV, Rn. 4. Ähnlich *C. Bluman*, in: Louis/Waelbroeck (Hrsg.), La Commission au coeur du système institutionnel des Communautés européennes, S. 49 (56 f.).

1323 *M. Brohm*, Die „Mitteilungen" der Kommission im Europäischen Verwaltungs- und Wirtschaftsraum, S. 127; *L. Senden*, ELJ 2013, S. 57 (63).

Vertragsverletzungsverfahrens gegen das Vereinigte Königreich wegen Verletzung von Pflichten aus einer Richtlinie[1324] stellte er fest:

> „Da im Übrigen der Begriff „ungewöhnlich starke Niederschläge" in dieser Richtlinie nicht definiert ist, ist es berechtigt, dass die Kommission im Rahmen ihrer Überwachung der Wahrung des Unionsrechts Leitlinien festlegt[…]."[1325]

Der EuGH schließt sich damit Generalanwalt *Mengozzi* an, der näher hierzu ausführt, die Zulässigkeit des Erlasses solcher informeller Administrativnormen folge aus der Aufgabe der Kommission und sei „völlig legitim", zumal die „endgültige Beurteilung dem Gerichtshof in seiner Eigenschaft als Richter über Vertragsverletzungen" zustehe, was insbesondere eine Einzelfallprüfung in jedem Fall umfasse.[1326]

Ebenso sind rechtsvorbereitende Instrumente nach diesem Ansatz nicht am Grundsatz der begrenzten Einzelermächtigung zu messen.[1327] Im seltenen Falle einer Androhung der einseitigen verbindlichen Rechtsetzung bei Nichtzustandekommen einer Einigung des Gesetzgebers (siehe oben, V. 2. b) bb) (2), am Bsp. des Art. 106 AEUV) ist also zu fragen, ob die jeweilige Rechtsgrundlage tatsächlich eine einseitige Rechtsetzung in dem angedrohten Umfang erlaubt.

Gleiches muss für lediglich informierende Instrumente gelten, die etwa die Rechtsprechung zusammenfassen;[1328] hier ist keine Ermächtigungsgrundlage erforderlich.[1329] In der Regel wird hier schon keine rechtsverbindliche Maßnahme angedroht. Sollte dies doch der Fall sein – insbesondere in Form eines Vertragsverletzungsverfahrens –, ist dies unbeachtlich, da die Einleitung eines solchen zweifellos zu den Befugnissen der Kommission gehört.

1324 Richtlinie 91/271/EWG des Rates vom 21. Mai 1991 über die Behandlung von kommunalem Abwasser, ABl. 1991, L 135, S. 40.

1325 EuGH, C-301/10, *Vereinigtes Königreich/Kommission*, Rn. 61.

1326 Schlussanträge GA *Mengozzi* zu EuGH, C-301/10, *Vereinigtes Königreich/Kommission*, Rn. 35.

1327 Beispiele vorbereitender informeller Administrativnormen oben IV. 2. b) aa).

1328 Beispiele oben IV. 2. b) dd).

1329 *I. Schübel-Pfister*, ZLR 2004, S. 403 (412).

cc) Implizite Grenzen

Das soeben Festgestellte impliziert jedoch, dass die informellen ermessensbegrenzenden Instrumente der Kommission kompetenzrechtlich nur unter der Bedingung nicht zu beanstanden sind, dass sie sich innerhalb der Befugnisse des Erlassorgans bewegen. Im Beihilfenrecht dürfen die Regelungsgegenstände ermessensstrukturierender informeller Normen also nicht über die von der Kommission in Einzelfällen verbindlich zu regelnden Bereiche hinausgehen.

Mit Blick auf die Umwelt- und Energiebeihilfeleitlinien ist dies teilweise fraglich sofern dort auch sog. handelbare Umweltzertifikate geregelt sind.[1330] Dabei handelt es sich um einen marktwirtschaftlichen Steuerungsmechanismus, bei dem eine bestimmte maximal zulässige Gesamtmenge eines Schadstoffes festgelegt wird und Emissionen dieses Stoffes an die Inhaberschaft von handelbaren Zertifikaten geknüpft ist.[1331] Von einigen Mitgliedstaaten wurde bezweifelt, dass es sich bei der Ausgabe solcher Zertifikate durch die Mitgliedstaaten um „Beihilfen aus staatlichen Mitteln" im Sinne von Art. 107 Abs. 1 AEUV handelt.[1332] Nur auf solche erstreckt sich jedoch das Beihilfenverbot. Folglich wird die Befugnis der Kommission zur verbindlichen Einzelfallregelung durch dieses Tatbestandsmerkmal begrenzt – und entsprechend auch die Befugnis zum Erlass informeller Normen zur Ermessensstrukturierung. Teilweise wird daher die Kompetenz der Kommission, Grüne Zertifikate in Beihilfeleitlinien zu regeln, verneint.[1333]

Auch die Vorgabe in den Leitlinien, Technologieneutralität zu wahren, wird als Kompetenzüberschreitung mit Blick auf Art. 194 AEUV bemängelt.[1334] Nach diesem Artikel bestimmen die Mitgliedstaaten selbst ihren Energiemix. Eine Forderung nach Technologieneutralität findet sich hier nicht. Insbesondere Belgien und Frankreich waren daher im Konsultationsverfahren der Ansicht, die Leitlinien überschritten in diesem Bereich die Regelungskompetenz der Union.[1335]

1330 Umwelt- und Energiebeihilfeleitlinien 2014-2020 (oben IV. 1. a)), ABl. 2014, C 200, S. 1 (41), Abschnitt 3.10.

1331 Am Beispiel des Emissionsrechtehandels *M. Kloepfer*, Umweltrecht, 4. Aufl., § 18, Rn. 259-266.

1332 Auch das französische Unternehmen EDF machte eine entsprechende Eingabe.

1333 *G. Dezobry*, RUE 2015, No° 588, S. 299 (305).

1334 *Ibid.*, (304).

1335 Siehe belgische Stellungnahme im Verlauf der Konsultationen zu einem Entwurf der Umwelt- und Energiebeihilfeleitlinien, HT.359 – Consultation on Community

Diese beiden Beispiele verdeutlichen das eigentliche Problem der Steuerung durch informelle Administrativnormen in kompetenzrechtlicher Hinsicht: Es geht weniger darum, ob eine informelle Regulierung generell zulässig ist, sondern darum, dass in einzelnen Bereichen eine Anmaßung von Befugnissen droht. Die Betroffenen der Normen könnten quasi „aus Gewohnheit" auch solche informellen Regelungen befolgen, denen die Kommission eigentlich keine rechtsverbindlichen Maßnahmen folgen lassen könnte, da sie nicht von ihrer Kompetenz erfasst sind. Auch die Verbindlichkeit suggerierende Wortwahl mancher Instrumente trägt hierzu bei; informelle und verbindliche Instrumente sind somit schwerer unterscheidbar.[1336] Derart „in die Irre geführt", befolgen die Betroffenen die Normen nicht mehr freiwillig und ihre faktische Wirkung gründet nicht mehr auf der Möglichkeit der rechtsverbindlichen Einzelfallregelung, weshalb die informelle Norm nicht mehr an dessen Rechtsgrundlage teilnehmen kann.[1337] Dieses Problem stellt sich auch im indirekten Vollzug bei informellen Instrumenten, die vorgeben, lediglich die Rechtsprechung des EuGH zusammenzufassen und damit rein informativ zu sein. Wird hierbei – für die Adressaten eventuell schwer erkennbar – von der reinen Darstellung der Rechtsprechung abgewichen und werden zusätzlich eigene Rechtsansichten der Kommission zur Auslegung des bestehenden Rechts eingefügt, besteht ebenso die Gefahr, dass ein falscher Anschein erweckt wird.[1338] Die Befolgung der informierenden informellen Instrumente erfolgt dann in dem Glauben, lediglich konform zur Rechtsprechung zu handeln. Auch hier überschreitet die Kommission ihre Befugnisse.[1339] Wie im Abschnitt zum Rechtsschutz noch gezeigt wird, stellt auch die Rechtsprechung bei der Fra-

---

Guidelines on State Aid for Environmental Protection, vom 14.02.2014. Deutlich ist insbesondere die französische Stellungnahme (S. 4): „Le projet de lignes directrices fait des choix radicaux qui impactent fortement la politique énergétique et qui vont au-delà des compétences de la Commission." Die Dokumente sind abrufbar unter: https://ec.europa.eu/competition/consultations/2013_state_aid_environment/index_en.html.

1336 *L. Senden*, UtrechtLR 2005, S. 79 (94).

1337 Bezogen auf informellen verwaltungsaktähnliche Instrumente im deutschen Verwaltungsrecht *M. Schramm*, Einseitiges informelles Verwaltungshandeln im Regulierungsrecht, S. 170 f.

1338 Köster spricht sogar von einer „Instrumentalisierung der Entscheidungen des Gerichtshofs", vgl. *B. Köster*, ZfBR 2007, S. 127 (129).

1339 Ähnlich *L. Senden*, UtrechtLR 2005, S. 79 (93), die dies als Aspekt des institutionellen Gleichgewichts sieht.

ge der Klagegegenstandstauglichkeit informeller Instrumente im Rahmen der Nichtigkeitsklage auf den Anschein ab, den sie erwecken.[1340]

Diesem Problem kann nur durch eine genaue Prüfung des Inhalts informeller Normen im Einzelfall und einem Abgleich mit den Befugnissen des Erlassorgans begegnet werden.

b) Anforderungen aus dem Demokratieprinzip

Kompetenzrechtliche Grenzen des Erlasses informeller Handlungsformen könnten sich aus dem Demokratieprinzip ergeben. Im Zuge der Vertragsreformen wurden demokratische Grundsätze schrittweise gestärkt.[1341] Durch den Vertrag von Lissabon wurde mit Art. 10 EUV der Grundsatz der repräsentativen Demokratie normativ verankert. Danach sind die Bürger der EU im Europäischen Parlament vertreten, welches neben dem Rat als Gesetzgeber agiert, Art. 14 Abs. 1 S. 1 und Art. 16 Abs. 1 S. 1 EUV. Die Rolle des Europäischen Parlaments wurde zuletzt dadurch gestärkt, dass es in immer mehr Bereichen gleichrangig neben dem Rat über das Zustandekommen von Sekundärrecht entscheiden kann; das ordentliche Gesetzgebungsverfahren ist nun der Regelfall.[1342]

Dieser gesteigerten Bedeutung des Demokratieprinzips entspricht auch die Einführung der Art. 290 und 291 AEUV, die Anforderungen an die Übertragung von Regelungsbefugnissen auf die Kommission bestimmen. Nach Art. 290 AEUV muss der Befugnis übertragende Gesetzgebungsakt die Ziele, den Inhalt, den Geltungsbereich und die Dauer der Befugnisübertragung festlegen. Zum anderen darf nicht die Befugnis zur Regelung „wesentlicher Aspekte“ eines Bereichs übertragen werden. Die Rechtsetzungsverantwortung des Gesetzgebers wird somit betont und stärker als noch vor dem Vertag von Lissabon auf die demokratische Legitimation abgestellt.[1343] Was die Folgen hieraus für informelle Administrativnormen angeht, ist zu differenzieren zwischen den verschiedenen Vollzugsverhältnissen, in denen sie erlassen werden.[1344]

1340 Unten VIII. 1. d) bb).

1341 *T. Raunio*, The European Parliament, in: Jones/Menon/Weatherhill (Hrsg.), The Oxford Handbook of the European Union, S. 365 ff.

1342 *P. Craig/G. de Búrca*, EU Law. Text, Cases, and Materials, 7. Aufl., S. 83 f.

1343 *W. Weiß*, EWS 2010, S. 257 (259); *W. Weiß*, JECLP 2011, S. 441 (446).

1344 Allgemein dazu *C. Haselmann*, Delegation und Durchführung gemäß Art. 290 und 291 AEUV, S. 243: Der regulative Querstand, der zwischen den *de facto* erheb-

aa) Unionsunmittelbarer Vollzug

Im unionsunmittelbaren Vollzug steht nach *Weiß* die umfangreiche Regelung von Aspekten des Wettbewerbsrechts durch informelle Instrumente wie die Kronzeugenmitteilung[1345] mit den nunmehr gesteigerten Anforderungen an die Befugnisübertragung auf die Kommission nach den Art. 290 f. AEUV im Widerspruch, da die zugrundeliegende Verordnung[1346] keine derartige Befugnisübertragung vorsehe und die verschiedenen informellen Instrumente darüber hinaus „wesentliche Aspekte" im Sinne von Art. 290 Abs. 1 UAbs. 2 S. 2 AEUV regeln würden.[1347] Derartige ermessensstrukturierende informelle Instrumente seien daher als delegierte Rechtsakte unter Beachtung der Anforderungen des Art. 290 AEUV zu erlassen. Da dies offensichtlich nicht geschehen ist, seien die Mitteilungen rechtswidrig. Des Weiteren spreche auch der Umstand, dass Art. 211 EGV a.F. gestrichen wurde, für den Wunsch der Vertragsgeber nach einer Beschränkung der Leitlinientätigkeit Kommission.[1348] Dieser enthielt die pauschale Ermächtigung der Kommission, „für die Anwendung dieses Vertrags [...] Sorge zu tragen" und Empfehlungen und Stellungnahmen abzugeben, „soweit sie es für notwendig erachtet", was verbreitet als Rechtsgrundlage für den Erlass sonstiger informeller Administrativnormen angesehen wurde.[1349]

In diesem Zusammenhang fällt auch die Beihilfenverfahrens-VO[1350] auf – ein seltener Fall sekundärrechtlicher Normierung informeller Instrumente der Kommission. Nach Art. 27 der Beihilfeverfahrens-VO darf die Kom-

---

liche Wirkungen zeitigenden informellen Administrativnormen und den Befugnissen der Kommission bestand, wurde durch die Einführung der Art. 290 f. AEUV noch verstärkt.

1345 Mitteilung der Kommission über den Erlass und die Ermäßigung von Geldbußen in Kartellsachen, ABl. 2006, C 298, S. 17.

1346 Verordnung (EG) Nr. 1/2003 des Rates vom 16. Dezember 2002 zur Durchführung der in den Artikeln 81 und 82 des Vertrags niedergelegten Wettbewerbsregeln, ABl. 2003, L 1, S. 1.

1347 *W. Weiß*, EWS 2010, S. 257 (260); *W. Weiß*, JECLP 2011, S. 441 (450).

1348 *W. Weiß*, EWS 2010, S. 257 (259 ff.). Eine andere Ansicht vertritt *M. Knauff*, Legitimität und Legitimation des europäischen Soft Law, in: Iliopoulos-Strangas/Flauss (Hrsg.), Das Soft Law der europäischen Organisationen, S. 373 (397), nach dem sich Grenzen der Leitlinientätigkeit nur aus dem Grundsatz des institutionellen Gleichgewichts ergeben können.

1349 Sie oben Fn. 1322.

1350 Verordnung (EG) Nr. 659/1999 des Rates vom 22. März 1999 über besondere Vorschriften für die Anwendung von Artikel 93 des EG-Vertrags, ABl. 1999, L 83, S. 1.

mission „Durchführungsvorschriften“[1351] u.a. zu Form, Inhalt und anderen Einzelheiten der Anmeldung von neuen Beihilfen nach Art. 108 Abs. 3 AEUV erlassen. Hierfür ist ein ebenfalls in der VO geregeltes Verfahren vorgesehen, das z.B. Anhörungsrechte der Mitgliedstaaten vor Erlass und Änderung solcher Durchführungsvorschriften vorschreibt.[1352]

In ihrer ursprünglichen Version aus dem Jahr 1999 wirkt die Bezeichnung als „Durchführungsvorschrift“ konsequent, sprach doch auch der EG-Vertrag zum damaligen Zeitpunkt in Art. 202 UAbs. 3 und Art. 211 UAbs. 4 von der Übertragung der Befugnis zur Durchführung der vom Rat erlassenen Vorschriften. In ihrer überarbeiteten aktuellen Version aus dem Jahr 2015[1353] wurde diese Terminologie beibehalten. Dies verwundert, da nach den Änderungen durch den Vertrag von Lissabon nunmehr in Art. 290 AEUV diese Art der delegierten Rechtsetzung ausdrücklich normiert ist. Ein Kritikpunkt der untergesetzlichen Normsetzung vor dem Vertrag von Lissabon bestand darin, dass die Frage ihrer Zulässigkeit und ihrer Grenzen ausschließlich durch das Sekundärrecht und nur von Fall zu Fall entschieden wurde, was zulasten der Transparenz und Systematik der europarechtlichen Verwaltungsstruktur ging.[1354] Es hätte daher nahegelegen, für die Delegation von Rechtsetzungsbefugnissen auf Art. 290 AEUV Bezug zu nehmen. Für eine Regelung neben dieser Vertragsvorschrift ist nach teilweise vertretener Auffassung daher kein Raum mehr.[1355] Andersfalls würden die Voraussetzungen umgangen, die die Verträge an die Normsetzung nach diesen Vorschriften stellen.[1356]

1351 Englisch: *implementing provisions*; Französisch: *dispositions d'application*. Dazu auch *T. Groß*, DÖV 2004, S. 20 (22).

1352 Näher *C. Nowak/C. Sulsarek*, in: Birnstiel/Bungenberg/Heinrich (Hrsg.), Europäisches Beihilfenrecht, S. 1112 ff.

1353 Verordnung 2015/1589 des Rates vom 13. Juli 2015 über besondere Vorschriften für die Anwendung von Artikel 108 des Vertrags über die Arbeitsweise der Europäischen Union (kodifizierter Text), ABl. 2015, L 248, S. 9.

1354 *C. Möllers*, Tertiäre exekutive Rechtsetzung im Europarecht, in: Schmidt-Aßmann/Schöndorf-Haubold (Hrsg.), Der Europäische Verwaltungsverbund, 2005, S. 293 (317); zu den Vorteilen einer primärrechtlichen Vereinheitlichung der Vollzugsprogrammierung durch Tertiärrecht auch *T. Groß*, DÖV 2004, S. 20 (26).

1355 In diese Richtung *M. Möstl*, DVBl 2011, S. 1076 (1082); *W. Weiß*, EWS 2010, S. 257 ff.; *C. Nowak/C. Sulsarek*, in: Birnstiel/Bungenberg/Heinrich (Hrsg.), Europäisches Beihilfenrecht, S. 1114, Rn. 821..

1356 Siehe auch *B. Biervert*, Der Mißbrauch von Handlungsformen im Gemeinschaftsrecht, S. 74 ff.; 90 ff., nach dem ein Formenmissbrauch vorliegt, wenn die Zuordnung in Art. 288 AEUV einer Rechtsform zu einem bestimmten Zweck (etwa Rechtsangleichung für Richtlinien) nicht beachtet wird. Dies sei etwa der Fall,

Richtigerweise ist jedoch Art. 288 AEUV – oder einer anderen Norm, die bestimmte Handlungsformen vorsieht – keine Sperrwirkung für informelle Instrumente zu entnehmen. Die normierten Handlungsformen bezwecken keine Unterbindung dort nicht genannter unverbindlicher Rechtsakte.[1357] Ebenso wenig wie Art. 288 AEUV einen abschließenden Handlungsformenkatalog allgemein enthält, bedeutet im Speziellen die Nennung zweier unverbindlicher Instrumente in Abs. 5 (Empfehlungen und Stellungnahmen) die Beschränkung auf diese.

Zudem ist, wie erläutert, das Abstellen auf die Vollzugsbefugnisse des Erlassorgans der sinnvollere Weg um der Umgehungsgefahr zu begegnen. Auch die EuGH-Rechtsprechung sieht die Ermessensstrukturierung im Beihilfenrecht zudem von der Befugnis zur verbindlichen Regelung von Einzelfällen als mitumfasst an;[1358] die „Leitlinientätigkeit“ nimmt insoweit an den Aufgabenzuweisungsnormen des Primär- und Sekundärrechts Teil. Auch ist es dem Gesetzgeber nicht verwehrt, weiterhin Handlungsformen und deren Erlassverfahren zu regeln, obwohl die Verträge nunmehr für ähnliche Instrumente eine andere Regelung treffen.

bb) Keine drohende „Entrechtlichung“ der Beihilfenpraxis

Ein anderer Vorschlag, der ebenfalls im Demokratieprinzip wurzelt, wurde von *Ludwigs* formuliert. Er sieht insbesondere im Bereich der Beihilfenaufsicht eine voranschreitende „Entrechtlichung“ durch die Praxis der Kommission, die Fördersysteme der Mitgliedstaaten für erneuerbare Energien durch informelle Verhandlungen im Vorfeld des Erlasses zu beeinflussen.[1359] Darunter wird die Zunahme von rechtlich unverbindlichen gegenüber verbindlichen Instrumenten verstanden. Dies sei möglich durch die

---

wenn ein aytpisches Instrument dieselben Funktionen wahrnehme wie eine normierte Handlungsform. Siehe auch *J. Glöckner*, in: Hilty/Henning-Bodewig (Hrsg.), Corporate Social Responsibility. Verbindliche Standards des Wettbewerbsrechts?, S. 127 (132 f.); Vgl. bereits zuvor *ders.*, wiedergegeben in *F. Henning-Bodewig/D. Liebenau*, GRUR Int 2013, S. 753 (755). Nach Glöckner gehen die „Schutzwirkungen des Gesetzesvorbehalts“ verloren, wenn Kommissionsmitteilungen als Regelungsalternativen eingesetzt werden.

1357 *C. Bumke*, Rechtsetzung in der Europäischen Gemeinschaft, in: Schuppert/Pernice/Haltern (Hrsg.), Europawissenschaft, S. 643 (662).

1358 Oben VI. 1. a) bb).

1359 *M. Ludwigs*, EuZW 2017, S. 41 (42).

oben bereits angesprochene herausgehobene Position der Kommission im Wettbewerbs- und Beihilfenrecht. Die Möglichkeit quasi-gesetzgeberisch durch informelle Instrumente tätig zu werden verdeutliche das Übergewicht exekutiver Macht in diesem Bereich. Es komme somit zu Legitimationsdefiziten, da die Kommissiontätigkeit zum einen nicht adäquat durch die Unionsgerichte überprüft würden und zum anderen auch nicht durch den Unionsgesetzgeber beschränkt werden können. Dies sei der Fall, da eine sekundärrechtliche Beschränkung der Kommissionstätigkeit aufgrund der Normenhierarchie nicht möglich sei: Da die beihilferechtliche Entscheidungspraxis der Kommission im Rang von Primärrecht stehe, sei sie „gegen eine legislative Umprogrammierung immunisiert".[1360] Eine Möglichkeit, diese zu beheben, könne in einer Berücksichtigungspflicht sekundärrechtlicher Vorgaben durch die Kommission liegen. Eine solche könne vom EuGH unter Berufung auf das Demokratieprinzip formuliert werden, mit der Konsequenz, dass die Kommission zukünftig bei der Ausübung ihres weiten Ermessens in Beihilfesachen Vorgaben des (demokratisch legitimierten) Gesetzgebers berücksichtigen müsse.[1361]

Dieser Vorschlag ist jedoch kritikwürdig mit Blick auf seine Prämisse: Zwar ist die Kommission nach Art. 108 AEUV für die Beihilfenaufsicht zuständig. In der gegenwärtigen Praxis kann jedoch bereits das Ermessen der Kommission in Beihilfeentscheidungen gerichtlich überprüft werden, was auch regelmäßig geschieht.[1362] Dass für die informellen Administrativnormen etwas anderes gelten sollte ist nicht ersichtlich, zumal sie häufig die bisherige Kommissionspraxis zusammenfassen. Es scheint vielmehr so, als haben Rat (und Parlament) bislang kein Bedürfnis nach einer Reform der Kompetenzen im Wettbewerbs- und Beihilfenrecht gesehen; andernfalls hätten sie bereits entsprechende Änderungen vorgenommen.[1363]

Zudem dürfen die informellen Administrativnormen nach ständiger Rechtsprechung nicht gegen geltendes Recht verstoßen. Das Problem ist vielmehr, dass die Verträge kaum materiell-rechtliche Vorgaben zur Anwendung des Beihilfenrechts enthalten, sondern stattdessen mit äußerst weit gefassten Tatbestandsmerkmalen arbeiten.[1364] Es ist daher nicht ersichtlich, was einer sekundärrechtlichen Ausgestaltung der Tatbestandsmerkmale

---

1360 *Ibid.*, (42).
1361 *M. Ludwigs*, EuZW 2017, S. 41 (42).
1362 *J. Laitenberger/T. Lieflaender*, EuZW 2017, S. 281 (283).
1363 *Ibid.*, (283).
1364 Oben III. 1. a).

durch die Mitgliedstaaten im Weg stehen sollte. Gäbe es konkrete Vorgaben des Gesetzgebers in Form von Richtlinien oder Verordnungen, wären diese, da in der Normenhierarchie freilich über den Mitteilungen stehend,[1365] verbindliche Regeln, von denen die Kommissionsmitteilungen nicht abweichen dürften. Zudem scheint die starke Position der Kommission durchaus angemessen im Bereich der Wettbewerbsaufsicht.[1366] In Art. 108 Abs. 2 UAbs. 3 AEUV ist darüber hinaus als Korrektiv für diese starke Position der Kommission vorgesehen, dass die Mitgliedstaaten sich unter bestimmten Umständen über einen verbindlichen Kommissionsbeschluss über die Beihilfenrechtswidrigkeit einer mitgliedstaatlichen Maßnahme hinwegsetzen können.[1367] Dies spricht dafür, dass sich die Vertragsgeber durchaus des großen Einflusses der Kommission bewusst gewesen sind.

cc) Indirekter Vollzug

Anders sind die Auswirkungen der Neuregelung der Komitologie im indirekten Vollzug zu bewerten. Art. 290 AEUV entspricht im Wesentlich dem Regelungsverfahren mit Kontrolle nach Art. 5 lit. a des Komitologiebeschlusses.[1368] In diesen Vorschriften finden sich Vorgaben für die Rechtsetzungstätigkeit durch die Kommission, die in begrenztem Umfang Details zu den im Basisrechtsakt enthaltenen Vorschriften verbindlich regeln darf.

Wie gesehen, sind informelle Administrativnormen mitunter funktionale Äquivalente solcher Regelungen. Deutlich wird dies mit Blick auf das Zertifizierungsverfahren für Übertagungsnetzbetreiber nach den Art. 10 der Gasbinnenmarkt-RL iVm Art. 3 der der Gasfernleitungs-VO des Dritten Binnenmarktpaktes: Zur näheren Ausgestaltung des Zertifizierungsverfahrens (genauer: der Zusammenarbeit von mitgliedstaatlichen Behörden und Kommission) bestimmt Art. 3 Abs. 5 der Gasfernleitungs-VO, dass die Kommission Leitlinien im Rahmen des Komitologieverfahrens (Regelungsverfahren mit Kontrolle) erlassen kann. Statt dies zu tun, veröffentlichte

---

1365 Unabhängig davon, ob man sie überhaupt innerhalb des Normenkanons einordnet. Vgl. dazu *H.C.H. Hofmann*, Normenhierarchien im europäischen Gemeinschaftsrecht, S. 216 f., der die Mitteilungen auf der Tertiärebene des Unionsrechts verortet.

1366 *J. Laitenberger/T. Lieflaender*, EuZW 2017, S. 281 ff.

1367 *J. Gundel*, RdE 2016, 234 (235).

1368 *W. Weiß*, in: Baur/Salje/Schmidt-Preuß (Hrsg.), Regulierung in der Energiewirtschaft, 2. Aufl., Kap. 12, Rn. 6.

die Kommission jedoch einseitig ein unverbindliches Commission Staff Working Paper zur Zertifizierung.[1369] Es lieg daher nahe, dass die Kommission das formell geregelte Verfahren – bei dem mitgliedstaatliche Vertreter im Regelungsausschuss mitwirken und welches wesentlich länger dauert als der einseitige Erlass – umgehen wollte. In diesen Fällen, wenn also bereits ein Sekundärrechtsakt die nähere Konkretisierung eines Regelungsbereich durch das Komitologieverfahren regelt, scheint die Regelung mittels informeller Administrativnormen rechtsmissbräuchlich. Allerdings ist hier jeweils in Einzelfall genau zu prüfen, ob das sekundärrechtlich bestimmte Verfahren tatsächlich umgangen werden soll, oder ob das Erlassorgan legitimerweise seine Aufgabe der Klärung von Rechtsunsicherheiten wahrnimmt. Dies kann nur anhand von Indizien ermittelt werden.

2. Institutionelles Gleichgewicht und innerinstitutionelle Aufgabenverteilung

Die zweite Dimension der Kompetenzfrage betrifft die Beziehungen zwischen den Unionsorganen (Art. 13 Abs. 2 EUV).[1370] Auch aus der in den Verträgen vorgesehenen Aufgabenverteilung zwischen den Organen können sich Grenzen für die Verwendung unverbindlicher Instrumente ergeben.

a) Der Grundsatz des institutionellen Gleichgewichts

Der Grundsatz des institutionellen Gleichgewichts wurde ursprünglich vom EuGH entwickelt und findet auch aktuell noch keine explizite Erwähnung in den Verträgen.[1371] Gleichwohl gibt Art. 13 Abs. 1 und 2 EUV nunmehr den „institutionellen Rahmen“ der Union vor und bestimmt, dass die Organe nur die vertraglich festgelegten Befugnisse wahrnehmen und nach

---

1369 Commission Staff Working Paper on certification of Transmission System Operators of networks for electricity and natural gas in the European Union, SEC(2011) 1095 vom 21.09.2011.

1370 Für die Rechtslage vor dem Vertrag von Lissabon *L. Senden*, UtrechtLR 2005, S. 79 (84).

1371 Umstritten – aber für die hiesige Untersuchung nicht relevant – ist, ob es sich beim institutionellen Gleichgewicht um ein Verfassungsprinzip handelt oder lediglich eine Zustandsbeschreibung, vgl. hierzu *C. Nowak*, in: Frankfurter Kommentar Bd. I, Art. 13 EUV, Rn. 18.

den vorgegebenen Verfahren handeln. Der EuGH stellte in der Rechtssache *Meroni* klar, dass die in den Verträgen festgelegten Zuständigkeiten der Organe eingehalten werden müssen und das institutionelle Gleichgewicht[1372] nicht ohne weiteres durch Übertragung von Befugnissen auf vertragsfremde Stellen gestört werden darf.[1373] Das institutionelle Gleichgewicht soll als Ausdruck des demokratischen Prinzips die Teilhabe und Kontrolle der EU durch ihre Bürger gewährleisten, indem hoheitliche Befugnisse nur von den vorgesehenen Organen und in den Verfahren ausgeübt werden, die in den Verträgen niedergelegt sind.[1374] Insbesondere müssen die vertraglich vorgesehenen Beteiligungsverfahren der Organe, etwa in Form der Anhörung, eingehalten werden.[1375] Der Grundsatz gebietet, dass die Organe ihre Befugnisse mit Rücksicht auf die Befugnisse der anderen Organe ausüben und dass Verstöße geahndet werden können.[1376] Er dient damit auch der Sicherung der demokratischen Legitimität hoheitlicher Macht[1377] und erfüllt die Funktion des Ausgleichs der durch die Unionsorgane vertretenen Interessen.[1378]

Zudem soll eine Ansammlung von zu vielen Befugnissen in einem Organ verhindert werden, ähnlich dem Gewaltenteilungsgrundsatz im staatlichen Kontext.[1379] Mit Blick auf die Gesetzgebung stellte der EuGH klar, dass zwar nicht alle Einzelheiten, aber jedenfalls die „wesentliche[n] Grundzüge" einer zu regelnden Materie vom Gesetzgeber festgelegt werden müssen.[1380]

1372 Der in dieser Entscheidung verwendete Begriff des „Gleichgewichts der Gewalten" wurde später ohne Begründung durch den Begriff des „institutionellen Gleichgewichts" ersetzt, vgl. *K. Michel*, Institutionelles Gleichgewicht und EU-Agenturen, S. 74.

1373 EuGH, Rs. 9/56, *Meroni/Hohe Behörde*, Slg. 1958, S. 11 (44), wonach das „Gleichgewicht der Gewalten eine grundlegende Garantie darstellt".

1374 EuGH, Rs. 138/79, *Roquette Frères*, Rn. 33.

1375 EuGH, Rs. 139/79, *Maizena/Rat*, Rn. 34 f.

1376 EuGH, Rs. C-70/88, *Parlament/Rat*, Rn. 22. Entsprechend wird das in Art. 13 Abs. 2 S. 1 AEUV normierte Prinzip auch als Prinzip der begrenzten *organschaftlichen* Einzelermächtigung bezeichnet, vgl. *K. Michel*, Institutionelles Gleichgewicht und EU-Agenturen, S. 58.

1377 *U. Di Fabio*, JZ 2000, S. 737 (742); *M. Nettesheim*, in: Grabitz/Hilf/Nettesheim, Das Recht der Europäischen Union, 73. EL, Art. 13 EUV, Rn. 31 f.

1378 *C. Calliess*, in: Calliess/Ruffert (Hrsg.), EUV/AEUV, 5. Aufl., Art. 13 EUV, Rn. 9; *R. Streinz*, in: Streinz (Hrsg.), EUV/AEUV, 3. Aufl., Art. 13 EUV, Rn. 22.

1379 *L. Senden*, UtrechtLR 2005, S. 79 (85).

1380 EuGH, Rs. 25/70, *Köster*, Rn. 6.

b) Bedenken hinsichtlich informeller Administrativnormen

Sehen die Verträge das Zusammenwirken des Europäischen Parlamentes und des Rates zur Normsetzung wie etwa Verordnungen und Richtlinien vor, kann der einseitige Erlass von funktionell äquivalenten informellen Instrumenten dieses Zusammenwirken stören und insbesondere den Rat und das Europäische Parlament in ihren Befugnissen beschneiden:[1381] Wenn etwa eine Kommissionsmitteilung in ähnlicher Wiese wirkt wie eine Verordnung, wird die Kommission keinen Anlass sehen eine solche vorzuschlagen; der Regelungsbedarf ist bereits gedeckt. Der einseitige Mitteilungserlass führt dann dazu, dass durch die *de facto*-Gesetzgebung eine Beteiligung des Rates und des Parlaments im Gesetzgebungsverfahren ausgeschlossen wird, da es zu einem solchen gar nicht erst kommt.

Die Besorgnis bezüglich einer möglichen Umgehung von Verfahrensvorschriften durch in den Verträgen nicht vorgesehene Instrumente mit negativen Auswirkungen auf die Beteiligungsrechte der anderen Organe wurde schon 1969 vom Europäischen Parlament geäußert. Bezüglich ungeregelter Akte des Rates heißt es in einer Entschließung:

> „10. [das Europäische Parlament] äußert seine Beunruhigung angesichts einer institutionellen Entwicklung, die darin besteht, daß der Rat nach Verfahren, die nicht in den Verträgen vorgesehen sind, wichtige politische Grundsätze, Programme oder Richtlinien beschließt, die dann automatisch in bindende Rechtsakte umgewandelt werden; insbesondere ist bei diesen Verfahren das Initiativrecht der Kommission und das Recht des Parlaments auf Anhörung nur formell, nicht aber in allen Fällen auch materiell gewährleistet“[1382]

Dem kann auch nicht pauschal mit dem Hinweis auf die rechtliche Unverbindlichkeit entgegnet werden. Sie führt laut EuGH nicht automatisch dazu, dass eine Rechtsgrundlage für ihren Erlass nicht erforderlich ist, denn auch durch informelle Instrumente kann der vertraglich vorgesehene politische Entscheidungsprozess umgangen werden, was eine Beeinträchtigung des institutionellen Gleichgewichts mit sich bringen kann:

1381 *I. Härtel*, Handbuch Europäische Rechtsetzung, § 13, Rn. 31; *M. Knauff*, Der Regelungsverbund, S. 343.

1382 Entschließung über die Rechtsakte der Gesamtheit der Mitgliedstaaten der Gemeinschaft und die in den Verträgen nicht vorgesehenen Rechtsakte des Rates, enthalten in Protokoll der Sitzung vom 08.05.1969, ABl. 1969, C 63, S. 18. Dazu auch *S. Leclerc*, CDE 1998, S. 161 (162).

„Jedoch kann das vorliegende Urteil nicht so ausgelegt werden, als folge es dem Vorbringen der Kommission, wonach der Umstand, dass einem Akt wie den Leitlinien die bindende Wirkung fehle, ausreiche, diesem Organ die Zuständigkeit zu seiner Billigung zu verleihen. Da es sich im vorliegenden Fall um einen Akt handelt, mit dem die Gefahr von Spannungen verringert werden soll, die mit dem Vorhandensein technischer Hemmnisse für den Warenhandel verknüpft sind, müssen nämlich für die Festlegung der Bedingungen, unter denen die Billigung eines solchen Aktes erfolgen kann, die Zuständigkeitsverteilung und das institutionelle Gleichgewicht, die durch den Vertrag auf dem Gebiet der gemeinsamen Handelspolitik festgelegt worden sind, angemessen berücksichtigt werden."[1383]

In ähnlicher Weise formulierte das Europäische Parlament im Jahr 2007 seine Bedenken gegen „Soft Law".[1384] Dieses sei grundsätzlich kein geeignetes Instrument in der EU. Im Völkerrecht erfülle es traditionell die Funktion der Ermöglichung von (weichen) Regeln unter Staaten, die sich nicht auf verbindliche Regelungen einigen können. Hingegen sei der institutionelle Rahmen der EU anders, da hier demokratisch legitimierte Organe zur Rechtsetzung berufen seien, was nicht durch „Soft Law" umgangen werden dürfe.[1385] Zudem werde nur ein Verzicht auf „Soft Law" der beson-

1383 EuGH, Rs. C-233/02, *Frankreich/Kommission*, Rn. 40. Ähnlich auch schon Schlussanträge GA *Dutheillet de Lamothe* zu EuGH, Rs. 22/70, *AETR*, Slg. 1971, S. 291, in denen auf die Gefahr der Umgehung der im Vertrag vorgesehenen Verfahren und Zuständigkeiten durch informelle Handlungsformen (in diesem Fall des Rates) hingewiesen wurde. Siehe auch Schlussanträge GA *Bobek* zu EuGH, Rs. C-16/16, *Belgien/Kommission*, Rn. 93.

1384 Bereits zuvor bekundete das Parlament in einer Erklärung, die einer interinstitutionellen Vereinbarung zur redaktionellen Qualität von Rechtsakten beigefügt war, dass „die Organe und/oder die Mitgliedstaaten [...] keine auslegenden Erklärungen annehmen dürfen" zu Rechtsakten, da diese aus sich heraus verständlich sein müssen. Auslegende Erklärungen seien daher generell mit dem Gemeinschaftsrecht unvereinbar, vgl. interinstitutionelle Vereinbarung „Gemeinsamer Leitlinien für die redaktionelle Qualität der gemeinschaftlichen Rechtsvorschriften", ABl. 1999, C 73, S. 1 (4). Letzterem widersprach hingegen der Rat, der seinerseits eine Erklärung zu der Vereinbarung hinzufügte, *Ibid.*

1385 Bezüglich der OMK hat auch die Kommission die Gefahren, die für das institutionelle Gleichgewicht ausgehen durchaus erkannt. Daher spricht sie von einer nur ergänzenden Funktion der OMK, vgl. Europäische Kommission, Europäisches Regieren – Ein Weißbuch, KOM(2001) 428 endg., S. 28 f.

deren Rechtsnatur der EU gerecht.[1386] Das Parlament geht daher von einer Sperrwirkung dahingehen aus, dass in den Bereichen, in denen die Gesetzgebungsorgane einen Rechtsetzungsauftrag haben, der Erlass von „Soft Law" untersagt sei.[1387] Legitim ist nach Ansicht des Parlament nur solches „Soft Law", das entweder vertraglich vorgesehen ist (sofern dadurch Gesetzgebung nicht umgangen werden soll), das in Form von rechtsvorbereitenden Weiß- oder Grünbüchern ergeht oder die ermessensstrukturierenden Instrumente der Kommission im Wettbewerbs- und Beihilfenrecht.[1388] Alle weiteren informellen Normen, insbesondere rechtsergänzende Instrumente in Form von Auslegungshilfen seien hingegen unzulässig und würden die Rechtssicherheit gefährden. Auslegungsmitteilungen der Kommission sollen daher nur auf Anweisung der Legislative ausgearbeitet und veröffentlicht werden dürfen.[1389]

Diese Forderungen haben nur wenige Folgen nach sich gezogen. Art. 296 Abs. 3 AEUV trifft nun die Bestimmung, dass das Parlament und der Rat keine Rechtsakte annehmen, „die gemäß dem für den betreffenden Bereich geltenden Gesetzgebungsverfahren nicht vorgesehen sind", wenn für den betreffenden Bereich ein Gesetzgebungsverfahren anhängig ist,[1390] was auch „Soft Law" erfasst.[1391] Im Übrigen enthalten die Verträge keine Einschränkungen für informelle Handlungen. Jedoch wurden einige der Forderungen in einer interinstitutionellen Vereinbarung festgehalten.[1392]

Bei der Beantwortung der Frage, ob die soeben genannten Bedenken berechtigt sind, ist eine Differenzierung geboten hinsichtlich des Vollzugsverhältnisses, in dem informelle Administrativnormen wirken.

1386 European Parliament resolution of 4 September 2007 on institutional and legal implications of the use of "soft law" instruments (2007/2028(INI)), insb. Punkte H bis J.

1387 *Ibid.*, insbesondere Punkt K.

1388 *Ibid.*, Punkt L.

1389 *Ibid.*, Punkt AA. 11; ansonsten soll ihnen keine "norm-setting effectiveness" gegeben werden (Punkt M).

1390 Vgl. zur entsprechenden Regelung im Verfassungsvertrag *K. Lenaerts/ P. van Nuffel*, CDE 2005, S. 13 (84).

1391 Vgl. *J. Schwarze*, EuR 2011, S. 4 (14).

1392 Siehe unten VII. 1. a) bb) (2).

c) Unionsunmittelbarer Vollzug

Wie im Rahmen des Grundsatzes der begrenzten Einzelermächtigung erläutert[1393], kommt es auch hier für die Frage nach kompetenziellen Grenzen informeller Normsetzung maßgeblich auf die Befugnisse des Erlassorgans an. Im unmittelbaren Vollzug im Wettbewerbs- und Beihilfenrecht sind solche Instrumente nicht zu beanstanden, die die Befugnis der Kommission zur verbindlichen Einzelfallregelung vorstrukturieren; sie sind sogar geeignet, die Rechtssicherheit für die betroffenen Akteure zu erhöhen. Die Verträge sehen hier eine weitreichende Aufgabenzuteilung an die Kommission vor.

Auch mit Blick auf den Grundsatz des institutionellen Gleichgewichts sind die Grenzen informeller Administrativnormen jedoch durch den Umfang der Befugnisse des Erlassorgans bestimmt.[1394] Sofern die Kommission durch Leitlinien und Bekanntmachungen wesentliche Aspekte ihrer Einzelfallprüfung ändert, berührt dies ihre vertraglich festgelegten Aufgaben und greift zugleich in die Aufgaben der anderen Organe ein. Eine Beeinträchtigung des institutionellen Gleichgewichts liegt dann vor, da eine derartige Änderung dem Gesetzgeber vorbehalten ist; die Kommission wird dann selbst legislativ tätig.[1395] Gerade im Beihilfenrecht wird der häufige Einsatz des Instruments der Leitlinien kritisiert, da die Kommission sich nach einigen Literaturstimmen hierdurch *de facto* zum Gesetzgeber mache, was einen Eingriff in demokratische Grundsätze darstelle.[1396]

1393 Oben VI. 1. a) bb).

1394 *G. Pampel*, Rechtsnatur und Rechtswirkungen horizontaler und vertikaler Leitlinien im reformierten europäischen Wettbewerbsrecht, S. 123.

1395 *G. della Cananea*, Administration by Guidelines: The Policy Guidelines of the Commission in the Field of State Aid, in: Harden (Hrsg.), State Aid: Community Law and Policy, S. 61 (71); *D. Walzel*, Bindungswirkungen ungeregelter Vollzugsinstrumente der EU-Kommission, S. 173; *G. Pampel*, Rechtsnatur und Rechtswirkungen horizontaler und vertikaler Leitlinien im reformierten europäischen Wettbewerbsrecht, S. 115. Ohne dies explizit als Verstoß gegen das institutionelle Gleichgewicht zu bezeichnen, geht der EuGH davon aus, dass etwa Ausnahmeregelungen zu den Art. 107 und 108 AEUV in Beihilfekodizes unzulässig sind, vgl. EuGH, Rs. 310/85, *Deufil*, Rn. 22.

1396 Ähnlich zur Praxis unter Art. 102 AEUV *U. Immenga*, EuZW 2006, S. 481; dagegen *J. Gundel*, RdE 2016, 234 (235).

Dies wird zum Beispiel bejaht für die Mitteilung der Kommission über *de minimis*-Beihilfen.[1397] Hierin war eine Mindestgrenze für Beihilfen festgelegt, deren Unterschreitung dazu führte, dass die Kommission die Beihilfe per se als nicht beachtlich ansah und daher auch nicht im Einzelfall auf die Vereinbarkeit mit dem Beihilfenrecht überprüfte. In diesem Fall habe eine unzulässige gesetzgeberische Handlung der Kommission und somit eine Beeinträchtigung des institutionellen Gleichgewichts vorgelegen.[1398] Auch wenn die Kommission bei der Wahrnehmung ihrer vertraglichen Aufgaben zusätzliche, in den Verträgen oder im Sekundärrecht nicht genannte Kriterien anwendet, könne eine Beeinträchtigung des institutionellen Gleichgewichts vorliegen. Dann wende die Kommission nämlich nicht mehr lediglich die Wettbewerbsregeln an, sondern maße sich gesetzgeberische Befugnisse an.[1399]

Hierbei handelt es sich jedoch um seltene Ausnahmefälle. Eine Beeinträchtigung des institutionellen Gleichgewichts ist im Allgemeinen durch die informellen Instrumente der Kommission im unionsunmittelbaren Vollzug nicht gegeben. Der letztgenannte Fall der Hinzufügung von in den Verträgen nicht genannten Kriterien bei der Anwendung der Wettbewerbs- und Beihilfenvorschriften wird in der Praxis nur schwer feststellbar sein, da die vertraglichen Vorgaben sehr weitgefasst sind.

Die Vorstrukturierung der Einzelfallentscheidungen stellt laut EuGH keine unzulässige Legislativtätigkeit dar. Insbesondere wird hierdurch die Befugnis des Rates zum Erlass der „zweckdienlichen Durchführungsverordnungen zu den Artikeln 107 und 108“ AEUV nach Art. 109 AEUV nicht beeinträchtigt. Hier könnte man zwar daran denken, dass sich die Regelungsgehalte einer solchen Durchführungsverordnung und informeller Administrativnormen überschneiden.[1400] Wie die Unionsgerichte jedoch ausdrücklich feststellten, ist dies nicht zu beanstanden, auch nicht mit

1397 Mitteilung der Kommission über „de minimis"-Beihilfen, ABl. 1996, C 68, S. 9 (oben III. 1. c). Für ein weiteres Beispiel aus dem Vergaberecht siehe *M. Lutz*, WuW 2006, S. 890 (898).

1398 *D. Walzel*, Bindungswirkungen ungeregelter Vollzugsinstrumente der EU-Kommission, S. 173. Die Mitteilung wurde durch eine Verordnung ersetzt, siehe oben III. 1. c).

1399 So *U. Immenga*, EuZW 2006, S. 481 bezüglich eines Diskussionspapiers der Kommission zur Anwendung von Art. 82 EGV (102 AEUV), in dem die Konsumentenwohlfahrt – ein in den Verträgen nicht genanntes Ziel der Wettbewerbspolitik – als Beurteilungskriterium in der Wettbewerbsaufsicht hinzugefügt wird.

1400 Was aber unwahrscheinlich ist: Wie oben gezeigt (III. 3. a)), wurde diese Kompetenz des Rates bislang fast ausschließlich zur Regelung von Verfahrensweisen in

Blick auf das institutionelle Gleichgewicht.[1401] Dies ergibt sich auch aus dem Wortlaut des Art. 109 AEUV, der lediglich bestimmt, dass der Rat Durchführungsverordnungen erlassen *kann.*[1402] Der Erlass informeller Administrativnormen durch die Kommission stellt somit die Kompetenz des Rates, nach Art. 109 AEUV tätig zu werden, nicht in Frage.[1403]

d) Indirekter Vollzug

Im Bereich des indirekten Vollzugs kann das institutionelle Gleichgewicht verletzt sein, wenn sich die Kommission in ihren informellen Instrumenten eine Legislativbefugnis anmaßt, etwa wenn diese Instrumente eigentlich die Funktion verbindlicher Normen wahrnehmen und diese ersetzen sollen.[1404] Offensichtlich ist dies, wenn die Kommission einen im Gesetzgebungsverfahren gescheiterten Gesetzgebungsvorschlag anschließend als informelle Norm erlässt.[1405] Die im Rahmen der begrenzten Einzelermächtigung dargestellte Problematik[1406] findet sich hier in gleicher Form wieder: Da die generelle Zulässigkeit von Auslegungshinweisen etc. der Kommission unbezweifelt ist, fragt sich, wann die Kommission über die zulässige Darstellung des geltenden Rechts hinausgeht und einseitig neue Verpflichtungen formuliert; und somit die Adressaten der informellen Instrumente getäuscht werden könnten. Diese Frage kann nicht abstrakt beantwortet werden, sondern stellt sich in jedem Einzelfall für das jeweilige informelle Instrument.[1407] Dies erfordert einen Vergleich zwischen dem informellen Instrument und der tatsächlichen Rechtlage. Für letzteres kann insbesondere auf das verbindliche Recht in Form von Sekundärrecht und die EuGH-

---

der Beihilfenaufsicht durch die Kommission genutzt, nicht zum Erlass materiellrechtlicher Regelungen.

1401 Ausdrücklich EuG, verb. Rs. T-132/96 und T-143/96, *Freistaat Sachsen und Volkswagen/Kommission*, Rn. 241; implizit EuGH, Rs. C-311/94, *Ijssel-Vliet*, Rn. 34.

1402 *J. Mendes*, Participation in EU Rule-Making, S. 430.

1403 Gleichwohl skeptisch bezüglich der Auswirkungen auf das institutionelle Gleichgewicht *L. Senden*, UtrechtLR 2005, S. 79 (92); ähnlich auch *G. Pampel*, Rechtsnatur und Rechtswirkungen horizontaler und vertikaler Leitlinien im reformierten europäischen Wettbewerbsrecht, S. 117.

1404 *D. Walzel*, Bindungswirkungen ungeregelter Vollzugsinstrumente der EU-Kommission, S. 174.

1405 Zu so einem solchen Fall siehe EuGH, Rs. C-57/95, *Frankreich/Kommission (Pensionsfonds)*, sowie unten VIII. 1. b) dd).

1406 Siehe oben VI. 1. a) cc).

1407 Ähnlich *D. Walzel*, Bindungswirkungen ungeregelter Vollzugsinstrumente der EU-Kommission, S. 174 f., die von „ausbrechenden Verlautbarungen“ spricht.

Rechtsprechung Bezug genommen werden. In Abwesenheit dieser beiden Bezugsgrößen ist zu überprüfen, ob das informelle Instrument sich noch innerhalb des primärrechtlichen Rahmens bewegt.

Rechtsergänzende Auslegungshinweise der Kommission wurden verschiedentlich wegen Befugnisüberschreitung kritisiert. Dies betrifft Instrumente wie den Hinweis zur Auslegung von Art. 3 und 8 der RL 2004/8/EG,[1408] die Mitteilung zur Energieeffizienz-RL mit ihren Auslegungshinweisen[1409]oder die Auslegungshinweise zum 3. Binnenmarktpaket.[1410]

Ehricke etwa bemängelt bezüglich der Auslegungshinweise (*interpretative notes*) der Kommission zur Umsetzung der Richtlinien des 2. Binnenmarktpakets eine Anmaßung von Legislativbefugnissen. Danach sei zu unterscheiden zwischen Auslegungshinweisen, die sich auf Verordnungen beziehen und die mitgliedstaatlichen Verwaltungen eine Orientierung bei der Rechtsanwendung geben und solchen, die die mitgliedstaatlichen Gesetzgeber bei der Umsetzung von Richtlinien leiten sollen. Durch letztere übe die Kommission eine gesetzgeberische Funktion aus, was mit dem institutionellen Gleichgewicht nicht vereinbar sei.[1411] Zwar seien die informellen Instrumente rechtlich nicht verbindlich, jedoch sei auch jede unverbindliche Äußerung zur Umsetzung von Richtlinien dem Gesetzgeber vorbehalten.[1412]

In ähnlicher Weise wurde eine Auslegungsmitteilung der Kommission zum Vergaberecht kritisiert.[1413] Anders als die Auslegungshinweise zu den energierechtlichen Richtlinien betraf die Mitteilung die Vergabe von Aufträgen, die aufgrund eines zu geringen Auftragsvolumens nicht von sekundärrechtlichen Vorschriften geregelt wurden. Hier setzt auch der Vorwurf an: Gerade weil der Gesetzgeber (bewusst) bestimmte Bereiche aus den Richtlinien ausgeklammert habe, stelle es einen unzulässigen Übergriff in

1408 SWD(2012) 13 final. Oben IV. 1. l).

1409 COM(2013) 762 final. Oben IV. 1. g).

1410 Oben IV. 1. h).

1411 *U. Ehricke*, EuZW 2004, S. 359 (361). Darüber hinaus geht *Ehricke* davon aus, dass die Ausleginshinweise schon aus formellen Gründen ein „rechtliches Nullum“ sind, da die nur von der Generaldirektion Energie und Verkehr und somit entgegen der Geschäftsordnung der Kommission nicht von dieser als Kollegium erlassen wurden.

1412 *U. Ehricke*, EuZW 2004, S. 359 (362).

1413 Mitteilung der Kommission zu Auslegungsfragen in Bezug auf das Gemeinschaftsrecht, das für die Vergabe öffentlicher Aufträge gilt, die nicht oder nur teilweise unter die Vergaberichtlinien fallen, vom 24.07.2006, ABl. 2006, C 179, S. 2.

die Legislativtätigkeit dar, hier durch informelle Instrumente steuernd tätig zu werden.[1414]

Diese Auffassungen kann jedoch nicht gefolgt werden. Weder in den Verträgen, noch in der Rechtsprechung des EuGH finden sich Hinweise darauf, dass die Gesetzgebungsaufgabe auch die exklusive Kompetenz zur rechtlich unverbindlichen Äußerung bezüglich der Umsetzung von Richtlinien mitumfasst. Vielmehr gehört eine gewisse hinweisende Tätigkeit in Form vom Orientierungshilfen zur Richtlinienumsetzung sinnvollerweise zum Aufgabenbereich der Kommission.[1415]

Auch kann nicht der Aussage zugestimmt werden, die Unverbindlichkeit der Auslegungshinweise sei unbeachtlich.[1416] Es macht durchaus einen Unterschied, ob die Normadressaten bereits bei Nichtbeachtung der Instrumente der Kommission rechtswidrig handeln oder ob der EuGH in einem eventuell durchgeführten Vertragsverletzungsverfahren die Rechtsauffassung der Kommission bestätigt. Auch ist es nicht überzeugend, auf den Umstand zu verweisen, dass die Verträge der Kommission eine Überwachungsaufgabe über die Einhaltung des Unionsrechts nur in Form einer *ex post* Kontrolle zuweisen, die durch die Einleitung von Vertragsverletzungsverfahren geschieht.[1417] Allein daraus folgt noch nicht das Verbot unverbindlicher Äußerungen bezüglich der (in den Augen der Kommission) richtigen Umsetzung von Richtlinien *ex ante*. Auch der EuGH wurde schon früh mit solchen Auslegungshilfen der Kommission befasst, die sich auf Verordnungen beziehen. Dabei hat er diese Informationstätigkeit nicht nur gebilligt, sondern sogar als „zweifellos zweckmäßig“ bezeichnet.[1418] Es ist nicht ersichtlich, dass für Auslegungshinweise, die auf Richtlinien bezogen sind, etwas anders gelten sollte.

Schließlich kann auch das Argument, die Adressaten würden durch die Auslegungshinweise zur Richtlinienumsetzung eventuell über die tatsächliche Rechtslage getäuscht,[1419] in diesem Fall nur eingeschränkt überzeugen. Adressaten sind hier nämlich in erster Linie die Mitgliedstaaten, deren Legislativorgane mit ihren juristischen Diensten durchaus zugetraut wer-

1414 *B. Köster*, ZfBR 2007, S. 127 (129); so i.E. auch *M. Lutz*, WuW 2006, S. 890 (898); *M. Lutz*, VergabeR Sonderheft 2a 2007, S. 372 (378).
1415 Siehe bereits oben VI.
1416 So aber *U. Ehricke*, EuZW 2004, S. 359 (362).
1417 *U. Ehricke*, EuZW 2004, S. 359 (362).
1418 EuGH, Rs. 74/69, *Krohn*, Rn. 9.
1419 In diese Richtung *U. Ehricke*, EuZW 2004, S. 359 (362).

den kann, die Unverbindlichkeit der Instrumente zu erkennen und entsprechend zu würdigen.[1420]

e) Netzkodizes als angemessener Interessenausgleich

Die Erstellung der Netzkodizes durch die ACER, das jeweilige ENTSO und die Kommission weist die Besonderheit auf, dass die Übertragungsnetzbetreiber einerseits Gegenstand der Regulierung sind und andererseits die Regelungen selbst miterstellen. Zwar erwachsen die Netzkodizes erst durch Annahme im Komitologieverfahren in Rechtsverbindlichkeit. In Anbetracht der komplexen Regelungen, die häufig technischer Natur sind, scheint es aber nicht ausgeschlossen, dass im Rahmen des Erlassverfahrens eine effektive Überprüfung durch die mitgliedstaatlichen Vertreter nicht möglich ist, sondern diese lediglich die Vorschriften auf Kongruenz untersuchen und im Übrigen eine Gestaltung nicht möglich ist.[1421] Dieser Gefahr scheint das 3. Binnenmarktpaket durch die oben beschriebene Mehrstufigkeit der Erstellungsverfahrens begegnen zu wollen, das eine Erstellung der Netzkodizes im Rahmen der Rahmenrichtlinien vorsieht, was von der ACER überprüft wird und gegebenenfalls zu einer Beanstandung des Netzkodexentwurfs und Überarbeitung durch das jeweilige ENTSO.[1422] Zudem steht es der ACER frei, der Kommission den Netzkodex zur Annahme zu empfehlen oder nicht; die Kommission wiederrum kann auch von sich aus Netzkodizes erlassen. Die ENTSO sind also nicht die einzigen Quellen der Rechtsetzung. Ihre – auch umfangreiche – Einbeziehung scheint angesichts der komplexen Regelungsmaterie und des in den ENTSO versammelten Fachwissens auch unumgänglich und ist der detaillierten und auf Transparenz ausgerichteten Ausgestaltung angemessen.[1423]

Zudem trifft die Annahme, eine Überprüfung der Vorschläge der ENTSO im Komitologieausschuss würde de facto nicht erfolgen, nicht zu.

1420 Dies mag bei mitgliedstaatlichen Regulierungsbehörden, Unternehmen oder nicht am unionsweiten Wirtschaftsleben aktiv Teilnehmenden anders sein. Siehe zur notwenigen Differenzierung unten VII. 1. b) bb) (1).

1421 *C. Schneller*, in: Gundel/Lange (Hrsg.), Die Umsetzung des 3. Energiebinnenmarktpakets, S. 25 (34).

1422 Siehe oben IV. 1. n). *C. Schneller*, in: Gundel/Lange (Hrsg.), Die Umsetzung des 3. Energiebinnenmarktpakets, S. 25 (35), der von einem „dialektische[n] Verfahren" spricht.

1423 So i.E. *C. Schneller*, in: Gundel/Lange (Hrsg.), Die Umsetzung des 3. Energiebinnenmarktpakets, S. 25 (34).

Wie im Zusammenhang mit den faktischen Wirkungen bereits gezeigt,[1424] werden die Vorschläge in der Praxis keineswegs von den mitgliedstaatlichen Vertretern ohne Weiteres übernommen und in verbindliche Form gebracht.[1425]

f) Funktionale Grenzen gesetzgeberischer Regulierung

Im Bereich der Regulierung technischer Details, wie durch die informellen Regelungen der Foren in Madrid und Florenz, wird zudem deutlich, dass Forderungen aus dem institutionellen Gleichgewicht in der Praxis auch aus pragmatischen Gründen begrenzt sind. Der Forums-Prozess hat zwar den Vorteil für die Kommission, dass sie zunächst einen Konsens auf informelle Art herstellen kann, also Regelungen insbesondere fern ab von mitgliedstaatlicher Opposition im Kreise von Technokraten erarbeitet werden. Dies verleiht späteren Vorschlägen für verbindliche Regeln mehr Autorität. Das Problem des demokratischen Defizits der EU-Rechtsetzung wird durch diese Praxis jedoch nicht übermäßig verstärkt. Zum einen, weil der Gesetzgeber bei der Verrechtlichung der Leitlinien in Gesetzgebungsverfahren beteiligt ist, also letztverbindlich über eine Formalisierung entscheidet. Zudem darf nicht unberücksichtigt bleiben, dass die Ausarbeitung technischer Details (nur) durch den Gesetzgeber die funktionalen Grenzen der Arbeit des Rates und des Europäischen Parlaments übersteigt.[1426] Hier wird es insbesondere an der notwendigen Expertise fehlen. Berücksichtigt man dies, erscheint der Forums-Prozess als ein sinnvoller Ausgleich zwischen der gebotenen Regelungsverantwortung des Gesetzgebers und dem Bedürfnis nach komplexen Detailregelungen. Verbleibenden Bedenken kann besser durch Anforderungen an Transparanz des Erlasses informeller Normen und durch adäquate Absicherung auf der Ebene des Rechtschutzes begegnet werden als auf der Ebene der Kompetenzen.[1427]

1424 Siehe oben V. 1. b).

1425 *M. Groenleer*, Redundancy in multilevel energy governance, TARN Working Paper 6/2016, S. 13 f.

1426 *L. Hancher/I. del Guayo*, The European Electricity and Gas Regulatory Forums, in: Barton/Barrera-Hernández/Lucas/Rønne (Hrsg.), Regulating Energy and Natural Resources, S. 243 (260 f.).

1427 Ähnlich *M. Ruffert*, in: Calliess/Ruffert (Hrsg.), EUV/AEUV, 5. Aufl., Art. 288 AEUV, Rn. 102; *L. Senden*, ELJ 2013, S. 57 (66 ff.). Auch *J. Mendes*, ELJ 2013, S. 22 (40 und passim) zeigt am Beispiel der delegierten Gesetzgebung nach Art. 290 f. AEUV, dass zu viel Erwartungen in Beteiligungsmöglichkeiten anderer Unionsor-

3. Ergebnis

Kompetenzrechtliche Grenzen stehen informellen Administrativnormen nur in geringem Umfang entgegen. Aus dem Grundsatz der begrenzten Einzelermächtigung folgt keine generelle Beschränkung des Erlasses informeller Administrativnormen; für diese ist keine spezielle Ermächtigungsnorm erforderlich. Vielmehr nehmen sie an der Rechtsgrundlage des Erlassorgans für verbindliches Handeln teil. Unzulässig sind danach informelle Administrativnormen, die den Anschein erwecken, ihnen könnten bei Missachtung verbindliche Maßnahmen folgen, wenngleich dies tatsächlich nicht der Fall ist. Eine unzulässige Umgehung geregelter Rechtsetzungsverfahren liegt auch vor, wenn verbindliche Bestimmungen einseitig durch informelle Instrumente konkretisiert werden, sekundärrechtlich hierfür aber ein besonderes Verfahren, etwa die Ausarbeitung im Komitologieverfahren, bestimmt ist.

Das institutionelle Gleichgewicht ist verletzt, wenn im unionsunmittelbaren Vollzug ein Automatismus dergestalt geschaffen wird, dass die Kommission sich einer Einzelfallprüfung entzieht und einzelne Maßnahmen nur noch an ihren Leitlinien misst. Gleiches gilt für den Fall, dass vertraglich nicht vorgesehene Kriterien für die Anwendung gesetzlicher Ausnahmevorschriften hinzugefügt werden. In diesen Fällen wird die Kommission quasigesetzgeberisch tätig, was das institutionelle Gleichgewicht beeinträchtigt. Um der Gefahr der Umgehung des Gesetzgebungsverfahrens zu begegnen, sind solche Normen rechtswidrig, die einen gescheiterten Gesetzgebungsvorschlag in Form einer informellen Norm „retten“ wollen.

Als eine angemessene Reaktion auf verbleibendes Unbehagen u.a. des Europäischen Parlaments stellt sich eine Interinstitutionelle Vereinbarung aus dem Jahr 2010 mit der Kommission dar, welche u.a. das Thema informelle Normen aufgreift und bestimmte Informations- und Beteiligungsrechte festlegt (dazu unten VII. 2. a) bb) (2)). Diese Ausgestaltung erscheint auch angemessener als eine Begrenzung informeller Administrativnormen auf der Ebene der Kompetenzen zu suchen.

---

gane gesetzt werden, hingegen das Potential von Transparenz-Aspekten des Erlassverfahrens nicht ausgeschöpft wird.

VII. Transparenz

Nachfolgend werden die rechtlichen Vorgaben bezüglich Transparenz[1428] für informelle Administrativnormen untersucht und anschließend die Praxis daran gemessen. Dabei ist die Frage zu klären, in welchem Maß eine Beteiligungspflicht zugunsten von Mitgliedstaaten, Einzelnen und von anderen Unionsorganen am Erlass informeller Normen besteht. Aus dem Transparenzgrundsatz ergeben sich zudem auch Anforderungen an die Normenpublizität und -klarheit.

Der Klärungsbedarf dieser Fragen ergibt sich dabei bereits aus dem in der Ausgangsuntersuchung gemachten Befund: Bezüglich des Erlassverfahrens, der Betitelung und der Veröffentlichungspraxis sind nur sehr grobe Linien zu erkennen. Nicht immer ist die Vorgehensweise des Erlassorgans nachvollziehbar.[1429]

1. Transparenzregime: Anforderungen an informelle Administrativnormen

Der Grundsatz der Transparenz ist Ausprägung des Demokratieprinzips[1430] und wurde durch den Vertrag von Amsterdam ausdrücklich in den Verträgen normiert.[1431] Die Steigerung der Transparenz des Unionsrechtsvollzugs stellt eines der Ziele dar, das mit dem oben erwähnten Weißbuch Europäisches Regieren[1432] verfolgt wird.

Die Verträge nehmen an verschiedenen Stellen Bezug auf den Grundsatz der Transparenz und Offenheit. Art. 1 Abs. 2 EUV, Art. 10 Abs. 3 S. 2 EUV sprechen davon, dass die Entscheidungen der Union möglichst „offen", d.h. transparent getroffen werden sollen. Art. 298 Abs. 1 AEUV wiederholt dies zudem für die europäische Verwaltung. Transparenz erfordert Nachvollziehbarkeit und damit auch Kontrollierbarkeit hoheitlichen Handelns,

---

1428 Hier synonym verstanden: Offenheit.

1429 Siehe oben IV. 2. d) aa), cc), dd).

1430 *A. von Bogdandy*, Grundprinzipien, in: von Bogdandy/Bast (Hrsg.), Europäisches Verfassungsrecht, 2. Aufl., S. 13 (67); *N. Görlitz/J. Schoo*, in: Schwarze (Hrsg.), EU-Kommentar, 4. Aufl., Art. 15 AEUV, Rn. 1.

1431 *T. Kröll/G. Lienbacher*, in: Schwarze (Hrsg.), EU-Kommentar, 4. Aufl., Art. 10 EUV, Rn. 20.

1432 Hierzu oben II. 2. b).

wodurch letztlich die Legitimation und Akzeptanz seitens der Bürger gesteigert wird.[1433]

Der Transparenzgrundsatz wird verschiedentlich relevant für informelle Administrativnormen. Zum einen fragt sich, welche Anforderungen sich für ihr Erlassverfahren ergeben, insbesondere ob und welche Beteiligungs- und Begründungspflichten für das Erlassorgan bestehen. In diesem Zusammenhang sind auch grundsätzliche Probleme von Konsultationen zu klären. Zum anderen erwachsen aus dem Transparenzgrundsatz Anforderungen an die Instrumente selbst – bezüglich der Art ihrer Abfassung, der Zugänglichkeit, der Veröffentlichungsart und des Veröffentlichungsortes.

Zu beachten ist jedoch, dass der Grundsatz der Transparenz nicht nur einseitig beschränkend auf den Erlass informeller Administrativnormen einwirkt, sondern dass diese auch zur Steigerung der Transparenz beitragen können und damit aus Transparenzgesichtspunkten erforderlich sein können. Dies geschieht etwa durch informierende Instrumente, die die bestehenden rechtlichen Anforderungen für die Adressaten leichter verständlich machen, indem die Rechtsprechung des EuGH dargestellt wird und durch die ermessensstrukturierenden informellen Normen, die das Kommissionshandeln voraussehbarer macht, da sie die Ermessensausübungskriterien offenlegen.[1434]

a) Erlassverfahren

Als ein Aspekt von Verfahrenslegitimität des Unionshandelns ergibt sich, dass diejenigen, die von den Handlungen betroffen sind, zu einem gewissen Grad in deren Erlassverfahren einzubinden sind.[1435] Auch die Kommission selbst sieht „[e]ffektivere und transparentere Konsultation als Herzstück der EU-Politikgestaltung“[1436] und wichtige Ergänzung der Entscheidungs-

1433 C. *Calliess*, in: Calliess/Ruffert (Hrsg.), EUV/AEUV, 5. Aufl., Art. 1 EUV, Rn. 85.

1434 Siehe etwa für informelle Normen im Beihilfenrecht *V. Götz*, H. III. Staatliche Beihilfen, in: Dauses/Ludwigs (Hrsg.), Handbuch des EU-Wirtschaftsrechts, 43. EL, Rn. 27.

1435 *L. Senden*, ELJ 2013, 57 (58).

1436 Europäische Kommission, Europäisches Regieren – Ein Weißbuch, KOM(2001) 428 endg., S. 20. Online-Konsultationen werden seit ihrer Einführung 1998 und insbesondere nach 2001 immer häufiger verwendet, vgl. *C. Quittkat*, JCMS 2011, S. 653 (659).

findung aller EU Institutionen an.[1437] Vor dem Erlass informeller Administrativnormen kann daher ein gewisses Maß an Beteiligung der Betroffenen aus Transparenzgründen geboten sein.[1438] Das Europäische Parlament stellte in seiner bereits erwähnten Entschließung aus dem Jahr 2007 ausdrücklich Forderungen an die Transparenz von "Soft Law" der Kommission und ermahnte die Kommission „to make a particular effort to guarantee transparency, visibility and public accountability in the process of adopting non-binding Community acts, as well as to increase the use of impact assessment in the decision-making process."[1439]

Gleichwohl ist auch hier eine Interessenabwägung vorzunehmen zwischen den Interessen der Kommission an Flexibilität und dem Interesse an einem transparenten Verfahren: Da ein Grund für den Einsatz informeller Instrumente in deren Flexibilität liegt,[1440] darf ein Konsultationsverfahren nicht übermäßig aufwendig sein. Deshalb ist es etwa nicht möglich, individuelles Feedback zu jeder einzelnen Eingabe in Konsultationsverfahren zu geben.[1441] Auf der anderen Seite ist das Bedürfnis nach einer transparenten Ausgestaltung des Konsultationsverfahrens zu berücksichtigen.[1442]

aa) Grundsätzliche Probleme von Konsultationen

Unabhängig von der Frage danach, wann Konsultationen durchgeführt werden sollten, ergeben sich grundsätzliche Probleme, die sich nicht nur auf Konsultationen zu informellen Instrumenten beziehen, sondern auch die formelle Gesetzgebung und die Einbindung nichtstaatlicher Akteure in

---

1437 Europäische Kommission, Europäisches Regieren – Ein Weißbuch, KOM(2001) 428 endg., S. 22.

1438 Auch der Conseil d'État schlug in seinem Gutachten zum „*droit souple*" für das französische Recht vor, Konsultationen vor dem Erlass informeller Normen durchzuführen, vgl. Conseil d'État, Étude annuelle 2013 – Le droit souple, 2013, S. 194, Empfehlung Nr. 9.

1439 European Parliament resolution of 4 September 2007 on institutional and legal implications of the use of "soft law" instruments (2007/2028(INI)), Punkt AA, 7.

1440 Oben II. 3. b) aa).

1441 Mitteilung der Kommission, Hin zu einer verstärkten Kultur der Konsultation und des Dialogs – Allgemeine Grundsätze und Mindeststandards für die Konsultation betroffener Parteien durch die Kommission, KOM(2002)704 endg., vom 11.12.2002, S. 12.

1442 *L. Senden*, UtrechtLR 2005, S. 79 (96), hält aufgrund dieser vorzunehmenden Abwägung eine Formalisierung des Erlassverfahrens bezüglich der Beteiligung anderer Organe, insbesondere des Europäischen Parlaments, nicht für erstrebenswert.

politische Prozesse betreffen. Zum einen besteht die Vermutung, dass nur ein elitärer Kreis tatsächliche Einflussnahme ausübt. Zum anderen wird vermutet, dass insgesamt nur eine rein formale Befragung (Umfrage) bei Konsultationen stattfindet, die aber keinen echten Einfluss hat und somit demokratische Teilhabe nur vorspielt.[1443]

Zum ersten Punkt ist zu bemerken, dass sich viele Konsultationen zumindest auch an die „allgemeine Öffentlichkeit" oder „die Zivilgesellschaft" wenden,[1444] jedoch zu erwarten ist, dass bestimmte sektorale Interessen in Form von Lobbyverbänden in der Praxis besonders einflussreich sind.[1445] Dies liegt unter anderem daran, dass diese Gruppen besser organisiert sind und über größere Resources verfügen, die eine qualitativ höherwertige Partizipation einfacher machen.[1446] Große Wirtschaftsorganisationen haben viel zu gewinnen durch Einflussnahme über Konsultationen und daher mehr Anreiz, an diesen teilzunehmen.[1447] Mitunter wird in dieser Praxis gar eine „Entdemokratisierung" gesehen, da zwar formal gleicher Zugang zu Entscheidungsprozessen und hohe Inklusivität vorgegeben wird, der Einfluss gut organisierter Interessen aber *de facto* bewirkt, dass die weniger gut organisierte allgemeine Zivilgesellschaft ausgeschlossen wird.[1448] Die Kommission betont zwar in ihrer Mitteilung zu Mindeststandards bei Konsultationen, dass bezüglich der Gewichtung der Eingaben ein möglichst breites Spektrum abgedeckt werden soll und nicht etwa automatisch nur die Eingaben repräsentativer europäischer Organisationen als qualitativ am hochwertigsten eingestuft werden.[1449] Jedoch findet dies nicht Bestätigung

---

1443 *C. Quittkat*, JCMS 2011, S. 653; zum Beihilfenrecht *O. Ştefan*, Soft Law and the Promise of Transparency in the Member States, in: Eliantonio/Korkea-aho/Ştefan (Hrsg.), EU Soft Law in the Member States, S. 323 (337).

1444 Mehr als 90% der Online-Konsultationen sind offen bezüglich des Adressatenkreises gestaltet, vgl. *C. Quittkat*, JCMS 2011, S. 653 (659).

1445 *P. Magnette*, European Governance and Civic Participation, in: Joerges/Mény/Weiler (Hrsg.), Mountain or Molehill? A Critical Appraisal of the Commission White Paper on Governance, S. 3 f.; *P. Magnette*, Political Studies 2003, S. 144 (150).

1446 *P. Magnette*, Political Studies 2003, S. 144 (156). Für die Beteiligung mitgliedstaatlicher Stellen spielt es darüber hinaus eine Rolle, ob im konkreten Konsultationsverfahren die Interessen von innerhalb mitgliedstaatlicher Stelle angesiedelten privaten Gruppierungen berührt sind, vgl. *M. van Hecke/P. Bursens/J. Beyers*, JCMS 2016, S. 1433.

1447 Dazu *D. Chalmers/G. Davies/G. Monti*, European Union Law, 3. Aufl., S. 388.

1448 *U. Haltern*, Europarecht Bd. I, 3. Aufl., S. 442, Rn. 952, dort Fn. 158. Dieses Probem wird auch angedeutet bei *F. Terpan*, ELJ 2015, S. 68 (96), dort Fn. 109.

1449 Mitteilung der Kommission, Hin zu einer verstärkten Kultur der Konsultation und des Dialogs – Allgemeine Grundsätze und Mindeststandards für die Konsul-

in empirischen Untersuchungen zu denjenigen Fällen, in denen Abschlussberichte Feedback zu den Eingaben enthalten. Diese deuten im Gegenteil darauf hin, dass den Eingaben der Mitgliedstaaten und EU-weiten Verbänden ein starker Einfluss zukommt, wohingegen Einzelne und gemeinnützige Organisationen ignoriert werden.[1450] Paradoxerweise kann daher die Öffnung der Konsultationsverfahren und die Bemühungen zur einfacheren Teilnahme an diesen, im Ergebnis dazu führen, dass die Konsultationen von Industrieinteressen dominiert werden.[1451]

Dieses Problem lässt sich nur in begrenztem Umfang lösen und stellt sich im Bereich der verbindlichen Rechtsetzung in größerem Maße als bei den hier untersuchten informellen Administrativnormen. Eine Verbesserungsmöglichkeit besteht darin, bei Konsultationen die „Zugangsbarrieren" noch weiter zu senken, zum Beispiel indem komplexe Materien besser erläutert werden, was die Teilnahme aus möglichst vielen Teilen der allgemeinen Öffentlichkeit anregt.[1452] Dies wird auch mitunter bereits praktiziert, indem Aufrufen zur Beteiligung an Konsultationsverfahren allgemeinverständliche Dokumente zur betreffenden Thematik zur Seite gestellt werden.[1453] Daneben kann der Entscheidungsfindungsprozess der Kommission transparenter gestaltet werden durch die Ausweitung von Feedbacks zu den Eingaben in der Begründung eines Rechtsaktes.[1454] Dadurch könnte der Dominanz gut organisierter Partialinteressen zumindest zum Teil entgegengewirkt werden.

Gleichwohl ist gerade bei komplexen Materien die Teilnahmemöglichkeit begrenzt. Kontrolle durch die allgemeine Öffentlichkeit, die durch eine transparentere Gestaltung der Kommissionspraxis auch bezweckt ist, kann hier nur in geringem Maße stattfinden. Die Zusammenarbeit der verschiedenen Fachgremien im Energiesektor ist daher nur konsequent:[1455] Hier

---

tation betroffener Parteien durch die Kommission, KOM(2002)704 endg., vom 11.12.2002, S. 11.

1450 *T. Hüller*, Zeitschrift für Politikberatung 2008, S. 359; *C. Marxsen*, ELJ 2015, S. 257 (279).

1451 *C. Quittkat*, JCMS 2011, S. 653 (668).

1452 *P. Nemitz*, in: Schwarze/Becker/Hatje/Schoo (Hrsg.), EU-Kommentar, 4. Aufl., Art. 17 EUV, Rn. 7.

1453 Bei der Konsultation Umwelt- und Energiebeihilfeleitlinien etwa wurde dem Leitlinienentwurf auch noch ein Dokument zu Erläuterung des Entwurfs zur Seite gestellt, siehe oben IV. 1. a).

1454 Dazu unten VII. 1. a) ff).

1455 Auch in anderen technisch komplexen Bereichen erfolgt mitunter eine Beschränkung auf bestimmte Gruppen, vgl. *C. Quittkat*, JCMS 2011, S. 653 (660).

werden die unmittelbar betroffenen Interessenträger in den Normsetzungsprozess mit eingebunden, sodass die Kontrollfunktion nicht „von außen", sondern „von innen" ausgeübt wird.[1456] Qualifizierte Beiträge in allgemeinen und offenen Onlinekonsultationen sind bereits wegen der nötigen Fachkunde nicht zu erwarten.[1457]

bb) Geringe Regelungsdichte

Die Verträge sowie das Sekundär- oder Tertiärrecht enthalten nur sehr wenige Vorgaben für die Beteiligung vor dem Erlass informeller Normen.

(1) Primärrecht

Im Beihilfenrecht besteht die bereits angesprochene Besonderheit, dass auf Grundlage von Art. 108 Abs. 1 AEUV verbindliche Regelungen zu bestehenden Beihilfemaßnahmen der Mitgliedstaaten erlassen werden können. Diese Regelungen werden durch Zustimmung der Mitgliedstaaten verbindlich. Dass die Zustimmung der Mitgliedstaaten Wirksamkeitsvoraussetzung ist, lässt sich bereits dem Wortlaut von Art. 108 Abs. 1 S. 1 AEUV entnehmen, der von der „Zusammenarbeit" der Kommission mit den Mitgliedstaaten spricht. Darüber hinaus ist auch für die Änderung solcher Normen die Zustimmung der Mitgliedstaaten erforderlich.[1458]

Außerhalb des Beihilfenrechts betont Art. 11 Abs. 3 EUV zwar die Rolle von Konsultationen als zentrales Instrument der partizipativen Demokratie und bestimmt, dass die Kommission, „[u]m die Kohärenz und die Transparenz des Handelns der Union zu gewährleisten", „umfangreiche Anhörungen der Betroffenen" durchführt. Jedoch enthält diese Vorschrift keine subjektiven Rechte für den Einzelnen.[1459] Die Durchführung von Anhörungen ist daher nach dieser Norm nicht einklagbar und ohne Anhörung erlassene Rechtsakte sind nicht aus diesem Grund rechtswidrig.

1456 *K. Herzmann*, ZNER 2005, S. 216 (220).

1457 Auch im Übrigen sind die Beiträge von fachfremden Einzelnen nicht selten unbrauchbar, wie das Beispiel der Umwelt- und Energiebeihilfeleitlinien zeigt, siehe oben IV. 2. d) aa) (2).

1458 Schlussanträge GA *Lenz* zu EuGH, Rs. C-135/93, *Spanien/Kommission*, Rn. 61 f. Der EuGH äußert sich nicht ausdrücklich zu der Frage. Dazu auch *H. Adam*, Die Mitteilungen der Kommission, S. 138 f.

1459 *B. Biervert*, in: Schwarze (Hrsg.), EU-Kommentar, 4. Aufl., Art. 11 EUV, Rn. 2.

Ein seltenes Beispiel im Primärrecht ist Art. 148 AEUV, der für die Beschäftigungspolitik den Erlass von Leitlinien im Rahmen der OMK regelt.[1460] Daneben sind die Empfehlungen des Rates nach Art. 121 Abs. 2 AEUV, in denen die Grundzüge der Wirtschaftspolitik der Mitgliedstaaten dargelegt sind, durch das Zusammenwirken des Rates, der Kommission und des Europäischen Rates zu erlassen. Hier ist also eine Beteiligungspflicht zugunsten des Rates bestimmt.

Ein seltenes ausdrückliches Informationsrecht zu informellen Normen gibt das Protokoll Nr. 1 über die Rolle der nationalen Parlamente in der EU.[1461] Sein Art. 1 bestimmt, dass auch „Konsultationsdokumente der Kommission (Grün- und Weißbücher sowie Mitteilungen)" an die mitgliedstaatlichen Parlamente weitergeleitet werden. Ziel des Protokolls insgesamt ist ausweislich seiner Präambel, den mitgliedstaatlichen Parlamenten bessere Möglichkeiten zu geben, sich zu Gesetzgebungsvorschlägen zu äußern. Letztlich sollen hierdurch die mitgliedstaatlichen Parlamente ihre Rolle der bei der Subsidiaritätskontrolle besser wahrnehmen können. In diesem Kontext ist auch der Informationsanspruch des Art. 1 zu sehen, der entsprechend auf rechtvorbereitende informelle Normen gerichtet ist und nicht etwa auf ermessensstrukturierende Normen des unionsunmittelbaren Vollzugs, denen später keine Gesetzgebung nachfolgen soll. Von den Instrumenten der Ausgangsuntersuchung zählen hierzu etwa das Grünbuch „Ein Rahmen für die Klima- und Energiepolitik 2030"[1462].

Damit im Zusammenhang steht Art. 2 des Protokolls Nr. 2 „über die Anwendung der Grundsätze der Subsidiarität und der Verhältnismäßigkeit". Dieser enthält jedoch lediglich eine Anhörungspflicht der Kommission vor dem Erlass von Gesetzgebungsakten.[1463] Auf informelle Instrumente ist diese Regelung dem eindeutigen Wortlaut nach jedoch nicht anwendbar.

1460 *M. Knauff*, Legitimität und Legitimation des europäischen Soft Law, in: Iliopoulos-Strangas/Flauss (Hrsg.), Das Soft Law der europäischen Organisationen, S. 373 (395). Zur Partizipation im Rahmen der OMK auch *S. Kröger*, JEI 2007, S. 565.

1461 Protokoll Nr. 1 über die Rolle der nationalen Parlamente in der Europäischen Union.

1462 Oben IV. 1. s).

1463 „Die Kommission führt umfangreiche Anhörungen durch, bevor sie einen Gesetzgebungsakt vorschlägt. Dabei ist gegebenenfalls der regionalen und lokalen Bedeutung der in Betracht gezogenen Maßnahmen Rechnung zu tragen. In außergewöhnlich dringenden Fällen führt die Kommission keine Konsultationen durch. Sie begründet dies in ihrem Vorschlag."

Ebenso wenig ist Art. 41 Abs. 2 lit. a GRCh eine Konsultationspflicht vor dem Erlass informeller Normen zu entnehmen. Zwar bestimmt die Vorschrift ein Anhörungsrecht für den Einzelnen. Dieses besteht aber nur vor dem Erlass individueller nachteiliger Maßnahmen, weshalb informelle *Normen* schon begrifflich ausgenommen sind.[1464]

Auch die Arbeitsgruppe des Verfassungskonvents zum Thema Vereinfachung befasste sich nur mit Rechtsakten des Gesetzgebers und empfahl u.a.: „Rechtsakte derselben Art mit derselben Rechtswirkung müssen nach demselben demokratischen Verfahren erlassen werden."[1465] Zwar kann hierin auch der Ausdruck einer allgemeinen Erwartung dahingehend gesehen werden, dass hoheitliche Akte – auch unverbindliche – auf nachvollziehbare Art und Weise erlassen werden müssen. Andererseits ist zu beachten, dass sich die Arbeitsgruppe im Rahmen des Themas „demokratische Legitimation" mit dem Thema befasste und an die Tätigkeit des unmittelbar demokratisch legitimierten Europäischen Parlaments andere Anforderungen zu stellen sind, als an die nur mittelbar demokratisch legitimierte Kommission, zumal wenn diese nicht rechtsverbindlich handelt. Zu informellen Administrativnormen enthält der Abschlussbericht keine Vorschläge.

(2) Interinstitutionelle Vereinbarung zwischen Kommission und Europäischem Parlament

Die oben angesprochenen Beschwerden des Europäischen Parlaments hinsichtlich der *de facto* Beschneidung seiner Beteiligungsrechte durch den Gebrauch von „Soft Law"[1466] führten im Jahr 2010 zum Abschluss einer Interinstitutionellen Vereinbarung mit der Kommission. Hierin wird u.a. die Beteiligung des Europäischen Parlaments vor dem Erlass von bedeutenden informellen Normen durch die Kommission geregelt. Allerdings gehen die Bestimmungen weniger weit, als die Forderungen des Parlaments in seiner Entschließung aus dem Jahr 2007.[1467] In dem als „Rahmenvereinba-

1464 Zudem muss es sich um eine hoheitliche Maßnahme handeln, durch die der Grundrechtsträger beschwert ist, vgl. *J. Terhechte*, in: Frankfurter Kommentar Bd. I, Art. 41 GRCh, Rn. 17, was meist erst durch die eventuell auf Grundlage einer informellen Norm ergehenden verbindlichen Maßnahme der Fall ist.

1465 Schlussbericht Gruppe IX, CONV 424/02, WG IX 13, S. 2.

1466 Dazu oben VI. 2. b).

1467 European Parliament resolution of 4 September 2007 on institutional and legal implications of the use of "soft law" instruments (2007/2028(INI)).

rung" bezeichneten Akt versichert die Kommission eine „umfassende Unterrichtung und Dokumentation bei ihren Sitzungen mit nationalen Sachverständigen im Rahmen ihrer Arbeiten zur Vorbereitung und Umsetzung der Rechtsvorschriften der Union, *einschließlich nicht zwingender Rechtsvorschriften („soft law")* und delegierter Rechtsakte, zur Verfügung [zu] stellen."[1468] Zudem kann das Parlament beantragen, selbst Sachverständige zu diesen Sitzungen einzuladen.[1469] Dieses Informations- und (in begrenztem Umfang) Beteiligungsrecht des Parlaments wird dahingehend konkretisiert, dass Sitzungen und Ad hoc-Sitzungen umfasst sind „zu denen nationale Behörden aus allen Mitgliedstaaten eingeladen werden".[1470] Zusätzlich wird vereinbart, dass die Kommission informelle Rechtsakte[1471] in „Bereichen, in denen das Parlament normalerweise in den Gesetzgebungsprozess eingebunden ist", nur verwendet, wenn dies erforderlich ist, was entsprechend zu begründen ist. Dem Parlament wird zudem die Möglichkeit eingeräumt, seine Ansichten zu einer solchen Maßnahme vorher zu äußern, worauf die Kommission anschließend eingehen muss.[1472]

Dieser Kontrollmechanismus wurde vom Europäischen Parlament vor dem Hintergrund der beschriebenen Gefahren durch den übermäßigen Gebrauch informeller Instrumente quasi als Gegenleistung für die Ernennung der Kommission unter *Barroso* gefordert.[1473] Er stellt einen sinnvollen Kompromiss zwischen den Interessen der Kommission und dem Parlament dar, der insbesondere auf die oben genannten Bedenken hinsichtlich der

---

1468 Interinstitutionelle Vereinbarungen des Europäischen Parlaments und der Kommission – Rahmenvereinbarung über die Beziehungen zwischen dem Europäischen Parlament und der Europäischen Kommission, ABl. 2010, L 304, S. 47, Rn. 15 (eigene Hervorhebungen).

1469 Auch die Beteiligung an der Erstellung von „Soft Law" war eine Forderung des Parlaments in seiner Entschließung 2007, vgl. European Parliament resolution of 4 September 2007 on institutional and legal implications of the use of "soft law" instruments (2007/2028(INI)), insbesondere Punkt AA. 14, 16, 17.

1470 Interinstitutionelle Vereinbarungen des Europäischen Parlaments und der Kommission – Rahmenvereinbarung über die Beziehungen zwischen dem Europäischen Parlament und der Europäischen Kommission, ABl. 2010, L 304, S. 47, Anhang I.

1471 Diese werden als „nicht zwingendes Recht" bezeichnet. Englisch: *soft law*; Französisch: *dispositions juridiquement non contraignantes.*

1472 Interinstitutionelle Vereinbarungen des Europäischen Parlaments und der Kommission – Rahmenvereinbarung über die Beziehungen zwischen dem Europäischen Parlament und der Europäischen Kommission, ABl. 2010, L 304, S. 47, Rn. 43.

1473 *J. Schwarze*, EuR 2011, S. 4 (15).

Vereinbarkeit informeller Normen mit dem institutionellen Gleichgewicht eingeht.

(3) Übriges Unionsrecht

Darüber hinaus geht die Kommission von keiner Beteiligungspflicht aus. Die von der Kommission selbst auferlegten (und ausdrücklich unverbindlichen[1474]) „Grundsätze und Mindeststandards für die Konsultation" enthalten keine Vorgaben für informelle Instrumente. Diese Mindeststandards trotz dahingehender Kritik unverbindlich auszugestalten verteidigt die Kommission damit, dass unbedingt vermieden werden soll, dass ein Rechtsakt vom EuGH aufgebоben werden kann, wenn keine vorherige Anhörung erfolgte.[1475] Zwar sind informelle Normen nicht ausdrücklich aus dem Anwendungsbereich ausgeklammert, jedoch sollen die Grundsätze nur zur Anwendung kommen, wenn „größere politische Initiativen" von der Kommission erarbeitet werden.[1476] Das meint Initiativen, in deren Zusammenhang ausführliche Wirkungsanalysen (Impact Assessments) durchgeführt werden müssen,[1477] was bei informellen Administrativnormen generell nicht der Fall ist.[1478] Dass, wie in der Ausgangsuntersuchung gezeigt,[1479] gleichwohl auch vor dem Erlass oder der Änderung informeller Administrativnormen eine Konsultation erfolgt, geschieht daher aus Sicht der Kommission ohne rechtliche Verpflichtung. Dahinter steht die bereits angesprochene pragmatische Erwägung, dass die Kommission bezüglich der Befolgung informeller Normen nicht völlig unabhängig ist von der

---

1474 Auch eine Selbstbindung ist hier nach den Grundsätzen des EuGH nicht anzunehmen, da die Kommission nicht ein vertraglich eingeräumtes Ermessen strukturiert und somit die Grundsätze der Rechtssicherheit und der Gleichbehandlung keine Selbstbindung erfordern.

1475 Mitteilung der Kommission, Hin zu einer verstärkten Kultur der Konsultation und des Dialogs – Allgemeine Grundsätze und Mindeststandards für die Konsultation betroffener Parteien durch die Kommission, KOM(2002)704 endg., vom 11.12.2002, S. 9.

1476 *Ibid.*, S. 15.

1477 *Ibid.* Für die Verpflichtung zur Durchführung von Wirkungsanalysen sind die impact assessment guidelines der Kommission maßgebend, vgl. Impact Assessment Guidelines, vom 15.01.2009, SEC(2009) 92.

1478 Hierzu auch *L. Senden*, ELJ 2013, S. 57 (68); *L. Senden/A. van den Brink*, Checks and Balances of Soft EU Rule-Making. Study for the EP's Directorate General for Internal Policies 2012, S. 29.

1479 IV. 2. d) aa) (1).

Akzeptanz der Mitgliedstaaten. Insbesondere zur Steigerung der Effektivität ihrer Wettbewerbspolitik ist sie darauf angewiesen, dass die Mitgliedstaaten ihre Interessen im Grunde berücksichtigt sehen.[1480]

Verbindliche Regelungen zur Konsultation bestehen auch nicht für den Erlass informeller Normen der ACER. Die Agentur hat zwar ein Dokument zur Konsultation erlassen, jedoch bezieht sich dieses nicht auf den Erlass informeller Normen.[1481]

Dieser Befund zur geringen Regelungsdichte setzt sich im übrigen Sekundärrecht fort. Eine seltene Ausnahme stellt Art. 9 der Richtlinie 2010/40/EU[1482] im Verkehrsrecht dar, der für das Instrument der unverbindlichen Leitlinie bestimmt, dass das Komitologieverfahren nach dem Beschluss 1999/468/EG anzuwenden ist.[1483] Hier wird also die Beteiligung der mitgliedstaatlichen Vertreter in den Ausschüssen angeordnet.

Darüber hinaus bestehen kaum ausdrückliche Regelungen zur Beteiligung am Erlassverfahren informeller Normen.[1484] Bezüglich des Ob und des Wie der Durchführung von Konsultationen hat die Kommission nach aktuellen Rechtsstand somit ein großes Ermessen.[1485]

1480 *M. Melchior*, Les Communications de la Commission, in: FS Dehousse, S. 243 (251). In dieselbe Richtung zum deutschen Verwaltungsrecht *M. Schramm*, Einseitiges informelles Verwaltungshandeln im Regulierungsrecht, S. 214. Danach entspricht die Öffentlichkeitsbeteiligung durch Regulierungsbehörden „administrativer Klugheit", nicht aber einem rechtlichen Gebot; *H. Adam*, Die Mitteilungen der Kommission, S. 141. Kritisch hierzu *M. Brohm*, Die „Mitteilungen" der Kommission im Europäischen Verwaltungs- und Wirtschaftsraum, S. 127.

1481 ACER, Guidance Note on Consultations, vom 15.04.2014, abrufbar unter: https://www.acer.europa.eu/Official_documents/Other%20documents/Guidance%20Note%20on%20Consultations%20by%20ACER.pdf. Siehe für weitere Beispiele von Agenturen *S. Vaughan*, 17 CambYELS (2015), S. 66 (85); *W. Weiß*, EuR 2016, S. 631 (636).

1482 Richtlinie 2010/40/EU des Europäischen Parlaments und des Rates vom 7.07.2010 zum Rahmen für die Einführung intelligenter Verkehrssysteme im Straßenverkehr und für deren Schnittstellen zu anderen Verkehrsträgern, ABl. 2010, L 207, S. 1.

1483 Mit diesem Beispiel *L. Senden*, ELJ 2013, S. 57 (69).

1484 Siehe für das Beihilfenrecht *J. Mendes*, Participation in EU Rule-Making, S. 425 ff. Als „Desiderat" sieht *M. Schweda*, Administrative Normsetzung, S. 309 eine Anhörung vor Leitlinienerlass. Für Agenturen *W. Weiß*, EuR 2016, S. 631 (636); *L. Senden/A. van den Brink*, Checks and Balances of Soft EU Rule-Making. Study for the EP's Directorate General for Internal Policies 2012, S. 30; für Empfehlungen iSv Art. 288 Abs. 5 AEUV *M. Brohm*, Die „Mitteilungen" der Kommission im Europäischen Verwaltungs- und Wirtschaftsraum, S. 126.

1485 Kritisch hierzu *L. Senden/A. van den Brink*, Checks and Balances of Soft EU Rule-Making. Study for the EP's Directorate General for Internal Policies 2012, S. 33. Bezüglich der im Ermessen der Kommission stehenden Konsultationen nach

cc) Netzkodizes – formalisierte Beteiligung

Wie gesehen ist die Beteiligung der ACER und der mitgliedstaatlichen Regulierungsbehörden durch die ENTSO weitgehend formalisiert.[1486] Daneben werden auch andere Betroffene angehört:[1487]

- Die Erstellung der jährlichen Prioritätenliste durch die Kommission erfolgt unter Konsultation der ACER und des ENTSO-G sowie anderer „betroffener Akteure".[1488]
- Zu der von ACER ausgearbeiteten Rahmenleitlinie wird eine „offene und transparente förmliche Konsultation des ENTSO-G und anderer betroffener Akteure" über einen Zeitraum von mindestens zwei Monaten verlangt.[1489]
- Art. 6 Abs. 7 der Gasfernleitungs-VO sieht eine Stellungnahme der ACER zu dem vom ENTSO-G ausgearbeiteten Netzkodex innerhalb drei Monaten nach Eingang dieses Netzkodex vor. Hierbei steht es im Ermessen von ACER, eine „förmliche Anhörung der betroffenen Akteure" durchzuführen.[1490]
- Für den Fall, dass ausnahmsweise die ACER (statt des ENTSO-G) den Netzkodex erarbeitet, steht es nach Art. 6 Abs. 10 S. 2 der Gasfernleitungs-VO auch hier im Ermessen von ACER, „eine weitere Anhörung" einzuleiten.[1491] Wer dabei angehört werden kann, wird nicht ausdrücklich bestimmt. Da der Wortlaut jedoch von einer „weiteren" Anhörung spricht, ist davon auszugehen, dass hier der schon in Art. 6 Abs. 3 VO der Gasfernleitungs-VO bezeichnete Personenkreis gemeint ist.
- Beim Netzkodexerlass durch die Kommission „von sich aus", hat diese nach Art. 6 Abs. 11 UAbs. 2 S. 1 der Gasfernleitungs-VO ACER, ENTSO-

dem Weißbuch Europäisches Regieren vgl. *P. Magnette*, European Governance and Civic Participation, in: Joerges/Mény/Weiler (Hrsg.), Mountain or Molehill? A Critical Appraisal of the Commission White Paper on Governance, S. 3 f.; *P. Magnette*, Political Studies 2003, S. 144 (150).

1486 Siehe oben IV. 1. n).

1487 Nachfolgend am Beispiel der Gasfernleitungs-VO. Für den Elektrizitätsbereich hat die Neufassung der Elektrizitätsbinnenmarkts-VO keine grundlegenden Änderungen gebracht.

1488 Art. 6 Abs. 1 Gasfernleitungs-VO.

1489 Art. 6 Abs. 3 Gasfernleitungs-VO.

1490 Vgl. den Wortlaut: „...innerhalb dieses Zeitraums *kann* die Agentur eine förmliche Anhörung der betroffenen Akteure durchführen." (Hervorhebungen hinzugefügt). Im Englischen *may*, im Französischen *peut*.

1491 Auch hier wird die Formulierung mit „kann" gewählt.

G und alle betroffenen Akteure innerhalb von zwei Monaten zu dem Entwurf eines Netzkodex zu konsultieren.

- Zudem sieht Art. 10 Abs. 1 der Gasfernleitungs-VO eine genau bestimmte Konsultationspflicht des ENTSO-G vor:

  „ENTSO-G konsultiert im Rahmen der Ausarbeitung der Netzkodizes, des Entwurfs des gemeinschaftsweiten Netzentwicklungsplans und des Jahresarbeitsprogramms nach Artikel 8 Absätze 1, 2 und 3 umfassend, frühzeitig und auf offene und transparente Weise alle einschlägigen Marktteilnehmer, insbesondere die Organisationen, die alle Akteure vertreten gemäß der in Artikel 5 Absatz 1 genannten Geschäftsordnung. Bei den Konsultationen werden die nationalen Regulierungsbehörden und andere nationale Behörden, Versorgungs- und Gewinnungsunternehmen, Netznutzer einschließlich der Kunden, Verteilernetzbetreiber sowie die relevanten (Branchen-)Verbände, technischen Gremien und Foren der Interessengruppen einbezogen. Dabei verfolgt sie das Ziel, die Standpunkte und Vorschläge aller für den Entscheidungsprozess relevanten Kreise einzuholen."

- Zudem sind nach Art. 10 Abs. 2 der Gasfernleitungs-VO alle dabei erstellten Unterlagen und Sitzungsprotokolle zu veröffentlichen.

Diese detailreichen Regelungen erklären sich zum einen dadurch, dass die Netzkodizes – anders als Mitteilungen, Leitlinien, Bekanntmachungen etc. – letztlich formal rechtsverbindlich werden mittels des Komitologieverfahrens. Die Beteiligung der Mitgliedstaaten und der relevanten Marktteilnehmer erscheint somit sinnvoll, da die Akzeptanz der Regeln erprobt werden kann. Zum anderen erfordert die Erstellung der Netzkodizes und Leitlinien eine Expertise, die nur in den beteiligten Gremien vorhanden ist.

dd) Keine analoge Anwendung von Beteiligungsvorschriften im Beihilfenrecht

Das Beihilfenrecht sieht Beteiligungsrechte der Betroffenen vor dem Erlass verbindlicher Normen und Einzelakte vor. Eine analoge Anwendung dieser Vorschriften auf informelle Normen wird zum Teil vertreten, ist im Ergebnis jedoch abzulehnen.

Zum einen ist an eine Analogie zu Art. 6 der VO 994/98 (Ermächtigungs-VO) zu denken. [1492] Dieser gilt unmittelbar, wie die Verordnung im Übrigen, für die von der Kommission erlassenen Durchführungsverordnungen, mit denen bestimmte Arten von Beihilfen von der Anmeldepflicht nach Art. 108 Abs. 2 AEUV ausgenommen werden. Will die Kommission eine Durchführungsverordnung erlassen, ist nach Art. 6 der Verordnung „sämtlichen interessierten Personen und Einrichtungen" Gelegenheit zur Stellungnahme zu geben. Eine analoge Anwendung scheitert hier jedenfalls an der planwidrigen Regelungslücke, da die Praxis der Ermessenstrukturierung durch informelle Administrativnormen bei Erlass der Ermächtigungsverordnung bekannt war und offenbar nicht für regelungsbedürftig erachtet wurde.

Zum anderen ist an die entsprechende Anwendung des Art. 108 Abs. 2 AEUV zu denken, der im Falle von verbindlichen Einzelfallentscheidungen „den Beteiligten" ein Recht zur Äußerung gibt. Für eine analoge Anwendung auf ermessensstrukturierende informelle Administrativnormen werden drei Gründe angeführt: Erstens solle die Ausübung der Kommissionsbefugnisse im Bereich Beihilfenaufsicht nach der Konzeption der Verträge durch ein Verfahren eingerahmt werden, das nicht nur die Mitgliedstaaten einschließe, sondern auch die von den letztlich ergehenden Einzelentscheidungen betroffen Unternehmen. Zweitens habe die Praxis der Ausgestaltung des Beihilfenrechts durch Leitlinien zu einer erheblichen Ausweitungen der Befugnisse der Kommission geführt, die sich der reinen Lektüre des Vertragstextes entziehe. Die tatsächliche Rolle der Kommission als *de facto*-Gesetzgeberin in diesem Bereich müsse angemessen berücksichtigt werden; insofern bestehe eine Regelungslücke. Schließlich sei die Interessenlage bei verbindlicher Einzelfallregelung und informeller Administrativnormsetzung vergleichbar, da in beiden Fällen ein Bedürfnis der Kommission bestehe, alle relevanten Informationen zu haben bevor sie tätig wird und zudem auch das Interesse der Betroffenen, angehört zu werden, erheblich sei. Letzteres sei insbesondere deshalb der Fall, weil informelle Normen die späteren Einzelfallentscheidungen weitgehend vorstrukturieren.[1493]

1492 Verordnung (EG) Nr. 994/98 des Rates vom 7. Mai 1998 über die Anwendung der Artikel 92 und 93 des Vertrags zur Gründung der Europäischen Gemeinschaft auf bestimmte Gruppen horizontaler Beihilfen, ABl. 1998, L 142, S. 1. Dazu oben III. 3. c).

1493 *J. Mendes*, Participation in EU Rule-Making, S. 426 f.

Diese Analogiebildung ist jedoch ebenfalls kritikwürdig. Zum einen erscheint es auch hier unklar, dass es sich wirklich um eine planwidrige Regelungslücke handelt. Immerhin sind die vertraglichen Beihilfevorschriften seit Beginn der EWG nahezu unverändert. Während der inzwischen erfolgten Vertragsreformen wurde anscheinend kein Bedarf gesehen, die weithin bekannte Praxis durch rechtsstaatliche Vorgaben wie Beteiligungsrechte einzuhegen. Auch der EuGH war mehrmals mit informellen Administrativnormen befasst (siehe unten VIII.) und hat sich bei diesen Gelegenheiten nicht zu formalen Anforderungen an ihren Erlass geäußert, deren Verletzung auch nie gerügt wurde.

Zudem ist die Vergleichbarkeit der Interessenlagen nicht gegeben. Ein offensichtlicher Unterschied besteht in der rechtlichen Unverbindlichkeit der informellen Administrativnormen und der darauf folgenden nur mittelbaren Betroffenheit Einzelner durch diese.[1494] Auch wenn die verbindliche Einzelfallentscheidung durch informelle Normen vorstrukturiert wird, besteht immer noch die Möglichkeit, dass der EuGH die darin enthaltenen Kriterien für unzulässig hält, weil sie über den Regelungsrahmen hinausgehen. Diese Möglichkeit ist sogar, wie gesehen,[1495] eine Rechtmäßigkeitsvoraussetzung; ein Automatismus zwischen informeller Norm und verbindlicher Einzelfallregelung wäre unzulässig. Auch ist offensichtlich der Regelungsumfang verschieden: Informelle Administrativnormen sind abstrakt-generell gehalten, wohingegen Einzelfallentscheidungen sich auf die Regelung einzelner Fälle beschränkt.

Aus den gleichen Gründen kann eine Beteiligungspflicht vor dem Erlass informeller beihilferechtlicher Normen auch nicht aus dem Gleichbehandlungsgrundsatz abgeleitet werden.[1496] Die Situation der verbindlichen Einzelfallregelung und der Erlass informeller Normen sind nicht in ausreichendem Maße vergleichbar.

1494 A.A. *J. Mendes*, Participation in EU Rule-Making, S. 436 f. Die Autorin trifft jedoch keine Unterscheidung zwischen konsentierten „Rahmen" nach Art. 108 Abs. 1 AEUV (s.o.), die bestehende Beihilfemaßnahmen *verbindlich* regeln, und *unverbindlichen* ermessenstrukturierenden Instrumenten, die neue Beihilfen betreffen. Die unterschiedliche Bewertung der Analogiefähigkeit mag auch hierin begründet sein.

1495 Siehe oben, VI. 2. c), am Beispiel der Mitteilung der Kommission über *de minimis*-Beihilfen.

1496 So aber *J. Mendes*, Participation in EU Rule-Making, S. 442.

ee) Keine Beteiligungspflicht aus dem Grundsatz der loyalen Zusammenarbeit

Eine Pflicht zur Beteiligung der Mitgliedstaaten kann nicht aus dem Grundsatz der loyalen Zusammenarbeit (Art. 4 Abs. 3 EUV) gefolgert werden.[1497] *Adam* kommt im Ergebnis zur Bejahung einer Beteiligungspflicht der Mitgliedstaaten auch bei unverbindlichen Mitteilungen. Zur Begründung führt sie an, der Grundsatz der loyalen Zusammenarbeit verpflichte die Kommission zur „Hilfestellung", sofern die Mitgliedstaaten „unvorhergesehene Schwierigkeiten" oder „Unklarheiten" bei der Durchführung des Gemeinschaftsrechts begegnen. Diese Hilfestellung sollen die Auslegungsmitteilungen geben. Da die Beachtung der Kommissionsmitteilungen unter anderem von der Einbindung der Mitgliedstaaten in den Erlassprozess abhänge, weil diese dann ihre eigenen Interessen eher berücksichtigt sehen, sei eine Beteiligung zur effektiven Durchführung des Unionsrechts erforderlich.[1498]

Gegen diesen Schluss könnte sprechen, dass die Nichtanwendung der Kommissionsvorgaben zwar die effektive Durchführung des Unionsrechts beeinträchtigen kann. Jedoch liegt dieser Ansicht eine ähnliche Auffassung zugrunde wie der weiter oben bereits abgelehnten Ansicht, nach der informelle Administrativnormen der Kommission rechtliche Bindungswirkungen gegenüber den Mitgliedstaaten entfalten;[1499] nämlich dass die Auslegungsmitteilungen der Kommission immer lediglich die objektive Rechtslage erörtern und die jeweils „richtige" Auslegung des Unionsrechts darstellen. Dies kann jedoch nicht überzeugen, zumal der EuGH unlängst festgestellt hat, dass es sich bei Kommissionsmitteilungen nicht um die authentische Interpretation des Unionsrechts handelt; diese Aufgabe kommt vielmehr den Unionsgerichten zu.[1500]

1497 *H. Adam*, Die Mitteilungen der Kommission, S. 139 ff.

1498 *H. Adam*, Die Mitteilungen der Kommission, S. 140 f., mit Verweis auf EuGH, Rs. 94/87, *Kommission/Deutschland*, Rn. 9-12.

1499 Siehe oben V. 2. a) aa) (1) und (3).

1500 EuGH, Rs. 74/69, *Krohn*, Rn. 9; siehe auch EuGH, Rs. 310/85, *Deufil*, Rn. 22.

ff) Berücksichtigungs- und Begründungspflicht

Auch wenn eine – wie auch immer geartete – Beteiligung am Erlassverfahren durchgeführt wird, ist nicht klar, wie die Eingaben und Stellungnahmen berücksichtigen werden. Eine Pflicht, die Eingaben zu berücksichtigen besteht freilich nicht. Zur Transparenzsteigerung könnte jedoch eine Pflicht beitragen, die später erlassene informelle Norm im Lichte der Eingaben zu begründen.[1501]

Teilnehmer an Konsultationen haben ein offensichtliches Interesse daran zu wissen, welche Eingaben von anderen Teilnehmern gemacht wurden und vor allem, wie die Eingaben von der Kommission berücksichtigt wurden.[1502] Diesbezüglich ist jedoch vieles unklar; hier sind jedenfalls noch Transparenzreserven vorhaben. Die o.g. Mitteilung zu Mindeststandards bei Konsultationen ist ein seltenes Beispiel, in dem die Kommission in einem informellen Instrument ein Feedback zu den Beiträgen des Konsultationsverfahrens gibt.[1503] Dieses Vorgehen hält die Kommission aber nur für erforderlich, wenn es um formelle Gesetzgebungsakte geht.

Eine Begründungspflicht ergibt sich auch nicht aus Art. 296 Abs. 2 AEUV, der eine Begründungspflicht für „Rechtsakte" bestimmt. Diese Vorschrift gilt nämlich nur für den Bereich der formalen Rechtsetzung,[1504] nicht hingegen für informelle Administrativnormen. Gleiches gilt für Art. 41 Abs. 2 lit. c GRCh, der bestimmt, dass die Verwaltung ihre Entscheidungen begründen muss. Hierauf kann sich nur ein Grundrechtsträger berufen, der durch eine Maßnahme in eigenen Angelegenheiten betroffen ist,[1505] was bei abstrakt-generellen informellen Normen nicht der Fall ist.

Gleichwohl wird für informelle Normen der Kommission vertreten, dass eine durchgeführte Konsultation immer auch die Verpflichtung der Kommission beinhalten solle, ihre später erlassenen informellen Normen zu

---

1501 Ähnliche Vorschläge bei *C. Abbot/M. Lee*, YEL 2015, S. 26 (28). Einen Mangel an Begründungen informeller Administrativnormen bemängelt auch *J. Scott*, CMLRev 2011, S. 329 (347).

1502 *C. Quittkat*, JCMS 2011, S. 653 (662).

1503 Oben VII. 1. a) bb) (3), Mitteilung der Kommission, Hin zu einer verstärkten Kultur der Konsultation und des Dialogs – Allgemeine Grundsätze und Mindeststandards für die Konsultation betroffener Parteien durch die Kommission, KOM(2002)704 endg., vom 11.12.2002, S. 8 ff.

1504 *T. Kröll/G. Lienbacher*, in: Schwarze (Hrsg.), EU-Kommentar, 4. Aufl., Art. 10 EUV, Rn. 20.

1505 *J. Terhechte*, in: Frankfurter Kommentar Bd. I, Art. 41 GRC, Rn. 19.

begründen vor dem Hintergrund der Konsultation. Das heißt, die Kommission soll danach verpflichtet sein, Rechenschaft abzulegen über die Berücksichtigung (oder Nicht-Berücksichtigung) der Eingaben im Konsultationsverfahren.[1506] Eingaben des Europäischen Parlaments sollen dabei besonderes Gewicht haben: Hält dieses in der Sache ein formelles Rechtsetzungsverfahren für erforderlich, solle ein solches statt der informellen Normsetzung erfolgen. Sollte die Kommission dem nicht nachkommen, solle dem Parlament ein eigenes Initiativrecht für ein formelles Gesetzgebungsverfahren zustehen.[1507] Dieser Vorschlag hat insbesondere das oben aufgezeigte Problem der möglichen Umgehung des Gesetzgebungsprozesses und die damit einhergehende Beeinträchtigung des institutionellen Gleichgewichts im Blick. Als Konkretisierung des Grundsatzes der interinstitutionellen Zusammenarbeit wäre dadurch auch außerhalb des Rechtsschutzes durch Gerichte ein Mechanismus zur Sicherung des institutionellen Gleichgewichts bereitgestellt.[1508]

Dieser Vorschlag aus dem Jahr 2005 hat keinen Eingang in die mittlerweile getroffene interinstitutionelle Vereinbarung zwischen dem Parlament und der Kommission gefunden.[1509] Die dort vorgesehenen Informations- und Beteiligungsrechte machen die vorgeschlagene Begründungspflicht zwar nicht obsolet, jedoch führen sie bereits zu einer angemessenen Berücksichtigung der Interessen des Parlaments. Des Weiteren bedarf der Vorschlag jedenfalls einer Konkretisierung hinsichtlich der Arten informeller Normen, für die die Begründungspflicht gelten soll. Für informierende informelle Normen etwa scheint dies wenig sinnvoll, da hier keine Umgehung der Gesetzgebungsorgane droht. Zudem könnte Folge einer solchen Pflicht auch sein, dass die Kommission auf die Durchführung eines Konsultationsverfahrens gänzlich verzichtet, da in diesem Fall offensichtlich eine Begründungspflicht entfallen würde. Die Begründungspflicht, und das darauf aufbauende Initiativrecht des Parlaments, setzen eine Beteiligungspflicht voraus, die, wie gesehen, nicht besteht. Somit besteht keine rechtli-

1506 *L. Senden*, ELJ 2013, S. 57 (73).

1507 *L. Senden*, UtrechtLR 2005, S. 79 (98 f.).

1508 *Ibid.*, (98 f.).

1509 Interinstitutionelle Vereinbarungen des Europäischen Parlaments und der Kommission – Rahmenvereinbarung über die Beziehungen zwischen dem Europäischen Parlament und der Europäischen Kommission, ABl. 2010, L 304, S. 47, dazu oben VII. 1. a) bb) (2).

che Pflicht, informelle Normen im Lichte der im Konsultationsverfahren getätigten Eingaben zu begründen.[1510]

b) Normenpublizität und -klarheit

Informelle Normen sind zudem an den Grundsätzen der Normenpublizität und -klarheit zu messen. Als ein Aspekt von Rechtsicherheit gebieten diese Grundsätze, dass hinsichtlich des Bestandes sowie des Inhalts hoheitlicher Akte ein Mindestmaß an Klarheit bestehen muss.[1511] Dafür müssen sich die Betroffenen insbesondere von ihnen Kenntnis verschaffen können, was bei abstrakt-generellen Instrumenten die Veröffentlichung voraussetzt.[1512]

Auch in diesem Bereich ist die Regelungsdichte gering. Verbindliche Vorgaben zur Veröffentlichung informeller Administrativnormen oder deren redaktionellen Anforderungen existieren kaum.

aa) Veröffentlichungsort und -art

Für rechtsverbindliche Normen ist die Veröffentlichung als eine rechtsstaatliche Anforderung seit jeher anerkannt.[1513] Für informelle Normen gilt im Grundsatz nichts anderes, wenngleich weniger strenge Maßstäbe anzulegen sind. Die Publikation der Normen ist zudem schon aus rein pragmatischen Gründen sinnvoll und im Interesse der erlassenden Stelle, da dies eine Grundvoraussetzung für ihre praktische Wirksamkeit darstellt; ohne Kenntnis von einer Norm, können die Adressaten deren Verhaltensanforderungen nicht einhalten.

1510 Auch für unverbindliche Rechtsakte im deutschen Verwaltungsrecht wird eine Begründungspflicht diskutiert, letztlich aber nur als Gebot der Klugheit angesehen, da dies die Transparenz des Verwaltungshandelns und letztlich die Wahrscheinlichkeit der Befolgung der unverbindlichen Normen steigern kann, vgl. *M. Schramm*, Einseitiges informelles Verwaltungshandeln im Regulierungsrecht, S. 220.

1511 Für das deutsche Recht *B. Grzeszick*, in: Maunz/Dürig (Hrsg.), Grundgesetz, 48. EL, Art. 20, Rn. 51 f.

1512 Siehe auch den Vorschlag des Conseil d'État bezogen auf informelle Administrativnormen im französischen Recht, wonach diese veröffentlicht werden sollen, Conseil d'État, Étude annuelle 2013 – Le droit souple, 2013, S. 196, Empfehlung Nr. 15.

1513 Dies gilt auch für Verwaltungsvorschriften mit Außenwirkung, vgl. BVerwGE 19, S. 48 (58); OVG Berlin, 26.09.75, II B 41/75, 1. Leitsatz.

(1) Sekundärrechtliche Vorgaben nur für konkrete Gesetzgebungsvorschläge

Die Verträge sehen zwar schon seit der Gründung der EGKS Publikationspflichten für verbindliche Rechtsakte vor[1514], machen aber für die Veröffentlichung informeller Normen keine Vorgaben. Art. 297 Abs. 1 UAbs. 3 AEUV bestimmt, dass Gesetzgebungsakte im Amtsblatt der EU veröffentlicht werden müssen. Gleiches gilt nach Abs. 2 UAbs. 2 desselben Artikels für Verordnungen, Richtlinien und adressatenlose Beschlüsse. Auf informelle Administrativnormen ist diese Bestimmung jedoch nicht anwendbar.[1515] Eine der wenigen Regelungen ist in Art. 13 Abs. 1 lit. a der Transparenzverordnung enthalten,[1516] wonach „Vorschläge" der Kommission im Amtsblatt zu veröffentlichen sind, mithin also rechtsvorbereitende informelle Normen. Hierunter fallen jedoch nicht alle oben als rechtsvorbereitend eingeordnete Instrumente[1517], sondern nur konkrete Gesetzgebungsvorschläge. Ein Beispiel ist das vorgeschlagene „Europäische Klimagesetz", welches in der ABl.-Reihe L unter I. („Gesetzgebungsakte") veröffentlicht wurde.[1518]

Verbindliche Vorgaben existieren darüber hinaus nicht, sodass die Praxis anhand der allgemeinen Grundsätze beurteilt werden muss, wobei auf den Zweck der Veröffentlichungspflicht abzustellen ist, also über den Bestand

1514 Vgl. Art. 15 Abs. 3 EGKS-Vertrag. Dazu *C. Tomuschat*, Normenpublizität und Normenklarheit in der Europäischen Gemeinschaft, in: FS Kutscher, S. 461 (466).

1515 *T. Groß*, DÖV 2004, S. 20 (21); *L. Senden*, ELJ 2013, S. 57 (68).

1516 Verordnung (EG) Nr. 1049/2001 des Europäischen Parlaments und des Rates vom 30.05.2001 über den Zugang der Öffentlichkeit zu Dokumenten des Europäischen Parlaments, des Rates und der Kommission, ABl. 2001, L 145, S. 43. Dazu *J. Saurer*, in: Frankfurter Kommentar Bd. IV, Art. 297 AEUV, Rn. 6.

1517 Siehe etwa die Mitteilung Vollendung des Elektrizitätsbinnenmarktes und optimale Nutzung staatlicher Interventionen, C(2013) 7243 final, oben IV. 1. b); siehe auch die Mitteilung „Eine Energiepolitik für Europa", vom 10.01.2007, COM(2007) 1 endg. Siehe etwa oben IV. 1. i) die Instrumente, die vom Rahmen für die Klima- und Energiepolitik bis 2030 erfasst sind, darunter das Grünbuch COM(2013) 169 final, Grünbuch – Ein Rahmen für die Klima- und Energiepolitik bis 2030, vom 27.03.2013. Siehe auch das Paket zur Energieunion COM(2015) 80 final, oben IV. 1. j).

1518 Verordnung (EU) 2021/1119 des Europäischen Parlaments und des Rates vom 30. Juni 2021 zur Schaffung des Rahmens für die Verwirklichung der Klimaneutralität und zur Änderung der Verordnungen (EG) Nr. 401/2009 und (EU) 2018/1999 („Europäisches Klimagesetz"), ABl. 2021 L 243, S. 1.

der geltenden Regeln zu informieren und somit auch die Rechtssicherheit zu steigern.[1519]

Die untersuchten unverbindlichen Handlungsformen weisen große Unterschiede im Bereich des Veröffentlichungsortes auf. Zum Teil sind Dokumente nur auf Anfrage bei der Kommission und ausschließlich in englischer Sprache verfügbar.[1520] Andere wiederrum sind im Amtsblatt veröffentlicht[1521] und dort wiederrum an verschiedenen Abschnitten innerhalb des Amtsblattes.[1522] *Tomuschat* bemerkte bereits 1981, dass bisweilen auch der europarechtlich geschulte Jurist Probleme bei der Auffindung der jeweils aktuellen – rechtlich verbindlichen – Vorschriften hat.[1523] Im Bereich der informellen Normen ist das Auffinden, wie gesehen, mitunter nicht minder problematisch.

(2) Wettbewerbsregeln

Um über den Bestand der Wettbewerbsregeln (verbindliche und informelle) zu unterrichten, existieren von Seiten der Kommission eine Vielzahl von Veröffentlichungen: Bereits seit 1970 veröffentlicht sie jährlich Berichte über die Wettbewerbspolitik (*reports on competition policy*). Von 1988 bis 2001 wurden daneben Berichte über Staatliche Beihilfen in der Gemeinschaft (Reports on State aid in the Community) veröffentlicht. Seit dem Jahr 2001 wurden sie durch den Beihilfenanzeiger (*State Aid Scoreboard*) und das Beihilferegister (*State Aid Register*) ersetzt. Letzteres enthält alle Entscheidungen und Beschlüsse der Kommission seit dem Jahr 2001. In der Zeit von 1994 bis 2012 informierte zudem der *Competition Policy Newletter*, der danach unter der Bezeichnung *Competition Policy Brief* veröffentlicht wurde. Das „Vademecum Gemeinschaftsvorschriften über staatliche Beihilfen" enthält eine kurze und allgemein verständliche Darstellung des Beihilfenrechts. Das "*Handbook on State aid rules for SMEs*" soll speziell kleine und mittelständige Unternehmen informieren. Daneben besteht die Möglichkeit, die "*State Aid Weekly e-News*" – einen wöchentlichen Emaildienst mit den neuesten Entwicklungen im Bereich Beihilfen – zu abonnieren.

1519 *J. Saurer*, in: Frankfurter Kommentar Bd. IV, Art. 297 AEUV, Rn. 1.

1520 Siehe die Auslegungshinweise zur Energieeffizienzrichtlinie, oben IV. 1. g).

1521 Etwa die Umwelt- und Energiebeihilfeleitlinien, oben IV. 1. a).

1522 Siehe oben IV. 2. d) cc) (2).

1523 *C. Tomuschat*, Normenpublizität und Normenklarheit in der Europäischen Gemeinschaft, in: FS Kutscher, S. 461 (462 und passim).

Bis 2009 existierte zudem das Bulletin der Europäischen Union, welches jährlich zehn Mal erschien und eine kurze Darstellung der Aktivitäten der Kommission und anderer Organe der Union enthielt. Es stellte eine Ergänzung zum Gesamtbericht über die Tätigkeit der Europäischen Union dar, zu dessen Erstellung die Kommission nach Art. 249 Abs. 2 AEUV verpflichtet ist.

Diese Veröffentlichungen enthalten jedenfalls alle ermessensstrukturierenden informellen Administrativnormen und darüber hinaus einige rechtsergänzende Instrumente. Dass einige rein informierende Instrumente und insbesondere Instrumente wie die Arbeitsunterlagen der Kommission bzw. einzelner Generaldirektionen nicht enthalten sind, ist dabei nicht zu beanstanden, da der Grundsatz der Normenklarheit nicht fordert, sämtliche Dokumente zu veröffentlichen. Dies wird schon für verbindliche Instrumente nicht gefordert, kann daher erst recht nicht von informellen Instrumenten verlangt werden.[1524] Zudem sind weitere Dokumente wie Arbeitsunterlagen häufig online über das Register von Kommissionsdokumenten abrufbar oder auf Anfrage erhältlich.[1525]

Im Beihilfenrecht existiert zudem eine Zusammenstellung aller (auch informellen) Regeln mit dem Titel „Wettbewerbsregeln für staatliche Beihilfen".[1526] Das Dokument listet sämtliche primär- und sekundärrechtliche Normen auf sowie alle informellen Administrativnormen und darüber hinaus auch „Fragebögen". Dass es nur in deutscher, französischer und englischer Sprache verfügbar ist, dürfte vor allem daran liegen, dass die darin enthaltenen Dokumente selbst zum Teil nur in diesen drei Sprachen veröffentlicht wurden.

Auch dass die Veröffentlichung nur online erfolgt, ist unter Transparenzgesichtspunkten nicht zu beanstanden. Zwar ist der Beweiswert von Amtsblattveröffentlichung in Papierform gegenüber bloßer Online-Veröffentlichung größer;[1527] letztere stellen nicht eine vergleichbare dauerhafte Verfügbarkeit sicher. Eine reine Onlineveröffentlichung ist in der Praxis jedoch sogar besser geeignet, über den Bestand informeller Normen zu

1524 *M. Knauff*, Der Regelungsverbund, S. 426.

1525 Siehe oben IV. 2. d) cc) (2).

1526 Abrufbar unter http://ec.europa.eu/competition/state_aid/legislation/compilation/state_aid_15_04_14_de.pdf.

1527 *M. Knauff*, Der Regelungsverbund, S. 432; *M. Schramm*, Einseitiges informelles Verwaltungshandeln im Regulierungsrecht, S. 219.

informieren und wird auch für Handlungen der deutschen Behörden als ausreichend angesehen.[1528]

(3) Nachvollziehbarkeit des Gestzgebungsprozesses: fitness checks und impact assessments

Aus Transparenzgründen erforderlich erscheint die Veröffentlichung sogenannter fitness checks und impact assessments. Letztere begleiten Gesetzgebungsvorschläge und stellen die tatsächliche Grundlage des Kommissionsvorschlags dar.[1529] Sie enthalten mitunter wissenschaftliche Studien im Anhang und erläutern das Problem, das die Rechtsetzung lösen soll sowie die Effektivität und Effizienz verschiedener Lösungsansätze. Sofern eine bestehende verbindliche Regelung reformiert wird, erfolgt meist zugleich ein fitness check, der die Tauglichkeit des aktuellen Rechts untersucht.[1530] Im nachfolgenden Rechtsetzungsprozess sind sie in tatsächlicher Hinsicht Ausgangspunkt für das Europäische Parlament und den Rat im Gesetzgebungsprozess. Somit sind sie auch erforderlich für die Nachvollziehbarkeit des Gesetzgebungsprozesses. Soweit ersichtlich werden diese Dokumente stets veröffentlicht, wenn auch meist nur in englischer Sprache.

(4) Zugang zu Dokumenten

Neben einer Veröffentlichungspflicht hat zudem der Zugang zu Dokumenten „der Organe, Einrichtungen und sonstigen Stellen der Union“ besondere Relevanz erlangt, der in Art. 15 AEUV und Art. 42 GRCh festgelegt ist. Diese Vorschriften bestimmen jedoch nicht, was vom Tatbestandmerkmal „Dokumente“ erfasst ist, insbesondere, ob auch informelle Administra-

---

1528 *M. Schramm*, Einseitiges informelles Verwaltungshandeln im Regulierungsrecht, S. 220.

1529 Siehe oben IV. 1. d) zum Aktionsplan Staatliche Beihilfen: SEK(2005) 795 final, Commission Staff Working Paper – Annex to the: State aid action plan – Less and better targeted state aid: a road map for the state aid reform 2005-2009 (Consultation document). Impact Assessment, vom 07.06.2005.

1530 Siehe etwa oben IV. 1. a) zur Überarbeitung der Umwelt- und Energiebeihilfeleitlinien im Rahmen des state aid modernisation package: Commission Staff Working Document – Fitness Check of the 2012 State aid modernisation package, railways guidelines and short-term export credit insurance, SWD(2020) 257 endg.

tivnormen dazu zählen. Eine Konkretisierung enthält die VO 1049/01.[1531] Von der in Art. 3a enthaltenen Definition des Begriffs „Dokument" sind die informellen Normen mitumfasst.[1532] Für informelle Instrumente der Kommission ist bei der Verwirklichung dieses Anspruchs das online verfügbare Register von Kommissionsdokumenten das wichtigste Werkzeug.[1533] Für die Recherche zu dieser Studie konnten alle untersuchten informellen Instrumente über die Suchfunktion dieser Seite gefunden werden bzw. eine Anfrage bezüglich dort nicht verfügbarer Dokumente gestellt werden, der auch jeweils nachgekommen wurde.

(5) Frühere Versionen von Dokumenten

Aus Gründen der Transparenz wünschenswert wäre die Veröffentlichung auch der früheren Versionen informeller Normen.[1534] Für formelle Rechtsakte wie Verordnungen und Richtlinien können die Legislativvorschläge der Kommission sowie die im Gesetzgebungsprozess vorgenommenen Änderungen und die von den anderen Organen eingebrachten Stellungnahmen auf einer chronologischen Übersicht auf EUR-Lex abgerufen werden. Bei informellen Instrumenten wird diesbezüglich nicht einheitlich verfahren. In manchen Fällen werden zum Beispiel alle Eingaben des Konsultationsverfahrens (gegebenenfalls in einer vertraulichen Version) und das diesem Verfahren zugrundeliegende Konsultationsdokument, also eine frühere Version der informellen Norm, veröffentlicht.[1535] Manche Agenturen veröffentlichen zum Teil frühere Entwürfe informeller Normen, die den Entstehungsprozess erkennen lassen durch die Einfügung von „red line documents" in manchen guidance-Dokumenten, welche die inhaltlichen Ver-

---

1531 Verordnung (EG) Nr. 1049/2001 des Europäischen Parlaments und des Rates vom 30.05.2001 über den Zugang der Öffentlichkeit zu Dokumenten des Europäischen Parlaments, des Rates und der Kommission, ABl. 2001, L 145, S. 43.

1532 Dieser lautet: „Inhalte unabhängig von der Form des Datenträgers (auf Papier oder in elektronischer Form, Ton-, Bild oder audiovisuelles Material), die einen Sachverhalt im Zusammenhang mit den Politiken, Maßnahmen oder Entscheidungen aus dem Zuständigkeitsbereich des Organs betreffen". Siehe dazu u.a. *L. Senden/A. van den Brink*, Checks and Balances of Soft EU Rule-Making. Study for the EP's Directorate General for Internal Policies 2012, S. 27.

1533 http://ec.europa.eu/transparency/regdoc/?fuseaction=search.

1534 Für informelle Normen von Agenturen siehe *S. Vaughan*, 17 CambYELS (2015), S. 66 (84 f.).

1535 So etwa bei den Umwelt- und Energiebeihilfeleitlinien, oben IV. 1. a).

änderungen verdeutlichen.[1536] Andere Dokumente enthalten keinen Hinweis auf das Erlassverfahren, also wer daran beteiligt war oder wie dieser Input berücksichtigt wurde.

Bezüglich der Frage, ob diese Veröffentlichungen aus Transparenzgesichtspunkten geboten oder zumindest wünschenswert sind, muss wieder zwischen verschiedenen Instrumenten differenziert werden: Eine umfassende Pflicht zur Veröffentlichung von internen Diskussionsgrundlagen und Arbeitspapieren, die später ihrerseits nur in eine informelle Norm erwachsen, ist wohl nicht erforderlich. Insgesamt kann nicht davon ausgegangen werden, dass sich der Transparenzgrundsatz zu einer derartigen Pflicht verdichten lässt. Die Veröffentlichung von früheren Versionen und anderen Dokumenten im Zusammenhang mit informellen Normen kann jedoch eine Transparenzsteigerung bewirken, die gerade im Bereich der ermessensstrukturierenden Normen zu begrüßen ist, da diese die stärksten rechtlichen und faktischen Wirkungen entfalten.[1537] Um eine Rechtmäßigkeitsvoraussetzung handelt es sich aber nicht.

(6) Dokumentenarten und Standort innerhalb des Amtsblattes

Gleiches gilt für die verschiedenen Dokumentenarten und, für die im Amtsblatt veröffentlichten Normen, den genauen Standort innerhalb des Amtsblattes. Hier wurde eine nicht immer nachvollziehbare Heterogenität beobachtet, die lediglich eine Tendenz erkennen lässt, Normen im Amtsblatt zu veröffentlichen, die als besonders wichtig wahrgenommen werden.[1538] Hier wäre ein gewisser Grad der Vereinheitlichung wünschenswert.[1539] Die offizielle Struktur des Amtsblattes[1540] kann hierbei als Orientierung dienen. Dieses Dokument sieht für die verschiedenen ABl.-Reihen und weiteren Untergliederungen jeweils bestimmte Akte vor, die dort veröffentlicht werden sollen. So sollen danach vorbereitende Rechtsakte unter C III. veröffentlicht werden; „Mitteilungen“ hingegen unter C II. und Emp-

1536 *S. Vaughan*, CambYELS 2015, S. 66 (84 f.).

1537 Siehe oben V. 2. b) bb) (1).

1538 Siehe oben IV. 2. d) cc) (1).

1539 Vgl. *G. Sydow*, Verwaltungskooperation in der Europäischen Union, S. 54, der die Veröffentlichungspraxis gerade mit Blick auf das Verwirrungspotenzial kritisiert.

1540 Erläutert auf der EUR-Lex-Internetseite unter: https://eur-lex.europa.eu/content/oj/Structure_eOJ_EU_de.pdf.

fehlungen unter C I. Wie gesehen, entspricht das aber nicht immer der Praxis.

Auch bei den verwendeten Dokumentenarten (COM, C, SWD, etc.) würde eine Vereinheitlichung die Transparenz steigern, da hierdurch für Betroffene bereits anhand der Dokumentenart eine Einordnung der Instrumente möglich wäre. Auch hierfür steht bereits eine von der Kommission selbst gegebene Struktur zur Verfügung.[1541] Diese müsste konsequenter eingehalten werden.

Insgesamt ist die in der EU praktizierte Form der Veröffentlichung informeller Normen daher als der dem Gebot der Normpublizität genügend anzusehen.[1542]

bb) Normenklarheit

Der Grundsatz der Normenklarheit stellt in dreierlei Hinsicht Anforderungen an informelle Instrumente: (1) Zum einen muss die Bezeichnung und die inhaltlich-sprachliche Gestaltung die Unverbindlichkeit erkennen lassen, also eine Abgrenzung zu verbindlichen Instrumenten ermöglichen und ihre Verhaltensanforderungen verständlich formulieren. (2) Zum anderen muss innerhalb der Gruppe informeller Instrumente eine Mindesttransparenz der Bezeichnungen gegeben sein, die ein gewisses Maß an Konsistenz erkennen lassen, sodass jedenfalls bestimmte Grundtypen bestimmten Bezeichnungen zugeordnet werden können. (3) Zudem dürfen sich die verschiedenen Normen nicht widersprechen beziehungsweise, wenn dies doch der Fall ist, müssen die Widersprüche lösbar sein.

Allen drei Aspekten ist gemeinsam, dass sie Antworten auf das im Rahmen der kompetenziellen Grenzen angesprochene Problem darstellen. Dieses Problem besteht darin, dass die von informellen Instrumenten Betroffenen bezüglich des Status und der Wirkungen der Instrumente getäuscht

---

1541 Siehe oben die Einteilung der verschiedenen Dokumentenarten auf der Internetseite Register der Kommissionsdokumente, oben IV. 2. d) cc) (1).

1542 So auch *M. Knauff*, Der Regelungsverbund, S. 431. Siehe auch *M. Schramm*, Einseitiges informelles Verwaltungshandeln im Regulierungsrecht, S. 288, der die Veröffentlichung im Amtsblatt der EU als positiv ansieht, beklagt aber zu recht die Inkonsequenz, nicht alle unverbindlichen Akte zu veröffentlichen. *I. Schübel-Pfister*, ZLR 2004, S. 403 (426), schägt hingegen vor, alle Mitteilungen im Amtsblatt, Abschnitt C zu veröffentlichen.

werden können.[1543] Durch diese Irreführung besteht die Gefahr, dass die Instrumente eine weitaus stärkere Wirkung entfalten, als ihnen eigentlich zukommt und das Erlassorgan in der Folge *de facto* Gesetzgebungsbefugnisse wahrnimmt. Diesem Problem ist richtigerweise jedoch auf der Ebene der Normenklarheit zu begegnen und nicht auf kompetenzrechtlicher; nicht das „Ob" informeller Administrativnormen, das im Grunde nicht zu beanstanden ist, sondern das „Wie" bedarf rechtlicher Einhegung.

Ein Mangel an Transparenz kann auch bewirken, dass Betroffene von der Existenz informeller Normen schlicht nicht wissen oder sie nicht verstehen.[1544] In der Folge können sie sich weder auf die Verhaltensanforderungen dieser Normen einstellen, noch sich auf möglicherweise in ihnen enthaltene (oder erörterte) Rechte berufen.

Zu bedenken ist jedoch, dass wenngleich es sich hierbei auch um eine Ausprägung des Rechtsstaatsprinzips handelt, die daraus folgenden Anforderungen nicht allzu hoch und auf der unionsrechtlichen Ebene geringer als auf der nationalstaatlichen sind.[1545]

(1) Nach außen: Erkennbarkeit der rechtlichen Unverbindlichkeit

Bereits aus der Bezeichnung der informellen Norm sollte aus Gründen der Normenklarheit eine Abgrenzung zu verbindlichen Instrumenten möglich sein. So darf insbesondere eine unverbindliche Auslegungsmitteilung nicht als „Verordnung" bezeichnet werden. Dieses konkrete Beispiel wurde in der Ausgangsuntersuchung zwar nicht gefunden. Anders verhält es sich mit der Bezeichnung „Leitlinie", die sowohl für ermessensstrukturierende informelle Administrativnormen als auch für verbindliche Instrumente im Bereich der Transeuropäischen Netze verwendet wird (Art. 170-172 AEUV, oben IV. 2. d) dd)). Diese Doppelverwendung sollte vermieden werden, um nicht fälschlicherweise den Eindruck rechtlicher Verbindlichkeit zu erwecken.

Der rechtliche Status, also die Unverbindlichkeit, muss für die Betroffenen ersichtlich sein.[1546] Für die hier betrachteten informellen Normen be-

1543 Dazu oben VI. 1. a) cc).

1544 *G. Howells*, "Soft Law" in EC consumer law, in: Craig/Harlow (Hrsg.), Lawmaking in the European Union, S. 310 (317).

1545 Dies gilt auch für die völkerrechtliche Ebene, vgl. *M. Knauff*, Der Regelungsverbund, S. 421 f.

1546 *M. Knauff*, Der Regelungsverbund, S. 428, der dies als „instrumentelle" Transparenz bezeichnet. Siehe in diesem Zusammenhang auch Schlussanträge GA *Bobek*

deutet das insbesondere, dass erkennbar sein muss, ob die Verhaltensanforderungen nur eine Konkretisierung der ohnehin bestehenden gesetzlichen Verpflichtungen sind oder ob die erlassende Stelle darüber hinaus Anforderungen stellt.[1547] Dem Gebot der Normenklarheit genügen deshalb solche Normen nicht, die den Anschein erwecken, sie wären verbindlich,[1548] zum Beispiel weil sie die Rechtsprechung des EuGH zu erörtern vorgeben, tatsächlich aber die Ansicht der Kommission zur „korrekten" Anwendung des Rechts darstellen, etwa innerhalb eines von den Verträgen weit gefassten Rahmens.

Es muss darüber hinaus hinreichend klar sein, ob die erlassende Stelle im Falle der Nichtbefolgung eine rechtsverbindliche Maßnahme gleichen Inhalts erlassen könnte,[1549] zum Beispiel einen Beschluss durch die Kommission. Auch in der Rechtsprechung ist anerkannt, dass der Erlass eines (verbindlichen) Instruments in bestimmter Form unzulässig sein kann, wenn dies zu Unklarheiten bei den Betroffenen über den rechtlichen Status führt, insbesondere über die rechtlichen Wirkungen.[1550] Dies fordert das Gebot der Formenklarheit als Aspekt von Rechtssicherheit.[1551]

Der rechtliche Status informeller Instrumente kann daneben auch durch die inhaltliche Gestaltung kommuniziert werden. Dabei kommt vor allem dem sprachlichen Erscheinungsbild Bedeutung zu: Mit welchem Selbstverständnis tritt das Erlassorgan auf? Werden Formulierung gewählt, die einen unverbindlichen Vorschlag nahelegen oder solche, die Verbindlichkeit suggerierenden? Eine trennscharfe Unterscheidung zwischen unter Transparenzgesichtspunkten zulässigem und unzulässigem Vorgehen ist dabei nicht

---

zu EuGH, Rs. C-911/19, *EBA Leitlinien*, Rn. 91, der auf die potentielle Gefahr für die Rechtssicherheit hinweist.

1547 *M. Schramm*, Einseitiges informelles Verwaltungshandeln im Regulierungsrecht, S. 226, der dies als materieller Transparenz bezeichnet, in Abgrenzung zu instrumentellen Transparenz.

1548 In diese Richtung *H. Lecheler*, DVBl 2008, S. 873. Vgl. auch *A. Glaser*, Die Entwicklung des Europäischen Verwaltungsrechts aus der Perspektive der Handlungsformen, S. 393, der dann einen Verstoß gegen Art. 288 AEUV annimmt.

1549 *M. Schramm*, Einseitiges informelles Verwaltungshandeln im Regulierungsrecht, S. 226.

1550 Ständige Rechtsprechung seit EuGH, Rs. 70/83, *Kloppenburg*, Rn. 11; siehe auch die Schlussanträge GA *Tesauro* zu EuGH, Rs. C-325/91, *Frankreich/Kommission*, Rn. 21.

1551 Zu einer „Mitteilung" der Kommission siehe EuGH, Rs. C-325/91, *Frankreich/Kommission*, Rn. 26; *J. Bast*, Grundbegriffe und Handlungsformen der EU, S. 63 f.

möglich. Das Erlassorgan ist aber gehalten, für eine möglichst deutliche Erkennbarkeit zu sorgen. Hierbei ist sinnvollerweise nach den Adressaten der Instrumente zu differenzieren: Den mitgliedstaatlichen Stellen kann allgemein eher als etwa einem Einzelnen zugetraut werden, die Unverbindlichkeit von rechtsvorbereitenden Administrativnormen zu erkennen; den mitgliedstaatlichen Gesetzgebern wird bei der Umsetzung von Richtlinien bewusst sein, dass ein rechtsergänzender Vorschlag der Kommission zur Richtlinienumsetzung sie nicht bindet, zumal wenn diese, wie im Fall des deutschen Bundestages, über einen wissenschaftlichen Dienst verfügen. Ist die Norm ohnehin nur für Spezialisten relevant – etwa im Energierecht –, sind geringere Anforderungen an die Normenklarheit zu stellen,[1552] als wenn sich eine Norm an Einzelne richtet, die nicht im größeren Umfang am unionsweiten Wirtschaftsleben teilnehmen. Auch eine unverbindliche Interinstitutionelle Vereinbarung geht bezüglich der Anforderungen an die redaktionelle Qualität von Rechtsakten davon aus, dass nach den Adressaten zu differenzieren ist.[1553]

Wie in der Ausgangsuntersuchung gezeigt, ist der rechtliche Status in den untersuchten Beispielen in dieser Hinsicht nicht immer klar erkennbar. Zwar finden sich in der Regel ausdrückliche Hinweise auf die rechtliche Unverbindlichkeit. Jedoch sind die enthaltenen Verhaltensanforderungen selten als bloße Empfehlungen formuliert. Teilweise wird direkt auf die Möglichkeit eines Vertragsverletzungsverfahrens verwiesen, sollte den Mitteilungen nicht Folge geleistet werden.[1554] Zudem sind sie sprachlich oft derart gestaltet, dass der empfehlende, unverbindliche Charakter nicht erkennbar ist.[1555] Stattdessen unterscheiden sich die Formulierungen mitunter nicht von denen in verbindlichen Verordnungen. Auch werden die Mitteilungen auf den Internetseiten der Kommission teils unter der Katego-

1552 *C. Tomuschat*, Normenpublizität und Normenklarheit in der Europäischen Gemeinschaft, in: FS Kutscher, S. 461 (470).

1553 Vgl. Interinstitutionelle Vereinbarung vom 22.12.1998, Gemeinsame Leitlinien für die redaktionelle Qualität der gemeinschaftlichen Rechtsvorschriften, ABl. 1999, C 73, S. 1, Rn. 3.

1554 Beispiel oben IV. 1. b).

1555 Dies wurde auch in der Rechtssache C-16/16 gerügt, in der der Kläger insbesondere auf unterschiedliche Formulierungen in verschiedenen Sprachfassungen der angegriffenen Empfehlung der Kommission verwies, vgl. Schlussanträge GA *Bobek* zu EuGH, Rs. C-16/16, *Belgien/Kommission*, Rn. 47. Zu diesem Fall näher unten VIII. 1. b) gg).

rie „Legislation" zusammen mit verbindlichen Rechtsakten aufgelistet.[1556] In den Mitteilungen ist von deren „Geltung" oder „Inkrafttreten" die Rede,[1557] wodurch die informellen Instrumente sprachlich verbindlichen Akten angenähert werden. Insgesamt kann dies bei den Betroffenen zu Verwirrung bezüglich der Verbindlichkeit der informellen Normen führen.[1558]

Dies ist jedoch im Grunde nicht zu beanstanden. Dass die Verhaltensanforderungen in informellen Normen ähnlich wie in einem verbindlichen Rechtsakt formuliert werden, kann sogar gerade von der Normenklarheit gefordert sein, da so der Klarheit des Inhalts Rechnung getragen wird.[1559] Dies gilt insbesondere für die Gliederung in Präambeln und verfügenden Teil, die zur Klarheit der Norm insgesamt beitragen. Auch kann die Ankündigung, ein Vertragsverletzungsverfahren werde bei Nichtbeachtung durch einen Mitgliedstaat eingeleitet, nicht aus Transparenzgründen beanstandet werden, da dies zu den Befugnissen der Kommission gehört. Problematisch ist vielmehr nur, wenn das Erscheinungsbild einer informellen Norm insgesamt nicht von einem verbindlichen Rechtsakt unterscheidbar ist. Dies wird jedoch bereits durch die ausdrückliche Betonung der Unverbindlichkeit (etwa in den Präambeln) vermieden, sodass in dieser inhaltlich-sprachlichen Hinsicht kein Verstoß gegen die Normenklarheit vorliegt. Jedenfalls für die Betroffenen und die Fachöffentlichkeit wird sich die Unverbindlichkeit aus den weiteren Umständen ergeben.

Einen anderen Bewertungsmaßstab könnte nur eine nähere sekundärrechtliche Ausgestaltung vorgeben, die bislang nicht existiert. Die einzige Vorgabe in diesem Bereich ist die Interinstitutionelle Vereinbarung „Gemeinsamer Leitlinien für die redaktionelle Qualität der gemeinschaftlichen Rechtsvorschriften" des Parlaments, des Rates und der Kommission.[1560] Sie ist ausweislich der Präambel nicht verbindlich.[1561] Die Leitlinie findet zwar ausdrücklich auch auf unverbindliche Akte Anwendung. Sie enthält jedoch

---

1556 Für das Beihilfenrecht: https://ec.europa.eu/competition/state_aid/legislation/legislation.html.

1557 Etwa die Umwelt- und Energiebeihilfeleitlinien, oben IV. 1. a), Rn. 247.

1558 So auch *F. Snyder*, Soft Law and the Institutional Practice in the European Community, in: FS Noël, S. 197 (215 f.). Siehe auch *M. Brohm*, Die „Mitteilungen" der Kommission im Europäischen Verwaltungs- und Wirtschaftsraum, S. 59.

1559 *M. Knauff*, Der Regelungsverbund, S. 429.

1560 Interinstitutionelle Vereinbarung vom 22.12.1998, Gemeinsame Leitlinien für die redaktionelle Qualität der gemeinschaftlichen Rechtsvorschriften, ABl. 1999, C 73, S. 1.

1561 ABl. 1999, C 73, S. 1, Erwägungsgrund 7.

nur allgemeine Vorgaben bezüglich der Verständlichkeit und des Aufbaus von Rechtsakten. Bezüglich der Erkennbarkeit des rechtlichen Status ist nichts genaues bestimmt, außer dass dieser berücksichtigt wird,[1562] d.h. geringere Anforderungen für unverbindliche Instrumente gelten. Im Übrigen lässt sich nicht mehr entnehmen, als weiter oben bereits ausgeführt wurde.

(2) Nach innen: Abgrenzung verschiedener informeller Administrativnormen untereinander durch die Betitelung

Innerhalb der Gruppe informeller Normen wurde eine Vielzahl von Bezeichnungen festgestellt, die keiner Systematik zu folgen scheinen.[1563] Dies führt zu Transparenzdefiziten, da bestimmte Regelungsinhalte nicht bestimmten Bezeichnungen zugeordnet werden können.[1564] Ein Beispiel hierfür sind die Akte des Vereinfachungspaketes Beihilfeverfahren.[1565] Es enthält jeweils eine unverbindliche „Mitteilung“, einen „Verhaltenskodex“ sowie eine „Bekanntmachung“, ohne dass erkennbar ist, weshalb diese unterschiedlichen Bezeichnungen gewählt wurden.

Allgemein sind zwar bestimmte Tendenzen zu erkennen, etwa die Bezeichnung von ermessensstrukturierenden Instrumenten im Beihilfenrecht als „Leitlinien“. Dies wird jedoch keineswegs konsequent durchgeführt. Für Betroffene ist daher nicht bereits aus dem Titel der Norm ersichtlich, welche Bedeutung ihr zukommt und welche Wirkungen sie zeitigen. Eine nachvollziehbare Betitelungspraxis ist daher wünschenswert.[1566] Dieser Forderung sind zwar aus pragmatischen Gründen gewisse Grenzen gesetzt: Insbesondere der Umstand, dass eine informelle Administrativnorm nicht selten mehr als eine Funktion erfüllt, verfahrens- und materiell-rechtliche Regelungsinhalte kombiniert und verschiedene Vollzugsverhältnisse berühren kann, steht einer umfassenden Formalisierung bezüglich der Betitelung im Weg.[1567] Jedoch wäre eine Transparenzsteigerung durch eine teilweise

---

1562 ABl. 1999, C 73, S. 1, Rn. 2: “Bei der Abfassung der Gemeinschaftsakte wird berücksichtigt, um welche Art von Rechtsakt es sich handelt, und insbesondere, ob er verbindlich ist oder nicht.“

1563 Siehe oben IV. 2. d) dd).

1564 *M. Knauff*, Der Regelungsverbund, S. 426.

1565 Siehe oben IV. 1. c).

1566 *I. Schübel-Pfister*, ZLR 2004, S. 403 (425 f.).

1567 *M. Knauff*, Der Regelungsverbund, S. 427.

Disziplinierung der Betitelungspraxis ohne weiteres möglich.[1568] So könnten die Bezeichnungen „Mitteilung" und „Bekanntmachung" auf solche Instrumente beschränkt werden, die ausschließlich eine informierende, rechtsvorbereitende oder ergänzende Funktion erfüllen sollen. Mehr Stringenz bei der Betitelung würde die Normenklarheit jedenfalls erhöhen.[1569]

(3) Widerspruchsfreiheit

Mit dem Gebot der Normenklarheit ist es ferner nicht vereinbar, wenn zwischen verschiedenen informellen Normen inhaltliche Überschneidungen und Widersprüche existieren. Hier stellt sich dann die Frage, welche der Normen „gilt". Widersprüche zwischen informellen Normen und verbindlichen Regeln stellen hingegen kein Problem der Normenklarheit dar, da in diesem Fall die verbindlichen Normen unzweifelhaft vorgehen.[1570]

Als Beispiel einer inhaltlichen Überschneidung sollen die Umwelt- und Energiebeihilfeleitlinien und die „Leitlinien für bestimmte Beihilfemaßnahmen im Zusammenhang mit dem System für den Handel mit Treibhausgasemissionszertifikaten nach 2012" (ETS-Beihilfeleitlinien) dienen. Beide Leitlinien behandeln Beihilfemaßnahmen für CO_2-Abscheidung und -Speicherung (CCS-Technologie) für den Zeitraum bis 2021.[1571] Die ETS-Beihilfeleitlinien sehen nur Investitionsbeihilfen für neue CCS-fähige Kraftwerke als ausnahmsweise mit dem Binnenmarkt vereinbar an. Die Umwelt- und Energiebeihilfeleitlinien sind hier weiter gefasst und sprechen allgemein von CCS-Vorhaben, was nicht nur Kraftwerke, sondern auch andere Indus-

1568 Siehe etwa die Vorschläge bei *H. Adam*, Die Mitteilungen der Kommission: Verwaltungsvorschriften des Europäischen Gemeinschaftsrechts?, S. 154 f., und *D. Walzel*, Bindungswirkungen, S. 203.

1569 Ähnlich – primär zum deutschen Recht – *M. Schramm*, Einseitiges informelles Verwaltungshandeln im Regulierungsrecht, S. 288; für das Beihilfenrecht ebenso *M. Schweda*, Administrative Normsetzung, S. 309. So auch *J.E. Dickschen*, Empfehlungen und Leitlinien der Europäischen Finanzaufsichtsbehörden, S. 96 f., die im speziellen Fall der „Leitlinien" der Aufsichtsbehörde ESMA vorschlägt, Instrumente z.B. als „Leit*faden*" zu bezeichnen, wenn sie nicht dieselben Rechtswirkungen entfalten wie Leitlinien der ESMA. Ob das Ziel der Rechtssicherheit und -klarheit dadurch für den Rechtsanwender gefördert wird, darf bei dieser doch recht feinen Unterscheidung (-faden im Gegensatz zu -linie) jedoch bezweifelt werden.

1570 Dies folgt aus dem unverbindlichen Wirkmodus, vgl. *L. Senden*, Soft Law in European Community Law, S. 59; *G. Dezobry*, RUE 2015, No° 588, S. 299 (305).

1571 ETS-Beihilfeleitlinien, ABl. 2012, C 158, S. 11 f. (Abschnitt 3.2.); Umwelt- und Energiebeihilfeleitlinien 2014-2020, ABl. 2014, C 200, S. 31 (Abschnitt 3.6.).

trieanlagen einschließt. Nach den Umwelt- und Energiebeihilfeleitlinien können auch Betriebsbeihilfen zulässig sein. Die ETS-Beihilfeleitlinien formulieren zudem die Voraussetzungen der Zulässigkeit von Beihilfen genauer. Sie fordern, dass die geförderten hocheffizienten CCS-fähigen Kraftwerke den im Anhang eines Durchführungsbeschlusses der Kommission[1572] aufgeführten harmonisierten Wirkungsgrad-Referenzwert übertreffen. Außerdem muss die Genehmigungsentscheidung der Bewilligungsbehörde in einen bestimmten Zeitraum fallen.[1573] Die Umwelt- und Energiebeihilfeleitlinien hingegen verweisen für die Voraussetzungen auf den „allgemeinen Teil" der Leitlinien. Bezüglich der beihilfefähigen Kosten gibt es keine Abweichungen, wobei die Obergrenze der Beihilfenhöhe in den ETS-Beihilfeleitlinien präziser benannt ist als in den Umwelt- und Energiebeihilfeleitlinien.[1574] Danach darf die Höhe von 15% der beihilfefähigen Kosten bei hocheffizienten Kraftwerken nicht überschritten werden.

Es ist trotz der inhaltlichen Überschneidungen nicht sofort ersichtlich, welche der beiden Leitlinien in dem Bereich der Überschneidung „gilt". Wahrscheinlich beabsichtigt ist, dass die Umwelt- und Energiebeihilfeleitlinien durch entsprechende Anwendung des *lex posterior derogat legi priori*-Grundsatzes gelten. Theoretisch denkbar ist aber auch eine Anwendung des *lex specialis*-Grundsatzes, wonach die ETS-Beihilfeleitlinien vorgingen, da diese spezielle Regeln für den Bereich ETS vorsehen und die Umwelt- und Energiebeihilfeleitlinien sich hingegen allgemein auf den Bereich Umwelt- und Energiebeihilfen beziehen.[1575]

Nicht weiterführend ist insofern auch der Hinweis in den Umwelt- und Energiebeihilfeleitlinien, Beihilfen für CCS-Technologie würden als mit dem Binnenmarkt vereinbar angesehen „[u]nbeschadet der einschlägigen Rechtsvorschriften der Union in diesem Bereich".[1576] Denn fraglich ist dabei, ob als *Rechts*vorschriften auch die ETS-Beihilfeleitlinien verstanden werden, oder ob damit nur verbindliches Sekundärrecht gemeint ist. Nach

---

1572 Durchführungsbeschlusse 2011/877/EU der Kommission vom 19.12.2011 zur Festlegung harmonisierter Wirkungsgrad-Referenzwerte für die getrennte Erzeugung von Strom und Wärme in Anwendung der Richtlinie 2004/8/EG des Europäischen Parlaments und des Rates, ABl. 2011, L 343, S. 91.

1573 ETS-Beihilfeleitlinien, ABl. 2012, C 158, S. 11, Rn. 33.

1574 ETS-Beihilfeleitlinien, ABl. 2012, C 158, S. 11 f., Rn. 36-39.

1575 Diese Grundsatz gilt jedenfalls für gleichrangige verbindliche Normen, vgl. *M. Ruffert*, in: Calliess/Ruffert (Hrsg.), EUV/AEUV, 5. Aufl., Art. 288 AEUV, Rn. 13.

1576 Umwelt- und Energiebeihilfeleitlinien 2014-2020, ABl. 2014, C 200, S. 31 (Abschnitt 3.6.), Rn. 163. Englisch: *regulations*; Französisch: *règles*.

dem weiter oben erwähnten Begriffsverständnis des EuGH[1577] fallen die Mitteilungen und Leitlinien der Kommission im Wettbewerbsrecht zwar nicht unter den Begriff „Rechtsnormen“[1578], sondern sind „Verhaltensnormen“[1579]. Allerdings sind sie „Recht“ in dem Sinne, als dass sie Teil des „rechtlichen Rahmens“ bilden.[1580] Sollten die ETS-Beihilfeleitlinien also Rechtsvorschriften in diesem Sinne sein, verbliebe im Bereich der CCS-fähigen Kraftwerke kein Anwendungsbereich für die Vorschriften der Umwelt- und Energiebeihilfeleitlinien, da erstere hier strengere Anforderungen an Beihilfemaßnahmen stellen. Berücksichtigt man jedoch, dass die ETS-Beihilfeleitlinien die Anwendbarkeit der CCS-Beihilfe-Vorschriften nur bis zum 31. Dezember 2016 vorsahen,[1581] ist es wahrscheinlicher, dass die inhaltliche Überschneidung bei der Abfassung der Umwelt- und Energiebeihilfeleitlinien schlicht übersehen wurde und sämtliche informelle Normen im Anwendungsbereich der späteren Leitlinien ersetzt werden sollten. Dies findet Bestätigung in der Tatsache, dass die Umwelt- und Energiebeihilfeleitlinien an anderer Stelle ausdrücklich auf die ETS-Beihilfeleitlinien verweisen, deren Existenz also der Kommission bei Erlass gegenwärtig gewesen sein muss.[1582] Mit diesem Verweis wird die Zulässigkeit von Ermäßigungen oder Befreiungen von Umweltsteuern nur für bestimmte Sektoren bejaht, die im Anhang II der ETS-Beihilfeleitlinien aufgezählt sind. Es hätte daher nahegelegen, für den o.g. Bereich der CCS-Vorhaben ebenfalls einen expliziten Verweis einzufügen und etwa den Vorrang der zeitlich später erlassenen Umwelt- und Energiebeihilfeleitlinien anzuordnen. Letzteres ist etwa bezüglich der Leitlinien für Umweltschutzbeihilfen von 2008 der Fall, die durch die Umwelt- und Energiebeihilfeleitlinien ersetzt werden.[1583]

1577 Siehe oben V. 1. a).

1578 Englisch: *rules of law*; Französisch: *règle de droit.*

1579 Englisch: *rules of practice*; Französisch: *règle de conduite.* Ständige Rechtsprechung, siehe nur EuGH, verb. Rs. C-189/02 P, C-202/02 P, C-205/02 P bis C-208/02 P und C-213/02 P, *Dansk Rørindustri u.a.*, Rn. 209.

1580 Englisch: *legal framework*; Französisch: *cadre juridique.* EuGH, verb. Rs. C-189/02 P, C-202/02 P, C-205/02 P bis C-208/02 P und C-213/02 P, *Dansk Rørindustri u.a.*, Rn. 223.

1581 ETS-Beihilfeleitlinien, ABl. 2012, C 158, S. 11, Rn. 32.

1582 In Rn. 180 der Umwelt- und Energiebeihilfeleitlinien (Abschnitt: „Beihilfen in Form von Umweltsteuerermäßigungen oder -befreiungen und in Form von Ermäßigungen der finanziellen Beiträge zur Förderung erneuerbaren Energiequellen“) wird auf den Anhang zur ETS-Beihilfeleitlinien verwiesen.

1583 Umwelt- und Energiebeihilfeleitlinien, Rn. 246.

Dieses Beispiel soll verdeutlichen, dass die mit informellen Administrativnormen (auch) bezweckte Steigerung der Rechtssicherheit unter Umständen nicht nur verfehlt werden kann, sondern sogar im Gegenteil Verunsicherungen bei den Rechtsbetroffenen aufkommen können. In dem genannten Beispiel ist zwar zu vermuten, dass der *lex posterior*-Grundsatz entsprechend Anwendung findet, ganz klar ist dies jedoch nicht. Wenngleich es dem Grundsatz der Normenklarheit genügt, wenn diese Fragen zwar nicht sofort beantwortet werden, sondern durch Anwendung von Konfliktregeln wie etwa dem *lex posterior*-Grundsatz zu klären sind,[1584] ist eine entsprechende Klarstellung seitens der Kommission sinnvoll.

(4) Keine Normenhierarchie

Um Widersprüche zu klären, kann auch nicht auf eine Normenhierarchie innerhalb der informellen Normen zurückgegriffen werden. Zwar wird mitunter auf Indizien für eine Hierarchie verwiesen. So bemerkte *Vaughan* für informelle Normen von Agenturen, dass die ECHA explizit eine Hierarchie der Soft Law-Normen anerkenne, was den nichthierarchischen Charakter informeller Governance-Instrumente widerlege.[1585] Dies zeige sich etwa in unterschiedlichen Bezeichnungen[1586] und auch in der Rechtsprechung sollen sich mitunter Aussagen finden, die auf eine implizite Hierarchie unter den informellen Normen schließen lassen.[1587] Die Widerspruchskammer der ECHA etwa grenzte sogenannte „FAQs" (häufig gestellten Fragen zu Details der Rechte und Pflichten nach dem EU-Chemikalienrecht, die auf der Internetseite der Agentur veröffentlicht werden) von guidances (Auslegungshinweisen) der Agentur ab und stellte fest, dass „FAQs" u.a. wegen ihres eher informatorischen Charakters nicht den Status einer guidance

1584 *M. Knauff*, Der Regelungsverbund, S. 430: ausreichend ist „Klarheit infolge von Klärbarkeit".

1585 *S. Vaughan*, EU Chemicals Regulation, S. 224. Siehe zur Enthierarchisierung in Governance-Strukturen *K. Armstrong*, CLP 2011, S. 179 (183) und bereits oben II. 2. a) und b).

1586 Bis auf die eigentlichen Leitlinien (*guidance*), werden die weiteren informellen Dokumente als ‚*quasi-guidance*' bezeichnet, *S. Vaughan*, EU Chemicals Regulation, S. 224.

1587 *S. Vaughan*, 17 CambYELS (2015), S. 66 (83).

haben, sondern von weniger Autorität getragen sind und quasi „noch unverbindlicher“ sind als letztere.[1588]

Dieser Annahme einer Normenhierarchie ist jedoch nicht zuzustimmen: Zum einen schon wegen der Singularität des Ausspruchs, der zudem nur von einem Streitschlichtungsgremium einer Agentur stammt. Zum anderen kann bei der Vielzahl verschiedener Instrumente nicht verwundern – und geht insofern auch aus der Ausgangsuntersuchung hervor[1589] –, dass die Erlassorgane nicht allen informellen Instrumenten dieselbe Wichtigkeit zuschreiben. Hieraus jedoch die Existenz einer Normenhierarchie abzuleiten ginge zu weit, zumal die weitere Konturierung einer solchen Hierarchie unklar ist und selbst innerhalb des Sekundärrechts nur eine sehr schwache Hierarchisierung besteht.[1590]

Zur Steigerung der Normenklarheit in den soeben geschilderten Fällen inhaltlicher Überschneidung bietet es sich zudem an, Informationen über den aktuellen Stand der Regelung auf der Internetseite EUR-Lex einzufügen. Bei rechtsverbindlichen Normen wie Verordnungen oder Richtlinien wird dies bereits praktiziert, weshalb diese auch als Vorbild dienen können. Bei Gesetzgebungsakten, die durch einen neuen Gesetzgebungsakt ersetzt wurden, findet sich der ausdrückliche Vermerk „nicht mehr in Kraft“, gegebenenfalls mit einem Link zu dem nunmehr geltenden Rechtsakt. Für informelle Administrativnormen wird dies nur selten praktiziert.[1591] Ein Ausbau dieser Praxis scheint hier ohne weiteres möglich und bietet sich aus Klarstellungsgründen an.

1588 Widerspruchskammer der ECHA vom 10.11.2010, *A-001-2010NV, NV Elektriciteis/ECHA*, Rn. 56.

1589 Siehe oben IV. d) ff) und IV. 3.

1590 Statt vieler *B. Biervert*, in: Schwarze (Hrsg.), EU-Kommentar, 4. Aufl., Art. 11 EUV, Rn. 12: Sekundärrecht geht freilich Tertiärrecht vor; innerhalb des Sekundärrechts gehen abstrakt-generelle den Einzefallbestimmungen sowie adressatenlosen Beschlüssen vor.

1591 Der Hinweis ist etwa enthalten im Falle der Gemeinschaftsrahmens für staatliche Umweltschutzbeihilfen von 1994 und 2001, ABl. 1994, C 72, S. 3; ABl. 2001, C 37, S. 3. So auch beim Verhaltenskodex für die Unternehmensbesteuerung (ABl. 1998, C 2, S. 1), für den der Hinweis „in Kraft“ gegeben wird. Dieser Verhaltenskodex wurde jedoch anders als die meisten hier untersuchten Instrumente nicht von der Kommission, sondern vom Rat und den im Rat vereinigten Vertretern der Regierungen der Mitgliedstaaten als „Entschließung“ erlassen.

2. Ergebnis

De lege lata existieren nur wenige Vorgaben für informelle Administrativnormen im Bereich der Transparenz. Eine Pflicht, Konsultationen vor ihrem Erlass durchzuführen, besteht nicht. Bei der Einführung einer solchen Pflicht, etwa durch Sekundärrecht, sollten die grundsätzlichen Probleme von Konsultationen berücksichtigt werden, die darin bestehen, dass die Teilnehmer an Konsultationen *de facto* sehr ungleiche Möglichkeiten haben, Einfluss zu nehmen. Dies kann nur zu einem gewissen Grad durch die Senkung der „Zugangsbarrieren" geschehen, zum Beispiel indem komplexe Materien besser erläutert werden, was die Teilnahme der allgemeinen Öffentlichkeit verbessert.

Eine stärkere sekundärrechtliche Einhegung informeller Administrativnormen mit Konkretisierungen des Transparenzgrundsatzes hinsichtlich Beteiligung, Veröffentlichung und Klarheit ist durchaus sinnvoll, wenngleich kein zwingendes rechtliches Erfordernis. Die Formalisierung des Erlassverfahrens informeller Normen hätte in erster Linie zwei Konsequenzen: Erstens könnten die Normen bei Verstößen gegen Verfahrensvorschriften des Erlassverfahrens aus formellen Gründen aufgehoben werden. Ob dies wünschenswert ist, kann jedoch bezweifelt werden, da die Abwägung zwischen Flexibilität des Erlassorgans und dem Interesse an Transparenz zu sehr zu Lasten ersterer gehen könnte.[1592] Zweitens würde eine Vereinheitlichung etwa bei den Fristen zur Stellungnahme bewirkt. Dies wäre begrüßenswert, kam es doch in der Vergangenheit zu Beschwerden, weil die Äußerungsfristen mit Blick auf umfangreiche Vorschläge zu kurz bemessen waren.[1593]

Bezüglich der konkreten Anforderungen stehen bereits Regelungen zur Verfügung, an die angeknüpft werde könnte. Für die Durchführung von Konsultationen können die „Grundsätze und Mindeststandards für die Konsultation" der Kommission von 2002 als Vorbild dienen. Bezüglich der Veröffentlichung existieren ebenfalls bereits von der Kommission selbst gegebene Regeln, die konsequenter eingehalten werden sollten.

1592 In diese Richtung *L. Senden/A. van den Brink*, Checks and Balances of Soft EU Rule-Making. Study for the EP's Directorate General for Internal Policies 2012, S. 31: Interessierte sollen "a voice but not a vote" bekommen.

1593 Siehe oben IV. 1. e) am Beispiel der Bekanntmachung zum Begriff der Beihilfe.

VIII. Rechtsschutz

Die hohe praktische Relevanz einiger informeller Normen und der Umstand, dass die Beteiligung der Betroffenen und der anderen Unionsorgane am Erlass keinen formalen Regeln folgt, lässt die Überprüfbarkeit auf Ebene des Rechtsschutzes an Bedeutung gewinnen. Bezüglich der Legitimation der Steuerung mittels informeller Handlungsformen verhält sich der Rechtsschutz spiegelbildlich zur Transparenz und insbesondere der Beteiligung am Erlassverfahren: Je geringer der Einfluss der von den Handlungen Betroffenen bei deren Erlass ist und so stärker deren Wirkungen sind, desto wichtiger sind die Rechtsschutzmöglichkeiten.[1594]

1. Direkter Rechtsschutz – Nichtigkeitsklage

Zunächst wird der Frage nachgegangen, ob und unter welchen Voraussetzungen eine direkte Überprüfung informeller Administrativnormen im Wege der Nichtigkeitsklage möglich ist. Gegenüber indirekten Rechtsschutzmöglichkeiten im Rahmen des Vorabentscheidungsverfahrens oder inzident bei der Anfechtung einer auf einer informellen Norm beruhenden Handlung hat dies den Vorteil, vergleichsweise schnell die Klärung des rechtlichen Status herbeizuführen, was einen Zugewinn an Rechtssicherheit bedeutet.[1595]

a) Grundsatz: keine Überprüfung informeller Administrativnormen

Die direkte Überprüfung unverbindlicher Akte ist im unionalen Rechtsschutzsystem grundsätzlich nicht vorgesehen. Dies ergibt sich aus Art. 263 Abs. 1 AEUV, der Empfehlungen und Stellungnahmen ausdrücklich als untaugliche Klagegegenstände nennt. Erst recht muss dies auch für sonstige unverbindliche Instrumente wie die hier als informelle Administrativnormen bezeichneten Akte gelten.[1596]

1594 *L. Senden*, ELJ 2013, S. 57 (72).

1595 *J. Gundel*, EuZW 2016, S. 606 (608).

1596 *M. Knauff/R. Schwensfeier*, EuZW 2010, S. 611 (613); *M. Schramm*, Einseitiges informelles Verwaltungshandeln im Regulierungsrecht, S. 259.

Die Unionsgerichte legen zur Gewährung umfassenden Rechtsschutzes den Begriff der Handlung im Sinne von Art. 263 Abs. 1 AEUV weit aus.[1597] Um eine ausufernde Zuständigkeit des EuGH zu vermeiden, wird jedoch seit der *AETR*-Entscheidung gefordert, dass die Handlung dazu bestimmt sein muss, „Rechtswirkungen" zu erzeugen.[1598]

Damit rückt die Frage in den Mittelpunkt, wann genau eine Handlung mit beabsichtigter Rechtswirkung vorliegt. Eine besondere Schwierigkeit stellt es dabei für die Rechtsprechung dar, dass diese Frage nicht anhand der vorliegenden Handlungsform beantwortet werden kann. Dieser Weg ist dem EuGH versperrt, da er eine Festlegung auf bestimmte anfechtbare Handlungsformen früh zugunsten einer materiellen Betrachtung ablehnte und somit auf den Inhalt abstellt, nicht die Form.[1599] Andernfalls liefe er Gefahr, die Rechtsschutzgarantien durch informelle Handlungen teilweise leerlaufen zu lassen,[1600] zumal eine gewisse Missbrauchsgefahr bestünde, da das Erlassorgan durch (evtl. absichtliche Falsch-)Bezeichnung der Norm oder die Behauptung der Unverbindlichkeit somit selbst über die gerichtliche Überprüfbarkeit entscheiden könnte.[1601]

Aufgrund der Unbeachtlichkeit der Form prüften die Unionsgerichte u.a. schon die Anfechtbarkeit von Aussagen der Kommission, die in einem „Wettbewerbsbericht" veröffentlicht wurden[1602] sowie von als „Empfehlung"

1597 *J. Bast*, Handlungsformen und Rechtsschutz, in: von Bogdandy/Bast (Hrsg.), Europäisches Verfassungsrecht, 2. Aufl., S. 489 (519).

1598 Englisch: *legal effects*; Französisch: *effets de droit*; EuGH, Rs. 22/70, *AETR*, Rn. 38/42. Dazu auch *J. Bast*, Handlungsformen und Rechtsschutz, in: von Bogdandy/Bast (Hrsg.), Europäisches Verfassungsrecht, 2. Aufl., S. 489 (520). Teilweise wird von „*verbindlichen* Rechtswirkungen" gesprochen, dazu unten VIII. 1. b) gg) und VIII. 1. e) aa).

1599 Ständige Rechtsprechung seit EuGH, Rs. 22/70, *AETR*, Rn. 38/42; siehe auch EuGH, Rs. 60/81, *IBM/Kommission*, Rn. 9; EuGH, Rs. C-50/90, *Sunzest*, Rn. 12; EuGH, Rs. C-147/96, *Niederlande/Komission*, Rn. 26 f.; sowie EuG, Rs. T-721/14, *Belgien/Kommission*, Rn. 16 mwN.

1600 Früh betone der EuGH die Bedeutung der individuellen Rechtsschutzgarantien, die ein Abstellen lediglich auf die Form einer Handlung verbietet, vgl. EuGH, Rs. 8/66 bis 11/66, *Cimenteries*, Slg. 1967, 100 (122); EuGH, Rs. 60/81, *IBM*, Rn. 9. Dazu auch *J. Bast*, Handlungsformen und Rechtsschutz, in: von Bogdandy/Bast (Hrsg.), Europäisches Verfassungsrecht, 2. Aufl., S. 489 (519).

1601 Was auch die Gefahr einer Verletzung des institutionellen Gleichgewichts mit sich bringt, *L. Senden*, UtrechtLRev 2005, S. 79 (94). Knauff und Schwensfeier bezeichnen den Versuch der Kommission, durch eine ausdrückliche Erklärung, ein Akt sei unverbindlich, die Anfechtbarkeit auszuschließen, als „Taschenspielertrick", vgl. *M. Knauff/R. Schwensfeier*, EuZW 2010, S. 611 (613).

1602 EuG, Rs. T-190/00, *Regione Siciliana/Kommission*, Rn. 100.

bezeichneten Instrumenten.[1603] Auch Aussagen der Kommission im Bulletin sind nicht automatisch von der Überprüfbarkeit ausgeschlossen;[1604] auch hierbei könnte es sich entgegen der Form in Wirklichkeit um Handlungen handeln, die dazu beabsichtigt sind, Rechtswirkungen zu entfalten.

„Rechtswirkungen" meint nach der EuGH-Rechtsprechung Rechts*verbindlichkeit*.[1605] Unproblematisch ist daher nur die Anfechtbarkeit konsentierter beihilferechtlicher Rahmen[1606] zu bejahen, da es sich hierbei um rechtlich verbindliche Maßnahmen handelt. Bisher von Beihilfenprogrammen Begünstigte könnten diese Maßnahmen daher anfechten.[1607]

Unter bestimmten Umständen sind jedoch auch die hier untersuchten informellen Administrativnormen taugliche Klagegegenstände, was nachfolgend beleuchtet wird.

b) Ausnahmsweise Überprüfbarkeit – Beispiele aus der Rechtsprechung

Ausnahmsweise halten die Unionsgerichte Nichtigkeitsklagen gegen informelle Instrumente für zulässig. Zur Bestimmung, wann die Klagegegenstandsfähigkeit bejaht wird, ist ein genauer Blick auf die wichtigsten Entscheidungen erforderlich. Besonderes Augenmerk wird dabei auf fünf Entscheidungen aus den 1990er Jahren gelegt, da sie sich als erstes ausdrücklich mit informellen Administrativnormen befassten und auch in der nachfolgenden Rechtsprechung zitiert werden. Dabei sollen auch Inkonsistenzen und begriffliche Ungenauigkeiten in der Rechtsprechung aufgezeigt werden.

1603 EuGH, Rs. C-16/16, *Belgien/Kommission*, Rn. 29.

1604 EuGH, Rs. C-457/00, *Belgien/Kommission*, Rn. 6–10, 43, 79 sowie 97. Dazu auch *H.C.H. Hofmann*, CMLRev 2006, S. 153 (170).

1605 So ausdrücklich Schlussanträge GA *Tesauro* zu EuGH, Rs. C-325/91, *Frankreich/Kommission*, Rn. 5; siehe auch *J. Bast*, On the Grammar of EU Law: Legal Instruments, Jean Monnet Working Paper 9/03, S. 47; *T. Groß*, DÖV 2004, S. 20 (25); *T. Rademacher*, Realakte im Rechtsschutzsystem der EU, S. 8.

1606 Gemeint sind die „zweckdienlichen Maßnahmen" nach Art 108 Abs. 1 S. 2 AEUV, siehe oben V. 2. a) aa) (4).

1607 Wobei die Erfolgsaussichten in der Sache gleichwohl regelmäßig schlecht sein dürften, was an der Erforderlichkeit der Klagebefugnis nichtprivilegierter Kläger liegt, *J. Gundel*, EuZW 2016, S. 606 (609 f.).

aa) C-366/88 – interne Dienstanweisung

In der Rechtssache C-366/88 stand die Anfechtbarkeit einer internen Dienstanweisung[1608] der Kommission im Mittelpunkt. Zur Klärung der Frage, ob diese bestimmt ist, Rechtswirkungen zu erzeugen und damit im Rahmen von Art. 263 AEUV anfechtbar ist, fragt der EuGH sowohl nach den „Umstände[n], unter denen sie erlassen wurde, als auch [nach der] Art und Weise ihrer Ausarbeitung, ihrer Abfassung und ihrer Veröffentlichung".[1609] Bezüglich letzterem war im konkreten Fall zu beachten, dass die Dienstanweisung im Amtsblatt veröffentlicht wurde.[1610] Von den übrigen Kriterien scheint insbesondere die „Art und Weise der Ausarbeitung und der Abfassung" der Dienstanweisung maßgeblich gewesen zu sein. Aus einem Abgleich mit den Verpflichtungen aus der Verordnung, die die streitige Handlung ergänzen sollte,[1611] zog der EuGH den Schluss, die Dienstanweisung gehe – kompetenzwidrig – über das Sekundärrechtsakt hinaus, indem sie der Kommission zusätzliche Befugnisse verleihe.[1612] Die Kommission argumentierte, die Handlung sei rein intern und habe keine rechtlichen Wirkungen. Entscheidend für den EuGH war jedoch, dass sie den Eindruck der verbindlichen Auslegung und Konkretisierung der Verordnung erweckte.[1613] In der Sache handelte es sich laut EuGH daher um eine Entscheidung im Sinne von Art. 189 EWG (jetzt: Beschluss nach

1608 Englisch: *internal instructions*; Französisch: *instructions internes.*

1609 EuGH, Rs. C-366/88, *Frankreich/Kommission*, Rn. 10.

1610 Interne Dienstanweisung zu bestimmten administrativen und technischen Einzelheiten, die von den Bediensteten der Kommission bei der Probenahme und Analyse von Erzeugnissen zu beachten sind, die im Rahmen der Verwaltung und Kontrolle durch den Europäischen Ausrichtungs- und Garantiefonds für die Landwirtschaft entnommen werden, ABl. 1988, C 264, S. 3.

1611 Die Verordnung (EWG) Nr. 729/70 des Rates vom 21.04.1970 über die Finanzierung der gemeinsamen Agrarpolitik, ABl. 1970, L 94, S. 13, insbesondere Art. 9 der Verordnung.

1612 EuGH, Rs. C-366/88, *Frankreich/Kommission*, Rn. 23. Art. 9 der Verordnung 729/70 verlieh der Kommission bestimmte subsidiäre Befugnisse, die die interne Dienstanweisung zu einer originären Befugnis ausweisen wollte.

1613 Bast spricht daher von einer „Verbindlichkeitsunterstellung" des EuGH, die im Wesentlichen auf die „Verbindlichkeit erheischenden Formulierungen" der Dienstanweisung gründet, *J. Bast*, Handlungsformen und Rechtsschutz, in: von Bogdandy/Bast (Hrsg.), Europäisches Verfassungsrecht, 2. Aufl., S. 489 (520); ähnlich *B. Schöndorf-Haubold*, Die Strukturfonds der Europäischen Gemeinschaft, S. 409, die auf die erkennbare Regelungsintention abstellt.

Art. 288 AEUV).[1614] Mangels Zuständigkeit der Kommission für eine solche verbindliche Handlung (die nach der Verordnung beim Rat lag), war die Klage zulässig und zugleich auch begründet.

Im Ergebnis anders bewertete hingegen Generalanwalt *Tesauro* die Frage der Verbindlichkeit, wobei auch er auf den von der Dienstanweisung vermittelten Anschein abstellte. Seiner Ansicht nach fehlte der Dienstanweisung der Anschein der Verbindlichkeit außerhalb des kommissionsinternen Bereichs, weshalb die Frage nach den Rechtswirkungen verneint wurde. Dieses Ergebnis werde zudem durch den Mangel an Kompetenz zum Erlass einer verbindlichen Maßnahme (dazu sogleich) bestätigt.[1615] Ausdrücklich stellte *Tesauro* lediglich auf formale Aspekte ab: „[...] aus einer Handlung, die [...] *keines der wesentlichen Formerfordernisse* für eine bindende Handlung erfüllt und darüber hinaus von einem Organ ausgeht, das *keinerlei Befugnis* zum Erlaß verbindlicher Handlungen in diesem Bereich besitzt, können sich für einen Mitgliedstaat keine Verpflichtung und keine Rechtswirkung ergeben."[1616]

Von dieser Vermutungswirkung der Bezeichnung der angegriffenen Handlung und der Kompetenzen des Erlassorgans geht teilweise auch der EuGH aus.[1617] Dabei ist die Grundannahme, dass die Organe ihre Kompetenzgrenzen nicht überschreiten und dass eine Bezeichnung, die die Unverbindlichkeit nahelegt folglich auch tatsächlich auf einen unverbindlichen Wirkmodus schließen lässt.[1618] Diese Argumentation findet sich schon in sehr frühen Urteilen und betraf zumeist die Frage, ob die Kommission mit einer bestimmten Handlung in der Sache eine verbindliche Entscheidung (jetzt: Beschluss) erlassen hat, die unzweifelhaft tauglicher Klagegegenstand ist.[1619] In der Rechtssache *Phoenix-Rheinrohr* verneinte

---

1614 Eine solche Einordnung wurde in späteren Rechtssachen jedoch nicht mehr vorgenommen, vgl. *B. Schöndorf-Haubold*, Die Strukturfonds der Europäischen Gemeinschaft, S. 411.

1615 Dabei wird erkannt, dass die Dienstanweisung einerseits im Amtsblatt veröffentlicht ist und dass sie „dafür, daß sie eine interne Maßnahme ist, übermäßig und ungewöhnlich förmlich und feierlich bekanntgegeben worden ist", vgl. Schlussanträge GA *Tesauro* zu EuGH, Rs. C-366/88, *Frankreich/Kommission*, Rn. 13, 14.

1616 *Ibid.*, Rn. 14 (Hervorhebungen hinzugefügt).

1617 EuGH, Verb. Rs. 90/63 und 91/63, *Kommission/Luxemburg und Belgien*, Slg. 1964, S. 1334 (1345); *J. Bast*, Handlungsformen und Rechtsschutz, in: von Bogdandy/Bast (Hrsg.), Europäisches Verfassungsrecht, 2. Aufl., S. 489 (520).

1618 Siehe etwa EuGH, Rs. 182/80, *Gauff*, Rn. 18; EuGH, Rs. 8/66 bis 11/66, *Cimenteries*, Slg. 1967, 100 (122 f.); EuGH, Rs. 175/84, *Krohn*, Rn. 21.

1619 EuGH, Rs. 20/58, *Phoenix-Rheinrohr AG*, Slg. 1958/1959, S. 170 (183).

der EuGH dies; die Hohe Behörde habe mit der angegriffenen Handlung keine verbindliche Entscheidung treffen sondern nur „Grundsätze bestätigen" wollen. Dafür spreche auch der Umstand, dass eine verbindliche Entscheidung in diesem Fall der Zustimmung des Rates bedarft hätte. Laut EuGH bestehe „jedoch kein Anlaß anzunehmen, daß die Hohe Behörde wissentlich gegen diese zwingende Vorschrift verstoßen hätte."[1620]

Dabei fällt auf, dass der Schluss von der Kompetenz auf die Rechtswirkungen keineswegs logisch zwingend ist, da die Frage der Kompetenz an sich erst für die Frage der Rechtmäßigkeit relevant ist.[1621] Dies bemerkte Generalanwalt *Tesauro* in der Rechtssache C-366/88, hielt eine Prüfung anhand von Bezeichnung und Kompetenz innerhalb der Zulässigkeit im konkreten Fall aber gleichwohl für angebracht, da es sich seiner Meinung nach um einen eindeutigen Fall handelte; die Unverbindlichkeit der Maßnahme und damit die Untauglichkeit als Klagegegenstand sei so evident, dass die Maßnahme gegenüber Dritten nicht existent sei.[1622] Seiner Ansicht nach spreche der Umstand, dass die interne Dienstanweisung „hinsichtlich ihrer Form zweifellos internen Charakter" habe, stark dafür, dass dies auch tatsächlich der Fall sei.[1623] Dabei stellte *Tesauro* noch kurz zuvor fest, dass die interne Dienstanweisung ungewöhnlich förmlich ist, feierlich bekanntgegeben und im Amtsblatt veröffentlicht wurde, was er jedoch als unbeachtliche Elemente anzusehen scheint, die an der Evidenz der Unverbindlichkeit nichts ändern. Wichtiger ist für ihn die Bezeichnung der Handlung, der Mangel einer Rechtsgrundlage und der Umstand, dass sie nur an die Kommissionsbeamten gerichtet ist.[1624] Die Veröffentlichung (nur) im Abschnitt C des Amtsblatts spricht nach *Tesauro* ebenfalls für einen Mangel an Form, der auf die Unverbindlichkeit schließen lässt.[1625] Auch Gründe der Rechtssicherheit sprechen nach *Tesauro* für eine rein for-

---

1620 *Ibid.*

1621 Mit dieser Kritik auch Schlussanträge GA *Tesauro* zu EuGH, Rs. C-366/88, *Frankreich/Kommission*, Rn. 10; Schlussanträge GA *Tesauro* zu EuGH, Rs. C-303/90, *Frankreich/Kommission*, Rn. 10.

1622 Schlussanträge GA *Tesauro* zu EuGH, Rs. C-366/88, *Frankreich/Kommission*, Rn. 18.

1623 *Ibid.*, Rn. 13.

1624 Letztgenannter Aspekt wiegt am schwersten, *Ibid.*, Rn. 18.

1625 *Ibid.*, Rn. 12. Diese Bewertung führe zudem nicht zu einer Verkürzung des Rechtsschutzes, da im Falle einer Vertragsverletzungsklage wegen eventueller mitgliedstaatlicher Nichtbeachtung der Dienstanweisung das mitgliedstaatliche Verhalten an dem verbindlichen Sekundärrecht (in diesem Fall Verordnung 729/70) gemessen würde und nicht an der Dienstanweisung, *Ibid.*, Rn. 15.

male Prüfung der Verbindlichkeit einer Maßnahme der Union. Andernfalls nämlich würde der Gerichtshof mit einer Vielzahl von Verfahren belastet, in denen informelle Handlungen überprüft werden sollen, die – für den Einzelnen und die Mitgliedstatten nicht eindeutig feststellbar – nur scheinbar unverbindlich sind. Es wäre mithin ständig mit einer Verordnung zu rechnen, die sich hinter einer informellen Handlung verbirgt.[1626]

bb) C-303/90 – Verhaltenskodex

In der Rechtssache C-303/90 nimmt der EuGH keine rein formale Prüfung einer Handlung der Kommission vor, sondern prüft hauptsächlich deren Inhalt um festzustellen, ob der im Mittelpunkt stehende Verhaltenskodex[1627] Rechtswirkungen erzeugen soll, die über das einschlägige Sekundärrecht[1628] hinausgehen.[1629] Begründetheit und Zulässigkeit werden entsprechend auch hier wieder zusammen geprüft.[1630] Der Kodex wurde im Bereich der Strukturfondsverwaltung von der Kommission erarbeitet und anschließend mit den Mitgliedstaaten im Koordinierungsausschuss für die Betrugsbekämpfung und bei einer Tagung des Rates ausgehandelt. Wieder stand die Frage im Vordergrund, ob die Handlung neue Verpflichtungen begründet, oder lediglich die bestehen Verpflichtungen konkretisiert. Laut Kommission handelte es sich um eine „Anleitung zur Durchführung von Art. 23 Abs. 1 der VO 4253/88“, die Informationspflichten der Mitgliedstaaten im Rahmen der Kontrolle der Strukturfondsmittel vorsah; ausdrücklich sollen keine neuen Verpflichtungen geschaffen werden.[1631] Frankreich mel-

1626 *Ibid.*, Rn. 15. Bei einer hilfsweisen Prüfung der Zulässigkeit der Klage stellt Tesauro dann jedoch auf den Inhalt der fraglichen Handlung ab und kommt zu dem gegenteiligen Ergebnis, nämlich dass es sich nich bloß um eine interne Maßnahme handele, mit der Rechtswirkungen beabsichtigt werden, Rn. 22.

1627 Verhaltenskodex zu den Modalitäten für die Anwendung von Artikel 23 Absatz 1 der Verordnung (EWG) Nr. 4253/88 des Rates betreffend die Unregelmäßigkeiten und die Einrichtung eines einschlägigen Informationssystems, ABl. 1990, C 200, S. 3. Englisch: *code of conduct*; Französisch: *code de conduite.*

1628 Verordnung (EWG) Nr. 4253/88 des Rates betreffend die Unregelmäßigkeiten und die Einrichtung eines einschlägigen Informationssystems, ABl. 1988, L 374, S. 1.

1629 EuGH, Rs. C-303/90, *Frankreich/Kommission*, Rn. 10.

1630 *Ibid.*, Rn. 11.

1631 Sitzungsbericht zu EuGH, Rs. C-303/90, *Frankreich/Kommission*, Slg. I-5316 (5322).

dete jedoch Bedenken hinsichtlich der Rechtsform der Handlung an,[1632] die seiner Ansicht nach eigentlich eine Verordnung darstelle.[1633] Der Kodex wurde im Abschnitt C des Amtsblattes veröffentlicht und zudem den Mitgliedstaaten in einem Schreiben mitgeteilt.[1634] Wie auch in der Rechtssache C-366/88 (interne Dienstanweisung) entschied der EuGH, dass die im Kodex enthaltenen Verpflichtungen über die mit der zugrundeliegenden Verordnung begründeten hinausgingen, da er umfangreichere und weitergehende Informationspflichten für die mitgliedstaatlichen Stellen vorsehe.[1635] Zudem wolle der Kodex im Gegensatz zu der Verordnung die Mitgliedstaaten zur Vertraulichkeit im Umgang mit den ausgetauschten Informationen verpflichten.[1636]

Auf die in der Rechtssache C-366/88 (interne Dienstanweisung) genannten Kriterien wird jedoch nicht eingegangen. Nur anhand eines Vergleichs der in dem Kodex genannten Verhaltensregeln mit denen der Verordnung schlussfolgert der EuGH, dass erstere auch zur Erzeugung von Rechtswirkungen bestimmt seien. Denkbar wäre mit Blick auf die oben genannte Vorgehensweise, auch eine Einordnung als lediglich unverbindliche Empfehlung oder Stellungnahme – gerade weil die Kommission keine Kompetenz zum Erlass von verbindlichen Handlungen nach der Verordnung oder dem Primärrecht hat. So bleibt in dem Fall unklar, welche Bedeutung der EuGH den Befugnissen des Erlassorgans oder den Rahmenbedingungen informeller Normen beimisst, wie etwa dem Erlassverfahren und der Veröffentlichungsart. Bezüglich des Erlassverfahrens wurde von der Kommission eingewandt, dass es sich um einen konsentierten Akt handele, der von den Mitgliedstaaten mit ausgehandelt worden sei. Der EuGH würdigt diesen Punkt jedoch nicht für die Bewertung als verbindlich oder unverbindlich, sondern beschränkt sich auf die Feststellung, dieser Umstand ändere an der Kompetenzwidrigkeit der – bereits als verbindlich bewerteten – Handlung nichts.[1637]

1632 *Ibid.*, (5322 f.). Es wurde angemerkt, dass der Kodex wegen der „äußersten Wichtigkeit und der heiklen Natur der Angelegenheit“ in Form einer Verordnung erlassen werden sollte, vgl. Schlussanträge GA *Tesauro* zu EuGH, Rs. C-303/90, *Frankreich/Kommission*, Rn. 3.

1633 EuGH, Rs. C-303/90, *Frankreich/Kommission*, Rn. 13.

1634 Sitzungsbericht zu EuGH, Rs. C-303/90, *Frankreich/Kommission*, Slg. I-5316 (5318).

1635 EuGH, Rs. C-303/90, *Frankreich/Kommission*, Rn. 19-21.

1636 *Ibid.*, Rn. 23.

1637 *Ibid.*, Rn. 34.

Generalanwalt *Tesauro* hingegen verfolgt das zuvor in der Rechtssache C-366/88 aufgestellte Prüfungsprogramm und fragt, ob die äußere Form zu der Bewertung als evident ohne Rechtswirkungen führe.[1638] Dass dies der Fall sei, stützt er insbesondere auf die „Modalitäten der Abfassung" des Kodex, der an die Mitgliedstaaten ausdrücklich adressiert sei und Formulierungen enthalte, eine rechtliche Bindung an die Verhaltensregeln klar zum Ausdruck brächten; dafür spreche auch die Veröffentlichung im Amtsblatt und die vorherige Bekanntgabe an die Mitgliedstaaten mit dem Hinweis, dass der Kodex an diesem Tag „in Kraft tritt".[1639] Das Ergebnis werde bestätigt durch die Bezeichnung des Verhaltenskodex, der gerade nicht mit „Empfehlung" überschrieben sei, wodurch der unverbindliche Wirkmodus klar erkennbar gewesen sei.[1640]

cc) C-325/91 – Mitteilung öffentliche Unternehmen

In der Rechtssache C-325/91[1641] beschäftigte sich der EuGH mit der Anfechtbarkeit einer Mitteilung[1642] der Kommission zur Erläuterung der Transparenzrichtlinie.[1643] Die Mitteilung war unterteilt in einen die Rechtsprechung darstellenden und einen die künftige Anwendung der beihilferechtlichen Vorschriften erläuternden Abschnitt. Die Richtlinie bestimmte unter anderem, welche Informationen die Mitgliedstaaten der Kommission bezüglich der finanziellen Beziehungen zu öffentlichen Unternehmen mit-

1638 Schlussanträge GA *Tesauro* zu EuGH, Rs. C-303/90, *Frankreich/Kommission*, Rn. 8, dort insb. Fn. 7. Daneben erfolgt die Klarstellung, dass eine inhaltliche Prüfung informeller Handlungen danach fragt, ob Verhaltensregeln aufgestellt werden, die über die verbindliche Basisnorm hinausgehen, *Ibid.* Rn. 15 f.

1639 *Ibid.*, Rn. 11.

1640 Und zudem auch die Rechtssicherheit erhöht würde, *Ibid.*, Rn. 20. Der Generalanwalt scheint der Kommission hier eine gewisse Absicht unterstellen zu wollen, den unverbindlichen Charakter nicht deutlich zu machen, da eine Befolgung durch die Mitgliedstaaten dann unwahrscheinlicher wäre.

1641 EuGH, Rs. C-325/91, *Frankreich/Kommission*. Hierzu *A. Papaioannou*, CMLRev 1994, S. 155.

1642 Mitteilung der Kommission an die Mitgliedstaaten, Anwendung der Artikel 92 und 93 EWG-Vertrag und des Artikels 5 der Richtlinie 80/723/EWG der Kommission über öffentliche Unternehmen in der verarbeitenden Industrie, ABl. 1991, C 273, S. 2. Englisch: *communication*; Französisch: *communication*.

1643 Richtlinie 80/723/EWG über die Transparenz der finanziellen Beziehungen zwischen den Mitgliedstaaten und den öffentlichen Unternehmen erlassen, ABl. 1980, L 195, S. 35.

teilen müssen. Während die Richtlinie nur allgemein von der Pflicht zur Informationsübermittlung sprach und deren Umfang in das Ermessen der Kommission stellte, gab die Mitteilung in dem erläuternden Teil detailliert wieder, welche Informationen ihrer Ansicht nach von der Informationsübermittlungspflicht umfasst sind.[1644]

Auch hier fragt der EuGH wieder danach, ob durch die Mitteilungen neue Verpflichtungen begründet werden sollen, die in der Richtlinie noch nicht enthalten waren; die Frage nach einem tauglichen Klagegegenstand kann entsprechend nicht allein in der Zulässigkeit beantwortet werden, sondern muss auf die Frage nach der Begründetheit vorgreifen.[1645] Da die Mitteilung in bestimmten Fällen eine regelmäßige Berichtspflicht vorsah, kam der EuGH zu dem Ergebnis, der Umfang der Plichten der Mitgliedstaaten werde durch die Mitteilung erweitert.[1646] Zwar habe die Richtlinie durchaus vorgesehen, dass die Kommission in gewissem Umfang bestimmen dürfe, welche Informationen mitgeteilt werden müssen, jedoch sein eine regelmäßige Berichtspflicht nicht davon umfasst.[1647] Zudem werde die Mitteilungspflicht auch auf Umstände ausgedehnt, die von der Richtlinie nicht umfasst gewesen seien.[1648]

An diese Feststellung schließt sich die Frage nach der Kompetenz der Kommission zum Erlass eines solchen Aktes an, wobei nur die in Art. 90 EGV (jetzt Art. 106 Abs. 3 AEUV) genannte Befugnis zum Erlass rechtsverbindlicher Richtlinien und Beschlüssen in Betracht kam. Jedoch habe die Kommission diese Norm in der Mitteilungen als Rechtsgrundlage nicht ausdrücklich zitiert, sodass jedenfalls eine „wesentliche Formvorschrift" im Sinne von Art. 263 Abs. 2 AEUV verletzt worden sei; somit wurde gegen den Grundsatz der Rechtssicherheit verstoßen, der die Erkennbarkeit der Rechtsgrundlage für verbindliche Handlungen gebiete.[1649] Auch das Vorbringen der Kommission, es handele sich bei der Mitteilung um eine interne Dienstanweisung, konnte den EuGH nicht überzeugen, da diese

---

1644 Insbesondere Rn. 46-49 der Mitteilung.

1645 EuGH, Rs. C-325/91, *Frankreich/Kommission*, Rn. 11.

1646 *Ibid.*, Rn. 17, 23.

1647 Schlussanträge GA *Tesauro* zu EuGH, Rs. C-325/91, *Frankreich/Kommission*, Rn. 8.

1648 Wie GA *Tesauro* feststellte, sollten auch „Kapitalbewegungen, die innerhalb ein und desselben Unternehmens oder innerhalb ein und derselben Unternehmensgruppe" stattfanden mitgeteilt werden, vgl. Schlussanträge GA *Tesauro* zu EuGH, Rs. C-325/91, *Frankreich/Kommission*, Rn. 12.

1649 EuGH, Rs. C-325/91, *Frankreich/Kommission*, Rn. 30.

ausdrücklich an Mitgliedstaaten adressiert und ihnen auch bekanntgegeben worden sei.[1650]

Generalanwalt *Tesauro* gelangt nach einer inhaltlichen Prüfung der Mitteilung zu dem selben Ergebnis.[1651]

dd) C-57/95 – Mitteilung Pensionsfonds

Diese Rechtssache betraf eine Mitteilung der Kommission[1652] zum Binnenmarkt für Pensionsfonds.[1653] Wieder stellte sich für den EuGH die Frage, ob die Mitteilung neue Verpflichtungen begründet.

Bezüglich des äußeren Erscheinungsbildes der Mitteilung argumentierte die Kommission, dass zwar Verhaltensanforderungen mit Wörtern wie „müssen" beschrieben wurden, dies jedoch mit Formulierungen eingeleitet worden sei, die klar machten, dass es sich um die Ansicht der Kommission handelt. Den EuGH überzeugte dies jedoch nicht; er bejahte das Vorliegen von Rechtswirkungen.[1654] Auch der Umstand, dass die Mitteilung – anderes als noch der Verhaltenskodex in der Rechtssache C-366/88 – nicht in einem Schreiben an die Mitgliedstaaten bekanntgegeben wurde, führe zu keiner anderen Bewertung.[1655] Insbesondere jedoch könne das von der Kommission vorgebrachte Argument, die Mitteilung sei nur eine Konkretisierung der schon primärrechtlich bestehenden Verpflichtungen, nicht verfangen, da die einschlägigen Vertragsbestimmungen (Art. 55 iVm 47 EG; heute Art. 62 iVm 53 AEUV) zu allgemein seien.[1656] Die Konkretisierung derart

1650 *Ibid.*, Rn. 29.

1651 Eine inhaltliche Prüfung sei hier notwendig, da die „Begleitumstände" der Mitteilung keine Feststellung der evidenten Unverbindlichkeit erlaubten (Adressierung der Mitteilung an alle Mitgliedstaaten und Veröffentlichung im Amtsblatt), Schlussanträge GA *Tesauro* zu EuGH, Rs. C-325/91, *Frankreich/Kommission*, Rn. 6.

1652 Mitteilung der Kommission betreffend die Freiheit der Vermögensverwaltung und Vermögensanlage für Einrichtungen zur Altersversorgung — Mitteilung betreffend einen Binnenmarkt für Pensionsfonds, ABl. 1994, C 360, S. 7. Englisch: *communication*; Französisch: *communication.*

1653 Hierzu *J. Gundel*, EuR 1998, S. 90.

1654 EuGH, Rs. C-57/95, *Frankreich/Kommission (Pensionsfonds)*, Rn. 14, 18. Dazu auch *S. Leclerc*, CDE 1998, S. 161.

1655 EuGH, Rs. C-57/95, *Frankreich/Kommission (Pensionsfonds)*, Rn. 22.

1656 *Ibid.*, Rn. 20 f. Hierzu auch *G. Pampel*, Rechtsnatur und Rechtswirkungen horizontaler und vertikaler Leitlinien im reformierten europäischen Wettbewerbsrecht, S. 121.

allgemeiner Normen sei dem Gesetzgeber mit den vertraglich vorgesehenen Instrumenten vorbehalten.

Auch die Kommission sei schließlich dieser Ansicht gewesen, sonst hätte sie nicht ursprünglich versucht, den Erlass einer fast inhaltsgleichen Richtlinie im Gesetzgebungsverfahren zu bewirken, was jedoch im Rat scheiterte.[1657] In diesem Umstand kommt deutlich zum Ausdruck, dass die Kommission die Absicht hatte, durch die Mitteilung Rechtwirkungen zu erzeugen. Mangels Kompetenz der Kommission zum Erlass von verbindlichen Normen in diesem Bereich war auch diese Klage begründet.[1658]

ee) C-443/97 – Leitlinien Strukturfondsverwaltung

Als unzulässig bewertete der EuGH eine Klage gegen Leitlinien[1659] im Bereich der Strukturfondsverwaltung.[1660] Die Leitlinien wurden nicht im Amtsblatt veröffentlicht, jedoch wurde ein erster Entwurf den Mitgliedstaaten bekanntgegeben und die letztlich erlassene Version im Rat erörtert. Die Leitlinien bezogen sich auf eine Verordnung des Rates zur Koordinierung der Tätigkeit verschiedener Strukturfonds, der EIB und sonstiger Finanzinstrumente.[1661] In dieser Verordnung werden der Kommission Kontrollbefugnisse übertragen, bei deren Ausübung sie einen Ermessensspielraum hat.[1662] Dieses Ermessen durch Leitlinien zu strukturieren, könne der Kommission nach Ansicht des EuGH nicht verwehrt werden, zumal dadurch die Transparenz der an die Mitgliedstaaten gerichteten Einzelentscheidungen

---

1657 Darauf weist die Mitteilung in ihrem Absatz 1.4 selbst ausdrücklich hin: „Bedauerlicherweise sah sich die Kommission gezwungen, ihren Vorschlag wegen des Scheiterns der Verhandlungen mit den Mitgliedstaaten im Rat zurückzuziehen. Insbesondere lehnt es die Kommission ab, den Text für die Mitgliedstaaten durch Aufnahme bestimmter Änderungen akzeptabel zu machen, die den Sinn der Richtlinie vollständig verändern und damit deren Ziele verwässern würden, so daß die Hemmnisse für die Dienstleistungserbringung und die freie Kapitalanlage nicht beseitigt, sondern statt dessen legitimiert würden."

1658 EuGH, Rs. C-57/95, *Frankreich/Kommission (Pensionsfonds)*, Rn. 23-25.

1659 Englisch: *internal guidelines*; Französisch: *orientations internes.*

1660 EuGH, Rs. C-443/97, *Spanien/Kommission.*

1661 Verordnung (EWG) Nr. 4253/88 des Rates vom 19.12.1988 zur Durchführung der Verordnung (EWG) Nr. 2052/88 hinsichtlich der Koordinierung der Interventionen der verschiedenen Strukturfonds einerseits und zwischen diesen und den Interventionen der Europäischen Investitionsbank und der sonstigen vorhandenen Finanzinstrumente andererseits, ABl. 1988, L 374, S. 2.

1662 Art. 24 Abs. 2 der Verordnung 4253/88.

erhöht werde.[1663] Wie die Bezeichnung der Handlung bestätige, handele es sich um eine rein interne Maßnahme, die außerhalb der Kommission nicht direkt Rechtswirkungen erzeuge und daher nicht anfechtbar im Rahmen von Art. 263 AEUV sei.[1664]

Die Nichtveröffentlichung im Amtsblatt erwähnt der EuGH nicht, wobei dieser Umstand das gefundene Ergebnis unterstreichen würde. Das spricht dafür, dass diesem Aspekt eine eher untergeordnete Relevanz beigemessen wird.

Anders beurteilte Generalanwalt *La Pergola* die Zulässigkeit der Klage. Er weist auf den Unterschied der in der Verordnung genannten Befugnis zur Aus- oder Durchführung von Unionsrecht durch die Kommission, also zur Regelung von Einzelfällen als typischer Exekutivaufgabe einerseits und der Regelung in abstrakt-genereller Art in Form der zur allgemeinen Anwendung bestimmten Leitlinie andererseits hin.[1665] Die Leitlinien dienten nach *La Pergola* der Schließung von Lücken in den Verordnungen, die im Vergleich zu den Regelungen des EAGFL bestehen, und sind letztlich „neue Rechtsnormen", die über die Verordnungen hinaus neue Verpflichtungen für die Mitgliedstaaten darstellen. Nur die Mitgliedstaaten seien aber für die Kontrolle der ordnungsgemäßen Verwendung der Strukturfondsmittel primär zuständig.[1666] Mangels Kompetenz der Kommission zu einer solchen ergänzenden Gesetzgebung, kommt *La Pergola* zu dem Ergebnis, die Leitlinien seien für nichtig zu erklären.[1667]

ff) T-670/14 und T-694/14 – Leitlinien für Umweltschutz- und Energiebeihilfen

Gegen die in der Ausgangsuntersuchung beschriebenen Umwelt- und Energiebeihilfeleitlinien[1668] wurde mehrfach vergeblich Nichtigkeitsklage erhoben.

In der Rechtssache T-670/14 (Milchindustrieverband) wurde keine Feststellung dazu getroffen, ob die Leitlinien bestimmt sind, Rechtswirkungen

1663 EuGH, Rs. C-443/97, *Spanien/Kommission*, Rn. 32-34.

1664 *Ibid.*, Rn. 29.

1665 Schlussanträge GA *La Pergola* zu EuGH, Rs. C-443/97, *Spanien/Kommission*, Rn. 18.

1666 *Ibid.*, Rn. 21.

1667 *Ibid.*, Rn. 27.

1668 Oben IV. 1. a).

gegenüber Dritten zu erzeugen.[1669] Vielmehr wurde die Klage der nicht privilegierten Kläger mangels unmittelbarer Betroffenheit im Sinne von Art. 263 Abs. 4 AEUV als unzulässig abgewiesen.[1670] Zwar wurde durch die letzte Reform der Verträge die Möglichkeit der Klagen gegen „Rechtsakte mit Verordnungscharakter" in Art. 263 Abs. 4 Var. 3 AEUV eingefügt, was das Vorgehen Einzelner gegen abstrakt-generelle Normen aufgrund der hierfür nicht erforderlichen (und nur äußerst selten erfüllten) Voraussetzung der *individuellen* Betroffenheit wahrscheinlicher macht.[1671] Gleichwohl müssen Kläger auch bei dieser Alternative ihre *unmittelbare* Betroffenheit nachweisen, was nur der Fall ist, wenn die angegriffene Handlung ohne die Durchführung weiterer Maßnahmen ihre Wirkungen gegenüber dem Kläger entfaltet, oder solche Maßnahmen gleichwohl inhaltlich soweit vorbestimmt sind, dass kein Ermessen mehr besteht.[1672] Unmittelbar betroffen wären die Kläger vorliegend aber erst von einer negativen Beihilfengenehmigungsentscheidung in Form eines verbindlichen Beschlusses; dieser könnte dann angefochten werden.

Dass die Kommission sich durch die Leitlinien grundsätzlich selbst in ihrer Ermessensausübung bindet und spätere Einzelfallentscheidungen somit vorstrukturiert werden, ändert an der mangelnden Unmittelbarkeit der Betroffenheit nichts. Dies ist konsequent, denn letztlich kann die Selbstbindung nicht so weit gehen, dass die Kommission auf ihre Pflicht zur Einzelfallprüfung verzichtet.[1673] Mit einer ähnlichen Begründung wäre die Klage auch in der Sache abzulehnen gewesen: Da die Ermessensstrukturierung durch informelle Normen nur verbindliche Einzelfallentscheidung vorbereitet, ist sie grundsätzlich nicht dazu bestimmt, Rechtswirkungen gegenüber Dritten zu erzeugen.[1674]

1669 Allerdings wurde festgestellt, dass die Ermessensstrukturierung grundsätzlich zulässig ist und zur Selbstbindung der Kommission führt, vgl. EuG, Rs. T-670/14, *Milchindustrieverband/Kommission*, Rn. 23 f.

1670 EuG, Rs. T-670/14, *Milchindustrieverband/Kommission*, Rn. 26, 30.

1671 *J. Gundel*, EuZW 2016 S. 606 (607).

1672 Siehe nur EuGH, Rs. C-386/96, *Dreyfus/Komission*, Rn. 43 f., sowie EuG, Rs. T-18/10, *Inuit Tapiriit Kanatami u.a./Parlament u. Rat*, Rn. 71 mWn. Zusammenfassend *J. Schwarze/P. Voet van Vormizeele*, in: Schwarze (Hrsg.), EU-Kommentar, 4. Aufl., Art. 263 AEUV, Rn. 45.

1673 Dann wäre das institutionelle Gleichgewicht verletzt, siehe oben VI. 2. c) und *D. Walzel*, Bindungswirkungen, S. 173. Dazu auch *J. Gundel*, RdE 2016, 234 (236); ausdrücklich zu diesem Aspekt auch EuG, Rs. T-375/03, *Fachvereinigung Mineralfaserindustrie e.V./Kommission*, Rn. 141.

1674 Dazu sogleich VIII. 1. d).

Ebenfalls mangels unmittelbarer Betroffenheit scheiterte eine weitere Klage gegen die Leitlinien in der Rechtssache T-694/14 (EREF).[1675]

gg) C-16/16 – Empfehlung der Kommission

Die Rechtssache C-16/16 betraf die Nichtigerklärung einer auf Art. 292 AEUV gestützten Empfehlung der Kommission auf dem Gebiet der Online-Glücksspieldienstleistungen.[1676] Sie wurde in der ABl.-Reihe L veröffentlicht und nennt verschiedene Maßnahmen, die die Mitgliedstaaten aus Sicht der Kommission zum Schutz vor den Gefahren des Glücksspiels treffen sollten, etwa bestimmte Informationen und Warnungen zur Verfügung zu stellen.[1677] Daneben wurden die Mitgliedstaaten aufgefordert, der Kommission ihre zuständige Glücksspiel-Regulierungsbehörde zu benennen und Bericht zu erstatten über getroffene Maßnahmen, um eine Bewertung der Umsetzung der Empfehlung zu ermöglichen.[1678]

Das zunächst mit der Sache befasste EuG wies die Klage im Ergebnis als unzulässig mangels tauglichen Klagegegenstandes ab,[1679] was der EuGH in der Rechtsmittelinstanz bestätigte.[1680]

Die Wahl der Empfehlung als Handlungsform schließe die Klagegegenstandstauglichkeit zunächst nicht automatisch aus, da die gewählte Form nicht zwangsläufig deren Inhalt entsprechen müsse; es könne sich nämlich tatsächlich und entgegen der Bezeichnung um eine verbindliche Handlung handeln.[1681] Zur Prüfung beabsichtigter Rechtswirkungen wird insbesondere auf Wortlaut und Kontext abgestellt.[1682]

1675 EuG, Rs. T-694/14, *EREF/Kommission*, Rn. 25.

1676 Empfehlung 2014/478/EU der Kommission vom 14.07.2014 mit Grundsätzen für den Schutz von Verbrauchern und Nutzern von Online-Glücksspieldienstleistungen und für den Ausschluss Minderjähriger von Online-Glücksspielen, ABl. 2014, L 214, S. 38.

1677 Empfehlung 2014/478/EU, S. 38, Abschnitt III bis X.

1678 *Ibid.*, S. 38, Abschnitt XII.

1679 EuG, Rs. T-721/14, *Belgien/Kommission*, Rn. 37, 78.

1680 EuGH, Rs. C-16/16, *Belgien/Kommission*, Rn. 54.

1681 EuG, Rs. T-721/14, *Belgien/Kommission*, Rn. 20. Wie bereits in *Grimaldi* festgestelt wurde, handelt es sich dann nicht um eine „echte Empfehlung", vgl. EuGH, Rs. C-322/88, *Grimaldi*, Rn. 16; so auch EuGH, Rs. C-16/16, *Belgien/Kommission*, Rn. 29.

1682 EuG, Rs. T-721/14, *Belgien/Kommission*, Rn. 18 ff; EuGH, Rs. C-16/16, *Belgien/Kommission*, Rn. 32.

Der Wortlaut der Empfehlung spreche gegen Rechtswirkungsabsichten, da in den meisten Sprachfassungen[1683] Unverbindlichkeit suggerierende Formulierungen gewählt worden seien.[1684] Auch die Prüfung des Inhalts ergebe nichts anderes.[1685] Die Empfehlung erwähne nämlich mehrmals, dass es den Mitgliedstaaten freistehe, ihr zu folgen und verweise sogar auf einschlägige Rechtsprechung zu diesem Wahlrecht.[1686] Auch die – stärker formulierte – „Aufforderung" zur Benennung mitgliedstaatlicher Glücksspiel-Regulierungsbehörden und zur Berichterstattung ändere daran nichts, da insgesamt gleichwohl klar sei, dass diesbezüglich keine rechtliche Verpflichtung bestehe. Die fehlende Absicht, verbindlich zu handeln, zeige sich auch daran, dass die Kommission selbst weder bei Diskussionen im Rat, noch im Parlament eine verbindliche Regelung für angemessen hielt.[1687] Auch der Veröffentlichungsort in der ABl.-Reihe L ändere daran nichts, da diesem Umstand allein keine derart starke Indizwirkung zukomme.[1688]

Als nur scheinbar neues Kriterium der Prüfung, ob eine Handlung Rechtswirkungen erzeugt, wird auf „das Wesen" der Handlung abgestellt.[1689] Aus den angegebenen Verweisen und den anderen Sprachfassungen[1690] ergibt sich jedoch, dass damit wohl die bereits bekannte inhaltliche

---

1683 Das EuG vergleich hier 11 Sprachfassungen und kommt zu dem Ergebnis, dass lediglich die portugisische von „müssen" spricht, die meisten übrigen Sprachfassungen jedoch keine Verpflichtung aussprechen. Vgl. auch den vergeblichen Einwand Belgiens in der Rechtsmittelinstanz, aus diesen verbindlicheren Formulierungen einiger Sprachfassungen folge, dass gegenüber den Mitgliedstaaten mit diesen Amtssprachen eine „stärkere" Rechtswirkung entstehe, weshalb diese Mitgliedstaaten zur Anfechtung berechtigt sein sollten, wiedergegeben in Schlussanträge GA *Bobek* zu EuGH, Rs. C-16/16, *Belgien/Kommission*, Rn. 47.

1684 EuG, Rs. T-721/14, *Belgien/Kommission*, Rn. 21-28. So werden die Mitgliedstaaten etwa „ersucht",„angehalten" oder „ermuntert", bestimmte Maßnahmen zu ergreifen. Zudem wird von „sollen" gesprochen. Allgemein zu den Schwierigkeiten der Wortlautauslegung von Rechtstexten, die in 24 verschiedenen Sprachen verbindlich sind *A. Thiele*, Europäisches Prozessrecht, 2. Aufl. S. 42 f.

1685 EuG, Rs. T-721/14, *Belgien/Kommission*, Rn. 29-35.

1686 Empfehlung 2014/478/EU, S. 38, Nr. 2 sowie Erwägungsgründe 5 f.

1687 EuG, Rs. T-721/14, *Belgien/Kommission*, Rn. 36. Die Situation war also quasi genau entgegengesetzt zu der in EuGH C-57/95 (Mitteilung Pensionsfonds), wo ein mit der angefochtenen Mitteilung fast identischer Gesetzgebungsvorschlag vor der Veröffentlichung der Mitteilung gescheitert war.

1688 EuG, Rs. T-721/14, *Belgien/Kommission*, Rn. 38-40.

1689 *Ibid.*, Rn. 18 mit Verweis auf EuGH, Rs. C-147/96, *Niederlande/Kommission*, Rn. 27. Bestätigt in EuGH, Rs. C-911/19, *EBA Leitlinien*, Rn. 38.

1690 Englisch und Französisch: *substance*.

Prüfung der Maßnahme gemeint ist;[1691] also der Abgleich mit dem verbindlichen Recht.

Zu einem anderen Ergebnis kam Generalanwalt *Bobek*, der sich für die Anfechtbarkeit und für eine grundsätzliche Ausweitung der direkten Rechtsschutzmöglichkeit gegen unverbindliche Rechtsakte aussprach. Aufgrund der zunehmenden Verwendung von „Soft Law" sowie dessen steigender Bedeutung für die Rechtspraxis, sei eine Abkehr von der Rechtsprechung angemessen, die auf der strikten Trennung von verbindlichen und unverbindlichen Akten aufbaue.[1692] In einigen mitgliedstaatlichen Höchstgerichten, insbesondere in Frankreich,[1693] wurde eine solche Rechtsprechungsänderung bereits vollzogen.[1694]

Bei der Anwendung der *AETR*-Kriterien dürfe nicht die Absicht, „*verbindliche* Rechtswirkungen" zu erzeugen gefordert werden, da der Anwendungsbereich dadurch unangemessen über den Wortlaut des Art. 263 AEUV hinaus verengt werde.[1695] Hierzu finde sich auch in der *AETR*-Entscheidung selbst kein Hinweis, weshalb zu dem ursprünglichen Verständnis der *AETR*-Kriterien zurückzukehren sei.[1696] Unter die somit erforderliche Absicht, (nicht notwendigerweise verbindliche) Rechtswirkungen zu erzeugen, lassen sich nach *Bobek* auch verschiedene faktische Wirkungen fassen. Dies sei angemessen, da sich die Rechtspraxis seit der *AETR*-Entscheidung im Jahr 1971 geändert habe und informelle Instrumente ebenso beachtliche Wirkungen wie verbindliche haben können.[1697] Zur Feststellung, ob die

---

1691 Die Terminologie ist jedoch nicht ganz eindeutig. So ist in Rn. 36 davon die Rede, dass eine Prüfung des Inhalts der Empfehlung ebenfalls zu dem Ergebnis der Unverbindlichkeit (und damit Anfechtbarkeit) kommt, in Rn. 62 wird hingegen gesagt, das ein inhaltlicher Vergleich zwischen Empfehlung und geltendem Recht nicht nötig sei.

1692 Schlussanträge GA *Bobek* zu EuGH, Rs. C-16/16, *Belgien/Kommission*, Rn. 4. Ebenso in Schlussanträge GA *Bobek* zu EuGH, Rs. C-911/19, *EBA Leitlinien*, Rn. 53.

1693 Dazu sogleich der Exkurs unter VIII 1. c).

1694 Schlussanträge GA *Bobek* zu EuGH, Rs. C-16/16, *Belgien/Kommission*, Rn. 84 f. Dazu auch *O. Ştefan/M. Petri*, YEL 2018, S. 525 (540), dort Fn. 80; *M. Eliantonio*, Judicial Review of Soft Law before the European and the National Courts, in: Eliantonio/Korkea-aho/Ştefan (Hrsg.), EU Soft Law in the Member States, S. 283 (292-299).

1695 Schlussanträge GA *Bobek* zu EuGH, Rs. C-16/16, *Belgien/Kommission*, Rn. 69-70 mwN zur Rechtsprechung.

1696 *Ibid.*, Rn. 110.

1697 Das Argument zur Ausweitung der Anfechtbarkeit ähnelt der Kritik der Rechtsprechung bei der Prüfung der individuellen Betroffenheit nicht privilegierter Kläger im Rahmen von Art. 263 Abs. 4 Alt. 2 AEUV. Auch hier wird weiterhin

Wirkungen ausreichend sind, um von „Rechtswirkungen" im Sinne der *AETR*-Rechtsprechung und damit einer anfechtbaren Handlung auszugehen, seien die bekannten Kriterien (Wortlaut, Inhalt, Kontext und Zweck) nicht zu ändern; lediglich die strikt binäre Sichtweise (verbindlich/unverbindlich) solle aufgegeben werden.[1698] Maßgeblich solle sein, ob der Adressat der Handlung diese so verstehen muss, dass ein bestimmtes Verhalten mit dem Anspruch der Verbindlichkeit eingefordert wird.[1699]

c) Exkurs: Administrativnormen im französischen Recht

Nicht nur im Unionsrecht werden unverbindliche Instrumente von Exekutivorganen eingesetzt. In Frankreich ist mit den „circulaires administratives"[1700] ein ähnliches Instrument bekannt.[1701] Da es einige Parallelen zwischen der gerichtlichen Überprüfbarkeit im Unions- und im französischen Recht gibt, ist ein Blick auf französische Recht lohnend.

Bei Vergleichen der informellen Administrativnormen mit mitgliedstaatlichen Handlungsformen ist gleichwohl Vorsicht geboten, da diese jeweils in spezifische institutionelle Kontexte eingebettet sind, in denen unterschiedliche Verwaltungstraditionen die Vergleichbarkeit mit Instrumenten des europäischen Verwaltungsrechts erschweren.

Bei circulaires administratives handelt es sich um Verwaltungsrundschreiben mithilfe derer die Minister Anweisungen an nachgeordnete Verwaltungsstellen geben.[1702] Dieses Weisungsrecht folgt aus der hierarchischen Struktur des Verwaltungsaufbaus.[1703] Ziel ist es, die einheitliche Rechtsanwendung dadurch zu gewährleisten, dass die Adressaten ihr Er-

---

die *Plauman*-Rechtsprechung aus dem Jahr 1963 angewandt, wenngleich sich die (rechtlichen, politischen, institutionellen) Umstände seither geändert haben. Kritisch hierzu Schlussanträge GA *Jacobs* zu EuGH, Rs. C-50/00 P, *UPA/Rat*, insb. Rn. 4. Ähnlich für Rechtsschutz gegen informelle Normen der Agenturen siehe *M. Zinzani*, Market Integration through 'Network Governance', S. 72.

1698 Schlussanträge GA *Bobek* zu EuGH, Rs. C-16/16, *Belgien/Kommission*, Rn. 111; Ebenso in Schlussanträge GA *Bobek* zu EuGH, Rs. C-911/19, *EBA Leitlinien*, Rn. 53.

1699 Schlussanträge GA *Bobek* zu EuGH, Rs. C-16/16, *Belgien/Kommission*, Rn. 113.

1700 Auch *note de service* oder *instruction* genannt, vgl. *R. Chapus*, Droit administratif général, Bd. 1, S. 456.

1701 *P. Bernitsas*, in: Harden (Hrsg.), State Aid: Community Law and Policy, S. 110 (112) deutet an, dass auch das griechische Recht eine vergleichbare Praxis informeller Administrativnormen kennt.

1702 *R. Chapus*, Droit administratif général, Bd. 1, 9. Aufl., S. 456.

1703 *P. Tifine*, Droit administratif français, 2. Aufl. S. 322.

messen einheitlich anwenden.[1704] Einzelne können sich gegenüber der Verwaltung jedoch nicht auf die Rundschreiben berufen oder daraus subjektive Rechte ableiten.[1705] Die Verwaltung kann eine Einzelfallentscheidung nicht nur damit begründen, dass diese im Einklang mit einem circulaire steht; sie muss ihre Entscheidung auf Grundlage des bestehenden verbindlichen Rechts treffen.[1706]

Die circulaires weisen nach dem Gesagten gleichwohl einen wichtigen Unterschied zu den hier untersuchten Instrumenten auf, da sie innerhalb eines anderen Verwaltungsaufbaus ergehen: Informelle Administrativnormen im Unionsrecht richten sich nicht als „Weisungen" an *nachgeordnete* Behörden, sondern an mitgliedstaatliche Behörden ohne Über- und Unterordnungsverhältnis. Dies gilt sowohl für Instrumente im indirekten wie im direkten Vollzug, wenngleich insbesondere die Kommission als Erlassorgan ermessensstrukturierender informeller Normen im direkten Vollzug mit weitreichenden Befugnissen ausgestattet ist. Bei diesen handelt es sich jedoch um Überwachungsbefugnisse gegenüber Mitgliedstaaten, die das geltende Beihilfenrecht einhalten müssen, nicht um Weisungsbefugnisse gegenüber nachgeordneten Stellen, die im Auftrag der Union das Beihilfenrecht ausführen. Trotz dieses Unterschieds lohnt ein Blick auf die Rechtsprechung zu circulaires, da dies eine Inspirationsquelle für den EuGH war, was daran liegen mag, dass die oben genannten ersten Klagen gegen Kommissionsmitteilungen aus den 1990er Jahren ihren Ursprung in Frankreich haben.[1707]

Grundsätzlich erstreckt sich die verwaltungsgerichtliche Überprüfung in Frankreich nur auf das Recht, nicht auch auf die Rundschreiben.[1708] Der Conseil d'État stellte jedoch schon früh fest, dass die circulaires dann ausnahmsweise ein tauglicher Klagegenstand sind, wenn sie über die Auslegung des geltenden Rechts hinausgehen und somit selbst Recht setzen.[1709]

1704 *Ibid.*

1705 *R. Chapus*, Droit administratif général, Bd. 1, 9. Aufl., S. 456.

1706 Daneben existiert die sog. *directive administrative,* welche mit den beihilferechtlichen Mitteilungen der Kommission verglichen werden kann, jedoch mittlerweise in der Praxis an Bedeutung verloren hat, vgl. *A.-M. Tournepiche*, RMC, n° 454, janvier 2002, S. 55 (59 ff.).

1707 *J. Gundel*, EuR 1998, S. 85 (96 ff.).

1708 *R. Chapus*, Droit administratif général, Bd. 1, 9. Aufl., S. 457.

1709 Conseil d'État, 29.01.1954, *Institution Notre-dame du Kreisker.*

Eine Klage in Form des recour pour excès de pouvoir[1710] ist dann in der Regel auch erfolgreich, da die erlassende Stelle meist keine Kompetenz zum Erlass eines solchen Akts mit Regelungscharakter (caractère réglementaire) hatte.[1711] Die Abgrenzung zwischen Akten mit Regelungscharakter und solchen, die die Grenzen des bestehenden Rechts nicht überschreiten, kann Schwierigkeiten bereiten.[1712]

Der Conseil d'État weitete zunächst die Zulässigkeitskriterien aus mit der Entscheidung in der Rechtssache *Ordre des avocats au barreau de Paris.*[1713] Zulässig sind danach alle Klagen gegen rechtswidrige Verwaltungsrundschreiben, also solche, die inhaltlich nicht mit dem geltenden Recht übereinstimmen. Wie auch in der Rechtsprechung der Unionsgerichte bringt dies die prozessrechtliche Besonderheit mit sich, dass die Rechtmäßigkeit vor der Zulässigkeit beurteilt werden muss und die Prüfung der Zulässigkeit und Begründetheit somit zusammenfallen.

Später wurde ein neues Kriterium für die Beurteilung der Zulässigkeit eingeführt. Die Unterscheidung zwischen angreifbaren Akten mit Regelungscharakter und bloßen Auslegungen des bestehenden Rechts (circulaires interpretatives) wurde ersetzt durch die Unterscheidung zwischen zwingenden Verwaltungsrundschreiben (circulaires impératives) und solchen, die nicht zwingend sind.[1714] Dies bedeutete keine grundlegende Änderung der Rechtsprechung, sondern vielmehr eine gewisse Einschränkung der gerichtlichen Anfechtbarkeit von Verwaltungsrundschreiben: Um tauglicher Klagegegenstand zu sein, müssen diese zum Ziel haben, die letztlich von der nachgeordneten Verwaltungsbehörde getroffenen Entscheidungen maßgeblich zu beeinflussen.[1715]

Ist eine Klage wegen des zwingenden Charakters eines circulaires zulässig, haben sich zwei Fallgruppen entwickelt, um die Rechtmäßigkeit zu beurteilen: Zum einen können circulaires neue Regeln formulieren, die

---

1710 Diese Klageart ist in etwa mit der Anfechtungsklage im deutschen Verwaltungsrecht vergleichbar, siehe etwa *V. Schlette*, Die verwaltungsgerichtliche Kontrolle von Ermessensakten in Frankreich, S. 73 f.

1711 *V. Tifine*, Droit administratif français, 2. Aufl., S. 323.

1712 *R. Chapus*, Droit administratif général, Bd. 1, S. 459.

1713 Conseil d'État, 15.04.1987, requête numéro 76867, *Ordre des avocats au barreau de Paris.*

1714 Conseil d'État, 18.12.2002, requête numéro 233618, *Dame Duvignères.*

1715 *V. Tifine*, Droit administratif français, 2. Aufl., S. 324. Siehe auch Conseil d'État, 08.03.2006, requête numéro 275551, *Fédération des Conseils de parents d'élèves des écoles publiques.*

das bestehende Recht nicht vorsieht. Wie bereits erwähnt, gehen sie dann über die bloße Auslegung des Rechts hinaus. Mangels Kompetenz sind sie formell rechtswidrig und können für nichtig erklärt werden.[1716]

Zum anderen kann die Auslegung inhaltlich unrichtig sein und etwa den Sinn und Zweck einer auszulegenden Vorschrift verkennen. In diesem Fall ist das Verwaltungsrundschreiben materiell rechtwidrig. Ein Beispiel hierfür ist ein Verwaltungsrundschreiben des Umweltministeriums, das bestimmte verbindliche Vorschriften für Fahrerlaubnisse auslegte, dabei jedoch eine in diesen Vorschriften getroffene Unterscheidung zwischen verschiedenen Fahrzeugkategorien nicht berücksichtigte. Das zwingende Verwaltungsrundschreiben ging also von einem unrichtigen Verständnis des Rechts aus und wurde daher für materiell rechtswidrig erklärt.[1717]

Eine bedeutende Rechtsprechungsänderung erfolgte schließlich im Jahr 2016. Unabhängig von der Einordnung als cirulaire, sondern gegen unverbindliche Handlungen allgemein, wurden die Klagemöglichkeiten ausgedehnt.[1718] Bezüglich einer Pressemitteilung der Finanzmarktaufsichtsbehörde[1719] sowie einer Stellungnahme der Wettbewerbsbehörde[1720] wurde die Anfechtbarkeit jeweils bejaht.[1721] Danach kommt es nunmehr lediglich

1716 Auch wenn dann nicht unbedingt ein entscheidender Einfluss in einer bestimmten Einzelsache genommen wird, vgl. *V. Tifine*, Droit administratif français, 2. Aufl., S. 325, mit dem Verweis auf die Rechtssache Conseil d'État, 30.09.2011, requête numéro 337334, *Comité d'action syndicale de la psychiatrie et al.*, in der ein Verwaltungsrundbrief besondere Formerfordernisse für Freigänge aus Psychiatrien und staatlichen Pflegeeinrichtungen formulierten, die das geltende Recht nicht vorsah. Siehe auch *R. Chapus*, Droit administratif général, Bd. 1, S. 458.

1717 Vgl. Conseil d'État, 10.01.2007, requête numéro 286701, *Collectif pour la défense de loisirs verts.* Für das Fahren von Quads wurde pauschal die Führerscheinkategorie B1 vorgeschrieben. Das einschlägige Recht sieht dies aber nur für großmotorige Quads vor: „*[l'annexe 1 de la circulaire] indique que le permis de conduire de la sous-catégorie B1 est obligatoire pour la conduite des « quads », sans mentionner qu'il n'est requis que pour les quadricycles lourds à moteur [...]*". Siehe hierzu auch *V. Tifine*, Droit administratif français, 2. Aufl., S. 327 mit weiteren Beispielen.

1718 Vorbereitet wurde diese Rechtsprechungsänderung durch ein Gutachten des Conseil d'État aus dem Jahr 2013, vgl. Conseil d'État, Étude annuelle 2013 – Le droit souple, 2013.

1719 Conseil d'État, 21.03.2016, requête numéro 368082, *Société Fairvesta International GmbH.*

1720 Conseil d'État, 21.03.2016, requête numéro 390023, *NC Numericable.*

1721 Hierzu und zu den weiteren Folgen der Rechtsprechungsänderung für das französische Recht *J. Gundel*, EuR 2018, S. 593 (601 f.).

darauf an, ob die unverbindliche Handlung[1722] beachtliche - wenn auch nur faktische - Wirkungen zeitigt, insbesondere solche wirtschaftlicher Natur.[1723]

Es zeigt sich somit, dass zwischen der prozessualen Behandlung von circulaires und von informellen Administrativnormen im Unionsrecht deutliche Parallelen bestehen. Gleichwohl übernahmen die Unionsgerichte die letzte Rechtsprechungsänderung des Conseil d'État aus dem Jahr 2016, entgegen einer ausdrücklichen Empfehlung des Generalanwalts,[1724] in der Rechtssache C-16/16 (Empfehlung der Kommission) nicht.[1725]

d) Zwischenergebnis: Prozessualer Status quo

Der Blick auf die Rechtsprechung der Unionsgerichte lässt folgendes Zwischenergebnis zum prozessualen Status quo zu.

aa) Regelungsintention maßgeblich

Zum einen ist die Regelungs*intention* des Erlassorgans maßgeblich für die Klagegegenstandstauglichkeit informeller Administrativnormen. Ist die Absicht des Erlassorgans erkennbar, mit der Handlung (verbindliche) Rechtswirkungen zu erzeugen, ist sie anfechtbar.[1726] Auch in den Formulierungen

---

1722 Ausdrücklich genannt sind Mitteilungen, Empfehlungen, Stellungen, Warnhinweise („*avis, recommandations, mises en garde et prises de position*“).

1723 Conseil d'État, 21.03.2016, requête numéro 390023, *NC Numericable*, Rn. 5 ; Conseil d'État, 21.03.2016, requête numéro 368082, *Société Fairvesta International GmbH*, Rn. 4: anfechtbar sind unverbindliche Handlungen, „*lorsqu'ils sont de nature à produire des effets notables, notamment de nature économique, ou ont pour objet d'influer de manière significative sur les comportements des personnes auxquelles ils s'adressent*“.

1724 Schlussanträge GA *Bobek* zu EuGH, Rs. C-16/16, *Belgien/Kommission*, Rn. 85.

1725 EuGH, Rs. C-16/16, *Belgien/Kommission*. Zu dieser Rechtssache bereits oben VIII. 1. b) gg).

1726 EuGH, Rs. C-362/08 P, *Internationaler Hilfsfonds/Kommission*, Slg, Rn. 52; EuG, Rs. T-496/11, *Vereinigtes Königreich/EZB*, Rn. 31; EuGH, Rs. C-521/06 P, *Athinaïki Techniki/Kommission*, Rn. 42. Siehe auch *N. Braun Binder*, Rechtsangleichung in der EU im Bereich der direkten Steuern, S. 122; *M. Nettesheim*, in: Grabitz/Hilf/Nettesheim (Hrsg.), Das Recht der Europäischen Union, 73. EL, Art. 288 AEUV, Rn. 215.

wird dies zumeist[1727] deutlich, wenn darauf abgestellt wird, ob Handlungen *„dazu bestimmt sind*, Rechtswirkungen zu erzeugen".[1728] Dieses Vorgehen scheint insbesondere dann konsequent, wenn man die deutsche mit der englischen und der französischen Sprachfassung des Art. 263 Abs. 1 AEUV vergleicht.[1729] Darüber hinaus überzeugt es, weil an weiter oben Gesagtes angeknüpft werden kann: Da ein zentrales Problem informeller Administrativnormen ihr Täuschungspotential über die rechtlichen Wirkungen ist,[1730] sollte auch ihre gerichtliche Überprüfung bei dem durch sie erweckten Eindruck anknüpfen. Ohne dass die Unionsgerichte es ausdrücklich so erklärten, kommt somit der Verwechselungsgefahr, also dem vom Erlassorgan zu Unrecht erweckten Anschein der Rechtsverbindlichkeit, entscheidende Bedeutung zu.[1731]

Als subjektives Element muss die Absicht des Erlassorgans freilich anhand objektiver Kriterien ermittelt werden,[1732] wobei maßgeblich ist, wie die Betroffenen die Handlung wahrnehmen mussten.[1733]

1727 Dies ist allerdings nicht immer der Fall, siehe etwa EuG, Rs. T-496/11, *Vereinigtes Königreich/EZB*, Rn. 31. Zudem kann es auch innerhalb einer Entscheidung bei verschiedenen Übersetzungen zu Variationen kommen, siehe etwa EuG, Rs. T-721/14, *Belgien/Kommission*, Rn. 18: die französische und die deutsche Version legen das tatsächliche Erzeugen von Rechtswirkungen nahe („ob eine Handlung geeignet ist, Rechtswirkungen zu erzeugen"; „l'aptitude d'un acte à produire des effets de droit"), wohingegen die englische Version die Absicht betont („intended to have binding legal effects"). Hierbei handelt es sich aber wohl nur um sprachliche Ungenauigkeiten. Dafür spricht auch, dass auch die deutsche und die französische Sprachfassung später im Urteil von der Regelungsabsicht sprechen, Rn. 37. Kritisch zu diesem Kriterium in der Rechtsprechung auch Schlussanträge GA *Bobek* zu EuGH, Rs. C-16/16, *Belgien/Kommission*, Rn. 76-79.

1728 So bereits EuGH, Rs. 22/70, *AETR*, Rn. 38/42; EuGH, Rs. C-443/97, *Spanien/Kommission*, Rn. 27. Englisch: *intended to have legal effects*; Französisch: *qui visent à produire des effets de droit.*

1729 Während die Formulierung „mit Rechtswirkungen gegenüber Dritten" im deutschen Vertragstext nahelegt, die überprüfbaren Handlungen müssten tatsächlich Rechtswirkungen haben, wird im Englischen und Französischen auf die Intention abgestellt, vgl. im Englischen: *„intended to produce legal effects"* und im Französischen *„destinés à produire des effets juridiques"*. Hierzu *J.E. Dickschen*, Empfehlungen und Leitlinien der Europäischen Finanzaufsichtsbehörden, S. 229.

1730 Dazu oben VI. 1. a) cc).

1731 *I. Härtel*, Handbuch Europäische Rechtsetzung, § 13, Rn. 47. Vgl. dazu *R. Mögele*, BayVBl 1993, S. 552 (553).

1732 Dies kann im Einzelfall Schwierigkeiten bereiten, vgl. *B. Schöndorf-Haubold*, Die Strukturfonds der Europäischen Gemeinschaft, S. 410, sowie unten VIII. 1. e) aa).

1733 EuG, Rs. T-54/96, *Oleifici Italiani und Fratelli Rubino/Kommission*, Rn. 49; EuG, Rs. T-496/11, *Vereinigtes Königreich/EZB*, Rn. 32. Hierzu auch *A. Türk*, Liability

bb) Formale Prüfung – Indizien

Hierfür wird auf verschiedene Umstände in formaler und inhaltlicher Hinsicht abgestellt. Zu ersteren gehören die Art und Weise der Ausarbeitung des Instruments, das heißt insbesondere Verbindlichkeit suggerierende Formulierungen im Wortlaut, der Kontext, in dem das Instrument steht, seine Bezeichnung, die Befugnisse des Erlassorgans, wer die Adressaten der Handlung sind und die Art und der Ort der Veröffentlichung. Je ähnlicher eine Handlung einer verbindlichen Norm, etwa durch ihre Gliederung, ihre Genauigkeit und die Formulierungen ist, desto eher wird man annehmen können, dass die Handlung dazu bestimmt ist, Rechtswirkungen zu erzeugen.[1734] Dabei spricht eine Veröffentlichung im Amtsblatt in allen Amtssprachen nicht zwingend für die Anfechtbarkeit; bei fehlender Veröffentlichung liegt das Fehlen einer Regelungsintention jedoch besonders nahe.[1735] Ist danach mangels Veröffentlichung die Handlung nicht bereits dem unanfechtbaren internen Bereich des Erlassorgans zuzuordnen, stellt die Rechtsprechung zuerst auf den Wortlaut und den Kontext ab.[1736] Die Gewichtung der Aspekte kann im Übrigen jedoch unterschiedlich ausfallen, wie die oben beispielhaft geschilderten Fälle zeigen.

Ein vorangegangener gescheiterter Gesetzgebungsprozess ist ein deutliches Indiz für die Absicht, Rechtswirkungen zu erzeugen.[1737] Zudem ist auch hier das Zitiergebot zu beachten. Selbst wenn das Erlassorgan die Kompetenz zur verbindlichen Regelung hat, die Norm jedoch nicht auf diese Kompetenznorm stützt, ist die Maßnahme wegen Verstoßes gegen

---

and accountability for policies announced to the public and for press releases, in: ECB Legal Conference 2017 Shaping a new legal order for Europe: a tale of crises and opportunities, S. 43 (45).

1734 Schlussanträge GA *Bobek* zu EuGH, Rs. C-16/16, *Belgien/Kommission*, Rn. 117.

1735 Siehe etwa oben EuGH, Rs. C-443/97, *Spanien/Kommission*, Rn. 27 ff.; sowie EuG, Rs. T-258/06, *Deutschland/Kommission*, Rn. 30 f. Auch eine Veröffentlichung im in der ABl.-Reihe L, in der sonst etwa Verordnungen und Richtlinien veröffentlicht werden, spricht nicht zwingend für die Anfechtbarkeit, vgl. EuG, Rs. T-721/14, *Belgien/Kommission*, Rn. 38 ff.

1736 EuG, Rs. T-54/96, *Oleifici Italiani und Fratelli Rubino/Kommission*, Rn. 49; EuG, Rs. T-496/11, *Vereinigtes Königreich/EZB*, Rn. 32.

1737 Siehe die Rechtssache C-57/95 oben VIII. 1. b) dd). Ähnlich verhält es sich, wenn die Kommission einseitig einen konsentierten (und damit rechtsverbindlichen) Beihilferahmen im Sinne von Art. 108 Abs. 1 AEUV über den vereinbaren Geltungzeitraum verlängert, vgl. EuGH, Rs. C-135/93, *Spanien/Kommission*, Rn. 26 ff.

wesentliche Formvorschriften rechtswidrig.[1738] Als weitere Besonderheit ergibt sich somit, dass im Falle der Bejahung der Absicht, Rechtswirkungen im Gewand informeller Normen zu erzeugen, häufig zugleich die Begründetheit der Klage feststeht; Zulässigkeit und Begründetheit fallen dann zusammen.[1739]

cc) Inhaltliche Prüfung – Abgleich mit dem verbindlichen Recht

Wenn nicht schon anhand der formalen Kriterien die Regelungsabsicht abzulehnen ist,[1740] wird in jedem Einzelfall ein Abgleich der sekundärrechtlichen Verpflichtungen mit der informellen Administrativnorm vorzunehmen sein.[1741] Geht die angegriffene Handlung über das bestehende Recht hinaus, indem sie insbesondere neue Verpflichtungen begründen will, liegt ein tauglicher Klagegegenstand vor. Hier wird das Abstellen auf formale Gesichtspunkte wie den Veröffentlichungsort, etc. also ergänzt durch eine inhaltliche Prüfung der Handlung.[1742] Dies betrifft insbesondere den Bereich der erläuternden informellen Normen.[1743]

dd) Berücksichtigungspflicht nicht gleichbedeutend mit Regelungsintention

Wie das EuG ausdrücklich feststellte, kann die nach der *Grimaldi*-Rechtsprechung bestehende Berücksichtigungspflicht von Empfehlungen[1744]

1738 Daneben gilt zudem die Begründungspflicht auf für informelle Handlungen, vgl. *B. Biervert*, Der Mißbrauch von Handlungsformen im Gemeinschaftsrecht, S. 132. Dies wird aber nur selten ein Aufhebungsgrund sein, da den informellen Normen fast immer eine Begründung vorangestellt ist.

1739 Hierzu *J. Gundel*, EuR 1998, S. 90 (91).

1740 Die Vorrangigkeit der Prüfung der formalen Kriterien des Erscheinungsbildes vor einer inhaltlichen ist impliziert in EuG, Rs. T-721/14, *Belgien/Kommission*, Rn. 61.

1741 Mit Beispielen aus der Rechtsprechung des EuG *M. Prek/S. Lefèvre*, CMLRev 2019, S. 339 (356).

1742 EuGH, Rs. C-362/08 P, *Internationaler Hilfsfonds/Kommission*, Slg, Rn. 52; EuG, Rs. T-721/14, *Belgien/Kommission*, Rn. 18.

1743 Siehe etwa EuG, Rs. T-258/06, *Deutschland/Kommission*, Rn. 28; EuG, Rs. T-496/11, *Vereinigtes Königreich/EZB*, Rn. 31 ff. und 50. Für Beispiele erläuternde Instrumente der Ausgangsuntersuchung siehe oben IV. 2. b) cc).

1744 EuGH, Rs. C-322/88, *Grimaldi*, Rn. 8. Dazu ausführlich Abschnitt V. 2. a) bb) (2).

nicht zu der Bewertung führen, diese seien dazu bestimmt, Rechtswirkungen zu entfalten; dann wären nämlich entgegen dem eindeutigen Wortlaut des Art. 263 Abs. 1 AEUV alle Empfehlungen taugliche Klagegegenstände.[1745] Auch führt die Wahl der Handlungsform Empfehlung oder Stellungnahme, die nach Art. 263 Abs. 1 AEUV ausdrücklich nicht anfechtbar und nach Art. 288 Abs. 5 AEUV unverbindlich ist, nicht zwangsläufig zur Verneinung von Rechtswirkungen und damit zur Unanfechtbarkeit, da es sich dem Inhalt nach tatsächlich um eine Handlung mit beabsichtigten Rechtswirkungen handeln könnte.[1746] Eine solche Betitelung begründet aber entsprechende Vermutungswirkung.[1747]

ee) Vorbereitende Handlungen nicht angreifbar

Nicht anfechtbar sind zudem vorbereitende Handlungen, so etwa die bloße Ankündigung, eine Maßnahme zu erlassen,[1748] ohne dass diese Voraussetzung spezifisch für informelle Administrativnormen wäre.[1749] Vielmehr entfaltet die vorbereitete Handlung dann ihrerseits Rechtswirkungen (und ist dazu bestimmt), sodass gegen diesen später erlassenen Akt geklagt werden kann.[1750] Auch eine Anfechtung der ermessensstrukturierenden informellen Administrativnormen im Wettbewerbs- und Beihilfenrecht scheidet danach regelmäßig aus, da sie verbindliche Einzelfallentscheidungen in Form eines Beschlusses vorbereiten.[1751] Dies muss jedenfalls gelten, solange sich die informellen Normen der Kommission innerhalb des ihr in der Beihilfenaufsicht eingeräumten Ermessens halten.[1752] Für nicht privilegierte Kläger

---

1745 Zu einer Empfehlung der Kommission siehe EuG, Rs. T-721/14, *Belgien/Kommission*, Rn. 43 f. Dazu auch *J. Gundel*, EuR 2018, S. 593 (598).

1746 Zu einer Stellungnahme der ACER siehe EuG, Rs. T-671/15, *Energie-Control Austria/ACER*, Rn. 35.

1747 Vgl. EuGH, C-16/16, *Belgien/Kommission*, Rn. 29; EuG, Rs. T-721/14, *Belgien/Kommission*, Rn. 25. Hierzu *J. Gundel*, EuR 2018, S. 593 (606 f.).

1748 EuGH, Rs. 114/86, *Vereinigtes Königreich/Kommission*, Rn. 13. Siehe für vorbereitende Instrumente der Ausgangsuntersuchung oben IV. 2. b) aa).

1749 Siehe etwa EuGH, Rs. 60/81, *IBM/Kommission*, Rn. 10; EuGH, Rs. C-131/03 P, *Reynolds Tobacco u.a./Kommission*, Rn. 55; EuG, Rs. T-671/15, *Energie-Control Austria/ACER*, Rn. 26.

1750 Vgl. auch *D. Walzel*, Bindungswirkungen, S. 191.

1751 Bei der Anfechtung dieser Einzelfallentscheidungen kann jedoch inzident die informelle Norm überprüft werden, die Grundlage der Entscheidung ist, vgl. dazu unten VIII. 3.. Dazu *J. Gundel*, EuR 1998, S. 90 (95).

1752 Zu einem Fall, in dem das fraglich ist, siehe oben VI. 1. a) cc).

ergibt sich freilich bereits das vorgelagerte Problem, dass ihnen der Nachweis der unmittelbaren (oder gar individuellen) Betroffenheit nicht gelingen wird.[1753] Als vorbereitende Handlung sind auch die Rahmenleitlinien der ACER einzuordnen, da sie der Ausarbeitung der Netzkodizes durch das jeweilige ENTSO dienen.[1754]

ff) Ermessensstrukturierung zulässig

Hinzu kommt, dass die Strukturierung des eigenen Ermessens grundsätzlich als interne Maßnahme ohne beabsichtige Rechtswirkungen anzusehen ist und damit keinen tauglichen Klagegegenstand darstellt. Ob dieses Ermessen im Primärrecht (wie im Beihilfenrecht) oder Sekundärrecht vorgesehen ist (wie in der Rs. C-443/97 (Leitlinien Strukturfondsverwaltung)), ist unbeachtlich. Zwar zeigt gerade das Beispiel der beihilferechtlichen Leitlinien, dass die o.g. Kriterien zum Teil eher für eine Regelungsabsicht der Kommission sprechen – so insbesondere die Veröffentlichung im Amtsblatt. Zudem kann, wie festgestellt, dieses Vorgehen für die Betroffenen *de facto* wie einseitige Gesetzgebung durch die Kommission erscheinen.[1755] Jedoch wird der Kommission in gewissen Grenzen eine Vorstrukturierung ihres Ermessens durch informelle Administrativnormen gewährt, sofern sie dadurch nicht ihre eigenen Befugnisse auszuweiten versucht. Dies folgt auch aus der Konzeption der Verträge, die der Kommission hier weitreichende Befugnisse zuschreiben.[1756]

Konsequenterweise entziehen sich auch informelle Fernschreiben, die in Einzelfällen direkt an mitgliedstaatliche Stellen versendet werden, einer gerichtlichen Überprüfung.[1757] Im Gegensatz zu einigen Mitteilungen, die

1753 Sie dazu beispielhaft EuG, Rs. T-670/14, *Milchindustrieverband/Kommission*, Rn. 26, 30; EuG, Rs. T-694/14, *EREF/Kommission*, Rn. 25.

1754 So i.E. auch *S. Lavrijssen/T. Kohlbacher*, TILEC Discussion Paper January 2018, S. 63 f. Kritisch zur Nichtanfechtbarkeit der Rahmenleitlinien *O. Ştefan/M. Petri*, YEL 2018, S. 525 (538 ff.).

1755 Siehe dazu oben V. 2. b) bb) (1).

1756 Siehe dazu bereits oben VI. 2. c) sowie *J. Gundel*, EuZW 2016, S. 606 (607).

1757 Siehe etwa die Nichtigkeitsklage Italiens gegen eine Stellungnahme der Kommission in einem Fernschreiben an die italienische Regierung zur Auslegung einer beihilferechtlichen Verordnung, EuGH, Rs. 151/88, *Italien/Kommission*, Rn. 21-24.

im Amtsblatt veröffentlicht wurden, haben sie keine Publizitätswirkung,[1758] was gegen die Anfechtbarkeit spricht.[1759]

gg) Agenturen

Diese Anwendung der *AETR*-Kriterien erstreckt sich auch auf die übrigen informelle Handlungen der Agenturen.[1760] So wurde eine Nichtigkeitsklage gegen eine auf Art. 6 Abs. 5 der ACER-VO[1761] basierende Stellungnahme der Agentur zum Engpassmanagement vom EuG als unzulässig abgewiesen.[1762] Das EuG schloss sich somit in der Sache dem ACER Board of Appeal an.[1763] Da es sich nicht nur der Form, sondern auch nach den o.g. Kriterien um eine unverbindliche Stellungnahme handelte, mangelte es an einem tauglichen Klagegegenstand. Dies dürfte auch für die Empfehlungen der Agentur nach Art. 6 der ACER-VO gelten.

hh) Unzulässige Konkretisierungen des Primärrechts

Ist dem Erlassorgan kein Ermessen eingeräumt, liegt jedenfalls dann ein tauglicher Klagegegenstand vor, wenn es um die Konkretisierung primärrechtlicher Verpflichtungen geht. Diese werden regelmäßig zu unbestimmt sein, als dass eine Konkretisierung einseitig etwa durch die Kommission vorgenommen werden darf. Ein Beispiel hierfür sind die im Primärrecht nur in groben Zügen geregelten Verpflichtungen aus den Grundfreiheiten. Genau genommen müssen dann zwar nicht zwingend neue, also noch nicht von primärrechtlichen Verpflichtungen mitumfasste Verpflichtungen vorliegen. Jedoch ist eine Konkretisierung hier dem Gesetzgeber vorbehalten und eine einseitige „Konkretisierung" durch das Erlassorgan stellt eine Beeinträchtigung des institutionellen Gleichgewichts dar.

1758 *I. Härtel*, Handbuch Europäische Rechtsetzung, § 13, Rn. 47.

1759 In diese Richtung auch *J. Gundel*, EuR 1998, S. 90 ff.

1760 EuG, Rs. T-411/06, *Sogelma*, Rn. 37.

1761 Nach Neufassung der ACER-VO. In der ursürünglchen Fassung war diese Vorschrift in Art. 7 Abs. 4 enthalten.

1762 EuG, Rs. T-671/15, *Energie-Control Austria/ACER*, Rn. 52.

1763 ACER Board of Appeal, 16.12.2015, A-001-2015, *Energie-Control Austria/ACER*, abrufbar unter https://www.acer.europa.eu/en/The_agency/Organisation/Board_of_Appeal/Decisions/238%20A-001-2015%20BoA%20decision%20(non%20confidential%20version)%202112-2112.pdf.

Die Konturen des prozessuales Status informeller Administrativnormen sind somit zwar erkennbar. Um eine vollends zufriedenstellende Lösung handelt es sich bei dieser Rechtsprechung gleichwohl nicht, was allerdings eine Konsequenz der Lösung des Rechtsschutzes von den Handlungsformen ist. Da eine Zuordnung bestimmter Handlungsformen zu bestimmten Rechtsfolgen – und in Konsequenz zu bestimmten Rechtsschutzmöglichkeiten – nicht erfolgt, können die genannten Kriterien nur Orientierungspunkte darstellen, sodass immer ein Rest Unsicherheit bezüglich der Anfechtbarkeit bestehen bleibt und in jedem Einzelfall das in Frage stehende Instrument untersucht werden muss.[1764]

e) Kritik der Rechtsprechung

Sind der Rechtsprechung somit einige Orientierungspunkte zu entnehmen, ergeben sich gleichwohl Probleme mit dem Ansatz.

aa) Abgrenzungsschwierigkeiten und terminologische Unklarheiten

Bezüglich des Kriteriums, ob die fragliche Handlung neue Verpflichtung begründet oder der Konkretisierung einer bestehenden Verpflichtung dient, ist festzustellen, dass diese Frage nicht immer beantwortet werden kann.[1765] Das ist etwa der Fall, wenn die zugrundliegende sekundär- oder primärrechtliche Verpflichtung vage formuliert ist.[1766] Auch kann im Einzelfall unklar sein, wann lediglich das dem Erlassorgan eingeräumte Ermessen strukturiert wird und wann demgegenüber die Grenzen des eingeräumten Ermessens verlassen werden?[1767]

Dies verdeutlicht auch die Rs. C-443/97 (Leitlinien Strukturfondsverwaltung), in der der EuGH eine lediglich ermessensstrukturierende interne Leitlinie identifizierte, der Generalanwalt hingegen einen das Sekundär-

---

1764 *B. Schöndorf-Haubold*, Die Strukturfonds der Europäischen Gemeinschaft, S. 410.

1765 So etwa *T. Müller*, Wettbewerb und Unionsverfassung, S. 576, der die gerichtliche Überprüfbarkeit daher nur in „besonders offensichtlichen Fällen“ für möglich hält; ähnlich *J Scott*, CMLRev 2011, S. 329 (346, 350).

1766 Ähnliche Probleme stellten sich, wie gesehen, auch im französischen Verwaltungsrecht bis zur Rechtsprechungsänderung, bei der Frage ob ein Verwaltungsrundschreiben über die Auslegung des bestehende Rechts hinausgeht, siehe oben VIII. 1. c).

1767 *M.A. Steger*, Zur Verselbstständigung von Unionsagenturen, S. 252 f.

recht erweiternden Gesetzgebungsakt, für deren Erlass der Kommission die Zuständigkeit fehlte.[1768]

Daneben haben die Rechtsprechungsbeispiele gezeigt, dass der EuGH dem Kriterium der Befugnisse des Erlassorgans nicht einheitlich anwendet: Manchmal wird aus der fehlenden Kompetenz abgeleitet, die Kommission habe deshalb auch keine verbindliche Norm erlassen wollen, sich also im Zweifel innerhalb ihrer Kompetenzen bewegen wollen.[1769] Mitunter wird aber auf dieses Kriterium gar nicht eingegangen.[1770] Somit bleibt unklar, welchen Stellenwert die Unionsgerichte der Kompetenz des Erlassorgans zumessen.

Mit Blick auf die Rechtssicherheit sollte hierauf nur ergänzend und primär auf das äußere Erscheinungsbild mit den o.g. formalen Kriterien abstellt werden. Eindeutige Fälle unverbindlicher Handlungen, die keine Rechtswirkungen erzeugen sollen und somit als anfechtbare Handlungen ausscheiden, können von den Mitgliedstaaten und Einzelnen – zumindest theoretisch – erkannt werden.[1771] Dies ist bei dem kompetenzrechtlichen Ansatz nicht der Fall, da die Betroffenen im Zweifel kein genaues Bild von der kompetenzrechtlichen Situation im Einzelfall haben und diese zudem umstritten sein kann. Daher sollten die Kompetenzen nur als ergänzendes Kriterium herangezogen werden.[1772]

Hinzu kommen terminologische Unklarheiten bei der Anwendung der *AETR*-Kriterien. Zum Teil werden in der Rechtsprechung „Rechtswirkungen" als „*verbindliche* Rechtswirkungen" verstanden, was den Anwendungs-

---

1768 Oben VIII. 1. b) ee). Auch in den Rechtssachen C-366/88 (interne Dienstanweisung) und C16/16 kamen EuGH und Generalanwalt zu unterschiedlichen Ergebnissen, dazu oben VIII. 1. b) aa) und VIII. 1. b) gg).

1769 Siehe etwa EuGH, Rs. 20/58, *Phoenix-Rheinrohr AG*, Slg. 1958/1959, S. 170 (183); EuGH, Rs. 182/80, *Gauff*, Rn. 18; EuGH, Rs. 8/66 bis 11/66, *Cimenteries*, Slg. 1967, 100 (122 f.); EuGH, Rs. 175/84, *Krohn*, Rn. 21; siehe auch Schlussanträge GA *Tesauro* zu EuGH, Rs. C-366/88, *Frankreich/Kommission*, Rn. 13, 14 (oben VIII. 1. b) aa)); EuGH, Rs. C-301/03, *Italien/Kommission*, Rn. 28; EuGH, Rs. C-31/13 P, *Ungarn/Kommission*, Rn. 55. Ähnlich *B. Schöndorf-Haubold*, Die Strukturfonds der Europäischen Gemeinschaft, S. 410.

1770 EuGH, Rs. C-303/90, *Frankreich/Kommission* (oben VIII. 1. b) bb)); EuG, Rs. T-721/14, *Belgien/Kommission*, Rn. 21-28. In letztgenennater Entscheidung wird dafür dem Wortlaut besonderes Gewicht beigemessen.

1771 So im Ergebnis auch *N. Xanthoulis*, Legal Effects and Reviewability of EU Acts, in: Eliantonio/Korkea-aho/Ştefan (Hrsg.), EU Soft Law in the Member States, S. 303 (319).

1772 So auch scheinbar EuGH, Rs. C-16/16, *Belgien/Kommission*, Rn. 32, oben VIII. 1. b) gg).

bereich über den Wortlaut des Art. 263 AEUV hinaus verengt.[1773] Genau genommen, insbesondere wenn nicht die Maßgeblichkeit der Absicht des Erlassorgans betont wird, wären informelle Instrumente dann nie tauglicher Klagegegenstand, da sie unverbindlich sind und auch durch eine entsprechende Regelungsabsicht nicht verbindlich werden. Wie Generalwanwalt *Bobek* richtig feststellte, ist daher wieder zu dem ursprünglichen Verständnis der *AETR*-Kriterien zurückzukehren, wonach nur die Absicht erforderlich ist, Rechtswirkungen (nicht: *verbindliche* Rechtswirkungen) zu erzeugen.[1774] Eine solche Absicht kann, wie gesehen, auch bei informellen Instrumenten gegeben sein. Hier ist also eine Klarstellung in der Rechtsprechung erforderlich. Auch sollte zur Prüfung der Regelungsabsicht konsequenter auf die Perspektive der von der fraglichen Maßnahme Betroffenen abgestellt werden, was nicht immer der Fall ist.[1775]

Daneben bietet sich zudem eine Ergänzung der *AETR*-Kriterien um das Kriterium der Durchsetzungsmechanismen an,[1776] d.h. die Möglichkeit, die Befolgung der informellen Norm zu befördern durch Überwachungsbefugnisse, Berichtspflichten, comply-or-explain-Vorschriften und den Erlass von Sanktionen bei Nichtbefolgung.[1777] Dies wäre nur konsequent, da zur Prüfung des Vorliegens einer Regelungsabsicht des Erlassorgans auf die Perspektive der Betroffenen abgestellt wird. Der Umstand, dass dem Erlassorgan Durchsetzungsmechanismen zur Verfügung stehen, lässt tendenziell auf die Absicht schließen, Rechtswirkungen zu erzeugen. Für den Bereich des Wettbewerbs- und Beihilfenrechts, wo informelle Normen zur Not auch durch verbindliche Entscheidungen in Einzelfällen durchgesetzt werden können, würde sich dadurch jedoch vermutlich keine Anfechtbarkeit informeller Normen ergeben. Dies liegt daran, dass ihr vorbereitender Charakter gegen eine Regelungsabsicht spricht.

1773 Schlussanträge GA *Bobek* zu EuGH, Rs. C-16/16, *Belgien/Kommission*, Rn. 69-70 mwN zur Rechtsprechung.

1774 Schlussanträge GA *Bobek* zu EuGH, Rs. C-16/16, *Belgien/Kommission*, Rn. 110.

1775 Mit dieser Kritik auch *O. Ştefan/M. Petri*, YEL 2018, S. 525 (544). Zu diesem Problem trägt auch bei, dass die Unionsgerichte sich seltener und in geringerem Umfang mit der Rechtsnatur und den Wirkungen der informellen Administrativnormen auseinandersetzen als die Generalanwälte, vgl. *I. Schübel-Pfister*, ZLR 2004, S. 403 (422 f.).

1776 Schlussanträge GA *Bobek* zu EuGH, Rs. C-16/16, *Belgien/Kommission*, Rn. 120-22.

1777 Zu Durchsetzungsmechanismen siehe oben V. 2. b) cc).

bb) Rechtsfolgenausspruch: Nichtigerklärung unverbindlicher Akte?

Ein weiterer Kritikpunkt besteht darin, dass der Rechtsfolgenausspruch nach einer erfolgreichen Nichtigkeitsklage nicht zu informellen Administrativnormen passt. Zum einen sind verbindliche Rechtsakte, die für nichtig erklärt werden, bis zur Rechtskräftigkeit des Urteils verbindlich; insofern besteht eine Gültigkeitsvermutung.[1778] Zum anderen können unverbindliche Rechtsakte denklogisch lediglich rechtswidrig, nicht aber nichtig sein. Beide Aspekte weisen auf Besonderheiten der Anfechtbarkeit informeller Administrativnormen hin.

Die Gültigkeitsvermutung bis zur Nichtigerklärung besteht bei informellen Administrativnormen ausnahmsweise nicht. Zwar könnte man meinen, die Nichtigerklärung setze voraus, dass der angegriffene Akt zuvor verbindlich war. Dies würde aber dazu führen, dass allein die Absicht des Erlassorgans, kompetenzwidrig eine verbindliche Regelung zu treffen, tatsächlich deren Verbindlichkeit begründen würde. Denn diese Absicht stellt, wie oben gezeigt, den Grund der Anfechtbarkeit dar. Zudem träfe die Adressaten dann bis zur Nichterklärung eine Befolgungspflicht.[1779] In dieser Weise aber aus der Anfechtbarkeit die Rechtsverbindlichkeit informeller Normen abzuleiten, ist ein Fehlschluss.[1780] Richtigerweise sind und bleiben sie rechtlich nicht verbindlich. Auch die vom EuGH festgestellten Berücksichtigungspflichten ändern daran nichts.[1781] Für dieses Ergebnis spricht auch, dass im Falle der Verbindlichkeit anfechtbarer informeller Handlungen über die Anwendung der Fristenregelung des Art. 263 Abs. 6 AEUV nachgedacht werden müsste. Nach Ablauf der Anfechtungsfrist könnten kompetenzwidrig erlassene Normen dann bestandskräftig werden, was freilich nicht sinnvoll erscheint.[1782] Wenn die Formulierungen des EuGH,

---

1778 EuGH, Rs. 101/78, *Granaria*, Rn. 5; EuGH, verb. Rs. 46/87 und 227/88, *Hoechst*, Rn. 64; EuGH, Rs. C-137/92 P, *Kommission/BASF u.a.*, Rn. 48.

1779 *B. Schöndorf-Haubold*, Die Strukturfonds der Europäischen Gemeinschaft, S. 414.

1780 *M. Nettesheim*, in: Grabitz/Hilf/Nettesheim (Hrsg.), Das Recht der Europäischen Union, 73. EL, Art. 288 AEUV, Rn. 215; *B. Schöndorf-Haubold*, Die Strukturfonds der Europäischen Gemeinschaft, S. 409.

1781 So ausdrücklich die Schlussanträge GA *Wahl* zu EuGH, Rs. C-526/14, *Kotnik u.a.*, Rn. 38.

1782 Der EuGH geht hierauf entsprechend auch nicht ein, vgl. *B. Schöndorf-Haubold*, Die Strukturfonds der Europäischen Gemeinschaft, S. 421. Etwas anderes würde lediglich für evident rechtswidrige, weil mit schweren Fehlern behaftete Handlungen gelten, die von vornherein nichtexistent sind, dazu EuGH, Rs. C-137/92 P, *Kommission/BASF u.a.*, Rn. 21, 49. Daneben kann der Aspekt der Präklusion (nach

insbesondere in den frühen Urteilen aus den 1990er Jahren tatsächliche Verbindlichkeit „ausbrechender“ informeller Administrativnormen suggerieren, ist dies vermutlich der Orientierung der Rechtsprechung an das französische Verwaltungsrecht geschuldet,[1783] das in solchen Fällen die Verbindlichkeit der anfechtbaren circulaires réglementaires anerkennt.[1784]

Darüber hinaus zeigt sich, dass die Rechtsfolgen einer Nichtigerklärung nicht auf informelle Administrativnormen zugeschnitten sind. Nichtig können nämlich genau genommen nur solche Akte sein, die zunächst rechtsverbindlich waren. Auf informelle Normen passt vielmehr der Ausspruch der Rechtswidrigkeit.[1785] Die Rechtswidrigkeit der Handlung wird durch die Absicht begründet, kompetenzwidrig rechtverbindlich zu handeln. Dies wird etwa mit Blick auf die Rechtssache C-57/95 (Pensionsfonds) deutlich, da die Kommission hier einen Gesetzgebungsvorschlag mit fast identischem Inhalt nach dessen Scheitern im Rat nunmehr als „Mitteilung“ veröffentlichte und gleichwohl vorgab, die formulierten Verhaltensanforderungen ergäben sich bereits aus dem bestehenden Primär- und Sekundärrecht. Sind Nichtigkeitsklagen gegen unverbindliche informelle Administrativnormen erfolgreich, sind diese somit rechtswidrig, nicht aber nichtig.[1786] Die für eine Gestaltungsklage konsequente Folge des Art. 264 AEUV, nämlich die Aufhebung der Handlung, ist hier nicht zutreffend.[1787] Wie *Schöndorf-Haubold* zeigen konnte, handelt es sich daher eigentlich um die Feststellung der Rechtswidrigkeit atypischer unverbindlicher Handlungen. Da eine Feststellungsklage jedoch bislang nicht existiert und auch die

---

der Rs. *TW-Deggendorf*) relevant werden, wobei dieser Punkt in der Rechtsprechung der europäischen Gerichte bisher nicht besonders streng gehandhabt wurde im Zusammenhang mit dem Beihilfenrecht, vgl. *J. Gundel*, EuZW 2016, S. 606 (610).

1783 Siehe oben VIII. 1. c).

1784 *J. Gundel*, EuR 1998, S. 90 (96 f.). Vgl. aber auch Schlussanträge GA *Bobek* zu EuGH, Rs. C-16/16, *Belgien/Kommission*, Rn. 66. GA *Bobek* deutet die unionsgerichtliche Rechtsprechung andersherum: danach komme es dem EuGH auf das Vorliegen von verbindlichen Rechtswirkungen an, auf die aus der Absicht des Erlassorgans geschlossen wird.

1785 Von der Nichtgerklärung von Leitlinien wird etwa in Schlussanträge GA *La Pergola* zu EuGH, Rs. C-443/97, *Spanien/Kommission*, Rn. 27, gesprochen. Auch die englische und französische Version verwenden *annul* bzw. *annuler*.

1786 *B. Schöndorf-Haubold*, Die Strukturfonds der Europäischen Gemeinschaft, S. 417; *T. Rademacher*, Realakte im Rechtsschutzsystem der EU, S. 348; *M. Schramm*, Einseitiges informelles Verwaltungshandeln im Regulierungsrecht, S. 259.

1787 Ähnlich *M. Schramm*, Einseitiges informelles Verwaltungshandeln im Regulierungsrecht, S. 194 für informelle Handlungen im deutschen Verwaltungsrecht.

unverbindlichen Handlungsformen dem Gesetzmäßigkeitsprinzip unterliegen, lässt der EuGH eine Überprüfung derartiger Handlungen im Wege der Nichtigkeitsklage zu.[1788]

2. Indirekter Rechtsschutz – Vorabentscheidungsverfahren

Indirekter Rechtsschutz gegen informelle Administrativnormen kommt in Form des Vorabentscheidungsverfahrens nach Art. 267 AEUV in Betracht. Spiegelbildlich zu der im Abschnitt „Wirkungen" behandelten Frage, ob das Abweichen von einer informellen Administrativnorm durch ein mitgliedstaatliches Gericht zu einer Vorlage *verpflichten* kann,[1789] wird hier der Frage nachgegangen, unter welchen Umständen ein *Recht* zur Vorlage einer Frage mit Bezug zu informellen Administrativnormen besteht.

a) Vorlagegegenstand

Dass auch Fragen zu unverbindlichen Handlungen im Rahmen eines Vorabentscheidungsverfahrens vorlagefähig sind, entschied der EuGH bereits früh in der Rechtssache *Frecassetti*.[1790] In dem Fall wurde eine Frage zur Auslegung einer Empfehlung der Kommission vorgelegt. Ihre rechtliche Unverbindlichkeit stand der Auslegung durch den EuGH dabei nicht entgegen.[1791] Insbesondere ist nicht erforderlich, dass die Handlung, über deren Auslegung im Rahmen des Vorabentscheidungsverfahrens entschieden

---

1788 *B. Schöndorf-Haubold*, Die Strukturfonds der Europäischen Gemeinschaft, S. 419. Dazu auch Schlussanträge GA *Bobek* zu EuGH, Rs. C-911/19, *EBA Leitlinien*, Rn. 100.

1789 Siehe oben V. 2. a) cc).

1790 EuGH, Rs. 113/75, *Frecassetti*, Slg. 1976, S. 983. Vgl. auch EuGH, Rs. C-613/14, *James Elliott Construction*, in der die Vorlagefähigkeit von nicht verbindlichen harmonisierten technischen Normen bejaht wurde; zudem auch EuGH, Rs. C-322/88, *Grimaldi*, Rn. 8 f.

1791 Der EuGH geht auf die Unverbindlichkeit der Empfehlung als etwaiges Hindernis einer Vorlage nicht ein. Nach der Kommission, die eine Erklärung zu dem Verfahren abgab, komme es nur darauf an, ob die Empfehlung ein „Hilfsmittel für die Auslegung der anzuwendenden innerstaatlichen Norm eine Rolle spielen" könne, was bei der Empfehlung ebenso wie bei einer Richtlinie der Fall sei, EuGH, Rs. 113/75, *Frecassetti*, Slg. 1976, S. 983 (987).

werden soll, subjektive Rechte für Einzelne begründet.[1792] Für dieses Ergebnis spricht bereits der Wortlaut von Art. 267 Abs. 1 lit. b AEUV, der im Gegensatz zu Art. 263 Abs. 1 AEUV unverbindliche Empfehlungen und Stellungnahmen (genauer: Fragen zur Auslegung und Gültigkeit dieser) nicht ausschließt,[1793] sondern allgemein von der Überprüfung der „Handlungen der Organe, Einrichtungen oder sonstigen Stellen der Union" spricht.[1794] Das Kriterium der Absicht, Rechtswirkungen zu erzeugen, hat im Rahmen des Vorabentscheidungsverfahrens somit nicht zentrale Bedeutung wie im Rahmen der Nichtigkeitsklage.[1795]

Vorbereitungshandlungen im Rechtsetzungsverfahren oder rein politische Absichtserklärungen sind hingegen kein tauglicher Vorlagegen-

1792 Dazu auch EuGH, Rs. C-188/91, *Deutsche Shell*, Rn. 18. Auch die Vorlagefähigkeit von Fragen zu unverbindlichen harmonisierten, von der Kommission im Amtsblatt veröffentlichten Normen, die von einem europäischen Normungsinstitut unter Beteiligung der Kommission ausgearbeitet wurden, wurde bejaht, vgl. EuGH, Rs. C-613/14, *James Elliott Construction*. Siehe dazu auch die Ausgabe 4/2017 der Legal Issues of Economic Integration; dazu auch *J. Nussberger*, NJW 2017, S. 315.

1793 So auch Schlussanträge GA *Warner* zu EuGH, Rs. 113/75, *Frecassetti*, Slg. 1976, S. 983 (997). Dazu auch *D. Walzel*, Bindungswirkungen ungeregelter Vollzugsinstrumente der EU-Kommission, S. 200; *H. Adam*, Die Mitteilungen der Kommission, S. 147. Ausdrücklich zu Auslegungsmitteilungen Schlussanträge GA *Wahl* zu EuGH, Rs. C-526/14, *Kotnik u.a.*, Rn. 23-25, der das Vorbringen der Kommission zurückweist, ein Vorlage sein wegen des unverbindlichen Wirkmodus nicht zulässig.

1794 *H. Adam*, Die Mitteilungen der Kommission, S. 147; *M. Knauff*, Der Reglungsverbund, S. 512; *M. Knauff*, EuR 2011, S. 735 (736); *M. Schramm*, Einseitiges informelles Verwaltungshandeln im Regulierungsrecht, S. 262. *U. Karpenstein*, in: Grabitz/Hilf/Nettesheim (Hrsg.), Das Recht der Europäischen Union, 73. EL, Art. 267 AEUV, Rn. 20; *D. Walzel*, Bindungswirkungen ungeregelter Vollzugsinstrumente der EU-Kommission, S. 200 f.; i.E. auch *M. Brohm*, Die „Mitteilungen" der Kommission im Europäischen Verwaltungs- und Wirtschaftsraum, S. 199; *T. Groß*, DÖV 2004, S. 20 (25); *T. von Danwitz*, Europäisches Verwaltungsrecht, S. 644; *J. Hofmann*, Rechtsschutz und Haftung im europäischen Verwaltungsverbund, in: Schmidt-Aßmann/Schöndorf-Haubold (Hrsg.), Der Europäische Verwaltungsverbund, S. 353 (369); siehe auch *K. Lenaerts/I. Maselis/K. Gutman*, EU Procedural Law, S. 220, Rn. 6.08.

1795 *E. Korkea-Aho*, YEL 2018, S. 470 (492) ; *L. Malferrari*, Zurückweisung von Vorabentscheidungsersuchen durch den EuGH, S. 66. Anders ist dies bei Leitlinien, die im Rahmen der OMK erlassen werden, *M. Knauff*, Der Reglungsverbund, S. 512.

stand.[1796] Fragen zu den rechtsvorbereitenden informellen Instrumenten im oben genannten Sinn[1797] sind daher unzulässig.

b) Entscheidungserheblichkeit

Die vorgelegten Fragen müssen nach Art. 267 Abs. 2 AEUV entscheidungserheblich für den Ausgangsrechtsstreit sein. Funktional entspricht die Entscheidungserheblichkeit den „Rechtswirkungen", die durch eine Handlung im Rahmen der Nichtigkeitsklage beabsichtigt sein muss, um anfechtbar zu sein.[1798]

Es ist nur konsequent, wenn die Unionsgerichte das Vorliegen dieses Merkmals bei Fragen zu unverbindlichen Handlungsformen grundsätzlich für möglich halten, wurde doch in der Rechtssache *Grimaldi* eine Berücksichtigungspflicht von Empfehlungen festgestellt. Da die mitgliedstaatlichen Gerichte zur Berücksichtigung der Empfehlung verpflichtet sind,[1799] müssen diese auch einen Einfluss auf den Ausgang von Verfahren haben, und somit Vorlagefragen hierzu auch entscheidungserheblich sein können.[1800]

1796 *H. Niedermühlbichler*, Verfahren vor dem EuG und dem EuGH, S. 98. Politische Absichtserklärungen in Form von Entschließungen des Rates wurden dabei nicht als unzulässig abgewiesen, vgl. EuGH, Rs. C-9/73, *Schlüter*, Rn. 38-40; EuGH, Rs. C-59/75, *Manghera*, S. 1976, S. 91, Rn. 19-21. Stattdessen wurde festgestellt, dass die Handlungen keine Rechtswirkungen entfalten können. In der Sache nahm der EuGH aber keine Auslegung der Handlungen vor. Hierzu auch *L. Malferrari*, Zurückweisung von Vorabentscheidungsersuchen durch den EuGH, S. 66.

1797 Siehe oben IV. 2. b) aa).

1798 So *J. Bast*, Handlungsformen und Rechtsschutz, in: von Bogdandy/Bast (Hrsg.), Europäisches Verfassungsrecht, 2. Aufl., S. 489 (520), dort Fn. 191.

1799 Siehe oben V. 2. a) bb).

1800 So zum Merkmal der Entscheidungserheblichkeit, dessen Vorliegen grundsätzlich vom mitgliedstaatlichen Gericht zu beurteilen ist und das vom EuGH nur sehr zurückhaltend geprüft wird *C. Gaitanides*, in: von der Groeben/Schwarze/Hatje (Hrsg.), Europäisches Unionsrecht, 7. Aufl., Art. 267 AEUV, Rn. 51; *U. Karpenstein*, in: Grabitz/Hilf/Nettesheim (Hrsg.), Das Recht der Europäischen Union, 73. EL, Art. 267 AEUV, Rn 25-27; speziell zu den informellen Handlungsformen *M. Schramm*, Einseitiges informelles Verwaltungshandeln im Regulierungsrecht, S. 262. Siehe etwa zur Auslegungsfrage zu beihilferechtlichen Leitlinien EuGH, Rs. C-415/07, *Lodato Gennaro*.

c) Gültigkeitsvorlagen

Bezüglich einer Gültigkeitsvorlage zu unverbindlichen Handlungen könnten bereits wegen des Wortsinns Bedenken aufkommen. Schließlich sind die informellen Administrativnormen rechtlich nicht verbindlich, weshalb man bezweifeln mag, dass sie „gültig" oder „ungültig" im Sinne von Art. 267 Abs. 1 lit. b AEUV sein können.[1801] Der Begriff der Gültigkeit ist hier jedoch nicht im Sinne von „Rechtsverbindlichkeit" zu verstehen. Vielmehr erfüllt er die gleiche Funktion wie die „Rechtmäßigkeit" in Art. 263 Abs. 1 S. 1 AEUV.[1802] Im Rahmen einer Gültigkeitsvorlage prüft der EuGH daher die Vereinbarkeit – auch informeller Handlungen – mit dem höherrangigem Recht.[1803] Der EuGH stellte dies sowohl für Empfehlungen und Stellungnahmen,[1804] als auch für andere informelle Instrumente ausdrücklich fest.[1805]

Bezüglich des Vorlagegenstandes wird zum Teil angemerkt, dieser könne sinnvollerweise nicht eine Frage zur Auslegung der informellen Handlung sein, sondern eine Frage zur Auslegung des Primär- oder Sekundärrechtsakts, auf den sich die informelle Handlung (etwa eine Auslegungsmitteilung) beziehe.[1806] Nach *Schramm* spricht hierfür der Umstand, dass der

---

1801 *J. Hofmann*, Rechtsschutz und Haftung im europäischen Verwaltungsverbund, S. 260 f.; *T. Rademacher*, Realakte im Rechtsschutzsystem der EU, S. 307; *S. Thomas*, EuR 2009, S. 423 (425); *M. Knauff*, EuR 2011, S. 735 (739).

1802 *H. Adam*, Die Mitteilungen der Kommission, S. 147 f.

1803 *Ibid.*, S. 147; *D. Walzel*, Bindungswirkungen ungeregelter Vollzugsinstrumente der EU-Kommission, S. 200; *M. Schramm*, Einseitiges informelles Verwaltungshandeln im Regulierungsrecht, S. 262.

1804 EuGH, Rs. 113/75, *Frecassetti*, Slg. 1976, S. 983; EuGH, Rs. C-322/88, *Grimaldi*, Rn. 8; EuGH, Rs. C-501/18, *Balgarska Narodna Banka*, Rn. 82-101.

1805 Vgl. EuGH, Rs. C-94/91, *Wagner*, Rn. 17, in der es um ein unverbindliches Merkblatt des Kommission ging: „Angesichts der Tatsache, daß die Anmerkung 2 des Anhangs I des Merkblatts nur der Erläuterung dient, braucht ihre Gültigkeit nicht geprüft zu werden; die vorgelegte Frage ist vielmehr nach dem Gegenstand des Ausgangsverfahrens so zu verstehen, daß geklärt werden soll, ob diese Anmerkung mit den Umrechnungskriterien in Einklang steht, die in den zur Zeit der streitigen Ereignisse anwendbaren Gemeinschaftsbestimmungen festgelegt waren." Dazu auch *J. Hofmann*, Rechtsschutz und Haftung im europäischen Verwaltungsverbund, S. 260 f. Ausdrücklich die Möglichkeit einer Gültigkeitsvorlage bejahend auch EuGH, Rs. C-16/16, *Belgien/Kommission*, Rn. 44. Aus diesem Grund scheint die früher vertretende Auffassung, Gültigkeitsvorlagen seien unzulässig, nicht mehr vertretbar, vgl. so aber noch *J Scott*, CMLRev 2011, S. 329 (345 f.), dort Fn. 84.

1806 *M. Schramm*, Einseitiges informelles Verwaltungshandeln im Regulierungsrecht, S. 263.

Zweck einer Auslegungsfrage bezüglich des verbindlichen Rechts eigentlich die Klärung der Vereinbarkeit des mitgliedstaatlichen Rechts mit Unionsrechts ist.[1807] Da es bei den unverbindlichen Handlungsformen schon zu keinem Normkonflikt mit mitgliedstaatlichem Recht kommen könne, sei die Vorlagefrage im oben genannten Sinn zu formulieren, woraufhin der EuGH überprüft, ob die in der informellen Handlung geäußerten Ansichten als richtige Interpretation des zugrundeliegenden verbindlichen Rechts anzusehen, oder diese als unrichtig zu verwerfen sind. Letztlich werde auch eine Auslegungsfrage damit zu einer Gültigkeitsfrage bezüglich des informellen Akts.[1808] Diese Ansicht findet Bestätigung in der Rechtssache *Kotnik*, in der verschiedene Fragen im Zusammenhang mit der beihilferechtlichen Bankenmittteilung der Kommission[1809] vorgelegt wurden. Zwar werden ausdrücklich Fragen nach der „Gültigkeit und Auslegung“ der Mitteilung vorgelegt[1810]. Auch sind die Vorlagefragen vom vorlegenden Gericht teilweise als *Auslegungs*fragen formuliert. Jedoch fällt gerade mit Blick auf die erste Frage – ist die Mitteilung rechtsverbindlich?[1811] – auf, dass mit ihr eigentlich die Frage nach der Gültigkeit der Mitteilung (mit-)beantwortet wird: Ist die Mitteilung tatsächlich dahingehen auszulegen, dass sie die Mitgliedstaaten bindet, steht damit zugleich fest, dass sie ungültig ist.[1812] Mangels Kompetenz der Kommission zum Erlass verbindlicher abstrakt-

---

1807 Was freilich mangels Jurisdiktion des EuGH über mitgliedstaatliches Recht nicht so formuliert wird, *B. Wegener*, in Calliess/Ruffert (Hrsg.), EUV/AEUV, 5. Aufl., Art. 267 AEUV, Rn. 6.

1808 *M. Schramm*, Einseitiges informelles Verwaltungshandeln im Regulierungsrecht, S. 263, dort. Fn. 596.

1809 Mitteilung der Kommission über die Anwendung der Vorschriften für staatliche Beihilfen ab dem 1.08.2013 auf Maßnahmen zur Stützung von Banken im Kontext der Finanzkrise („Bankenmitteilung“), ABl. 2013, C 216, S. 1.

1810 EuGH, Rs. C-526/14, *Kotnik u.a.*, Rn. 1.

1811 *Ibid.*, Rn. 30, erste Vorlagefrage: „Kann die Bankenmitteilung unter Berücksichtigung der rechtlichen Wirkungen, die sie konkret erzeugt, weil die Union im Bereich der staatlichen Beihilfen nach Art. 3 Abs. 1 Buchst. b AEUV die ausschließliche Zuständigkeit hat und die Kommission gemäß Art. 108 AEUV die Entscheidungszuständigkeit im Bereich der staatlichen Beihilfen besitzt, dahin ausgelegt werden, dass sie Bindungswirkung für die Mitgliedstaaten hat, die beträchtliche Störungen im Wirtschaftsleben mittels dauerhaft angelegter und nicht einfach aufhebbarer staatlicher Beihilfen für Kreditinstitute beheben möchten?“

1812 Im Rahmen einer Nichtigkeitsklage wäre dies richtigerweise als Frage danach zu formulieren, ob die Handlung dazu beabsichtigt ist, Rechtswirkungen zu entfalten, siehe oben VIII. 1. a).

genereller Rechtsakte im Bereich des Beihilfenrechts,[1813] wäre eine solche bindende Handlungsform, bei der es sich in der Sache um eine Verordnung handelt, formell rechtswidrig. Insofern kann sich nichts anderes ergeben als im Rahmen von Nichtigkeitsklagen gegen informelle Handlungsformen.[1814]

Wenn der EuGH in der Rechtssache *Kotnik* im Rahmen der zweiten Vorlagefrage, die als Frage nach der *Gültigkeit* der Mitteilung vorgelegt wurde, die Vereinbarkeit bestimmter Teile der Mitteilung mit den Art. 107 bis 109 AEUV prüft, läuft dies auf dasselbe hinaus wie die erste Frage: Wenn die Mitteilung[1815] über den primärrechtlichen Rahmen hinaus geht, wird sie für ungültig erklärt, weil damit neue Verpflichtungen für die Mitgliedstaaten begründet werden sollen. Auslegungsfragen zu informellen Handlungsformen wie Mitteilungen der Kommission können somit in der Sache zu Gültigkeitsvorlagen werden.[1816] Der Unterschied zwischen Auslegungs- und Gültigkeitsvorlage reduziert sich in diesen Fällen auf die vom EuGH angelegten Kriterien. Zum einen wird – formal – geprüft, ob die Mitteilung Bindungswirkungen entfaltet, zum anderen wird – inhaltlich – ein Abgleich mit den Regelungen des bindenden Primärrechts vorgenommen. Dass die Grenze zwischen Auslegungs- und Gültigkeitsvorlagen nicht immer klar erkennbar ist,[1817] ist jedoch keine Besonderheit informeller Normen.

Ob damit eine Auslegungsvorlage meistens „nicht zielführend sein" wird,[1818] mag jedoch bezweifelt werden. Immerhin sind Konstellationen denkbar, in denen ein mitgliedstaatliches Gericht nicht nach der Bindungswirkung einer informellen Handlung fragt, sondern eine Frage zum Inhalt vorlegt. In diesem Fall würde zwar mangels rechtlicher Verbindlichkeit kein

1813 Diese ist nur mit Durchführungsverordnungen nach Art. 108 Abs. 4, Art. 109 AEUV möglich und setzt insbesondere ein reguliertes Erlassverfahren voraus. Eine andere Möglichkeit besteht in dem Erlass einer „zweckdienlichen Maßnahme" im Sinne von Art. 108 Abs. 1 S. 2 AEUV, die nach der Rechtsprechung des EuGH verbindlich für die Mitgliedstaaten sind, vgl. EuGH, Rs. C-311/94, *Ijssel-Vliet*, Rn. 35 ff. Beide Fälle waren im Fall *Kotnik* evident nicht einschlägig.

1814 Siehe oben VIII. 1. d).

1815 Konkret ging es um die Rn. 40 bis 46 der Mitteilung, die die Rechtmäßigkeit von mitgliedstaatlichen Beihilfen von der Beteiligung von Anteilseignern und nachrangigen Gläubigern an den Laster einer Beihilfe empfangenden Bank abhängig machen, vgl. EuGH, Rs. C-526/14, *Kotnik u.a.*, Rn. 46-60.

1816 Meist werden Gültigkeitsvorlagefragen vom EuGH daher in Auslegungsfragen umgedeutet, vgl. dazu Schlussanträge GA *Bobek* zu EuGH, Rs. C-911/19, *EBA Leitlinien*, Rn. 98.

1817 *J. Gundel*, EuR 2018, S. 593 (604).

1818 So *M. Schramm*, Einseitiges informelles Verwaltungshandeln im Regulierungsrecht, S. 263, dort. Fn. 596.

Normkonflikt entschieden, wie dies bei einer typischen Auslegungsvorlage der Fall ist. Stattdessen würde das mitgliedstaatliche Gericht lediglich danach fragen, wie es eine informelle Handlung richtigerweise berücksichtigen kann. Dass ein mitgliedstaatliches Gericht ein Verfahren aussetzt und um eine derartige Vorabentscheidung ersucht - nur zur Klärung des richtigen Normverständnisses der Kommission, das lediglich zu berücksichtigen ist -, scheint jedoch schon aus prozessökonomischen Gründen in der Tat nicht sinnvoll und daher kaum praktikabel. Als eine von mehreren Auslegungsfragen, etwa zur Auslegung einer Verordnung *und* einer informellen Norm, finden sich jedoch durchaus Beispiele aus der Rechtsprechung.[1819]

3. Inzidente Überprüfung informeller Administrativnormen

Daneben kommt Rechtsschutz gegen informelle Administrativnormen in Form der inzidenten Überprüfung in Betracht.[1820] Indirekt können informelle Administrativnormen überprüft werden, wenn diese als Grundlage für verbindliche Handlungen dienen. Werden diese Handlungen im Rahmen einer Nichtigkeitsklage angefochten, kann inzident die Rechtmäßigkeit der informellen Administrativnorm gerügt werden. Ist nämlich bereits die Grundlage der später ergangenen Handlung rechtswidrig, kann dies die Rechtmäßigkeit der direkt angefochtenen Handlung beeinträchtigen. Dies wurde vom EuG in der Rs. *Artegodan* bestätigt, in der ein unverbindliches medizinisches Gutachten einer verbindlichen Genehmigungsentscheidung der Kommission im Bereich der Arzneimittelzulassung vorgeschaltet war. Verfahrensfehler bei der Erstellung des Gutachtens können sich laut EuG auf die Rechtmäßigkeit der Genehmigungsentscheidung der Kommission auswirken.[1821] Dies gilt auch für Gutachten von Agenturen, die Grundlage von Kommissionsentscheidungen sind. Schon weil für eine umfassende Überprüfung solcher Fachgutachten bereits die Expertise aufseiten der Rechtsprechung fehlt, beschränkt sich die Rechtmäßigkeitsprüfung in die-

---

1819 Siehe nur EuGH, Rs. C-207/01, *Altair Chimica.*

1820 Die vereinzelt vorgeschlagene Untätigkeitsklage zum Schutz des institutionellen Gleichgewichts wirkt hingegen abwegig, vgl. den Vorschlag von *L. Senden*, UtrechtLR 2005, S. 79 (97 f.).

1821 EuG, verb. Rs. T-74/00, T-76/00, T-83/00, T-84/00, T-85/00, T-132/00, T-137/00 und T-141/00, *Artegodan GmbH u.a./Kommission*, Rn. 197.

sen Fällen jedoch auf die Einhaltung der Form, insbesondere des Verfahrens der Erstellung, und der inhaltlichen Schlüssigkeit.[1822]

Die Überprüfbarkeit informeller Normen als Entscheidungsgrundlage gilt im Grundsatz auch für die ermessensstrukturierenden informellen Administrativnormen im unionseigenen Vollzug, wie die Rechtssache *Kneissl Dachstein Sportartikel* zeigt: Hier machte der Kläger geltend, eine für ihn negative Beihilfegenehmigungsentscheidung sei auf Leitlinien gestützt, die ihrerseits wegen Unvereinbarkeit mit dem Primärrecht rechtswidrig seien.[1823] Ein weiteres Beispiel ist die Rechtssache *Dansk Rørindustri,* in der der EuGH kartellrechtliche Leitlinien inzident prüfte.[1824] Voraussetzung ist, dass der inzident angefochtene allgemeine Rechtsakt in einem unmittelbaren Zusammenhang mit der angefochtenen Entscheidung steht.[1825] Dies wird bei den ermessensstrukturierenden informellen Administrativnormen im unionsunmittelbaren Vollzug regelmäßig der Fall sein. Häufig benennt die Kommission ausdrücklich die Unvereinbarkeit einer mitgliedstaatlichen Maßnahme mit beihilferechtlichen Leitlinien als Grund für die negative Entscheidung in einer Rechtmäßigkeitsprüfung.[1826]

Hier ist jedoch zu beachten, dass der Rahmen, den sich die Kommission mit diesen Instrumenten gibt, nur zu beanstandet ist, wenn damit der Ermessensspielraum der Kommission überschritten wird. Dies könnte, wie gesehen, etwa bei den Umwelt- und Energiebeihilfeleitlinien der Fall sein, sofern diese auch die beihilferechtliche Zulässigkeit handelbarer Umweltzertifikate regeln, da hier fraglich ist, ob es sich überhaupt um „Beihilfen aus staatlichen Mitteln" im Sinne von Art. 107 Abs. 1 AEUV handelt.[1827] Sollte dies nicht der Fall sein, würden sich die informellen Vorschriften aber außerhalb des Bereichs befinden, den die Kommission mit verbindli-

---

1822 Hierzu *M.A. Steger*, Zur Verselbstständigung von Unionsagenturen, S. 255 ff.

1823 EuG, Rs. T-110/97, *Kneissl Dachstein Sportartikel AG*, Rn. 49. In diesem Fall befand das EuG, dass die Leitlinien keinen bestimmenden Einfluss auf die betroffene Entscheidung haben konnten, da sie lediglich allgemeine Vorgaben enthielten und zu dem in Frage stehenden Sachverhalt keine Vorgaben enthielten. Siehe hierzu auch *M. Schweda*, Administrative Normsetzung, S. 312.

1824 EuGH, verb. Rs. C-189/02 P, C-202/02 P, C-205/02 P bis C-208/02 P und C-213/02 P, *Dansk Rørindustri u.a.*, Rn. 212, 237.

1825 Schlussanträge GA *Tizziano* zu EuGH, verb. Rs. C-189/02 P, C-202/02 P, C-205/02 P bis C-208/02 P und C-213/02 P, *Dansk Rørindustri u.a.*, Rn. 63.

1826 Siehe etwa Beihilfenbeschluss SA.54915, ABl. 2020, C 346, S. 27 (belgische Ausgestaltung eines Kapazitätsmechanismus mit den Umwelt- und Energiebeihilfeleitlinien vereinbar).

1827 Dazu oben VI. 1. a) cc).

chen Beschlüssen im Einzelfall und damit auch durch informellen Normen regeln darf.

Wenngleich die Unionsgerichte diese Prüfung informeller Administrativnormen von Amts wegen vornehmen, besteht daneben ein Anwendungsbereich für die Inzidenzrüge nach Art. 277 AEUV.[1828] Diese ermöglicht als unselbstständiger Rechtsbehelf die Überprüfung abstrakt-genereller Normen, die Grundlage einer Entscheidung geworden sind, in dem Rechtsstreit in dem diese Entscheidung angefochten wird. Der Ablauf der Klagefrist für eine Nichtigkeitsklage nach Art. 263 Abs. 6 AEUV ist dabei unschädlich.

Der Anwendung des Art. 277 AEUV auch auf informelle Normen steht der Wortlaut zwar nicht entgegen, welcher die Anfechtbarkeit eines „Rechtsakts mit allgemeiner Geltung“ zulässt. Jedoch entspricht dies nicht der Intention der Regelung, die nur verbindliche Rechtsakte umfassen sollte.[1829] Insofern kommt eine analoge Anwendung in Frage, da die Interessenlage bei der inzidenten Überprüfung informeller Normen vergleichbar mit jener verbindlicher Verordnungen ist.[1830]

4. Lücken im Rechtsschutzsystem?

Die soeben geschilderten Rechtsschutzmöglichkeiten gegen informelle Administrativnormen werden verschiedentlich als unzureichend kritisiert. Insbesondere der Umstand, dass informelle Administrativnormen nur in begrenztem Umfang direkt Gegenstand einer Nichtigkeitsklage sein können, wird in der Literatur bemängelt und darin ein Verstoß gegen den Grundsatz des effektiven Rechtsschutzes gesehen.[1831] Zum Teil wird die Anwendung der *AETR*-Kriterien im Rahmen der Nichtigkeitsklage als defizitär angesehen, da dies eine Vielzahl erläuternder Dokumente, von der

1828 *D. Walzel*, Bindungswirkungen ungeregelter Vollzugsinstrumente der EU-Kommission, S. 184.

1829 *P.-T. Stoll/B. Rigod*, in: Grabitz/Hilf/Nettesheim, Das Recht der Europäischen Union, 73. EL, Art. 277 AEUV, Rn. 10 f.

1830 *J. Gundel*, EuR 1998, S. 90 (101); für die Anwendbarkeit auf informelle Normen auch *M. Schweda*, Administrative Normsetzung, S. 312.

1831 *M. Eliantonio*, Judicial Review of Soft Law before the European and the National Courts, in: Eliantonio/Korkea-aho/Ştefan (Hrsg.), EU Soft Law in the Member States, S. 283 (284).

gerichtlichen Überprüfung ausschließe, obwohl sie eine hohe praktische Bedeutung haben.[1832]

Wie jedoch nachfolgend gezeigt wird, sprechen überzeugende Gründe gegen die Forderung nach einer umfangreichen Ausweitung der direkten Anfechtbarkeit informeller Normen.

a) Indirekter Rechtsschutz verfügbar

Allgemein ist zu bedenken, dass die Anfechtung verbindlicher Einzelfallentscheidungen, die vor dem Hintergrund informeller Normen getroffen wurden, weiterhin möglich ist.[1833] Von einer negativen Beihilfegenehmigungsentscheidung betroffene Unternehmen können daher gegen diese Entscheidung gerichtlich vorgehen, wobei inzident die Rechtmäßigkeit der informellen Norm geprüft wird.

Daneben ist insbesondere an eine Überprüfung informeller Instrumente im Rahmen von Art. 276 und Art. 277 AEUV zu denken, wenn ein Rechtsstreit zunächst vor mitgliedstaatlichen Gerichten ausgetragen wird.[1834] Dagegen wird zwar zum Teil eingewandt, dass die Komplementarität von Art. 267 und 263 AEUV zu paradoxen Ergebnissen für die Mitgliedstaaten als privilegierte Kläger führen könnten: Kann ein Mitgliedstaat eine informelle Norm mangels beabsichtigter Rechtswirkungen nicht im Rahmen einer Nichtigkeitsklage angreifen, bestünden kaum praktikable Möglichkeiten, ein Vorabentscheidungsverfahren anzustoßen. Er wäre gezwungen, die informelle Norm zunächst anzuwenden, um dann, wenn es zu einem Gerichtsverfahren kommt in dem eine Frage hierzu relevant wird, darauf hoffen, dass eines seiner Gerichte ein Vorabentscheidungsverfahren anstrengt.[1835] Für Mitgliedstaaten als privilegierte Kläger wäre Rechtsschutz daher schwieriger zu erlangen als für nichtprivilegierte Kläger, für die eine indirekte Überprüfung durch Anregung einer Vorlage in einem gerichtlichen Verfahren möglich ist.

1832 *S. Vaughan*, 17 CambYELS (2015), S. 66 (88). Ähnlich *J. Scott*, CMLRev 2011, S. 329 (349), die allerdings eine Gültigkeitsvorlage bezogen auf informelle Normen nicht für möglich hält; *O. Ştefan/M. Petri*, YEL 2018, S. 525 (533).

1833 Oben VIII. 3. Siehe auch *J. Gundel*, RdE 2016, 234 (237); *J. Gundel*, EuZW 2016 S. 606 (610).

1834 Oben VIII. 2. Dazu auch *A. Türk*, Liability and accountability for policies announced to the public and for press releases, in: ECB Legal Conference 2017 Shaping a new legal order for Europe: a tale of crises and opportunities, S. 43 (45).

1835 Mit diesem Beispiel Schlussanträge GA *Bobek* zu EuGH, Rs. C-16/16, *Belgien/Kommission*, Rn. 161-164.

Hierauf ist jedoch zum einen zu erwidern, dass unklar ist, ob derartige Fälle in der Praxis tatsächlich entstehen. Zum anderen überzeugt der Vergleicht mit nichtprivilegierten Klägern nicht ganz, da auch diese eine Vorlage eins mitgliedstaatlichen Gerichts nicht erzwingen können. Des Weiteren ist die weiter oben getroffene Differenzierung zwischen verschiedenen Adressaten informeller Normen aufzugreifen:[1836] Den mitgliedstaatlichen Stellen kann durchaus eher zugemutet werden, die Verbindlichkeit oder Unverbindlichkeit einer Handlung zu erkennen, als etwa Privaten, insbesondere wenn diese nicht unternehmerisch am unionsweiten Wirtschaftsverkehr teilnehmen. Mitgliedstaaten erscheinen daher weniger schutzbedürftig, was das direkte Vorgehen gegen informelle Normen angeht. Diese Unterscheidung zu berücksichtigen macht gerade mit Blick auf die von der Rechtsprechung angewendeten Kriterien zur Prüfung des tauglichen Klagegegenstandes Sinn. Dort wird auf die Sichtweise der Betroffenen der in Frage stehenden Norm abgestellt.[1837] Daher kann der Einwand des nicht ausreichenden Rechtsschutzes für Mitgliedstaaten nicht überzeugen.

Neben dieser inzidenten Kontrolle besteht die Möglichkeit der Überprüfung informeller Normen im Rahmen des Vorabentscheidungsverfahrens.[1838] Bezüglich des Rechtsschutzes nicht privilegierter Kläger ist zudem zu beachten, dass auch mit einer sehr weiten Auslegung der Klagegegenstandsfähigkeit kein Zugewinn an Rechtsschutzmöglichkeiten erreicht wäre, da diese die Voraussetzungen der unmittelbaren Betroffenheit (Art. 263 Abs. 4 Alt. 3 AEUV) bzw. zusätzlich noch der individuellen Betroffenheit (Art. 263 Abs. 4 Alt. 2 AEUV) nur in seltenen Ausnahmefällen erfüllen werden.[1839]

b) Funktionsgrenzen gerichtlicher Überprüfbarkeit

Sind komplexe technische Regelungen in informellen Administrativnormen enthalten, werden zudem die Funktionsgrenzen gerichtlicher Überprüfbar-

---

1836 Zu dieser Unterscheidung oben VII. 1. b) bb) (1).

1837 Oben VIII. 1. d) aa).

1838 Siehe oben VIII. 2. Ausdrücklich hierzu EuGH, Rs. C-16/16, *Belgien/Kommission*, Rn. 44. Dies erkennt zwar auch *O. Ştefan/M. Petri*, YEL 2018, S. 525 (549), scheint aber eine direkte Anfechtbarkeit trotzdem für erforderlich zu halten.

1839 *J. Gundel*, EuR 2018, S. 593 (604 f.).

keit erreicht.[1840] Dies betrifft insbesondere erläuternde Instrumente und die Rahmenleitlinien der ACER. Dabei ist fraglich, wie Gerichte die Rechtmäßigkeit dieser Instrumente überprüfen sollten. Hier kommen lediglich formale Gesichtspunkte in Betracht, wie die Einhaltung der Vorgaben der Prioritätenliste oder von Fristenregelungen.

Wie bereits erläutert, ist den rechtsstaatlichen Bedenken gegenüber informellen Instrumenten besser auf der Ebene der Transparenz, insbesondere durch entsprechende Ausgestaltung des Erlassverfahrens Rechnung zu tragen. Dies kann durch stärkere Formalisierung der Beteiligungsrechte der Betroffenen und durch größere Transparenz der zur Normerstellung verwendeten Kriterien geschehen.[1841]

Dies liegt auch auf einer Linie mit der Rechtsprechung zur beschränkten Überprüfbarkeit der Einschätzung der Kommission, wenn diese komplexe technische Details umfasst.[1842] Unbenommen bleibt dann eine Überprüfung der Einhaltung von Verfahrensrechten, die im gerichtlichen Verfahren entsprechend an Bedeutung gewinnen. Solche Verfahrensrechte beim Erlass informeller Normen durch dessen Formalisierung zu stärken ist adäquater als die Ausweitung der direkten Anfechtbarkeit.

Darüber hinaus ist darauf zu verweisen, dass das Rechtsschutzsystem der EU auf die Gemeinschaftsmethode ausgelegt ist, also die Setzung verbindlichen Rechts durch die Organe in einem bestimmten Verfahren. Dies ist aber bei neueren Governance-Strukturen wie etwa der Netzkodizes-Erstellung anders.[1843] Hier wirken, wie gezeigt,[1844] verschiedene nichtstaatliche Akteure bei der Normsetzung mit, sodass die strikte Gegenüberstellung von Normgeber und von der Norm Betroffenen nicht passt.[1845]

Auch kann die Ansicht nicht überzeugen, wonach die Rahmenleitlinien sowie Empfehlungen und Stellungnahmen der ACER schon deshalb an-

1840 Dies erkennen auch *O. Ştefan/M. Petri*, YEL 2018, S. 525 (549), ziehen daraus aber nicht die Konsequenz, dass eine direkte Anfechtbarkeit überflüssig wäre.

1841 Siehe dazu oben VII. 2.

1842 Dann gewinnen Transparenz und Verfahrensrechte an Bedeutung, siehe dazu EuGH, Rs. C-269/90, *Technische Universität München*, Rn. 14; EuG, Rs. T-13/99, *Pfizer/Rat*, insb. Rn. 154 ff., insb. Rn. 171.

1843 *M. Zinzani*, Market Integration through 'Network Governance', S. 72 f.; *S. Lavrijssen/T. Kohlbacher*, TILEC Discussion Paper January 2018, S. 62.

1844 Oben II. 1. a) und b).

1845 *J. Scott*, CMLRev 2011, S. 329 (337 f., 354); am Beispiel der EASA *M. Simoncini*, European Public Law 2015, S. 309 (322-325).

fechtbar sein sollten, weil ihnen großen praktischen Bedeutung zukomme und sie als *de facto* als verpflichtend wahrgenommen würden.[1846]

Hierzu ist anzumerken, dass zwar richtigerweise auf die Wahrnehmung der Betroffenen abzustellen ist, dies jedoch bei Berücksichtigung der bereits erläuterten Differenzierung nicht zu dem Ergebnis führt, dass die Betroffenen die informellen Instrumente so wahrnehmen, dass diese dazu bestimmt, Rechtswirkungen zu entfalten im Sinne der *AETR*-Kriterien: Von mitgliedstaatlichen Energieregulierungsbehörden kann ein anderer Umgang mit informellen Instrumenten erwartet werden als von kleinen Unternehmen oder Privaten, die in ihrer Eigenschaft als Bürger betroffen sind. Wenn letzteren nicht unterstellt werden kann, genaue Kenntnisse über Befugnisse von Unionsagenturen und der Rechtsnatur ihrer Instrumenten zu haben und sich entsprechend zu ihnen zu verhalten, ist dies bei ersteren hingegen durchaus der Fall.[1847]

Bezüglich der ACER-Rahmenleitlinien ist zu berücksichtigen, dass es sich hierbei um vorbereitende Instrumente handelt, die nach ständiger Rechtsprechung nicht anfechtbar sind. Anders als etwa Weiß- und Grünbücher und einige andere informelle rechtsvorbereitende Instrumente sind sie sogar in einen gesetzlich geregelten Prozess der Rechtsetzung eingebunden, was zusätzlich gegen die Anfechtbarkeit spricht – denn hier wirken die verschiedenen Akteure bereits zusammen und kontrollieren sich dabei gegenseitig. Wird die gerichtliche Überprüfbarkeit von Rahmenleitlinien gefordert, ist nicht ersichtlich, warum dann nich auch Gesetzgebungsvorschläge der Kommission nach Art. 294 Abs. 2 AEUV anfechtbar sein sollten. Schließlich sind auch diese insoweit für den Rat grundsätzlich verbindlicher Ausgangspunkt des ordentlichen Gesetzgebungsverfahrens, wenn dieser nicht ausnahmsweise einstimmig nach Art. 293 Abs. 1, 1. Halbs. AEUV abgeändert wird.[1848] An diesem absurden Beispiel zeigt sich, dass die Forderung nach der direkten Anfechtbarkeit der ACER-Rahmenleitlinien zu weit geht; dies würde die Aufgabe gerichtlicher Kontrolle überspannen.

1846 *M. Zinzani*, Market Integration through 'Network Governance', S. 72 f.; *O. Ştefan/M. Petri*, YEL 2018, S. 525 (537-540); *S. Lavrijssen/T. Kohlbacher*, TILEC Discussion Paper January 2018, S. 62.

1847 Oben VII. 1. b) bb) (1).

1848 *M. Gellermann*, in: Streinz (Hrsg.), EUV/AEUV, 3. Aufl., Art. 293 AEUV, Rn. 11 f.

c) Gefahr des Verlustes wichtiger Funktionen informeller Administrativnormen

Forderungen nach umfangreicher direkter Überprüfbarkeit informeller Administrativnormen übersehen zudem deren Funktion als Diskussionsgrundlage und Instrumente zur Weiterentwicklung der Unionspolitiken. Wie eingangs im Rahmen des Governance-Kontextes informeller Normen erörtert,[1849] besteht ein Vorteil informeller Instrumente darin, dass Regelungen zunächst erprobt werden und Debatten mit den Betroffenen angestoßen werden können.[1850] Dies betrifft nicht nur solche Instrumente, die erkennbar auf eine künftige verbindliche Regelsetzung ausgelegt sind, wie etwa Grün- und Weißbücher. Vielmehr können auch sonstige informelle Normen als Grundlage künftiger Gesetzgebung dienen. Die Vielgestaltigkeit künftiger Herausforderungen spiegelt sich dabei in der großen Anzahl und der Formenvielfalt informeller Instrumente wieder, die zur Weiterentwicklung der Unionspolitiken beitragen sollen.[1851]

Wenn jede Mitteilung mit irgendeinem rechtlichen Gehalt überprüfbar wäre, würde dadurch das Element der Kooperation und des gegenseitigen Lernens übersehen und beeinträchtigt. Wenn etwa die Kommission aufgrund der Gefahr der Anfechtbarkeit ihrer informellen Administrativnormen – und der mit gerichtlichen Verfahren einhergehenden Ressourcenbindung – dazu überginge, diese nicht mehr oder nur noch mit sehr allgemeinem Inhalt zu veröffentlichen, würde zudem deren klärende Funktion nicht mehr wahrgenommen. Dies hat letztlich negative Auswirkungen auf die Rechtssicherheit.

Dass dies auch von den Mitgliedstaaten nicht gewollt ist, zeigt sich an zumindest zwei Umständen. Zum einen haben sie trotz der bekannten Probleme keine entsprechenden Änderungen im Rahmen der zwischenzeitlich erfolgten Vertragsreformen vorgenommen. Zwar lässt sich darauf nicht zwangsläufig schließen, dass sie mit dem Status quo der gerichtlichen Überprüfbarkeit informeller Normen einverstanden sind, da mangelnde Konsensfähigkeit von Reformvorschlägen ebenso Ursache hierfür sein können. Überzeugender ist aber, zum anderen, der Umstand, dass die Mitglied-

---

1849 Siehe oben II. 2.

1850 In diese Richtung auch Schlussanträge GA *Bobek* zu EuGH, Rs. C-16/16, *Belgien/Kommission*, Rn. 155, der von der „Flexibilität eines gesetzgeberischen Labors“ spricht.

1851 Siehe oben II. 2. b) und die Nachweise dort.

staaten die erläuternden Instrumente selbst als hilfreich empfinden und sie teilweise ausdrücklich anfragen.[1852]

d) Fazit: Keine inakzeptablen Rechtsschutzlücken

Insgesamt stellt der Ausschluss vieler informeller Normen von der direkten gerichtlichen Überprüfbarkeit keine rechtsstaatlich nicht hinnehmbare Rechtsschutzlücke dar. Gegenteilige Ansichten legen einen zu strengen Maßstab zur Bewertung der Gewährung effektiven Rechtsschutzes an. Zwar geht die Rechtsprechung von einem komplementären und vollständigen System des Rechtsschutzes auf Unionsebene aus.[1853] Das bedeutet aber nicht, dass absolut jede Handlung eines Organs direkt anfechtbar sein muss, nur weil Betroffene (oder auch nur vermeintlich Betroffene) sich *de facto* in ihrer Entscheidungsfreiheit eingeschränkt fühlen könnten. Dass die Forderungen nach direkter gerichtlicher Überprüfbarkeit zu weit gehen, zeigt sich teilweise bereits in der Formulierug des Problems: „The problem is that many of the *political, moral, or even social commitments* might have important consequences, although they are considered extra-legal by the Courts and are not enforced as such."[1854]. Auch politische Stellungnahmen und erstaunlicherweise sogar ethische Verhaltensregeln wären danach also der gerichtlichen Kontrolle zugänglich, was freilich – nicht zuletzt wegen der zu erwartenden stark ansteigenden Arbeitsbelastung der Unionsgerichte[1855] – zu weit geht.

Den Bedenken in Angebracht der tatsächlichen Wirkungen informeller Instrumente kann besser durch die Formalisierung von Verfahrensrechten Rechnung getragen werden.

5. Ergebnis

Rechtsschutz gegen informelle Administrativnormen besteht zum einen in Form der Nichtigkeitsklage nach Art. 263 AEUV. Wenngleich die Recht-

1852 Siehe etwa oben IV. 1. l).

1853 EuGH, Rs. 294/83, *Les Verts/Europäisches Parlament*, Rn. 23.

1854 *O. Ştefan/M. Petri*, YEL 2018, S. 525 (533), (eigene Hervorhebungen). Und auch an anderer Stelle wird gefordert, dass jede Äußerung, die Verhaltensregeln enthält, gerichtlich überprüfbar sein sollte, vgl. *Ibid.*, (538). Ähnlich *J. Scott*, CMLRev 2011, S. 329 (350) bezüglich aller erläuternden Instrumente.

1855 Bezogen auf die informellen Normen bei der Netzkodex-Erstellung *S. Lavrijssen/T. Kohlbacher*, TILEC Discussion Paper January 2018, S. 74.

sprechung verschiedene Inkonsistenzen aufweist, lassen sich einige Aussagen zur Orientierung treffen. Die Klagegegenstandstauglichkeit ist zu bejahen, wenn die Instrumente dazu bestimmt sind, Rechtswirkungen zu entfalten, was anhand von Indizien bewertet wird, insbesondere der Art und Weise der Ausarbeitung des Instruments, das heißt insbesondere Verbindlichkeit suggerierende Formulierungen im Wortlaut, dem Kontext, in dem das Instrument steht, seiner Bezeichnung, der Befugnisse des Erlassorgans, seiner Adressierung und der Art und der Ort der Veröffentlichung. Als Orientierung gilt dabei: Je größer die Ähnlichkeit zu verbindlichen Handlungsformen ist, desto eher ist die Klagegegenstandstauglichkeit zu bejahen. Bei erläuternden Instrumenten ist zudem ein Abgleich des Inhalts mit den sich aus dem verbindlichen Recht ergebenden Verpflichtungen vorzunehmen; gehen die informellen Normen über die bestehende Rechtslage hinaus, spricht dies dafür, dass sie neue Verpflichtungen begründen und damit Rechtswirkungen erzeugen wollen. Dies ist jeweils im Einzelfall zu ermitteln. Bei der Ermessensstrukturierung im unionsunmittelbaren Vollzug und bei vorbereitenden Handlungen wird die Regelungsabsicht in ständiger Rechtsprechung verneint. Kritik ist angebracht hinsichtlich der verbleibenden Abgrenzungsschwierigkeiten und der uneinheitlich verwendeten Terminologie. Hier würde die Rechtssicherheit gesteigert, wenn die Unionsgerichte noch stringenter einem einheitlichen Prüfungsprogramm folgen würden. Für nicht privilegierte Kläger bleibt daneben die Voraussetzung der Klagebefugnis eine große Hürde.

Zudem ist Rechtsschutz im Wege der Vorabentscheidung zu erlangen. Sowohl Auslegungs- als auch Gültigkeitsfragen zu informellen Administrativnormen können von mitgliedstaatlichen Gerichten vorgelegt werden. Zudem können unverändert verbindliche Handlungen angegriffen werden. Bei deren Überprüfung kann inzident die Rechtmäßigkeit informeller Normen überprüft werden, die Grundlage für die verbindliche Handlung waren.

4. Kapitel: Zusammenfassung und Schlussbetrachtungen

IX. Zusammenfassung

Diese Studie hat die Funktionen und Probleme sowie Wirkungen und Kontrollmechanismen rechtlich unverbindlicher Normen im Bereich der Unionsverwaltung aufgezeigt.

Der Blick auf „Soft Law" im Völkerrecht, wo Debatten um unverbindliche Instrumente schon länger geführt werden, ermöglichte die Definition des Untersuchungsgegenstandes und insbesondere die Abgrenzung zu rechtlich nicht relevanten Instrumenten. Von letzteren kann gesprochen werden, wenn bereits nach der äußeren Form keine Ähnlichkeit zu rechtlichen Regeln besteht und weder die für Soft Law typischen Funktionen wahrgenommen werden, noch irgendein weicher Durchsetzungsmechanismus existiert (II. 1. d) und e)). Gleichwohl sollte der Soft Law-Begriff im Unionsrecht nur in einem allgemeinen Sinn verwendet werden, so etwa um die rechtliche Unverbindlichkeit eines Instruments zu betonen. Im Übrigen ist der Begriff informelle Administrativnormen passender, da die Erkenntnisinteressen in Unions- und Völkerrecht bezüglich unverbindlicher Normen verschieden sind (II. 3. c)).

Als Governance-Werkzeuge sind unverbindliche Normen Teil eines allgemeinen Trends weg von verbindlicher Top-Down-Regulierung und hin zum Einsatz informeller Instrumente, die zunehmend in weniger streng hierarchischen Gremien entstehen (II. 2.).

Die Untersuchung des Energie- und Beihilfenrechts offenbarte eine Vielzahl inhaltlich und formal unterschiedlicher Instrumente, die gleichwohl nur eine Momentaufnahme ist, da die Zahl neuer informeller Akte naturgemäß nur durch die Kreativität der Erlassorgane begrenzt ist. Diese Instrumente erfüllen verschiedene Funktionen wie insbesondere die Vorbereitung verbindlicher Normen, die somit erprobt werden können. Diese Rolle kam informellen Administrativnormen gerade im Energierecht lange Zeit zu. Im Beihilfenrecht benutzt die Kommission informelle Administrativnormen zur Strukturierung ihres primärrechtlich eingeräumten Ermessens bei der Prüfung mitgliedstaatlicher Maßnahmen. In allen Bereichen des Unionsrecht werden zudem unverbindliche Auslegungshinweise erlassen, die das bestehende Recht ergänzen sollen und die Ansicht des Erlassorgans kundtun (III. und IV. 1.).

Trennscharf in bestimmte Handlungsformen lassen sich die verschiedenen Instrumente gleichwohl nicht aufteilen. Dafür wurden bei den in Betracht kommenden Formzuordnungskriterien zu viele Inkonsistenzen festgestellt. Jedoch gibt es vereinzelt Tendenzen; so werden etwa ermessensstrukturierende Instrumente im Beihilfenrecht häufig als Leitlinien, Bekanntmachungen und Mitteilungen bezeichnet und im Amtsblatt veröffentlich. Auch scheint der Begriff „Mitteilung“ meist als Oberbegriff zu dienen. Die untersuchten Kriterien – Funktionen, Inhalt sowie die formalen Kriterien – können jedenfalls einen Rückschluss auf die Bedeutung der informellen Administrativnorm geben, wobei eine größere Ähnlichkeit mit verbindlichen Normen (Amtsblattveröffentlichung, Struktur, sprachliche Gestaltung, etc.) eine größere Bedeutung in den Augen des Erlassorgans indiziert (IV. 2.).

Informelle Administrativnormen wirken im Innen- und im Außenverhältnis in rechtlicher wie in tatsächlicher Hinsicht. Für das Erlassorgan kann sich eine Selbstbindung ergeben, wenn es die eigenen Ermessensspielräume strukturiert, sodass von einer „Regelfallverbindlichkeit“ gesprochen werden kann (V. 1.). Im Außenverhältnis tritt eine rechtliche Bindung nur in sofern ein, als die mitgliedstaatlichen Gerichte verpflichtet sind, die informellen Normen bei der Rechtsanwendung zu beachten. Eine darüber hinausgehende Pflicht, etwa im Sinne einer *comply-or-explain*-Verpflichtung besteht nur, wenn dies sekundärrechtlich besonders angeordnet wird (V. 2. a) bb)). Faktische Wirkung kann informellen Administrativnormen dadurch zukommen, dass das Erlassorgan einen Wissensvorsprung gegenüber dem Normadressaten hat und dieser somit eher geneigt ist, der unverbindlichen Verhaltensanforderung nachzukommen. Im unionsunmittelbaren Vollzug besteht zudem häufig die Möglichkeit, informelle Administrativnormen durch verbindliche Maßnahmen durchzusetzen, was den Befolgungsdruck erhöht: Zur Vermeidung einer verbindlichen Sanktionierung des Abweichens, werden informelle Normen eher eingehalten. Daneben existieren zum Teil weiche Durchsetzungsmechanismen wie comply-or-explain, wobei sich Normadressaten über eine beabsichtigte Nichteinhaltung erklären müssen, oder naming and shaming, was zur Sichtbarmachung der Nichteinhaltung für andere Akteure führt. Indem andere Unionsorgane sich auf informelle Normen beziehen, können deren Wirkungen gesteigert werden, wenn ihnen dadurch in den Augen der Normadressaten besonderes Gewicht zukommt (V. 2. b).

Rechtsstaatliche Kontrollmechanismen bestehen *de lege lata* nur in geringem Umfang. Aus dem Grundsatz der begrenzten Einzelermächtigung ergeben sich nur wenige Beschränkungen für informelle Administrativnormen.

Eine Rechtsgrundlage ist grundsätzlich nicht notwendig. Die Zulässigkeit informeller Administrativnormen bestimmt sich nach den Befugnissen des Erlassorgans. In dem Umfang, in dem dieses verbindlich handeln darf, ist es auch zu unverbindlichen Handlungen befugt. Daraus folgt nur die Unzulässigkeit informeller Administrativnormen, die den Anschein erwecken, ihnen könnten bei Missachtung verbindliche Maßnahmen folgen, wenngleich dies tatsächlich mangels entsprechender Befugnis des Erlassorgans nicht der Fall ist. Eine unzulässige Umgehung geregelter Rechtsetzungsverfahren liegt auch vor, wenn verbindliche Bestimmungen einseitig durch informelle Instrumente konkretisiert werden, sekundärrechtlich hierfür aber ein besonderes Verfahren, etwa die Ausarbeitung im Komitologieverfahren, bestimmt ist (VI. 1.). Der Grundsatz des institutionellen Gleichgewichts verbietet einen Automatismus zwischen ermessensstrukturierenden informellen Administrativnormen und der Ausübung des Ermessens. Die Beihilfenaufsicht darf daher nicht in der Weise ausgeübt werden, dass die Kommission Einzelfälle nur noch an ihren Leitlinien misst und ihre Beschlüsse nur hierauf stützt. Auch dürften gescheiterte Gesetzgebungsvorschläge nicht einfach als informelle Normen wiederverwertet werden, da die Kommission in diesen Fällen offenkundig mit dem Anspruch verbindlicher Regelung auftritt (VI. 2.). Bedenken hinsichtlich einer Beeinträchtigung des institutionellen Gleichgewichts trägt darüber hinaus eine Interinstitutionelle Vereinbarung zwischen der Kommission, dem Rat und dem Europäischen Parlament Rechnung (VII. 1. a) bb) (2)).

Das Transparenzregime der Union hält nach geltendem Recht ebenfalls nur wenige Beschränkungen für informelle Administrativnormen bereit. Der Erlass von Netzkodizes ist einer der wenigen Bereiche, in denen sekundärrechtliche Vorgaben an das Erlassverfahren bestehen. Im Übrigen steht es im Belieben des Erlassorgans, Konsultationen durchzuführen oder ihre informellen Administrativnormen vor dem Hintergrund einer Konsultation zu begründen. Gleiches gilt für die Grundsätze der Normenpublizität und der Normenklarheit. Auch ihnen sind nur wenige zwingende Vorgaben zu entnehmen; so müssen bestimmte Dokumente wie impact assesments zur Nachvollziehbarkeit eines Gesetzgebungsprozesses veröffentlicht werden (VII.).

Rechtsschutz gegen informelle Administrativnormen besteht in Form der Nichtigkeitsklage sowie indirekt durch das Vorabentscheidungsverfahren. Zudem besteht die Möglichkeit einer inzidenten Überprüfung im Rahmen einer Nichtigkeitsklage gegen eine verbindliche Handlung, die auf eine informelle Administrativnorm gestützt wird.

In Anlehnung an das französische Verwaltungsprozessrecht bejahen die Unionsgerichte die direkte Anfechtbarkeit informeller Administrativnormen im Rahmen der Nichtigkeitsklage, wenn diese dazu bestimmt sind, Rechtswirkungen zu erzeugen. Dies wird anhand bestimmter Kriterien ermittelt, nämlich der Art und Weise der Ausarbeitung des Instruments, des Kontextes, der Bezeichnung, der Befugnisse des Erlassorgans, der Adressierung und anhand der Art und des Ortes der Veröffentlichung. Je ähnlicher eine Handlung einer verbindlichen Norm, etwa durch ihre Gliederung, ihre Genauigkeit und die Formulierungen ist, desto eher wird man annehmen können, dass die Handlung dazu bestimmt ist, Rechtswirkungen zu erzeugen. Allerdings folgen die Unionsgerichte nicht immer stringent demselben Prüfungsprogramm und verwenden Begriffe nicht einheitlich. Der Rechtsfolgenausspruch der Nichtigerklärung passt zudem streng genommen nicht zu informellen Administrativnormen (VIII.).

X. Ausblick und Reformüberlegungen

Diese Studie konnte zeigen, dass sich einseitige Kritik an informellen Administrativnormen verbietet: Diese stellen nicht nur eine Anmaßung gesetzgeberischer Befugnisse durch das Erlassorgan dar. Im Gegenteil kann ihr Einsatz souveränitätsschonende Effekte haben, da unverbindliche Instrumente in geringerem Umfang in die Souveränität der Mitgliedstaaten eingreifen. Sie können die Transparenz des Handelns des Erlassorgans steigern ebenso wie sie diese mindern können, etwa durch eine uneinheitliche Betitelungs- und Veröffentlichungspraxis. Auch die Rechtssicherheit kann durch Auslegungsmitteilungen erhöht oder aber gemindert werden durch Unklarheiten bezüglich ihres rechtlichen Status und der Verwischung der Grenzen zwischen verbindlichem Recht und an sich unverbindlichen Normen mit ähnlichen Wirkungen wie Recht. Den Gefahren, die mit dem Einsatz informeller Administrativnormen verbunden sind, kann auf unterschiedliche Weisen angemessen begegnet werden.

Pauschal eine Rechtsgrundlage für informelle Normen zu fordern, greift dabei zu kurz. In kompetenzrechtlicher Hinsicht besteht, wie in Abschnitt

VI. 1. a) cc) gezeigt, das Problem darin, dass im Einzelfall für die Betroffenen unklar sein kann, welche informellen Regelungen noch von der Kompetenz des Erlassorgans mitumfasst sind und welche darüber hinausgehen. Dadurch besteht die Gefahr, dass durch informelle Normen geregelt wird, was mit verbindlichen Handlungen unzulässig wäre.

Sinnvoll ist eine sekundärrechtliche Festschreibung von Transparenzanforderungen, die insbesondere bezüglich der Beteiligung Betroffener am Erlassverfahren, der Betitelung und Veröffentlichung einheitliche Vorgaben bieten. Dabei ist zu differenzieren zwischen den von informellen Administrativnormen Betroffenen. Sind die Normen etwa nur für mitgliedstaatliche Stellen bestimmt, sind geringere Anforderungen an die Erkennbarkeit der rechtlichen Unverbindlichkeit zu stellen als an solche, die sich an Einzelne wenden. Die Einführung einer klareren und besser nachvollziehbaren Terminologie bei der Verwendung unverbindlicher Handlungsformen ist in jedem Fall wünschenswert. Wenngleich Anhaltspunkte dafür bestehen, dass insbesondere die Kommission nicht immer ein Interesse an der einfachen Erkennbarkeit des unverbindlichen Wirkmodus ihrer Instrumente hat, wäre die Vereinheitlichung der Bezeichnungen doch geeignet, die Rechtssicherheit zu befördern.

Eine Ausweitung der Rechtsschutzmöglichkeiten in Form der direkten Anfechtbarkeit durch Nichtigkeitsklage scheint nicht erforderlich, sofern die Unionsgerichte stringenter und mit größerer begrifflicher Klarheit das unter VIII. 1. d) geschilderte Prüfungsprogramm verfolgen. Der Einführung des Rechtsbehelfs der europäischen Feststellungsklage stehen hingegen keine Bedenken entgegen (VIII. 1. e) bb)). Kritikwürdig sind hieran lediglich die Auswirkungen mit Blick auf die mögliche steigende Arbeitsbelastung der Unionsgerichte.

In jedem Fall muss bei einer solchen sekundärrechtlichen Einhegung das Spannungsverhältnis zwischen den nützlichen Funktionen informeller Administrativnormen auf der einen und den rechtsstaatlichen Bedenken auf der anderen Seite beachtet werden.

Literaturverzeichnis

Abbot, Carolyn/Lee, Maria, Economic Actors in EU Environmental Law, Yearbook of European Law 34 (2015), S. 26-59

Abbott, Kenneth W./Keohane, Robert O./Moravcsik, Andrew/Slaughter, Anne-Marie/ Snidal Duncan, The Concept of Legalization, International Organization 54 (2000), S. 401-419

Abbott, Kenneth W./Snidal, Duncan, Hard and Soft Law in International Governance, International Organization 2000, S. 421-456

Adam, Heike/Winter, Gerd, Commission guidance addressed to member state agencies, in: Gerd Winter (Hrsg.), Sources and Categories of European Union Law, Baden-Baden 1996, S. 629-644

Adam, Heike, Die Mitteilungen der Kommission: Verwaltungsvorschriften des Europäischen Gemeinschaftsrechts? Eine Untersuchung zur rechtsdogmatischen Einordnung eines Instruments der Kommission zur Steuerung der Durchführung des Gemeinschaftsrechts, Baden-Baden 1999

Abi-Saab, George, Cours Général de Droit International Public. Recueil des Cours de l'Académie de Droit international de la Haye 207 (1987 VII)

Aldestam, Monika, Soft Law and the State Aid Policy Area, in: Mörth (Hrsg.), Soft Law in Governance and Regulation, S. 11-36

Aldson, Fran, The EU's Recommendation on hydraulic fracturing and its implementation in the UK, (2014) 2 Environmental Liability, S. 67-71

Alemann, Florian von, Die Notwendigkeit eines formalen Rechtsbegriffes in der Unionsrechtsordnung, Der Staat 45 (2006), S. 383-401

Alvarez, José E., International Organizations: Then and Now, American Journal of International Law 100 (2006), S. 324-347

Armstrong, Kenneth A./Kilpatrick, Claire, Law, Governance, or New Governance - The Changing Open Method of Coordination, Columbia Journal of European Law 13 (2007), S. 649-677

Armstrong, Kenneth A., The Character of EU Law and Governance: From 'Community Method' to New Modes of Governance, Current Legal Problems 2011, S. 179-224

Arnauld, Andreas von, Völkerrecht, 4. Aufl. 2019

Arndt, Felix, Vollzugssteuerung im Regulierungsverbund. Eine Typologie der Verwaltungskooperationsformen am Beispiel des Energiesektors, Die Verwaltung 39 (2006), S. 100-118

Arnull, Anthony, The legal status of recommendations, European Law Review 1990, S. 318-326

Aust, Anthony, The Theory and Practice of Informal International Instruments, International & Comparative Law Quarterly 35 (1986), S. 787-812

Ballreich, Hans, Nachdenkliches über "soft law". Seine mögliche Rolle beim internationalen Schutz des geistigen Eigentums, Gewerblicher Rechtsschutz und Urheberrecht, Internationaler Teil 1989, S. 383-388

Bache, Ian, Multi-Level Governance in the European Union, in: Levi-Faur (Hrsg.), The Oxford Handbook of Governance, Oxford 2012, S. 628-641

Bast, Jürgen, On the Grammar of EU Law: Legal Instruments, Jean Monnet Working Paper 9/03

Bast, Jürgen, Grundbegriffe und Handlungsformen der EU entwickelt am Beschluss als praxisgenerierter Handlungsform des Unions- und Gemeinschaftsrechts, Heidelberg 2006

Bast, Jürgen, Handlungsformen und Rechtsschutz, in: von Bogdandy/Bast (Hrsg.), Europäisches Verfassungsrecht, 2. Aufl., Berlin/Heidelberg 2009, S. 489-558

Baur, Jürgen F./Salje, Peter/Schimidt-Preuß, Matthias (Hrsg.), Regulierung in der Energiewirtschaft, 2. Aufl., Köln 2016

Baxter, Richard R., International Law in "Her Infinite Variety", International & Comparative Law Quarterly 29 (1980), S. 549-566

Becker-Schwarze, Kathrin/Köck, Wolfgang/Kupka, Thomas/von Schwanenflügel, Mathias (Hrsg.), Wandel der Handlungsformen des Öffentlichen Rechts, Stuttgart u.a. 1991

Bernitsas, Panayotis M., State Aid and Public Undertakings, in: Harden (Hrsg.), State Aid: Community Law and Policy, Trier 1992, S. 110-123

Bertrand, Brunessen, Les enjeux de la soft law dans l'union européenne, Revue de l'Union européenne, n° 576, fevrier 2014, S. 73-84

Besson, Samantha, Theorizing the Sources of International Law, in: Besson/Tasioulas (Hrsg.), The Philosophy of International Law, Oxford 2010, S. 163-186

Beveridge, Fiona/ Nott, Sue, A Hard Look at Soft Law, in: Craig/Harlow (Hrsg.), Lawmaking in the European Union, WG Hart Legal Workshop series, vol 2, London 1998, S. 285-309

Beynet, Odile, La stratègie de la Commission dans le domaine de l'énergie, in: Bluman (Hrsg.), Vers une politique européenne de l'énergie, Brüssel 2012, S. 131-143

Bieber, Roland/Ress, Georg (Hrsg.), Die Dynamik des Europäischen Gemeinschaftsrechts, Baden-Baden 1987

Biervert, Bernd, Der Mißbrauch von Handlungsformen im Gemeinschaftsrecht. Eine Untersuchung des gemeinschaftsrechtlichen Handlungsformensystems unter Einbeziehung der Rechtsordnungen Deutschlands, Frankreichs und Englands, Baden-Baden 1999

Birnstiel, Alexander/Bungenberg, Marc/Heinrich, Helge (Hrsg.), Europäisches Beihilfenrecht, Baden-Baden 2013 (zit.: *Bearbeiter*, in: Birnstiel/Bungenberg/Heinrich (Hrsg.), Europäisches Beihilfenrecht)

Blauberger, Michael, Of 'Good' and 'Bad' Subsidies: European State Aid Control through Soft and Hard Law West European Politics 2009, S. 719-737

Bleckmann, Albert, Die Bindungswirkung der Praxis der Organe und der Mitgliedstaaten der EG bei der Auslegung und Lückenfüllung des Europäischen Gemeinschaftsrechts: Die Rolle des Art. 5 EWG-Vertrag, in: Bieber/Ress (Hrsg.), Die Dynamik des Europäischen Gemeinschaftsrechts, Baden-Baden 1987, S. 161-227

Bleckmann, Albert, Zur Verbindlichkeit von Rechtsauskünften der EG-Kommission, Recht der Internationalen Wirtschaft 34 (1988), S. 963-967

Bleckmann, Albert, Das Verhältnis des Gerichtshofs zur Kommission der Europäischen Gemeinschaften, Recht der Internationalen Wirtschaft 1991, S. 218-224

Bleckmann, Albert, Europarecht, 6. Aufl., Köln u.a. 1997

Bluman, Claude, in: Louis/Waelbroeck (Hrsg.), La Commission au coeur du système institutionnel des Communautés européennes, Brüssel 1989, S. 49-60

Bluman, Claude, Régime des Aides d'État : Jurisprudence Récente de la Cour de Justice (1989-1992), Revue du Marché commun et de l'Union européenne 1992, S. 721-739

Bluman, Claude, Rapport Introductif général, in: Claude Bluman (Hrsg.), Vers une politique européenne de l'énergie, Brüssel 2012, S. 1-22

Bluman, Claude/Dubouis, Louis, Droit institutionnel de l'Union europeénne, 5. Aufl., Paris 2013

Blutman, Lázló, In the Trap of a Legal Metaphor: International Soft law, International & Comparative Law Quarterly 2010, S. 605-624

Bobbert, Christian, Interinstitutionelle Vereinbarungen im Europäischen Gemeinschaftsrecht, Frankfurt am Main 2001

Bogdandy, Armin von/Bast, Jürgen, The European Union´s Vertical Order of Competences: The Current Law and Proposals for its Reform, Common Market Law Review vol 39 (2002), S. 227-268

Bogdandy, Armin von/Bast, Jürgen/Arndt, Felix, Handlungsformen im Unionsrecht. Empirische Analysen und dogmatische Strukturen in einem vermeintlichen Dschungel, Zeitschrift für ausländisches öffentliches Recht und Völkerrecht 62 (2002), S. 77-161

Bogdandy, Armin von/Bast, Jürgen/Arndt, Felix, Legal Instruments in European Union Law and their Reform: A Systematic Approach on an Empirical Basis, Yearbook of European Law 2004, S. 91-136

Bogdandy, Armin von/Bast, Jürgen (Hrsg.), Europäisches Verfassungsrecht. Theoretische und dogmatische Grundzüge, 2. Aufl., Heidelberg 2009

Bogdandy, Armin, Grundprinzipien, in: von Bogdandy/Bast (Hrsg.), Europäisches Verfassungsrecht, 2. Aufl., Berlin/Heidelberg 2009, S. 13-72

Bogdandy, Armin von/Goldmann, Matthias, Die Ausübung internationaler öffentlicher Gewalt durch Politikbewertung. Die PISA-Studie der OECD als Muster einer neuen völkerrechtlichen Handlungsform, Zeitschrift für ausländisches öffentliches Recht und Völkerrecht 2009, S. 51-102

Bogs, Eckhard, Die Planung transeuropäischer Verkehrsnetze, Berlin 2002

Bohne, Eberhard, Der informale Rechtsstaat. Eine empirische und rechtliche Untersuchung zum Gesetzesvollzug unter besonderer Berücksichtigung des Immissionsschutzes, Berlin 1981

Borchardt, Klaus-Dieter, Die rechtlichen Grundlagen der Europäischen Union, 7. Aufl., Wien 2020

Borchard, Gustaaf/ Wellens, Karel, Soft Law in the European Community Law, European Law Review 14 (1989), S. 267-321

Bornkamm, Joachim/Becker, Mirko, Die privatrechtliche Durchsetzung des Kartellverbots nach der Modernisierung des EG-Kartellrechts. Einglussmöglichkeiten der Kommission, Zeitschrift für Wettbewerbsrecht 2005, S. 213-236

Börzel,Tanja A., European Governance – nicht neu, aber anders, in: Schuppert (Hrsg.), Governance-Forschung. Vergewisserung über Stand und Entwicklungslinien, Baden-Baden 2005, S. 72-94

Bothe, Michael, Legal and Non-legal Norms: A Meaningful Distinction in International Relations?, Netherlands Yearbook of International Law 11 (1980), S. 65-95

Bothe, Michael, ′Soft Law′ in den Europäischen Gemeinschaften?, in: von Münch (Hrsg.), Staatsrecht – Völkerrecht – Europarecht. Festschrift für Hans-Jürgen Schlochauer zum 75. Geburtstag am 28. März 1981, Berlin/New York 1981, S. 761-775

Bourquain, Knut M., Die Förderung guten Verwaltungshandelns durch Kodizes, Deutsches Verwaltungsblatt 2008, S. 1224-1233

Bouveresse, Aude, La portée normative de la soft law, Revue de l'Union Europpéenne N°588 – Mai 2015, S. 291-298

Boyle, Alan, Soft Law in International Law-Making, in: Evans (Hrsg.), International Law, 5. Aufl., Oxford 2018, S. 119-138

Bracker, Jessica, L'Intensité de la Soft Law en Matière de Compatibilité des Aides d'État, Cahiers de droit européen 2018, S. 371-428

Braun Binder, Nadja, Rechtsangleichung in der EU im Bereich der direkten Steuern, Tübingen 2017

Broberg, Morten, The De Minimis Notice, European Law Review 20 (1995), S. 371-387

Brohm, Markus, Die „Mitteilungen“ der Kommission im Europäischen Verwaltungs- und Wirtschaftsraum. Typologie, Rechtsnatur und Bindungswirkungen für die Behörden der Mitgliedstaaten, Baden-Baden 2012

Bruha, Thomas/ Kindermann, Harald, Rechtsetzung in der Europäischen Gemeinschaft, Zeitschrift für Gesetzgebung 1986, S. 293-314

Bumke, Christian, § 19. Die Rechtsetzung in der Europäsischen Gemeinschaft. Bausteine einer gemeinschaftsrechtlichen Handlungsformenlehre, in: Schuppert/Pernice/Haltern (Hrsg.), Europawissenschaft, Baden-Baden 2005, S. 643-702

Bungenberg, Marc, Europäisches Subventionsverwaltungsrecht, in: Terhechte (Hrsg.), Verwaltungsrecht der Europäischen Union, Baden-Baden 2011, S. 787-809

Búrca, Gráinne de/Scott, Joanne, Introduction: New Governance, Law and Constitutionalism, in: Gráinne de Búrca/Joanne Scott (Hrsg.), Law and New Governance in the EU and the US, Oxford 2006, S. 1-12

Calliess, Christian/Ruffert, Matthias (Hrsg.), EUV/AEUV. Das Verfassungsrecht der Europäischen Union mit Europäischer Grundrechtecharta. Kommentar, 5. Aufl., München 2016

Cameron, Peter D., The internal market in energy: harnessing the new regulatory regime, European Law Review 2005, S. 632-648

Cappelletti, Mauro/Seccombe, Monica/Weiler, Joseph Helevi Horowitz (Hrsg.), Integration Through Law, vol 1: Methods, Tools and Institutions, Book 2, Berlin/New York 1986

Chalmers, Damian/Davies, Gareth/Monti, Giorgi, European Union Law, 3. Aufl., Cambridge 2014

Chalmers, Damian/Davies, Gareth/Monti, Giorgi, European Union Law, 4. Aufl., Cambridge 2019

Chapus, René, Droit administratif général, Bd. 1, 9. Aufl., Montchrestien 1995

Charney, Jonathan L., Commentary: Compliance with International Soft Law, in: Dinah Shelton (Hrsg.), Commitment and Compliance. The Role of Non-Binding Norms in the International Legal System, Oxford 2000, S. 115-120

Chinkin, Christine M., Normative Development in the International Legal System, in: Dinah Shelton (Hrsg.), Commitment and Compliance. The Role of Non-Binding Norms in the International Legal System, Oxford 2000, S. 21-42

Chinkin, Christine M., The Challenge of Soft Law: Development and Change in International Law, International & Comparative Law Quarterly 38 (1989), S. 850-866

Cini, Michelle, From Soft Law to Hard Law? Discretion and Rule-making in the Commission's State Aid Regime, EUI Working Papers RSC No. 2000/35

Cini, Michelle, The soft law approach: Commission rule-making in the EU's state aid regime, Journal of European Public Policy 8 (2001), S. 192-207

Cini, Michelle, The European Commission: An unelected legislator?, Journal of Legislative Studies, 8:4 (2002), S. 14-26

Craig, Paul/Harlow, Carol (Hrsg.), Law Making in the European Union, London 1998

Craig, Paul/ Búrca, Gráinne de, EU Law. Text, Cases, and Materials, 7. Aufl. Oxford 2020

Crones, Christian, Selbstbindungen der Verwaltung im Europäischen Gemeinschaftsrecht. Eine Analyse der Rechtsprechung des EuGH und des EuG zur ermessensbeschränkenden Wirkung von Gleichheitssatz und Vertrauensschutzprinzip auf Gemeinschaftsebene vor rechtsvergleichendem Hintergrund, Baden-Baden 1997

Cosma, Håkon A./Whish, Richard., Soft Law in the Field of EU Competition Policy, European Business Law Review 14 (2003), S. 25-56

Dainith Terence/Hancher, Leigh, The Management of Diversity: Community Law as an Instrument of Energy and Other Sectoral Policies, Yearbook of European Law 1984, S. 123-167

D'Amato, Anthoy A., Softness in International Law: A Self-Serving Quest for New Legal Materials: A Reply to Jean d'Aspremont, European Journal of International Law 20 (2009), S. 897-910

Danwitz, Thomas von, Europäisches Verwaltungsrecht, Berlin/Heidelberg 2008

Dashwood, Alan/Dougan, Michael/Rodger, Barry J./Spaventa, Eleanor/Wyatt, Derrick, Wyatt and Dashwood's European Union Law, 6. Aufl. 2011 *d'Aspremont, Jean*, Softness in International Law – a self-serving quest for New Legal Materials, European Journal of International Law 19 (2008) S. 1075-1093

Dauses, Manfred/Ludwigs, Markus (Hrsg.), Handbuch des EU-Wirtschaftsrechts, 52. Ergänzungslieferung, München 2021

Dawson, Mark, New Governance and the Transformation of European Law. Coordinating EU Social Law and Policy, Cambridge 2011

Decken, Kerstin von der, § 20 Bildung, Kultur, Forschung und technologische Entwicklung, in: Niedobitek (Hrsg.), Europarecht – Grundlagen und Politiken der Union, 2. Aufl., Berlin 2020, S. 1649-1692

Dehousse, Renaud/Weiler, Joseph Halevi Horowitz, EPC and the Single Act: From Soft Law to Hard Law?, EUI Working Paper EPU No. 90/1, S. 1-27

Dehousse, Renaud, Europe After 1992: New Regulatory Strategies, EUI Working Papers in Law, no 92/31 (1992)

della Cananea, Giancinto, Administration by Guidelines: The Policy Guidelines of the Commission in the Field of State Aid, in: Harden (Hrsg.), State Aid: Community Law and Policy, Köln 1993, S. 61-75

Dero-Bugny, Delphine, «Le livre vert» de la Commission européenne, Revue trimestrielle de droit européen 2005, S. 81-104

Dezobry, Guillaime, Les lignes directrices concernant les aides d'État à l'énergie : vers une évolution des modes de soutien aux EnR, Revue de l'Union européenne N° 588 – Mai 2015, S. 299-306

di Fabio, Udo, Die Europäische Charta. Auf dem Weg zur Unionsverfassung, Juristenzeitung 2000, S. 737-743

Dickersbach, Alfred, Die Entwicklung des Subventionsrechts seit 1993, Neue Zeitschrift für Verwaltungsrecht 1996, S. 962-970

Dickschen, Johanna Elisabeth, Empfehlungen und Leitlinien der Europäischen Finanzaufsichtsbehörden. Eine dogmatische Vermessung, Heidelberg 2017

Dinan, Desmond, Europe Recast. A History of European Union, 2. Aufl., London 2014

D´Sa, Rose M., European Community Law on State Aid, London 1998

Dupuy, Pierre-Marie, Soft Law in the International Law of the Environment, Michigan Journal of International Law (1990-1991), S. 420-435

Dupuy, René-Jean, Droit Déclaratoire et Droit Programmatoire : de la Coutume Sauvage à la 'Soft Law,', in: SFDI (Hrsg.), L'Élaboration du Droit International Public, Paris 1975, S. 132-148

Dupuy, René-Jean, Declaratory Law and Programmatory Law: From Revolutionary Custom to "Soft Law", in: Akkermann/van Krieken/Pannenborg (Hrsg.), Declarations On Principles. A Quest for Universal Peace. Liber Amicorum Discipulorumque Prof. Dr. V.A. Röling, Alphen a./d. Rijn 1977, S. 247 – 257

Eberlein, Burkard/Kerwer, Dieter, Theorising the New Modes of European Union Governance, European Integration online Papers 6 (2002), abrufbar unter: http://eiop.or.at/eiop/pdf/2002-005.pdf

Eberlein, Burkard/Grande, Edgar, Beyond delegation: transnational regulatory regimes and the eu regulatory state, Journal of European Public Policy 2005, S. 89-112

Ehlermann, Claus-Dieter, State Aid Control in the European Union: Success Or Failure?, Fordham International Law Journal 18 (1994-1995), S. 1212-1229

Ehlermann, Claus-Dieter, The Contribution of EC Competition Policy to the Single Market, Common Market Law Review 29 (1992), S. 257-282

Ehlermann, Claus-Dieter, EG-Binnenmarkt für die Energiewirtschaft, Europäische Zeitschrift für Wirtschaftsrecht 1992, S. 689-693

Ehlers, Dirk/Pünder, Hermann (Hrsg.), Allgemeines Verwaltungsrecht, 15. Aufl., Berlin 2016 (zit.: *Bearbeiter,* in: Ehlers/Pünder (Hrsg.), Allgemeines Verwaltungsrecht, 15. Aufl.)

Ehricke, Ulrich, "Soft law" – Aspekte einer neuen Rechtsquelle, Neue Juristische Wochenschrift 1989, S. 1906-1908

Ehricke, Ulrich, Vermerke der Kommission zur Umsetzung von Richtlinien, Europäische Zeitschrift für Wirtschaftsrecht 2004, S. 359

Eliantonio, Mariolina/Korkea-aho, Emilia/Ştefan, Oana (Hrsg.), EU Soft Law in the Member States. Theoretical Findings and Empirical Evidence, London 2021

Eliantonio, Mariolina, Judicial Review of Soft Law before the European and the National Courts, in: Eliantonio/Korkea-aho/Ştefan (Hrsg.), EU Soft Law in the Member States, London 2021, S. 283-302

Ellis, Jaye, Shades of Grey: Soft Law and the Validity of Public International Law, Leiden Journal of International Law 25 (2012), S. 313-334

Ennals, John, Soft Law, in: Idowu/Capaldi/Gupta (Hrsg.), Encyclopedia of Corporate Social Responsibility, Berlin 2013, S. 2270-2273

Eisemann, Michel, Le Gentlemen's agreement comme source du droit international, Journal du Droit International 1979, S. 326-348

Erichsen, Hans-Uwe/Ehlers, Dirk (Hrsg.), Allgemeines Verwaltungsrecht, 12. Aufl., Berlin 2002 (zit.: *Bearbeiter,* in: Erichsen/Ehlers (Hrsg.), Allgemeines Verwaltungsrecht, 12. Aufl.,)

Evans, Andrew, European Community Law of State Aid, Oxford 1997

Falke, Josef, Neue Entwicklungen im Europäischen Umweltrecht, Zeitschrift für Umweltrecht 2007, S. 161-166

Falkner, Gerda/Treib, Oliver/Hartlapp, Miriam/Leiber, Simone, Complying with Europe. EU Harmonisation and Soft Law in the Member States, Cambridge 2005

Färber, Gisela, Binnenmarktgerechte Subventionspolitik in der Europäischen Gemeinschaft, Frankfurt/Main 1995

Fastenrath, Ulrich, Realtive Normativity in International Law, European Journal of International Law 4 (1992), S. 305-340

Fastenrath, Ulrich/Groh, Thomas, Europarecht, 4. Aufl., Stuttgart u.a. 2016

Fehling, Michael, § 38 Informelles Verwaltungshandeln, in: Hoffmann-Riem/Schmidt-Aßmann/Voßkuhle (Hrsg.), Grundlagen des Verwaltungsrechts, Bd. II, 2. Aufl., München 2012

Fernández Esteban, M., The Rule of Law in the European Costitution, Den Haag 1999

Ferran, Eilís/ Alexander, Kern, Can Soft Law Bodies be effective? The Special Case of the European Systemic Risk Board, European Law Review 35 (2010), S. 751-776

Feuer, Guy, Les differéntes categories de pays en développement – Genèse. Èvolution. Statut, Journal du Droit International 109 (1982), S. 5-54

Finnemore, Martha/Toope, Stephen J., Alternatives to "Legalization": Richer Views of Law and Politics, International Organization 55 (2001), S. 743-758

Fischerauer, Sven, Zwischen Regulierung und Selbstregulierung – Zur Ausarbeitung europäischer Netzkodizes im Energiesektor, Zeitschrift für neues Energierecht 2012, S. 453-460

Fitzmaurice, Malgosia, The History of Article 38 of the Statute of the International Court of Justice: The Journey from the Past to the Present, in: d'Aspremont/Besson (Hrsg.), The Oxford Handbook on the Sources of International Law, Oxford 2017, S. 179-199

Footer, Mary, The (Re)Turn To 'Soft Law' In Reconciling The Antinomies In WTO Law, Melbourne Journal of International Law 2010, S. 1-36

Frank, Alexander, Die Rechtswirkungen der Leitlinien und Empfehlungen der Europäischen Wertpapier- und Marktaufsichtsbehörde, Baden-Baden 2012

Franzius, Claudio, Warum Governance?, Kritische Justiz 2009, S. 25-38

Frenz, Walter, Mitteilungen, Bekanntmachungen und Leitlinien nach dem Vertrag von Lissabon, Wettbewerb in Recht und Praxis 2010, S. 224-232

Friedrich, Jürgen, International Environmental "Soft Law". The Functions and Limits of Nonbinding Instruments in International Environmental Governance and Law, Heidelberg 2013

Gaja, Giorgio/Hay, Peter/Rotunda, Ronald D., Instruments for Legal integration in the European Community, in: Mauro Cappelletti/Monica Seccombe/Joseph Weiler (Hrsg.), Integration Through Law, vol 1: Methods, Tools and Institutions, Book 2, Berlin/New York 1986, S. 113-160

Galbraith, Jean/Zaring, David, Soft Law as Foreign Relations Law, Cornell Law Review 99 (2015), S. 735-794

Ganz, Gabriele, Quasi-legislation: recent developments in secondary legislation, London 1987

Gardeñes Santiago, Miguel, Las 'comunicaciones interpretativas' de la Comisión: Concepto y valor normativo, Revista de Instituciones Europeas 19 (1992), S. 933-949

Gautier, Philippe, Non-Binding Agreements, The Max Planck Encyclopedia of Public International Law, Heidelberg 2009

Geiger, Andreas, Die neuen Leitlinien der EG-Kommission zur Anwendbarkeit von Art. 81 EG auf Vereinbarungen über horizontale Zusammenarbeit, Europäische Zeitschrift für Wirtschaftsrecht 2000, S. 325-328

Geiger, Rudolf/Khan, Daniel-Erasmus/Kotzur, Markus, EUV/AEUV, 6. Aufl., München 2017

Germelmann, Claas Friedrich, Moderne Rechtssetzungsformen im Umweltvölkerrecht – Entwicklung und Perspektiven sekundärrechtlicher Regelungsmechanismen, Archiv des Völkerrechts 52 (2015), S. 325-374

Germelmann, Claas Friedrich, Die Energieunion – Eine neue Perspektive für die europäische Energiepolitik?, Europarecht 2016, S. 3-28

Germelmann, Claas Friedrich, Die Akteursstruktur im Elektrizitätsbinnenmarkrecht der europäischen Energieunion – Neuausrichtung von Rollen und Verantwortlichkeiten, in: Joost/Oetker/Paschke (Hrsg.), Selbstverantwortete Freiheit und Recht Festschrift für Franz Jürgen Säcker zum 80. Geburtstag, München 2021, S. 433-448.

Glaesner, Adrian, Der Grundsatz des wirtschaftlichen und sozialen Zusammenhalts im Recht der Europäischen Wirtschaftsgemeinschaft. Eine Untersuchung seiner Verbindlichkeit und seiner Bezüge zum deutschen Staats- und Verwaltungsrecht, Baden-Baden 1990

Glaser, Andreas, Die Entwicklung des Europäischen Verwaltungsrechts aus der Perspektive der Handlungsformenlehre, Tübingen 2013

Glöckner, Jochen, Corporate Social Responsibility und die Vorgaben des Unionsrechts, in: Hilty/Henning-Bodewig (Hrsg.), Corporate Social Responsibility. Verbindliche Standards des Wettbewerbsrechts?, Berlin u.a. 2014, S. 127-146

Goerhlich, Helmut, Good Governance und Gute Verwaltung – Zum europäischen Recht auf gute Verwaltung (Art. 41 EuGrCh und Art. II-101 EuVerfV), Die Öffentliche Verwaltung 2006, S. 313-322

Gold, Joseph, Strengthening the Soft International Law of Exchange Arrangements, American Journal of International Law 77 (1983), S. 443-489

Goldmann, Matthias, We Need to Cut Off the Head of the King: Past, Present, and Future Approaches to International Soft Law, Leiden Journal of International Law 25 (2012), S. 335-368

Goldmann, Matthias, Internationale Öffentliche Gewalt, Heidelberg u.a. 2015

Goldsmith, Jack L./Posner, Eric A., The Limits of International Law, Oxford 2005

Gormley, Laurence, Cassis de Dijon and the Communication from the Commission, Common Market Law Review 1981, S. 454-459

Grabenwarther, Christoph, Enzyklopädie Europarecht Bd. 2. Europäischer Grundrechtsschutz, Baden-Baden 2014 (zit.: *Bearbeiter*, in: Grabenwarther (Hrsg.), Enzyklopädie Europarecht Bd. 2)

Grabitz, Eberhard, Quellen des Gemeinschaftsrechts: Rechtshandlungen der Gemeinschaftsorgane, in: Kommission der Europäischen Gemeinschaften (Hrsg.), Dreißig Jahre Europäisches Gemeinschaftsrecht, Brüssel/Luxemburg 1981, S. 91-118

Grabitz, Eberhard/Hilf, Meinhard/Nettesheim, Martin (Hrsg.), Das Recht der Europäischen Union, 73. EL, München 2021 (zit.: *Bearbeiter*, in: Grabitz/Hilf/Nettesheim (Hrsg.), Das Recht der Europäischen Union)

Graevenitz, Alexander von, Mitteilungen, Leitlinien, Stellungnahmen – Soft Law der EU mit Lenkungswirkung, Europäische Zeitschrift für Wirtschaftsrecht 2013, S. 169-174

Gribnau, Hans, Improving the Legitimacy of Soft Law in EU Tax Law, Intertax 2007, S. 30-44

Griller, Stefan/Orator, Andreas, Everything under control? The "way forward" for European agencies in the footsteps of the Meroni doctrine, European Law Review 2010, S. 3-35

Groeben, Hans von der/Schwarze, Jürgen/Hatje, Armin, Europäisches Unionsrecht, 7. Aufl. 2015

Groenleer, Martijn, Redundancy in multilevel energy governance. Why (and when) regulatory overlap can be valuable, TARN Working Paper 6/2016, November 2016

Groß, Thomas, Exekutive Vollzugsprogrammierung durch tertiäres Gemeinschaftsrecht, Die Öffentliche Verwaltung 2004, S. 20-26

Gruchalla-Wesierski, Tadeusz, A Framework for Understanding Soft Law, McGill Law Journal 30 (1984-1985), S. 37-88

Grune, Jeanette K., Kartellrecht: Spürbarkeit einer Wettbewerbsbeschränkung – Unverbindlichkeit der De-minimis-Bekanntmachung, Europäische Zeitschrift für Wirtschaftsrecht 2013, S. 116-117

Grunwald, Jürgen, Das Energierecht der Europäischen Gemeinschaften. EGKS-EURATOM-EG. Grundlagen – Geschichte – Geltende Regelungen, Berlin 2003

Guinard, Dorian, À propos du Soft Law en droit de l'Union Européenne: Analyses théorethique et pratique, Revue de l'Union européenne n° 573, décembre 2013, S. 609-617

Gundel, Jörg, Rechtsschutz gegen Kommissionsmiteilungen zur Auslegung des Gemeinschaftsrechts. Zugleich Besprechung von EuGH 20.03.1997 Rs. C57-95 – Frankreich/Kommission, Europarecht 1998, S. 90-102

Gundel, Jörg/Germelmann, Claas Friedrich, Kein Schlussstein für die Liberalisierung der Energiemärkte: Das Dritte Binnenmarktpaket, Europäische Zeitschrift für Wirtschaftsrecht 2009, S. 763-770

Gundel, Jörg, Europäisches Energieverwaltungsrecht, in: Terhechte (Hrsg.), Verwaltungsrecht der Europäischen Union, Baden-Baden 2011, S. 837-880

Gundel, Jörg/Lange, Knut Werner (Hrsg.), Die Umsetzung des 3. Energiebinnenmarktpakets Tagungsband der Zweiten Bayreuther Energierechtstage, Tübingen 2011

Gundel, Jörg, Der prozessuale Status der Beihilfenleitlinien der EU-Kommission, Europäische Zeitschrift für Wirtschaftsrecht 2016, S. 606-610

Gundel, Jörg, Anmerkung zu Rs. EuG T-670/14, Recht der Energiewirtschaft 2016, S. 234-237

Gundel, Jörg, Rechtsschutz gegen Empfehlungen der EU-Kommission? – Anmerkung zum Urteil des EuGH (GK) v. 20.2.2018, Rs. C-16/16 P (Belgien/Kommission), Europarecht 2018, S. 593- 606

Haag, Marcel/Kotzur, Markus, § 6 Rechtsquellen, in: Bieber/Epiney/Haag/ Kotzur (Hrsg.), Die Europäische Union, 13. Aufl., Baden-Baden 2018

Hailbronner, Kay, Völkerrechtliche und staatsrechtliche Überlegungen für Verhaltenskodizes für transnationale Unternehmen, in: von Münch (Hrsg.), Staatsrecht – Völkerrecht – Europarecht. Festschrift für Hans-Jürgen Schlochauer zum 75. Geburtstag am 28. März 1981, Berlin/New York 1981, S. 329-362

Haltern, Ulrich, Europarecht. Dogmatik im Kontext Bd. I, 3. Aufl. Tübingen 2017

Hancher, Leigh/del Guayo, Iñigo, The European Electricity and Gas Regulatory Forums, in: Barton/Barrera-Hernández/Lucas/Rønne (Hrsg.), Regulating Energy and Natural Resources, S. 243-261

Harden, Ian (Hrsg.), State Aid: Community Law and Policy, Köln 1993

Harnier, Gabriel, Die Bedeutung von rechtsaktbegleitenden Erklärungen im sekundären Gemeinschaftsrecht. Systematik und Rechtswirkungen, Baden-Baden 2001

Haratsch, Andreas/Koenig, Christian/Pechstein, Matthias, Europarecht, 12. Aufl., Tübingen 2020

Harrop, Stuart R., Biodiversity and Conservation, in: Falkner (Hrsg.), The Handbook of Global Climate and Environment Policy, Chichester u.a. 2013, S. 37-52

Harrop, Stuart R./ Pritchard, Diana J., A hard instrument goes soft: The implications of the Convention on Biological Diversity's current trajectory, Global Environmental Change 21 (2011), S. 474-480

Härtel, Ines, Handbuch Europäische Rechtsetzung, Berlin 2006

Hartley, Trevor C., The Foundations of European Union Law, 8. Aufl., Oxford 2014

Haselmann, Cosima, Delegation und Durchführung gemäß Art. 290 und 291 AEUV, Berlin 2012

Hatje, Armin, Die gemeinschaftsrechtliche Steuerung der Wirtschaftsverwaltung. Grundlagen, Erscheinungsformen, verfassungsrechtliche Grenzen am Beispiel der Bundesrepublik Deutschland, Baden-Baden 1998

Hatje, Armin/Müller-Graff, Peter, Enzyklopädie Europarecht Bd. 1. Europäischer Organisations- und Verfassungsrecht, Baden-Baden 2014 (zit.: *Bearbeiter*, in: Hatje/Müller-Graff (Hrsg.), Enzyklopädie Europarecht Bd. 1)

Hatzopoulos, Vassilis, Why the Open Method of Coordination Is Bad For You: A Letter to the EU, European Law Journal 2007, S. 309-342

Hecke, Matti van/Bursens, Peter/Beyers, Jan, You'll Never Lobby Alone. Explaining the Participation of Subnational Authorities in the European Commission's Open Consultations, Journal of Common Market Studies 2016, S. 1433-1448

Heidenhain, Martin (Hrsg.), Handbuch des Europäischen Beihilfenrechts, München 2003

Held, Christian/Prat, Joan, Die Bedeutung des Madrider Gasforums für den europäischen Gasmarktregulierungsverbund, Infrastruktur-Recht 2004, S. 194-196

Helfer, Laurance R., Overlegalizing Human Rights: International Relations Theory and the Commonwealth Caribbean Backlash against Human Rights Regimes, Columbia Law Review 102 (2002), S. 1832-1911

Hellingman, Kees, State Participation as State Aid under Artikle 92 of the EEC Treaty: The Commission's Guidelines, Common Market Law Review 23 (1986), S. 111-133

Helm, Dieter R., European Energy Policy, in: Erik Jones/Anand Menon/Stephen Weatherhill (Hrsg.), The Oxford Handbook of the European Union, Oxford 2012, S. 556-567

Henke, Reginhard, Die Leitlinien der Kommission – Instrument zur Gewährleistung eines einheitlichen Verwaltungsvollzugs im europäischen Zollrecht?, in: Manssen/ Jachmann/Gröpl (Hrsg.), Nach geltendem Verfassungsrecht. Festschrift für Udo Steiner zum 70. Geburtstag, Stuttgart 2009, S. 274-292

Henning-Bodewig, Frauke/Liebenau, Diana (Hrsg.), Corporate Social Responsibility (CSR) – verbindliche Standards des Wettbewerbsrechts? Tagungsbericht über einen am 16./17.5.2013 vom Max-Planck-Institut für Immaterialgüter- und Wettbewerbsrecht veranstalteten Workshop, Gewerblicher Rechtsschutz und Urheberrecht, Internationaler Teil 2013, S. 753-757

Héritier, Adrienne, New Modes of Governance in Europe: Policy-Making without Legislating?, in: Héritier (Hrsg.), Common Goods: Reinventing European and International Governance, Lanham 2002, S. 185–206

Hermes, Georg, § 36 Energierecht, in: Schulze/Zuleeg/Kadelbach (Hrsg.), Europarecht. Handbuch für die deutsche Rechtspraxis, 4. Aufl., Baden-Baden 2020

Herrmann, Joachim, Europäische Vorgaben zur Regulierung der Energienetze. Eine Anaylse der „Beschleunigungsreichtlinien zur Vollendung des Energiebinnenmarktes, Baden-Baden 2005

Herz, Benjamin, Die Kommissionsmitteilung zum Unterschwellenvergaberecht im Lichte der Rechtsprechung, Europäisches Wirtschafts- und Steuerrecht 2010, S. 261-265

Herzmann, Karsten, Zur Kooperation der Energieregulierungsbehörden in Europa – Ein Überblick und Vergleich mit dem Telekommunikationssektor, Zeitschrift für neues Energierecht 2005, S. 216-220

Heusel, Wolfgang, »Weiches« Völkerrecht. Eine vergleichende Untersuchung typischer Erscheinungsformen, Baden-Baden 1991

Hillgenberg, Hartmut, Soft Law im Völkerrecht, Zeitschrift für Europarechtliche Studien 1 (1998), S. 81-112

Hillgenberg, Hartmut, A Fresh Look at Soft Law, European Journal of International Law 10 (1999), S. 499-515

Hodson, Dermot/Maher, Imelda, The Open Method as a New Mode of Governance: The Case of Soft Economic Policy Coordination, Journal of Common Market Studies 39 (2001), S. 719-746

Hodson, Dermot/Maher, Imelda, Soft law and sanctions: economic policy coordination and reform of the Stability and Growth Pact, Journal of European Public Policy 2004, S. 798-813

Hoffmann-Riem, Wolfgang/Schmidt-Aßmann (Hrsg.), Innovation und Flexibilität des Verwaltungshandelns, Baden-Baden 1994

Hoffmann-Riem, Wolfgang/Schmidt-Aßmann, Eberhardt/Voßkuhle, Andreas (Hrsg.), Grundlagen des Verwaltungsrechts, Bd. II, 2. Aufl., München 2012

Hoffmann-Riem, Wolfgang, § 33 Rechtsformen, Handlungsformen, Bewirkungsformen, in: Hoffmann-Riem/Schmidt-Aßmann/Voßkuhle (Hrsg.), Grundlagen des Verwaltungsrechts, Bd. II, 2. Aufl., München 2012

Hofmann, Jens, Rechtsschutz und Haftung im europäischen Verwaltungsverbund, Berlin 2004

Hofmann, Jens, Rechtsschutz und Haftung im europäischen Verwaltungsverbund, in: Schmidt-Aßmann/Schöndorf-Haubold (Hrsg.), Der Europäische Verwaltungsverbund, Tübingen 2005, S. 353-382

Hofmann, Herwig C.H., A Critical Analysis of the New typology of Acts in the Draft Treaty Establishing a Constitution for Europe, European Integration Online Papers, vol 7 (2003), abrufbar unter: http://eiop.or.at/eiop/texte/2003-009a.htm

Hofmann, Herwig C.H./Türk, Alexander H., An introduction to EU administrative governance, in: Hofmann/Türk (Hrsg.), EU Administrative Governance, Cheltenham 2006, S. 1-10

Hofmann, Herwig C.H./Türk, Alexander H. (Hrsg.), EU Administrative Governance, Cheltenham 2006

Hofmann, Herwig C.H., Normenhierarchien im Europäischen Gemeinschaftsrecht, Berlin 2000

Hofmann, Herwig C.H./Rowe, Gerald C./ Türk, Alexander H., Administrative Law and Policy of the European Union, Oxford 2011

van Hoof, G.J.H., Rethinking the Sources of International Law, Deventer 1983

Howells, Geraint, "Soft Law" in EC Consumer Law, in: Craig/Harlow (Hrsg.), Lawmaking in the European Union, WG Hart Legal Workshop series, vol 2, Kluwer Law International, London 1998, S. 310-331

Hüller, Thorsten, Gut beraten? Die Online-Konsultationen der EU Kommission, Zeitschrift für Politikberatung 2008, S. 359-382

Hummer, Waldemar, Der Status der "EU-Grundrechtecharta": politische Erklärung oder Kern einer europäischen Verfassung?, Bonn 2002

Immenga, Ulrich, Grenzen der Rechtsauslegung - Das Diskussionspapier der EG-Kommission zu Art. 82 EG, Europäische Zeitschrift für Wirtschaftsrecht 2006, S. 481

Inglese, Chris, Soft Law?, Polish Yearbook of International Law 20 (1993), S. 75-90

Ipsen, Hans Peter, Europäisches Gemeinschaftsrecht, Tübingen 1972

Ipsen, Jörn (Hrsg.), Völkerrecht, 7. Aufl., München 2018

Jacobsson, Kerstin, Between the Deliberation and Discipline: Soft Governance in EU Employment Policy, in: Ulrika Mörth (Hrsg.), Soft Law in Governance and Regulation. An Interdisciplinary Analysis, Chelten-ham/Northampton 2004, S. 37-60

Jacobsson, Kerstin, Soft regulation and the subtle transformation of states: the case of EU employment policy, Journal of European Social Policy 2004, S. 355-370

Jennings, Robert Y., An International Lawyer Takes Stock, International & Comparative Law Quarterly 39 (1990), S. 513-529

Jessup, Philip Caryl, Transnational Law, New Haven 1956

Jestaedt, Thomas/Schweda, Marc, § 14. Vereinbarkeit von Beihilfen mit dem Gemeinsamen Markt nach Art. 87 Abs 3 EG, in: Heidenhain (Hrsg.), Handbuch des Europäischen Beihilfenrechts, München 2003, S. 191-235

Jestaedt, Thomas/Häsemeyer, Ulrike, Die Bindungswirkung von Gemeinschaftsrahmen und Leitlinien im EG-Beihilfenrecht, Europäische Zeitschrift für Wirtschaftsrecht 1995, S. 787-792

Johnston, Angus/Block, Guy, EU Energy Law, Oxford 2012

Jungheim, Stephanie/Weiß, Wolfgang, § 14 Wettbewerbsregeln des Unionsrechts, in: Niedobitek (Hrsg.), Europarecht – Grundlagen und Politiken der Union, 2. Aufl., Berlin 2020, S. 1115-1237

Kahl, Wolfgang, Europäisches und nationales Verwaltungsorganisationsrecht. Von der Konfrontation zur Kooperation, in: Die Verwaltung 29 (1996), S. 341-384

Karl, Joachim, Zur Rechtswirkung von Protokollerklärungen in der Europäischen Gemeinschaft, Juristenzeitung 1991, S. 593-599

Kenner, Jeff, EU Employment Law: From Rome to Amsterdam and Beyond, Oxford/Portland 2003

Kiekebusch, Dirk, Der Grundsatz der begrenzten Einzelermächtigung, Tübingen 2017

Kilpatrick, Claire, New EU Employment Governance and Constitutionalism, in: de Búrca/Scott (Hrsg.), Law and New Governance in the EU and the US, Oxford 2006, S. 121-152

Klabbers, Jan, Informal Instruments before the European Court of Justice, Common Market Law Review 1994, S. 997

Klabbers, Jan, The Redundancy of Soft Law, Nordic Journal of International Law 1996, S. 167-182

Klabbers, Jan, The Concept of Treaty in International Law, Den Haag 1996

Klabbers, Jan, The Undesirability of Soft Law, Nordic Journal of International Law 1998, S. 381-391

Kleiner, Thibaut, Modernization of State Aid Policy, in: Szyszczak (Hrsg.), Research Handbook on European State Aid Law, Cheltenham 2011 S. 1-27

Kleinlein, Thomas, Konstitutionalisierung im Völkerrecht, Heidelberg 2012

Kloepfer, Michael, Umweltrecht, 4. Aufl., München 2016

Klösters, Anton, Kompetenzen der EG-Kommission im innerstaatlichen Vollzug von Gemeinschaftsrecht, Köln u.a. 1994

Knauff, Matthias/Schwensfeier, Roland, Kein Rechtsschutz gegen Steuerung mittels „amtlicher Erläuterung"? –Anmerkungen zum Urteil des EuG vom 20. 5. 2010 (T-258/06) zur Auslegungsmitteilung der Kommission über die öffentliche Auftragsvergabe außerhalb des EU-Vergaberechts –, Europäische Zeitschrift für Wirtschaftsrecht 2010, S. 611-614

Knauff, Matthias, Der Regelungsverbund: Recht und Soft Law im Mehrebenenverbund, Tübingen 2010

Knauff, Matthias, Europäisches Soft Law als Gegenstand des Vorabentscheidungsverfahrens, Europarecht 2011, S. 735-745

Knauff, Matthias, Legitimität und Legitimation des europäischen Soft Law, in: Iliopoulos-Strangas/Flauss (Hrsg.), Das Soft Law der europäischen Organisationen, Baden-Baden 2012, S. 373-400

Koenig, Christian/Kühling, Jürgen, Reform des EG-Beihilfenrechts aus der Perspektive des mitgliedstaatlichen Systemwettbewerbs. Zeit für eine Neuausrichtung?, Europäische Zeitschrift für Wirtschaftsrecht 1999, S. 517-523

Koenig, Christian/Haratsch, Andreas/Rasbach, Windired, Neues aus Brüssel zum Unbundling: „Interpreting Note zu den Beschleunigungsrichtlinien für Strom und Gas, Zeitschrift für neues Energierecht 2004, S. 10-16

Korkea-aho, Emilia, Watering Down the Court of Justice? The Dynamics between Network Implementation and Article 258 TFEU Litigation, European Law Journal 2014, S. 649-666

Korkea-aho, Emilia, National Courts and European Soft Law: Is Grimaldi Still Good Law?, Yearbook of European Law 2018, S. 470–495

Koskenniemi, Martti, International Legislation Today: Limits and Possibilities, Wisconsin International Law Journal 23 (2005), S. 61-92

Koskenniemi, Martti, The Politics of International Law - 20 Years Later, European Journal of International Law 20 (2009), S. 7-19

Köster, Bernd, Gesetzgebung ohne den Gesetzgeber? Zur "Regulierung" der Auftragsvergabe im Unterschwellenbereich durch die EU-Kommissionsmitteilung vom 24. Juli 2006, Zeitschrift für deutsches und internationales Bau- und Vergaberecht 2007, S. 127-130

Kraushaar, Reinhold, Zur Kompetenz der Kommission der Europäischen Gemeinschaften zum Erlaß von Verordnungen, Die Öffentliche Verwaltung 1959, S. 726-731

Kröger, Susanne, The End of Democracy as We Know it. Legitimacy Deficits of Bureaucratic Social Policy Governance, Journal of European Integration 2007, S. 565-582

Kruse, Eberhard, Die Rechtsstellung Dritter im Beihilfekontrollverfahren. Eine Rezension du zugleich ein Ausblick auf die neue Verfahrensordnung nach Art. 94 EG-Vertrag, Europarecht 1999, S. 119-125

Kruse, Eberhard, Bemerkungen zur gemeinschaftlichen Verfahrensverordnung für die Beihilfekontrolle. Erwägungen zu einzelnen Verfahrensregelungen und zu Rechtsschutzmöglichkeiten, Neue Zeitschrift für Verwaltungsrecht 1999, S. 1049-1056

Kühling, Jürgen, Sektorspezifsche Regulierung in den Netzwirtschaften, München 2004

Laitenberger, Johannes/Lieflaender, Thomas, Beihilfeaufsicht: die Versöhnung von unabhängiger Rechtsdurchsetzung mit direkter Wirkung und demokratiegesteuerter Ermessensausübung, Europäische Zeitschrift für Wirtschaftsrecht 2017, S. 281-283

Lang, Joachim/Bergfeld, Katharina, Zur „offenen Methode der Koordinierung" als Mittel der Politikgestaltung in der Europäischen Union, Europarecht 2005, S. 381-396

Lang, Michael/Schuch, Josef/Staringer, Claus (Hrsg.), Soft Law in der Praxis. Corporate Governance Codes, internationale Bilanzierungsregeln, Richtlinien und Rechtsauskünfte der Finanzverwaltung, Code of Conduct der EU, Kommentare der OECD, Wien 2005

Lavrijssen, Saskia/Hancher, Leigh, Networks on Track: From European Regulatory Networks to European Regulatory 'Network Agencies', Legal Issues of Economic Integration 2009, S. 23-55

Lavrijssen Saskia/Bordei, Irina, ACER: Demystifying the European Energy Supervisor from a Consumer Perspective, 10(5) Oil, Gas & Energy Law Journal (2012), abrufbar unter: https://pure.uva.nl/ws/files/1833672/113412_ACER_Demystifying_the_European_Energy_Supervisor.pdf

Lavrijssen, Saskia/Kohlbacher, Thomas, EU Electricity Network Codes: Good Governance in a network of networks, TILEC Discussion Paper January 2018, http://ssrn.com/abstract=3098081

Lecheler, Helmut/Gundel, Jörg, Die Rolle von Art. 90 Abs. 2 und 3 EGV in einem liberalisierten Energiemarkt – Zur Bedeutung der EuGH-Entscheidung vom 23.10.1997 für die Zukuft, Recht der Energiewirtschaft 1998, S. 92-102

Lecheler, Helmut/Gundel, Jörg, Ein weiterer Schritt zur Vollendung des Energie-Binnenmarktes: Die Beschleunigungs-Rechtsakte für den Binnenmarkt für Strom und Gas, Europäische Zeitschrift für Wirtschaftsrecht 2003, S. 621-628

Lecheler, Helmut, Ungereimtheiten bei den Handlungsformen des Gemeinschaftsrechts – dargestellt anhand der Einordnung von „Leitlinien", Deutsches Verwaltungsblatt 2008, S. 873-880

Leclerc, Stéphane, Les Communications des la Commission et le Marché Intérieure, Cahiers de droit européen 1998, S. 161-175

Legro, Jeffrey W., Which Norms Matter. Revisiting the failure of Internationalism, International Organization 1997, S. 31-63

Leible, Stefan/Terhechte, Jörg Philipp, Enzyklopädie Europarecht Bd. 3. Europäisches Rechtsschutz- und Verfahrensrecht, 2. Aufl., Baden-Baden 2021 (zit.: *Bearbeiter*, in: Leible/Terhechte (Hrsg.), Enzyklopädie Europarecht Bd. 3, 2. Aufl.)

Lenaerts, Koen/Maselis, Ignace/Gutman, Kathleen (Hrsg.), EU Procedural Law, Oxford 2014

Lenaerts, Koen/van Nuffel, Piet, La Constitution pour l'Europe et l'Union comme entité politique et ordre juridique, Cahiers de droit européen 2005, S. 13-125

Linke, Benjamin, Die Leitlinien der Kommission zu staatlichen Beihilfen für Flughäfen und Luftverkehrsgesellschaften, Neue Zeitschrift für Verwaltungsrecht 2014, S. 1541-1548

López-Santana, Mariely, The Open Method of Coordination in the New Member States —the Perspectives for its Use as a Tool of Soft Law, EUI Working Papers MWP 2007/10

Lopes Sabino, Amadeu, Les langues dans l'Union européenne. Enjeux, pratiques et perspectives, Revue trimestrielle de droit européen 1999, S. 159-169

Louis, Jean-Victor/Waelbroeck, Denis (Hrsg.), La Commission au coeur du système institutionnel des Communautés européennes, Brüssel 1989

Lübbig, Thomas, The New Best Practices Code for State Aid: A Check against Reality, Journal of European Competition Law & Practice 2019, S. 3-9

Ludwigs, Markus, Demokratieferne Gestaltung der europäischen Beihilfeaufsicht, Europäische Zeitschrift für Wirtschaftsrecht 2017, S. 41-42

Ludwigs, Markus, Kapitel 31. Regulative Teilkompetenzen der EU-Kommission nach Binnenmarktrichtlinien und -Verordnungen, in: Baur/Salje/Schimidt-Preuß (Hrsg.), Regulierung in der Energiewirtschaft, 2. Aufl. Köln 2016, S. 423-439

Lutz, Martin, Vergaberegime außerhalb des Vergaberechts?, Wirtschaft und Wettbewerb 2006, S. 890-898

Lutz, Martin, Die Mitteilung der Kommission zur Vergabe von Aufträgen, die nicht unter die europäischen vergaberichtlinien fallen, Vergaberecht Sonderheft 2a 2007, S. 372-378

Magiera, Siegfried, § 7 Rechtsakte und Rechtsetzung der Union, in: Niedobitek (Hrsg.), Europarecht - Grundlagen und Politiken der Union, 2. Aufl., Berlin 2020 S. 525-589

Magnette, Paul European Governance and Civic Participation: Can the European Union be politicised?, in: Joerges/Mény/Weiler (Hrsg.), Mountain or Molehill? A Critical Appraisal of the Commission White Paper on Governance Jean Monnet Working Paper No.6/01, abrufbar unter: https://jeanmonnetprogram.org/archive/pa pers/01/010901.html

Magnette, Paul, European Governance and Civic Participation: Beyond Elitist Citizenship?, Political Studies 2003, S. 144-160

Malferrari, Luigi, Zurückweisung von Vorabentscheidungsersuchen durch den EuGH. Systematisierung der Zulässigkeitsvoraussetzungen und Reformvorschläge zu Art. 234 EG-Vertrag, Baden-Baden 2002

Marquier, Julia, Soft Law: Das Beispiel des OSZE-Prozesses, Bonn 2003

Marxsen, Christian, Open Stakeholder Consultations at the European Level—Voice of the Citizens?, European Law Journal 2015, S. 257-280

Majone, Giandomenico, New Agencies in the EC: Regulation by Information, in: Alexander Kreher (Hrsg.), The European Agencies Conference Report, EUI Working Paper RSC No. 96/49, S. 5-11

Maunz, Theodor/Durig, Gunter, GG-Kommentar. Loseblattsammlung. Stand: 94. Ergänzungslieferung, Januar 2021, (zit.: *Bearbeiter*, in: Maunz/Dürig (Hrsg.), Grundgesetz, 94. EL)

Mayer, Franz C., Europa als Rechtsgemeinschaft, in: Schuppert/Pernice/ Haltern (Hrsg.), Europawissenschaft, Baden-Baden 2005, S. 429-488

Mayer, Otto, Verwaltungsrecht, Bd. 1, 3. Aufl., Tübingen 1924

Mazuelos Bellido, Àngeles, Soft Law: ¿Mucho Ruido Y Pocas Nueces?, 8 Revista Electrónica de Estudios Internacionales (2004), S. 1-40

Mazuelos, Angeles, Non-Binding Acts in the Community Legal Order: *Soft Law*?, PhD thesis EUI Florence 2003

Mehde, Veith, Responsibility and Accountability in the European Commission, Common Market Law Review 40 (2003), S. 423-442

Mehde, Veith, Rechtsetzungen der europäischen und nationalen Verwaltungen, Veröffentlichungen der Vereinigung der Deutschen Staatsrechtslehrer 71 (2012), S. 418-449

Meier, Gert, Die „Mitteilung" der Kommission: Ein Instrument der Normsetzung der Gemeinschaft?, in: Baur/Hopt/Mailänder (Hrsg.), Festschrift für Ernst Steindorff zum 70. Geburtstag, Berlin u.a. 1990, S. 1303-1312

Melchior, Michel, Les Communications de la Commission. Contribution à l'ètude des actes communautaires non prévus par les traités, in: Nathan (Hrsg.), Mélanges Fernand Dehousse, La construction européenne, Vol. 2 Paris/Brüssel, 1979, S. 243-258 (zit. : *M. Melchior*, Les Communications de la Commission, in : FS Dehousse)

Mederer, Wolfgang, The Future of State Aid Control, Competition Policy Newsletter 3/1996, S. 12-14

Mendes, Joana, Participation in EU Rule-Making. A Rights-Based Approach, Oxford 2011

Mendes, Joana, Delegated and Implementing Rule Making: Proceduralisation and Constitutional Design, European Law Journal 2013, S. 22-41

Michel, Katja, Institutionelles Gleichgewicht und EU-Agenturen. Eine Analyse unter besonderer Berücksichtigung der European Banking Authority, Berlin 2015

Michel, Katja, Die neue Europäische Banlenaufsichtsbehörde, Die Öffentliche Verwaltung 2011, S. 728-735

Mögele, Rudolf, Deutsches und Europäisches Verwaltungsrecht – wechselseitige Einwirkungen, Bayerische Verwaltungsblätter 1993, S. 552-559

Möllers, Christoph, European Governance: Meaning and Value of a Concept, Common Market Law Review 2006, S. 313-336

Möllers, Christoph, Tertiäre exekutive Rechtsetzung im Europarecht, in: Schmidt-Aßmann/Schöndorf-Haubold (Hrsg.), Der Europäische Verwaltungsverbund, Tübingen 2005, S. 293-318

Möllers, Christoph, § 3 Methoden, in: Hoffmann-Riem/Schmidt-Aßmann/Voßkuhle (Hrsg.), Grundlagen des Verwaltungsrechts, Bd. I, 2. Aufl., München 2012

Möllers, Thomas M.J. (Hrsg.), Geltung und Faktizität von Standards, Baden-Baden 2009

Möllers, Thomas M.J., Europäische Methoden- und Gesetzgebungslehre im Kapitalmarktrecht – Vollharmonisierung, Generalklauseln und Soft Law im Rahmen des Lamfalussy-Verfahrens als Mittel zur Etablierung von Standards, Zeitschrift für Europäisches Privatrecht 2008, S. 480-505

Möllers, Thomas M.J., Sources of Law in European Securities Regulation – Effective Regulation, Soft Law and Legal Taxonomy from Lamfalussy to de Larosière, European Business Organization Law Review 11 (2010), S. 379-407

Morand, Charles-Albert, Les recommendations, les resolutions et les avis du droit communautaire, Cahiers de droit européen 1970, S. 623-644

Mörth, Ulrika (Hrsg.), Soft Law in Governance and Regulation. An Interdisciplinary Analysis, Cheltenham 2004

Möstl, Markus, Rechtsetzungen der europäischen und nationalen Verwaltungen, Deutsches Verwaltungsblatt 2011, S. 1076-1084

Mössner, Jörg Manfred, Code of Conduct for Business Taxation vom 1.12.1997, in: Lang/Schuch/Staringer (Hrsg.), Soft Law in der Praxis. Corporate Governance Codes, internationale Bilanzierungsregeln, Richtlinien und Rechtsauskünfte der Finanzverwaltung, Code of Conduct der EU, Kommentare der OECD, Wien 2005, Wien 2005, S. 136-144

Müller, Wettbewerb und Unionsverfassung: Begründung und Begrenzung des Wettbewerbsprinzips in der europäischen Verfassung, Tübingen 2014

Müller-Graff, Peter-Christian, Die Erscheinungsformen der Leistungssubventionstatbestände aus wirtschaftsrechtlicher Sicht, Zeitschrift für das gesamte Handelsrecht und Wirtschaftsrecht 152 (1988), S. 403-438

Müller-Ibold, Till, The AEA Proposal for a Regulation on State Aid Procedure, Europäische Zeitschrift für Wirtschaftsrecht 1996, S. 677-782

Münch, Fritz, Comments on the 1968 Draft Convention on the Law of Treaties. Non-binding Agreements, Zeitschrift für ausländisches öffentliches Recht und Völkerrecht 29 (1969), S. 1-11

Nasser, Salem Hikmat, Sources and Norms of International Law. A Study on soft law, Glienicke/Madison 2008

Nettesheim, Martin, Normenhierarchien im EU-Recht, Europarecht 2006, S. 736-772

Nettesheim, Martin, Kompetenzen, in: Armin von Bogdandy/Jürgen Bast (Hrsg.), Europäisches Verfassungsrecht, 2. Aufl., Berlin/Heidelberg 2009, S. 398-439

Nicolaysen, Gert, Europarecht I, 1. Aufl. Baden-Baden 1991

Niedermühlbichler, Hannes, Verfahren vor dem EuG und EuGH, Wien 1998

Nussberger, Jens, Justiziabilität harmonisierter technischer Normen. Anmerkung zu EuGH (3. Kammer), Urteil vom 27.10.2016 – C-613/14 (James Elliott Construction/Irish Asphalt), Neue Juristische Wochenschrift 2017, S. 311-315

Oppermann, Thomas, Europarecht, 2. Aufl. München 1999

Oppermann, Thomas/Classen, Dieter/Nettesheim, Martin, Europarecht, 9. Aufl., München 2021

Ossenbühl, Fritz, Handlungsformen der Verwaltung, Juristische Schulung 1979, S. 681-687

Österdahl, Inger, The ECJ and Soft Law: Who's Afraid of the EU Fundamental Rights Charter?, in: Ulrika Mörth (Hrsg.), Soft Law in Governance and Regulation. An Interdisciplinary Analysis, Cheltenham/Northampton 2004, S. 37-60

Palmer, Geoffrey, New Ways to Make International Environmental Law, American Journal of International Law 86 (1992), S. 259-283

Pampel, Gunnar, Rechtsnatur und Rechtswirkungen horizontaler und vertikaler Leitlinien im reformierten europäischen Wettbewerbsrecht, Baden-Baden 2005

Pampel, Gunnar, Rechtsnatur und Rechtswirkungen von Mitteilungen der Kommission im europäischen Wettbewerbsrecht, Europäische Zeitschrift für Wirtschaftsrecht 2005, S. 11-13

Papaioannou, Anna, Case C-325/91, France v. Commission, Judgment of 16 June 1993, not yet reported, Common Market Law Review 1994, S. 155-164

Pauly, Walter, Grundlagen einer Handlungsformenlehre, in: Becker-Schwarze/Köck/Kupka/von Schwanenflügel (Hrsg.), Wandel der Handlungsformen des Öffentlichen Rechts, Stuttgart u.a. 1991, S. 25-46

Payandeh, Mehrdad, Internationales Gemeinschaftsrecht, Heidelberg u.a. 2010

Pechstein, Matthias, Die Bedeutung von Protokollerklärungen zu Rechtsakten der EG, Europarecht 1990, S. 249-268

Pechstein, Matthias/Nowak, Carsten/Häde, Ulrich (Hrsg.), Frankfurter Kommentar EUV/GRC/AEUV, München 2017

Peters, Anne, Typology, Utility and Legitimacy of European Soft Law, in: Epiney/Haag/Heinemann (Hrsg.), Die Herausforderung von Grenzen – Le défi des frontières – Challenging boundaries: Festschrift für Roland Bieber, Baden-Baden 2007, S. 405-428

Peters, Anne, Völkerrecht. Allgemeiner Teil, 4. Aufl., Zürich 2016

Pitz, Svenja, Der Soziale Dialog und dessen demokratische Legitimation, Zeitschrift für Europarechtliche Studien 2017, S. 235-257

Pohlmann, Petra, Keine Bindungswirkung von Bekanntmachungen und Mitteilungen der Europäischen Kommission, Wirtschaft und Wettbewerb 2005, S. 1005-1009

de la Porte, Caroline, Is the Open Method of Coordination Appropriate for Organising Activities at European Level in Sensitive Policy Areas?, European Law Journal 8 (2002), S. 38-58

Prek, Miro/Lefèvre, Silvère, "Administrative Discretion", "Power of Appraisal" and "Margin of Appraisal" in Judicial Review Proceedings before the General Court, Common Market Law Review 2019, S. 339-380

Prosser, Thomas, Accounting for National and Sectoral Variance in the Implementation of European Social Partner 'Soft' Law: The Cases of the Implementation of the Telework and Work-Related Stress Agreements, British Journal of Industrial Relations 53 (2015), S. 254-277

Quigley Connor, European State Aid Law and Policy, 3. Aufl., Oxford 2015

Quittkat, Christine, The European Commission's Online Consultations: A Success Story?, Journal of Common Market Studies 2011, S. 653-674

Radaelli, Claudio M., The Code of Conduct against Harmful Tax Competition: Open Method of Coordination in Disguise, EUI Working Papers RSC No. 2002/43

Rademacher, Timo, Realakte im Rechtsschutzssystem der EU, Tübingen 2014

Raunio, Tapio, The European Parliament, in: Jones/Menon/Weatherhill (Hrsg.), The Oxford Handbook of the European Union, Oxford 2012, S. 365-379

Raustiala, Kal, Form and Substance of International Agreements, American Journal of International Law 2005, 581-614

Rawlinson, Frank, The Role of Policy Frameworks, Codes and Guidelines in the Control of State Aid, in: Ian Harden (Hrsg.), State Aid: Community Law and Policy, Köln 1993, S. 52-60

Redgwell, Catherine, International Soft Law and Globalization, in: Barton/Barrera-Hernández/Lucas/Rønne (Hrsg.), Regulating Energy and Natural Resources, Oxford 2006, S. 89-107

Reiling, Katharina, Die Anwendung des Grundsatzes der Völkerrechtsfreundlichkeit auf rechtsunverbindliche internationale Standards, Zeitschrift für ausländisches öffentliches Recht und Völkerrecht 2018, S. 311-338

Reisman, W. Michael, A Hard Look at Soft Law, in: American Society of International Law, Proceedings of the 82nd Annual Meeting, 1988, S. 371-373

Reisman, W. Michael, Soft Law and Law Jobs, Journal of International Dispute Settlement 2 (2011), S. 25-30

Rijsbergen, Marloes van, On the Enforceability of EU Agencies' Soft Law at the National Level: The Case of the European Securities and Markets Authority, Utrecht Law Review 10 (2014) S. 116-131

Riphagen, Willem, From soft law to ius cogens and back, Victoria University of Wellington Law Review 17 (1987), S. 81-99

Rodi, Michael, Die Subventionsrechtsordnung: die Subvention als Instrument öffentlicher Zweckverwirklichung nach Völkerrecht, Europarecht und deutschem innerstaatlichen Recht, Tübingen 2000

Rodi, Michael/Behm, Agnes, Die Energieunion – rechtliche und politische Gehalte einer neuen europäischen Spezialunion, Zeitschrift für Europarechtliche Studien 2016, S. 177-201

Roessler, Frieder, Law, De Facto Agreements and Declarations of Principle in International Economic Relations, German Yearbook of International Law 21 (1978), S. 27-59

Rogmann, Achim, Die Bindungswirkung von Verwaltungsvorschriften. Zur Rechtslage insbesondere im Wirtschafts- Umwelt- und Steuerrecht, Köln u.a. 1998

Rosa, Stéphane de la, The Open Method of Coordination in the New Member States – the Perspectives for its Use as a Tool of Soft Law, European Law Journal 11 (2005), S. 618-640

Rosenstock, Manfred, Die Kontrolle und Harmonisierung nationaler Beihilfen durch die Kommission der Europäischen Gemeinschaften, Frankfurt/Main 1995

Rossi, Matthias, Soft Law im Europarecht, Zeitschrift für Gesetzgebung 2020, S. 1-21

Rossi, Matthias, § 16 Die Kohäsionspolitik der Union, in: Niedobitek (Hrsg.), Europarecht – Grundlagen und Politiken der Union, 2. Aufl., Berlin 2020, S. 1333-1390

Ruschitschka, Katharina, Die Offene Methode der Koordinierung. Ausweg aus der Legitimationskrise der EU oder neue Quelle von Problemen?, Hamburg 2016

Rüthers, Bernd/Fischer, Christian/Birk, Axel, Rechtstheorie, 11. Aufl., München 2020

Sasserath-Alberti, Natascha/Hartig, Helge, EIOPA-Verordnung: Rechtliche Herausforderungen und Praxis Versicherungsrecht 2012, S. 524-535

Schachter, Oscar, Towards a theory of international obligation, in: Schwebel (Hrsg.), The effectiveness of International Decisions, Leiden 1971, S. 9-31

Schachter, Oscar, Editorial Comment. The Twilight Existence of Nonbinding International Agreements, American Journal of International Law 71 (1977), S. 296-304

Schäfer, Armin, A new form of governance? Comparing the open method of co-ordination to multilateral surveillance by the IMF and the OECD, 13 Journal of European Public Policy (2006), S. 70-88

Scharpf, Fritz W., The European Social Model: Coping with the Challenges of Diversity, Journal of Common Market Studies 40 (2002), S. 645-670

Scherer, Joachim, Neue Entwicklungen im Recht der regulierten Netzinfrastrukturen, Neue Zeitschrift für Verwaltungsrecht 2010, S. 1321-1328

Schill, Stephan W., Multilateralization, Arbitral Precedent, Comparativism, Soft Law, in: Jean d'Aspremont/Samantha Besson (Hrsg.), The Oxford Handbook on the Sources of International Law, Oxford 2017, S. 1095-1115

Schimmelpfennig, Frank, EU External Governance and Europeanization Beyond the EU, in: David Levi-Faur (Hrsg.), The Oxford Handbook of Governance, Oxford 2012, S. 656-667

Schlette, Volker, Die verwaltungsgerichtliche Kontrolle von Ermessensakten in Frankreich. Eine Analyse der Rechtsprechung des Conseil d'État zum Inhalt und Umfang des pouvoir discrétionnaire der französischen Verwaltungsbehörden, unter besonderer Berücksichtigung der neueren Entwicklungen, Baden-Baden 1991

Schmidt-Aßmann, Eberhardt, Die Lehre von den Rechtsformen des Verwaltungshandelns – Ihre Bedeutung im System des Verwaltungsrechts und für das Verwaltungsrechtlice Denken der Gegenwart, Deutsches Verwaltungsblatt 1989, S. 533-541

Schmidt-Aßmann, Eberhardt/Schöndorf-Haubold, Bettina (Hrsg.), Der Europäische Verwaltungsverbund, Tübingen 2005

Schmidt-Aßmann, Eberhardt, Das allgemeine Verwaltungsrecht als Ordnungsidee. Grundlagen und Aufgaben der verwaltungsrechtlichen Systembildung, 2. Aufl., Berlin/Heidelberg 2006

Schmidt-Aßmann, Eberhardt, Verwaltungsrechtliche Dogmatik, Tübingen 2013

Schmidt-Preuß, Matthias, Verwaltung und Verwaltungsrecht zwischen gesellschaftlicher Selbstregulierung und staatlicher Steuerung, Veröffentlichungen der Vereinigung der Deutschen Staatsrechtslehrer 56 (1997), S. 160-227

Schneider, Hans, Gesetzgebung. Ein Lehr- und Handbuch, 3. Aufl., Heidelberg 2002

Schneller, Christian, in: Gundel/Lange (Hrsg.), Die Umsetzung des 3. Energiebinnenmarktpakets Tagungsband der Zweiten Bayreuther Energierechtstage, Tübingen 2011, S. 25-38

Schoch, Friedrich, Der Verwaltungsakt zwischen Stabilität und Flexibilität, in: Hoffmann-Riem/Schmidt-Aßmann (Hrsg.), Innovation und Flexibilität des Verwaltungshandelns, Baden-Baden 1994, S. 199-243

Scholtka, Boris/Martin, Jule, Die Entwicklung des Energierechts im Jahr 2016, Neue Juristische Wochenschrift 2017, S. 932-936

Schomerus, Thomas, Rechtliche Instrumente zur Verbesserung der Energienutzung, Neue Zeitschrift für Verwaltungsrecht 2009, S. 418-423

Schöndorf-Haubold, Bettina, Die Strukturfonds der Europäischen Gemeinschaft. Rechtsformen und Verfahren europäischer Verbundverwaltung, München 2015

Schramm, Michael, Einseitiges informelles Verwaltungshandeln im Regulierungsrecht, Tübingen 2016

Schreuer, Christian, Die innerstaatliche Anwendung von internationalem „Soft Law" aus rechtsvergleichender Sicht, Österreichische Zeitschrift für Öffentliches Recht und Völkerrecht 34 (1983), S. 243-260

Schroeder, Werner, Grundkurs Europarecht, 6. Aufl., München 2019

Schübel-Pfister, Isabel, Kommissionsmitteilungen im Lebensmittelrecht, Zeitschrift für Lebensmittelrecht 2004, S. 403-428

Schuler, Gefion, „Politikbewertung" als Handlungsform internationaler Institutionen: das Beispiel der Korruptionsbekämpfung der OECD, Berlin 2012

Schuppert, Gunnar Folke/Pernice, Ingolf/ Haltern, Ulrich (Hrsg.), Europawissenschaft, Baden-Baden 2005

Schütterle, Peter, Die Beihilfenkontrollpraxis der Kommission im Spannugsfeld zwischen Recht und Politik, Europäische Zeitschrift für Wirtschaftsrecht 1995, S. 391-396

Schütze, Robert, European Union Law, 2. Aufl., Cambridge 2018

Schütze, Robert, European Constitutional Law, 3. Aufl., Cambridge 2021

Schwarze, Jürgen, Europäische Kartellbußgelder im Lichte übergeordneter Vertrags- und Verfassungsgrundsätze, EuR 2009, S. 171-200

Schwarze, Jürgen, Soft Law im Recht der Europäischen Union, Europarecht 2011, S. 3-19

Schwarze, Jürgen, Subventionen im gemeinsamen Markt und der Rechtsschutz des Konkurrenten. Grundzüge und neuere Entwicklungen, in: Selmer/von Münch (Hrsg.), Gedächtnisschrift für Wolfgang Martens, Berlin/New York 1987, S. 819-850

Schwarze, Jürgen/Becker, Ulrich/Hatje, Armin/Schoo, Johann (Hrsg.), EU-Kommentar, 4. Aufl., Baden-Baden 2019

Schwebel, Stephen M. (Hrsg.), The effectiveness of International Decisions, Leiden 1971

Schweda, Marc, Administrative Normsetzung und Verwaltungsverfahren in der europäischen Beihilfenaufsicht, Osnabrück 2000

Schweda, Marc, Die Bindungswirkung von Bekanntmachungen und Leitlinien der Europäischen Kommission Wirtschaft und Wettbewerb 2004, S. 1133-1144

Schweitzer, Michael/Hummer, Waldemar/Obwexer, Walter, Europarecht. Das Recht der Europäischen Union, Wien 2007

Scott, Joanne/Trubek, David M., Mind the Gap: Law and New Approaches to Governance in the European Union, European Law Journal 8 (2002), S. 1-18

Scott, Joanne, In Legal Limbo: Post-Legislative Guidance as a Challenge for European Administrative Law, Common Market Law Review 48 (2011), S. 329-355

Seidl-Hohenveldern, Ignatz, International Economic „Soft Law", Recueil des Cours de l'Académie de Droit international de la Haye 163 (1979 II), S. 169-246

Senden, Linda, Soft Law in European Community Law, Portland/Oxford 2004

Senden, Linda, Soft Post-Legislative Rulemaking. A Time for more stringent control, European Law Journal 2013, S. 57-75

Senden, Linda/van den Brink, Anton, Checks and Balances of Soft EU Rule-Making – Study for the EP, abrufbar unter: http://www.europarl.europa.eu/RegData/etudes/etudes/join/2012/462433/IPOL-JURI_ET%282012%29462433_EN.pdf

Senden, Linda, Soft law and its implications for institutional balance in the EC, Utrecht Law Review 2005, S. 79-99

Shelton, Dinah (Hrsg.), Commitment and Compliance: The Role of Non-Binding Norms in the International Legal System, Oxford 2000

Shelton, Dinah, Normative Hierarchy in International Law, American Journal of International Law 100 (2006), S. 291-323

Siegel, Thorsten, Auslegungsmitteilungen der Europäischen Kommission als tertiäres Unionsrecht. Zugleich eine Anmerkung zur Auslegungsmitteilung zu institutionalisierten Öffentlich-Privaten Partnerschaften (IÖPP), Neue Zeitschrift für Verwaltungsrecht 2008, S. 620-623

Simoncini, Marta, The Erosion of the Meroni Doctrine: The Case of the European Aviation Safety Agency, European Public Law 2015, S. 309-342

Simsmans, Stijn, The European Social Dialogue in the Shadow of Hierarchy, Journal of Public Policy 2008, S. 161-180

Simsmans, Stijn, From harmonization to co-ordination? EU law in the Lisbon governance architecture, Journal of European Public Policy 2011, S. 504-524

Sinnaeve, Adinda /Slot, Piet, The new Regulation on State Aid Procedures, Common Market Law Review 1999, S. 1153-1194

Sinnaeve, Adinda, Die neue Verfahrensverordnung in Beihilfensachen. Ein weiterer Schritt bei der Reform des Beihilfenrechts, Europäische Zeitschrift für Wirtschaftsrecht 1999, S. 270-277

Sisson, Keith/Marginson, Paul, 'Soft Regulation' – Travesty of the Real Thing or New Dimension?, Economis and Social Research Centre, "One europe or several?" Working Programme, Working Paper 32/01

Slaughter, Anne-Marie, A New World Order, Princeton 2004

Slot, Piet Jan, Procedural Aspects of State Aids: The Guardian of Competition Versus Subsidy Villains?, Common Market Law Review 27 (1990), S. 741-760

Snyder, Francis, Interinstitutional agreements: form and constitutional limitations, in: Winter (Hrsg.), Sources and Categories of European Union Law: A Comparative and Reform Perspective, Baden-Baden 1996, S. 453-466

Snyder, Francis, Soft Law and Institutional Practice in the European Community, in: Stephen Martin (Hrsg)., The Construction of Europe. Essays in Honor of Emile Noël, Dodrecht u.a. 1994, S. 197-224 (zit.: *F. Snyder*, Soft Law and Institutional Practice in the European Community, in: FS Noël)

Snyder, Francis, Soft Law and International Practice in the European Community, EUI Working Paper Law 1993/05, San Domenico 1993

Snyder, Francis, The Effectiveness of European Community Law: Institutions, Processes, Tools and Techniques, Modern Law Review 56 (1993), S. 19-54

Soltész, Ulrich/Schatz, Felix, State Aid for Environmental Protection. The Commission's new Guidelines and the new General Block Exemption Regulation, Journal for European Environmental and Planning Law 6.2 (2009), S. 141-170

Soltész, Ulrich/ Köckritz, Christian von, Der „vorübergehende Gemeinschaftsrahmen" für staatliche Beihilfen – die Antwort der Kommission auf die Krise in der Realwirtschaft, Europäische Zeitschrift für Wirtschaftsrecht 2010, S. 167-170

Soltész, Ulrich, Das neue europäische Beihilferecht, Neue Juristische Wochenschrift 2014, 3128-3133

Soltész, Ulrich, Europäisches „Soft Law" – Ein Wesen ohne Kuschelfaktor, Europäische Zeitschrift für Wirtschaftsrecht 2013, S. 881-882

Ştefan, Oana, Soft Law in Court. Competition Law, State Aid and the Court of Justice of the European Union, Alphen a./d. Rijn 2013

Ştefan, Oana/Petri, Marina, Too Weak to Be Controlled: Judicial Review of ACER Soft Law, Yearbook of European Law 2018, S. 525-550

Ştefan, Oana/Avbelj, Matej/Eliantonio, Mariolina/ Hartlapp, Miriam/Korkea-aho, Emilia/Rubio, Nathalie, EU Soft Law in the EU Legal Order: A Literature Review (2018), abrufbar unter https://www.solar-network.eu/wp-content/uploads/2018/11/SoLaR-A-Literature-Review.pdf (zit.: *O. Ştefan et al.*, EU Soft Law in the EU Legal Order, SoLaR Working Paper 2018)

Ştefan, Oana, Soft Law and the Promise of Transparency in the Member States, in: Eliantonio/Korkea-aho/Ştefan (Hrsg.), EU Soft Law in the Member States, S. 323-342

Steger, Martin A., Verselbstständigung von Unionsagenturen. Eine Untersuchung am Beispiel der Energie-Agentur ACER und ihrer Mitwirkung beim Erlass tertiären Unionsrechts, Baden-Baden 2015

Steindorff, Ernst, Rückabwicklung unzulässiger Beihilfen nach Gemeinschaftsrecht, Zeitschrift für das gesamte Handelsrecht und Wirtschaftsrecht 152 (1988), S. 474-492

Stelkens, Ulich, Rechtsetzungen der europäischen und nationalen Verwaltungen, S. 369-455

Stöbener de Mora, Patricia, Überall Beihilfen? – Die Kommissionsbekanntmachung zum Beihilfebegriff, Europäische Zeitschrift für Wirtschaftsrecht 2016, S. 685-691

Streinz, Rudolf (Hrsg.), EUV/AEUV-Kommentar, 3. Aufl., München 2018 (zit.: *Beabeiter*, in: Streinz (Hrsg.), EUV/AEUV)

Stuart, Eugene G., Recent developments in EU law and policy on state aids, European Competition Law Review 1996, S. 226-239

Sydow, Gernot, Verwaltungskooperation in der Europäischen Union. Zur horizontalen und vertikalen Zusammenarbeit der europäischen Verwaltungen am Beispiel des Produktzulassungsrechts, Tübingen 2004

Szeczekalla, Peter, § 5. Handlungsformen im europäischen Verwaltungsrecht, in: Terhechte (Hrsg.), Verwaltungsrecht der Europäischen Union, Baden-Baden 2011, S. 171-199

Talus, Kim, European Energy Law and Policy. A Critical Account, Oxford 2013

Tammes, A.J.P., Soft Law, in: T.M.C. Asser Instituut (Hrsg.), Essays on International and Comparative Law in Honor of Judge Erades, Den Haag 1983, S. 187-195 (zit.: *A. Tammes*, Soft Law, in: FS Erades)

Temple Lang, John, Community Constitutional Law: Article 5 EEC Treaty, Common Market Law Review 1990, S. 645-681

Terhechte, Jörg Philipp (Hrsg.), Verwaltungsrecht der Europäischen Union, Baden-Baden 2011

Terpan, Fabien, Soft Law in the European Union – The Changing Nature of EU Law, European Law Journal 2015, S. 68-96

Thatcher, Mark/Stone Sweet, Alec, Theory and Practice of Delegation to Non-Majoritarian Institutions, West European Politics 25 (2002), S. 1-22

Theobald, Christian, Zur Ökonomik des Staates. Good Governance und die Perzeption der Weltbank, Baden-Baden 2000

Theobald, Christian/Kühling, Jürgen (Hrsg.), Energierecht, Werkstand: 110. EL, München 2021

Thiele, Alexander, Europäisches Prozessrecht, 2. Aufl., München 2014

Thieme, Anna, Die Mitteilungen der Europäischen Kommission – insbesondere im Europäischen Vergaberecht, Zürich u.a. 2011

Thirlway, Hugh, The Sources of International Law, Oxford 2014

Thole, Christian, Der europäische Grid Code Gas – Regelungsrahmen und Auswirkungen auf das deutsche Gasnetzzugangssystem, Infrastruktur-Recht 2011, S. 218-224

Thomas, Stefan, Die Bindungswirkung von Mitteilungen, Bekanntmachungen und Leitlinien der EG-Kommission, Europarecht 2009, S. 423-444

Thürer, Daniel, "Soft Law" – eine neue Form von Völkerrecht?, Revue de Droit Suisse (1985), S. 429-453

Thürer, Daniel, Soft Law, in: Wolfrum (Hrsg.), Max Planck Encyclopedia of Public International Law, 2012

Thym, Daniel, Auswärtige Gewalt, in: Armin von Bogdandy/Jürgen Bast (Hrsg.), Europäisches Verfassungsrecht, 2. Aufl., S. 441-488

Thym, Daniel, Zustand und Zukunft der Europarechtswissenschaft in Deutschland, Europarecht 2015, S. 671-703

Tifine, Pierre, Droit administratif français, 2. Aufl., Saarbrücken 2014

Tomuschat, Christian, Normenpublizität und Normenklarheit in der Europäischen Gemeinschaft, in: Grewe/ Rupp/Schneider (Hrsg.), Europäische Gerichtsbarkeit und nationale Verfassungsgerichtsbarkeit. Festschrift zum 70. Geburtstag von Hans Kutscher, Baden-Baden 1981, S. 461-480

Tournepiche, Anne-Marie, Les communications : Instruments privilégiés de l'action administrative de la Commission Européenne, Revue du Marché commun et de l'Union européenne, n° 454, janvier 2002, S. 55-62

Trachtman, Joel P., Bananas, Direct Effect and Compliance, European Journal of International Law 10 (1999),

S. 655-678

Triantafyllou, Dimitris, Vom Vertrags- zum Gesetzesvorbehalt. Beitrag zum positiven Rechtmäßigkeitsprinzip der EG, Baden-Baden 1996

Tridimas, Takis, Financial Supervision and Agency Power: Reflections on ESMA, in: Nic Shuibhne/Gormley (Hrsg.), From Single Market to Economic Union: Essays in Memory of John A. Usher, Oxford 2012, S. 55-83

Triepel, Heinrich, Völkerrecht und Landesrecht, Leipzig 1899

Türk, Alexander, Liability and accountability for policies announced to the public and for press releases, in: European Central Bank (Hrsg.), ECB Legal Conference 2017 Shaping a new legal order for Europe: a tale of crises and opportunities, S. 43-58, abrufbar unter: https://www.ecb.europa.eu/pub/pdf/other/ecblegalconferenceproceedings201712.en.pdf

Vaughan, Steven, Differentiation and Dysfunction: An Exploration of Post-Legislative Guidance Practices in 14 EU Agencies, 17 Cambridge Yearbook of European Legal Studies (2014), S. 66-91

Vaughan, Steven, EU Chemicals Regulation, Cheltenham/Northampton 2015

Venzke, Ingo, How Interpretation makes International Law. On Semantic Change and Normative Twists, Oxford 2012

Virally, Michael, La distinction entre textes internationaux de portée juridique," Annuaire de l'Institut de Droit International, Session de Cambridge, vol. 60-I, Paris, 1983 S. 328-357

Walker, Neil/ Búrca, Gráinne de, Reconceiving Law & New Governance, Columbia Journal of European LawColumbia Journal of European Law 13 (2006), S. 519-537

Wallnöfer, Klaus, Vereuropäisierung der Energieregulierung, Wirtschaftsrechtliche Blätter 2008, S. 163-169

Walter, Christian, Grundlagen und Rahmenbedingungen für die Steuerungskraft des Völkerrechts, Zeitschrift für ausländisches öffentliches Recht und Völkerrecht 2016 S. 363-389

Walzel, Daisy Karoline, Bindungswirkungen ungeregelter Vollzugsinstrumente der EU-Kommission, Köln u.a. 2008

Weil, Prosper, Towards Relative Normativity in International Law?, American Journal of International Law 77 (1983), S. 413-442

Weinreich, Dirk/Marr, Simon, Handel gegen Klimawandel – Überblick und ausgewählte Rechtsfragen zum neuen Emissionshandelsrecht, Neue Juristische Wochenschrift 2005, S. 1078-1084

Weiß, Wolfgang, Der Europäische Verwaltungsverbund. Grundfragen, Kennzeichen, Herausforderungen, Berlin 2010

Weiß, Wolfgang, Das Leitlinien(un)wesen der Kommission verletzt den Vertrag von Lissabon, Europäisches Wirtschafts- und Steuerrecht 2010, S. 257-261

Weiß, Wolfgang, After Lisbon, can the European Commission Continue to Rely on 'Soft Legislation' in its Enforcement Practice?, Journal of European Competition Law & Practice, 2011, Vol. 2, No. 5, S. 441-451

Weiß, Wolfgang, Die Rechtsquellen des Völkerrechts in der Globalisierung: Zu Notwendigkeit und Legitimation neuer Quellenkategorien, Archiv des Völkerrechts 2015, S. 220-251

Weiß, Wolfgang, Kapitel 12. Komitologieverfahren, in: Baur/Salje/Schimidt-Preuß (Hrsg.), Regulierung in der Energiewirtschaft, 2. Aufl. Köln 2016, S. 147-162

Weiß, Wolfgang, Dezentrale Agenturen in der EU-Rechtsetzung, Europarecht S. 631-666

Weitbrecht, Andreas, Europäisches Kartellrecht 2000/2001, Europäische Zeitschrift für Wirtschaftsrecht 2002, S. 581-589

Wellens, K.C./Borchard, G.M., Soft Law in European Community Law, European Law Review (1989), S. 267-321

Wengler, Wilhelm, Rechtsvertrag, Konsensus und Absichtserklärung im Völkerrecht, Juristenzeitung 1976, S. 193-197

Wengler, Wilhelm, Die Wirkungen nichtrechtlicher Verträge zwischen Staaten, Archiv des Völkerrechts 22 (1984), S. 306-327

Weyer, Hartmut, Europäische Netzkodizes Strom und Gas – zwischen Selbstregulierung und Normsetzung, in: Bien/Ludwigs (Hrsg.), Das europäische Kartell- und Regulierungsrecht der Netzindustrien, Baden-Baden 2015, S. 123-156

Windbichler, Christine, Bindungswirkungen von Standards im Bereich Corporate Governance, in: Thomas M. J. Möllers (Hrsg.), Geltung und Faktizität von Standards, Baden-Baden 2009, S. 19-36

Winter, Gerd (Hrsg.), Sources and Categories of European Union Law: A Comparative and Reform Perspective, Baden-Baden 1996

Winterstein, Alexander/Tranholm Schwarz, Bente, Helping to combat climate change: new State aid guidelines for environmental protection, Competition Policy Newsletter 2/2008, S. 12-20

Xanthoulis, Napoleon, Legal Effects and Reviewability of EU Acts, in: Eliantonio/Korkea-aho/Ştefan (Hrsg.), EU Soft Law in the Member States, S. 303-322

Zehavi, Amos, New Governance and Policy Instruments: are Governments Going "Soft"?, in: Levi-Faur (Hrsg.), The Oxford Handbook of Governance, Oxford 2012, S. 242-254

Zinzani, Marco, Market Integration through 'Network Governance': The Role of European Agencies and Networks of Regulation, Cambridge 2012